研究系与
《时事新报·学灯》

Study on Research Clique and
Xuedeng Supplement of The China Times

陈 捷 著

 南京大学出版社

图书在版编目(CIP)数据

研究系与《时事新报·学灯》/陈捷著.—南京：
南京大学出版社，2021.11
　ISBN 978-7-305-25128-3

　Ⅰ.①研…　Ⅱ.①陈…　Ⅲ.①报纸－副刊－新闻事业史－中国－1918-1923　Ⅳ.①G219.296

中国版本图书馆CIP数据核字(2021)第243854号

出版发行	南京大学出版社		
社　　址	南京市汉口路22号	邮　编	210093
出 版 人	金鑫荣		

书　　名　研究系与《时事新报·学灯》
著　　者　陈　捷
责任编辑　王其平

照　　排　南京紫藤制版印务中心
印　　刷　常州市武进第三印刷有限公司
开　　本　718×1000　1/16　印张28　字数497千
版　　次　2021年11月第1版　2021年11月第1次印刷
ISBN　978-7-305-25128-3
定　　价　100.00元

网　　址　http://www.njupco.com
官方微博　http://weibo.com/njupco
官方微信　njupress
销售热线　025-83594756

＊ 版权所有，侵权必究
＊ 凡购买南大版图书，如有印装质量问题，请与所购
　图书销售部门联系调换

国家社科基金后期资助项目
出版说明

　　后期资助项目是国家社科基金设立的一类重要项目,旨在鼓励广大社科研究者潜心治学,支持基础研究多出优秀成果。它是经过严格评审,从接近完成的科研成果中遴选立项的。为扩大后期资助项目的影响,更好地推动学术发展,促进成果转化,全国哲学社会科学工作办公室按照"统一设计、统一标识、统一版式、形成系列"的总体要求,组织出版国家社科基金后期资助项目成果。

全国哲学社会科学工作办公室

目 录

引　论 …………………………………………………………………… 1

第一章　《学灯》之前世 ………………………………………………… 18
第一节　梁启超、进步党与《时事新报》 …………………………… 18
第二节　研究系的组织构成、政治表现及文化转向 ………………… 49
第三节　《学灯》诞生前的上海副刊文化生态 ……………………… 60

第二章　张东荪、匡僧与初创期之《学灯》 …………………………… 71
第一节　张东荪与《学灯》的正本清源 ……………………………… 75
第二节　初始期《学灯》的思想倾向 ………………………………… 83

第三章　时代风潮中的《学灯》 ………………………………………… 116
第一节　《学灯》与上海五四运动的开展 …………………………… 120
第二节　《学灯》对北大一派的支持 ………………………………… 133
第三节　俞颂华、郭虞裳与《学灯》的建设 ………………………… 142

第四章　少年中国学会与《学灯》的新文化建设 ……………………… 149
第一节　宗白华、少年中国学会与《学灯》之因缘 ………………… 154
第二节　文艺建设上的郭虞裳与宗白华 ……………………………… 164
第三节　宗白华与《学灯》 …………………………………………… 191

第五章　李石岑主持下的《学灯》 ……………………………………… 242
第一节　李石岑的编辑特色与新诗的论争 …………………………… 245
第二节　知识分子共同体的分裂与聚合 ……………………………… 259
第三节　李石岑与郭沫若的"火气" ………………………………… 281

第六章　时代的夹缝中 …………………………………………………… 296
第一节　郑振铎、柯一岑与《学灯》 ………………………………… 298
第二节　文学研究会与创造社论战中的《学灯》 …………………… 320
第三节　从"我们"和"他们"到"我们"和"你们" …………… 338

第七章 研究系及其文化事业的末路 ·············· 368
　　第一节 《学灯》的没落 ·············· 368
　　第二节 研究系及其报馆的末路 ·············· 380
结　语 ·············· 395
参考文献 ·············· 400
附录　各主编主持下《学灯》启事汇总 ·············· 407
后　记 ·············· 438

引 论

中国现代报纸文艺副刊研究在当下的研究界显然已经成为显学。越来越多的研究者在考察新文化运动时,觉察到了现代报纸文艺副刊在研究中国现代思想史、文化史、文学史、新闻学史等方面的重要价值和意义。于是,在充分掌握历史资料的前提下回到文化语境中去认识、研究这些文艺副刊就成了一种学术理路上的必然。对报纸文艺副刊的研究,不仅让我们对历史有了更多的质感,积累了更丰富更全面的史料,而且对基于现有研究格局上形成的历史观念产生了巨大的冲击,原有的历史叙述模式、知识结构、认知逻辑都在还原后的历史文化场景中显得多少有点出入,因此,多进行个案研究、尽可能多地积累原始资料并以之为基础重构已经消逝了的"历史文化现场"就显得极为重要。

一

近年来,国内很多著名学者,比如陈思和、陈平原、沈卫威、孙玉石、程光炜、杨扬诸先生将研究的关注点对准了现代传媒和新文化运动的关系问题。以北京大学、复旦大学、南京大学为代表的国内有实力、有条件进行现代报纸副刊研究的高等院校,也在该领域取得了一系列丰硕的成果,尤其是在现当代文学研究领域的博士论文中,出现了一批以报纸副刊和杂志为对象的研究论文。这个现象的出现不是偶然的。孙玉石先生曾经提出一个观点,他认为报纸副刊研究是中国现代文学研究领域中的最后一块未开垦的"富矿"。陈漱渝先生也指出:"迄今为止,研究副刊与文学互动关系的论著仍寥若晨星。翻开已出版的各种中国现代文学史,从媒体传播角度考察文学社团、文学流派和作家创作历程的章节实不多见。"①研究的空白当然吸引了更多研究者的注意。新的研究对象、新的材料、新的问题意识、新的知识生长点,这一切都基于我们所处的是一幅新的"文化景观"。在这幅已经逝去的但却是崭新的"文化景观"中,一切都是无差别的、鲜活的、未经筛选的、有血有肉的文化生态。沈卫威先生就此提出:"翻阅旧报刊的直接目的是找材料,感受原有的历史文化语境。我把这种'回到现场'的工作视为由树木而见森林,在森林里说树木。"②他把现代文学史上的大家比作树木,而将整个社会文化生态比作森林。"由树木而见森林,在森林里说树木"这个研究思路很好地说明了现代报纸副刊研究的途径所在,更重要的是,只有这样做,才能突破"一叶障目,不见泰山"的传统研究误区,只有这样,我们才能更充分地领略到文化生态中的丰富性、多样性、互动性及其对文化传播和文学生产的决定意义。

具体到报纸文艺副刊与新文学运动关系方面,孙玉石先生指出:"现代文学许多现象的发生,作家许多作品最初的发表,除了文学杂志以外,往往是以报纸文艺副刊为主要阵地的,报纸文艺副刊有它独特的空间和影响。五四时代的'四大文学副刊',1930年代的《申报·自由谈》,20年代至40年代的《大公报》文艺副刊,都与新文学发展有着十分密切的关系。它们的资源发掘,对于了解和研究现代文学的生成、作家的产生与传媒的关系,作家、作品从产生到发表的原初过程,某些文类(如小品、杂文、散文、书评)的产生与传播,文学思潮流派和作家风格的产生,文学创作的原生态面貌,文学作家、批评家、编辑与读者互动共生的文化生态等等,提供了丰富的文献资源,也为原创性研究提供了一个重要契机和动力源泉。"③孙玉石先生的判断无疑是十分准确的。就以现代文学大家的出现及其代表作品的文学生产为例:"谈到郭沫若的文学活动,人们绝不会忘记发表他早期诗作的《时事新报》副刊《学灯》;提起冰心的文学活动,人们绝不会忘记最初发表

---

① 崔银河:《晨报副刊与中国现代文学》,呼和浩特:远方出版社,2005年12月第一版,第1页。
② 沈卫威:《"学衡派"谱系·后记》,南昌:江西教育出版社,2007年8月第一版,第559页。
③ 孙玉石:《报纸文艺副刊与现代文学研究关系之随想》,《河南大学学报》(社会科学版)2005年第2期。

《繁星》、《春水》的《晨报副刊》。"① 这已经是后世文学史研究者反观历史的评价,当时文坛亲历者的回忆显然更加有说服力。1946年沈从文在为天津《益世报》编辑《文学周刊》时,就曾经在《编者言》指出:"在中国报业史上,副刊原有它的光荣时代,即从五四到北伐。北京的'晨副'和'京副',上海的'觉悟'和'学灯',当时用了一个综合性方式和读者对面,实支配了全国知识分子的兴味和信仰。国际第一流学者罗素、杜威、太戈尔、爱因斯坦的学术演讲或思想介绍,国内第一流学者梁启超、胡适之、丁文江等等重要论著或争辩,是由副刊来刊载和读者对面的。南北知名作家如鲁迅、冰心、徐志摩、叶绍钧、沈雁冰、闻一多、朱自清、俞平伯、玄庐、大白……等人的创作,因从副刊登载转载,而引起读者普遍的注意,并刺激了后来者。新作家的出头露面,自由竞争,更必须由副刊找机会。"② 事实上,沈从文自己也正是报纸副刊的受益者,他的成名与《晨报副镌》对其大力提携是分不开的。1923年8月下旬,沈从文在离开湘西赴北京求学时,"湘西王"陈渠珍曾答应在他考取大学后给予资助,但后来随着陈渠珍的没落,沈从文在北京的生活陷入了困境。他也曾经给当时由孙伏园主编的《晨报副镌》投过稿件,但并未采用,就在他穷愁潦倒之时,郁达夫帮助了他。③ 更关键的是,郁达夫将他介绍给了新任《晨报副镌》主编刘勉己和瞿世英,两人都答应给沈从文的习作以发表的机会。1924年12月22日,《晨报副镌》第一次刊出了沈从文的散文《一封未曾付邮的信》。本来,一筹莫展的沈从文已经打算去"照相底版学校"做学徒了,但"因文学方面开始能谋生",最终未去。④ 我们从刘勉己和瞿世英"答应给沈从文的习作以发表的机会"可以看出,他们对沈从文与《学灯》编辑宗白华发现郭沫若、《晨报副镌》主编孙伏园赏识冰

---

① 崔银河:《晨报副刊与中国现代文学》,呼和浩特:远方出版社,2005年12月第一版,第1页。
② 沈从文:《沈从文全集》第16卷,太原:北岳文艺出版社,2002年12月第一版,第447、448页。
③ 1924年11月初,沈从文给当时执教于北京大学的郁达夫写信诉说自己的悲苦。"11月中旬,郁达夫接信后冒着大雪去沈从文寓所看望他。当时气温很低,但沈从文仍身着单衣,见此情景,郁达夫把自己身上的羊毛大围巾解下给他围上,后又请他到西单楼牌四如春吃饭。结账时,郁达夫把找回的三元二毛几分钱给了沈从文。郁达夫回家后,写了一篇文章《给一个文学青年的公开状》,在11月16日的《晨报副刊》发表,公开为他鸣不平。"引自吴世勇《沈从文年谱》,天津:天津人民出版社,2006年6月第一版,第19页。
④ 吴世勇:《沈从文年谱》,天津:天津人民出版社,2006年6月第一版,第21页。

心不同,对他们来说,更多的是迫于郁达夫的面子以及与当时《晨报副镌》在北京社会文化生态中所处的不利局面有关。"他(指沈从文,笔者注)这时得以在《晨报副刊》发表文章的一个重要原因,是孙伏园辞去主编一职后,《晨报副刊》原先的作者群随之转到《京报副刊》,副刊的稿件来源一时非常缺乏,'晨副为对抗京副起见,乃有创造社郁达夫、郭沫若以及几个小东小西的文章出现'。"①不管是由于编辑的赏识还是由于客观环境的凑巧,总之,当时只是被认作"小东小西"的沈从文可以因文学才能开始能谋生了。稿费制度,确切点来说是报纸副刊稿费制度的逐渐形成与完善,让一大批像沈从文一样处身困苦的文学青年能继续延展他们蔷薇色的梦。这只是在经济方面,而在精神上,沈从文也获得了同情下的友谊。1925年3月10日沈从文在《京报·民众文艺》发表了《狂人书简》中的《与X》《与苹儿》《与小栗》。"本日,《京报·民众文艺》的编辑胡崇轩(即胡也频)和项拙一起来沈从文寓所来看望他,这给了他很大的鼓舞,从此胡也频成为他的文章知己。当时沈从文曾想放弃写作去学一项谋生的手艺——照相制版,两位编辑的到来,才坚定了沈从文走文学道路的决心,其后他在《京报·民众文艺》接连刊出《狂人书简》中的另外几篇以及散文《市集》。几天后,沈从文又因胡也频的关系认识了丁玲。"②从这里我们可以看出以报纸副刊为媒介,知识分子是如何聚合到一起来的,他们的社会交往又是怎样开始的。获得了经济上和精神上帮助的沈从文于1925年在文坛开始展露其创作才华:"在报刊上发表了作品60余篇,有时在同一天里刊出两篇,而且这些作品,包括有小说、散文、诗歌和戏剧等多种文学样式。"③

当我们了解了沈从文踏入文坛的背景之后,我们再回过头来看看他在1946年在《益世报》之《文学周刊》编者言中的回忆,我们当能更深刻地体会什么叫作新作家要"由副刊找机会"。

所以,陈漱渝先生有一句话讲得非常好:"不研究文学副刊跟文学生产的互动,就不可能真实展示文学史的原生态。"④同样的,不了解文学史的原生态,就不可能全方位、多角度、立体地认知现代文学史上的社团、流派、

---

① 吴世勇:《沈从文年谱》,天津:天津人民出版社,2006年6月第一版,第20页。
② 吴世勇:《沈从文年谱》,天津:天津人民出版社,2006年6月第一版,第22页。
③ 吴世勇:《沈从文年谱》,天津:天津人民出版社,2006年6月第一版,第33页。
④ 崔银河:《晨报副刊与中国现代文学》,呼和浩特:远方出版社,2005年12月第一版,第7页。

思潮、大家及其作品。这样的辩证关系,也就是沈卫威先生所讲的"由树木而见森林,在森林里说树木"。

二

报纸文艺副刊在五四新文化运动中作出了历史性的贡献,具有重大的文化意义和历史价值。而有关它们的专题研究则是中国现代文学研究中后起的研究领域。作为研究系主持下、号称五四时期"四大文艺副刊"之一的《时事新报·学灯》(以下简称《学灯》),对它的研究大致以1949年为界分为前后两个时期。

在1949年以前,有关《时事新报·学灯》的专题研究基本没有,只是在有关现代新闻学、出版史的著作中有所涉及,比如戈公振的《中国报学史》、邵飘萍的《新闻学总论》、张静庐的《中国现代出版史料(丁编)》《中国的新闻记者和新闻纸》、郭箴一的《上海报纸改革论》、胡仲持的《上海的新闻界》、林语堂的《中国新闻舆论史》等著作中都涉及了《学灯》,论述的重点主要集中在它作为报纸文艺副刊在新闻传播学上的地位和影响,也概要地提到了它与新文化运动的关系问题,肯定了其在五四新文化历史语境中的作为和影响。但由于此类著作大多是以新闻报刊史的角度为主,因此大多只是对《学灯》出版史实和成就进行概略性描述,评价大多也是浮光掠影式的。

这个阶段并未对《学灯》进行专题研究,至于将《学灯》及其研究系背景联系起来研究更是付之阙如,只有极少的著作,比如谢彬的《民国政党史》、李剑农的《中国近百年政治史》等,曾简要地谈到了这个研究系主持下的报馆从事新文化运动建设的情况。

在1949年之后,有关《学灯》的研究分为三种类型:一是资料性研究,主要集中在对该副刊基本资料的搜集整理和史实的考订上;二是专题性研究,这类研究又可分为著作中的相关论述和论文专论;三是通史性专论,即以中国现代新闻史为主、论述范围较全面的论著。

第一类研究,即涉及原始资料的搜集与整理的资料性研究,是最基础的工作。在这方面的代表性研究是于1959年4月由三联书店出版,中共中央马克思、恩格斯、列宁、斯大林著作编译局研究室编著的《五四时期期刊介绍》一书(共三集,每集又分上下册),其中不但详细地编印了《学灯》目录,而且对它在史料方面和思想方面进行了比较系统、全面的介绍。在史料方面基本正确,但在思想及其评价方面,该书在批判研究系报刊反共政治思想、文化倾向的同时,也简单地否定了《学灯》的文化价值、历史意义。虽然该书有着鲜明的时代烙印,但在现今看来仍然具有很高的史料价值。

  第二类研究,即专题性研究,它的主题相对比较分散。一方面主要存在于五四运动史和梁启超、张东荪等历史人物的个案研究中,海外的研究有美国周策纵的《五四运动:现代中国的思想革命》、约瑟夫·阿·勒文森的《梁启超与中国近代思想》等著作。他们都注意到了五四时期研究系介入新文化运动并在其中发挥重大作用的历史现象,更是指明研究系的报馆与新文化运动的密切关系,可惜的是他们并没有对此深入研究。对以梁启超、张东荪为代表的研究系及其报馆文化作为的研究取得突破性进展的是台湾"中央研究院"院士张朋园,在其《梁启超与民国政治》《中国民主政治的困境,1909—1949》《知识分子与近代中国的现代化》等著作中都谈到研究系文化建设主题。尤其是在1971年出版的《梁启超与民国政治》中,张朋园开创性地论述了研究系与五四新文化运动之间的互动关系,指出了研究系作为一个党派进行文化建设的政治指向性,也概括地指出了研究系报纸在文化建设上的成就。但是可能囿于主题的限制,在重点强调梁启超个人文化转向意义的同时,遮蔽了张东荪主导下的《学灯》所体现出的研究系知识分子进行新文化建设的复调色彩和多样性,在资料方面也颇多粗疏之处,这不能不让人感到遗憾。而在同期中国大陆,即便是在五四运动史的相关论述中也彻底"抹掉"了这个由梁启超领导的"臭名昭著"的政党群体,更不要说对研究系及其文化转向的研究了,典型的代表就是彭明1960年代受周策纵著作刺激而创作的《五四运动史》(其中根本不提研究系),当然也包括胡绳的《从鸦片战争到五四运动》(1981年出版)一书。另一方面,"文革"后随着政治高压的消解,大陆学界逐渐从大众媒体传播、文化生态考察、文学现场重构、政治与文化角力等崭新视角来重新认识五四新文化运动,比如陈平原的《触摸历史与进入五四》、王晓明的《批判空间的开创》、程光炜的《大众媒介与中国现当代文学》、罗志田的《激变时代的文化与政治》、欧阳哲生的《新文化的传统:五四人物与思想研究》等。这也重新刺激了学界对研究系与五四新文化运动关系研究的热情,出现了一批有学术分量的作品,比如彭鹏的《研究系与五四时期新文化运动——以1920年前后为中心》、崔银河《〈晨报副刊〉与中国现代文学》、左玉河的张东荪系列研究（包括《张东荪文化思想研究》《张东荪传》《张东荪学术思想评传》《张东荪年谱》）、郑大华的《张君劢传》《张君劢学术思想评传》和李贵忠的《张君劢年谱长编》等。其中最有相关性的著作就是彭鹏的《研究系与五四时期新文化运动——以1920年前后为中心》一书。该书较系统地论述了研究系的思想特征和文化转向，对研究系报纸副刊（包括《学灯》）在新文化运动中的贡献进行了初步的研究，但由于主题受到时间限制，副刊个案研究不够深入，资料方面也有待进一步甄别与完善。此外，近年来复旦大学、华东师大现当代专业、新闻传播学专业博士论文中也出现了《学灯》的专题研究，比如复旦大学吴静的《〈学灯〉与五四新文化运动》、华东师大张黎敏的《〈时事新报·学灯〉：文化传播与文学生长》等。这类论文较全面地论述了五四新文化运动中《学灯》的历史面貌和思想风格，在肯定《学灯》历史地位的同时对当时副刊与文化生态的关系进行了再评价，在论文主题上具有一定的创新性，但是却忽视了对《学灯》研究系背景及其文化表现二者互动关系的研究，没有在五四新文化运动复杂的文化场域中来展现以梁启超、张东荪为代表的研究系知识分子群体和北京大学新青年一派的互动关系，因此对五四新文化运动本身的复杂性和多面性的阐释明显不足。除著作之外，从1990年代开始也陆续出现了一批论述研究系与副刊建设关系的研究论文，重要的包括陈漱渝《从研究系谈到〈晨报副刊〉》、朱寿桐《〈学灯〉与"新文艺"建设》、陈思和《〈报纸副刊与中国知识分子的现代转型〉序言》、吴小美和樊亚平《晨报副刊》系列研究论文、夏一鸣《郑振铎的文学、思想和编辑策略——以〈学灯〉副刊为例》、吴从发《郭沫若与"学灯"关系之辩论》、秦贤次《徐志摩生平史事考订》等。从总体上说，这些论文都注意到了研究系主导下的《学灯》《晨报副刊》对新文化运动的积极作用，它们的出现矫正了过去文学研究中"左"的偏颇，体现了一种尊重历史的学风和直面历史的胆识。

第三类则是当代通史性的专论，这样的成果主要集中在新闻学界，比如冯并的《中国文艺副刊史》、姚福申和管志华的《中国报纸副刊学》、王文彬的《中国报纸的副刊》等著作。它们主要是从新闻学、报纸副刊学和传播学的角度来研究五四时期的四大文艺副刊的，对《学灯》等副刊与新文化运动的关系涉及较少，相关论述也多引用前人观点，较少创新之处。台湾曾虚白主编的《中国新闻史》则对《学灯》进行了较详尽的论述，对它在新文化运动中的贡献和价值评价颇高,很多观点具有开拓性,但限于主题并未将此专题研究深化。

回顾有关《学灯》研究的历史我们就不难发现一个有趣的现象,即在不同时代、不同区域,研究者对《学灯》的介绍与评价出入极大。

在解放前,报刊史家张静庐对《学灯》的历史价值的认知是有代表性的。1928年张静庐在《中国的新闻记者和新闻纸》一书中谈到了《学灯》的兴起和没落时说:"在上海的新闻纸,从事于新文化运动的,要算《时事新报》和《民国日报》。最初,上海和内地的教育界,所喜欢看的日报,莫过于上海《时报》,因为时报在当时,对于教育界的新闻,记载特别详细的缘故;从新文化运动后,全国青年的思想,为之一新,时报的主编者,不晓得迎合时代潮流,并一张副刊都不肯出版,仍保留其《馀兴》《小时报》的老套头。因此,时事新报的副刊《学灯》,应时而起,延宗白华为主编,撰述者都是一时之选,于是学界极表欢迎,时报十余年来在教育界里所打下的根基,不能不摇动,以至于倾坍。《学灯》自宗白华郭虞裳以至郑振铎的编辑,仍还能够保留其独立发展的精神,郑去,后继无人,归并报尾,以至今日,已没有人再提起这一张曾经脍炙人口的《学灯》了。"①他在谈到新文化运动中报纸副刊的影响力时又表示:"自新文化运动后,上海民国日报增添副刊一张,名'觉悟',时事新报的副刊名'学灯',专载学术思想的介绍,和批评,与新文艺的翻译和创作,为一般新学界所欢迎;均印单张,可以合订。惟现在'觉悟'与'学灯'二栏虽犹存在,已无生气,迥非往日之有左右学术界的势力了。"②评价不可谓不高。

在中国大陆地区,系统对《学灯》进行资料整理和尝试进行初步阐释的努力主要是20世纪50年代后期由生活·读书·新知三联书店出版,中共中央马克思、恩格斯、列宁、斯大林著作编译局研究室编著的《五四时期期刊介绍》。编者说明他们的编写目的是:"五四运动时期出版的为数众多的期刊是研究中国共产党成立以前的民主主义文化运动和马克思主义思想运动的重要资料,……就近几年来我们所搜集和整理的这一方面的刊物,作出比较系统的介绍,并编印目录,为进一步的研究工作提供资料。"③而

---

① 张静庐:《中国的新闻记者和新闻纸》,现代书局,1928年初版,第33页。
② 张静庐:《中国的新闻记者和新闻纸》,现代书局,1928年初版,第63页。
③ 中共中央马克思、恩格斯、列宁、斯大林著作编译局研究室编著:《五四时期期刊介绍》第一集上册,北京:三联书店,1959年第一版,第1页。

他们的编辑重心则是:"期刊内容的详细介绍,对每种刊物的主要言论,我们分析了它的总的思想倾向,着重介绍了有关宣传新文化新思想、十月革命的影响、马克思主义在中国的传播、先进知识分子的思想转变以及与劳动人民的结合等方面的材料,并且批判了错误的和反动的言论,特别是反马克思列宁主义的言论。"①从这套书籍的编纂思路来看,显然是深刻地打上了那个时代政治色彩的烙印。从这套书籍的编辑规模不难看出这是官方组织的一次大规模的学术研究活动(总共介绍了从五四时期前后的期刊一百六十余种),而且是由中共中央马克思、恩格斯、列宁、斯大林著作编译局研究室编著的,我们不难想见这套书籍的特点了。这套书籍共分三集,每集又分上下册。在每集上册的第一页都有关于本集涉及刊物的一个简略的介绍,一般都是一句话,言简意赅,措辞也是耐人寻味,颇有盖棺定论的政治色彩,比如提到著名的副刊时说:"'晨报'副刊是著名的宣传新文化思想和社会主义思潮的大型副刊;'星期评论'、'觉悟'、'建设'是紧接着五四运动以后在上海出版的进步期刊;'解放与改造'('改造')是以反对马克思主义为主要内容的杂志;'学灯'是著名的时事新报副刊,从'学灯'中蜕化出来的极端反动的、专门宣传基尔特社会主义的'社会主义研究'②也是时事新报的副刊,在这里将它们一并介绍。"③从中我们可以看出当时的研究关注的都是这些报刊在宣传社会主义、马克思主义时所体现的政治倾向,并且把这种政治倾向简单地同它们的价值挂起钩来。虽然如此,当时的研究即使是在现在看来,仍然是有一定价值的,尤其是在资料的搜集与整理方面。

《五四时期期刊介绍》中,对《学灯》的一些基本资料进行了介绍(这部分基本上是可靠的)④,并且对它在新文化运动格局中的文化、学术角色也

---

① 中共中央马克思、恩格斯、列宁、斯大林著作编译局研究室编著:《五四时期期刊介绍》第一集上册,北京:三联书店,1959年第一版,第1页。
② 《社会主义研究》也是《时事新报》的旬刊:"社会主义研究"原是《学灯》的一个专栏,于1921年9月16日独立出来成为旬刊,该刊到1922年6月停刊,共出25期。
③ 引自"说明",资料来源:《五四时期期刊介绍》,第一二三集,北京:三联书店,1959年第一版,均为第1页。
④ 也只是"基本"可靠而已,即使是它最出色的目录整理工作,现在看来也只能说是差强人意。可能是出于政治上的考虑,在目录整理中去掉了一些所谓的"反动"文人的内容,比如1925年11月26日,当日《学灯》中的其他文章都收到了目录中,只有一篇学灯编辑部同人作的《悼郭梦良》却被选择性地"遗漏"了。

研究系与《时事新报·学灯》

进行了政治定位。不妨抄在下面：

> 五四时期的著名的日刊"学灯"，是上海"时事新报"的副刊，创刊于 1918 年 3 月 4 日，起初每周一次，5 月起每周二次，12 月起每周三次，1919 年 1 月起改为日刊，星期日休刊；12 月起逐日刊行。1921 年 5 月 10 日起，"时事新报"增辟"文学旬刊"，9 月 16 日起，增辟"社会主义研究"旬刊，每逢这些副刊出版时，"学灯"就休刊。我们已见最晚的"学灯"是 1925 年 11 月的。"学灯"的版式也几度改变。最初每期只占大半版（下半是"新闻屑"副刊），1919 年 2 月起扩充为两版。1922 年起改为 4 开 4 版的附张（1923 年 4—10 月为横四开），1924 年 10 月起"学灯"和"文学""艺术"等副刊的第 4 版辟为"教育界"附刊，"学灯"的篇幅只占三版。1925 年 7 月后更缩小为两版，但 11 月 11 日起又与"教育界"合并扩充为四版。1923 年起，"时事新报"陆续增辟副刊多种：1921 年 11 月 4 日创刊"青光"日刊，内容以青年的文化娱乐生活为主；1923 年 4 月 8 日创刊"合作旬刊"，是合作研究会的刊物；1923 年 4 月 14 日创刊"艺术"也是旬刊①，已见最后一期为 1925 年 11 月 21 日出版的 126 期；1925 年 5 月 11 日起创刊书评性的"鉴赏周刊"，已见最后一期为 1925 年 11 月 30 日出版的第 26 期。"文学旬刊"由郑振铎编辑，37 期（1922 年 5 月）起正式定为"文学研究会"的出版物，56 期（1922 年 11 月）后由谢六逸主编，"学灯"出版期数也就相应地逐渐消减。从 1922 年 2 月起，"学灯"按月出版单行合订本，1923 年起从五卷计期，每年为一卷，每月为一册。（笔者注：这部分史实稍不完全，时事新报的副刊还包括"工商之友"、"泼克"、"现代妇女"②、"余载"、"上海"等）

"学灯"的编辑也更换了多次。最初由张东荪负责，不久由匡僧主编，匡僧于 1919 年 4 月 25 日声明因脑病辞职，改由澹庐即俞颂华负责，后又改郭虞裳（曾任上海南洋商业专门学校校长）。1920 年 1 月起，李石岑接编，直到 1921 年 7 月底，此后郑振铎一度担任编辑，1922

---

① 上海美术专科学校艺术学会的定期刊物，初为旬刊，8 月后改为周刊，每周日出版。
② 《现代妇女》旬刊是妇女问题研究会和中华节育研究社的共同刊物，由时事新报馆发行，共发行 34 期，在 1923 年 8 月 16 日声明与《民国日报》副刊《妇女评论》（由妇女评论社主办）合并，同年 8 月 22 日改出《妇女周报》，并由《民国日报》附送，也单独发行。

年2月起改由柯一岑负责,约到1923年初为止。此后"学灯"的编者不明,只知道基尔特社会主义者徐六几和郭梦良都曾担任过。从编辑人的思想倾向来说,除了张东荪是臭名远扬的资产阶级改良派以外,大多也是资产阶级知识分子,或多或少是受张东荪的影响的。"时事新报"是研究系在上海的机关报,在研究系中又属于梁启超张东荪等的一派,因此政治态度和同属于研究系的"北京晨报"及"国民公报"比起来,更为右倾,而"学灯"虽以宣传新思想闻名,实际上从开始起就属于新文化运动中的右翼,质量比"晨报"副刊差得多,和"民国日报"的副刊"觉悟"更不能比。愈到后期,"学灯"的脱离实际、脱离群众的资产阶级学术气息愈为浓厚,最后蜕化出"社会主义研究"这样的反动刊物,而它本身也就丧失了生命力,连原来的虚名也保不住了。①

从中可见,在20世纪50年代编纂的《五四时期期刊介绍》对《学灯》的评价非常之低！它也谈到了《学灯》后来的没落及其缘由。可如果我们把它对《学灯》历史沿革、衰落缘由、历史评价的描述与同期台湾出版的大学新闻学系教科书——曾虚白主编的《中国新闻史》——做一个对比,我们就会发现对同一个刊物的两种表述反差极大。在1966年4月台湾出版的《中国新闻史》曾风靡一时,后来作为大学教科书,其中对《学灯》是这样描述的:

> "五四"新文化运动,是现代中国历史上的一个转折点,报业是文化的尖兵,自然在这一运动中起了很大的作用。……因为报纸天天出版,读者多,只要登高一呼,声势自然很大。宣传新文化运动最早,和最有力的报纸,是上海的《时事新报》。该报属于研究系。梁启超、张东荪、蓝公武等一班人,搞政治失败以后,就致力于文化革新,使《时事新报》成了鼓吹新文化运动的一支主流。《时事新报》的副刊,本来叫《报馀丛载》,曾刊载"上海之黑幕",连续三年。民国七年三月四日起,这一副刊上,增加了一版《学灯》,专载介绍学术,讨论思想的文字,很受教育界的欢迎。《学灯》初发刊时,本来是周刊,同年五月,改为半周

---

① 中共中央马克思、恩格斯、列宁、斯大林著作编译局研究室编著:《五四时期期刊介绍》第三集上册,北京:三联书店,1959年第一版,第270页。

刊,十一月改每周三次,十二月起,改日刊,由此可以知道读者对它的反响。民国十八年五月中旬停刊,廿六年二月十四日复刊,为寿命最长的副刊之一。《学灯》的内容很广泛,包含《文学旬刊》、《现代妇女》、《艺术》、《青光》、《戏剧》等各种周刊。该刊先后的主持人,是宗白华和郭虞裳等。……可惜的是,该报在报业经营方面力求革新,在政治思想方面,却日益走向反动。民国十六年以前,该报一直是研究系的言论机关,一方面鼓吹新文化,一方面却从事反国民党的宣传。国民革命军打下江西,该报经理林炎夫有先见之明,先到南昌,向各方面要人设法疏通。民国十六年,北伐成功,该报遂得以照常出版。同时,该报也改组,由申报经理张竹平参加。张氏重整旗鼓,请陈布雷任主笔。第二年,陈氏离开,由程沧波继任。该报自脱离政治的关系后,开始走向企业化,成为全国最有名、销数最大的报纸之一。……新文化运动策源于北京,但是主力线却在上海,这因为北京在军阀的统治下,受限制很大。上海有租界作庇护,言论比较自由。实际从事新文化运动的是知识分子(包括教授、学生、作家)和报纸、杂志。在报纸中,立功最大的要算《时事新报》和它的副刊《学灯》;《民国日报》和它的副刊《觉悟》;《北平晨报》和它的副刊《副镌》。……在上海,一般人称副刊为"报屁股",可见它在人们心目中的地位。《学灯》、《觉悟》、《晨报副镌》的最大贡献是,它们提高了自己的地位,也提高了读者的水准。过去写"报屁股"的大多是落魄的文人;而给这几个副刊投稿的,却大都是当时有名的学者和作家。它们特别受到学生的欢迎,因此所发生的影响也很大。报纸固然推进了新文化运动,新文化运动也促进了报纸的改革。最明显的是,报纸所用的文体,开始由文言变成了白话,并且加上了新式标点符号。这一方面增加了报纸的教育功能,也扩大了报纸的读者群,拓展了报纸的销路,推进了中国的整个报业。

可见,台湾研究者曾虚白对于以《学灯》为代表的现代报纸文艺副刊的历史作用是极为肯定的,而关于《学灯》兴起与没落的原因,曾虚白等人则是延续了解放前张静庐早期的说法。

有趣的是,中国大陆20世纪50年代在《五四时期期刊介绍》中抨击《时事新报》及学灯》为臭名远扬的资产阶级改良派的"反动刊物",而台湾曾虚白等人因为该报反对国民党也评价其发展历程为"日益反动"。毫无疑问,研究系特殊的历史角色注定了他们在共产党和国民党的眼中都是"双重的"反动派。

既不同于中国大陆《五四时期期刊介绍》认为"《学灯》价值远逊于《觉悟》"的观点,又不同于台湾曾虚白主编的《中国新闻史》中将"《学灯》、《觉悟》历史功绩并举"的说法,五十年代初退居香港的曹聚仁作为与陈望道、邵力子等民国日报馆同人有很深历史交情的文史学家,却在自己兼具回忆录和文学史性质的著作《文坛五十年》中说:"其实,领导五四运动的文化人,并没有一个是属于国民党的;……站在新文化运动的激进线上,研究系梁启超派所创办的北京晨报,和上海时事新报的学灯,其在文化上所尽的大力,远在国民党的上海民国日报(觉悟)之上。"①

事实上,对同一历史对象的不同的评价与各派所处的历史环境、所持的政治立场有关系,当然也与各自基于与该对象的历史渊源和情感亲疏的不同所形成的特定历史视角有关。

我认为张朋园的历史观有历史研究观念上的指导意义。他说:"中国的传统历史观在追求历史的垂询价值。西方人的历史观在解释现在的由来。两相比较,西方人的说法似较为合理。历史的价值不容易判断,借历史以了解现在却是逻辑的发展。"②在新的历史条件下,我们是有必要对《学灯》及研究系做出符合历史发展逻辑的判断和评价的。这样的研究无疑是有很高的学术价值和意义的。

首先,《学灯》作为五四时期著名的"四大副刊"之一,在中国现代思想史、文化史和出版史上曾产生过巨大且深远的影响,但长期以来,学界对它全面、深入的研究是有所欠缺的。本研究是学界首次以研究系主持下的报纸副刊《学灯》历史沿革及其与研究系之间互动关系为主题的研究,它可以帮助我们历史地认识以梁启超、张东荪、蓝公武等为代表的研究系知识分子在五四新文化运动大潮中的思想特征、政治观念和文化理念,认识到他们在政治上挫败之后文化转向的必然性以及此后从事新文化建设的历史功绩和文化意义。借此我们可以较全面地了解这个被中国思想史、文化史、新闻史"遮蔽"多年的政党社团的文化、思想风貌,即拂去历史的灰尘来

---

① 曹聚仁:《文坛五十年》,香港:新文化出版社,1954年初版,第115页。
② 张朋园:《进步党——兼论清末民初温和型知识分子的来龙去脉》,转引自《中华民国史事纪要》,1913年上册,第587页。

重新认识研究系的文化建设作为和价值。其次,本研究首次阐明了研究系知识分子的参与及其与北大新青年一派紧密的互动关系带给五四新文化运动的复杂性和多面性,这对于我们重新历史地、全面地认识五四新文化运动的参与力量,立体地、深入地认识北京大学新青年一派知识分子群体有着重要的比对意义和他者价值。这也对我们重构五四新文化运动历史场景、构筑更丰饶可观的五四新文化生态,并以此为基础进一步完善五四新文化运动整体格局的建构具有重要意义。再次,通过将《学灯》看作一个历史文化生命主体,历时性地探究它的诞生、发展、成熟乃至衰亡的全过程,探讨五四时期上海一地由报纸副刊、杂志、书局等构筑的社会文化生态、文化网络的紧密互动关系,对我们认识以《学灯》为代表的报纸副刊是如何引领上海新文化运动向纵深开展提供一个崭新的历史叙事模式,这也可以与北京新文化运动的"一校一刊"(即北京大学加《新青年》)模式相对照,让我们更好地认识上海新文化运动建设的特殊性。最后,通过对《学灯》与新文学运动关系的梳理,有助于我们更好地了解现代文学的发生、发展和成熟,更深入地认知作家、作品、文学思潮、社团流派的产生与编辑、传媒的互动关系等有关文学创作的原生态风貌。

　　总之,我们就是想要通过研究《学灯》来"解剖一只麻雀",将其放置于复杂的历史原生态中,探究其在研究系的主持下在思想文化、文学生态建设上取得的成绩和存在的不足,历史且公允地评判其价值和地位。现在学界出现了一种不良倾向,也就是盲目求大求全地去进行所谓"史"的创作。我认为陈思和教授的看法在当下学界非常具有警醒作用。他说:"以我私见,凡一项科研项目的确定,宏观的综合研究应该越少越好,而具体的问题研究、个案研究却越多越好,这就好像是建造大厦的基础材料,如果没有这些扎扎实实的基础性的个案研究,就想建构什么理论框架或写什么'史',简直如同儿戏一样。所以我所购买的专业书,大都限于具体的作家研究、问题研究和单位个案研究,这类书收集资料齐全,研究态度踏实认真,提供出来的有用信息就比较多;而对于一些动不动就是这个'史'那个'史'的宏观研究,我一般总是敬而远之,因为我读过不少这样的宏观研究,大都是蜻蜓点水,于材料缺乏认真考辨,于理论大都似是而非,不读也没有什么损失。"①陈思和教授的看法不仅针砭学界时弊,而且他所提出的个案研究的

---

① 陈思和:《谈虎谈兔》,桂林:广西师范大学出版社,2001年6月第一版,第364页。

优势则从另一个方面指明了报纸文艺副刊研究的学术路向、研究范式,那就是从个案研究出发,以扎实丰富的材料为基础,树立历史文化语境的全局意识,不但重视史料、史事、史实的收集、整理与考辨,而且要在提升问题意识、注重问题导向的同时,坚持论从史出,面对材料要有相当的理论分析和阐释能力,要在知识格局和思想框架的构建中做到史料与理论的有机结合。

三

作为个案研究,对研究系主导下的报纸副刊《学灯》的全面、整体、系统的研究一直是学界的空白。本文尝试在这方面做一些工作,但是这样的研究工作显然也有很高的难度。

第一,摆在研究者面前的就是资料问题。五四"四大文艺副刊"里,《晨报副刊》(起先名为《晨报副镌》,1925年改为《晨报副刊》,本文为论述方便,统称《晨报副刊》)的保存现状是最为理想的,有原刊,也有影印本,几乎各个综合性高校和图书馆都有收藏,查阅起来非常方便。其次,就是《民国日报·觉悟》了,人民出版社在1981年影印了全套的《民国日报》,但是由于它的合订本没有保存下来,因此要想看副刊就需要翻阅全部的《民国日报》。"由于当时的编者考虑装合订本的方便,在《觉悟》的版式设计方面动了很多脑筋,许多情况下,读一期《觉悟》就要把厚厚的一巨册《民国日报》颠来倒去地翻转好多遍。"①但因为有影印本,所以阅读起来相对还是比较方便的,传统文科院校和各大图书馆都有保存。再次,要算是《京报副刊》,虽然没有影印本,但是由于存在当时的合订本,因此,保存现状也相对理想,在国内个别传统重点文科院校、国家级图书馆有藏,比如北大、复旦、南大(虽有但不全)、国图、上图(南图没有)。但是由于没有影印本,只有原版刊物和微缩胶片可读,因此相关研究受到限制。保存状况最差的是《学灯》,国内高校中只有北大有存,复旦馆藏只有一页《学灯》,南大、南图都没有,上图和国图也只是有微缩胶片可供借阅。② 即使是现存的《时事新报》

---

① 史建国:《〈民国日报·觉悟〉研究》,南京大学博士论文,2009年5月,第5页。
② 上海图书馆一楼近代史资料室也只有8台胶片阅读机,相比起众多的微缩胶片读者,真可谓捉襟见肘。上图有关《学灯》的微缩胶片是1985年4月拍摄,原刊为北京大学图书馆收藏。该微缩胶片的复制规格是使用35mm胶卷按照缩小倍率14倍来制作的。

以及《学灯》,由于种种政治原因,长久以来不受重视,资料散佚现象严重,只能说是基本完整。

当我们说现代报纸文艺副刊研究在学界已经成为显学的时候,事实上,我们清楚,这门所谓的"显学"是以客观资料的限制而将绝大多数研究者排除在外而形成的。如果不突破资料瓶颈的限制,不让更多的研究者享有资料上的便利、平权进而参与进来,以四大文艺副刊为代表的报纸副刊研究就不可能成为一门真正的"显学"!

第二,如果要研究《学灯》,必须要深刻、全面地了解五四时期前后中国思想史、文化史、新闻史、文学史、政治史等多方面状况,形成相应规模的知识结构和整体框架,也就是说要把《学灯》认作一棵大树,而去整体、深入地了解其所处身的文化生态、社会生态等各型文化生态,从而做到"在森林里说树木"。比如,如何看待研究系从事新文化运动建设,《学灯》在研究系整体文化格局构想中的角色与作用是什么,研究系的报纸副刊与北大新青年一派是怎样交往的,五四新文化运动的复杂性和多样性是如何体现的,五四时期前后新闻生态尤其是副刊文化生态是怎样的,《时事新报》的其他副刊与《学灯》的关系如何,《学灯》是如何引领上海新文化运动向纵深开展的等等。新的研究对象必然产生新的问题意识,这对写作者的要求,尤其是在知识储备、学识构架、问题激发、材料整理与分析、理论提升等方面的要求是很高的。

第三,《学灯》这个副刊本身具有相当的复杂性,时代的复杂在它的身上有着鲜明的烙印。它的产生、扩充、发展、成熟乃至最后走向没落,都有着非常复杂的内在和外在的交互原因。一方面,它的主编变换频繁,各种社会力量、文化力量甚至是政治力量随着主编的变化而相继介入到《学灯》的生命历程中,比如少年中国学会、文学研究会、今人会等等,并在刊物各个阶段历史面貌中留下了难以磨灭的印记。另一方面,作为研究系的报馆,时事新报馆主事者的种种管控存在于无形之中。基于这样的内外特征,我的想法是做到"由树木而见森林",通过对《学灯》自身和所处历史文化语境复杂性的描述,来探讨新文化运动在上海地区开展的文化动力结构,以及由《学灯》而展开的各种错综复杂的社会联系、文化力量是如何功能性地组合在一起并成为新文化运作的整体。

第四,《学灯》是我们研究的对象,如何处理好媒介研究和文学研究的关系也是非常棘手的。在有的媒介研究中,报纸刊物只是被当做了文学研究的资料库,完全忽视了媒介自身的历史文化生命意识和功能运作的整体观念,这样做很容易把媒介研究做成一个五花八门的大拼盘,有些传统的中国现代文学研究专家甚至因此而对文学史视野下的报纸副刊研究根本上持否定态度。从总体上来说,关于报纸文艺副刊的研究还没有在整体上形成一套严谨的研究规范和学术范式。但正因为如此,就更需要我们多进行个案研究,来充分地积累研究成果与经验,这个类型的报纸文艺副刊研究必然将给中国现代文学研究带来崭新的气象。

最后需要说明的是,本书的研究对象是五四时期前后在沪由时事新报馆编辑发行的《时事新报·学灯》,1938年渝版《时事新报·学灯》不在研究范围之内。

第一章 《学灯》之前世

《学灯》是《时事新报》的副刊,要认识《学灯》出现的意义与价值,就必须对《时事新报》发展的历史进程有所了解,而这一切又都离不开二十世纪早期一个令人不能不说但却面目暧昧的政治文化团体——研究系。与此同时,对于当时的社会文化语境、报纸副刊出版生态的考察也对我们回到历史现场进一步地认识《学灯》出现的原初场景来说,意义重大。

第一节 梁启超、进步党与《时事新报》

要说《学灯》,就不能不说它的正张《时事新报》。新闻史家张静庐在谈到中国人自己办的报纸时,概括地谈到了《时事新报》等报纸的发起。他说:"待光绪二十一年,中日战争之后,民气陡涨,民报(指民间的报纸,笔者注)的产生,更如雨后春笋般的勃兴,强学会的《中外纪闻》,《强学报》,先后在北京上海出版。著名的《时务报》,《时务日报》,《苏报》,《时报》,《神州日报》,《时事新报》等,都相继在上海产生了。这是民有新闻纸的最盛的创始期,当时编著的都是有名的学者,如康有为,梁启超,章太炎,蔡子民,吴稚晖,于右任,狄平子,汪穰卿等,可惜都是一班文人,除了下笔千言的做做文章外,不明经营之术,因此,经济发生困难,便渐渐的消灭,现在我们还能够看到的,只剩有《时报》,《时事新报》,和香港的《循环日报》罢了。"[①]如果从确切的意义上讲,张静庐的解释是不准确的。著名报人徐铸成在谈到《时事新报》起源的时候,则是说:"《时事新报》的创刊,正是梁(指梁启超,笔者注)等在政治舞台上最后挣扎的时候。它的前身是《舆论日报》,原是清末

---

① 张静庐:《中国的新闻记者和新闻纸》,现代书局,1932年第三版,第18、19页。

反动官僚上海道蔡乃煌创办的,此时已停刊,梁和张东荪等集资接盘过来,创刊了《时事新报》。"①徐铸成的记述也是错误的。

资料表明,《时事新报》是直到1911年5月18日才出现的(并没有张静庐所说的那么早)。它的前身《时事报》是由邵松权等人集资创刊于1907年12月5日,延请汪剑秋主编。② 1909年因经营不善被上海道台蔡乃煌收购并入了由狄葆丰1908年创办的《舆论日报》③,1910年更名为《舆论时事报》④,1910年9月23日出版至第999号再次进行改版,第1000号则又改回原名《时事报》,报务由孙家振、雷缙主持,主笔为章佩己,聘请吴沃尧为副刊主编。⑤

1911年5月18日,《时事新报》正式面世,刊头标明是第1230号(编号与《时事报》相承继)。当日的报纸头版头条,在"本报特别广告"中指出:"时事报馆开设已及五年谬承海内外通人不弃良深感□兹特因世运进步 在朝有责任之内阁在野有各级之议会 人有政见探吼欲出 而交通之责任在报章 本报不敢不自尽天职与时事为因应 竭力整顿大加扩充 冀事国民喉舌之本分 即酬诸君子期望之雅怀 谨于四月二十日(阳历为5月18日,笔者注)更名曰时事新报 以为更新之纪念●一本报聘请前中外日报总经理汪仲阁先生主持报事并广聘社员分科编辑●一本报特请法政教育实业各专家及习于掌故者为顾问员以辅本报社员之不及……"⑥可见,之所以改变报刊名称是因为清廷颁布预备立宪的旨意,无论地方或是中央都有了参政议政的机会,于是舆论大兴。"时事新报虽然是一间民营报纸,但早期的主持人具有远大眼光,有意把它发展为一份现代化的报纸。当最初采用时事新报为名的时候,已宣誓其新颖的编辑政策。"⑦那么创办《时事新报》的

---

① 徐铸成:《报海旧闻》,上海:上海人民出版社,1981年2月第一版,第50页。
② 1909年时《时事报》的主笔是雷君曜。参见许金生主编《近代日本在华报刊通信社调查史料集成》(一),北京:线装书局,2014年10月初版,第45页。
③ 1909年,该报主笔是于佶人。《舆论日报》与《时事报》合并时,两报的发行量都是在三千份左右。
④ 当时的主持人是张敬垣,主笔是雷君辉(可能是雷君曜之误)。发行量在六千份左右。
⑤ 另一说,主持人为童弼臣,主笔是孙玉声。发行数在八千左右。以商务印书馆张元济等人为后援。参见许金生主编《近代日本在华报刊通信社调查史料集成》(一),北京:线装书局,2014年10月初版,第173页。
⑥ 《本报特别广告》,《时事新报》1911年5月18日头版。汪仲阁,即汪康年胞弟汪诒年,浙江钱塘人,中国近代报业先驱,著有《汪穰卿先生传记》。
⑦ 袁昶超:《中国报业小史》,香港:新闻天地社,1957年7月第一版,第88页。

人,究竟是谁呢?

就是与梁启超关系密切的张元济、高梦旦等人!

如果深究《时事新报》的诞生,则与张謇、张元济、郑孝胥等人主持的立宪团体——预备立宪公会有关。预备立宪公会,是清末著名的资产阶级立宪政团,成立于1906年12月16日,是响应同年9月清政府下诏预备立宪的旨意而成立的,它的目的就是要"使绅民明悉国政",以预备立宪为基础。1911年2月6日,预备立宪公会召开新年大会,并补行上年年会,由于会员分处各地,因此通过通信投票的办法,张謇当选为正会长,郑孝胥和张元济当选为副会长。既然要让国民明悉国政,宣传教育民众的工作就极为重要,但是在张元济的眼中"中国报界堕落极矣",因此,在1911年初,张元济一方面准备创设杂志,来宣传立宪,他在写给梁启超的信中谈道:"再敝馆明正拟发行《政法杂志》,月出一册,冀以普通政法知识灌输国民,拟乞大文一、二首,冠之简端,以增光彩。"另一方面,张元济就是要创设报纸,与《政法杂志》一道形成组合拳,来宣传预备立宪。

1911年4月5日,张元济在写给梁启超的信中说:"日报为今日一大要事,京中要人无不各挟一报以自护,从此国中恐只有个人之私言,而无国民之公论,非有贤者出为拯救,世道人心真不可问矣。友人去岁购入《时事报》,弟归自海外,来相商榷,宗旨相同,约集得三万金,尚不能动手。饷械未足,不敢轻易出战。然已踬决肘见,窘态毕露,亦可见近日经济之困难矣。但祝天佑中国,早赐刀环,旌旆归来,定当虚左以待。但不知何日方偿此愿?"①在1911年5月12日,也就是《时事新报》面世前一个星期,张元济在给梁启超的信中又说:"日报近稍稍布置,拟即日更换面目。惟人才太缺乏,即云改革,恐亦不过如近日之新内阁。前书谓日报为不可缓之事,将至台湾有所谋划,不知果有端绪否?"②此时,张元济已经透露了想要革新《时事报》的想法,即"拟即日更换面目"。同时,张元济在这里说的梁启超远赴台湾为办报募捐筹款是确有其事的。梁启超年谱记载:"(1911年)入春以来,党内同志很多人提议创办日报,所以先生这时候有创办北京、上海两大日报的计划。这次他游台,除了考察的动机以外为报馆筹款也是一个很大

---

① 张元济:《张元济全集(三)》,北京:商务印书馆,2008年12月第一版,第217、218页。
② 张元济:《张元济全集(三)》,北京:商务印书馆,2008年12月第一版,第218页。

目的。"①在写给《国民公报》主编、同党徐佛苏的信中,梁启超也说:"仆顷欲筹十万金办两报馆(以七万办沪报,以三万办京报),今虽未有眉目,然可希望者数处,日间将为台湾之游(公若三月末来最妙,否则恐吾正往台也),亦为此事。若成,则都局非公莫任耳。"②1911年5月4日,徐佛苏给梁启超的回信中也提到:"即日接读手谕,知远游有所图,并注意言论机关,为之轩然久久。……弟此行甚欲筹办报。游台既无所得,不知他处尚有可图者否?即乞预为筹布。"③可见,当时梁启超、徐佛苏等人非常希望在北京、上海有自己的言论机关报,可以发出自己"君主立宪"的声音。④ 在1911年5月31日,此时《时事新报》已经面世了,在张元济写给梁启超的信中,张元济说:"《时事新报》为弟与梦旦数人所组织,仍延仲谷综理社事,已属发报处按期邮呈,敬祈教正。"⑤在同年7月5日致梁启超的信中,张元济又表示:"《时事新报》已属按日邮呈,其中舛谬之处务祈勿吝教诲。今日所谓舆论,无非一种偏激之谈,实不足以膺国民先导之任。敝报颇欲力矫其弊。而彼众我寡,不知何日方能唤醒群迷?想公闻之当亦为之扼腕也。"⑥可见,从《时事新报》创立一开始,张元济就按日给梁启超邮寄该报,梁启超与该报之间的紧密关系可想而知。梁启超也积极地回应了张元济的召唤,梁启超在7月7日给张元济的回信中表示:"于万无可为之中犹思所以拯救,一线光明亦未始无有。第非合群策群力,萃于一点,则成功不可期;非必得吾兄为中坚,指挥一切,然后同人兴会得以发起,而事可有济耳。"⑦当然,我们必须指出,《时事新报》此时是预备立宪公会的机关报,据郑孝胥日

---

① 丁文江、赵丰田主编:《梁启超年谱长编》,上海:上海人民出版社,1983年8月第一版,第541页。

② 丁文江、赵丰田主编:《梁启超年谱长编》,上海:上海人民出版社,1983年8月第一版,第542页。

③ 丁文江、赵丰田主编:《梁启超年谱长编》,上海:上海人民出版社,1983年8月第一版,第548页。

④ 当时"梁启超因为上海各报馆对他个人和立宪党屡次攻击,曾发表《与上海某某报馆主笔书》一文。张元济也为他打抱不平。可见,梁启超也急需在上海有一个可以发出自己声音的机关报。引自丁文江、赵丰田主编《梁启超年谱长编》,上海:上海人民出版社,1983年8月第一版,第549页。

⑤ 张元济:《张元济全集(三)》,北京:商务印书馆,2008年12月第一版,第220页。

⑥ 张元济:《张元济全集(三)》,北京:商务印书馆,2008年12月第一版,第220页。

⑦ 梁启超:《梁启超致张元济函》,参见《张元济全集(三)》,北京:商务印书馆,2008年12月第一版,第220、221页。

记记载,张元济在《时事新报》创刊后曾专门来访,"谈《时事报》推广情形"①。此时,《时事新报》并不是直接受梁启超控制的。

然而,作为历史当事人——曾经担任过《时事新报》经理——张云雷则直接讲明了梁启超对《时事新报》派系归属变更的影响,张云雷说:"《时事新报》最初是由南通张謇办博览会赚来的钱办起来的。②张謇把这个报交给了他的秘书孟森去主持,原来的意图是赚钱,偏偏事不如愿,蚀了本,故有停办的意思。主持人孟森,号纯生,是共和党的人。孟森到北京找梁启超透露了这个消息,建议共和党把这个报买下来。梁启超听了很高兴,对我们说:'上海是个新闻中心,我们在上海不能没有报,还是趁这个机会,把整个报纸买下来。'这个报买下来后,最初是由徐寄顾管理的。徐因兴业银行的事忙,要离职。正好这时第一次国会无形解散,我回到上海。大家怕让别人管理浪费,就让我来管,因此我当上了《时事新报》的经理。报纸上的生意仍然不好,黄溯初等人主张停办算了,梁启超却坚持一定要办下去,他说:'我们的政见别处不让你发表就不能发表,自己手里有个报纸就好办。'在他的坚持下,我们还是继续办下去。"③在张云雷的叙述中,我们不难看出《时事新报》从它诞生一开始就与梁启超、张謇等宪政派旧人关系极深,最终落入梁启超的手中也是在梁启超"宁愿赔钱也要手里有个报纸好发声"这个指导观念下的必然结果。张元济的说法和张云雷的说法看似有出入,其实也并不矛盾,张元济的说法侧重的是《时事新报》初创时期自身的初衷与努力,而张云雷的叙述则重在《时事新报》创刊时经济来源以及主导力量的前后更替。④

清末,清朝政权已处于风雨飘摇之中,而革命的形势可谓是一日千里。我们不妨看看《时事新报》诞生在一个怎样的历史阶段和社会环境中:

1911年4月27日,黄兴率领革命志士170余人于广州起义,不幸失

---

① 参见张人凤、柳和城编著《张元济年谱长编(上)》,上海:上海交通大学出版社,2011年1月初版,第321页。
② 此处所指的博览会从时间上来看应该是指1910年于南京召开的"南洋劝业会"。
③ 张云雷:《〈时事新报〉忆旧》,《文史资料存稿选编》(文化卷),北京:中国文史出版社,2002年8月第一版,第117页。
④ 孟森其实本身就是预备立宪公会的编辑员,可见《时事新报》创刊时与预备立宪公会的渊源。

败,先后死难者有 86 人。

同年 4 月 28 日,顺德民军起义响应革命。

4 月 30 日,清廷召见王公大臣,商议内阁官制。

5 月 3 日,江苏谘议局议长张謇及议员因为抗议总督张人骏不尊重谘议局职权,全体辞职。

5 月 8 日,清廷颁布内阁官制,以奕劻为总理大臣,那桐、徐世昌为协理大臣,梁敦彦等为各部大臣。

同日,清廷下诏命令各省谘议局不得逾越权限。

5 月 9 日,清廷宣布铁路干路收归国有。

5 月 12 日,各省谘议局代表在北京顺治门外松筠庵开会讨论国事,认为治标首在练民团,以武力达成宪政目的;治本则在改组新内阁,反对皇亲权贵担任总理大臣。否则各省谘议局将联合宣告邻邦,凡是清廷对外借款,概不承认。

5 月 17 日,资政院请开临时会,要求将预算借款事项交资政院讨论,清廷不许。

5 月 18 日,各省谘议局联合会代表,再度集会于北京顺治门外松筠庵,要求全国举办民团自保,商讨质问政府,应付时局。

同日,湖南保路风潮扩大。

5 月 23 日,各省谘议局代表连日在北京顺治门外松筠庵开会,决定事项多条,包括阁制、民兵、外债和参与宪法四问题,决议由各省谘议局议长与政府直接谈判。

5 月 24 日,各省谘议局联合会通过对清廷之质问书,并推举代表与内阁谈判,同时计划组织政党,作为政治活动之团体。

谘议局与清廷的对抗日益尖锐,终于让各省谘议局中很多还对清廷抱有幻想的议员清醒了过来。

1911 年 6 月下旬,湖南谘议局代表左学谦等赴京请愿,要求废止四国借款合同,未准,四川谘议局议长蒲殿俊(伯英)因为请愿而被押回原籍。在各省留京代表送行之时,"殿俊愤激之余告众人曰:'国内政治已无可为,政府已彰明较著不要人民了。吾人欲救中国,舍革命无他法。我川人已有相当准备,望联络各省共策进行。'于是各议员遂多暗中组织机关,以谋革命之进展。殿俊返川时,四川保路同志会已告成立,乃一面继续请愿,一面策动颠覆清廷"①。

可见,当时清廷早已是在风雨飘摇之中,而以各省谘议局为代表的"民气"日益伸张。② 立宪派知识分子逐步站在了清廷的对立面。要知道,就是在这样的时代大背景下,预备立宪公会的张元济、高梦旦、郑孝胥等人才购入并更名为《时事新报》的。而在北京,宪友会中梁启超一派的徐佛苏顺利掌控《国民公报》。③ 可以说,在京沪两地,立宪派都有了自己发声的喉舌机关。

1911年10月10日,武昌起义吹响了共和的号角。此时梁启超和作为预备立宪公会机关报的《时事新报》,面对举足轻重的袁世凯和风起云涌、一日千里的革命形势,展示出了怎样一种政治姿态呢?在革命的洪流中,以立宪起家的《时事新报》又是如何应对这个时代的呢?

从立宪派首领梁启超的思想以及他对袁世凯的期待来看,明显有一个转变过程。辛亥革命爆发之后,对于革命党发动的武昌起义本身,梁启超并不认为其会成功,因为在他看来革命党高层内部相仇,破裂之势已成,革命军只有割据之心,外国瓜分中国也只是时间问题:"此吾党所当认之甚真,万不可缘彼辈一时之声势,而遽为所炫者也。……故革命军杀尽满人

---

① 栗戡时:《湘路案》,《中华民国史事纪要》1911卷,台北:中华民国史料研究中心,1973年3月版,第366页。

② 徐佛苏曾说:"各省风潮集中之地,即为谘议局。盖因该议局之权力,可以代表民意,收受省民请愿,以监督本省之行政长官故耳。当日四川谘议局长蒲殿俊氏,湖北谘议局长汤化龙氏因彼此久有国会请愿团及宪友会之关系,又因请愿代表被清廷驱逐,吾辈同志有密谋地方革命之一段事实,故汤、蒲两氏乘此机会力谋川、鄂合作,借铁路风潮以推翻清室,蒲氏因得有鄂谘议局之后援,乃胆魄愈壮,决欲借保路权以张民权,故誓死代表民意,痛诋清室昏暴,激昂悲壮之电文不下数十通,随时登载报纸,激励国人。"引自《梁启超年谱长编》,第605页。同时徐佛苏还指出谘议局和梁启超之间的关系:"昔年国会请愿之能监促清廷,设立各省谘议局,畀人民以议政之权力者,实大半由于梁先生能以精神及著作领导余等之奋斗力。此可知民国之成立,梁先生实有间接之大力,并可知先生四十年间以著作报国之历史,实以此次运动者为第二期之事业。"引自《梁启超年谱长编》,第608页。

③ "《国民公报》现经各省代表多数意见,均允纯然让渡,归弟一人掌办,以视前日聘请之性质,迥乎不同,故弟欣然任之。惟每月须亏负八百元,大是问题,日后陆续筹款虽不甚难,然目前接办,青黄不接,令人气馁。"引自《梁启超年谱长编》,第550页。徐佛苏本人就是政闻社旧社员,1909年12月随各省谘议局联合会议员北上,从事联络宣传工作,1910年7月创办《国民公报》,以开导国民对于宪政知识及兴趣为目标,系立宪运动的大本营。《国民公报》创刊的缘起,主要是针对1910年6月27清廷驳回了各省请开国会代表的请愿书,仍然要求以九年筹备期满后再召集议院这个决定。当时各省国会代表团奉谕后曾决议七条措施,其中第六条要求回省各代表募集《国民公报》的捐款。此为《国民公报》经费最初的来源。

之时,即中国瓜分之时也。"对革命并不看好,但梁启超等人认为这是实现宪政一个极好的机会,虽然它打乱了梁启超谋划已久的拱卫中枢、宫廷兵变的筹划,梁启超也缘此略微调整了预定的计划:"今日所欲办之事,则一面勒禁卫军驻宫门,以备非常,即逐庆、泽,而涛自为总理,杀盛以快天下之心,即日开国会,当选举未集时,暂以资政院谘议局全数议员充国会议员,同时下罪己诏,停止讨伐军,极言今日时势不容内争,令国会晓谕此意,然后由国会选代表与叛军交涉,幸此次叛军非由中山主动,不纯然为种族革命,告以国会既揽实权,则满洲不革而自革之义,当能折服。……政府一面仍下诏废八旗,皇帝自改汉姓,满人一切赐姓,以消除怨毒,……荦荦大端,大率如此。若果能办到,则缘有武汉之一逼,而国会得有实权,完全宪政,从此成立,未始非因祸得福也。"①梁启超向党人坦承,自己的政策就是"和袁慰革,逼满服汉"。梁启超所运动的武力主要是清军吴禄贞统制的第六镇和张绍曾统制的第二十镇。但是,就在梁启超回国后希图大展宏图之时,吴禄贞遇刺身亡,张绍曾和蓝天蔚已入京,因此未曾得见,且传出蓝天蔚有不利于己之意,因此无功而返,前功尽弃。

即便宏图落空,梁启超仍坚持要实行君主立宪。他坦承:"夫痛恨满人之心,吾辈又岂让革党,而无如此附骨之疽,骤去之而身且不保,故不能不暂为过渡,但使立宪实行,政权全归国会,则皇帝不过坐支乾修之废物耳。国势既定,存之废之,无关大计,岂虑其长能为虐哉。吾党所坚持立宪主义者,凡以此也。"②可以说,直到1911年底,梁启超所怀抱的思想仍是老套的"虚君共和"。袁世凯在1911年组建内阁后,发表的阁员名单中将梁启超列为法律副大臣。对此,梁启超表示拒绝,他的想法是与袁世凯合作来平定大乱,"兵事项城任之,言论自任之意",而拟采用的办法则是"拟发表意见,并办一报,转移舆论"③。1911年11月26日,他在写给好友罗瘿公的信中解释自己推辞袁世凯要其担任的法律副大臣职位的原因时说道:"鄙人既确信共和政体为万不可行于中国,始终抱定君主立宪宗旨;欲求此宗旨之实现,端赖项城,然则,鄙人不助项城,更复助谁?……鄙人既抱一主义,必以身殉之,向不知有强御之可畏。昔者与不法政府斗,率此精神;

---

① 吴天任:《梁启超年谱(二)》,广州:广东人民出版社,2018年10月初版,第886、887页。
② 吴天任:《梁启超年谱(二)》,广州:广东人民出版社,2018年10月初版,第885页。
③ 丁文江、赵丰田主编:《梁启超年谱长编》,上海:上海人民出版社,1983年8月第一版,第567页。

今日与不正之舆论斗,亦同此精神。……吾自信,项城若能与我推心握手,天下事大有可为。虽然,今当举国中风狂走之时,急激派之所最忌者,惟吾二人,骤然相合,则是并为一的,以待万矢之集,是所谓以名妨实也。吾自问,对于图治方针,可以献替于项城者不少;然为今日计,则拨乱实为第一义,而图治不过第二义。以拨乱论,项城坐镇于上,理财治兵,此其所长也。鄙人则以言论转移国民心理,使多数人由急激而趋于中立,由中立而趋于温和,此其所长也。分途赴工,交相为用。而鄙人既以此自任,则必与政府断绝关系,庶可冀国民之渐见听纳。若就此虚位,所能补于项城者几何?而鄙人无复发言之余地矣。此所谓弃长用短也。……因势利导,转变舆论,鄙人不敏,窃以自任。鄙人无他长处,然察国民心理之微,发言抓着痒处,使人移情于不觉,窃谓举国中无人能逮我者。今所为文已成者不少,惟当分先后,择时然后布之。"①无疑,这是梁启超此时希望在京沪两地办报的初衷,但袁世凯此时对待梁启超"君主立宪"或是"虚君共和"的政治理念早已经不感兴趣,革命党人对他的妥协让他对中华民国大总统职位垂涎三尺,对待梁启超的提议也只是虚与委蛇、敷衍应付而已②。可以想见,梁启超和袁世凯之间的合作不可能是愉快顺利的。③

革命形势的发展远远超出了梁启超的预想。1912年1月1日南京临时政府成立,孙中山宣誓就任中华民国临时大总统并改民国纪年,中华民国正式成立,南北议和随即成功。1912年2月12日清帝溥仪宣告退位,2月15日南京参议院选举袁世凯为临时大总统。梁启超妄图联合袁世凯"虚君共和"的思想彻底破产。面对这样的局势,立宪党人也逐渐清醒起来,在1912年1月27日罗瘿公写给梁启超的信中就表示,"虚君共和"的主张已经成为过去,对于袁世凯的态度,"吾党与之结合,当在不即不离之间,断无委身其中之理。但使宿嫌捐弃,有可以相助者,略为助之而已"。

---

① 丁文江、赵丰田主编:《梁启超年谱长编》,上海:上海人民出版社,1983年8月第一版,第569、570页。
② 梁启超在1911年11月底曾致电袁世凯,提议要速开国民会议解决国体、政体问题。参见"梁启超致袁世凯电",《申报》第一张第三版,1911年11月26日。
③ 事实上,梁启超和袁世凯也是相互利用的关系。张嘉森在1911年12月25日写给梁启超的信中说:"袁氏诡谲多术,颇不易合,则森以为联合之目的,并非在争政权,借其势力以发展支部于各省,数年之后虽欲不听命于我,安可得焉。"引自《梁启超年谱长编》,第600页。

罗瘿公明确表示,对待袁世凯"但虚与委蛇可也"①。

必须指出的是,立宪党人此时早已不是铁板一块,在主张和实行方面已经呈现出分崩离析的迹象。1912年孙洪伊在写给梁启超的信中就谈到了立宪派旧日的矛盾:"……中坚人物,本多旧识,非请愿国会时曾共一团者,即前宪友会之会员,当时于精神上隐分两派(一近朴拙诚实,一近灵华巧黠,非敢谓其有所轩轾,而精神上之不同则有不可为讳者),事实上亦时有竞争(例如中美银行之争,张君季直及孟君森主之,而同人反对铁路借款之争,孟君昭常、黄君为基主之,而同人反对之)。"②孙洪伊这里所说的"灵华巧黠"派是指以张謇为首的预备立宪公会的温和分子,"朴拙诚实"派指孙洪伊、汤化龙、蒲殿俊等立宪派内激进分子。

而长期流亡海外的康梁一派与张謇为首的江浙派关系比较冷淡,除了历史上的旧矛盾之外,新的矛盾仍然在延续着。就在梁启超坚持实行虚君共和的同时,1911年底张謇、张元济等人早已放弃了君主立宪的主张,1911年12月顺直谘议局曾致电张謇劝其共襄和平以全大局,张謇在回电中拒绝了该谘议局君主立宪的提议:"惟敝省人民鉴于汉口江宁官兵淫杀焚掠之惨,决欲组成世界最良之政体为民请命,俾不至留第二次革命之种子,是对于君主民主问题已无待商之地,倘荷赞成此旨,共同提倡,全国一致则战祸永息,岂徒一时大局幸甚。"他甚至在组织上直接切断了和前清谘议局的历史渊源:"敝会十月初一日成立,旧谘议局即日消灭合并。"③不仅如此,张謇还积极与汤寿潜、程德全、陈其美等人合作,调和诸军以组建革命临时政府,他先是受命担任两淮盐政为革命军筹款,后来又与程德全、章炳麟等人议创统一党。而在张元济一面,1911年12月21日,风雨飘摇中的清政府在袁世凯授意下为张元济补授学部副大臣,在写给袁世凯坚拒该职务的电文中,张元济表示:"宗旨不合,不敢承受。既承雅意,愿进一言:人心如此,大势已去,全局安危,系公一人,若必强行遏抑,不特祸国殃民,

---

① 丁文江、赵丰田主编:《梁任公先生年谱长编(初稿)》,北京:中华书局,2010年4月第一版,第307页。

② 丁文江、赵丰田主编:《梁启超年谱长编》,上海:上海人民出版社,2009年4月第一版,第415页。

③ "张謇知和平不易",《盛京时报》,第七版,1911年12月7日。另,据《盛京时报》12月8日《江苏谘议局消灭之电告》记载:"敝会奉程都督召集本月期成会,苏谘议局即灭,江苏临时省议会长张謇麻。"武昌起义刚爆发时,张謇就以谘议局名义致电内阁,主张立刻宣布立宪、开国会。可见其数月之内转变之速。

即为皇室计,亦何必争此虚位,以贻无穷之奇祸。事机危迫,望速断行。"①而在历史结托、政策路径、人际交往等方面,梁启超与预备立宪公会的张謇、郑孝胥等人也大相径庭。梁启超在写给同党徐君勉的信中表示:"两年以来,朝贵中与吾党共事者,惟涛、洵两人而已,而洵实无用,可用者惟有一涛,而涛与泽地位相逼,暗争日甚,去年解禁之议,涛、洵争之不下十次,而梗之者则泽也。……泽遍布私人,如张謇、郑孝胥之流,皆为之鹰犬,而外之复与袁结,务欲憾涛于绝地。"②可见,正是由于与张謇等人结好的载泽等人的阻挠,让梁启超利用载涛达成宪政的计划归于失败。皇室内部的矛盾与立宪党人内部的分歧交织在了一起,矛盾可谓错综复杂。

在这样的党派政治大环境下,考虑到《时事新报》预备立宪公会的背景以及它与张謇、张元济等人的紧密关系,显然它此时并不是梁启超同舟共济、同声相应的刊物。

而面对风起云涌的武昌革命及其引发的全国革命热潮,《时事新报》在舆论方面毫无疑问是投入了极大的热情去报道的,当然这也与上海报界整个的大环境息息相关。

武昌首义爆发之后,上海报界即立刻予以关注报道,《申报》《民主报》《民铎报》《神州日报》等积极地报道了武昌首义的消息,对革命者表示同情。老牌的《申报》在1911年10月17日发表了评论《革命军与政府》一文,其中对革命军在军事、外交、民生上的种种举措表示赞扬:"凡此种种革命军之布置,可谓周密而有见信天下之能力,天下之人无一非议之者。"并对北京政府急于镇压革命、压制报界、失去人心的做法表示批评:"然则胜负之数,以彼较此,盖有不待龟筮而可知矣。奈何尚欲以强力压抑北京报界使不谈鄂事耶。"③平和持重的《申报》尚且如此,其他倾向于革命的报刊则更是对武昌首义不吝溢美之词,热烈欢呼革命成功的到来。各家报纸虽然不见得个个都赞成革命军,但毫无疑问,没有报馆公开反对革命军,可以说这是当时普遍民意的反映。为了在新闻报道上抢占制高点,各报馆纷纷革新报道方式,有的报纸增加版面或是创设专版,有的则在新闻上配发有

---

① 参见张人凤、柳和城编著《张元济年谱长编(上)》,上海:上海交通大学出版社,2011年1月初版,第348页。
② 吴天任:《梁启超年谱(二)》,广州:广东人民出版社,2018年10月初版,第886页。
③ 无名:《革命军与政府》,《申报》,1911年10月17日。

第一章 《学灯》之前世

关照片,广为招徕读者。1911年11月3日,民国军占领沪上军营并攻打制造局,后占领上海城。"人民击掌欢呼之声如雷,此亦可见人心之一斑矣。"①上海光复意义重大,原本湖北革命军和清军呈相持之势、互有胜负,各地大多抱观望态度,革命形势之所以柳暗花明,最重要的推手就是上海光复一事。此后,江苏、浙江、山东、广东等省份亦积极运动独立,11月上旬南京、苏州、镇江、无锡、宁波、嘉兴等地光复,等到11月底广西、云南、湖南、江西、福建均已光复。"长江以南实无半片属清之土,甚可为民军前途欣贺。"②可以说全国各地革命形势一日千里、澎湃汹涌。

在这样的"革命"热潮中,立宪派的《时事新报》表现得尤为突出。可能正是由于有立宪派的历史"包袱",身份暧昧的它在报道武昌首义的时候表现得尤为"革命",无疑,这是一个让它展示自己在革命时代"脱胎换骨"、表明自身进步立场的极好机会。1911年10月17日《时事新报》增设了《午报》来进一步深入报道武昌起义的消息,除此之外,时事新报馆还曾增加月刊和星期画刊对革命进行报道。尤其值得一提的是,时事新报馆顺应时势、体贴民意,从1912年1月开始,编印出版了十册《革命文牍类编》③,该书各册均一版再版,在社会上产生了很大影响,对宣传辛亥革命、武昌起义和革命者的方针政策、鼓动革命情绪起到了不可估量的作用。在该书第一册"例言"中提到了编辑方针:

—— 本编所撰以革命军政府业经发表之文牍为主,故名革命文牍类编

—— 本编分为檄告、布告、照会、示谕、函牍、祭告、章程及规则、电报,凡八类各文依类编列,不稍紊杂

—— 广东革命在辛亥三月虽未及设立军政府,其文牍已发表者

---

① 《本埠特别纪事》,《申报》,1911年11月4日。《申报》在5日即删去了报头上"大清宣统三年"的字样,11月8日,民政总长发出布告,表示即日起恢复黄帝纪元,不许再用"宣统"等字样。

② 无名:《胜败之数》,《申报》第一张第一版,1911年11月29日。

③ 该书售价码洋一角五分,第一册至第四册为中华民国元年正月出版,第六册至第十册为中华民国元年二月出版,一至八册封面均显示"时事新报馆发行",但是从第五册开始(除第七册外),封底显示该书由"上海自由社"编辑发行,第九、十两册封面封底均显示为"上海自由社出版"。而在周光培主编的《辛亥革命文献丛刊》第十三卷收录的《革命文牍类编》第一至第十册封面上全标注的是"时事新报馆发行"字样。此外,结合编辑手法、体例安排,上海自由社应就是时事新报馆内人士为了发行便利而成立的小团体。

皆列于每类之前

——湖北军政府首先成立,故各文选录较多

——湖南军政府相继成立及已发表之文牍亦一律选录,列于湖北军政府文牍之次

——各省革命军纷纷响应以后各处文牍尚当详为搜辑,陆续编订印行

——文牍之无关重要者酌量删弃,阅者谅之

从"例言"以及发表的文件中可以看出,时事新报馆利用报馆职业的便利,颇为用心地搜罗了从武昌起义爆发前后到南京临时政府成立期间革命军政府发出的各项文件以及北洋实力派与革命者通信来往、公告照会的各类函电,构建了丰富、立体、生动的历史态势、人物动向、舆论生态的历史场景并保留了第一手原始资料。

时事新报馆除了一版再版地发行《革命文牍类编》之外,同时还出版发行了《革命党小传》(第一至第六册)①、《中国革命记》(期刊)②。其中《革命党小传》介绍了孙中山、黄兴、秋瑾等革命志士达百余人之多,其中重要人物都附有照片,对他们的革命历史和事迹大加宣传和褒扬,尤其是对他们的交往和人物关系多有介绍,可以说这样的做法为普通民众了解革命的由来以及增进对革命者的了解起到了重要的作用。比如在对孙中山的介绍中就提到:"……惠州次第失败,志未遂,乃更于长江沿岸大植革党实力,已而孙来日本结纳留学生,冀成中国革命大团体,于是时始识黄兴,更与胡衍鸾、汪兆铭、陈天华、宋□仁等共谋推倒满清政府,今日革命军突起,旬日之间,各省响应,必以孙文为后应。"③可以说,这样的宣传为广大群众认识、了解革命者交往脉络,了解革命的历史渊源起到了很大的作用。

《革命文牍类编》《革命党小传》《中国革命记》作为时事新报馆的一记组合拳,不但增加了读者、拓展了营业收入,而且在深入宣传革命之外,树立了时事新报馆与时俱进、拥护革命的进步形象。

尤其需要强调的是,时事新报馆的进步表现还与它身处险恶的政治环

---

① 该书第一、四、五、六册为上海自由社编辑,第二、三册为时事新报馆编辑。
② 该期刊由时事新报馆、上海自由社出版,1911年共发行前4期,1912年发行第5至30期。
③ 《革命党小传》,上海自由社编辑,1912年初版,第4页。

境、舆论环境有着更为密切的关系。

君主立宪的渐进改革的要求和共和民主的急进革命的斗争在中华民国正式建立之前一直针锋相对地存在着。1906年清廷就打着"预备立宪"的幌子来加强皇族的统治,随着辛亥年保路运动、武昌起义的相继爆发,清廷慌忙应对,九月初九(10月30日)清政府以宣统帝名义下"罪己诏",表示革去皇族内阁制度,开放党禁,赦免党人,命令溥伦纂定宪法交资政院审定。清军内部也出现了要求改制的呼声,驻守直隶滦州的士兵不允开往南方,要求立宪①,甚至表示:"皇上若不俞允,则军士将拔队向北京进发。查此种要求极关重要,海陆两军现与资政院有势力之议员同谋要求改革政务,闻他处军界中人亦拟照此要求云。"②在滦州军队代表张绍曾要求立宪的奏文中说道:"此次变乱起原,其肇因虽有万端,消纳言之,政治之无条理及立宪之假筹备所产出之结果已耳。"张绍曾提议改定宪法、改革政体,他表示这样才是平定武昌之乱的根本方法:"迅颁谕旨明白宣示,尊军心于一致,坚亿众之信从,则革党无自而煽,大乱由此而息微,特武昌匪祸可以刻日就平。"③可见,这个时候清廷"立宪",首要的目的并不是立宪本身,而是为了应对武昌起义带来的巨大政治压力。上海报界对这一点其实极为明了:"无论新朝廷与旧朝廷,必将旧日秽败之政治尽行铲除,然后秩序始可着手整理,若仅仅加以涂附之改革,犹是今日立宪之面目也。"④就连立宪派内部,此时也起声浪,对清廷的立宪口号以及与清政府合作表示决绝反对。1911年九月九日(10月30日),清廷下罪己诏,表示开放党禁,革去皇族内阁制度,制定宪法并组织完全内阁,11月1日清廷命袁世凯代替庆亲王奕劻担任内阁总理大臣一职,在这样的权力转换时期,有消息称:"京师各政党讨论今日挽回大局政策,约期与阁臣谈判以冀早日进行。"⑤10月31日又有消息:"各政党代表赴庆邸与总协理筹议挽救大局之策,闻已决定数款。"⑥预备立宪公会驻京办事处也给上海董事发电:"今日各政团派

---

① "专电",《申报》第一张第五版,1911年10月30日。
② "专电",《申报》第一张第三版,1911年11月1日。
③ 《滦州军队代表张绍曾等要求实行立宪原奏》,《申报》第一张第二版,1911年11月3日。
④ 东吴:《清谈》,《申报》第一张第四版,1911年10月30日。
⑤ "专电",《申报》第一张第三版,1911年11月1日。
⑥ "专电",《申报》第一张第三版,1911年11月3日。

员诣庆邸协商改革事宜。本会以孟昭常往,乞告会员。"①

有鉴于此,宪友会江苏支部立刻给宪友会总部发电:"闻在京各政团派员诣庆邸协商改革事,政府一面下罪己诏,一面大杀汉口人民,而各政团犹欲与虎谋皮,可哀可耻,总部如亦与闻,本支部绝不承认。"②上海预备立宪公会也发电:"北京宪报馆:孟政团派员诣邸协商改革,此事大反国民心理,北军恣意焚杀汉镇如洗,东南人心愈激,罪己诏且不足以动之,遑论其他大势,如此本会已无活动之余地,公无论如何主张勿用全体名义。上海预备立宪公会。"③可见,立宪派中的开明人士已经看透了清廷的小算盘并走上了决绝的抗争之路,无疑,在此时立宪派由于主张上的不同已经分崩离析了。

而在革命者看来,此时要求立宪的毫无疑问就是反革命者,尤其是在上海这样一个民气高涨、革命态势汹涌的地方。在1911年11月3日民军占领上海之前,虽然报纸、民间对革命军持同情态度,但是沪上清廷的统治者还在垂死挣扎,为了控制舆论,沪道刘观察以沪上各报刊登鄂省战事违背报律为由,通令严查,如有违反要求严惩④。但沪上报界同情革命、支持首义的倾向并未改变。1911年11月3日,民军占领上海之后,沪军都督陈英士面临的局面是复杂的。在外,北军虎视眈眈,而且君主立宪的舆论和呼声始终甚嚣尘上,对革命政府构成极大威胁;在内,一方面要除恶政、保秩序、稳民心,另一方面,社会不稳定因素太多,据传清暗杀队在沪活动,爆炸时有发生,因此,严查北军奸细、惩办汉奸的工作始终进行,可以说,反革命的白色恐怖和革命的红色恐怖相互激荡,共同钩织了紧张、暴力的历史氛围和社会环境。立宪党人在上海无疑就感受到了巨大的压力:"……平日讲宪政著名之人,在南中行动不能自由,佛苏在沪,寸步有人监察。有自北来者,动疑为政府侦探,在沪中而不从革党者,地位极危险云。"⑤

在这样的严峻的环境中,报纸在政治形态上的敏感性、倾向性必然受

---

① 参见《革命文牍类编(二)》,《辛亥革命文献丛刊(13)》,扬州:广陵书社,2011年6月初版,第6468页。

② 《各团体皆敢言矣》,《申报》第一张第六版,1911年11月3日。"庆"指庆亲王奕劻,时任内阁总理大臣。

③ 《各团体皆敢言矣》,《申报》第一张第六版,1911年11月3日。

④ 《鄂乱影响》,《申报》第二张第二版,1911年10月25日。

⑤ 吴天任:《梁启超年谱(二)》,广州:广东人民出版社,2018年10月初版,第906页。

到了敌我双方的高度重视①,革命党人无疑是极为重视宣传工作的:"今兹革军之奏奇功,得诸兵力者仅十之三,得之言论鼓吹者乃十之七。"②因此在上海,报纸自觉地去迎合政治环境的要求和约束就成了必然。立宪派背景的《时事新报》无疑是有些尴尬的,以前的立宪派的友人们还在北方呼喊着君主立宪,而已经抛弃立宪梦想的自己却身处革命的上海。

黑历史还在纠缠着,谣言如期而至。武昌起义之后,清政府迅速派兵镇压,湖北军政府于1911年10月18日扫荡汉口敌军,前后战斗41天,最终汉阳在11月27日失陷,史称"阳夏战争"。遵循"有闻必录"的原则,《时事新报》《申报》等报纸均登载了义军汉阳失利的消息。但是本属正常的新闻报道却引起了以革命党人为代表的广大群众的不满,时事新报馆招牌被捣毁,并收到了写有"倘若再登官军胜革军败之谣,则将以炸弹奉送"之语的匿名信多封;申报馆特意在11月29日评论栏中发表了《胜败之数》一文,表示不能以一时一地的成败来评判民军,希望革命者屡仆屡起,表示了得人心者革命必成的信心。即便如此,申报馆也收到了再登载革命军败消息就以炸弹奉送的匿名信,12月1日晚申报馆也有群众聚众闹事,不得已申报馆在12月3日报纸头条刊登了所收到汉阳失守电文的影制铜版照片,以证明自己只是遵循"有闻必录"的原则,并非捏造。

与此同时,又有人在上海各处散发传单,其中表示:"近日袁世凯特派员孟庸生辇巨金来申,联合雷继声、张菊生、夏粹芳等主张君主立宪派,运动《时事新报》《新闻报》《申报》《时报》四家捏报汉阳失守等情,淆乱人心,凡我同胞切勿为其所惑,仍乞坚守一定宗旨,以图进行,民国幸甚,国民公启。"③孟昭常,字庸生,孟森之弟,在1906年12月16日成立的预备立宪公会担任会董、驻办员,是该立宪团体的骨干分子,后任《宪报》主笔兼法政学堂校长。1911年11月15日《申报》登载电文称,"清廷密派江苏资政院议员孟昭常挟巨资来沪游说革命军解散藉探秘密"④;11月17日,《申报》又登载消息表示有传言说袁世凯出任内阁总理资政院议员出力最多,袁世凯运动经费达到数百万之多,袁世凯与资政院议员共谋挽救危局之策以从速

---

① 在武昌首义斗争期间,北军最忌讳士兵看革命报纸,有士兵阅看报纸被缉拿,立刻斩首标罪示众。参见《武汉之闻闻见见》,《申报》第一张第五版,1911年11月28日。
② 吴天任:《梁启超年谱(二)》,广州:广东人民出版社,2018年10月初版,第908页。
③ 参见"本馆第三次宣言",《申报》第一张第二版,1911年12月4日。
④ "专电",《申报》第一张第三版,1911年11月15日。

结束战事①;11月26日,《申报》再次把矛头对准了孟昭常:"袁世凯命资政院孟议员赴沪运动报界赞成其所持君主立宪之说,以冀保存满洲政府。"②面对这样的谣言和指责,面对自己君主立宪时的旧友,身处报界且历史暧昧的《时事新报》处境确实尴尬,而《申报》则多日多次在报纸上为自己辩白,声言岂有自己报纸揭露自己黑幕的做法。张元济也在1911年12月8日刊登启事,为己洗刷污名:"昨见国民公启传单,谓鄙人受袁世凯嗾使,为之运动报馆,造汉阳失守之谣云云。揣言者之意,不过谓鄙人欲借此以博富贵耳,鄙人于丙午复职以后,始终未入宦途,何独于危亡颠覆之时转发做官思想,若欲得钱,则取不义之财孰有如做官之便者。终岁勤劳,仅博砚田之获亦十有余年矣,何一旦忽改其初志也,钟鸣漏尽及时报复,哀我同胞何必甘为阮圆海乎,此等无稽之言本不足辩,因名誉攸关,兼恐有损各报馆之名誉,故特声明。"③

一波未平,一波又起。时事新报报馆与中外日报报馆又发生纠纷。④1911年12月2日,《申报》发表了"健生"投稿的《革命危言》一文,12月4日《时事新报》也发表了这篇文章。对革命者"此一都督,彼一都督"的争权夺利现象略有批评,希望革命者有逊让之风,以为人心革命之提倡。其中表示:"上无统一之方,下有分峙之象,此大乱之道也。"文中建议临时政府应该从速建立,地方官制应该尽快实行,避免无政府主义的乱象。如果我们比较《申报》《时事新报》上发表的两篇同名文章,就会发现它们稍有不同,这一点也被中外日报报馆"敏锐"地抓住了,利用它来做文章,在呈送沪军都督的呈文中揭发道:"革命危言中破坏革命之最力者即内治纷纠人心摇摇及欢迎革命者一变而为怨望,生灵涂炭之机遍布隐伏,再逾旬月势将爆发而不可收拾等语,申报知此数语有关共和政局,特删除不登,而时事新报以投身报界十余年老于阅历之汪颂阁氏,岂不知此,竟敢率尔登载,其居心概可想见。"《时事新报》登载未删节的《革命危言》之后,1911年12月6

---

① "专电",《申报》第一张第二版,1911年11月17日。
② "专电",《申报》第一张第三版,1911年11月26日。
③ 《张菊生启事》,《申报》第一张第一版,1911年12月8日。
④ 《中外日报》的前身是创刊于1898年5月5日的《时务日报》,是由汪康年、曾广铨、汪大钧等人合资创办,日报的日常经营管理则是由其弟汪诒年主持,1901年后成为上海滩较有影响力的报纸,1904年夏商务印书馆入股《中外日报》后因纠纷退出,1908年夏上海道台蔡乃煌购并该报,自此以后该报成为上海道台的官产。可以说,这个报纸是汪诒年入主《时事新报》之前所经营的最重要的事业。1908年汪诒年为商务印书馆编译所职员。

日《中外日报》刊登了叶存善等人《泣告同胞》的告白声明,其中揭发《时事新报》受孟昭常运动而反对革命,尤其抨击《时事新报》刊登的《革命危言》一文是在宣扬革命为大乱之道,是反革命的宣传文章。这样的批判也并非空穴来风,《时事新报》上未删节的这几句话完全就是梁启超等立宪党人的观点,1911年10月29日梁启超在致同党徐君勉的信中对武昌首义表达了几乎完全一样的看法,此后立宪党人多次表达类似的观点。

《时事新报》对此极为窨愤,不但刊发特别广告回击中外日报馆的诬告,而且向沪军都督提起控告,表示中外日报馆毁谤时事新报报馆声誉,声明《革命危言》一文毫无反对革命之实,真正的反革命则是《中外日报》,篡改词句来构陷同业,它们才有毁谤军政府、丑诋革命的言论。"总之,该报有意诬谤显而易见,本可置之不辩,特恐阅者不察,市三成虎,实于本报名誉有碍,谨粘呈本月十四日时事新报十六日中外报十二日申报各一纸,敢恳麾下俯赐察核,传集人证,审讯明确,如本报有受贿之据、危言有反对之实,诒年谨引颈待刑,如系中外报有意诬毁,亦请严行究办,以保神圣之言论自由,事关大局,不敢缄默,伏候裁夺施行,实为公便。"①从汪诒年指天誓日的呈文中也可以看出其激愤之深广。

1911年12月8日,中外日报馆也向沪军都督呈文,重申《革命危言》的反革命实质,而且再次强调了《时事新报》受立宪党人孟昭常运动的传言之可靠:"总之,该报反对革命及受人运动之隐私既被叶君所揭发,乃恼羞成怒,不得已而以控告为恫吓。要之,保世提倡共和政策遑论上级官吏不能压制,即白刃加前亦不稍变宗旨焉。谨将该报反对革命之言论及叶程二君泣告同胞广告之原稿一则呈览外,一面由叶君将该报受人运动确据再行续呈,俾分泾渭而惩奸邪,事关民国大局,伏乞卓裁施行,实为公便,谨呈。"②革命派机关报《民立报》在12月11日也在"专件"栏内刊登了中外日报馆的呈文,以为声援。时事新报报馆和汪诒年的压力可想而知。

在革命党人、沪军都督陈其美面前打官司的双方身份很有趣,一方是前立宪党人背景的《时事新报》,一方是清政府官产的《中外日报》,它们双方在革命党人面前都极力攻击对方才是反革命,通过这样的方式政治站队来展示自身的革命立场和形象,这一幕也真是颇为滑稽。1911年12月11

---

① "时事新报馆呈沪军都督文",《时事新报》,1911年12月7日。
② "中外报馆呈沪军都督文",《申报》第一张第三版,1911年12月8日。

日,沪军都督陈其美的一纸批文总算是结束了双方的论争:"危言一则非但无反对之意,且足为各处民军砭石。此后王(汪)当时时有此箴规,庶足以保言论自由,俾为政者得闻其失。中外报误会词旨,指为反对,虽由爱国热度之高,究属失于斟酌,当此民族竞存时代,报馆愈多愈好,讵庸自相倾轧,致失报界资格,希汪主笔为大局维持,勿与争较,中外报应自知误会,引为失言,以后其各交欢,毋负本都督之厚望焉。"①毕竟,上海刚刚光复,对陈其美来说,大敌当前,依仗新闻界、团结新闻界来扩大宣传、达成广泛的统一战线是最重要的。除此之外,陈其美对《革命危言》中抨击革命派内部争权夺利的"此一都督,彼一都督"的观点是极为赞同的。上海光复之后,革命者内部围绕着上海都督一职产生了极大矛盾和分裂,同盟会的陈其美利用帮会势力排挤掉上海光复中功劳最大的光复会李燮和,李燮和后来在吴淞创建吴淞军政分府,在普通民众看来,似乎上海光复后出现了两个军政府、两个都督一般,在江苏也存在类似的现象②。此时,也正是南京光复,孙中山即将回国,国内正筹举临时大总统之时,已经大权在握的陈其美,显然是想借助舆论,清理政军管理系统,维护同盟会以及自身统治的权威性和唯一性③,因此他对于这篇文章的核心观点无疑是赞同的。

如果我们把时事新报报馆在1912年初出版《革命文牍类编》《革命者小传》《中国革命记》等革命书籍的行为放在这样一个历史语境、政治生态中去考察、认知,那么我们就会清楚地领会这样一种出版行动在当时意味着怎样的政治姿态和革命站位,而且在《革命文牍类编》中,时事新报报馆特地将《预备立宪公会致孟昭常电》《上海宪友会江苏支部致北京总部电》等电文录入,以示自身坦荡之余,进一步坐实了自身"革命"的位置与形象。

---

① "陈都督对于报界之希望",《申报》第二张第三版,1911年12月11日。
② 1911年12月5日,《申报》登载镇军都督林述庆致沪军都督电文,其中呼吁早日成立临时政府:"惟此疆彼界权限未分,就江苏一省论有三都督焉,揆诸事实,无此办法,区区之见,拟即将述庆镇军都督名义取销,全省公举一都督主持,以专事权。"参见《申报》第一张第三版,1911年12月5日。所谓江苏一省三都督指的是上海、镇江、清江三处。
③ 1911年12月13日,几乎就在陈其美批复两家报馆呈文的同时,陈其美在沪军都督府枪杀光复会会员、镇军参谋长陶骏保,罪状是在革军攻克南京时扣留子弹贻误战机、捏冒攻宁之功劳、在沪上散播妖言惑众等,参见《陶骏保枪毙矣》,《申报》1911年12月15日第二张第一版;1912年1月14日,由于举荐浙江都督一职产生矛盾,在陈其美的指使下,蒋介石雇用王竹卿暗杀光复会会员陶成章。为了调和同盟会和光复会之间的矛盾,孙中山在1912年正月三十专门致电广州陈竞存都督和中国同盟会,表示要避免纠纷,戮力同心。参见《革命文牍类编(八)》,《辛亥革命文献丛刊(13)》,扬州:广陵书社,2011年6月初版,第6859页。

第一章 《学灯》之前世

再比如商务印书馆一面，1911年12月初所谓"国民公启"传单谣传张元济、夏粹芳等受孟昭常运动在《时事新报》等报纸上造谣民军汉阳溃败之后，商务印书馆立刻发动危机公关，12月5日在商务印书馆第66次董事会上，鲍咸昌提议抽薪助饷①，除了在经济上支持义军之外，更重要的是在宣传上、政治上支持革命。12月15日，商务印书馆刊登广告，征求革命史料："革命军兴，山河光复。废君主之专制，进国民于共和，岂惟四千年未有之盛，抑亦五大洲创见之局。不有纪述，奚诏将来。鄙馆同人不揣固陋，拟于大局底定之后，编辑全国革命史稿，以彰吾中华民国之光，兼备诸著述大家之甄择。现先搜辑材料，分类汇存。虽各省报纸差已全备，而见闻异辞，终有缺略。伏求各省军政府、军政分府暨从事革命之团体、个人俯赐赞助，代为搜罗。……凡有稿件，请寄上海宝山路商务印书馆编译所革命史编辑部查收。"②1912年5月商务印书馆编译所校订的《中国革命纪事本末》一书出版，在商务印书馆为该书拟就的序言中自夸道："……是书其为有功于群治进化者抑非寻常纪载所可同年语"③。此外，商务印书馆在1911年年底还出版了《大革命写真画》多集，用照片的形式宣传武昌首义和江浙光复的革命场景以及人物："这种五彩月份牌是商务印书馆赶印出来，迎接革命胜利的。"④可见，与时事新报报馆出版《革命文牍类编》《革命者小传》一样，商务印书馆搜罗革命史料、出版革命写真集的方式，也是在特定的历史语境下的一种危机公关、政治站队的重要形式，这是我们在考察民国初年报纸倾向、政治宣传和文化生产时不能不注意的。

投身革命宣传的同时，以《时事新报》为代表的立宪派报人给予袁世凯毫不留情的抨击。1912年1月29日，由于袁世凯在革命党和清政府之间

---

① "议定售书三天，以所得书资悉数捐助。如为数无多，再展期□天，再函请财政部派员到馆，每日收款，以昭核实。又议定公司于减扣同人薪水中本月提取二百元，用同人名捐助军饷。"参见张人凤、柳和城编著《张元济年谱长编（上）》，上海：上海交通大学出版社，2011年1月初版，第346页。根据1911年12月15日《申报》第一张第一版广告，此次卖书捐款共得大洋五百七十一元、小洋一百零一元七角二分。

② 参见张人凤、柳和城编著《张元济年谱长编（上）》，上海：上海交通大学出版社，2011年1月初版，第347页。商务印书馆和时事新报馆在编辑发行《革命文牍类编》上也有合作，从该书第五册、第八册封底都可以看出，两书的寄售处均为商务印书馆。

③ 《中国革命纪事本末序》，周光培主编：《辛亥革命文献丛刊（十二）》，扬州：广陵书社，2011年6月初版，第5674页。

④ 参见张人凤、柳和城编著《张元济年谱长编（上）》，上海：上海交通大学出版社，2011年1月初版，第349页。

两面玩弄,阻碍和谈,忍无可忍的孙中山当日给议和代表伍廷芳发电,宣布袁世凯失信无义,阻挠共和的罪状。同日,神通广大的《时事新报》就刊发了该檄文,言辞激烈异常,其中称:"今以袁世凯一人阻力之故,致令共和之目的,不能速达。又令清帝不能享逊让之美名,则袁世凯不特为民国之蠹,且实为清帝之仇。此次停战之期届满,民国万不允再行展期,若因而再起兵衅,全惟袁世凯是咎。举国军民,均欲灭袁氏而后朝食。"①后来由于袁世凯态度有所转变,伍廷芳并没有正式发表该电文,为了应对不利的舆论环境,总统府秘书冯自由出面发函更正:"各报馆公鉴:阅廿九日时事新报,载有大总统宣布袁世凯罪状特电一则,殊堪诧异。本秘书处从未尝奉总统教令,发过此电,不审时事新报从何得来? 除另电该报立即更正外,并登各报,免淆观听。总统府秘书冯自由。"②从这次"走火"也可以看出《时事新报》的革命倾向。

从1912年中华民国建立伊始,民国政坛可谓是走马灯式地变幻着。个人与党派、党派与党派之间的关系错综复杂,政治组织结构瞬息万变。尤其是在1912年,更是一个名副其实的"组党年":

1912年3月2日,中华民国联合会和预备立宪公会改组为统一党,其理事为:章太炎,程德全,张謇,熊希龄,宋教仁。

1912年4月11日,统一共和党成立于南京。总务干事为:蔡锷,张凤翙,王芝祥,孙毓筠,沈秉堃。常务干事包括殷汝骊,彭允彝等人,参议包括吴景濂等。

1912年4月24日,统一党、民社、国民公会、国民协进会(周大烈、籍忠寅为代表)、国民党(中华帝国宪政会改组,与同盟会改组后的国民党不同)改组为共和党,黎元洪为理事长,理事为:张謇,章太炎,伍廷芳,那彦图,程德全,蓝天蔚,李经义等。(后来统一党中的章太炎、王赓退出重组统一党)

1912年8月5日,中国同盟会与统一共和党、国民公党会商后合并,组成国民党。理事七人:孙文,黄兴,岑春煊,蔡锷,吴景濂,张凤翙,宋教仁。

1912年9月27日,共和建设讨论会(由汤化龙、林长民等人组织)、国民协进会(宪友会的另一支,范源濂等领导)、共和统一党(宪友会一支,由孙洪伊领导)、共和促进会、共和俱进会、国民新政党等六党合并组成民

---

① "北京电",《时事新报》,1912年1月29日。
② "北京电",《民立报》,1912年1月31日。

主党。

至此,在参众两院中形成了国民党、共和党、民主党三足鼎立之势。矛盾围绕着各方参众两院议席的争夺也越来越激化。《时事新报》也就是在这个时期从张謇、孟森等共和党人让渡到梁启超一派手中的,根据《郑孝胥日记》中1912年6月1日记载:"《时事新报》为浙人陈敬第接办,陈本资政院议员,……日来此报持论颇有知识。"①按照张云雷的说法,《时事新报》过渡到梁启超一派后该报最早的主持人是徐寄顾,而徐寄顾确实在1912年6月时已经代表时事新报馆露面了。②因此,梁启超一派入主《时事新报》就是在党派并起之时,目的就是要在上海保有一个可以发出自己党派声音的喉舌机关。

在党派斗争的大环境中,《时事新报》恢复了自己的党派本色,归于梁启超等人,变成了共和党的喉舌,由之前与革命者的短暂联合变成了公开对抗。

1912年3月,唐绍仪就任北洋政府第一任总理,他为了调和南北政争,挑选了宋教仁、陈其美、蔡元培等同盟会会员入阁,其自身也加入了同盟会,但是不久之后就在用人、财政等方面与袁世凯北洋军阀一派产生极大矛盾,共和党与同盟会对他均不满意,唐绍仪于6月15日提出辞呈。在此期间,共和党人与同盟会矛盾恶化:"此时,参议院中之共和党议员既排斥旧议长,限制旧议员,又力攻唐总理,统一共和党亦与之相结合,同盟会受唐同党之影响,辩护之不能,抗争之无资料,见共和党之声执汹汹,无术可以挽回。又传闻共和党将弹劾唐总理,皇惧无状。院外同盟会员且责其参议员之无能,有关系之报纸日惟以空言相恫吓,不曰某为立宪党,宜处死刑,即曰某为保皇党,宜处死刑。……此为同盟会与共和党气焰之消长时代。"③唐绍仪辞职之后,京中即有舆论表示,宋教仁有取而代之的消息。另一方面,蔡锷也向袁世凯推荐梁启超,要求予以重任,黎元洪也致电袁世凯和参议院,表示民国用人应该不拘党派之见:"梁启超系有用之才,弃之

---

① 中国历史博物馆编、劳祖德整理:《郑孝胥日记(三)》,北京:中华书局,1993年10月初版,第1418页。
② 《全国报界俱进会大会第二日记事》,《申报》第七版,1912年6月8日。根据记载,1912年《时事新报》发行量在六千左右。参见许金生主编《近代日本在华报刊通信社调查史料集成》(一),北京:线装书局,2014年10月初版,第223页。
③ 《北京之八面观》,《申报》第二版,1912年6月17日。

可惜。保皇党诬说不应见之民国。"①但这些要求都被粤督、同盟会骨干胡汉民等发电力驳。②

权力真空出现,就在同盟会议决于6月17日各机关报对唐绍仪"自行攻讦"的同时③,6月17日,共和党秘密召开会议,商讨如何攻击同盟会。主要方法包括:(1)为同盟会多布谣言,让机关报尽力攻击。(2)所有京沪汉津报馆由党中寄稿,并且一致进行……等项作为响应④,北京《国民公报》抨击同盟会主导的南京临时政府为假政府,并要求警厅取缔同盟会;唐绍仪隐退之后,同盟会陈其美曾要求总统与总理同进退,因此,《国民公报》等报馆联名发电要求声讨其罪恶;同时,《亚细亚报》京沪报纸盛传唐绍仪在南京曾给孙中山比款银一百万两,孙中山要求国务院为自己辩诬。⑤

双方的矛盾随之激化,1912年7月6日,由于前日《国民公报》"时评"栏中抨击南京政府是假政府,与同盟会关系密切的《国光新闻》《民主报》《国风日报》《民意报》《民约报》《民国报》《共和日报》等七家报馆联名在北京外城警厅控告国民公报馆,当日下午六时,同盟会干事、《国光新闻》总理田桐、《民主报》总理仇亮率领二十多人赴国民公报馆问罪,捣毁报馆之余并殴伤总经理徐佛苏⑥和主笔蓝公武多人,《国民公报》因此而停版多日,附印的《新纪元报》也停刊⑦,黎元洪为此电请袁世凯严惩田桐等人⑧;《时事新报》为此极为激愤,通电表示:"此系田仇等积恨该报主持谠论,力斥暴民政治,同盟会胡瑛、刘揆一屡次邀徐入会,徐不肯,遭此横祸。同盟会似此无赖,抱一顺我者生逆我者死之主义,以满洲亲贵之气焰,济以下等野蛮之行为,稍与争持正论,即嫁以大逆不道之名,近如武昌起义十数年革命之钜子孙武刘成禺诸君,国风报等皆指为宗社党,斥为国贼。目中只有同盟会并无国家并无人民,黑暗如此,愿海上同志为自由请命死以之阳。"⑨

1912年11月,上海共和党的《时事新报》《神州报》《民声报》重新刊印

---

① "专电",《申报》第二版,1912年6月17日。
② 《沧江起用之大阻力》,《申报》第三版,1912年6月24日。
③ "专电",《申报》第一版,1912年6月18日。
④ 《京中新闻》,《民立报》,1912年6月20日。
⑤ "孙中山辩诬之要电",《大公报》,1912年6月24日。
⑥ "北京报界之恶风潮",《大公报》,1912年7月9日。
⑦ "专电",《申报》第一版,1912年7月8日。
⑧ "专电",《申报》第一版,1912年7月9日。
⑨ "北京电",《申报》第二版,1912年7月9日。

了宣统元年保皇党机关报所刊载的陶成章攻击孙中山的文章《孙文罪状》，11月6日，《民立报》刊载署名"南洋归客"的文章《驳诋毁孙中山者》，其中指出："近日上海时事新报、神州报、民声报等报载有孙文罪状一篇，历数其在南洋，在东古之事迹，欲以臆造之词诬我建设民国之伟人，其手段之卑劣，可谓已极。此文前数年曾刊于保皇党机关报，其中事实纯系构饰。"① 毫无疑问，从这里我们可以看出，《时事新报》在民国初创时作为共和党的喉舌刊物，配合了袁世凯针对同盟会的斗争，因此，袁世凯曾经对《时事新报》划拨了一些维持经费，这也是它历史上的污点之一。

1913年2月，按照临时约法，即将举行中国历史上第一次国会选举复选。同月24日，梁启超正式加入了共和党，目的是要联络民主党和统一党，做好"三党提携"的工作，以与国民党对抗。他在入党同日写给长女梁令娴的信中说明了自己的想法："吾顷为时势所迫，今日已正式加入共和党，此后真躬临前敌也，……三党提携已决，总算多数，惟吾断不欲组织第一次内阁，或推西林（即岑春煊，笔者注）亦未定耳。借款各路俱绝，政局危险不可言状，此时投身其中，自谋实拙，惟终不能袖手，奈何！"②天不遂人愿，1913年4月8日，中华民国第一届国会正式召开，梁启超的努力在国会选举中却以失败而告终，国民党在两院870个议席中，获得392席，共和党获得175席，统一党、民主党各24席，其余为跨党者或无党派所得，在参众两院，国民党议席均占优势。面对议会选举的失败，梁启超在4月18日写给梁令娴的信中说道："吾党败矣。吾心力俱瘁（敌人以暴力及金钱胜我耳），无如此社会何，吾甚悔吾归也。……吾今拟与政治绝缘，欲专从事于社会教育，除用心办报外，更在津设立私立大学，汝毕业归，两事皆可助我矣。"③在参众两院议长的选举中，4月25日国民党占绝对优势的参议院选举张继为议长，王正廷为副议长；而在众议院，面对不利局面，一方面，袁世凯用金钱收买分化国民党议员④，另一方面，民主党、共和党和统一党达成统一战线，最终4月28日民主党汤化龙当选为众议院议长，共和党陈国祥

---

① 《驳诋毁孙中山者》，《民立报》，1912年11月6日。
② 丁文江、赵丰田主编：《梁启超年谱长编》，上海：上海人民出版社，1983年8月第一版，第663页。
③ 丁文江、赵丰田主编：《梁启超年谱长编》，上海：上海人民出版社，1983年8月第一版，第668页。
④ 参见《邹鲁自述》，北京：人民日报出版社，2013年8月初版，第57—60页。

当选为副议长。参众两院中形成两党对峙之势。

1913年3月20日宋教仁遇刺。事发后,从与袁世凯交好的蜜月期清醒过来的孙中山等人坚决主张武力讨伐袁世凯,黄兴等人则以为南方武力不足恃,仓促发难难以成事,主张法律解决。对于宋案,时事新报馆一方面对暗杀者强烈谴责,认为其做法破坏了社会秩序,"彼贼人不知公理,不知人道",可见即便是作为国民党的政治对手,对于刺杀宋教仁这样严重破坏政治秩序的恶性犯罪也是强烈谴责的,而另一方面,对于宋案的责任追究和缉凶,《时事新报》[①]却表现得极为"沉稳",对于国民党对袁世凯当局的激烈言论表示反对,要求其拿出切实证据、通过法律解决问题,同时批判孙中山、国民党之所以反对袁世凯就是觊觎总统宝座并想以国民党人来取代现内阁。

就在革命党人在"战或不战"两端犹豫不决之时,4月26日北洋政府则与英法德日俄五国订立"善后大借款",意图扩军备战。在此期间,共和党人黎元洪则居中斡旋,希冀调停国民党人和袁世凯之间的矛盾。5月6日,袁世凯颁令"除暴安民",21日袁世凯令梁士诒、段芝贵等人传话给国民党,宣称将"举兵征伐"捣乱的国民党人。就是在这样一种历史情势之下,1913年5月29日,共和党、民主党和统一党在北京合并,组成进步党。[②] 进步党的基本政策就是赞成善后大借款,主张"宋案"法律解决,要求改组内阁,拥护袁世凯为正式大总统等。可见它的出现,与当时紧张的政治环境关系密切,是在袁世凯直接授意下组织起来的。

张朋园在分析进步党时曾经谈道:"民国建立之后,政权既非国民党所有,亦不在进步党的手中,而是在北洋势力控制之下。袁世凯承袭了清政权,国民党进步党皆无可奈何。然国民党试图建立责任内阁制以削袁氏的权力。进步党则取相反的方向,要辅佐袁氏,引导袁氏,要祛除袁氏旧日的专制思想,真正实行共和。"[③]可见此时的进步党是拥护共和的,他们所做

[①] 根据日本人调查,1913年《时事新报》主持人为张一鹏,主笔为扬补塘,参见许金生主编《近代日本在华报刊通信社调查史料集成》(一),北京:线装书局,2014年10月初版,第288页。

[②] 梁启超本人一直主张中国有两大政党分别在朝与在野,互相监督,两相制衡。张朋园认为进步党成立的原因有二,一为进步党人想与当权的政治势力相结合,早日纳中国政治于正轨,二为对抗国民党的所谓"暴民专制"。

[③] 张朋园:《进步党——兼论清末民初温和型知识分子的来龙去脉》,转引自《中华民国史事纪要》,1913年上册,581页。

的,只是想依附拉拢并引导袁世凯这个实权人物,在对抗国民党的同时实现自己的政治理想。但是,国会内的斗争却并没有实现进步党人"纳中国政治于正轨"的理想。参议院议长张继回忆:"4月开国会,余被举为参议院长,共和党人及进步党议员始终捣乱,常流会,不足法定人数,不能开会。……余知大局日非,离平到沪,主张倒袁,受总理命赴九江。"①

1913年7月,二次革命爆发,到9月初,革命的火焰被袁世凯彻底扑灭,孙中山、黄兴等流亡日本,二次革命失败。在此期间,熊希龄在袁世凯的支持下组建"第一流人才内阁",梁启超担任司法总长,张謇担任农商总长等。对于国民党人发动的二次革命,《时事新报》作为进步党的机关报,完全站在了袁世凯一边,对于"赣祸",拥护袁世凯的军事剿灭行动,对袁世凯的军事行动提供舆论支持,为袁世凯镇压革命党人的行动提供辩护,认为国民党的讨袁行动只是一党一派的举动,并不能代表民意。《时事新报》的言论,完全是由它作为进步党机关报的身份和地位所决定的。

1913年10月6日,国会选举袁世凯担任正式大总统,一旦大权在握,袁世凯迫不及待地开始铲除政治对手。11月4日,袁世凯下令解散国民党并驱逐国会内国民党议员,此后由于议员人数不足无法开会,因此国会无形消散了。赶走了国民党、消灭了国会,袁世凯改内阁制为总统制,任命徐世昌为国务卿,民初刚刚建立起来的责任内阁制度,在袁世凯翻云覆雨的权力播弄之下土崩瓦解。1914年1月10日,袁世凯下令解散国会。道不同不相与谋,1914年2月熊希龄内阁垮台,梁启超等进步党人在这个过程中也看清了袁世凯的真面目,纷纷离去,梁启超控制下的《时事新报》也逐渐开始转变拥护袁世凯的政治立场。

一代枭雄袁世凯显然更知道权力的作用,他并没有让梁启超发挥新闻舆论的力量来影响自己。1914年4月3日,袁世凯命令北京政府颁布了"报纸条例",该条例共三十五条,不仅悉数照抄《大清报律》对报刊的禁限条款,而且还从日本《新闻纸条例》等外国报律中搬来很多新的禁限措施以限制新闻自由、钳制言论。该条例规定:禁止军人、官吏、学生和25岁以下者办报;报纸出版须到警察机关登记并交纳保证金;禁止报纸刊登"淆乱政体"、"妨害治安"和各级官署禁止刊载的一切文字;每天的报纸在发行前须呈送样张给警察机关备案等等。此令一出,报界群情激愤。《时事新报》当

---

① 陈锡祺主编:《孙中山年谱长编(上)》,北京:中华书局,1991年8月初版,第813页。

时转载了一篇美国新闻家威廉氏评论中国报纸的论文——《论中国之报纸》，对中国的新闻现状和报纸生态给予了严肃的批评，对新闻不自由和舆论功利化的倾向大加抨击。在译文之前，有一段附言："中国报界，方以新报律取缔太严，不胜其激愤。美国著名新闻家威廉氏，方航海东来，以考察我国之新闻事业。而此篇不先不后，适于是时发现于北京英文日报，是乌可以不译，特不知吾党读之，作如何感想耳。译者附识。"①从"特不知吾党读之，作如何感想耳"的语气中我们可以觉察到时事新报馆同人对袁世凯钳制舆论的愤慨但却无奈的复杂感受。②

从专制走向帝制对袁世凯来说几乎是必然的。1915年5月9日，北洋政府在袁世凯的授意下承认日本提出关于二十一条件之最后通牒，8月10日，北京《亚细亚报》发表袁世凯政治顾问古德诺的《共和与君主论》，为其制造称帝舆论，8月14日杨度、孙毓筠、严复、刘师培等人发起筹安会鼓吹帝制，在政治高压之下，"全国有权位有声望之人，未有敢昌言其非者"③。忍耐是暂时的，1915年梁启超及进步党人在袁世凯帝制自为的丑剧面前很快就彻底地清醒过来。梁启超激愤之下在8月20日于中华书局的《大中华》上发表《异哉所谓国体问题者》一文，对袁世凯帝制自为的丑恶行径予以抨击。"此为梁任公反对袁氏之始"④。梁启超在1915年8月22日写给长女梁令娴的信中激愤地说到自己写作《异哉所谓国体问题者》的心情和动机："吾实不忍坐视此辈鬼蜮出没，除非天夺吾笔，使不复能属文耳。"⑤后来他在回顾护国战争时也提到："筹安会发起后一星期，余乃著一文，题曰《异哉所谓国体问题者》。其时亦不敢望此文之发生效力，不过因举国正气销亡，对于此大事无一人敢发正论，则人心将死尽，故不顾利害死生，为全国人代宣其心中所欲言之隐耳。……余宁乐此，不愿苟活于此浊

---

① 《论中国之报纸》附言，《时事新报》，1914年4月7日。
② 事实上，《时事新报》译载外国人批评袁氏之评论的做法在袁世凯帝制自为的历史时期是一种委婉变通的不得已之举。
③ 丁文江、赵丰田主编：《梁任公先生年谱长编（初稿）》，北京：中华书局，2010年4月第一版，第380页。
④ 丁文江、赵丰田主编：《梁任公先生年谱长编（初稿）》，北京：中华书局，2010年4月第一版，第380页。
⑤ 丁文江、赵丰田主编：《梁启超年谱长编》，上海：上海人民出版社，1983年8月第一版，第720、721页。

恶空气中也。"①张朋园曾借用美国思想家、群众心理学家埃里克·霍弗（Eric Hoffer）的观点指出："任何知识分子所追求的不过是一个理想。激进的知识分子为了追求理想,往往采取激烈的手段。温和型的知识分子,则不惜与环境周旋,委曲求全。但是到了他们发觉山穷水尽的时候,也是会奋起反抗的。……知识分子不像粗衣粗食者,不反抗则矣,一旦持反抗的态度,绝无调和的余地。因为他们并不愁衣食,他们所追求的不过是一个精神的理想而已。讨袁之役,便是温和性知识分子绝望之后所掀起的。"②梁启超的《异哉所谓国体问题者》刊登之后,引起了巨大的社会影响,读者"争先恐后,路为之塞"③,原本噤若寒蝉的国人为之唤醒。内务部不得不在1915年9月11日致电京师警察厅,表示奉大总统谕令,由该部通告各报馆禁止刊载议论国体事件文电。④

梁启超在1915年12月16日南下上海从事倒袁运动,在沪上运筹帷幄。⑤云南在12月25日宣布独立并组织护国军,1916年1月27日贵州宣布独立,3月4日梁启超南下广西说服陆荣廷举义,3月15日广西宣布独立,4月6日广东宣布独立,12日浙江宣布独立。5月1日两广都司令部成立,岑春煊为都司令,梁启超担任都参谋,5月6日军务院成立,唐继尧和岑春煊分别担任正、副抚军长而梁启超担任政务委员长和抚军职务。毫无疑问,梁启超是护国战争中最重要的核心人物之一。"此次护国之役,先生既为最初发动者,又为各方面之中心,其居沪期间的种种筹划布置和运动,实为此役成功的最大关键。"⑥

在护国之役的关键历史时刻,《时事新报》作为梁启超一派的喉舌,坚决站在反对袁世凯称帝这个立场上。著名报人张静庐回忆说："从二次革

---

① 丁文江、赵丰田主编：《梁启超年谱长编》,上海：上海人民出版社,1983年8月第一版,第725页。

② 张朋园：《进步党——兼论清末民初温和型知识分子的来龙去脉》,转引自《中华民国史事纪要》,1913年上册,第583页。

③ 去夏：《我眼中的梁启超先生》,《社会评论》,1929年第21,22合刊。

④ 《内务部为知照各报馆禁止刊载议论国体文电致京师警察厅饬》,中国第二历史档案馆编：《中华民国史档案资料汇编》第三辑文化卷,南京：江苏古籍出版社,1991年6月初版,第496页。

⑤ 居沪期间,梁启超与张元济来往密切,有十多天就住在张元济家中。

⑥ 丁文江、赵丰田主编：《梁任公先生年谱长编（初稿）》,北京：中华书局,2010年4月第一版,第386页。

命失败,国会解散,国民党人都被袁世凯所通缉,逃到外国。其时,国内的新闻纸,都慑于袁氏的淫威之下,日歌颂袁氏的功德,奄奄无生气。直到民国四年,袁世凯帝制自为之心,暴露于世人之前,于是讨袁的声浪,渐次震荡于南方各省区,军事上的经营渐次成熟,讨袁的新闻纸,亦络续出现,在上海如民党的《民国日报》由叶楚伧邵力子主办。《民意报》由徐朗西主办。政学系的《中华新报》,由杨永泰谷忠秀主办。其时研究系的《时事新报》也由广东军务院的关系,力抨袁氏。"①

也正是由于《时事新报》②是梁启超反袁的喉舌,因此受到了袁世凯政府的严厉压制。1915年10月21日,内务部就查禁《时事新报》致全国各省警察厅电:"上海时事新报任意造谣,意图扰乱,实属妨害治安,业经本部通电严禁,并由交通部禁止邮递,撤销访电执照。该厅有维持地方安宁之责,应即特派专员,切实侦查,随时检查,不准时事新报再行发卖散布。内地如有发现此项报纸,除没收外,仍科发卖散布人以应得之罪。自此次严禁之后,倘该厅办理不力,以致所属地方仍有此报流播,应由厅长负责。除电知各省长官严饬办理外,特再电达。仰即遵照。"③其后,虽有德国使馆夏参赞多次至外交部声明《时事新报》与德国存在押款关系且谓该报愿意改变论调④,希望内务部撤销禁令,但是北洋政府以该报违反《报纸条例》为借口,拒绝撤销查禁令。1915年12月21日,内务部再次致函交通部,要求交通部通饬各处邮局一律禁止邮递,并撤销该报馆各处访员领取的新闻电报执照,"以杜传播,而保治安"⑤。即便如此,面对种种迫害,身处租界内的《时事新报》仍然利用各种途径在内地传播。在1916年1月13日内务部致统率办事处的函电中就无奈地表示近来火车交通各路均有售卖此报者:

---

① 张静庐:《中国的新闻记者和新闻纸》,上海:现代书局,1932年第三版,第110页。
② 根据日本人记载,1915年《时事新报》主持人是孟森,主笔为陈承泽,发行量在六千左右,1916年主持人为黄群,主笔是殷汝骊、杜师业。参见许金生主编《近代日本在华报刊通信社调查史料集成》(一),北京:线装书局,2014年10月初版,第363、445页。
③ 《内务部查禁上海时事新报有关电文》,中国第二历史档案馆编:《中华民国史档案资料汇编》第三辑文化卷,南京:江苏古籍出版社,1991年6月初版,第512页。
④ 所谓"押款关系",据德使馆夏参赞讲:"本国资本,恐非股票,本参赞虽不知其详,想系机器款目前尚未还清,或系该报馆将一切生财抵押于德国银行,是以有财政上之缪辖。"参见《中华民国史档案资料汇编》第三辑文化卷,南京:江苏古籍出版社,1991年6月初版,第513页。
⑤ 《内务部致交通部公函》,中国第二历史档案馆编:《中华民国史档案资料汇编》第三辑文化卷,南京:江苏古籍出版社,1991年6月初版,第514页。

"至时事新报于禁寄禁销之后,仍有暗流传播内地情事,殊堪诧异,亦经本部通电各省暨警厅饬属一体加意查禁矣。"①可以说,《时事新报》为沪上报纸反袁树立了榜样,袁世凯称帝改1916年为洪宪元年之后,沪上华文报纸除《亚细亚报》之外,仍然沿用了"民国五年"字样,内务部气急败坏地给沪道发电并传知各报馆,如果仍然沿用"民国五年"字样,"即行停止邮递,并于各地禁阅"②。

1915年12月29日梁启超时在上海,在写给长女梁令娴的信中,对《时事新报》大加赞扬:"一切事想在报纸(此间报纸则《时事新报》消息最真)上见之,不多及。"③这也是"《时事新报》"第一次出现在梁启超写给家人的书信中。1916年1月梁启超在写给蔡锷的信中提到上海的舆论界:"此间言论极不自由,有力之报皆被贿收,外报亦然(路透电最可厌)。我军机关惟《时事新报》及《中华新报》两家,皆受压迫④,未知命运能有几日。"通信中,梁启超也对宣传工作进行了部署:"尤有最要之一事,请将自筹安会发生以来北京关于选举推戴各项事宜唆使之密电,全份录出,交此间机关报发表,将彼阴谋尽行暴露。"⑤在斗争日益激烈,阵线日渐分明之际,《时事新报》事实上成了梁启超一派唯一的机关报。(梁启超信中提到的《中华新报》是1915年10月10日政学系杨永泰、谷忠秀等专为反对帝制而在上海办的报纸,他们也有自己的政治主张,并不能算是梁启超一派的机关报。同期,就算是在别的报纸上发表文章,梁启超也十分注意派别影响、言论自由问题。早在1915年2月,他在写给张仲仁的信中就提到:"英文《京报》初约弟作文时,弟与严定契约,谓言论须完全独立,若有他人授意彼报,强我作者,我

---

① 《内务部致统帅办事处函》,中国第二历史档案馆编:《中华民国史档案资料汇编》第三辑文化卷,南京:江苏古籍出版社,1991年6月初版,第515页。
② 《内务部致统帅办事处函》,中国第二历史档案馆编:《中华民国史档案资料汇编》第三辑文化卷,南京:江苏古籍出版社,1991年6月初版,第515页。
③ 丁文江、赵丰田主编:《梁启超年谱长编》,上海:上海人民出版社,1983年8月第一版,第727页。
④ 1915年11月2日,内务部以该报在国体问题和外交问题上任意造谣为借口,禁止《中华新报》在内地发行,并要求交涉署与法国领事设法交涉在租界内查禁该报。参见1915年11月《内务部查禁上海中华新报有关文电》,《中华民国史档案资料汇编》第三辑文化卷,南京:江苏古籍出版社,1991年6月初版,第516、517页。
⑤ 丁文江、赵丰田主编:《梁启超年谱长编》,上海:上海人民出版社,1983年8月第一版,第744页。

即立刻与彼报断关系。"①)

1916年1月29日梁启超写信给时在云南的党人籍忠寅,主要谈到运动联络坐镇东南、反对袁世凯称帝的江苏都督冯国璋一事,同时也要求为因反袁而陷入困境的《时事新报》筹款接济,他说:"别有一私情宜奉白者,此间《时事新报》为吾党唯一之言论机关②,所关甚巨,前此支持本已极难,自筹安会发生后,本报首登密电,揭其阴谋,伪政府禁销内地,每月更须赔垫两千元以上,今为鼓吹主义起见,凡外邮可通之处,皆分途寄赠各机关,不收报资,所费逾(愈)浩。此间同人皆不名一钱之辈,公所知也。数月以来,勉支此局,力竭声嘶,重以近来派人往各省及外洋游说运动,区区川资,且穷于罗掘,将来外洋虽捐款有得,同人亦觉不欲经手收支,惟一切交富滇(指富滇银行,笔者注),听军政府调拨而已。坐是此间乃无涓滴可资活动,意欲请蓂督③命富滇行长张木欣就近筹拨一二万,交溯初支用,其大部分则用以支持《时事新报》,小部分则供同人奔走资斧。当此饷糈眉急时,诚不忍更以此相累,然此间机括既万不容松劲,而以平昔狷介之同人实无力可以支此,故敢道其苦辛,希密商蓂公速予处分,不胜大愿。"④这里我们注意到梁启超的"别有一私情宜奉白者"这句话,从这句话,我们可以看出,在经济上募款支持《时事新报》在一贯注重报纸宣传功效的梁启超看来,是一件"私情",可见他对《时事新报》的重视与珍视,事实上从他后面的说法中看出,作为自家事业的《时事新报》实在是一件"公事"而非"私情"。

讨袁之役最终以袁世凯的暴亡而休止,梁启超在谈到自己的经历时说:"当事机极险急之时,袁氏忽然死去,于是黎公遵依约法继任,段将军祺瑞组织内阁以辅之,国势遂大定,此实天之佑我中国也。及约法既复,国会即开,南方军务院即同时撤销,余此次经手事业亦完结也。"⑤但是新的事业又在等待着梁启超,国会恢复在即,而进步党也即将进入"研究系"时期。

就在1916年8月国会恢复以前,内务部通告解禁袁世凯祸国时期内

---

① 丁文江、赵丰田主编:《梁启超年谱长编》,上海:上海人民出版社,1983年8月第一版,第710页。英文《京报》主笔陈友仁在1917年5月19日因为报道段祺瑞与日本接洽借款事而被捕。
② 此时梁启超已经不提《中华新报》了。
③ 即唐继尧,时任云南督军兼署省长,其字蓂赓。
④ 丁文江、赵丰田主编:《梁启超年谱长编》,上海:上海人民出版社,1983年8月第一版,第753、754页。
⑤ 丁文江、赵丰田主编:《梁启超年谱长编》,上海:上海人民出版社,1983年8月第一版,第800、801页。

所查禁的 29 种报纸"一律自可自由行销":"……时事新报前准贵部咨行转饬仍准邮递并发还新闻电报执照,业经本部照办。"①

第二节 研究系的组织构成、政治表现及文化转向

袁世凯帝制自为暴亡之后,中国政局面临最大的两项政治任务就是恢复约法和国会,而最重要的核心任务就是制定宪法。1916 年 6 月 29 日,大总统黎元洪发布命令:"共和国体,首重民意,民意所壹厥惟宪法,宪法之成,专待国会。我中华民国国会自三年一月十日停止以后,时越两载,迄未召复,以致开国五年宪法未定,大本不立,庶政无由进行,亟应召集国会,速定宪法,以协民志而固国本,宪法未定以前仍遵行中华民国元年三月十一日公布之临时约法,至宪法成立为止。"②

按照规划,8 月 1 日国会正式开会。在当时"不党主义"思想风潮的影响下,"是时大多数议员仍系前进步、国民两大党党员,不过此时都纷纷改变名目,原属国民系者有客庐派、丙辰俱乐部,以后与旧进步系的韬园派合组为宪法商榷会,后来再分为四个小政团。原属进步系者,至是分组宪法研究会和宪法讨论会,以后合并为宪法研究会"③。至此,研究系登上了历史舞台。研究系是已经消亡的进步党在新的历史条件下的延续,历史亲历者华觉明也认为以袁世凯的暴亡为界,"自此以上,为进步党的活动时代;自此以下,为研究系的活动时代"④。

组成研究系最重要的两个政团是成立于 1916 年 8 月 22 日的宪法案研究会和发起于 1916 年 8 月 23 日的宪法研究同志会,它们都号称以研究、制定良宪为宗旨。面对前国民党各派势力当时要合组"宪法商榷会"的局面,为了在国会重开后在与前国民党人竞争中处于优势,1916 年 9 月 11

---

① 《内务部通咨塔尔巴哈台参赞、各省巡按使、热河察哈尔绥远各都统、阿尔泰办事长官——上海民国中华民信等报准予弛禁至民意报并未经本部查禁自可准其行销文》,引自《政府公报》,1916 年 7 月 9 日,第 184 号。1916 年 7 月 16 日,袁世凯为钳制舆论而于 1914 年 4 月 2 日出台的《报纸条例》被废除。
② 《大总统申令》,引自《政府公报》,1916 年 6 月 30 日,第 175 号。
③ 丁文江、赵丰田主编:《梁任公先生年谱长编(初稿)》,北京:中华书局,2010 年 4 月第一版,第 415 页。
④ 华觉明:《进步党与研究系》,《文史资料选辑》第 13 辑,第 116 页。

日,宪法案研究会和宪法研究同志会在北京石驸马大街前煤油矿公司召开合并大会,汤化龙任会议主席,会议议定团体名称为宪法研究会,并选举汤化龙、王家襄、刘崇佑、蓝公武、陈述立等人起草章程。三天之后,宪法研究会再次开会,两院议员到会者227人,逐条表决并通过了宪法研究会简章,并选举出编辑员、干事员和交际员等。宪法研究会简章如下:

> 第一条,本会以研究宪法及其他重要政务为宗旨;
> 第二条,凡国会议员有与本会宗旨相同愿入本会者得为本会会员;
> 第三条,非国会议员有与本会宗旨相同愿入本会者由本会会员三人以上之介绍得为本会会员;
> 第四条,本会每星期(日)开会一次遇有重要问题得随时开会开会主席临时推定;
> 第五条,本会会议一问题讨论终了得付表决以觇会内多数意见但于表决案与自己意见绝对相反者亦可自由主张;
> 第六条,本会设由会员公推编辑员若干人担任整理各种研究案;
> 第七条,本会由会员中公推交际员若干人担任交际事宜;
> 第八条,本会会员中公推干事员若干人分掌文书会计庶务等事办事员得雇用由干事定之;
> 第九条,本会事务所设于石驸马大街;
> 第十条,本会经费由会员筹措随时报告出纳;
> 第十一条,本简章如有未尽事宜得随时提议修改。①

经选举,宪法研究会会中的办事人员如下:

编辑员:蓝公武、陈光焘、林长民、陈善、贾庸熙、孙光圻、彭运斌、吴日清。

干事员:(1)文书科:王家襄、陈铭鉴、曾有翼、陈光谱、陈景烈。(2)会计科:梁善济、周大烈、虞廷恺、郭涵、王锡泉。(3)庶务科:凌文渊、刘星楠、胡源汇、张树森、杜成镕。

研究系一般会员名单如下:张云阁、张宏铨、胡源汇、陈铭鉴、莫德惠、

---

① 记者:《宪法研究会开会纪要》,《晨钟报》,1916年9月15日。

第一章 《学灯》之前世

张雅南、范殿栋、王湛尘、郭涵、刘云屏、陈瀛洲、张树森、范樵、张荫亭、何昌阿、陈善、沈河清、李耀忠、蒋凤梧、陈义、姚文枬、汪秉忠、张烈、王戈、李兆年、邓毓怡、周大烈、常堉璋、金还、孙光圻、林长民、陆大坊、董毓梅、郭广息、曹瀛、王广圻、王之箓、周祖澜、阎与可、张玉庚、马荫荣、杜凯之、魏丹书、李元亮、王谢家、熙钰、吴渊、熙凌阿、王銮声、噶拉增、刘丕元、祺诚武、布尔格特、荣厚、陈洪道、虞廷恺、杜师业、杨绳祖、杨振州、徐希之、赵成息、萧文彬、娄鸿声、李膺息、齐忠甲、毕辅廷、陈士髦、谢翊元、董增儒、董继昌、王家襄、陈国祥、陈允中、刘可均、陈祖基、王荫棠、鄢泮春、孙乃祥、刘兴申、张嗣良、富元、赵连琪、蘸毓芳、程崇信、陈毅、姚守先、祁连元、马英俊、杨润身、马良弼、陈光燾、谭焕文、岳云韬、王鸿宾、白常洁、李增、许植材、陈光谱、宁继恭、刘鸿庆、彭昌福、姚华、孙世杰、恩咏春、陈金鉴、周学源、刘光旭、王卓甫、谷蔼堂、贾洞元、张则林、韩增庆、耿北栋、吕泮林、张恩级、张敬之、崔怀灏、张滋大、刘士三、宋桢、张其密、刘尚衡、谢书林、唐士行、蓝公武、张敬弟、林辂存、高登鲤、黄荃、连贤基、王敬芳、胡汝霖、籍忠寅、唐乡怀、唐瑞铜、金承新、布霖、齐耀瑄、吴涑、朱继之、李文治、翁恩裕、葛庄、陈经镕、李增秋、侯效儒、杨廷栋、严天骏、张联芳、吴文渊、唐理淮、王多辅、恒诗峰、黄镜人、吴作棻、吕金镛、李景濂、李保邦、王文芹、汪震东、孟昭汉、金桂山、田美峰。

  从这个名单来考察研究系人事组织，我们必须指出这样几点：(1) 虽然这个名单中也有像梁善济、林长民、王家襄、陈国祥、蓝公武、籍忠寅这样的研究系骨干人物，但是人们普遍认为的研究系精神领袖和头面分子并没有出现在这个名单内，比如梁启超、黄溯初、蒋百里、张东荪、张君劢以及和研究系保持极为亲密关系的范源濂、陈叔通、张公权等人俱不在名单内，他们大多是研究系精神领袖梁启超的门生故旧，但是他们不肯承认自己是政党的成员。张东荪辩解说："我的朋友以进步党人为多，且较密切，我却从未正式加入该党，亦向不与闻他们的党的活动。"[①] 除此之外，研究系汤化龙一派的青年少壮派如陈博生、霍俪白等人尚在日本求学均没有出现在这个名单内。(2) 研究系内部的组织结构其实延续了进步党的特点："进步党的党员虽由三党组成，惟有共和党的梁启超、民主党的汤化龙与周旋汤、梁之间的林长民等，对于党务很热心，经常到党部参加会议，因此进步党就

[①] 张东荪：《理性与民主·序论》，商务印书馆，1946年版，第4页。

形成汤、梁两派交换意见的机构。"①研究系在形式上是由汤化龙和梁启超合组而成的政团,但是在研究系内部"汤是汤,梁是梁"的特点很明显,除了以梁启超为中心的前共和党人及其门生故旧之外,研究系内也存在以汤化龙为中心的一派,而且汤化龙一派内部也是派别林立。"盖先生(指汤化龙,笔者注)组党之基础,早确立于清末之谘议局联合会,时各省谘议局正副议长均集京师,先生以湖北谘议局议长出席该会,与山西议长梁伯强(善济)、四川议长蒲伯英(殿俊)、直隶议长孙伯兰(洪伊)、福建副议长刘崧生(崇佑)诸先生,均以促进宪政为职志,结契甚深。入民国后,组共和建设讨论会,组民主党,进而与共和党合并为进步党,咸奉先生为魁,而诸人皆其中坚也。"②经过了清末立宪的磨难、共和斗争的成功以及民初国会的历练,这批党人同心同德,希冀在新开的国会大展宏图。(3)从宪法研究会成员的年龄来看,他们大多在三四十岁,正是在仕途上追求上进的时期,而从他们的教育背景和从事职业来看,都曾接受过中国传统旧式教育,但是大多数却并不是科举制度的受益者。他们大多在日本或国内接受过政法或师范类教育,既有中国传统教育的影响,又受过西方或东洋新式教育的熏陶,他们大多在国内各地从事法政、教育类工作,或是清末谘议局系统的立宪人士,因此,民国建立后他们"别求新路"以实现政治理想的愿望极其强烈。(4)研究系的组成人员中也包括身处多党的跨党者以及心怀叵测、心口不一的政治投机者,比如曾组织共和统一党与同盟会合并成立国民党的张树森等人,可见此时的研究系人员成分复杂,成员的思想也不统一。

　　黎元洪在1916年6月继任大总统后,按理说汤化龙、梁启超是反对帝制的有功之人,且汤化龙还是黎元洪武昌首义的故旧,黎元洪对二人领导的研究系应该青睐有加才对,实际情况远非如此。在黎元洪、前国民党势力、研究系和段祺瑞之间展开了一场复杂纷乱的权力博弈和势力结托。黎元洪起用段祺瑞组织内阁,对于阁员人选则推重国民党人。华觉明曾回忆说:"推其致此之由,实因黎想借重国民党以抵制北洋军阀,期完成南北统一的大业;而研究系一向反对国民党,国民党衔之刺骨,黎若与研究系接

---

① 刘以芬:《民国政史拾遗》,上海:上海书店出版社,1998年3月初版,第83页。
② 刘以芬:《民国政史拾遗》,上海:上海书店出版社,1998年3月初版,第24页。就如同蹇季常经常给梁启超做谋划决断一样,在民主党中刘崇佑则是汤化龙的重要谋士:"每党中有大事,先生非就商之不能决,而刘每一主张,必持之甚坚,众当时虽苦其颟,事后则多服其远见。"参见刘以芬《民国政史拾遗》,第24页。

近,国民党的国会议员必不与黎合作,此黎所最虑者。……汤认为黎已完全为国民党的小孙派所包围,不足与有为。孙洪伊主张孙(中山)、黎联盟,来抵制北洋军阀;研究系则主张黎段联盟,来削弱国民党。孙洪伊派与黎愈接近,研究系的汤化龙与黎的距离就愈远,这是必然的趋势。"①事情发展到后来,汤化龙甚至都很难得见黎元洪一面。于是,"……研究系就一心一意为段策划一切;同时段在这一阶段也想利用他们,故对于研究系的领袖极为优礼。而研究系亦认为段有实力,且做事负责,可以借其帮助,扩充该系的势力,进而夺取政权"②。说到底,研究系导国家政治于正轨的途径仍然是与北洋实力派合作来对抗所谓国民党的暴民政治。

1916年8月1日,国会重开,其最重要的目的就是制定宪法。从1916年8月一直到1917年上半年,研究系与前国民党人主导的宪法商榷会围绕制定宪法产生了极其尖锐的矛盾冲突。在制定宪法的进程中,双方的主要矛盾集中在两大问题上,其一是定孔教为国教问题,其二是省制加入宪法问题。在第一个问题上,国民党议员张鲁泉呼吁要求删除宪法草案中以孔道为修身大本的条文,认为这样的条文本身就是封建王权统治阶级思想的体现,与民主共和思想相悖,同时也认为这与宪法中宗教信仰自由、人民权利平等的条文相矛盾。但研究系党人沿袭了原进步党坚决支持立孔教为国教的思想,梁启超在1913年就曾表示应当以孔教为风化之本。1917年年初,参议院宪法起草委员会集会讨论时,作为研究系代表的蓝公武公开表示赞成原案及规定国教。在后一个问题上,双方爆发了更为激烈的冲突,国民党议员主张省制应加入宪法并且省长直接民选,而研究系对此坚决反对。国民党议员原本想通过省制入宪来扩张国民党势力控制的省份,以此来削弱北洋政府中央集权对自身带来的压力。而在梁启超看来,"盖宪法比较的宜含永久之性质,凡制度之常须因时变革者宜勿拦入,以免根本法之常常动摇。我国(省)之性质,在法律上殊未明了,其理想的组织权限,煞费商量。而彼既有历史上之依据,自不能骤革。今方欲借助法制之力,使其性质渐次蜕变,则所谓法制者,宜含有过渡的精神,万不能以最完全之理想径行规定,致有不应时势不能实行之病"③。对于省长民选,梁启

---

① 华觉明:《进步党与研究系》,《文史资料选辑》第13集,第119页。
② 华觉明:《进步党与研究系》,《文史资料选辑》第13集,第119页。
③ 梁启超:《与报馆记者谈话二》,《梁启超全集》,北京:北京出版社,1999年初版,第2926页。

超也表示坚决反对,认为在国民政治道德水平低下的现实状况下,金钱收买、利益交换、武力威胁和地域偏见等不利因素会让野心家当选,并导致地方动荡。不难看出,梁启超的政见是维护北洋政府中央集权统治的。双方政见水火不容,最终在议院里爆发严重冲突。1916年12月8日,议院否决省制入宪,"暴乱党先锋陈策首先跑登演台,大叫审议长违法,并将蓝票抛之地上,暴乱党党徒在台下者一起起立拍案顿足,附和捣乱,既不能说出何以违法理由,又不肯服从依法表决之结果,明知自己主张失败,故意扰乱,冀可达其推翻表决之目的。且殴打反对党以泄其愤,于是吾民国神圣尊严之议会竟为若辈暴民逞凶殴人之场所矣"。当研究系议员籍忠寅对此表示抗议时,"陈不由分说,便举拳殴打,伤籍右颊。籍正欲退出议场,又被邓天乙自后以脚踢倒,复有五六人将籍包围群殴,拳足交加,并将籍衣服拉破,籍负伤颇重,幸由张鼎彝、王式等救护,始获出场"。与此同时,原国民党议员又围着刘崇佑武斗起来,"东边之殴打未毕而西边之暴乱党徒刘成禺、张我华、叶夏生、陈时铨、蒙经等及其他暴乱分子多人亦逞凶殴打刘崇佑,且以椅子墨盒等为武器,刘面部右颧及左手肘均受伤,陈光焘见刘被殴向前劝解,忽有焦易堂追随陈后,先以拳猛击陈右肩,继以椅脚击陈之头,又有张金鉴亦欲上前劝阻,被谢良牧以椅将张右手第四指打伤,此当时陈策、刘成禺等恃强殴人之情形也"①。被殴打伤之议员刘崇佑、籍忠寅等人遂即将前国民党议员刘成禺、陈策等人起诉至地方检查厅。后来在各政团斡旋之下,双方互有妥协,最终1917年1月10日由中立政团拟定的地方制度大纲通过国会,省制问题告一段落。

1917年2月8日,为对德绝交问题梁启超入京,最终围绕着这个问题,不仅导致议会中研究系与国民党矛盾再次激化,而且导致北洋集团内部分裂。梁启超影响下的研究系主张对德绝交并宣战,认为这样可以提升国家地位并可以提升我国军力水平,但是国民党人担心北洋军阀借机备战扩军,于自己不利;而总理段祺瑞想要借对德宣战拉近与日本人的关系,以此借款扩军,但总统黎元洪担心皖系军阀一家独大会威胁自己的统治,因此主张与美国保持一致,即反对中国对德绝交,可以说国际上美日之间在远东地区的外交之争转变成了中国府院之争,矛盾错综复杂:"研究系主张绝

---

① 《宪法审议会中议员犯罪》,《晨钟报》,1916年12月9日。

交,国民党以为非;院主绝交,府以为非,驯至党与党争,府与府争。"①

在这个过程中,研究系积极支持段祺瑞政府及北洋督军团。虽然有国民党议员的激烈反对,但在1917年3月10日参众两院都通过了以对德绝交为主题的外交方针案并由北京政府在3月14日正式宣布。不过梁启超继而主张对德宣战应接续进行,但又遭到了总统黎元洪及各省督军的普遍反对。随着美国在1917年4月6日对德宣战,特别是段祺瑞向各省督军表示宣战而无须出兵之后,督军们迅速就对德宣战达成一致。1917年5月3日研究系开会商讨对德宣战问题并欢迎各省督军,表示一致赞同对德宣战,后又于5月6日发表"宪法研究会关于对德外交之宣言"来阐释参战的理由。"事实上国会对参战问题意见非常混乱,除研究系旗帜鲜明外,没有一个党派能够有坚定不移的主张,也没有一个党派能够有全体一致的主张。"②几乎在同期,段祺瑞内阁在4月25日在京召开各省督军及其代表会议,妄图通过军事施压的方式强迫国会通过对德宣战案,这引起了国会成员的强烈反对;5月4日,督军团又在北京邀宴三百余名国会议员,以此来拉拢国会议员以通过对德宣战案;5月10日,国会对该案进行表决时,段祺瑞和督军团操纵军人策动"公民请愿团",在陆军部人员指挥下利用游民、流氓包围众议院、殴打议员,强迫议员通过宣战案,议员被围困十小时之久,进一步激化了矛盾,内阁谷钟秀、张绍曾、程璧光等总长纷纷辞职,仅余段祺瑞一人。虽然研究系也公开谴责公民团暴行,但公民团事件激怒了国会议员,反倒让他们在倒阁的共同要求上团结起来,要求黎元洪罢免段祺瑞。而5月19日对德宣战案提交众议院议决,经讨论决定缓议,同日督军团借口宪法草案将导致"暴民专制"要求解散国会。双方矛盾已经不可调停。势成骑虎,这对研究系来说,不论在国会内部的势力和影响还是在社会上的形象来说都是极大的打击。③

1917年5月23日,总统黎元洪下令解除段祺瑞总理职务,而段祺瑞对此通电不承认,并威胁道:"(该免职令)未经祺瑞副署,将来地方国家,因此发生何等影响,祺瑞概不负责。"④作为应对,同日张勋在徐州召开第四次

---

① 华觉明:《进步党与研究系》,《文史资料选辑》第13集,第120页。
② 陶菊隐:《北洋军阀统治时期史话(中)》,北京:三联书店,1983年3月第2版,第557页。
③ 时人认为研究系当时是在玩弄两面手法,在批判公民团的同时,对于罢免段祺瑞的总理案保持一种不赞成、不反对的隔岸观火的暧昧态度。
④ 李剑农:《戊戌以后三十年中国政治史》,北京:中华书局,1965年7月初版,第266页。

督军团会议以"必将激生他变"威胁黎元洪,安徽倪嗣冲、奉天张作霖等通电全国表示与中央脱离关系并在天津设立军务总参谋处,山东、直隶、河南各省纷纷宣布独立并派重兵威胁北方,战事一触即发。在此过程中,包括众议院议长汤化龙在内的研究系议员纷纷辞职,研究系首脑也与被解职的段祺瑞站在了一起,"免职令下,段(祺瑞)即卸职赴津。此时研究系的主要分子梁启超、汤化龙、林长民等仍然表示与段合作,取一致行动,随之共同赴京;研究系的机关报亦移津出版,为段宣传"①。

万般无奈之下,1917年6月1日黎元洪只得请张勋率三千辫子军入京调解府院之争,6月12日黎元洪在张勋的胁迫下最终解散国会。1917年7月1日,张勋复辟。对于甚嚣尘上的复辟逆流,宪法研究会于6月5日在天津俄界二号路该会临时事务所开会讨论对策,"大众极为愤慨激昂,全体议决一致反对复辟之举"②。段祺瑞乘机誓师讨逆,梁启超亲赞戎机,讨逆檄文和军中文告都是出自其手,研究系其他重要分子如汤化龙等也纷纷加入讨逆行列中,助力良多。历史潮流,浩浩荡荡,不可阻挡。7月12日,复辟失败,7月14日在黎元洪辞职的同时,段祺瑞进京复职。

共和再造,居功至伟。段祺瑞和研究系步入蜜月期。虽然段祺瑞心腹徐树铮对研究系首脑乱平之后的职务安排意见极大,但是段祺瑞依然在7月17日请定梁启超担任财政总长、汤化龙担任内务总长、林长民担任司法总长,这也是时人所谓的"研究系三总长"。除此之外,阁员汪大燮、范源濂等也与梁启超有旧,而且蒲伯英被任命为内务次长,张嘉璈则被任命为中国银行副总裁等。对于这样的内阁职务安排研究系分子极为兴奋,理想中政党内阁的架构已经初步确立,大展宏图的机会似乎到来了。

1917年7月26日,宪法研究会正式开会,梁善济主席报告会务,其后三阁员相继发言。梁启超在讲演中主要强调了政党道德,要求尊重在政治轨道内竞争的他党,并表示"今后之进退一视吾辈之政策能否实现为断"。汤化龙和林长民在演讲中也都希望研究系诸君可以作为政党内阁的坚强后盾。这次集会显然是研究系在新的政治局面下调整自身政治定位,为未来执政筹划宏图的关键集会,会议中甚至有党员提出要复活进步党的提

---

① 华觉明:《进步党与研究系》,《文史资料选辑》第13集,第120页。事实上,《晨钟报》在7月1日时尚在北京出版,7月2日停刊,而当7月7日复刊时,在刊头中表示报社暂由天津老站聘文派报社发行,7月17日,复辟之乱平定之后,《晨钟报》又在北京出版。

② 《时局昨闻》,《晨钟报》,1917年6月6日。

议。1917年8月10日,研究系三总长宴请研究系成员,"到者二百余人入席次,三总长相继致谢,觥筹交错,至十时主宾尽欢而散"①。

从表面上看,研究系与段祺瑞确实拥有一段蜜月期,段祺瑞基于对自身利益的考量之下对研究系首脑的谏言言听计从。对德宣战问题和国会问题是段祺瑞政府亟待解决的两大问题,对于前者,由于没有了国会的掣肘,1917年8月4日内阁开会顺利地通过了对德宣战案,8月14日冯国璋以北京政府总统名义公布对德、奥宣战;而后者则让梁启超和研究系承担了极大的历史骂名,乱平之后,梁启超认为之前的国会不能恢复,而应援用民元旧例召集临时参议院,段祺瑞对此也表示支持,毕竟可以抛开之前国民党员占多数的国会,减少了自身施政的种种国会阻力,同时又达到了废除临时约法的目的。7月24日,国务院通电各省,声称国会业已明令解散,断无重行召集之理由。对于研究系和段祺瑞的倒行逆施,国民党议员和西南实力派督军纷纷表示反对。7月23日,旅沪国会议员发表对外公告,表示不承认段祺瑞非法政府,要求维护约法、恢复国会,7月27日首批旅沪国会议员五十余人启程赴粤,1917年8月4日,旅沪国会议员一百八十人启程赴粤,8月25日孙中山在广州召开"非常国会",9月1日孙中山被选举为中华民国军政府大元帅。护法运动由此拉开序幕,南北分裂的态势形成。对于这样严重的后果,梁启超和研究系可谓是祸乱的始作俑者。

研究系党人刘以芬认为:"梁、汤、林入阁,为进步党最盛时期,同时亦即其失败开始时期。"②说到底,梁启超领导的研究系与段祺瑞之间是一种相互利用的关系,对缺乏稳固基础和坚强力量的研究系而言,依附段祺瑞是想要依人成事,而对段祺瑞来说,此前与国民党对峙之时确实需要与研究系相结托以御强敌,但是在南北分裂的大变局前,鸟尽弓藏、兔死狗烹,研究系的助力已经无关紧要,而有着政治理想和宏大抱负的梁启超、汤化龙等人也决非一般普通官僚可以随意掌控。最关键的是,此时一心想要凭借武力统一全国的段祺瑞和想要在政党政治框架下实现政治抱负的研究系阁员产生了执政重心和政策方针的冲突和错位,因此,双方关系的破裂只是时间问题。

对梁启超而言,此次入阁最重要的事情是在外交方面促成政府出兵欧

---

① 《研究会会员之欢聚》,《晨钟报》,1917年8月11日。
② 刘以芬:《民国政史拾遗》,上海:上海书店出版社,1998年3月初版,第11页。

洲、在财政方面则是改良币值。对于前者,梁启超主张在1918年春之前派遣数万中国军队赴欧西战场,以此为国正名并希图在战后挽回利权,为此他积极与法、美各国公使交涉。对此政策,段祺瑞认为完全是书生之见,突飞太过。对于一心想要武力统一南方的段祺瑞来说,怎么可能将手中的兵力投入到欧洲战场呢?因此,梁启超的建议只能是与虎谋皮,必将以失败而告终。"(梁启超)先生常与协约国甚善,曾署名于对德宣战书并提议派兵赴欧参战,政府不听反以北兵压南方,先生大示反对,遂辞职。"①对于后者,梁启超希望在财长的职位上依靠五国银行团的"善后大借款"来改革币制,按照梁启超的打算,他想把日本银行团先期支付的一千万日元借款存在日京银行,作为汇兑准备金以便在国内发行金汇票,"启超以为此即金汇兑本位之发端耳"。② 可段祺瑞为了筹备内战资金,绕开了财政总长梁启超。"借款本应由财政部主管,而对日借款乃由曹汝霖(交长)辈秘密办理,财梁几不得与闻。"③各项借款在段祺瑞的授意下主要都用来支付政府的军政支出,梁启超改革币制的梦想彻底破灭。

除此之外,研究系作为政治党团,非常看重的是临时参议院的选举,而这也被段祺瑞、徐树铮等人看做潜在的威胁,卧榻之侧岂容他人鼾睡。据刘以芬回忆,"闻当召集临时参议院时,本由进步党开列名单,以内务部名义密电各省照办;乃段派闻之,大不谓然,认为如此则所选出者将尽为进步党员,此后政府一举一动,难免悉受其挟制,是去一国民党不啻又来一国民党。因由徐树铮将此意向段陈述,段无明确表示。徐窥知段意已动,乃另行列单,或用己名,或假用段名,分电各省将内务部前电推翻"④。对于研究系成员,段祺瑞、徐树铮则许以相当条件大肆收买,令其脱离本党而加入新党,安福系即由此脱胎而成。"选举本应归内务部主持,而新国会选举乃全由徐树铮等暗中操纵,内汤几不能过问。"⑤1917年11月14日参议院开第一次正式会,在场人数102人,先选举议长,王揖唐得65票,梁善济得35票,张凤台、那彦图各一票,王揖唐当选议长;在副议长选举中,那彦图52票,梁善济23票,孙润宇20票,其余多人如罗纶、蓝公武得一票,那彦图当

---

① 《梁任公与英报记者之谈话》,《晨报》,1919年4月13日。
② 丁文江、赵丰田编:《梁启超年谱长编》,上海:上海人民出版社,1983年8月初版,第845页。
③ 刘以芬:《民国政史拾遗》,上海:上海书店出版社,1998年3月初版,第17页。
④ 刘以芬:《民国政史拾遗》,上海:上海书店出版社,1998年3月初版,第11页。
⑤ 刘以芬:《民国政史拾遗》,上海:上海书店出版社,1998年3月初版,第17页。

选副议长①。研究系在选举中铩羽而归。"事前（研究系）方以临时参议院可以全权在握，某也议长，某也秘书长，均已内定有人，结果大出意外，经此一番变动，而党势遂大受影响矣。"②在其后的新国会选举中，由于徐树铮通过收买、贿选等非法方式刻意排挤、限制研究系党人当选国会议员，最终在新国会的选举中只获得了二十余席。

显而易见，在研究系阁员看来自己完全是无足轻重的傀儡。"名为阁员，实则等于虚位，选举犹在其次，而借款则关系国脉，势不能无言，言之不听，势不得不求去。若辈（指徐树铮，笔者注）乃更借此而指为有意拆台，段亦深信不疑，于是此一方则恶意慰留，而强使之分谤，而彼一方则力表不与合作，以求外间谅解。计梁、汤等自六年七月十七日入阁，至十一月二十二日随同段氏去职，表面若相始终，而精神则早已分立矣。"③

1917年11月15日，直系将领在长沙通电停战，段祺瑞请辞国务总理职务，梁启超等研究系阁员一体辞职，面对挽留，梁启超等坚拒不就，他在18日写给好友张一麐的信中表示："昨今两日头痛欲裂，或是用脑太过，刺激太甚所致。"④其挫败灰心，可想而知。至此，研究系组织政党内阁以引导段祺瑞等北洋实力派入政治轨道的构想和努力彻底失败。

纵观研究系成立后与北洋实力派合作的全过程，研究系继承了进步党依人成事的政治风格，希冀与北洋实力派相结托并引导其步入政治正轨，但事实反复证明，他们的想法是与虎谋皮、不切实际的。正如刘以芬所说："进步党自创党以来，其所取政策，即系与现有势力相结合，意欲乘机而指导之、改造之，使成为我国之中坚力量，以求安定一时之社会秩序，并徐图发展。故彼之所谓结合，亦有一定限度，与一味附和者不同，苟一旦越此限度，则彼即不能不顾及自己之立场而立与离异。但观该党第一期与袁世凯结合，然一见袁欲帝制自为，背叛民国，则毅然起而反对；第二期与段祺瑞结合，然一见段之滥用日债，倒行逆施，则决然不肯苟同，便可以知其态度矣。当时外间谓进步党尚有为有不为，若其他党派则且有无所不为者，的

---

① 《参议院正副议长已选出矣》，《晨钟报》，1917年11月15日。"黯然"在《纪政客（七）》中指出："而其时有一部政客，组织真正段系之政党，实始于是时。故临时参议院成立而后，即已有争议长之事发生。是即今日安福派之始基也。"参见《国民公报》，1919年4月26日。
② 刘以芬：《民国政史拾遗》，上海：上海书店出版社，1998年3月初版，第11、12页。
③ 刘以芬：《民国政史拾遗》，上海：上海书店出版社，1998年3月初版，第18页。
④ 丁文江、赵丰田编：《梁启超年谱长编》，上海：上海人民出版社，1983年8月初版，第854页。

是平情之论。"①

痛定思痛,痛何如哉!从政失败后的研究系首脑在大势已去的情况下也在反思己派的政治路径和作为,他们清醒地认识到要想在国民思想尚不成熟、政党经验幼稚的历史条件下彻底解决政治问题是不切实际的,也是注定失败的。那么如何寻找新路呢?东渡日本时汤化龙公开表示:"我国由专制一跃而为共和,国民思想变迁之速因世界大势所压迫,思想实未成熟,七年来变故相乘,为过渡时代必至之现象,如何使不成熟之思想渐就成熟以压胜此恐慌之现象,须计其久且远者。所谓久且远者,即在乎培其根而养其源,求根本上之解决及去政治上一切阻力之方法。……吾人当今急务无他,在国内或国外皆应负有指导国民之责,即在养成国民心理,使为有理性的判断。……故吾人之责任在能引深厚之理想灌输于国民,评判为有理性之评判,行动为有理性之行动。"②

前路漫漫,政治投机者纷纷散去之后,对留下来的研究系中坚分子来说,希冀在思想文化上谋划"久且远者"以承担起指导国民之责任,那么,未来的突破口到底在哪里呢?

第三节 《学灯》诞生前的上海副刊文化生态

中国的报纸之有副刊,人们一般认为最早是在1897年11月24日随报附送的上海英商中文报纸《字林沪报》的附张《消闲报》。③ 从这个阶段起,一直到五四时期,报纸副刊的重要性逐渐显现。最初其作用主要是在正张缺乏稿件时来补充版面,所以在当时就被老百姓称为"报屁股"、"报尾巴",一般报纸也大多称其附张为"杂俎"、"馀兴"(或"余兴")。因此,长久以来报纸副刊在报馆自身的文化角色定位中并没有受到多大的重视,后来报馆方面却发现这些不起眼的"报屁股"受到了日益崛起的知识阶层和市民社会的欢迎,它的娱乐性、多样性、即时性都是吸引普罗大众的重要原因,因此,对报馆来说发展副刊尤其是文艺副刊就变成了扩大营业的极好

---

① 刘以芬:《民国政史拾遗》,上海:上海书店出版社,1998年3月初版,第17页。
② 《汤济武先生在东之演说》,《晨钟报》,1918年4月27日。
③ 《字林沪报》创刊于1883年。

手段。张静庐就指出:"副刊如编辑得法,辅助报纸的销行之力甚大,因容易受一般青年学子所欢迎,往往为了一份副刊而订阅一份报纸,这事情是很多的。"①至于为什么副刊会比正张更受到大家的欢迎,还与当时报纸正张千篇一律的编辑惯习、因循守旧的编辑作风有关。张静庐曾指出:"至于上海的报馆,则向来只知道剪裁外埠的报纸,或新闻社同性质的新闻的供给,除了外埠的特约通信员之外,更无所谓外勤记者。所以如果你细心的把各种报纸比较着看,往往使你惊异地发觉他们大同小异,有时竟至完全相同!本埠的新闻,采用新闻社和访员的,外埠的新闻,剪裁外埠的报纸,这几乎是各报馆所一成不变的新闻编辑法!"②正是由于报纸正张大家都大同小异,于是利用副刊的差异性来相互竞争以扩大营业就成了特定历史语境下的必然。

一

戈公振在《中国报学史》中就说:"民国以来之报纸,舍一部分之杂志外,其精神远逊于清末。盖有为之记者,非进而为官,即退而为营业所化。"③可见,当时官化和营业化是民国早年两种不良的倾向。姚公鹤曾说:"俨借报纸为党争之利器,则愈演愈进,愈况愈下,举全埠(指上海,笔者注)报纸而能脱离此漩涡者,已不数见矣。……有鉴于中国之党争,凡著名之报无一不落党阱。"④1916年袁世凯称帝败亡之后,以往政党色彩鲜明的上海的报业转而出现了一股政治色彩褪色、"营业化"色彩激增的潮流。邵飘萍在《新闻学总论》中提到《时事新报》时说,"初为研究系所经营之机关报,后乃竭力设法脱离窠臼,改为营业性质";在谈到《中华新报》时也说其"为政学系之机关,近亦注意于营业";在谈到《新申报》时又说:"其出版之初,乃与申报之纠葛有关系,后略渗入临时的政治性质,势力当然与申报相差远甚,但现在在竭力改进中,颇注意于营业。"谢六逸对此现象的解释是:"处于资本主义的时代,新闻受了经济势力的影响,它脱离政治羁绊,变

---

① 张静庐:《中国的新闻记者和新闻纸》,现代书局,1932年第三版,第64页。
② 张静庐:《中国的新闻记者和新闻纸》,现代书局,1932年第三版,第32页。
③ 戈公振:《中国报学史》,上海:上海古籍出版社,2003年版,第235页。
④ 方汉奇、王润泽主编:《民国新闻史料汇编(二)》,北京:国家图书馆出版社,2007年初版,第180页。

成一种产业,这是当然的发展。"①但是,在上海,五四新文化运动早期报界对营业化过度追求的倾向导致了副刊整体精神层次和思想水准的堕落。报纸的营业化本来是正常的,不但可以摆脱沦为"拿津贴",成为政党团体附庸的先例,而且可以壮大自身经济实力,进而扩充社会影响力和号召力。就是在这样一股为了注重经济效益而转为"营业化"的时代文化风潮中,报界经营者由于过度追求经济效益反而"为营业所化"。

于是,在上海这个资本主义买办文化与封建主义传统文化畸形交织发展的社会文化环境中,追逐读者的低级趣味以增加报纸的经济收入并扩大其社会影响就成了许多报社老板和副刊编辑者所信守的教条、圭臬。京沪各地报纸普遍出现了因为过度注重营业化而导致的"大报小报化"之倾向。

在这种经营理念的影响下,报纸副刊生态变得异常恶劣。新闻史家张静庐在回顾当年的历史状况时曾说:"从前无论京沪和各地的新闻纸,其报尾所登的小品文字,上海人所谓的'报屁股',都是登些红男绿女的小说和笔记,甚至于引人入迷的鬼怪神话,和诱人作恶的黑幕秘诀。"②在1919年出版的《新闻学》一书中,中国早期新闻学学者徐宝璜也指出了中国报纸副刊界的"非道德化"倾向,他说:"吾国报纸……为迎合社会心理以推广销路起见,于副张中或附印小报,登载'花国新闻',香艳诗词,导淫小说,及某某之艳史等案件。且有广收妓寮之广告并登妓女之照片,为其招徕生意者。是不惟不提倡道德,反暗示阅者以不道德之事。既损本身之价值,亦失阅者之信任,因阅者将渐视其为一种消闲品耳。此于记者之道德,亦大有关系。因迎合社会,乃贱者之所为,与敲诈同为不德也。"③不光是报纸的研究者注意到了当时严峻的形势,甚至有敏锐的读者也注意到了副刊整体精神层面的堕落:"至若征歌选舞,侈谈声色,淫词浪墨,满幅淋漓,或揭个人之黑幕,或肆不经之谈,揣其用意,亦无非欲迎合一般堕落社会之心理,以广其销路而已。嗟夫,此等报纸,其造孽于社会者,岂可衡量计哉?"④

当时,新文化运动的先行者们显然更是认识到了新闻界的堕落和这种现象的必然联系。1919年罗家伦在《新潮》第一卷第一号上《今日中国之

---

① 陈江、陈庚初编:《谢六逸文集》,北京:商务印书馆,1995年版,第368页。
② 张静庐:《中国的新闻记者和新闻纸》,现代书局,1932年第三版,第32页。
③ 徐宝璜:《新闻学》,北京:中国人民大学出版社,1994年版,第8页。
④ 王璋:《为今日报界进一言》(自日本来稿),《东方杂志》第16卷第5号,1919年5月。

新闻界》中抨击了北京新闻界因为逢迎读者的低级趣味而呈现出"非道德"的现状。他说:"我所说的新闻界没有道德,一件就是'逢社会之恶'。他国的新闻界是开导社会的,我国新闻界是逢迎社会的,真真可叹! 近来社会不愿意有世界眼光,新闻记者也就不谈国外的事;社会不学好,新闻记者就绝口不谈学问;社会喜欢欺诈作恶,新闻记者就去搜辑许多小新闻,来做他们的参考;社会淫乐,新闻记者就去微访无数花界伶界的消息,来备他们的遗忘。这番话不是我言之过甚,乃是实在有的。两年以来,更发达了北京的报纸,除了小报几十种不计外,其余大报之后,也纷纷增设评花评戏的附张。"①1919年10月16日的《北京大学日刊》上面登载了蔡元培在北大新闻研究会成立大会上的讲话,其中也谈及新闻界、副刊界的病态:"吾国新闻,于正张中无不提倡道德;而广告中,则诲淫之药品与小说,触目皆是;或且附印小报,特辟花国新闻等栏;且广收妓寮之广告。此不特新闻家自毁其品格,而其贻害于社会之罪,尤不可恕。"②蔡元培看法可贵之处在于指出了当时报纸正张与副刊之间在文化境界、道德水准上的差异与错位。

上述几则材料都是五四新文化运动早期的新文化运动积极分子与进步学者从新闻从业人员在拜金观念影响下道德的堕落、精神的萎缩方面入手,为当时的病态报纸文化生态所开列的病状。这当然是不错的,但是还有一层很重要的原因我们也决不能忽视,那就是中国幼稚的新闻界的组织人事体制、运作体制和新闻栏编辑习惯对这种现象的出现也要负相当的责任。同时,报纸正张的社会新闻栏对副刊品格的堕落产生了巨大的影响,蔡元培认为当时国内的新闻界在副刊上自毁品格、贻害社会固然不错,但是他认为"吾国新闻,于正张中无不提倡道德"的说法显然也值得商榷。副刊整体群落的堕落,甚至所谓"黑幕文化"之起源与报纸正张社会新闻栏的腐朽及其对报纸副刊的渗透紧密相关。

张静庐在《中国的新闻记者》一书中谈到了当时上海报馆的组织结构。他把记者分为内勤记者和外勤记者,其中内勤记者又分为总主笔、总编辑、电信编辑、外省新闻编辑、地方新闻编辑、本地新闻编辑、社会新闻编辑、教育新闻编辑、文艺编辑、游艺编辑、商业经济编辑等11种。他在社会新闻

---

① 罗家伦:《今日中国之新闻界》,《新潮》第一卷第一期,1919年1月1日。
② 蔡元培:《蔡元培校长在北大新闻研究会成立大会上的开会词》,《北京大学日刊》第228号,1919年10月16日。

编辑一栏下所作解释如下:"社会新闻编辑——所谓社会新闻者,是专记盗贼奸拐婚姻以及家庭等等琐事,以示区别于国际政治新闻而言。社会新闻名称是否确当,固尚有讨论的余地,但这名词差不多已为一般人所惯用,且别无相当替代的名词,故此处仍称之为'社会新闻'。我国报纸之注重社会新闻者,以北京的社会日报为首创,其后北京各报相继仿行,其新闻的来源,得诸侦缉队公安局者有之,得诸临时新闻记者(详外勤记者与访员节)的投稿者有之。……上海首先注重这类新闻者为时报,现在则各大报均开辟专栏刊载,而时事新报尤为偏重,较之北京各报,可说是'青出于蓝'了。"①至于社会新闻栏内的主要内容,谢六逸在1929年5月26日第八卷22期的《文学周报》上发表《上海各报社会栏记者养成所学则》一文中将上海报纸的社会新闻栏归纳,调侃式地将其分为强奸式、虫豸入女尸式、怪胎式、捕盗式、婚礼式、学者归国式、死尸展览式,此为"必修科目",另有枪毙罪犯式、学校始业休业式、主仆私奔式为"选修科目"。从以上记述中不难看出当时社会新闻栏的自身定位、编辑方法、写作风格和内容分类等方面的特色。

而这种出现在社会新闻栏中的丑恶现象与上海报馆流行的访员制度有很大关系。对此深有感触的张静庐指出:"……在上海,外勤记者与访员,的确有很大的区别,他们所处的地位与工作,可说是绝不相同。外勤记者是受雇于一报馆或一新闻社,而尽力所及去采访各种新闻,新闻所从发生的区域和机关,是没有限定的,新闻的性质也是非常庞杂,不能规定的,而访员则不然,访员是占据了一个机关或一区地域,在这一机关(例如租界的临时法院)和一区域(例如闸北或南市)内,一日间所发生的新闻,全由该访员自行记述,分钞若干份,送给各报馆,而取得各报馆的稿费。……其所记述的新闻,则大都属于火警盗贼奸拐等事,而记述的方法,又刻板不移,文辞似通非通,事实囫囵吞枣,不求甚解,更谈不到记载的详尽确实,而报馆的编辑者又往往因为足不出户的关系,对于社会上一切鬼魅魍魉的黑幕,世态人情的变化,茫然不知,所以在访员们所供给的新闻里,最多只略略地加以审阅或修饰,甚至一字不易地便编入各版的新闻内。于是时常在报端发现不情不实的新闻,似是而非的新闻,欺骗大多数的读者。在混过一时间之后,社会上多数的读者,对此种颠倒错乱的新闻,渐感不信

---

① 张静庐:《中国的新闻记者》,光华书局,1928年12月第二版,第82、83页。

任,遂不得不于未读报纸之前,先在心里存了一种成见,就是读某种新闻要用某种方法,而后始不受报纸的欺骗。这将使报纸的信用丧失到何种程度啊!……访员之得在上海盘踞一地域与一机关而包办新闻,这差不多已是上海自有新闻纸以来之积习,什么人都不能把这种恶势力打倒。"①"当时(指从戊戌政变到辛亥革命时期,笔者注)对于新闻的采访,选择,都没有十分的用力,因此造成了封建式的访员制度,竟为新闻纸改革的一个大障碍。"②张静庐从社会新闻栏从业者的组织构成、行为作风和职业特色出发来分析访员制度的历史源流与影响,对我们在人事组织方面去理解那个时代报纸正张社会新闻栏之堕落有着重要的帮助。

正是由于以访员制度为基础的社会新闻栏胡编乱造,根本上背离了新闻最基本的要素——真实,因此,在社会上产生了恶劣的影响。对报纸社会功用极为看重的梁启超对这一"公器"的变质极为痛心。1917年1月12日,梁启超在北京安庆会馆对北京报界发表演讲,其中批判到中国新闻纸的虚假和捏造之风,他说:"报纸为社会之缩影。社会之事事物物。无不映射于报纸。欲知社会之真相者。须于报纸中求之。此定例也。中国之报纸则不然。虚虚实实。令人迷离惝恍。不可辨别。无以名之。……中国之社会固不良。然尚不若报纸上之蜃楼海市。不可端倪。报纸上之社会。与实际上之社会。成为两截。此亦奇异之现象也。"③梁启超表示北京报馆虽多,但现实却让人不免悲观。

那么,为何报纸社会新闻栏会发生"艺术性"的转向而与以文化、艺术为特征的副刊发生关系的呢?张静庐认为使用文学艺术手法来编辑社会新闻是受到读者欢迎的:"如奸拐盗窃杀人自杀恋爱离婚等事,凡从前为报馆编辑所不注意者,亦即所谓访员所供给的死的刻板的琐闻,现在都用小说记事的方法,原原本本,详为记述委婉曲折,几与短篇的侦探或恋爱小说无异,为一般读者所欢迎。"④而张竞生在20年代初也提出对报界"美的新闻纸"的要求:"夫新闻纸所载社会纪事,与政治军事等,全在主笔有史才,把他做成有系统起来,而又加以艺术的妙笔,使社会枯燥的事情,一变而为

---

① 张静庐:《中国的新闻记者和新闻纸》,现代书局,1932年第三版,第36—38页。
② 张静庐:《中国的新闻记者和新闻纸》,现代书局,1932年第三版,第105页。
③ 梁启超:《梁任公对报界之演说》,《东方杂志》第14卷第3号,1917年3月15日。又见夏晓红辑录《〈饮冰室合集〉集外文(中)》,北京:北京大学出版社,2005年1月第一版,第675页。
④ 张静庐:《中国的新闻记者》,光华书局,1928年12月第二版,第83页。

极兴趣的材料。……今日新闻界常把至有趣的事情,用了一种极枯燥的'电报式'写出来,仅使人觉得无味。例如死囚(常有极重要的人物在内)的纪载,仅会抄官厅一纸通告了事。其在外国则将死囚在监生活及往刑场时状态及其心理,详详细细的登载出来,使人觉得津津有味。因为'极刑'乃人生至重大的事而为社会之变态者,人人皆有注意之必要与喜看之趋向。"①在张竞生看来,这样艺术化的社会新闻栏是"美的新闻纸",是主编所谓"史才"的体现,于是才有把记载"社会之变态者"之新闻"做成有系统起来,而又加以艺术的妙笔"的必要。张静庐也指出当时的编辑作法"用小说记事的方法"的目的,不过是为了迎合当时读者的变态的需要而已②。鲁迅在三十年代评论阮玲玉之死而作《论"人言可畏"》一文,批评的虽然是三十年代上海的报纸文化,可同样适用于五四新文化运动初期的报纸生态。他说:"上海的有些介乎大报和小报之间的报章,那社会新闻,……有一点坏习气,是偏要加上些描写,对于女性,尤喜欢加上些描写;……一遇到女人,可就要发挥才藻了,不是'徐娘半老,风韵犹存',就是'豆蔻年华,玲珑可爱'。一个女孩儿跑掉了,自奔或被诱还不可知,才子就断定道,'小姑独宿,不惯无郎',你怎么知道?一个村妇再醮了两回,原是穷乡僻壤的常事,一到才子的笔下,就又赐以大字的题目道,'奇淫不减武则天',这程度你又怎么知道?……然而中国的习惯,这些句子是摇笔即来,不假思索的,这时不但不会想到这也是玩弄着女性,并且也不会想到自己乃是人民的喉舌。"③之所以在报纸上会有这样的文学描写,历来关注"国民性改造"的鲁迅认为,"小市民总爱听人们的丑闻,尤其是有些熟识的人的丑闻。……(上海小市民读者)化几个铜圆就发见了自己的优胜,那当然很上算的"。

由此,我们不难看出当时报馆在营业化观念影响下报纸正张社会新闻栏的"艺术化"发展的历史逻辑,而报纸副刊将已经"艺术化"的社会新闻栏纳入其怀又是多么的理所当然!而社会新闻栏"艺术化"的恶性发展则直接导致了黑幕文化在报纸副刊栏内的流行。

---

① 张竞生:《美的新闻纸》,黄天鹏《新闻学刊全集》,光新书局,1930年版,第216页。
② 有新闻学者认为这样做的目的也是为了"使一般人的反帝国主义的注意,转而他向。于是社会琐事,成为民众流行的谈话,民族意识就无形的消灭了。"参见樊仲云《中国新闻事业的危机》,李锦华、李仲诚《新闻言论集》,广州新启明印务有限公司,1932年版,第315页。
③ 鲁迅:《论"人言可畏"》,《鲁迅全集》第六卷,北京:人民文学出版社,1981年版,第332页。

第一章 《学灯》之前世

二

黑幕文化的产生和发展与报纸副刊在营业化追求的宗旨下的堕落有着密不可分的关系，而黑幕文化则又进一步严重地干扰和损害了社会文化生态、报纸副刊的健全发展。而它的兴起和退潮都与《时事新报》及其副刊密切相关。

1916年10月10日，《时事新报》在其当时的副刊《报馀丛载》（主持者为编辑钱生可）上开辟"上海黑幕"栏目，并且大肆征集所谓的黑幕材料。这在上海的报纸副刊界尚是首次！胡适在1918年创作的《建设的文学革命论》中就认为这是"最下流"的做法，也是"宣告文学家破产的铁证"。当时《时事新报》副刊《报馀丛载》充斥着大量的所谓黑幕小说，社会上也流行着诸如《上海黑幕》《中国黑幕大观》等黑幕作品，整个社会文化生态乌烟瘴气、黑暗至极。

1918年3月1日，中华图书集成公司出版了路滨生编辑的《中国黑幕大观》正续集，鸳鸯蝴蝶派文人王钝根在该书的序言中极力褒扬黑幕，他说："黑幕者，摘奸发覆之笔记也。某报社创之于先，各书肆继之于后。惟某报社之黑幕，纪事恒囿于一隅，而各书肆所出之黑幕，内容又未必尽佳。于是有路滨孙者，奋袂而起，手编中国黑幕大观四巨册，都百万言。自比燃犀铸鼎，奸魅无遁形矣。"①又说："然则主人之辑为是书，不啻为黑暗社会建设无数灯塔，作奸者不敢尝试，涉世者知所趋避，百余万言之福音，有功于世道人心者甚大。黑幕既除，神州遂旦，古人不欺暗室之风，或者复见于今世乎！"②而在事实上，这类黑幕书籍中大量地充斥着色情、龌龊的变态描写和极端腐朽的思想倾向。叶楚伧（笔名小凤，笔者注）则直指黑幕文化之敛财真相，他说："黑幕二字，今已成一诲淫诲盗之假名。当此二字初发见于某报时，小凤奉之若神明，以为得此慈悲广大教主，将地狱现状，一一揭布，必能令众生目骇心惊，见而自戒。及见其渐近于淫亵，则喟然叹曰：洪水之祸发于此矣。果也，响应者，春芽怒发，彼亦一黑幕，……夫开男盗女娼之函授学堂，则直曰开男盗女娼之函授学堂耳；卖淫

---

① 王钝根：《中国黑幕大观·序》，转引自魏绍昌编《鸳鸯蝴蝶派研究资料》上卷，上海：上海文艺出版社，1984年7月第一版，第206页。
② 王钝根：《中国黑幕大观·序》，转引自魏绍昌编《鸳鸯蝴蝶派研究资料》上卷，上海：上海文艺出版社，1984年7月第一版，第208页。

书则直曰卖淫书耳,而必曰宣布黑幕也。"①在这里,王钝根所说的"某报社创之于先"和叶楚伧所说的"初发见于某报"语有所讳,其实都指的是《时事新报》!

罗家伦在写于1918年的《今日中国之小说界》中说起黑幕在"前清末年已经有一点萌蘖。待民国四年上海《时事新报》征求《中国黑幕》之后,此风遂以大开。现在变本加厉,几乎弥漫全国小说界的统治区域了!"东生在《封建势力在报纸上》一文中也指出:"然而最不通的是所谓社会新闻,上海的小报,因为专记载私人的隐事,或者造谣以敲竹杠,是给人认为下流无耻者之所为的,……大报的编辑,知道迎合社会的丑恶心理,有这样的效果;于是自时事新报作俑于前,其他报纸,亦俱先后抽出奸杀恋爱绑票的事件,加以动人的标题,名曰社会新闻。……但是这种小报化的现象,一般报馆的编辑,方自以为革新,那里知道这是报纸的堕落!"②东生言论的可贵之处在于指出了上海盛行的黑幕文化和"社会新闻栏"堕落之间的关联。

正在崛起的新文学界清楚地认识到了所谓"黑幕文化"对文学、社会的严重危害,旗帜鲜明地抵制这种不道德的游戏文字。鲁迅在《中国小说史略》中指出,"黑幕小说"与清末民初的"讽刺小说"、"谴责小说"有一定的历史渊源,他说:"此外以抉摘社会弊恶自命,撰作此类小说者尚多,顾什九学步前数书,而甚不逮,……其下者乃至丑诋私敌,等于谤书;又或有谩骂之志而无抒写之才,则遂堕落而为'黑幕小说'。"③周作人则先后在《每周评论》《新青年》上相继发表了《论"黑幕"》和《再论"黑幕"》,条分缕析地驳斥了社会上别有用心的人要求为黑幕正名的呼声,最后他断定:"黑幕是一种中国国民精神的出产物,很足为研究中国国民性社会情状变态心理者的资料;至于文学上的价值,却是'不值一文钱'。"④沈雁冰在《自然主义与中国现代小说》中,就封建文人游戏文学的观念,发表评论说:"……小说家本着他们'吟风弄月文人风流'的素志,游戏起笔墨来,……竟空撰男女淫欲之

---

① 转引自范伯群主编《中国近现代通俗文学史》,南京:江苏教育出版社,2000年版,第108页。
② 东生:《封建势力在报纸上》,转引自张静庐编《中国现代出版史料(丁编)》,北京:中华书局,1959年11月第一版,第186页。
③ 鲁迅:《中国小说史略》,上海:世纪出版集团,2006年4月第一版,第195页。
④ 仲密(周作人):《再论"黑幕"》,《新青年》第六卷第2号,1919年2月15日。

事,创为'黑幕小说',以自快其'文字上的手淫'。"①批判不可谓不尖锐。

而在瞿秋白看来,黑幕小说及鸳鸯蝴蝶派都是上海报纸副刊堕落后的产物,他说:"辛亥革命之后,《民权日报》有《民权素》,《申报》有《自由谈》,《新闻报》有《快活林》等等——这些'报屁股'出现,是所谓'礼拜六'派的老祖宗。这些报屁股的新派文学家,虽然还用古代文言企图表现'新的文学',……可是,不久,这种文腔就渐灭下去。代替他的是用现代文言做的笔记小说,黑幕小说。这种所谓现代文言,就是不遵守格律义法的变相古文,而且逐渐增加梁启超式的文体,一直变到完全不像古文的文言。从古代文言的小说,变到现代文言的小说——这种变更是礼拜六派内部的变更,……这是自然而然的变更。……为什么这个变更这样和平呢?很简单的:这是市场上商品流通的公律,没有人要的货色,'自然而然'的消灭,不见,退出市场。总之,古代文言和现代文言的小说,不但绝不是国语的文学,而且也建设不成功文言的'新的文学'。"②瞿秋白点出了报纸副刊(所谓"报屁股")与鸳鸯蝴蝶派之间的关系,而黑幕小说的出现被他当做了"礼拜六派内部的变更",也就是说,《申报》《新闻报》的副刊《自由谈》《快活林》与以古代文言为特色的鸳鸯蝴蝶派的产生有关,是"礼拜六派"的老祖宗。而我们不难得出结论,《时事新报》的副刊《报馀丛载》就与以现代文言为特色的鸳鸯蝴蝶派有关,是所谓"黑幕小说"的老祖宗。由此,我们也可以看出,上海报纸副刊界与通俗文学界的深远联系。

针对报界的乱象,就连跟《时事新报》关系紧密的梁启超也批评道:"余以为第一须用力者,万不可迎合社会,必须出全力矫正社会。"③甚至北洋政府方面也注意到了社会上流行的黑幕小说、奇情小说、浪史奇观等书籍、图画、报纸广告对新闻报纸和社会大众的精神危害。1916年5月,教育部通俗教育研究会④发现北京城内流行《醒世奇观》《拐骗奇谈》《男女串骗奇

---

① 沈雁冰:《自然主义与中国现代小说》,《小说月报》第十三卷第7号,1922年7月。

② 瞿秋白:《鬼门关以外的战争》,魏绍昌编《鸳鸯蝴蝶派研究资料》上卷,上海:上海文艺出版社,1984年7月第一版,第15、16页。

③ 夏晓红辑录:《〈饮冰室合集〉集外文(中)》,北京:北京大学出版社,2005年1月第一版,第675页。

④ 北洋政府教育部提请设立通俗教育研究会并于1915年7月18日获得大总统批准,该会以研究通俗教育事项、改良社会、普及教育为宗旨,下分小说、戏曲、讲演三股,其中小说股的职责是:1,关于小说之调查事项;2,关于小说之编辑改良事项;3,关于小说之审核事项;4,关于研究小说书籍之撰译事项。

谈》《女骗术》等不良小说,随即呼吁教育部予以取缔,教育部请求内务部设法查禁淫秽小说,以维持风气。① 本月内务部下令严行取缔该类书籍;同年11月,内务部又下令严禁奇情小说和浪史奇观之类书籍,而通俗教育研究会则接连发表公开信,一方面要求作家不要再编写黑幕一类小说:"近时黑幕一类之小说,此行彼效,日盛月增。核其内容,无非造作暧昧之事实,揭橥欺诈之行为,名为托讽,实违本旨,况复辞多附会,有乖写实之义,语涉猥亵,不免诲淫之讥。此类之书,流布社会,将使儇薄者视诈骗为常事,谨愿者畏人类如恶魔,且使觇国之人谓吾国人民之程度其卑劣至于如此,益将鄙夷轻蔑,以为与文明种族不足比伦。……本会为此滋惧,用敢敬告今之小说家,尊重作者之一己之名誉,保存吾国文学之价值,勿逞一时之兴会,勿贪微薄之盈利,将此日力多著有益之小说,庶于风俗人心不无裨益,敢布悃忱,诸希采纳是幸。"②另一方面呼吁作家多创作提倡勤朴艰苦美德小说。③ 同年12月,内务部再次下令劝诫各新闻报纸自律,以维护社会风气。我们知道,报纸杂志、文学生产、文化出版与整个文化环境、文化生态是血脉相连、息息相关的,它们之间的相互影响与互动也是非常紧密的,一个良好的文化环境是需要各个组成部分结构肌理的全面健康发展才可以实现的。否则,局部的癌细胞就可以染遍整个健康的肌体。

　　由此可见,在这样的政府高压、学界反对、社会侧目的现实环境下,时事新报社面临多大的危机!1917年,已经厌倦了议会政治斗争的研究系张东荪接替北上的张君劢主持《时事新报》,严峻的形势逼迫他开始着手《时事新报》及其副刊的拨乱反正、正本清源工作。

---

① 《京师警察厅为请转咨查禁不良小说致内务部呈》,中国第二历史档案馆编:《中华民国史档案资料汇编》第三辑文化卷,南京:江苏古籍出版社,1991年6月初版,第154页。
② 《通俗教育研究会关于不再编写黑幕一类小说致作家函》,中国第二历史档案馆编:《中华民国史档案资料汇编》第三辑文化卷,南京:江苏古籍出版社,1991年6月初版,第160页。
③ 《通俗教育研究会关于编写提倡勤朴艰苦美德小说致作家函》,中国第二历史档案馆编:《中华民国史档案资料汇编》第三辑文化卷,南京:江苏古籍出版社,1991年6月初版,第156页。

第二章 张东荪、匡僧与初创期之《学灯》

如果我们试着了解一下当时的社会政治环境,就可以知道《学灯》诞生在怎样一个相当特殊的历史情境中。1917年7月后,研究系依附于北洋实力派段祺瑞,短暂地形成了一种"研究系出谋、新交通系出钱、段派军阀出兵"的政治组合模式。但随着研究系分子政治谋划在现实中的屡屡挫败,1917年11月30日,北京政府批准研究系阁员梁启超、汤化龙等人辞职。这次从政的失利对研究系的打击是很大的。梁启超在11月18日递交辞呈后给好友张一麐的信中说:"昨今两日头痛欲裂,或是用脑太过,刺激太甚所致。"①此次从政对梁启超来说可谓情非得已。早在1916年底的时候,梁启超在《国体战争躬历谈》中就声明了今后的打算:"且吾以为中国今后之大患在学问不昌,道德沦坏,非从社会教育痛下工夫,国势将不可救,故吾愿献身于此,觉其关系视政治为尤重大也。今蔡君既以养病闲居,吾亦将从事于吾历年所经营之教育事业,且愿常为文字以与天下相见,若能有补国家于万一,则吾愿遂矣。"②既然有这样的初衷在前,我们就不难理解为什么经过一番政海沉浮后梁启超在1918年年初发起"松社"的时候要讲究"读书、养性、敦品、励行"。1918年1月12日,在给梁启超的信中,张君劢说:"规严(即唐规严,笔者注)之意,欲以此社(指松社,笔者注)为讲学之业,而以罗罗山、曾文正之业责先生也。闻百里前在津曾亦为先生道及此举,今日提倡风气舍吾党外,更有何人?盖政治固不可为,社会事业亦谓不可为,可也?……规严之意既为方今救世良药,而又为吾党对于社会

---

① 丁文江、赵丰田主编:《梁启超年谱长编》,上海:上海人民出版社,1983年8月第一版,第854页。

② 丁文江、赵丰田主编:《梁启超年谱长编》,上海:上海人民出版社,1983年8月第一版,第801页。

对于自身处于无可逃之地位,故力赞其说,而敢以就正于先生也。"①这里所说的罗罗山就是罗泽南,他和曾国藩在道光、咸丰年间大力提倡程朱理学。梁启超在《中国近三百年学术史》中也说:"罗罗山(泽南)、曾涤生(国藩)在道咸之交,独以宋学相砥砺,其后卒以书生犯大难成功名,他们共事的人,多属平时讲学的门生或朋友,自此以后,学人轻蔑宋学的观念一变。"②而戊戌变法期间守旧文人曾廉曾说:"其在道光时,唐鉴倡学京师,而倭仁、曾国藩、何桂珍之徒相从讲学,历有年数。罗泽南与其弟子王鑫、李续宜亦讲学穷庐,孜孜不倦。其后内之赞机务,外之握兵柄,遂以转移天下,至今称之。则不可谓非正学之效也。"③我们不难看出,经过了1917年研究系从政失败的经历,梁启超、张君劢等人已经意识到了进行社会事业、讲学教育、从事学术研究对扭转政治颓势的重要性,对"提倡风气"的重视及"舍吾党外,更有何人"的勇气和责任感必然使得他们敢为天下先!毫无疑问,《学灯》的出现就是具体的体现。

当然,我们也能看出,研究系党人规劝要"(以罗罗山和曾国藩)之业责先生(指梁启超)",就可以看出他们从事学术活动具有很明确的政治目的和指向性,研究系此时从根底上对政治并没有失去兴趣。就如同陈叔通在1918年3月13日给梁启超的信中说的那样:"天苟不亡中国,吾辈未必竟一无施展之日。"④在梁启超给党人籍忠寅的信中,梁启超也说:"最欲郑重相告语者,此时宜遵养时晦,勿与闻人家国事,一二年中国非我辈之国,他人之国也。"⑤从梁启超的话中,毫无疑问可以看出,梁启超认为这个阶段只是在韬光养晦而已。他并不认为自己的政治理念是错误的,只是不应该"与闻人家国事"而已,就像自己在去年从政那样。就是在这样的历史大背景下,《学灯》面世了!有讽刺意味的是,在《学灯》创刊后三天,也就是1918年3月7日,在段祺瑞和徐树铮的授意下,安福俱乐部成立了,路径的分歧于此显示了出来。

---

① 丁文江、赵丰田主编:《梁启超年谱长编》,上海:上海人民出版社,1983年8月第一版,第859页。
② 梁启超:《中国近三百年学术史》,长沙:岳麓书社,2010年1月初版,第29页。
③ 曾廉:《应诏上封事》,《戊戌变法》(二),上海:上海人民出版社,2000年版,第493页。
④ 丁文江、赵丰田主编:《梁启超年谱长编》,上海:上海人民出版社,1983年8月第一版,第861页。
⑤ 丁文江、赵丰田主编:《梁启超年谱长编》,上海:上海人民出版社,1983年8月第一版,第862页。

第二章　张东荪、匡僧与初创期之《学灯》

　　1918年3月4日,《时事新报》增辟副刊《学灯》,从此,我国报纸有了学术性的副刊。香港新闻史学家袁昶超在《中国报业小史》中就《学灯》的正张《时事新报》这样评价说:"这是华资创办的一家大报,足以与申报和新闻报分庭抗礼,对中国报纸的改革也有相当贡献。"①

　　《学灯》的出现就是它最大的贡献!

　　由曾虚白主编、作为台湾大学教科书的《中国新闻史》一书指出:"它(指《时事新报》,笔者注)虽然是保守派的报纸,常常作反国民党的宣传,但是它跟《时报》一样,却是一张求革新的报纸。它试用专任采访记者、开公布栏、改革版面、加强副刊,使中国报业的内容和形式,起了很大的变化,内地各省报纸有所谓的'时事新报式',可知该报的革新,对中国报业影响之大。"②

　　《学灯》的出现就是它最大的革新!

　　袁昶超对《学灯》出现的意义的评价也是很高的:"新文化运动发生前后,若干著名报纸已增加副刊,介绍新时代的新思潮,讨论新社会的新问题,比诸单纯讲求兴趣的资料,较有重大的价值,而副刊的地位亦因此而提高。早在五四运动之前,上海时事新报已增'学灯'副刊,目的在'促进教育灌输文化',始创于民国七年三月三日,初由张东荪主编,迨五四运动之后,'学灯'由宗白华主编。……自此以后,副刊成为我国报纸的一种专栏,差不多没有一张报纸不设副刊,而其性质也有多种,俾适合各种读者的程度。除学术、文艺而外,还有教育、科学、艺术、电影、小说、戏剧、妇女、儿童、与图画等副刊,含有颇浓厚的杂志色彩。"③又说:"时事新报又曾于七年三月四日发刊'学灯'副刊,……可以说是新文化运动的先驱。"④

　　在《学灯》产生之前,研究系张东荪就在其主持的《时事新报》头版广告中长篇累牍地为其大做广告,这也是《学灯》首次登上历史舞台并进入我们视野中。1918年1月16日,《时事新报》第一张第一版广告栏中,就出现了一则"本报特设学灯一栏预告"的广告,该广告一直做到月底。在该广告标题中,"学灯"两字用印章体"反白"处理,显得极其醒目。广告中说:"本报同人慨夫社会之销沉青年之堕落以为根本救治之策惟教育是赖爰将原有

---

① 袁昶超:《中国报业小史》,香港:新闻天地社,1957年7月第一版,第50页。
② 曾虚白主编:《中国新闻史》,台北:三民书局,1984年1月第五版,第276页。
③ 曾虚白主编:《中国新闻史》,台北:三民书局,1984年1月第五版,第54页。
④ 曾虚白主编:《中国新闻史》,台北:三民书局,1984年1月第五版,第88页。

教育界为之扩张更名曰学灯内容计分(一)学校指南揭载教育法令学校章程视学报告等以为办学者及求学者之(指)南针(二)青年俱乐部专备各校教员及学生诸君之投稿凡有益青年心身者内容不拘门类文字不拘长短均所欢迎(登出者酌具赠品)(三)教育小言用以涣发兴会辅助修养凡此数端皆同人所愿竭其绵薄以为贡献者非敢自诩为学界之明灯然亦期不负初衷区区微意幸海内外明达有以教之现定自三月一日起逐日载入本报第三张内特此预告"。①

从这份最早的推介《学灯》的广告中，我们可以看出张东荪等人从一开始就是想通过在教育界中对青年人进行指导和帮助，来挽救过渡时代青年人的堕落、增进其修养，虽然在广告中宣称"非敢自诩为学界之明灯"，但是他们要从学界中努力的想法和抱负却是一目了然的。(另，《学灯》并没有按照广告中所说的在1918年3月1日面世，而是推迟至3月4日出版的。)同时，从该广告中也可以看出《学灯》是从原有的"教育界"栏转换而来的。对教育界的关注在当时不仅是对社会教育事业的关注，同时，它也是报纸适应社会需要而"营业化"的必然。就如同1928年张静庐在《中国的新闻记者和新闻纸》一书中说的那样："最初，上海和内地的教育界，所喜欢看的日报，莫过于上海《时报》，因为时报在当时，对于教育界的新闻，记载特别详细的缘故；从新文化运动后，全国青年的思想，为之一新，时报的主编者，不晓得迎合时代潮流，并一张副刊都不肯出版，仍保留其《馀兴》《小时报》的老套头。因此，时事新报的副刊《学灯》，应时而起，延宗白华为主编，撰述者都是一时之选，于是学界极表欢迎，时报十余年来在教育界里所打下的根基，不能不摇动，以至于倾坍。"②

《学灯》问世以后，在昏沉酣睡的中国迅速地引起了强烈反响，张东荪也颇为得意，他说："南北各大报作'同声之应'的，几于不胜枚举。"③可见一时影响之大。

---

① 本书中所引均依照报纸原文，原文没标点引用时如不影响理解一般也不加新式标点，有的研究者将本则资料断句为"内容不拘，门类文字不拘，长短均所欢迎"显然有误，应为"内容不拘门类，文字不拘长短，均所欢迎"。

② 张静庐：《中国的新闻记者和新闻纸》，现代书局，1932年第三版，第33页。从历史上看，《时报》的老板狄楚青在民国成立后就曾追随过梁启超，深受梁的影响，对社会教育事业比较关注。

③ 张东荪：《学灯的第九年》，转引自胡道静《中国报纸副刊的起源和发展》，录自《报学杂志》。

第二章　张东荪、匡僧与初创期之《学灯》

第一节　张东荪与《学灯》的正本清源

初创期的《学灯》主要是从1918年3月至1919年2月,也就是从张东荪主持下的《时事新报》创办学术性副刊《学灯》开始,一直到1919年2月匡僧接手主编《学灯》为止。这个阶段就是《学灯》像婴儿一样不断成长、不断调整的过程。这一切,都与张东荪是分不开的。

张东荪(1886—1973),字圣心,原名万田,浙江杭州人,现代著名哲学家、名编辑。他的祖父张之杲(东甫公)曾任嘉定、吴江等县的知县,在1843年曾升任泰州知州。为了纪念他的祖父,他给自己改名为"东荪"。在1902年,他在长兄张尔田的影响下接触佛经并产生了浓厚的兴趣。1905年,张东荪官派留学日本,在东京帝国大学哲学系学习,后来研究系的蓝公武、冯心支①等人这时与他来往密切。1906年由他组织的"爱智会"主办的综合性学术月刊《教育》面世。此时的他已经受西方的科学、哲学影响很深,中国传统佛学的影响已经在西方思潮的冲击下退潮。辛亥革命前,张东荪已经返国,开始在国内著名刊物,比如《东方杂志》上发表政论文章。1912年后张东荪担任了南京中华民国临时政府内务部秘书,4月南京临时政府解散后,虽然孙中山把他也列为国民党党员,但是他并没有承认。与此同时,他也不承认自己是进步党人,他曾在《理性与民主》一书中说道:"我的朋友以进步党人为多,且较密切,我却从未正式加入该党,亦向不与闻他们的党的活动。"②但此时的张东荪发表了大量的政论,他所坚持的社会改良的立场让他与梁启超等人越走越近,而局外人亦因此而越发认定他为梁启超一派的人物。在1916年,他参与了"宪法研究会"的活动,7月国会筹建后担任参议院秘书长,成了研究系的重要成员之一,在此时发表的《今后之政运观》一文中,他已经表示出了对从事政治活动的厌倦与失望。

---

① 冯心支后来也是时事新报馆的人,他是冯桂芬的孙子。见包天笑《钏影楼回忆录》,第430页。

② 张东荪:《理性与民主·序论》,商务印书馆,1946年版,第4页。

在1917年初，31岁的他接替北上的张君劢主编《时事新报》。① 从1918年1月3日起，张东荪把自己翻译的柏格森的《创化论》在《时事新报》上分12次连载。从本质上说，这个阶段的张东荪同梁启超一样，也是一个不能忘情于政治的学者，或者更准确一点来说，应该是一个不能忘情于学术的政论家。

作为《时事新报》的主持人，张东荪对《时事新报》及其副刊《学灯》拥有绝对的掌控权。在《学灯》创刊后的初始阶段，他作为《学灯》的第一任编辑为其发展奠定基调，他在这个阶段对《时事新报》内部做了正本清源、拨乱反正的工作。

一个副刊，就如同舞台上的演员一样，舞台固然重要，他的舞伴更加重要。如果把《学灯》比作是一个演员的话，那么《时事新报》正刊就是它的舞台，而它的舞伴就是《时事新报》其他副刊。张东荪、潘公弼等人要做的就是"立足于舞台，来改造并组合演员"。台湾学者赖光临在《七十年中国报业史》中曾说："时事新报最大的革新，是在潘公弼主持时期，正是'五四'运动的前一年。他提出'全盘业务平衡发展'方案。开辟副刊《学灯》，和报端长评声求气应，增加声势。并着手改革新闻部门和附张。时事新报的附张称'报馀'，曾刊登《上海的黑幕》，连续二三年，受社会注目。只是风格和长评不调和，因将'报馀'改名为'青光'②，标榜高尚的幽默。"③从中可以看出，到底是不是跟"报端长评声求气应"、是不是跟"长评相调和"，这才是当时时事新报馆主事者在栏目取舍改造之间考虑的最重要的因素。我们不得不佩服时事新报馆同人的眼光。与他们形成鲜明对照的是1921年元旦创刊的《商报》，其编辑包括陈布雷、潘公展、沈仲华等人，可谓一时之选。曾虚白主编的《中国新闻史》指出："它的唯一的缺点是，副刊太落伍，编辑者是专写小报的张丹斧，在小报上他的文章很叫座，但是在《商报》上，跟陈布雷的文章在一起，就显得很不调和了。其后虽然换王钝根、陈小菊等人，

---

① 张君劢是在1916年11月间辞去浙江交涉署事后，就任上海《时事新报》总编辑的，见王世瑛遗稿《君劢先生之言行（一）》，见《张君劢传记资料（七）》，台北：天一出版社，1979年版，第26页。

② 此处赖光临描述有误，《青光》迟至1921年11月4日才出刊。

③ 赖光临：《七十年中国报业史》，台北："中央日报社"，1981年3月第一版，第70页。

但是作风仍旧没有变,这可能是汤节之①的'生意眼'。"②显而易见,在生意和原则面前,时事新报馆是有自己高标准的。

我们知道,《学灯》是由以往的栏目"教育界"改造而来的。而在它诞生的同时,《时事新报》上还有其他的副刊存在,首倡黑幕的编辑钱生可负责的"报馀丛载"就是原本老牌、正统的《时事新报》的副刊。我们不妨以1918年2月16日(也就是预告《学灯》的广告第一次出现在头版的那天)为例,来看看此时三大张的《时事新报》版面的分布:

第一张首页,广告;第二版,时评一,北京专电、本国电讯、各国电讯、内外要闻;第三版,新闻;第四版,烟草广告等。

第二张第一版,本埠商情,日本邮船会社广告,沪杭铁路列车时刻表等;第二版,内外要闻,时评二;第三版,时评;第四版,广告、戏剧剧目广告、药品广告等。

第三张第一版,内外要闻二,中外新闻屑,本埠新闻屑;第二版,本埠时事;第三版,广告、时事三;第四版,报馀丛载。

1918年3月4日,《学灯》首次出现在《时事新报》第三张第一版之上,同版面的"新闻屑"(即社会新闻)栏目占据了三分之一的版面。而《报馀丛载》则是在第三张的第四版之上。当天的第三张第一版的版面编排和内容设置就很能说明问题。

在当日《学灯》下的新闻屑栏目中,刊发了两条社会新闻,一条是"查禁海淫小说",其中说道:"据通俗教育研究会呈称近查坊间发行之小说。有秘密女子。鸳鸯梦。晓外桃花记。牡丹奇缘。痴婆子传。……或撰述新编。或刊布旧籍。而核其内容。均系蓄意海淫。大伤风化之书。其和尚奇缘一种。系前经查禁书目所列之灯草和尚。今复改变名目。希图蒙混。尤属故违禁令。又查坊间近发行淫学一书。虽不在小说范围。而假托学理以导淫。实与本会迭次呈请咨禁之各种不良小说。同一弊害。似应一并禁止。恳请咨行内务部。通令所属一体查禁等情。据此核阅该会呈请咨禁各书。类皆文辞秽亵。名称荒谬。……咨请通行查禁。以重法令而端风化等因到部。查此项不良小说。迭经该会呈由教育部咨送通行查禁在案。兹准前因。自应严行禁止。除分饬外。相应照录清单。咨行查照

---

① 商报馆的老板。
② 曾虚白主编:《中国新闻史》,台北:三民书局,1984年1月第五版,第331页。

即希饬属查禁。用维正俗。此咨。内务总长钱能训"①。

另外一条新闻是"沪上花界传单",这则"轶尘"所作的新闻,简直就是妓寮酒楼的一则广告传单。作者声称得到了一张"奇趣"传单:"目下百物昂贵。淫业亦有难支之势。故拟从戊午正月起。和酒一律增价。……酒席每台向例洋十元戊午年新正月起。请每席酌加大洋二元。碰和彩红。酌加每场合洋十六元正。……以上所禀各情。如蒙俯允。在贵客所费无多。在敝院内外诸人。均沾恩益。沪上花界全启"②。

从以上第一则消息,可以看出当时北洋政府对诲淫诲盗的小说已经采取了各种高压政策,宣扬色情的黑幕小说的命运也是可想而知的了。果然,在1918年9月,教育部通俗教育研究会就又出台了查禁黑幕小说的文件。而在3月份的时候,在《学灯》的第一期版面下,就出现了查禁诲淫小说的政府公文,不能不说是《学灯》的主事者已经提前觉察到了黑幕小说已经到了命运的尽头,《学灯》的出台很可能就是他们逐渐想与黑幕决裂的第一步。而从第二则消息中,我们可以看出,当时的社会文化和报纸倾向还是向商业化、恶俗化低头的,显露出一种低俗的市井气息。此时,包括《学灯》及新闻屑栏目正处于分化前的混沌期中。

而在《报馀丛载》中,此时大量充斥着粗制滥造的黑幕小说和格调低下的所谓文艺作品,比如"女学生之黑幕"、"巫医之黑幕"等,又比如"女学生歌",歌词唱道:"娇娇女学生金丝边眼镜高底皮靴最时新头梳圆圆髻身穿洋钮裙一朵鲜花插胸襟到仔礼拜日开心正开心姊姊妹妹出校门拍照小广寒吃茶仝羽春要吊膀子跑马庭"③。而在《时事新报》,报纸的中缝里还在征求黑幕,比如以1918年2月17日为例,在第二张第二三版中,有本报征求北京之黑幕,包括官场之黑幕、旗人之黑幕、遗老之黑幕、娼妓之黑幕、求官之黑幕、市侩之黑幕、当差之黑幕、赌徒之黑幕、拐骗人贩之黑幕、苦力之黑幕等。"我国社会以北京上海为最繁盛名为首善实则叠数重重黑幕非曾在个中莫由窥破……本报先已就上海发为征文今更就北京广求答案世之君子倘有真知灼见务祈以铸鼎燃犀之笔为探征索引之文本本清源……"④

---

① 《查禁诲淫小说》,《时事新报》,1918年3月4日。
② 《沪上花界传单》,《时事新报》,1918年3月4日。
③ 《女学生之歌》,《时事新报》,1918年4月11日。
④ 《征求黑幕》,《时事新报》,1918年2月17日。

而在第一张第二三版间："本馆十周纪念定报赠品上海黑幕汇编再版出书"。可见，市场上的备受追崇让《时事新报》发行人把黑幕类书籍当作促销赠品来搞报纸征订活动①。而且，《报馀丛载》是每天都有的栏目，而《学灯》只是每周一才出版一次。主角配角在舞台的占有上有着天壤之别。想想看，《学灯》就是作为一个配角在这样的一个舞台上和这样的舞伴在共舞！

但是，历史的潮流浩浩荡荡，黑幕小说的颓势已经是越来越鲜明地暴露出来。1918年4月13日，在《报馀丛载》末尾，有一则编辑启事"黑幕投稿者鉴"，其中说："启者本报开设黑幕一栏。原为发覆锄奸。投稿诸君自亦同此心理，乃近来世风日下，反借黑幕二字以售其奸。本报有鉴于此。拟此后于黑幕一栏。益复严加甄别。凡有伤风化以及攻击隐私之稿。绝不任其传播。投稿诸君当能共喻斯旨。此亦发覆锄奸之一也。幸希及之。"②为了有指导性的说明，钱生可在《时事新报》报纸中缝大做北京和上海两地黑幕的征求广告，就如同一个病入膏肓的病人在垂死挣扎一般。当时发起的两地黑幕征求也很有地域特色。

北京征求：官场、旗人、遗老、帝制、娼妓、求官、古董书画、市侩、当差、政客、宫禁、老吏、相公、会馆、门客等。

上海征求：探警、游民、苦力、拆白党、洋奴、烟界、巫医、匪徒、娼妓、赌徒、拐骗人贩、市侩等。

当时征文的报酬分为三类：其一，按内容分为甲类每千字三元，乙类二元，丙类一元；其二，赠书券，例同上；其三，赠本报一年、半年、三个月。不愿受酬的不在此列。而篇幅要求则是以数千字为度，千字以内更为欢迎，

---

① "本馆上海黑幕汇编第二编出版预告"中说道："本馆去冬所出上海黑幕汇编甲编一书。作为定报赠品。极受社会欢迎。现在发行再版。不日亦将告罄。此书有功世道。早已有口皆碑。但观于近数月来。拾取黑幕名词诸书。纷纷出现。挟其影射伎俩。竞演预约黑幕。即可知本馆始创上海黑幕之价值矣。今以甲编出版后。转瞬半年。黑幕稿之续见报端者。积久盈尺。节经钱生可君一手编辑。兹复仿照前例。重编一通。都三十万言。并插图画百十幅。分订两厚册。是为第二编。定名曰上海黑幕汇编乙编。出版之期。限以两月。凡定阅本报半年者。各赠一部。现当乙编未出之前。定报半年。无论甲乙。奉赠一编。（需来函声明）一俟乙编出版。甲编即行停赠。倘欲两编并得。则须定报全年。特此预告。"引自《时事新报》头版广告，1918年3月25日。到了1919年2月28日，头版头条的"梁任公先生传讲坛第一集"的出版广告中，声明，定《时事新报》半年者，赠送该书一部。从赠品的转变也可看出《时事新报》作风的转变。

② 《黑幕投稿者鉴》，《时事新报》，1918年4月13日。

最多不得超过两万字。

这样的广告一直陆陆续续做到了1918年11月8日。1918年11月9日张东荪和潘公弼终于下定壮士断腕、"刮骨疗伤"的决心,当日《时事新报》头版头条刊登出了"本报裁撤黑幕栏通告":"黑幕者,本报本其改良社会之宏愿特创之一种纪实文字也。两载以还,极承各界赞许,黑幕名词遂卓然成立。而最近各小书肆之投机出版物接踵并起,亦无不各有其黑幕。试就各报广告栏而一计之,不下百十种之多。以表面言,本报创之于前,各书肆继之于后,我道不孤,不可谓非极盛。而孰知有大谬不然者,此类效颦之黑幕虽至多,试逐一按其内容,诲淫者有之,攻人隐私者有之,罪恶昭著,人所共见。黑幕二字即其自身之评,尚何改良社会之有。揆诸本报始揭黑幕之宗旨,实属背道而驰,诚非本报之所及料也。呜呼,黑幕何辜,遭此荼毒。虽曰黑幕不负人,人自负黑幕。而本报以自我作俑引咎自责,且认为循是以往假借名义者日多,泾渭不分,或竟事与愿违,无益而反有害。爰特将本报黑幕一栏即日取消,暂以短篇小说为代。稍缓当别创一种记载以答爱读本报黑幕诸君殷殷盛意。至于定报赠品,仍赠黑幕乙编全部,特此通告。"①好一句"黑幕不负人,人自负黑幕"就能把自身的责任推得干干净净了么?不过,毕竟这是时事新报社与黑幕文化一个具有进步的、划时代意义的切割动作。

与此同时,《学灯》的版面在1918年11月12日扩大到了六分之五个版面,在25日又扩大到了一个整版。版面扩大的同时,学灯的出版周期也从每周一次扩大到每周三次。到了1918年12月9日,开始每天都有《学灯》面世。②《五四时期期刊介绍》中说的,"起初每周一次,5月起每周二次,12月起每周三次,1919年1月起改为日刊,星期日休刊;12月起逐日刊行",这个说法并不准确,从11月24日开始,《学灯》就在每周一、三、五出版了,每周三次。从1918年12月9日开始,学灯就改为日刊了。

从1918年3月4日开始,《时事新报》的编辑们做的另外一个事情就是在内容上对版面"合并同类项"。《学灯》原来是在第三张第一版,版面只有三分之二,下面的三分之一版面都是格调趣味比较低的社会新闻栏目

---

① 《本报裁撤黑幕栏通告》,《时事新报》,1918年11月9日。
② 1918年12月15日,在《本报特别通告》中,表示《学灯》要在每周日停刊,改出《泼克》画刊。

"新闻屑",而整体品位低下的《报馀丛载》中也不乏有些有学术价值的栏目,比如其中的"杂俎"和"文苑"等栏目,就刊登一些学术性、文艺性的内容,比如在1918年5月28日,"杂俎"刊登了《中国邮票考略》,在1918年6月9日,刊登了《友人口中的甘肃风俗》,都是一些适合于《学灯》发表的内容。编辑显然也注意到了它们与《报馀丛载》之间互相为异质,不相协调。于是,在1918年11月7日,"杂俎"就取代了以前的"新闻屑"而出现在了《学灯》栏下。而"新闻屑"则更是被置于《报馀丛载》栏目中了,而"杂俎"栏在11月27日也被归并进《学灯》栏目中。

在这里,也就出现了一个问题,《学灯》从周刊变成三日刊,用了两个月的时间(3月到5月),从三日刊变到两日刊,用了六个月的时间(5月到11月),而从两日刊到日刊,则只用了15天！是什么因素推动着《学灯》如此快速发展呢？

《学灯》成立的时候,也正是安福俱乐部成立的时候。徐树铮操纵下的新国会选举严格地排斥研究系,"研究系之忠实分子而曾出任旧国会议员者,则另开一单,密令各省区特别注意,不许选出"[①]。于是,研究系在1918年7月的国会选举中,铩羽而归。梁启超再一次尝到了先被利用后被抛弃的苦痛,这次国会选举的失利对梁启超和研究系的打击是致命的,这也是让他们真正灰心于政治的创伤。梁启超在1918年10月26日回答《申报》记者提问的时候,就指出:"吾自觉欲效忠于国家社会,毋宁以全力尽瘁于著述,为能尽吾天职,故毅然中止政治生涯,非俟著述之愿略酬,决不更为政治活动,……今中止政治生涯,将从别方面有所积极耳。"[②]就在梁启超准备在文化方面有所积极的时候,1918年11月,欧战终了。第一次世界大战告终及其结局,对中国知识分子潜在的冲击和影响是极其巨大的。一方面是"公理战胜"的迷梦憧憬,另一方面则是对从日本等国手中追缴我国作为战胜国权益的愿景中隐藏着的不安与忐忑。因此,梁启超约集了蒋百里、徐新六、丁文江、张君劢、杨鼎甫等六人远赴欧洲,在旁观巴黎和会的同时也对一战后的欧洲进行细致考察。梁启超在《欧游心影录》中回忆起即将赴欧的前夜:"是晚(1918年12月27日,笔者注)我们和张东荪、黄溯初

---

① 引自《中华民国史事纪要》1918卷,台北:中华民国史料研究中心,1973年3月版,第713页。

② 丁文江、赵丰田主编:《梁启超年谱长编》,上海:上海人民出版社,1983年8月第一版,第868、869页。

谈了一个通宵,着实将从前迷梦的政治活动忏悔一番,相约以后决然舍弃,要从思想界尽些微力,这一席话要算我们朋辈中换了一个新生命了。"①28日晨六时,梁启超等人即搭乘日本邮船会社的横滨丸号赴欧。

在这种"换一个新生命"憧憬的影响下,在"要从思想界尽力"的志愿下,1919年2月4日,也就是《时事新报》春节停刊后再次出版的第一天,在头版头条里出现了一则重要的启事——"本报学灯栏大扩充",其中表示:"兹将本栏扩充为两页。其理由有二。一曰小说琐闻。其目的在有趣。孰意每日阅之。其趣因熟见而不鲜矣。不如不常见之为愈也。故决定移置每星期日之泼克增刊中。二曰教育新闻。向在要闻栏揭载。非特有时被挤。而且地位有限。不能详尽。不如移置于学灯。可以自由披露。以此二理由。则学灯不能不扩充也。"②就在《学灯》表示要大力扩充的时候,本日,《报馀丛载》竟然没有了!它已经被《时事新报》彻底裁撤了。

1919年2月5日,这一天在《学灯》的历史上是极其有纪念意义的一天。这天《时事新报》的头版头条并列着两则启事,其一是昨天的用特大号黑体标题刊印的"本报学灯栏大扩充"的启事,其二是相形之下落寞很多的"钱生可启事"。作为首创黑幕之《时事新报》老牌副刊《报馀丛载》的主编,钱生可在启事中说道:"鄙人现已离去时事新报馆特白再者如有亲朋惠赐函件暂时仍请寄时事新报馆转交可也"。钱生可的语言虽简单平静,可即使是透过这百年暗淡的历史烟云回望这则尘封的启事,不难想见曾炙手可热并领一时风骚的钱生可之感伤与无奈。

不过,黑幕文化在当时的社会仍然很有市场。虽然离开了时事新报馆,钱生可并没有放弃这一赚钱的手段。在1919年3月24日,《时事新报》头版上刊登了一则"钱生可启事",其中说:"时事新报上海黑幕汇编一书本鄙人所编辑现经鄙人商由时事新报馆主任许允将该书甲乙两编全部版权收归鄙人名下即日重印发卖并先发行廉价预约券特此登报声明"。

---

① 丁文江、赵丰田主编:《梁启超年谱长编》,上海:上海人民出版社,1983年8月第一版,第874页。27日中午主张国际税法平等会在上海卡尔登西饭店开会欢迎梁启超,工商界人士三四百人出席,张謇担任主席。毛以亨认为梁启超之所以下这个决心是因为张謇的刺激:"因为二十六日,国际税法平等会欢送任公时,张季直自南通赶来主席,有赠来百万担,赈济欧洲的豪语。逼出任公所预感的消极态度,故对张黄有如此恳切的表示。"见毛以亨著《梁启超》,香港:亚洲出版社有限公司,1957年5月初版,第129页。

② 《本报学灯栏大扩充》,《时事新报》,1919年2月4日。

在3月28日,时事新报馆在头版发出征订启事,表示凡订报半年以上者,送梁启超的讲坛第一集一部,订报全年者,加送上海黑幕乙编一部。从这里也可以看出时事新报馆在"挤走"钱生可之后一段时期内本身的复杂和暧昧。

毕竟,历史潮流,浩浩荡荡,顺之则昌,逆之则亡。

通过我们在上一章对五四新文化运动前期上海报纸出版界文化生态的研究以及本章对时事新报社在这种生态中种种转变的分析可知,一方面,民初社会"去政治化"之后的舆论环境和急剧变化的社会现实条件让新闻传媒的从业者纷纷都成了拜金思潮的急先锋,极大地损害了尚处于幼稚期的中国现代新闻出版、文化传媒的精神品格和文化追求;另一方面,无论是在营业化的风潮中,抑或是在新文化运动的风潮中,研究系主导的《时事新报》及其副刊都是报刊界引领时代"风气"之先的"圣之时者",研究系一派知识分子作为最早赞助北大新青年一派所开创的五四新文化运动的文化力量,他们的参与本身就让五四新文化运动呈现出了一种复调多样的面貌。对于1919年初研究系的文化转向,北大新青年一派也是区别对待的。对于研究系主导的北京《晨报》和《国民公报》,历来认报纸应为文化运动急先锋的胡适极为欢迎,认为它们是"新文学的机关报"、"中国北方自由主义观念的两个有力的中心"①;但胡适、傅斯年等人对号称要做北大新青年派"诤友"的张东荪所主导的《时事新报》及其副刊的文化转向,却表现出了相当的怀疑,这不能不说是耐人深思的。

第二节 初始期《学灯》的思想倾向

《学灯》这份副刊,从一开始,其瞩目点就是教育事业。如同张东荪在创刊词里说的那样:"予尝于无聊时,与三五友人,纵论当代人物,评骘高下。甲与乙,其行事相同,而甲优于乙,丙与丁,其性格相似,而丙优于丁,绎有数事为一例,即以读书之无有与多寡为衡耳。始信学之为力大矣。方今社会为嫖赌之风所掩,政治为私欲之毒所中,吾侪几无一席之地可以容

---

① 胡适:《1919年中国知识分子》,季羡林主编《胡适全集(35)》,合肥:安徽教育出版社,2003年9月初版,第244、245页。

身。与其与人角逐,毋宁自辟天地,此学灯一栏之由立也。其旨有三,一曰借以促进教育,灌输文化;二曰屏门户之见,广商权之资;三曰非为本报同人撰论之用,乃为社会学子立说之地。发端之始,用志一言。"张东荪认为,接受教育、多读书让一个人养成的"学力"对其见识、抱负、视野是至关重要的,尤其是在政治崩坏、社会堕落的现实状况下。从政治角斗场上铩羽而归的研究系派知识分子意识到,既然在政治上、社会上"几无一席之地可以容身",既然想从教育上着手来改造社会、引领风气,那么,《学灯》的创办就是他们最好的选择。而张东荪等人也正是想通过《学灯》来作为他们从事教育事业、扩大在青年中的影响并培养新势力的第一步。也就是说,教育是研究系此后很长一段时间的新战场。

在《学灯》的初始期,对狭义的教育之关注,即对学校教育的关注,贯穿始终。1918年1月16日的最早的《学灯》广告中就说:"本报同人慨夫社会之销沉青年之堕落以为根本救治之策惟教育是赖爰将原有教育界为之扩张更名曰学灯内容计分(一)学校指南揭载教育法令学校章程视学报告等以为办学者及求学者之(指)南针(二)青年俱乐部专备各校教员及学生诸君之投稿凡有益青年心身者内容不拘门类文字不拘长短均所欢迎(登出者酌具赠品)(三)教育小言用以涣发兴会辅助修养凡此数端皆同人所愿竭其绵薄以为贡献者非敢自诩为学界之明灯然亦期不负初衷区区微意幸海内外明达有以教之现定自三月一日起逐日载入本报第三张内特此预告"。可见《学灯》原来就是从"教育界"这个栏目转型而来,同时,它预先设定的三个栏目,即学校指南、青年俱乐部和教育小言,都是狭义教育的栏目。

如果我们细读这个阶段《学灯》征稿启事,就会发现,其对教育的关注主要集中在教育教学、学生修养、学校状况等方面,比如:

1918年3月5日"本报学灯栏六大征求":"一,征求学艺上之意见;二,征求教育上之意见;三,征求对于近来出版物之意见;四,征求对于全国各学校之意见;五,征求教育上之讽刺画;六,征求学生关于修养之实验"。

1918年3月25日,《学灯》栏最后刊登启事:"▲ 本栏特别启事一 本馆承各学校校长寄下摄影络绎不绝现拟分省揭载一俟齐集即行登出先此通告"。

1918年12月16日,《学灯》栏发布"本栏特别征文":"本栏征求下列各稿(一)学校消息凡本埠中等以上学校之设备及改革学生在学校中所组织各团体之消息(如雄辩会球会运动会学生自治会等)均所欢迎(二)科学丛谈以通俗而有趣味者为限（关于新发明之稿件尤为欢迎）（三）西国掌故如名人轶事朝野风俗之类（四）欧战丛谈以关于此次大战之各种轶事琐闻为限。"

还有的征文启事明显受到了当时尚存的《报馀丛载》中征集黑幕的影响，比如以下一则。

1918年4月1日，《学灯》刊登启事："本栏特别启事二　近来吾国教育弊端百出。如学制之荒谬。教员之堕落。学风之卑下。此外邪说披猖。道德陵夷。尤为伤心之象。苟有人焉以铸鼎燃犀之笔。为之一一揭发。与纰缪之主义激战。以其文字投诸本报。当敬为披露。并愿以优厚之酬资。为定交之纪念。此启。"

从这些征稿启事中我们发现，《学灯》在这个阶段对学校教育问题非常关注，围绕着一些当时教育热点问题，比如职业教育、学校学风、学生思想等，都有大量的文章来探讨。

从《学灯》所设栏目来看，从1918年3月张东荪创办《学灯》到1919年4月匡僧离开《学灯》为止，总共设立了以下栏目。

1918年3月到年底有：教育小言、青年俱乐部、讲坛、随想录①、思潮、译述、学校指南、学校纪事、教育纪事、教育新著、科学丛谈、佛门汇载、新文艺、杂俎、西国掌故、新著批评、特别纪载、来件、来函。

1919年1月到4月间有：小言、青年俱乐部、讲坛、思潮、学校消息、译述·名著、瀛谈、教育纪事·教育界消息、教育法令·教育研究、教育行政界消息、思想界消息、运动界消息、科学丛谈·科学界消息、谈话、佛门记载、美术界消息、青年团消息、萤火、笔记、介绍新刊、演说录、海外教育近况、近代名人、来件专件等。

从栏目设置上也可以看出，在这个阶段，对教育的关注是贯穿始终的，只是后期要比前期更加丰富和多样化一些，例如从栏目"教育小言"更改为"小言"就多少可以看出点端倪，而这种转变是与《学灯》越来越介入以北京大学及胡适、陈独秀等人为代表的新文化运动场域息息相关的。

触摸历史，与这些泛黄的故纸堆接近，真正引起我兴趣的是《学灯》及其主事人跟同期北京大学新文化运动弄潮儿的关系问题。

---

① 张东荪在1918年3月11日就在《学灯》上以"随想录"为题目发表各种思想、文化评述，比1918年4月15日《新青年》第四卷第四号创办的"随想录"栏目还要早。

就在梁启超、张东荪一帮人转向文化教育领域的时期,远在千里之外的北京,以"一校一刊"(即北京大学与《新青年》同人)为中心的新文化运动正以一日千里的气势蓬勃开展起来,胡适、陈独秀、钱玄同等人挟强势之启蒙话语早已占据了文化场域的主动权。

早在1917年1月,胡适就在《新青年》第二卷第五号上发表《文学改良刍议》,提出了废文言、兴白话的主张,号召文学改革;同年2月,陈独秀在《新青年》第二卷第六号上发表《文学革命论》,对胡适积极响应;1918年1月,《新青年》第四卷第一号开始改用白话文,并改革编辑制度,由陈独秀一人主编改为编委会负责编辑,此后以北京大学、《新青年》杂志为中心,逐步构建起新文化运动的核心阵地。

毫无疑问,作为后起之秀,张东荪的《学灯》是受到新文化运动"气场"的强烈压力的(梁漱溟对此也深有感触),《新青年》同人对以梁启超为首的研究系在情感上是复杂的。1916年7月17日,当时尚在美国留学的胡适在日记中提到了对梁启超在政治上的希望,他说:"人问今日国事大势如何。答曰,很有希望。因此次革命的中坚人物,不在激烈派,而在稳健派,即从前的守旧派。……我国今日的现状,顽固官僚派和极端激烈派两派同时失败,所靠者全在稳健派的人物。这班人的守旧思想都为那两派的极端主义所扫除,遂由守旧变为稳健的进取。况且极端两派人的名誉(新如黄兴,旧如袁世凯)皆已失社会之信用,独有这班稳健的人物如梁启超、张謇之流名誉尚好,人心所归。有此中坚,将来势力扩充,大可有为。"①胡适当时就认为梁启超等人"名誉尚好,人心所归",在政治上会有所作为的。而在文化上,钱玄同在1917年2月25日《寄陈独秀》的信中就提到:"梁任公先生实为近来创造新文学之一人。虽其政论诸作,因时变迁,不能得国人全体之赞同,即其文章,亦未能尽脱帖括蹊径,然输入日本文之句法,以新名词及俗语入文,视戏曲小说与论记之文平等(梁先生之作《新民说》,《新罗马传奇》,《新中国未来记》,皆用全力为之,未尝分轻重于其间也)。此皆其识力过人处。鄙意论现代文学之革新,必数及梁先生。"②可见,钱玄同对梁启超在文化学术方面的造诣是给予很高评价的。但对梁启超的认可

---

① 胡适:《胡适日记全编》第二卷,合肥:安徽教育出版社,2001年10月第一版,第431页。
② 钱玄同:《致陈独秀》,《中国现代文学史资料汇编》(上),郑州:河南人民出版社,1979年2月第一版,第40页。

第二章 张东荪、匡僧与初创期之《学灯》

并不代表他们对研究系其他人物的文化作为也认可。一方面由于研究系内部本来的文化表现就比较复杂,比如蓝公武和梁启超的文化观念就有较大的差异,另外,对于研究系张东荪主持下《时事新报》创兴黑幕文化,他们是严厉批判的。对有强烈政治抱负的张东荪等人在中国副刊界首创学术性的《学灯》,他们一开始的态度也是怀疑和冷淡的。

而张东荪的《时事新报》及《学灯》作为新文化运动场域中的"新人",也知道在该场域内与主流的北京大学一派人建立对话的重要性,同时由于《学灯》本身就是以"促进教育、灌输文化"为宗旨的刊物,也必然会关注到当时引领时代风潮的北京大学。先是《时事新报》的正张中,发表了《北京大学之异闻》一文,对北京大学社会学教授陈定谟无辜被拘留、蔡元培改革北大而辞退两位外国英语教师引起诉讼两事进行报道,支持北京大学蔡元培的做法,表示两位外教的做法是"无理取闹"。而在《学灯》中,最早出现有关北京大学的消息是在1918年4月1日,"学校指南"栏目中出现了"我青"的《国立北京大学纪实》一文,文中声称:"北京大学。吾国唯一之国立大学也。自前清创办以来。已十余载于兹。自蔡元培任大学校校长后。校务益形发达。"①文中并且介绍了《北京大学日刊》《理科月刊》以及建校纪念册之编纂等情况,尤其是对沈尹默、刘半农等人组织歌谣研究会并征求各地歌谣的情况也做了介绍。次日,1918年4月2日,北京大学歌谣研究会征集歌谣的学术广告就在《时事新报》第三张第一版首次出现了。在1918年6月13日,《时事新报》在第二张第三版登出"志谢"一则启事:"昨承群益书社惠赠第四卷第五号新青年一册要目为辟灵学贞操论法比二文豪之片影内容丰富特此志谢"。从这则当由时事新报馆编辑撰写的启事看来,《时事新报》从一开始对北京大学及《新青年》同人是持有保留的好感的,毕竟也只是"内容丰富"一语而已。

《时事新报》及其副刊《学灯》在文化上的观念和态度毕竟与北大新青年一派有很大不同。从该时期《学灯》上历次的启事也可以看出端倪来,如果说张东荪在"学灯宣言"中只是声明了办刊态度而已,那么之后又有多次的启事谈到了张东荪及《学灯》的思想倾向。我们不妨来比较三则《学灯》在初创期不同阶段发表的关于自身文化思想倾向的启事。

1. 1918年9月30日,《学灯》在"教育小言"一栏中刊登"本栏之提倡"

---

① 我青:《国立北京大学纪实》,《学灯》,1918年4月1日。

中最后两项为:"六、于原有文化 主张尊重而以科学解剖之。七、于西方文化主张以科学与哲学调和而一并输入。排斥现在流行之浅薄科学论。"

2. 1919年2月4日,《时事新报》第3张第3版《学灯》"宣言"栏刊登"本栏之大扩充"对之前的说法有了变更:"五,对于原有文化主张以科学解剖之。不以谩骂为了卸(5日改为"了却",笔者注)能事。六,对于西方文化主张以科学与哲学调和。而一并输入之。排斥现在之皮相论。"

3. 1919年4月23日,《学灯》发表"本栏启事":"一,对于原有文化主张以科学解剖之。不以谩骂为能事。二,对于西方文化主张以哲学与科学调和而一并输入之。排斥抄袭盲从之说及皮相之论。三,对于新旧学派之态度不妄助新派攻击旧派。而对于新派所持之主义加工研究。然亦不作无价值之调和论。"

首先,我们从对待西方文化的态度来看,二十世纪二十年代初,无论东西各国,从本质上说,都处于一个哲学观念飞速发展的黄金时代。一战后,西方文化界都在反思尼采哲学与世界大战的关系,中国文化界也不例外。梁启超在赴欧之前,1918年12月27日在协约国民协会上的演讲中就说:"昔达尔文研究生物学发明物竞天择优胜劣败为进化之一原则然非谓进化必由竞争也后之学者于竞争之理发挥过甚其流弊遂有德国尼采等一派崇奉强权之学说德国甘冒大不韪以引起世界之大战争而卒至一败涂地者即受此等学说之害也夫人类及他动物之进化由于互相扶助者实较竞争为甚俄国苦鲁退金君之互助论列举此理甚详。"[①]在西方哲学界柏格森理论流行的同时,中国文化界尤其是关注西方哲学新动向的人们也受到了很大的影响。张东荪就是一位研究西方哲学并极力为中国输入西方哲学新成果与体系的学者。他大力地抨击中国文化教育界对西方哲学的漠视,1918年9月2日,张东荪在《学灯》"教育小言"中发表《哲学与教育》一文,他说:"各国之教育家大都醉心于哲学研究。往者于日本见一小学教授。(自小学校散课出)手持美国大哲学家詹姆斯所著唯用主义一书。夫以小学教习而读如此高深之书。其平生之研究哲学可想见矣。吾国则不然。下焉者终日沉迷扑克。上焉者。则涉猎政学。以求转入宦途。此所以中国教育界无丝毫高尚清明之气也。"他不但倡导学界要研究哲学,而且就西方文化之特质谈到了科学与哲学的重要。1918年5月9日,张东荪在《随想录

---

① 梁启超:《在协约国民协会上的演讲》,《时事新报》,1918年12月27日。

(七)》中说:"西洋文化之进步。自吾观之。皆是非定命论之赐也。其大别有二。一曰科学思想。二曰哲学思想。科学思想之精髓在数学。以为凡宇宙间极大极小之物无不可以数学式表之。故以现在可溯知过去。亦可推测将来。无时间之作用。唯有因果之关系耳。虽其说似含有极端的定命论之色彩。然仍与其大异其趣。盖其不认有远大之定运。只认有二物二事相关之因果。此因果一变。而现象即异。是只有因果。而无运化。故非定命论也。哲学思想为意志之自由说。此说实为中国人所未梦见。中国虽有至诚格物之论。然与意志自由尚有一与十之比例。此说出自宗教。夫人而知之。特晚近以来。哲学家多倾向此论。似显为然西洋思想之特色也。此二思想虽不同。而其反乎定命则一。盖科学直不承认有运。于意志自由论。则视个人意志为自由。不受外物之支配。如孔子之所谓我欲仁。斯仁至矣。与之差相仿佛。然其意实更为进深。此二思想为西方之特产。故其能优于我人也。"①与此同时,他翻译了柏格森的《创化论》,并且从1918年1月1日起,陆续在《时事新报》上连载三月之久。张东荪主持下的《学灯》关注哲学,甚至在他选择《学灯》的主编时,是不是熟谙西方哲学都是很重要的一个标准,从匡僧到后来的宗白华、李石岑、徐六几等人都是对西方哲学有所研究的学者。比如匡僧,虽然我们现今对他的情况不是很了解了,但是从他遗留在《学灯》上大量的文章看来,他对西方哲学十分了解和熟悉,并有一定的研究。匡僧在1919年3月15日发表在《学灯》上的《读新青年杂志第六卷第一号杂评》中说:"……陈独秀君所作的《本志罪案之答辩书》。说贵志诸君所拥护的是德莫克拉西(Democracy)和赛因斯(Science)两位先生。凡是与这两位先生反对的东西。诸君都是要排除他的。贵志的宗旨。记者非常佩服。但是记者有点疑问。要请解释。陈君所说的赛因斯先生。是否把那位费洛骚菲(Philosophy)先生已经包含在内。如果赛先生的里面包含有费先生。则这位赛先生的面目。便当与世人所认得的那位赛先生不同了。若说是没有包含在里头。则赛先生以外当然还有一位费先生。也是今日世界人类所共同拥戴的。况且费先生原来是赛先生的老师。因为赛先生常常有许多不懂的地方还要去请教费先生呢。不过前几十年。赛先生大受世界人的欢迎。世界人专拥护他一个人。那位费先生便暂时退隐了。但是此番欧洲大战

---

① 张东荪:《随想录(七)》,《学灯》,1918年5月9日。

的时候。世人都利用那位赛先生去帮助他们作恶。(但不过利用赛先生的一体)如今才感得这战争的苦痛。大家仍旧想去请那位费先生出来讲个根本和平的办法。因为费先生是狠可以帮助德先生达他的目的。并且人类应该有的一种高尚的生活。是全靠费先生来创造的。总之。前数十年是赛先生专权时代。现在是赛先生和费先生共和的时代。这是欧美一般赛先生和费先生的门生所公认的。何以贵志只拥护赛先生。而不提及费先生呢。"张东荪对于这个问题的看法与匡僧也十分相似,他在后来的文章中说:"要起中国的沉疴非彻底输入西方文化不可,所谓输入西方文化自然是指科学而言,然而输入科学却非改变做人的态度不为功。所以输入科学而求彻底,而非把科学的祖宗充分输入不可。科学的祖宗非他,西洋哲学便是。……我们介绍科学不求彻底而已,如要彻底则非充分介绍哲学不可。"①

张东荪和匡僧的思维逻辑在这里留下了清晰的线索。张东荪认为具有"西洋思想特色"的哲学思想是可以用来对付老大中国致命的"定命论"思想的,只有通过意志自由的训练,也即是哲学的训练,才能改变中国思想界现状;匡僧所谓"费先生原来是赛先生的老师",也就是要用"费先生"来限制科学的滥用,并且帮助"德先生"达到它的目的,因为"人民做主"的第一步,就是每个个体都要有意志自由的觉悟。这个观点,梁启超在同期多次的演讲中也提到过。在他们这里,我们看出"赛先生"只是狭义的自然科学的代名词。②

我们再回过头来看上面三则《学灯》上的启事,就会明白为什么张东荪、匡僧等人要提出"主张以哲学与科学调和而一并输入之"。而这种建议是不可能被胡适、陈独秀、鲁迅等人接受的。我想主要原因就是张东荪等人的哲学研究"学术性"太强,跟启蒙底层大众的峻急的时代要求不相符合;同时,对柏格森等西方哲学的介绍本身并不具有对中国传统文化的破

---

① 张东荪:《初学哲学之一参考》,《东方杂志》第23卷1号,1926年1月10日。
② 我们现在的文学史却从来没有人提到过这位早已淹没在历史尘土中的"费先生"了,同样被淹没的,还有五四后期所谓的"莫拉尔小姐"的名字。据亲身参与五四新文化运动的许杰先生在1993年回忆,在德赛二先生之外,当时还有一个"莫拉尔小姐",当年的"道德伦理革命"是新文化人物的口头禅。罗志田在谈到今人对五四的认识时不无感慨地说:"五四新文化运动不仅未到盖棺论定的程度,甚至连许多基本史实还没有搞清楚。"从这个意义上看,"费先生"的出现,的确是研究系张东荪等人对时代思想的贡献之一。

坏性,张东荪等人引介西方哲学的目的无非就是想以此来纠正北大新文化运动一派人"重破坏轻建设"的倾向。

我们不应该忘记,陈独秀、鲁迅等人打出赛先生的旗号,根本目的就是想要医治中国传统昏聩、守旧、麻木、迷信的封建思想疾患,进而创造"新人"。比如,在《新潮》第一卷第五号的通信栏内,鲁迅和傅斯年就是不是应该增加纯粹科学文字的副刊篇幅,也就是傅斯年所谓的"材料分配"问题,发表了两封信。鲁迅先生在《对于〈新潮〉一部分的意见》一文中指出:"新潮每本里面有一二篇纯粹科学文,也是好的。但我的意见,以为不要太多;而且最好是无论如何总要对于中国的老病刺他几针,譬如说天文忽然骂阴历,讲生理终于打医生之类。现在的老先生听人说'地球椭圆','元素七十七种'是不反对的了。《新潮》里满了这些文章,它们或者暗地高兴。他们有很多很鼓吹少年专讲科学、不要议论。《新潮》三期通信内有史志元先生的信似乎也上了他们的当。现在偏要发议论,而且讲科学,讲科学仍发议论,庶几乎他们依然不得安稳,我们也可告无罪于天下了。总而言之,从三皇五帝时代的眼光看来,讲科学和发议论都是蛇,无非前者是青梢蛇,后者是蝮蛇罢了;一朝有了棍子,就要打死哟。既然如此,自然还是重的好。——但蛇自己不肯被打,也自然不消说得。"①傅斯年在接到了鲁迅的信后,对鲁迅的看法也表示同意:"我现在所以把《新潮》第三期里加入科学文一条意见自行取消的缘故,不过以为我们当发挥我们的比较的所长,大可不必用上牛力补足我们天生的所短。先生的一番见解是更进一层了。此后不有科学文则已,有必不免于发议论;不这样不足以尽我们的责任。总而言之,抱着宗旨做去就是了,管它是什么体裁,什么材料呢。"②

从以上我们可以看出,鲁迅、傅斯年等人认为"当发挥我们的比较的所长,大可不必用上牛力补足我们天生的所短"。因为北大新青年一派更注重的是有当下指向性的社会批判。一个侧重于对西方新文化的引介,一个侧重于对中国旧文化的破坏。因此,我们不难理解,由于对文化功能侧重点认知的不同,新青年同人基本上也没有怎么回应来自上海"费先生"微弱的呼唤。当然,对这个问题也有另外一个理解,就是北大新青年一派,缺乏张东荪一样研究西方现代哲学的专家(胡适与张东荪的哲学关注领域、秉

---

① 鲁迅:《对于〈新潮〉一部分的意见》,《新潮》第一卷第五号。
② 傅斯年:《通信》,《新潮》第一卷第五号。

持的思想完全不同),由于相应知识应对能力的缺乏,无法跟上海形成话题上的有效接续。

其次,我们从对待原有文化的态度上看,《学灯》启事上对原有文化要"主张尊重而以科学解剖之"的说法,只是在第一次提了下,之后的启事中就去掉了"主张尊重"这四个字,意味深长。但也有所坚持的,比如多次提出"不以谩骂为能事",而之所以有这样的变与不变,跟张东荪、《时事新报》《学灯》与北大新青年派的微妙关系有关。

这是一个说来话长的问题。

新青年派开展新文化运动之初,由于旧派没有回应他们的挑战,颇有自说自话的寂寥感。为了扩大思想革命、文学革命在全社会的影响力,打击封建思想和势力在思想文化界的残余,1918年3月15日,《新青年》第四卷第三号上,同时刊载了王敬轩的《给新青年编者的一封信》和刘半农的《复王敬轩书》。这是新文化阵营中钱玄同和刘半农合作上演的一出"双簧戏"。在刘半农的回信中,针对昏聩复古的"王敬轩"的种种荒谬言论,嬉笑怒骂,极尽挖苦讽刺之能事。但得到的仍然只是来自复古派的"冷笑和暗箭"而已。真正碰到第一个从传统文化学理意义上跟他们展开对话的是一个尚在北京大学法科读书的学生——张厚载。事情起源于张厚载对胡适1917年9月发表在第三卷第三号《新青年》上的《历史的文学观念论》一文中声称中国戏曲应"废唱而归白"等言论不满,作为回应,他在《新青年》第四卷第六期"易卜生号"上发表了《新文学及中国旧戏》一文。身为北大法科的在校生,应该说,张厚载在文章中对他的老师一班人是非常尊敬的。他一上来就说:"仆自读新青年以来,思想上获益甚多。陈胡钱刘诸先生之文学改良说,推陈出新,尤有研究之趣味。"在文章中,他用大量的篇幅说明了自己对胡适等人提出文学革命、白话文运动的赞同和褒扬,但他也对新诗过于效颦西洋的做法提出了自己的看法:"胡先生之《尝试集》,仆终觉其轻于尝试,……盖凡一事物之改革,必以渐,不以骤;改革过于偏激,反失社会之信仰,所谓'欲速则不达'。改革文学,是何等大事,决无一走即到之理。"[①]应该说,张厚载的评价是有道理的,胡适在后来也承认自己的《尝试集》有很多不足的地方。张厚载在文章的最后一段,分别针对胡适、刘半农、钱玄同对中国旧戏的批评做了反驳,毕竟无论从情感上还是从知识上,

---

① 张厚载:《新文学及中国旧戏》,《新青年》第四卷第六号,1918年6月15日。

第二章　张东荪、匡僧与初创期之《学灯》

张厚载都有这个意愿和能力来发表自己的观点。尽管承认张厚载"以评戏见称于时,为研究通俗文学之一人",胡适、刘半农、钱玄同、陈独秀四员新文化运动猛将在该文后轮流批判张厚载的戏曲观念,形成"围殴"之势。他们有的言论,确实是比较过火的。比如钱玄同就认为中国旧戏的脸谱,"真和张家猪肆记卐形于猪鬣,李家马坊烙圆印于马蹄一样的办法。哈哈!此即所谓中国旧戏之'真精神'乎?"①

让我感兴趣的是张厚载文后四人写作按语的日期,胡适的按语写于1917年3月27日,钱玄同的写于4月1日,刘半农的写于4月23日,陈独秀的未标时间。这期《新青年》是第四卷第六号,出版于1917年6月15日。也就是说,张厚载的文章起码在新青年同人手中流转了将近三个月,对他们来说,好不容易来了个送上门的愣头青,一定要对他"饱以老拳"。很容易让人产生这样的联想,社会观感不是太好。

《时事新报》创刊《学灯》前,原来的副刊《报馀丛载》中有一栏叫"剧坛",是由一位"马二先生"主持的小栏目。马二先生者,即鸳鸯蝴蝶派文人冯叔鸾,他专门发表一些品旧戏、捧伶人的文章。不难看出,马二先生对中国传统旧戏有很深的感情,从他在"剧坛"栏发表的一系列的文章来看,他主要是想讨论旧戏如何改革来适应新时代的问题。当他看见《新青年》上对张厚载的围攻以及相关诋毁旧戏的说法之后,就在《报馀丛载》的"剧坛"栏上发表文章替旧剧喊冤、替张厚载报仇,并且攻击北大新青年同人。

新青年同人这时第一次公开地表明了自己对《时事新报》的态度!

1918年8月7日,刘半农在给钱玄同的《今之所谓"评剧家"》一信中说:"昨天晚上有个朋友来说,有署名'马二先生'者,对于我们上次答张豂子(即张厚载,笔者注)的信(载易卜生号)大加驳难,适之、独秀、你、我四人个个都攻击到了。以其文登于上海《时事新报》,我是向来不看《时事新报》的,不知究竟讲些什么话,你那边如有此报,望借我一阅,以便答复。"②

1918年8月8日钱玄同在回信中说:"我也是向来不看《时事新报》的。但我以为这种文章不但不必答复,并其原文亦不必看。那上海的一班'鹦鹉派读书人',为筹画嫖赌吃着的费用起见,或作鸳鸯蝴蝶派的小说,或做某生某翁体的小说,或画全身不相称的美人;其别开生面者,又有什么'黑

---

① 钱玄同:《新文学及中国旧戏》附言,《新青年》第四卷第六号,1918年6月15日。
② 刘半农:《今之所谓"剧评家"》,《新青年》第五卷第二号,1918年8月15日。

幕'，什么'剧评'；此等人所作的东西，虽然种种不同，而其价值则一；要之，皆是脑筋组织不甚复杂的人所做的事业而已。我们是想做'人'的，应该爱惜自己的脑力与实践，用于当用之地；若与此辈辩难，孰不上算。适之常说一句话，叫做'不值得一驳'；这话很有道理，我现在仔细想来，老兄今年春天打起精神答王敬轩的信，后来为了《灵学丛志》百年老兄，与我三个人又用了气力去驳斥他实在有点'不值得'。"①

胡适在第五卷第三号的《新青年》上发表了《答黄觉僧君折衷的文学革新论》一文，其中也说："我是从来不看《时事新报》的，前天有人说起来这报上有个马二先生大骂我们，故我找了这报纸来看看。马二先生的大骂，没有什么道理，我又不看这报了，后来又有人说《时事新报》上有一篇赞成《新青年》所讲文学革新的文章，我听了诧异得很，故又去找了来一看，原来是足下做的。"②

仔细看看他们三人的话，刘半农和钱玄同是"向来不看"、胡适是"从来不看"《时事新报》的。可是，问题吊诡的一面就在这里，如果从来不看，怎么知道它有"黑幕"和"剧坛"，这些都是《报馀丛载》著名的栏目啊。胡适也不是"从来不看"的，黄觉僧是他的老乡，曾声言要做他文学革命的后盾。早在1918年5月间，胡适给黄觉僧的信中就说："今天收到来信，承先生许我'邀集同志，为我们后盾'。我看了非常感激。但是先生所痛骂的'取言论自由之原则而残之'的'黑暗手段'，其实并不在北京，乃在休宁安徽第二师范学校。……先生等既不读《新青年》，又怎么能够做我们的后盾？这种后盾又有什么价值？先生等既不曾看到我的《贞操问题》原文（先生所见，不过是《时事新报》的一段讨论），又如何能知道我的论点是'从消极方面破坏女子贞操'？"③可见，胡适是一直关注《时事新报》的，并且曾对《时事新报》掐头去尾地转载他的文章给读者造成误解表示了不满，也就是说，事实上胡适也是看《时事新报》的。在这里，我们看出了北大新青年派复杂的心理，对于真的反动的小报，他们不但看，而且有时自己还要订。1919年3月7日，钱玄同在写给鲁迅的信中说："……我此次花了二角邮票，订了一

---

① 钱玄同：《致刘半农》，《新青年》第五卷第二期，1918年8月15日。
② 胡适：《答黄觉僧君折中的文学革命论》，《新青年》第五卷第三期，1918年9月15日。
③ 胡适：《致黄觉僧》，《胡适文集》第七卷，北京：人民文学出版社，1998年版，第31页。

个月的《晶报》,很是上算,可以增广见闻也。"①钱玄同这里指的"见闻"就是上海封建市侩的小报文人可笑的言论。而对于号称宣扬新文化的《学灯》,他们反倒是异口同声地说"从来不看",这其中复杂暧昧的心理值得人深思。

新青年派这时已经表明了他们对《时事新报》及其副刊的态度,《时事新报》的反击也就来了。在1918年9月30日《学灯》在"教育小言"一栏中刊登"本栏之提倡"中就表明了自己的态度:"于原有文化 主张尊重而以科学解剖之",这里就突出了"主张尊重"一语。不仅如此,《时事新报》记者化名"好学"在《学灯》发表《模范》一文来暗讽北京大学新青年派,文中说:"一国之学风。必有模范。则大学之教授气质与学生气质与有关焉。以全国学校率为之宗仰也。……最近大学中有一班乱骂派读书人。其狂妄乃出人意表。所垂训于后学者。曰不虚心。曰乱说。曰轻薄。曰破坏。凡此恶德有一于此。即足为研究学问之障。而况兼备之耶。以此为模范。诚不如其无也。"②这段话中的"乱骂派读书人"显然是对钱玄同说"那上海的一班'鹦鹉派读书人'"的回应了。文章中的矛头指向应该是非常明显的。

对北大一派更严厉的批评接踵而至。1918年11月27日,《学灯》的"来函"栏中,发表了署名为"聊止斋"的《对于新青年之批评》一文,作者在文中,不但攻击了钱玄同"废除汉文"的主张,而且对北大新文化一派的文化努力、道德作风彻底地予以否定:"彼等(指北大新青年一派,笔者注)之论调与理想,本各以趋极端为能事。而钱某则极端中之尤极端者。其发言常挟一种感情作用。彼之主张废灭汉文。除一二嗜痂之辈。或为吠影之声外。无论新人物。与老顽固殆无不一致非议之。盖一国之文字为其历史。文学。政治。社会。各方面所遗留之宝藏。一国而无文字。其国将不复存在。今钱某乃欲废灭汉文。是不啻速中国之亡耳。……凡有国民性之人决不出此。而有水平线以上之常识者。无不反对者也。新青年杂志之废文用白。废唱用白。及种种迷于理想之主张。外间反对者。各种书报。多有辩论。然此种种之主张。究竟尚有其理想。若废灭汉文之说。

---

① 钱玄同:《致鲁迅》,《钱玄同文集》,北京:中国人民大学出版社,2001年2月第一版,第12页。
② 好学:《模范》,《学灯》,1918年10月31日。

吾人诚不知其脑筋之组织何以如此之复杂也。（钱某骂上海一般鹦鹉派读书的人。为脑筋不甚复杂的人。）……彼所以不惜发为狂言。主张废汉文。提倡世界语者。乃竭力欲抛弃本来冬烘学究之面目。以自厕于新学派之列耳。彼既为轧时髦之作用。而趋于极端之论调。则吾人亦何必断断斥其谬妄。但嗤之以鼻可矣。今所以大声斥之者。以彼为北京大学之教授竟公然发表其狂妄之主张于新青年杂志。诚恐学子不察。被其狂论所蛊。而中国之学术将永沦于万劫不复之境耳。钱某之历史吾人本无从得知。颇闻彼本系一极旧之小学家。中国学问颇有研究。后以北京大学文科学长易为文学革命家之陈独秀。乃悉变其本来所学。而从事于新文学之提倡。……钱某之忽然摇身一变。其实可笑。又极可怜。钱某骂人为鹦鹉派读书人。吾以为钱某可称得蝙蝠派读书人。蝙蝠看见禽类得势便自承为禽类。兽类得势。又自命为兽类。钱某本为旧学。忽又强颜追随于新学派之后。谥之曰蝙蝠派读书人，恰称妙肖。（北京大学文科教员学生以本来极旧之头脑。忽做白话诗。及攻击中国旧文学者。皆此派之读书人。特钱某其最著者耳。）且吾人读新青年杂志。每有一种感触。即新青年为北京大学之学长教授诸君所编述。则除正确之议论。精美之学说以外。更必有一种道德的气味。诚恳的态度。盖大学之教授必有品行上之素养。其所述所作。亦必有一种正直和蔼之色彩。方足以为学界之模范。今披阅各期中著作。钱刘诸君。利口薄舌。如市井小人与村妇骂街之状。大学教授。竟出此种口吻。吾人殊为北京大学深惜之。日前时事新报好学君之教育小言曰。（最近大学中有一班乱骂派读书人。其狂妄乃出人意表。所垂训于后学者。曰不虚心。曰乱说。曰轻薄。曰破坏。凡此恶德有一于此。即足为研究学问之障。而况兼备之耶。以此为模范。诚不如其无也。）呜呼。新青年杂志。呜呼。北京大学之教授！！！"

看完了我们不禁要问，这个"聊止斋"到底是谁？这篇言语极其刻薄恶毒的文章显然处处都针对《新青年》第五卷第二号中钱玄同给刘半农的信而发！

张聊止，张厚载之别名是也。

在12月2日《学灯》来函栏，也有署名为青浦张崇玹的读者来信《致北京大学教授钱玄同先生》，其中也是充斥着恶毒攻击钱玄同的语句。要知道，张厚载就是青浦人，这个张崇玹即使不是张厚载，或许跟他也极有关系。

第二章 张东荪、匡僧与初创期之《学灯》

与此同时,1918年12月下旬时事新报馆推出了《学灯》的图像"姊妹版"——《泼克》画报,其主编就是"马二先生",即鸳鸯蝴蝶派文人冯叔鸾,他和张厚载二人因为旧戏问题都受到了钱玄同、刘半农的强烈批判。1919年1月5日,《泼克》上发表了民初著名漫画家沈泊尘攻击北大新青年一派的六幅漫画,基本上是用漫画的形式演绎张厚载《对于新青年之批评》中的观点,对于钱玄同等人主张"废灭汉文"的观点进行了侮辱性的攻击。鲁迅显然注意到了这一组漫画,他在1919年1月15日《新青年》第六卷第一号上发表《(随感录)四十三》:"近来看见上海什么报的增刊《泼克》上,有几张讽刺画。他的画法,倒也模仿西洋;可是我很疑惑,何以思想如此顽固,人格如此卑劣,竟同没有教育的孩子只会在好好的白粉墙上写几个'某某是我儿子'一样。可怜外国事物,一到中国,便如落在黑色染缸里似的,无不失了颜色。"1919年2月9日,沈泊尘再次在《泼克》上刊登了一组讽刺新文艺的漫画,漫画说明文字则表示某文学者"常出其所著之新文艺以炫人","然其思想之根据乃为外国偶像"等,这显然是把斗争的矛头对准了鲁迅,对此,鲁迅先生针锋相对地在1919年2月15日《新青年》第六卷第二号中发表《(随感录)四十六》,继续批判《泼克》的无聊与浅薄。

我们不难想见这样的舆论交锋会让北大新青年一派人对《时事新报》和《学灯》产生什么看法。也就是在与北大新青年派交恶到了极点的时候,《学灯》反而在1918年12月9日由隔日出版扩张成每天出版。梁启超等人对《学灯》非常重视,这时,梁启超已经准备欧游了,但是他还舍不得离开《学灯》为他而设的"讲坛"这个栏目,他说:"鄙人将有远游。百事猥集。但讲坛文。孰不欲中止。顷方拟赶撰数篇。备按期刊登。以后仍在舟中续作。惟航邮间阻。或偶延期伏祈恕谅。"①

而张东荪则是准备直接对北大新青年派发言了,一场论争的大幕即将拉开。

1918年12月14日,在《学灯》上发表的《新……旧》一文中,张东荪首次不点名地批评了北大新青年一派人只破坏不建设的做法,他说:"现在中国的情势。要求新道德新思想新文艺的输入。非常之殷。恐怕是没有人不晓得的。但是有一班人。他虽是做这输入的事业。然并不是将新道德新思想新文艺多多益善的输入进来。却是在那里专门想打破旧道德旧思

---

① 梁启超:《自由意志》,《学灯》,1918年12月13日。

想旧文艺。终日里做了许多驳难痛骂的文章。我以为这个样子与那新陈代谢的道理颇不相合。譬如一个瓶。藏满了旧空气。如果要改为新空气。必定先输入新空气。由新空气把旧空气逐渐挤了出去。若是不先输入新空气。虽是终日那这个瓶来摇动。那旧空气依然不出去的。所以我们若认定中国今天既需要新道德新思想新文艺。我们就该尽量充分的把他输入。不要与那旧道德旧思想旧文艺挑战。因为他自然而然会消灭的。"①两天后,他在《学灯》上再次发表文章《人格与主张》再次不点名地抨击北大新青年派,他说:"大凡论一事持一义。虽自身对之确信有独到之处。然发表于外不可有丝毫轻浮专断之态。设有之。则闻者对于其说终不免有反感也。……奈何今之人只注目于主张而不措意于人格耶。只求言论之新奇而不务人格之修养耶。"②面对1919年1月刚刚面世的《新潮》杂志,张东荪在1919年1月21日《时事新报》第一张二版"论说"栏上发表了《〈新潮〉杂评》一文,文中表示他看了"狠有感想",他表示《新潮》中对尼采的评价"可谓得当之至",他说:"尼采的说勿论如何终含有一方面的真理。论者居然敢说出来。使我不能不起敬。因为德国打了败仗。尼采已为人吐骂到不成个东西了。不看见新青年杂志么。早把尼采推到十八层地狱出去了。……我觉得这杂志(指新潮,笔者注)的作者个个都有诚实的态度与研究的精神。不像新青年一昧乱骂。读者要晓得骂人是人人都会的。你骂人。人也会骂你。那骂人的结果不过教人还骂罢了。要说能使受骂者得感化。历史上实在没有这个先例。所以我以为骂人的心理极简单。并不是鞭策人教他从善。不过表示我有本领你没有本领就完了。这种浅薄的心理就是'自慢的轻狂'。中国文人向来有此结习。新潮诸人居然不受新青年的传染。真是可喜可敬的了。"在22日,他继续评价《新青年》:"我常譬喻思想好像衣裳。人不能不穿衣裳。所以人不能没有思想。对于穿旧衣裳的人。教他换新衣裳。必定先有一个新衣裳。拿给他看。让他穿了试一试。若是觉得适宜。他自然不要旧衣裳了。但是新衣裳尚未造成。要先教他把旧衣脱去。虽是打他一顿骂他一回。也是不中用的。要知道他穿这旧衣裳原是无可奈何的。所以我对于新青年一流。有一个观念。觉得好像他们天天对于穿旧衣的人。用一种打骂的手段。教他脱去这旧

---

① 张东荪:《新……旧》,《学灯》,1918年12月14日。
② 张东荪:《人格与主张》,《学灯》,1918年12月16日。

衣。但是他们却不去制一个新衣来给人穿。……爱新弃旧亦是人的天性。只要有了新的东西。人人自然而然背弃了旧的。……旧思想的破坏与新思想的传播是两桩事情。若拿破坏旧思想就当做传入新思想。那便大错了。"张东荪在这里的言论颇有挑拨离间《新青年》和《新潮》的嫌疑,只是他过于低估傅斯年、罗家伦等人的水准以及他们跟北大《新青年》胡适、陈独秀、李大钊等人之间的亲密关系了。

在《新潮》第一卷第二期上,傅斯年针对张东荪对新青年派的攻击作出回击,在他撰写的《破坏》一文中,他认为张东荪的说法"似是而非不通的很",并且说:"若是中国并没有旧思想旧道德旧文艺,那么只用介绍新的就完了,不必对于旧的打击了。只是中国本来有一种道德思想,文艺,大家对它信服的很,以为神圣似的。若果不发现了他的不是,不能坠大家对他的信仰心,自然不能容新的,还用什么方法引新的进来?一个空瓶子,里面并没有多量的浑水,把清水注进就完了。假使是个浑水满了的瓶子,只得先把浑水倾去,清水才能进来。中国是有历史文化的国家,在中国提倡新思想,新文艺,新道德,处处和旧有的冲突,实在有异常的困难,比不得在空气无所有的国家,容易提倡。所以我们应当一方面从创造新思想,新文艺,新道德着手,一方面应当发表破坏旧有的主张。这是势必如此的办法。"①对新潮社人的答复,张东荪显然是极其不满的,实事求是地讲,张东荪原本是想让新潮社多注意一点引入新思潮的工作,比如要在《新潮》增设介绍泰西书籍的专栏等。没想到他原以为的"新潮诸人居然不受新青年的传染。真是可喜可敬的",谁知竟然也跟新青年派一样!于是张东荪在1919年2月6日的《时事新报》论说栏中发表《破坏与建设是一不是二》,一开头就大篇幅地引用了傅斯年的那篇《破坏》中的话,此时他再也不认为新潮社是"可喜可贺的"一群了,他甚至都不愿意提"新潮"这两个字,只是说"某杂志"。张东荪在文章中认为傅斯年把思想比作水,不如自己把它比作空气。他认为:"……拿空间性的物质来说思想与文明。是极不妥的。记者向来以忠厚待人。虽不愿以'似是而非'与'不通'二句话来回敬论者。然而不妥也就是不通了。……记者还有一个更亲切的例子。就是论者骂我'似是而非''狠不通'。于我没有损秋毫之末。而在论者则不免自暴其轻狂。为什么是自暴轻狂呢。我以为骂人派对于中国人。无形中有一种人性观。就

---

① 傅斯年:《破坏》,《新潮》第一卷第二期。

是否认人类的自发的能力。(或者以为人类都有唯中国人没有)以为中国人除了我以外对于新文明。没有领会的。他们不能领会。非我去把他们痛痛快快的打一顿不可。记者以为此乃大谬。你须知你为什么独能自然而然领会新文明呢。人家也和你一样。为什么就不能够如此呢。在你便以用自律的力量自新。在人家。便非用他律的力量革除不可。这就是帝王主义的人性观。也可以名为私塾的人性观。中国私塾内老儒对于学生认为非打手心不肯读书。其实学生的勤学决不能以打手心的多寡为比例。记者所以彻头彻尾的反对骂人派。就是反对这种人性观。……骂人的维新派的怙恶实在不下于被骂的守旧派。都是以为自己没有丝毫不是的地方。原先本是记者以为春秋责备贤者。不妨先劝劝维新派。不料一劝。就碰了一鼻灰。论者的气焰。记者领教了。……记者深信用诚实不骂苦心婆心的方法输入新文明。必定比较的更为得力。如不我信。记者敢以头颅为保证。"①张东荪在这里提出了极具建设意义的一个有价值的问题,他指出了北大新青年派进行启蒙活动的最大的问题,就是"私塾的人性观"下秉持的启蒙暴力主义问题,而忽略了启蒙运动最核心的价值目标——思想自由。可以说,张东荪虽不免有点迂,但他是真诚的。就在张东荪用头颅来担保新青年、新潮一派不可能通过骂人来灌输新文明的时候,傅斯年在《新潮》第一卷第三号上发表《答〈时事新报〉记者》一文,在承认张东荪是他们"直谅的诤友"的同时,又说:"我们是北京大学的学生,张先生是和北京大学惯作对头的,我们对他当然无所用其客气。……他一向对于《新青年》是痛骂的,至于痛骂的理由,无非说《新青年》骂人,居然以骂人两字,把《新青年》上建设的事业一笔勾销。"②傅斯年这里所说的"张先生是和北京大学惯作对头的"指的是一笔旧账。《时事新报》在1917年10月11日发表的时评《北京大学之无政府主义·教育部其知之乎》中抨击北京大学,该时评称以研究无政府主义为宗旨的实社联络处就设在北京大学,且有实行无政府主义的趋势,要求教育部对此严加注意。《时事新报》这种献媚当权者、摧残北京大学新思潮的做法引起了北京大学同学的强烈抵触情绪。以至于傅斯年在《答〈时事新报〉记者》一文中表示:"……他记载实社的一件事,我们同学常常想着,因为他那手段真是辣啊! 我不晓得什么是实社,我

---

① 张东荪:《破坏与建设是一不是二》,《时事新报》,1919年2月6日。
② 傅斯年:《答〈时事新报〉记者》,《新潮》第一卷第三期,1919年3月1日。

在北京大学六年,不曾见里边有一个实社分子,所以我并非为实社辩护。只是他竟在武力政治渐次施行的时代,登了这样一段大可注意的新闻,题目是'北京大学之……主义',下边注上'教育部其知之乎?'结尾又说,'教育当局其绝无所闻乎?吾诚不知教育当局何以善其后也!'如此大擂大说,他的意思究是为何呢?他问教育当局何以善后,他那言外之意不消说了。这样的居心罗织,我们如何敢忘他这大德惠呢?我们所以对他无同情,对他不客气者以此。"①傅斯年说的很对,要知道1917年10月时正是研究系势力与段祺瑞短暂合作并当权时期,也是研究系在政治上最辉煌的时期,当时的教育总长就是与梁启超过从甚密且有师生关系的范源濂。因此,在傅斯年等人看来,《时事新报》行为的实质就是研究系的报纸在向研究系的当权者告状,以谣言呼唤强权来扼杀北京大学的进步态势。

至此,北大《新青年》《新潮》一派彻底摊牌,处于新文化运动领导地位的北大一派的评价让本来想"居于第三者"地位"春秋责备贤者"的张东荪,明白了在这个激进和守旧严重对立的时代,是很难有"第三者"存在的空间的。毫无疑问,研究系张东荪一派和北大新青年派都是当时第一流的知识分子和学者。他们双方想要变革中国思想界昏聩守旧的现状的意愿都是非常强烈的。只不过是在对待传统的态度上,一个激烈,一个温和;从本质上说,一个是革命派,一个是改良派而已。"根据政治学家亨廷顿(Samuel Huntington)的说法,改革家与革命家有很大的分别。他认为改革比革命困难的多。改革家要两面作战,一面对抗保守者,一面对抗革命者。改革家推行一个政策,同意者是他的朋友,不同意者就变成了敌人。换了一个政策,昨天的朋友,今天可能变成了敌人。所以改革家随时都在作战,敌友的位置时时在变动。革命者则不然,革命是要把问题极端化,往往是用二分法来辨别事理,不革命的便是反动分子。不是朋友,便是敌人。革命家在制造裂痕,改革家却随处弥缝。革命家的手段是严酷的,改革家却必须有弹性。革命家敌友分明,改革家则玩弄三教九流于掌指之间。所以改革家需要较多的技巧,革命家则可不必。一个革命家不一定是个成功的政治家,一个改革者必须以成功的政治家为期许。改革家不仅要玩弄多方面的力量,时要有诡辩的才能。改革家只能一件件的改革,绝不能同时推动许多方案;他要求渐进的变,而不是痉挛似的变。革命家要求全面的变,澈底

---

① 傅斯年:《答〈时事新报〉记者》,《新潮》第一卷第三期,1919年3月1日。

的变;采取激烈的破坏手段,破坏之后则暂置不论。"①通过政治学家亨廷顿的分析,我们可以知道在社会中,温和型的改革者作为第三者介入到激进与守旧的斗争中时,他的战斗姿态应该有点像鲁迅先生所说的"横站",他要在两个战线上同时作战。事实上,以梁启超、张东荪为代表的研究系知识分子就是这样的。梁启超在为《时事新报》出版五千号而创作的"本报五千号纪念辞"中就说:"吾侪以为今日之恶势力。不独一方面。凡所谓势力者大抵皆恶也。吾侪已不能有所庇纵。故有时对于甲部分恶势力方施攻击。移时而对于与甲正反对之乙部分恶势力而亦施攻击。攻甲时则甲疑其袒乙。攻乙时则乙又疑其袒甲。即旁观者亦或疑其态度之不常。……一方面对于深根固蒂之旧思想。常冒不韪以摩其垒。一方面对于稗贩流行之新言论。想亦未尝轻予盲从。……是故吾侪每有建言。在社会上恒见为逆耳。"②而反观新青年派,他们为了简化斗争形势,采取了一种极端的二元对立的思维:非黑即白。他们认为不是"我的朋友就是我的敌人"。也难怪他们会对张东荪嗤之以鼻。当然,张东荪有时确实也展现出"诡辩的才能",比如说蓝公武1919年2月11日发表在《学灯》上的《贞操问题》一文前,有他很长的一段按语,其中说道:"我向来不赞成旧派的维持贞操主义。但对于新派的破坏贞操主义。也不敢附和。现在的中国人对于旧思想。只有二种态度。一个是附会。说他那一点与外国思想一样。证明外国所有的。中国都有。一个是抹煞。以为中国一切思想都是一钱不值。我以为这两种都要不得。我对于旧思想认为历史上的东西。现在的中国并没有在旧思想的支配之下。因为旧思想早已飞腾了。现在所剩的只有滓沫。所以现代的中国人没有精神生活。我们现在应该创造一种精神生活。不必和那历史上的旧思想去挑战。这就是我的意思了。"为什么张东荪突然会有"传统文化飞腾论",并且说现代的中国人没有精神生活呢?我们看看张东荪"飞腾论"出台前十天,也就是1919年2月1日傅斯年在第一卷第二期《新潮》中发表的《破坏》中的一个提法就会明白了,文中傅斯年颇有些调侃地说:"若是中国并没有旧思想旧道德旧文艺,那么只用介绍新

---

① 引自张朋园《进步党——兼论清末民初温和型知识分子的来龙去脉》,转引自《中华民国史事纪要》,1913上,第589页。
② 梁启超:《本报五千号纪念辞》,《时事新报》,1921年12月4日。

的就完了,不必对于旧的打击了。"①既然你提出了这个前提,那我就去论证它是存在的,"狡辩家"——张东荪的逻辑就是如此。

天下大势,合久必分,分久必合。北大新青年一派的文化主张以压倒一切的气势引领着整个时代。时代的观察者郑振铎就说:"白话文的势力更扩充到日报里去。不久的时候,北京的《国民公报》、蓝公武主持着的一个研究系的机关报,也起而响应。以后,同系的一个日报,即在上海的《时事新报》,也便出来拥护他们的主张。"②

就在1918年底张东荪开始跟北大新青年派开展论争后不久,《时事新报》以及《学灯》就开展了一系列的改革。首先的改革就是在《时事新报》正张第一张第二版的专谈政治的黄金栏目"论说"栏中引入谈文艺的话题。在1919年1月14日,张东荪在蓝公武的《文艺论》一文前发表按语:"近来日报上的论说没有不谈政治的。但既有时评限于谈政治,又把论说限于谈政治。似乎太呆笨了。所以本报先破这个例。论说不限于谈政治。勿论何事都可以论的。"③在1月17日,他亲自上阵,做了一篇《白话论》,表示要平等地来看待白话和文言的地位问题,并且提出:"大凡一种言论。他的进步与不进步是以文法的疏密简繁为标准的。"④这个看法与当时胡适等人想要改良白话文文法的想法不谋而合。与此同时,《时事新报》裁撤了黑幕文化的始作俑者——《报馀丛载》,将黑幕编辑钱生可逐出了时事新报馆,这也为他们与北大新青年派交好做了有力的铺垫。

1919年2月,在匡僧成为《学灯》主编后,《时事新报》张东荪一派与北大新青年派逐渐和好。在这个过程中,胡适是一个关键的人物。

1918年7月,钱玄同与刘半农在第四卷第三期《新青年》上演"双簧戏"不久,胡适就对这种做法提出了自己的不同的看法,他在给钱玄同的信中解释他请张厚载投稿的原因时说:"我请他作文章也不过是替我自己找作文的材料。我以为这种材料无沦如何总比凭空闭户造出一个王敬轩的

---

① 傅斯年:《破坏》,《新潮》第一卷第二期,1919年2月1日。
② 郑振铎:《新文学大系论争集导言》,引自张静庐辑注《中国现代出版史料(甲编)》,北京:中华书局,1954年12月第一版,第141页。
③ 张东荪:《论说按语》,《时事新报》,1919年1月14日。
④ 张东荪:《白话论》,《时事新报》,1919年1月17日。

材料要值得辩论些。"①1918年11月3日,胡适的好友任鸿隽从美国返国,他对《新青年》中胡适、钱玄同等人驳斥守旧派时把八股、专制、发辫、小脚等等都扯进来,颇不谓然。他表示自己最反对的就是钱氏文章常作骂人语:"第一,要洗涤此种黑脑筋,须先灌输外国的文学思想。从事谩骂是无益的。第二,谩骂是文人一种最坏的习惯,应当阻遏,不应当提倡。"②任鸿隽认为钱玄同等人的做法,有失《新青年》的信用。而当时仍在海外留学的张奚若,对北大新青年派也持批评的态度。他说,读过《新青年》《新潮》《每周评论》后,"是赞成,是反对,亦颇难言。盖自国中顽固不进步的一方想起来,便觉可喜,便觉应该赞成。然转念想到真正建设的手续上,又觉这些一知半解、不生不熟的议论,不但讨厌,简直危险"③。可以说,胡适当时也多多少少意识到了北大新青年派同人在启蒙言论中的暴力弊端。

而钱玄同在给胡适写的信中为这种启蒙暴力寻找到的逻辑却是:"老兄的思想,我原是很佩服的,然而我却有一点不以为然之处:即对于千年积腐的旧社会,未免太同他周旋了。平日对外的议论,很该旗帜鲜明,不必和那些腐臭的人去周旋。老兄可知道外面骂胡适之的人很多吗?你无论如何敷衍他们,他们还是很骂你,又何必低首下心,去受他们的气呢?我这是对于同志的真心话,不知道老兄以为怎么样?"④胡适在回应钱玄同的时候说:"至于老兄说我'对于千年积腐的旧社会,未免太同他周旋了',我用不着替自己辩护。我所有的主张,目的并不止于'主张',乃在'实行这主张'。故我不屑'立异以为高'。我'立异'并不'以为高'。我要人知道我为什么要'立异'。换言之,我'立异'的目的在于使人'同'于我的'异'(胡适注:正当的'立异'皆所以'求同')(老兄的目的,惟恐人'同'于我们的'异';老兄以为凡赞成我们的都是'假意'而非'真心'的)。故老兄便疑心我'低首下心去受他们的气'。但老兄说'你无论如何敷衍他们,他们还是很骂你'。老兄似乎疑心我的'与他们周旋'是要想'免骂'的!这句话是老兄失言,恕不驳回了。"⑤从胡适的话中可见,他"立异"的目的是要"求同"的(傅斯年

---

① 胡适:《致钱玄同》,参见耿云志编《胡适年谱》,成都:四川人民出版社,1989年12月初版,第65页。
② 转引自耿云志《胡适年谱》,成都:四川人民出版社,1989年12月初版,第66页。
③ 转引自耿云志《胡适年谱》,成都:四川人民出版社,1989年12月初版,第66页。
④ 钱玄同:《钱玄同文集》第六卷,北京:中国人民大学出版社,2000年8月第一版,第94页。
⑤ 胡适:《胡适文集》第七卷,北京:人民文学出版社,1998年版,第31页。

第二章 张东荪、匡僧与初创期之《学灯》

在《新潮》一卷二号里《破坏》一文中也提出"立异的目的,在乎求人同我"),而钱玄同却生怕别人来"求同",这也是新文化运动初期北大新青年派心理上很值得研究的一点,以钱玄同为代表的激进派似乎多少都有点施虐狂的思想倾向。

为了缓解社会上对北大新青年派爱骂人这个批评的压力,1918年11月15日,刘半农在《新青年》第五卷第五期上发表《作揖主义》一文,其中说:"不抵抗主义我向来很赞成,不过因为有些偏于消极,不敢实行。现在一想,这个见解实在是大谬。为什么?因为不抵抗主义面子上是消极,骨底里是最经济的积极。我们要办事有成效,假使不实行这主义,就不免消费精神于无用之地。我们要保存精神,在正当的地方用,就不得不在可以不必的地方节省些。这就是以消极为积极,不有消极,就没有积极。既如此,我也要用些游戏笔墨,造出一个作揖主义的新名词来。"钱玄同在该文时"附记"中表态:"半农发明这个'作揖主义'好,玄同绝对的赞成;……因为照此办法,在我们一方面,可以把宝贵的气力和时间不浪费于无益的争辩,专门来提倡除旧布新的主义……"刘半农的所谓"不抵抗主义"我认为是来自胡适的影响,只是胡适认为是积极正面的价值,到了刘半农这里却通过调侃消解了原先积极的含义,这也是五四时很多西方思想引入国内之后被"游戏笔墨"搞得面目全非的例子之一。

在《胡适口述自传》一书中有这样的记载:"(1917)其后好多年,我都是个极端的和平主义者。原来在我十几岁的时候,我就已经深受老子和墨子的影响。这两位中国古代哲学家,对我的影响实在很大。墨子主'非攻';他的《非攻》……反对那些人类理智上最矛盾、最无理性、最违反逻辑的好战的人性。老子对我的影响又稍有不同。老子主张'不争'(不抵抗)。……老子对我幼年的思想影响很深。……后来在学生时代,我读了耶稣教的圣经,尤其是《新约》。在《福音》里我体会到对邪恶魔鬼不抵抗的基督教义……所以我个人对不抵抗主义的信仰实发源于老子、耶稣基督和教友派基督徒的基本信仰。……但是在一九一五和一九一六两年之间,我的思想又开始转变了。一种影响我转变的智慧力量便是那英语民族的世界里最大的思想家之一,名著《大幻觉》(The Great Illusion)的作者诺曼·安吉尔(Norman Angell)。……安氏的和平主义当时被称为'新和平主义'(New Pacifism),它与我以前所相信单纯的'不抵抗主义'是截然有别的。在我的日记里,我也为安氏哲学做了个节略如下:'一个人如强迫别人接受他一己的意志,就会招致反抗。这样的强迫与反抗的对立,就会使双方力量抵消而至于毫无结果或浪费。(在这样对立的情况之下,)纵使一方面胜利了,仍然要创造出两种奴役——失败者为胜利者所奴役;胜利者为维持他的主宰权,又要随时准备对付这被奴役的对方。(如此也就难免自我奴役。)这样便形成了一种在经济上浪费亦如在道德上破产一样的(互为因果)的关系。但是如果双方息争合作,共同为人类的生命和人民的生计向大自然奋斗,则双方皆得其解放:双方都会发现这种和衷合作实在是最经济的办法。不特如此,双方且更可由此发现人类社会和社会精神价值上一切可能的发展的真正基础值所在。'以上便是这一"新和平主义"的简明宗旨。它的理论基础便是:两个力量如发生冲突,最后必然是相互抵消而形成浪费和无结果。……安氏所提倡的观念认为真正的问题之所在,不是力量的否定,而是对力量做正确有效和更经济的使用——为一个各方所同意和了解,期盼和可能获得的目标而使用之。这一理论深深地打动了我。"①胡适在这里讲述了自己青年时期从"不抵抗主义"进化到"新和平主义"的心路历程。既然胡适有这样的思想基础存在,又意识到了当下启蒙活动中存在的"关门主义"自我奴役现象,在张东荪和《时事新报》已经关停黑幕并全面转轨从事新文化建设的前提下,双方能产生合作关系,是不难想象的。

　　1919年2月17日,《时事新报》刊登了孙几伊从北京寄来的专访胡适先生的对话体访谈录。这次谈话发生在2月4日下午两点钟,孙几伊表示"吾们纵然不免小节目上有不同之点。但是主张的大体纵使相去不远"。胡适和孙几伊的谈话主要是围绕着文学革新以及白话文进入小学教育体制而展开的,双方的交谈是建设性的。作为研究系在北京的重要舆论阵地——《国民公报》的编辑孙几伊与胡适的对话在《时事新报》副刊《学灯》之上的发表,标志着两派合作的开端。

　　与此同时,《学灯》栏对北京大学新青年派的同情和支持逐渐多了起来。蓝公武在1919年3月1日《学灯》上发表"蓝公武答胡适之书"——《革新家之态度问题》一文,其中认为:"(新青年)诸君开拓思想界的大功。吾实愿以无限的同情来祝颂诸公的。讲到新青年的缺点。有许多人说是骂人太过。吾却不是如此说。在中国这样混乱社会中讲革新。动笔就会

---

① 胡适口述,唐德刚整理:《胡适口述自传》,合肥:安徽教育出版社,2005年5月第2版,第63—71页。

骂人。如何可以免得。……吾是敬爱新青年的人。……(吾)绝不信中国的旧思想已倒的话。如今吾们发议论。仿佛很能自由。这是因为欧战初了。一般人莫名其妙。为这世界潮流四字蒙住了。才敢怒而不敢言。要是日子久了。武人的势力还在。旧思想依然会抬头。要想种种来迫害吾们的。如不相信。请看看现在在政治上社会上有势力的是怎样的人。便可恍然大悟了。因此吾辈在今日非与旧思想恶战不可。非将他根本摧毁。决不能罢手。要与旧思想恶战。那态度越发要慎重。才能博多数的同情而操最后的胜算。"①从蓝公武和胡适的接触，我们可以看出，研究系作为温和的改革派，他们派出了其中最激进的蓝公武，而北大《新青年》激进的一拨人，则派出了最温和的胡适，他们之间的接触才是最有可能把两大派别黏合在一起。

当然，他们之间的合作，最重要的推手还是他们共同的敌人——封建守旧势力对北大新青年派的疯狂反攻。而这，又和北大学生张厚载及其以前的老师林纾有关。张厚载中学毕业于徐树铮所办的立达中学，林纾是他的国文老师，张厚载在进入北大法科学习后，也经常报告一些北大的情况给林纾，两人私交不错。作为京沪多家报馆的兼职记者，张厚载与京沪多家报馆保持着合作关系。1919年2月4日，在张厚载的推荐下，上海的《新申报》为林琴南开设了短篇小说专栏"蠡叟丛谈"。就是在这个专栏上，2月17、18日两天，林纾发表了小说《荆生》，在3月19、20日两天又发表小说《妖梦》，恶毒诋毁新文化运动，并对新文化运动的倡导者(包括蔡元培)施行人身攻击。他在小说中妄想把提倡新文化、新文学的人斩尽杀绝。与此同时，张厚载在《神州日报》开设的"学海要闻"专栏中，以"半谷通信"为名，造谣捏造，谎称新文化运动主将陈独秀、胡适、陶孟和、刘半农四人因思想激烈受政府干涉，陈独秀辞职，人在天津，态度消极。而胡适等三人因校长以去就争，始得保留等。3月4日，张厚载又在《申报》中报道说北大陈胡诸君已经被驱逐出校。张厚载的通信在北京上海等地造成了恶劣的影响。3月4、5日，李大钊在《晨报》发表了《新旧思潮之激战》，对林琴南等人"妄图"依靠军阀势力来铲除新文化运动势力的卑鄙行径予以斥责："真正觉醒的青年，断不怕你们那伟丈夫的摧残，你们的伟丈夫，也断不能摧残

---

① 蓝公武:《革新家之态度问题》，《学灯》，1919年3月1日。

这些青年的精神。"①

《学灯》也积极参与了对北大新青年派的舆论支持活动。作为《学灯》的主编,匡僧在3月5日发表了《为驱逐大学教员事鸣不平》。匡僧指出:"昨日(四日)申报载有北京电云,北京大学有教员陈独秀、胡适等四人,驱逐出校,闻与出版物有关,得耗之下,不胜骇异。夫大学者,囊括大典纲罗众家之学府也(此系大学校长蔡先生之言),凡任大学教员者,宜有思想自由学说自由之权力,出版物者,发表思想学说之机关也,则大学之出版物,自不当受外界之拘束。今以出版物之关系,而国立之大学教员被驱逐,则思想自由何在?学说自由何在?以堂堂一国学术精华所萃之学府,无端遭此侮辱,对于此事速加以确实调查,而谋所以对付之方法,毋使庄严神圣之教育机关永被此暗无天日之虐待也。"②在3月6日,匡僧又在《学灯》上发表《革新家之勇气》一文,他指出:"古来有志革新而怀抱卓异特立独行之士。必有百折不挠底死不变之精神。夫然故志可达而业可成。否则未有不中道沮丧。而贻讥后人也。……愿今之以革新事业为己任者。始终奉此为模范可也。"③匡僧在这里显然是在精神上鼓励处于风口浪尖上的北大《新青年》诸人的。当谣言揭破,消息澄清之后,匡僧再次发表《大学教员无恙》一文,给北大陈独秀、胡适等人打气,全文如下:"自申报电传大学教员陈胡诸君被逐之耗后。举国惊惶。人人愤慨。记者虽亦曾有不平之鸣。然犹以为当此光天化日之下。总不应有此事也。今得都中确讯。幸所传闻果不成事实。深为陈胡诸君庆。并为吾国学术前途庆。虽然。凡欲革新一代之思想学术。终不免有忤逆世俗之虞。来日方长。挫折正未有艾。寄语以革新事业为己任者。勿以区区之恫喝而遂气沮也。"④接连三天,匡僧在《学灯》头版头条上发表言论支持新青年派,从5、6两日出于义愤担心而"鸣不平",到7日才心情踏实安定,并"深为陈胡诸君庆。并为吾国学术前途庆"。1919年3月26日,北京大学由蔡元培主持开会商讨校务。会上,汤尔和猛烈攻击陈"私德太坏",于是蔡元培决定撤销陈独秀文科学长一职。胡适后来致函汤尔和说:"当时外人借私行攻击陈独秀,明明是攻击

---

① 李大钊:《新旧思潮之激战》,《晨报》,1919年3月4、5日。
② 匡僧:《为驱逐大学教员事鸣不平》,《学灯》,1919年3月5日。
③ 匡僧:《革新家之勇气》,《学灯》,1919年3月6日。
④ 匡僧:《大学教员无恙》,《学灯》,1919年3月7日。

第二章　张东荪、匡僧与初创期之《学灯》

北大的新思潮的几个领袖的一种手段,而先生们亦不能把私行为与公行为分开,适坠奸人术中了。"①1919年4月8日,匡僧更是在《学灯》上发表《威武不能屈》一文对已被北大夺去文科学长一职的陈独秀大加赞赏并提出了期望。他说:"北京大学新派教员。屡被旧派学者之掊击。近复闻旧派借某军人与新国会之权力。以胁迫新派。文科学长陈独秀先生。有愿辞职以自由主张新学之说。不幸而陈先生果辞退。是旧派之威胁。已奏厥功也。思想学说之自由何在哉。……今幸有陈先生辈。宁牺牲权利不肯牺牲主义之主张。新学界之士气。当为之一振。尤望陈先生实践前言。始终勿为威武所屈。而为吾国一洗此虚伪欺诈之积习也。"②

尤其值得我们注意的是,匡僧1919年3月5日在《学灯》上发表的《为驱逐大学教员事鸣不平》一文在3月16日第十三号《每周评论》上几乎被陈独秀全文引用,而且是第一个被陈独秀拿来当作国内社会舆论支持的例子。不但如此,匡僧所作的《为驱逐大学教员事鸣不平》《大学教员无恙》《威武不能屈》三篇文章同时被陈独秀、胡适编辑的《每周评论》第十七号③全部转载!毫无疑问,在匡僧主持下的《学灯》此时与北大新青年派已经是气脉相连了。一个细节很能说明张东荪的态度,他在3月15日发表的《答胡适之书》中说:"日前看见申报的专电,敝报匡僧君作了不平鸣一则。虽是匡僧君作的。却是不佞的意思。"④张东荪要与新青年派交好的意思表露无遗。张东荪一派是温和型的改良派,是有两面性的,当守旧派的反扑对自身以及社会文化的危害大于激进派时,他们就会和激进派联手共同对付守旧派施加的压力了。

匡僧虽是受张东荪之意发表了支持新青年派的文章,但他自己也是非常爱护新青年派的,他不仅自己发文章,还转载了李大钊在《晨报》上发表的《新旧思潮之激战》,在1919年3月7日的《学灯》中还在教育界消息栏中发表了《大学陈胡诸教员受侮确闻》,详细介绍了徐世昌、傅增湘与蔡元培就北大教员在《新青年》上宣扬所谓"无政府主义"言论而展开的种种交涉。傅增湘在看了蔡元培拿来的《新青年》后表示:"此亦无大乖谬"。同

---

① 若干年后胡适回忆此事还耿耿于怀:"独秀因此离去北大,以后中国共产党的创立及后来国中思想的左倾,《新青年》的分化,北大自由主义者的变弱,皆起于此夜之会。"
② 匡僧:《威武不能屈》,《学灯》,1919年4月8日。
③ 该期《每周评论》出版于1919年4月13日。
④ 张东荪:《答胡适之书》,《时事新报》,1919年3月15日。

时,在"来件"栏,也刊登了《余裴山为大学教员被逐事上蔡校长书》一文,表示希望蔡元培"主持一切,极力挽回"。3月11日,又发表了左学训的文章《闻北京大学教员被逐消息告各方面》一文,在支持北大新青年派的同时,也指出其好为过激之论是不足取的。他说:"余对于新青年杂志之言论。素寄无限之同情。如文字改革问题。改造伦理思想问题。女子问题。君以为有详细讨论之价值。惟对于多数记者研究之态度。实期期以为不可。此非余一人之私言。凡爱新青年杂志者莫不如是。望以后如钱先生之粪谱。刘先生之作揖主义。总以少作为是。即与国民心理不太相容之主张。如钱先生之废除汉字论。亦宜出以郑重。使新青年杂志日趋于朴实说理之一途。不与他人争闲气。实余所希望也。"①可见,在一片支持声中,仍然也有一些人对北大新青年派持理性善意的批评态度。

1919年3月15日的《学灯》发表了匡僧《读新青年杂志第六卷第一号杂评》一文,文中说道:"昨天接到新青年杂志社寄赠第六卷第一号新青年一本。记者读了一遍。觉得篇篇都有特色。有生气。但是记者读了后。稍稍有点感想。随手拿起笔来写了几句。不敢说是批评。亦不过本那新青年'自由发表思想'的宗旨。来发表我的感想。一面并为读者诸君介绍这新青年的内容就是了。"从这里的一个细节可以看出北大新青年派对《学灯》态度之转变,在1918年6月13日,《时事新报》在第二张第三版登出"志谢"一则启事:"昨承群益书社惠赠第四卷第五号新青年一册要目为辟灵学贞操论法比二文豪之片影内容丰富特此志谢"。在1918年的这则启事中,给时事新报馆寄赠新青年杂志的是《新青年》刊物的出版方——群益书社,是出于商业目的而寄赠的。而到了此时,由于双方的和好,匡僧接到的是由新青年杂志社②寄来的刊物了,也就是说,邮寄一方从上海群益书社变成了北大《新青年》杂志社,可见并非纯粹出于商业目的,而是气味相投的同人或合作者之间的刊物交流。当然,这也是双方交好的象征。

在这篇对第六卷第一号《新青年》逐篇进行详细解读的连载长文中,匡僧在支持北大新青年派思想的基础上,也提出了一些修正意见,比如他对陈独秀只提"德赛"两先生而不提"费先生"(哲学,笔者注)表示不同的意

---

① 左学训:《闻北京大学教授被逐消息告各方面》,《学灯》,1919年3月11日。
② 《新青年》杂志社的社址就在北池子箭杆胡同9号陈独秀家中。

第二章 张东荪、匡僧与初创期之《学灯》

见;他对周作人翻译的《卖火柴的小女孩》等小说表示非常赞赏,并要求读者诸君"请快读周君所译的两篇小说";对鲁迅在《随感录第四十一》中的一个比喻匡僧也非常感兴趣:"唐俟君有说:'……就令萤火一般。也可以在黑暗里发一点光。不必等候炬火。此后如竟没有炬火。我便是唯一的光。倘若有了炬火。出了太阳。我们自然心悦诚服的消失。不但毫无不平。而且还要随喜赞美这炬火或太阳。因为他照了人间。连我都在内。'这种态度。是今日吾国青年人人应该有的。记者从前在本报中,也曾开了一小栏。名叫萤火。可惜含光甚微。明尚不足以自资。但是这个观念,恰与唐君相同的。"①匡僧此前一直用文白相杂的语言写文章,而这篇长文却是完全用白话作的,他在文章最后表示:"记者是初学做白话文字的。所以语无伦次。字多误用。但亦没有方法去修改他。恐怕意思不明白的地方还狠多着呢。读者诸君谅之。"②

不仅是匡僧,张东荪也一反之前与北大新潮社之间的紧张对立的倾向,在1919年3月24日《时事新报》上发表了《青年与国是》,文章前引用了相当长一段傅斯年发表在《晨报》上的《朝鲜独立运动中之新教训》,与其说是张东荪的文章,不如说是为了转载傅斯年的文章。作者最后说,"我恐怕此后一切的责任全落在青年的双肩上来了",并且希望实现"全国青年的大结合"。在1919年4月24日,张东荪在转录《国民杂志》常乃德文章之前有他的附言,他说:"关于新旧的问题。不佞也狠合人家争论了一下。不佞因为精神不十分充足。所以说的不十分透彻。其间惹出了不少的误会固是不免。但后来对手的人居然也了解了。"③

如果说之前张东荪领导下的《时事新报》《学灯》对北大新青年一派的支持主要是在道义上的话,那么在1919年3月24日发表在《学灯》通讯栏的胡适与张东荪之间的两封信就是双方在新文化运动建设路向选择、思想方针选择上正式和好的明证了。胡适在给张东荪的信④中说:"东荪先生:今天在报上看见先生答我的信。感谢感谢。先生所论辩论的两个条件。

---

① 匡僧:《读新青年杂志第六卷第一号杂评》,《学灯》,1919年3月18日。
② 匡僧:《读新青年杂志第六卷第一号杂评》,《学灯》,1919年3月18日。
③ 张东荪:常乃德《建设论》"编辑志",《学灯》,1919年4月24日。
④ 该信写于3月20日。

我是狠赞成的。我尝说你们'立异'的目的在于'求同'①。……先生说'新文明所以未能深入中国。由于我们新派的不努力。不是因为旧派的作梗。'这话固是我们新派的人所该常常勉励自己的。"胡适进一步用张东荪与傅斯年争论中所举得比喻来说明自己的观点:"先生说'清水加入量多到极处。自然会将浊水排出。所余者只有清水。'但是。先生仔细一看。定可看出那碗水底下有一层泥土。积在碗底安然不动。随我们倒怎么多的清水进去。终不过是一面倒进去一面就从碗口上流出来了。我们枉费了清水。那碗里泥土所占的空间终不容清水侵入。最好的法子是把碗里的泥土和水倒在滤筛上。清水滤在筛下。淤泥留在筛上。方可得一碗清水——我是不喜欢用'比喻'的论理的。因为来信有这个比喻。故借来一用。……我对于旧思想的态度。可用'整理'两个字说完。虽不可一概抹煞。却不可不仔细整理一番。寻出一个条理系统来。……我的中国哲学史就是抱定这个目的做的。至于那班迷信国故。崇拜国故。而其实不知国故究竟是什么的人。不但不配谈新潮。也还不配谈国故。"在胡适信的下方,就是张东荪的回信,张东荪对胡适的观点极表赞同,他说:"(来信)所论的几层非常透达。至于筛滤的比喻即是'整理'的确解。真是把我心中所要说的完全说出来了。记者不敢妄自菲薄。也对于这个方针尽一些微力。记者早有一种感触。觉得国故派的思想绝不是真的旧思想。所以支配现在中国的就是'虚伪'。伪忠伪孝。伪仁伪义。伪伦理。伪政治。伪教育。无一物一事不是伪的。这伪是由家庭养成的。由社会操练的。由政治助长的。所以要廓清虚伪。就是要改造根性。一方面将西方文化的根本精神输入进来。他方将固有文化整理起来。两面夹攻。自然可以达到目的。"他对自己与新潮社的论战也表示辩解,说:"不佞的前作表面上虽是对新潮而发。却不是对于新潮而言的。"在张东荪的信中,他对新文化运动的发展方法和两种路向的表述,在思想精神上跟胡适的想法完全一致!北京大学新青年派在新文化运动场域内毕竟处于绝对的核心地位,我们只要看看当时人们的评价就可以知道了:"自蔡孑民君长北京大学而后,残清腐败,始扫地以尽。其所罗致延引者,皆新世界有学之士,与循引私谊又如官场者,迥然不同。故数年以来,成绩粲然。海内之略有知识者,翕然向往

---

① 胡适在1918年给钱玄同的信中也曾说过自己"立异"的目的是为了"求同",这也是他们可以走到一起来的思想基础,他们的态度是建设性的。

之。而其出版品,如《新青年》《新潮》等,尤于举世简陋自封之中,独开中国学术思想之新纪元。举国学者方奔赴弗遑,作同声之应,以相发挥广大,培国家之大本,立学术之宏綦。"①

但是我们也不要以为张东荪就会完全按照胡适的做法和思路去从事新文化运动建设,给新青年派当"诤友"是他们对自己的定位,这也决定了他们不可能去完全附和北大一派的做法。张东荪《时事新报》、蓝公武《国民公报》一派的人都具有相当的知识水准和思想能力,他们对思想自由的秉持以及在此意识指导下对北大新青年一派的知识应对能力是保证他们可以参与到新文化运动建设中来并保持自身独立性的重要前提。张东荪在1919年4月7日发表在《学灯》上的《我辈对于新思想之态度》一文中,说明了自己一派在新文化运动中的角色问题,他指出:"现在新旧开始战争了。友人主张旁观。有人主张加入战团。帮新派一臂之力。我的见解皆异乎是。我以为我们应当立在新思想的一方面。不当为第三者作壁上观。但不可帮人乱打。我们的责任不是和旧派打盲目的仗。却是对于新派加工。详言之。就是现在流行的新思想是单调的。我们应当将他化为复调的。现在流行的新思想是浅薄的。我们应当将他化为精深的。现在流行的新思想是偏激的。我们应当将他化为正中健强的。所以我辈对于新思想的态度是内在的。不是外表的。就是以新思想为目的。而去加工制造。不是以旧思想为目的。而去攻击破坏。这固是我一人的见解。亦是本报一贯的主张。"②我认为,这一段话集中体现了张东荪主持下的《时事新报》和《学灯》从事新文化运动建设共同的思想倾向、行动准则和办刊态度。一方面,张东荪认为自己一派应该是"立在新思想的一方面",这是最基本的立场问题;另一方面,张东荪认为自身存在的价值并不是去消灭旧思想,因为从他给胡适的回信中看来,他认为中国的现在守旧的国故派的思想并不是真正的旧思想。真正的旧思想被虚伪之风早已遮蔽起来了。而他自身存在的价值则应是体现在对当下流行的新思想进行"再加工",通过这一步骤,让新文化运动呈现出复调的、精深的色彩。我们再回过头来看看,1919年4月23日,《学灯》栏宣称自身宗旨的启事,我们就对其中的"三.对于新旧学派之态度不妄助新派攻击旧派。而对于新派所持之主义加工研究。

---

① 引自《论大学教员被揿事》,《每周评论》第十七号,1919年4月13日。
② 张东荪:《我辈对于新思想之态度》,《学灯》,1919年4月7日。

然亦不作无价值之调和论"这个说法,有了更深的认识和了解。"我们要做事必定要有大大的协同精神。只要有人和我们同一个趋向。我们就应该表同情。但是他做他的事。我们还是做我们的事。不必强拉他们过来从我们。"①

同样的,北大新青年一派的胡适等人,也不会因为张东荪等人的"诤言"而放弃自己原来的主张。胡适说:"舆论家的手段。全在明白的文字。充足的理由。诚恳的精神。要使那些反对我们的人不能不取消他们的'天经地义'。来信仰我们的'天经地义'。所以我们将来的政策。主张尽管趋于极端。议论定须平心静气。"②

1919年4月25日,《学灯》刊登"匡僧启事":"鄙人因患脑病自今日始暂时离馆此后所有本栏编辑事宜由澹庐君担任特此布闻"。就在匡僧离职的这天,他还在《学灯》上发表了《介绍科学名著》一文,介绍杨铨主持的中国科学社的《科学通论》一书,表示要破除中国积弊,必须用科学方法。而这,也就是匡僧身为主编留给《学灯》的"遗言"了。③

直到今天,我们都不知道匡僧的生平状况,对他的思想也只能通过泛黄的报纸略知一二。笔者试图做一些考证他的身份经历的工作,只得到一条史料,在1920年2月1日第七卷第三号《新青年》上刊登出"北京工读互助团消息",其中提到成立的两组工读自助团,其中"第二组在西城翠花街北狗尾巴胡同五号,团员现共十一人:王恕,郭曾楷,张衡沛,张纯,刘晦,刘豪,罗汉,李实,匡僧,欧逊,訾久"。他们的工作计划分为消费公社、洗衣和包饭三股,"已着手预备开始"。1920年1月24日《学灯》中谈到"第二组"的工作时说:"第二组工作共分消费公社小工艺厨房洗衣局四种,消费公社开在北京法文专修馆的大门西边名北京平民消费公社。现在只有书报贩卖其余的营业尚须次第举行。小工艺的出品现在有洗发剂擦牙润面膏,厨房是包办法文专修馆的伙食,洗衣局是洗附近寄宿舍的衣服。"④而在1920年1月20日发表在《晨报》上的"工读互助团报告"中则在说明第二组十一人成员时,其他十人都与《新青年》上相同,只是"匡僧"变成了"匡俗",在该文最后有一则附注:"《新青年》七卷三号(现已付印尚未出版)上本团的报

---

① 张东荪:《再答放言君》,《时事新报》,1919年7月24日。
② 胡适:《贞操文字等问题之讨论》,《学灯》,1919年4月4日。
③ 匡僧后来还以普通读者的身份在《学灯》上发表过文章。
④ 《工读互助团报告》,《学灯》,1920年1月24日。

告因较先做好,后来的更改的地方未及载入,故与此处略有不同。"从这则附注可以看出,《新青年》第七卷第三号上的"匡僧"要么是笔误,要么就是他还有一个名字叫作"匡俗"。

鲁迅曾经在《〈城与年〉插图本小引》一文中表示:"自然,和我们的文艺有一段因缘的人,我们是要纪念的!"我觉得,匡僧就是这样一位值得我们去纪念的"有缘人",不光是在《学灯》初创期筚路蓝缕的历史上,即使是在中国现代思想史、副刊史上,都是不应该被忘记的。

有的人,像烟花一样,死寂的夜空不会留下他们的影子,但他们一瞬间的绚烂,却始终闪耀在我们的记忆中。

第三章　时代风潮中的《学灯》

《学灯》在张东荪、匡僧的主持下,已经于1919年三四月份同以北大新青年派为代表的新文化运动主流势力展开了有成效的交流和良性对话,对《学灯》在新文化运动场域内的角色有了较清晰的自我定位,也对《学灯》抛离旧途、走上正轨,起到了重要的作用。而继之以起的俞颂华、郭虞裳等人则进一步发展和扩大了《学灯》在五四新文化运动中的影响力。

我们不妨来看看俞颂华和郭虞裳留日回国前的经历。

俞颂华,1893年3月9日出生于上海,祖籍江苏太仓,原名庆尧,号颂华,笔名澹、澹庐、雪芳等。1905年进入健行公学读书,次年转入澄衷学堂。1909年,16岁的俞颂华考入上海复旦公学,与胡适、陈寅恪、梅光迪等同学①。1914年毕业于复旦公学政治经济学系后于次年赴日本东京私立法政学校政治经济科就学,攻读社会学专业,1918年毕业后回国。

郭虞裳,1891年2月21日出生,上海人,原名传治,早年就读于上海南洋中学、澄衷学堂和唐山路矿学校。1914年赴日本留学,9月考入东京私立法政学校政治经济科,与俞颂华同学。1917年7月毕业后回国,后任上海南洋商业专门学校校长。②

《胡适日记全编》第二卷中有这样一段记述可以让我们对胡适与俞颂华、郭虞裳的交游背景有所了解,胡适在谈到1917年结束留美回国途经日本时说道:"(1917年)七月五日下午四时船进横滨港,……因船期甚短,故已决计不去东京一游,拟与慰慈上岸寄信买报。方登岸,即遇嘉定潘公弼君,言东京友人郭虞裳、俞颂华两君知吾与慰慈归国,坚邀去东京相见。两君因今日有考试,故托潘君来迎。诸君情意不可却,遂以电车去东京,与郭

---

①　在澄衷学堂,胡适比俞颂华要高两届。
②　1919年9月16日,郭虞裳在《时事新报》登出启事,辞去南洋商业专门学校校长一职。

俞两君相见甚欢,两君皆澄衷同学也。此外尚有戴君克谐(字蔼庐)与颂华同居。诸君邀至一中国饭馆晚餐。虞裳言有湖南醴陵李君邦藩(字石岑)曾读吾文,闻吾来甚思一见,因以书招之来,席上相见,谈及傅君剑、谢消庄诸故人,皆醴陵人也。诸君欲我与慰慈在东京住一二日,然后以火车至长崎上船,吾辈以不欲坐火车,故不能留。是夜九时,与诸君别,回横滨。半夜船行。在东京时,虞裳言曾见《新青年》第三卷第三号,因同往买得一册。"①上面这则材料可以说明很多问题。首先,可以看出潘公弼、俞颂华、郭虞裳、李石岑这一大批日后与《时事新报》结缘的留日知识分子,这一天悉数出场,与已在《新青年》中亮相并随之声名鹊起的胡适相会在东京。而其中的俞颂华、郭虞裳和李石岑日后更是先后主编《学灯》!而在他们还未与时事新报馆发生任何联系之前,他们就与北大的胡适、陈独秀多有来往了。其次,胡适与俞颂华、郭虞裳都是上海澄衷学堂的同学,作为现代都市知识分子,他们之间既掺杂了中国传统文人的地缘关系,又体现了现代知识分子从传统中挣脱出来而以学校出身、文化选择和思想倾向为结合认同标准的倾向。此时,俞颂华已经在《新青年》上跟陈独秀有多次通信,比如在三卷一号、三卷三号都有俞颂华与陈独秀的往来通讯出现在《新青年》的通信栏。李石岑则是通过《新青年》才得以想结识胡适。虽然身处日本,但是他们早已置身于北大新青年派所构筑的虚拟的跨区域文化空间之内并深受其影响了,从李石岑的"甚思一见"也可以看出胡适和《新青年》在当时的知识青年中的影响了。

同是留日学生,对比俞颂华、郭虞裳跟研究系核心成员张君劢、张东荪、蓝公武这些人,我们会发现,张东荪出生于1886年,蓝公武、张君劢则是出生在1887年,他们基本都是在1904、1905年左右赴日本留学的,受梁启超影响较大,因此都成了研究系的核心成员。而年纪平均比他们小五六岁的俞颂华、郭虞裳则是迟至1914年才去日本留学的,他们受研究系梁启超影响较小,俞颂华第一次见梁启超已经是在1920年。相反的,他们受北大新青年一派的影响较大。

被黄炎培称作是"新闻界之释迦牟尼"的俞颂华是怎么进入时事新报馆主编《学灯》的呢?俞颂华自己从来没有谈过,他的妻子钱梅先在《纪念

---

① 胡适:《胡适日记全编》第二卷,合肥:安徽教育出版社,2001年10月第一版,第613、614页。

颂华》一文中这样说道:"在中学时代,(他)就爱好读报、剪报、贴报,立志从事新闻事业。……颂华于1918年从日本回国后,生了一场伤寒重症。此后于1919年4月下旬,应《时事新报》总编辑张东荪之邀,开始主编该报的副刊《学灯》,历时三个月。"①而1947年,在俞颂华为沪版《人物杂志》写的一篇回忆张东荪的文章——《论张东荪》中,他自己则说:"我与张氏,自从民国八年的春天认识以来,时光匆匆,将近三十年了。"②可见,在俞颂华从日本返国之后,他还根本不认识张东荪,更谈不上什么交情了。如果是"民国八年的春天"才认识,4月26日俞颂华就正式从匡僧处接管了《学灯》,可见他们根本就谈不到互相之间有很深的接触和了解。如果张东荪只是基于曾经同为留日学生的学缘知识背景而赏识俞颂华的话,也说不过去。张东荪毕业于东京帝国大学哲学系,而俞颂华和郭虞裳都是毕业于东京私立法政学校(非东京法政大学)③,根据日本实藤惠秀的著作《中国人留学日本史》中的说法,法政学校是日本寺尾亨博士在1914年2月借东京神田区锦町的东京工科学校而开力的,主要是孙中山、黄兴等中国政界人士为收容二次革命失败而流亡日本的中国人士设立的。可以想见,与国民党孙中山一派素来不和的研究系张东荪等人是不可能对这样一座学校的毕业生有太多赏识的。我想,依常理来说只可能是通过别人的推荐,张东荪才让俞颂华来做《学灯》的主编的。而这个推荐人,我认为很可能是其留日好友潘公弼。在潘公弼一方面来说,他在1916年学成返回国内之后就进入了时事新报馆,后来担任了时事新报驻日本通信员,后来在1918年春去北京协助邵飘萍担任《京报》主编,因为批评当时炙手可热的安福系,不但报纸被查封,而且他也被判入狱一百天。释放后他就回到上海进入了时事新报馆,先后担任了总编辑、总经理、总主笔等职务,从职务上看,他与张东荪都属于时事新报馆的高层,在人事问题上是有一定的影响力的。

在俞颂华一方面来说,1918年后一回国就生了一场大病,经济上会有压力,俞颂华曾经在毕业前对妻子钱梅先说:"我毕业后,决心放弃我所应得的祖上遗产(包括他嗣祖留给他的遗产),我们今后要靠自己的劳动来养

---

① 钱梅先:《纪念颂华》,葛思恩、俞湘文编《俞颂华文集》,北京:商务印书馆,1991年2月第一版,第7页。

② 俞颂华:《论张东荪》,葛思恩、俞湘文编《俞颂华文集》,北京:商务印书馆,1991年2月第一版,第320页。

③ 在钱梅先等人的回忆中俞颂华毕业于东京法政大学,可能是记忆之误。

活自己。"①所以,在俞颂华方面看,他急需一个职业来缓解经济方面的压力。当然,由于潘公弼以及事件当事人也都从来没有说过这个问题,因此笔者的这个猜想也只能继续存疑了。但是,毫无疑问,即使潘公弼没有对张东荪推介俞颂华,只是依靠俞颂华与胡适良好的私人关系以及他在《新青年》上与陈独秀通信而结下的因缘,急于跟北大新青年派搞好关系的张东荪都是会对俞颂华刮目相看的。

另外,我们也可以从俞颂华发表在《新青年》上的两篇与陈独秀的通讯看出一点端倪。这两篇通讯分别发表在1917年3月1日《新青年》第三卷第一号和1917年5月1日《新青年》第三卷第三号。根据俞颂华的说法,他的文章就是针对陈独秀发表在《新青年》第二卷第四、第五两卷上的文章而发的。陈独秀这两篇文章分别是:第二卷第四号的《孔子之道与现代生活》和第二卷第五号的《再论孔教问题》。陈独秀在文章中认为孔子学说不是宗教,所谓"孔教"的说法并不能成立;且因为孔教为"吾国精神上无形统一人心之具",统治国人精神界扼杀了思想自由,与现代思想观念格格不入,"将何以适应生存于二十世纪之世界",因此应该彻底摒弃。但是,俞颂华不赞成陈独秀的说法,他认为孔子教义是孔教,并且不赞成完全摒弃孔教作为精神因素之一进入现代思想体系的看法,他认为:"孔子教义。自有其不可诬者。择其善者而从之,择其不善者而改之。"俞颂华体现的是一个文化改良主义者的思想和情怀,而陈独秀则是从社会革命和思想革命的更阔大的视角来看待、对待传统文化的态度问题的。当然,由于在辩论中体现出了很好的知识素养和思想深度,陈独秀给与俞颂华的评价是很高的:"愚自执笔本志讨论孔教问题以来。所获反对之言论。理精语晰。未有能若足下者。细读惠书。欣佩无似。"②

而俞颂华在与陈独秀辩论过程中体现出来的对西方哲学思想的推重和对传统文化的改良主义倾向,我想都会对关注《新青年》杂志的张东荪留下很深的印象。当然以后随着更多新材料的出现,我想应该会对俞颂华入主《学灯》的缘由有更精确的解释。

---

① 钱梅先:《纪念颂华》,葛思恩、俞湘文编《俞颂华文集》,北京:商务印书馆,1991年2月第一版,第7页。

② 陈独秀:《通信》,《新青年》第三卷第一号,1917年3月1日。

第一节 《学灯》与上海五四运动的开展

1920年第五期《新人》杂志上的《各地文化运动的调查——批评之（一）·上海报界的文化运动》一文指出："自从不编黑幕以来，《学灯》很有些常识给青年学生。五四运动发生，那手足灵活的张东荪就极力联络学界用重价报酬投稿人，于是乎《学灯》就益发生色，在学问贫乏的中国里，居然也导出几编有系统有组织的研究学理的文字了。以后学潮日渐蔓延，一般惯听恭维话的学生，渐渐的遭人攻击，《时事新报》又极力替学生出气，并且予学生以种种暗示，使学生自知剪除荆棘，做事可以减少困难，由是《时事新报》的地位就益发坚固。……时事新报最好的地方，就是肯披露各小团体及个人所要发表的意见，不像别家报馆，死替资本家发表意见，而藐视平民的舆论。此外，他对于社会的现状，也肯用相当的力量去调查批评，其有益于社会，确实不浅。"香港新闻史学家袁昶超也指出："北京学生发动'五四运动'，《学灯》是一个有力的支持者。"①他们都对《学灯》在五四时代浪潮中的表现及其作用做了恰如其分的评价。

俞颂华主持《学灯》的时候，正是杜威刚刚到中国的时候，五四运动的风雷已经在天边轰鸣了。

第一次世界大战从1914年7月28日奥塞宣战开始，到1918年11月11日德国与协约国签订休战条例为止，历时四年又三个月。同年11月13日，义和团事变后象征着中国人屈辱的德国公使克林德碑被拆除，"公理战胜强权"带着耀眼的迷幻色彩成为那个时期最响亮的口号。1919年1月18日，就在巴黎和会开幕的同一天，日本驻京公使小幡在向英国公使朱尔典就对华军火禁运问题说明日方立场的时候，口出狂言称中国实在是要屈服于有力的现代文化之下，就如同黑人的命运要被发现美洲的白人所决定一样。日本小幡公使此言是基于他对国际形势以及中国在国际上的地位与影响之判断做出的。1919年4月30日，在巴黎和会最高权力决策机构四人会议中美国总统威尔逊、英国首相路易乔治和法国总理克里蒙梭秘密决定将德国所享之权利让与日本，小幡认为中国代表必定会签字的，谁知，

---

① 袁昶超：《中国报业小史》，香港：新闻天地社，1957年7月第一版，第88页。

第三章 时代风潮中的《学灯》

迫于国内舆论的巨大压力,我国原本打算签字的和会代表竟然拒绝签字。这完全出乎小幡之类用老眼光看待中国的帝国主义者意料之外。

在中国,五四运动开始了。

《五四运动在上海史料选辑》是全面描述五四运动在上海的历史资料类书籍。我们不妨来看看该书对这场决定中国现代命运的社会运动过程的描述:

> 五四运动在北京爆发的消息传到上海,上海人民立即积极响应。各团体纷纷发出通电,一致声援北京学生的爱国行动,要求拒签巴黎和约、惩办卖国贼、归还青岛和释放被捕学生。5月7日,召开了有两万人参加的国民大会,会后举行了示威游行。5月9日为国耻纪念日,各校停课一天,展开爱国宣传活动,很多商店也宣告停业。从此上海人民的抵制日货运动即迅速展开。5月11日上海学生联合会成立后,各校学生更有力地采取各种措施,发动群众抵制日货;各商业公会先后开会讨论抵制日货的办法;贩卖日货的商店,遭到了揭发和儆告;店员和工人积极行动起来监督业主停止买卖日货;……5月19日,北京学生为抗议军阀政府摧残教育界和破坏学生运动,宣布罢课。上海学生在5月26日召开大会,也宣誓实行总罢课。……6月4日下午,学生接到天津急电,知道北京发生6月3日大捕学生的事件,立即突破军警阻挠,向各商店挨户请求签名罢市。次日,上海广大的工人阶级、小资产阶级和资产阶级,全面地展开了罢工、罢市、罢课的三罢斗争。"三罢"斗争之前,上海人民在思想上和组织上是经过准备的,特别是上海学生起了某种先锋队作用。①

以梁启超为代表的研究系与五四运动的发生实在有莫大的联系。1919年4月30日前,在巴黎和会最高权力决策机构四人会议秘密决定将德国在中国的权利转交日本时,受外交委员会和国民外交后援会指派赴欧与闻巴黎和会的梁启超给外交委员会委员长汪大燮以及委员林长民、熊希龄等发电称:"汪、林两君转国民外交协会:对德国事。闻将以青岛直接交

---

① 《五四运动在上海史料选辑》,上海:上海人民出版社,1980年12月第2版,第163、164页。

日本。因日使力争结果。英法为所动。吾若认此。不啻加绳自缚。请警告政府及国民。严责各全权。万勿署名。以示决心。启超。二十四日"①。林长民接报后于5月1日撰写《外交警报敬告国人》交给北京《晨报》主编陈博生,后来该文发表在5月2日的《晨报》。文中,林长民疾呼:"胶州亡矣。山东亡矣。国不国矣。……国亡之日。愿合四万万众誓死图之。"②直接在北京社会引起极大的震动。5月4日,《时事新报》在第一张第二版头条转载了这篇文章。这是《时事新报》上第一次出现中国在巴黎和会失败的消息,这则消息对正做着"公理战胜强权"美梦的中国广大社会民众是沉重的打击,同时,也促进了他们最终的觉醒。

张东荪主持下的《时事新报》以及俞颂华编辑的《学灯》在五四运动初期,主要是从鼓动社会大众,尤其是号召青年学生来响应北京学界运动这个方面入手来从事舆论宣传工作的。

1919年5月7日,针对北京政府逮捕进步学生的卑劣行径,张东荪首先在《时事新报》上发表《全国青年其速兴》一文,文中他要求全国青年联合起来进行示威运动,他表示对于北京"种种可惊可泣可喜可悲可怒可恨的消息",忍不住"诸感并发了"。他说:"北京青年有示威运动。上海听见已有人在那里发起。但记者的意思还希望这种国民大会的示威运动要遍全国。要互相联合。非要俟青岛问题满意解决永不解散。并且我们这个全国的国民大会除对于山东问题外尚有下列的职务。一. 要求政府将曹汝霖陆宗舆交付法庭。二. 主张被捕学生立即开释。三. 主张不得牵涉大学之教育问题。四. 如果大学已解散学生已就刑。应对于政府表示断然之态度。……呜呼。此何时乎。全国青年其速兴。"③

同一天,在第二张第一版,潘公展发表了《今天的感想》,文章前的副标题是:"中国人不及朝鲜人!上海人不及北京人!"他的文章颇有些"激将法"的味道:"人家说上海人热心国事。我以为和北京相差还远。你看北京的学生的示威举动是怎样?北京各团体的举动是怎样?上海哪里配得上呢!唉!国耻!!唉!民气!!我真为中国人羞。我更为上海人羞!我还要睁了眼看看今天后天上海人的意见究竟是怎样表示?"④

---

① 梁启超:《梁启超电文》,《时事新报》,1919年5月4日。
② 林长民:《外交问题敬告国民》,北京《晨报》,1919年5月2日。
③ 张东荪:《全国青年其速兴》,《时事新报》,1919年5月7日。
④ 潘公展:《今天的感想》,《时事新报》,1919年5月7日。

也是在同一天的《学灯》上,俞颂华以"澹庐"为名发表了《国民对爱国青年之态度如何》。他对北京学界运动评价很高,认为北京政府逮捕学生的做法"愚不可及",并且对社会势力要保全学生表示关切。他期望道:"使吾国尚有几分正气存者。国民对于庄严之大学。爱国之青年。当绝不使其受政府威力之荼毒。吾国文化前途之进退。我将于此次各界之能否保全学生。保全大学。以及国民于纪念国耻之余。能否主持正义卜之矣。"①

可能是觉得5月7日的讲话过于泛泛、失之笼统,张东荪在8日《时事新报》又发表了《坚决的办法》,具体地对学生从事社会运动给予建议:"示威运动不是在街道上行列就完了的。应当有一种坚决的办法。记者不才。愿献□荛。一.宜通电全国高等小学以上的各学校。求为同一的运动。并各举代表。组织全国学生的大结合。二.径电专使。青岛问题如不照我提案解决。不可签字。三.要求政府表示明白态度。(即诛曹陆罢段徐)四.联合工商各界一致进行。就中尤以第一位最要。我们向来有五分钟热度的讥评。此次若没有一种组织。作为比较长期的机关。恐怕竟要应了人家的讥笑了。所以我对于第一条。是特别慎重提出来和大家商量。因为我向来有个意见。以为改造中国只有一条路。就是造成一个青年的大结合。……这个结合成了。第一步就是洗刷思想界涤清教育界。把那萎靡不振的思想扫去一空。把那不成东西的教育洗的干净。然后再聚精会神实行政治改造和社会改造二大运动。到那时中国前途一定有希望了。"②从张东荪的话中可以看出,此时的他早已不是那个在新旧论战中认为只要建设而无需破坏的温和改良派了。中国现代知识分子,在文化上或有激进、保守的区别,但是在政治上,尤其是在涉及国家主权、民族尊严等大是大非的问题时,毫无例外的都是激进派色彩很浓,而且,由于政治局面的刺激经常会对他们自身的文化观念不断修正,所以我们经常可以看到,由于政治形势的逼迫和促发,知识分子在文化观念上也从缓进发展到激进的现象。就连张东荪自己都觉得自己的转变太快了,在5月16日发表在《时事新报》"时评"栏中的《洗成白纸》一文中,替自己解释道:"记者在思想方面不欢喜'破坏论'。因为思想不占据空间。于旧思想以外。尽可以建立一个新思想。

---

① 澹庐:《国民对爱国青年之态度如何》,《学灯》,1919年5月7日。
② 张东荪:《坚决的办法》,《时事新报》,1919年5月8日。

因为他没有空间的排挤性。但是在制度上。记者很是赞成破坏。旧制度不颠覆。新制度永久不能成立。因为他有空间上的不相容性。"①张东荪本意是向读者剖白自己思想的一致性,可是,正因为他这番表白,通过比对他在8日的谈话,我们看出了他的矛盾与破绽。我们知道,旧制度的根源是旧思想,民国成立以后很长一段时间内是新制度和旧思想并存的,相当于把新制度浸在了旧思想的大染缸中,结果举步维艰。从这个意义上来说,思想是最占空间的,世道人心,不够大么?(而且,张东荪喜欢用比喻来解释思想命题,比如在他与傅斯年论战的时候,他认为自己空气和瓶子的比喻较好,而傅斯年用水和瓶子来比喻就是不通,胡适就清醒地看出了用比喻这种方法是将抽象问题具象化,本身是不科学的思想方法的体现。所以胡适很少用比喻来谈思想问题,他说自己不喜欢用比喻。其实这是他有科学训练的表现。)梁启超在这个问题上的见解就很有眼光,他说:"(我)觉得社会文化是整套的,要拿旧心理运用新制度,决计不可能,渐渐要求全人格的觉悟。"②

当然,后来张东荪也改变了自己"不破坏只建设"的观念,是五四运动教育了他。在1919年6月21日,张东荪发表《本次运动的教训》,其中说道:"原来解放有两种。一种是事物上的解放。是有形的。一种是精神上的解放。是无形的。有形的见之于制度与行为。无形的存在于心中。但是必定先有精神上的解放。才能有事物上的解放。因精神是行动的原因。所以这次运动从精神上说起也很有来历。那欧战告终以后。我国思想界很有变迁。民族自治主义渐渐深入人心。这就是精神解放的第一步了。精神解放从积极方面说来。就是自己能认定人格。求一个'自我实现'。从消极方面说来。就是凡一切锢蔽思想的东西都一扫而空。譬如崇拜权势的观念就是锢蔽思想的东西之一。非打破不可。又譬如畏难苟安的习惯也是锢蔽思想的东西之一。也非铲除不可。把所有拘束思想使思想不能自由的东西都废去了。把所有阻碍生活使生活不能充实的东西都撤销了。然后自我的人格才能圆满实现。这就是精神解放。"③毫无疑问,这个"教训"不光是给别人的,更是给他自己的。

---

① 张东荪:《洗成白纸》,《时事新报》,1919年5月16日。
② 梁启超:《五十年中国进化概论》,《饮冰室文集》第39卷,台北:中华书局,1978年版,第45页。
③ 张东荪:《此次运动的教训》,《时事新报》,1919年6月21日。

基于张东荪、俞颂华等人支持学生爱国运动、为学生出谋划策这个思想前提下,《时事新报》与《学灯》刊发了大量维护学生权利、声援学生运动的文章,重要的有以下一系列的文章:张东荪的《愿国人为人道而死》《青年与党派》《国际改造》《国人速起挽救大学》《直接行动》《军人与人道》;俞颂华的《青年于国耻纪念日之感想若何?》《对于学生联合会之希望》《学生联合会组织法之商榷》《恶浊势力与教育界之决斗》;惕若的《民气不可遏抑》,公展的《北京的学生》,狄山的《挽救大学之办法》,高元的《北京学生示威运动在法理上之价值》,顾兆熊的《北京学生之示威运动与国民之精神的潮流》,叶圣陶的《吾人近今的觉悟》,等等。它们都是给学生出谋划策,鼓动学生从事社会运动的热情和耐心,激励国人去给学生运动做后盾,抨击北京政府对学生运动的压制,号召民众大联合来达到运动目的。在上海舆论界的大力鼓吹下,1919年6月16日,全国学生联合会在上海成立。

这个阶段上海报界另一个重要的工作就是抵制日货,鼓吹国货。1919年5月16日,《时事新报》头版头条登出告白:"敝报等公决自五月十四日起不收日商广告并日本船期汇市商情等特此通告申报新闻报时报时事新报中华新报民国日报公启"。为了有效地支持国货,《时事新报》在5月19日头版头条刊登"本报敬告专售国货商人启事":"启者本报为优待销售国货诸商起见如有国货足以抵制日货者来登广告无论封面后幅特别廉价此布"。在鼓吹国货的同时,时事新报馆也在征求抵制日货的方法。1919年5月16日《时事新报》登出"本报征求舆论",题目就是"抵制日货之方法"。在"说明"中提到:"抵制日货的事已经有了好几次。都没有结果。所以日本人也司空见惯。不以为奇。这一次的抵制如果还是像前几次一样。记者奉劝大家还不如早些不抵制。免得丢国家与民族的脸了。所以抵制日货不难。有结果却是甚难。换一句话来讲。就是三两天的抵制不难。永久的抵制是甚难。再换一句来讲。就是无计划的抵制不难。有计划的抵制是甚难。但是如何能有结果。如何能永久。用如何的计划。记者浅陋。还要向大家请教。事关重要。尚乞不吝珠玉。"①

为了实行更有效的抵制日货的措施,1919年5月26日俞颂华在《学灯》上发表《学界消费公社之提倡》专门鼓吹消费公社的好处,他说:"甲,节省教育界之消费。乙,积极方面得促进并奖励国货。消极方面可以达抵制

---

① 《本报征求舆论》,《时事新报》,1919年5月16日。

目的。丙,学界率先组织消费公社。可以提起各界对于组合之注意。以促各项组合之发达。"①

与此同时,《时事新报》首页广告栏上有日商嫌疑的各大公司竞相登出广告,剖白自己与日商毫无瓜葛。首先是简照南的南洋兄弟烟草公司声明自己是华商,作为危机公关,简照南拿出二十万元捐助那些希图南下的学生创办东南大学;紧接着,报上刊登出救国十人团"敬告先施、永安公司"的广告,警告他们不应再买卖日货;商务印书馆拿出一千元赏格要求查出污蔑它是日资企业的幕后指使者,后来更是指明就是中华书局在背后作祟,扬言法庭相见。在当时所有与日本沾边的商品都是受到冷眼歧视的。一个很小的细节就能说明问题,《时事新报》首页的报眉以前有行字:"明治四十二年二月念八第三种邮便认可中华邮政总局特准挂号立券之邮件"。这之后,前面的那句"明治……"就没有了,只剩下后面的"中华……"。可见,以前《时事新报》销往日本的时候,应该是通过日本的邮政递送的,所以会有前面那种邮政许可号之类的说明。现在,为了撇清与日本的任何关系,时事新报馆也就不在报眉印这行字了。

罢课风潮也是上海地区五四运动的一个很受关注的社会议题。

1919年5月15日,京津学生代表团来沪,16日,上海报界在静安寺路事务所开茶话会欢迎京津学生代表。《时事新报》代表冯叔鸾②参与该会并讲话支持学生。上海学联在该日发表"第二次宣言书",要求政府维持蔡元培校长地位并保持大学尊严。由于政府并没有积极回应,因此决定在5月22日开始正式罢课,后经江苏教育会代表劝解,决定延缓三日,"冀政府有以速慰吾人之望"。于是,学生罢课问题又成了报纸上议论的热点。

对于罢课问题,时事新报馆同人总体上持否定态度。1919年5月21日,也就是上海学联决定正式罢课前一天,潘公展在《学灯》上发表《敬告上海学生联合会》一文,就表示不赞同罢课。他认为:"学生罢课为消极的抵抗。而非积极的准备也。为自杀的手段。而非维持教育生机的正当方法也。"③俞颂华在5月23日发表《为罢课问题敬告青年与各校校长》,表示的主要观点是:全体罢课仅仅为消极的表示,得毋得不偿失乎?各校校长

---

① 澹庐:《学界消费公社之提倡》,《学灯》,1919年5月26日。
② 即以前《报馀丛载》和《泼克》的马二先生。
③ 潘公展:《敬告上海学生联合会》,《学灯》,1919年5月21日。

宜有适当之办法,以达青年爱国之目的,愿青年为国珍惜。他说:"夫青年今日之求学。正将来救国雪耻之准备。将来国家之盛衰兴废。社会之能否刷新改造系乎青年今后学力之深浅至巨。安可轻于牺牲其学业哉?"①张东荪也在5月24日发表《消极》一文,认为学生罢课是一种消极的天性在作怪,是中国人劣根性的体现。但他也辩证地指出:"我反对的是单纯的罢课,若是罢课以后尚有积极的办法,我是狠赞成的。总之,我认罢课是消极的。另必有积极方有价值。"②

虽然张东荪一辈极力鼓吹,但是上海学联还是按照原定计划,从5月25日开始全体罢课。当天下午三点,上海学生联合会在寰球中国学生会开特别大会,张东荪也参加这次会议并有演说,"大意略谓鄙人等对于诸君罢课,并不反对;所可虑者,罢课以后之决心及积极之方法耳"③。同日,《时事新报》登出张东荪文章《罢课后的坚决办法》,其中说道:"我昨天说过我不反对罢课。但是反对只罢课而止。在罢课以后没有积极运动。现在既决定罢课了。就应该同时决定罢课后的积极办法。……至于罢课后的积极办法,据我看来,不外讲演。把卖国贼的罪恶彻底宣布于社会。大众听了。激发天良,自然有一种坚决的办法拿出来去对付政府。我敢信这个坚决办法必定与罢课同一性质。又文明又利害。冥顽不灵的政府到了那时恐怕也不得不依顺民意了。"从张东荪的口中,多少听得出一丝无奈,他也是"不得不依顺民意的"。张东荪所说的这个积极办法——演讲,并不是一件新的武器了,1905年当日本文部省公布取缔中国留学生规则的时候,留学生纷纷罢课回国之际,陈天华基于义愤,在《猛回头》中就提出"讲演"的重要性,认为它是"开通风气的第一要著"。而张东荪是1904年去日本留学的,这时提出这点"积极的办法",其实他也明白,这已经是爱国的"老把戏"了。

有了爱国的途径,当然,还要有对合理性、合法性的诉求与阐扬。一天之后,张东荪就为支持罢课找好了理由,在1919年5月26日《责任之自觉》中,张东荪说罢课有两重含义:"一层是表示学生自身的决心和牺牲。二层是表示这种国事的大要求不是单独学界一部分的力量所能收效。不

---

① 澹庐:《为罢课问题敬告青年与各校校长》,《学灯》,1919年5月23日。
② 张东荪:《消极》,《时事新报》,1919年5月24日。
③ 《申报》,1919年5月26日。

得不求全国人的协力。……我以为各界看了学生是决心如此之大。也应该立刻振起。拿出最后的文明的武器来。不怕政府不答应。上海一埠有举动。各地必然响应。那时民气遍全国。恐怕再有十个老徐也不再说'公忠体国'了罢。"张东荪很巧妙地将罢课的意义与责任跟社会全体大众联系在一起,为这个行动赋予了更崇高的目的。随着张东荪支持罢课,俞颂华在26日《学灯》上也发表《罢课》一文,一改23日"不支持罢课"的说法,与张东荪取一致态度。他替自己转圜说:"不佞于罢课问题。窃尝怀疑者。盖以罢课之牺牲至大。而罢课后若无积极的方法。则得不偿失也。今上海学生联合会于此问题。再三讨论。始行表决。青年爱国精神之厚。决心之坚。至可敬爱。今后之问题。不在应否罢课之讨论。所问者罢课之要求何在。所以达此要求之方法若何耳。"①果然,1919年5月27日,《学灯》刊登了"本栏征文":"(说明)自北京学界罢课以来。天津学界继之。上海学生联合会亦已议决实行罢课。并通电全国。请取一致行动。响应之速。捷于桴鼓。足征青年爱国精神之深厚。他处学界。或亦未必绝无表示。然全体罢课。究于社会国家。俱有莫大之牺牲。必期博得相当之效果。方不致得不偿失。故下列诸问。在今日甚有研究之价值。(一)在罢课期内学生之进行方法宜若何?(二)各校教职员应取之态度如何?(三)各界对于罢课问题应取之态度若何?(四)宜若何可满足学生之要求使罢课问题得涣然以释?各界对此。如有赐教。当即发表。以供吾学界之参考。又对于此次青年爱国举动之学理见解。亦所欢迎。惟来稿中如有所见偏颇与事实欠贴切者。以限于篇幅恕不刊载。"

潘公展后来也改变了反对罢课的态度,1919年5月28日在《学生罢课后应做什么事》一文中,他呼吁学生要跟商界接触,做到商学联合。俞颂华在当天的《学灯》上也发表《罢课为对外乎对内乎》,他针对社会大众并没有能很好地支持和呼应学生活动的现实,要求各界响应学界的罢课活动。

北京政府当时为了污蔑学生运动,称他们为"过激党",《学灯》对此谬论也给予了严正的驳斥。纵圆在发表的《学生风潮是不是受了过激主义的毒》一文中就指出:"这回学生负唤醒社会的责任。到处去演说。发传单。劝导麻木的社会。发生些国家观念。政府里却平白的给他个过激党的罪名。……政府以为协约国正在防过激党的传播。我们把过激党三个字。

---

① 澹庐:《罢课》,《学灯》,1919年5月26日。

加在学生身上。一方面可以得协约国的同情。他方面可使协约国不赞成学生的行动。岂知利用过激党三个字。适足以表曝你们官厅没有世界知识。连过激党是什么东西。也不明白。协约国决不像你们这样陈腐不堪的头脑。会把学生运动比之于过激党的。……总而言之。这番学生的运动。非但没有社会革命。经济革命的色彩。连政治的真味。也一些没有。我们不帮助什么军政府。什么研究系。什么旧交通系。我们凭了良心。……唤醒我们的同胞,来救我们的国家。"①从纵圆的话中,我们觉察到有人确实是想把学生运动严格限定在爱国主义的范畴之内,而不准越雷池一步。此时《时事新报》已经隐约对学生运动中出现的政治苗头表现出了一点规劝的意味。在6月3日,《时事新报》第二张第一版发表了署名为"华林"的《青年的觉悟》一文,其中就明确表示学生运动应该远离政治。

总的看来,就罢课这个问题,《时事新报》和《学灯》在张东荪、俞颂华主持下表现了他们的爱国情怀和社会激情,但是也体现了改良主义派力避激进、保守沉稳的思想风格、行为特点。

五四运动发展到"六三"之后,随着上海工人阶级作为独立的一支力量登上历史舞台,五四运动的重心转移到了上海。这标志着五四运动发展到了新的阶段,它突破了知识阶层的狭小格局,而形成了无产阶级工人、城市小资产阶级、民族资产阶级共同参加的统一的爱国联合阵线。在这之前,张东荪就注意到了工人力量的崛起。他在《工人之觉悟》一文中说:"现在上海的工人很有觉悟。外间传单如雪片纷飞。大概都是工人做的事。……不意学生的爱国运动以外。竟有工人的爱国运动。真是可喜得'不寐'了。"②

1919年6月5日,上海"三罢"斗争开始,尤其是工人罢工给整个上海震动极大。1919年6月9日,《时事新报》发表知白的文章《敬告罢工者》,表示凡与民生日用有关的,不能罢工。他举例比如米店、药店、菜贩、邮局、印刷所、电车等交通事业,电灯厂、自来水厂、火柴厂、清洁工人等,如果他们罢工,"则人民之生活。即将完全停止"。6月10日,《时事新报》第一张第二版的头条就是黑体大字"千万不可罢工",署名记者的文章表示了时事新报馆的态度,其中说:"自来水工罢工了。就没有水吃。电灯厂罢工了。

---

① 纵圆:《学生风潮是不是受了过激主义的毒?》,《学灯》,1919年6月3日。
② 张东荪:《工人之觉悟》,《时事新报》,1919年5月19日。

就变成黑暗世界。这种苦痛不是给政府受。也不是给某国人受。乃是给本埠商学各界的爱国人受。岂不是自家破坏自己捣乱么。我望工界同胞细细的想想。小菜罢工。饿死了爱国的学商界。交通罢工。不能传达。就使外埠的人不能表同情。这岂不是自杀么。我希望工界同胞细细的想想。"①6月11日,《时事新报》又发表《敬告爱国工界》一文,要求不能因为抵制日本人而牵涉到其他"友谊素敦"的他国人民,而且工界不应该急于展示力量,做商界的后盾就可以了。在同日的《学灯》中,《万一罢工》的主旨也是不赞同彻底罢工。当然,即使是不赞同全部罢工,《学灯》对工人运动的意义评价颇高。在6月10日,纵圆发表了《一九一九年与劳动界》一文,他认为1919年是开劳动界新纪元的一年,在回顾了民国建立后劳动界的状况后也提出了学工结合的初步设想。他认为:"我说一九一九年。在海外是解决劳动问题的年份。在吾国是劳动界自觉的年份。岂不是开劳动界的新纪元吗?可是劳动界既已自觉。我们要是不把他辅助起来。增进他的程度。恐怕还要像一九一二年以后。受别种高压力。以至消灭的。所以我要主张。我们有智识的劳动界。尽力去教育无智识的劳动界。"②显然张东荪也注意到了这个说法,在6月16日,他在《时事新报》上发表了重要的一篇文章——《学工主义》,其中,张东荪对工人运动评价更高,也表达了学工结合的愿望。他说:"我们认定改革社会刷新政治最有效力的就是工界。譬如此次风潮。如果没有罢工的消息。恐怕各界没有什么恐慌。……可见工界的力量较其他各界都大的多呢。但工界知识不免幼稚。所以将学界加入进去。把他的知识提高起来。加入工界的学生就变成工人。仍是工界的自决。不是为人利用。所以我以为工界要自决非使学生变为工人不可。而改革社会刷新政治的唯一希望也就在此一着。"在6月18日,他再次发表《再说学工主义》一文,他认为"学工主义"有两个要点,一是学界全体与工界全体联络;二是学生去做工人。"至于学生入了工界以后。应该有几个责任。第一是速组织。第二是组织要有普遍性。第三是施辅助教育。第四是立自治制度。关于组织一层本报将来当在学灯栏发表意见。至于普遍。就是设法普及全国。那辅助教育最好立即发起。可以叫

---

① 记者:《千万不可罢工》,《时事新报》,1919年6月10日。
② 纵圆:《一九一九年与劳动界》,《学灯》,1919年6月10日。

做'工农义务学校'。"①从张东荪言论中不难看出,《学灯》在他心目中,应该是新思想的试验场和新观念的谋划室。

工人力量如此之大是以前张东荪等人从来没有意识到的。从晚清民国过来的人,都深刻体会过学界和商界在建立民国以及民初国内政治进程中发挥的重大历史作用。而工界作为新兴势力的崛起以及它在五四运动中表现出来的力量和影响力,深深地震撼了张东荪等人。"学工主义"的提出,就是他们认识到了工人力量之强大后想通过知识分子与工人的结合来达到整肃、规范这支新的政治力量的目的。②

虽然张东荪支持工商学各界的大联合,可是《时事新报》这时却做出了特立独行的举动。这件事情的背景是在北京政府免除曹陆章三人职务的过程中,由上海日报公会在消息不确的情况下贸然要求各报刊登劝告商民早日开市的广告一事引起的。

在1919年6月11日,《时事新报》在头版头条用粗体黑字做出"本报脱离日报公会之声明",其中说:"启者昨日日报公会发出紧要广告一则本报以为欲对商界劝告大可于各报论说时评中特别著论以尽劝告之责查公会昨日并未接有北京政府复电未便以公会名义登报深恐此例一开以后各持所据之新闻以求言论之强同不但少数无复自由且必代多数负责本报认为于理未通因此宣告脱离除函致该会外特此声明"。而上海日报公会在6月12日发表了对于《时事新报》脱离该会广告的说明:"昨日《时事新报》所登脱离日报公会声明一则。与9日本会会议事实完全不符,其指摘本会广告各节,于理亦多未通。查当日开会时,时事新报代表冯叔鸾君在座,多所发言,对于此项广告极表赞同。迨原稿送交该报,亦未发生异议,此当日会议之实在情形也。又本会系在会各报所组成,除各报所得消息外,原无其他依据,此次广告上亦载明根据各报京电,如因《时事新报》未得此电。即欲强多数报馆延不发表,是多数无自由矣。且本会对商界劝告,以鉴于形势险恶而发,复经多数议决,《时事新报》既赞同于前,越一日而反诘,究竟是何用意,未便猜测,但于会议公则殊有未合。本

---

① 张东荪:《再说学工主义》,《时事新报》,1919年6月19日。
② 与毛泽东在20世纪60年代号召知识分子上山下乡不同,张东荪是想让知识分子去教育、引导工人,而毛泽东则是想让知识分子在与工农接触的过程中改造自身。

会除承认该报脱离关系外,恐有误会,特此声明。"①在6月13日,《时事新报》头版头条连发三条启事:本报脱离日报公会之声明,时事新报答日报公会,冯叔鸾启事。

在"时事新报答日报公会"一启事中,时事新报馆针对昨日日报公会的说法,指出日报公会的广告连送了三回,每回的措辞都不一样。最后一稿是午夜一时(旧钟)送来的,而本报记者冯叔鸾十一时(旧钟)就离开了该会,根本没有表决,"安有反诘"之说,而且每回广告内容不一,"究竟是何用意令人莫测"。"该会声明云时事新报未得此电查曹陆章免职令系十日午夜在京发表九日在沪安能得有电到本报不得此电非本报之耻也此复日报公会鉴"。而在冯叔鸾的启事中,冯叔鸾作为当日参与会议的亲历者,替自己和时事新报馆辩诬道:"是晚提议由席(子佩)汪(汉溪)两君发言最多大要均谓局势险恶宜有以安众心余(谷民)君赞成斯说邵(仲辉)汪(汉溪)两君及鄙人亦云早经表示不可罢工嗣席汪两君主张由日报公会登一广告劝商民开市为一致之表示汪君谓曹汝霖免职消息已由中国银行得有电报即可以为根据云云当由席汪余三君推邵君及鄙人起草鄙人谓此事尚需商酌不能做主邵君亦不肯担任于是席汪两君乃命日报公会办事员唐君起草鄙人遂归馆并未及见广告原稿……既而日报公会送来广告稿数次嘱令照登本馆以未经认可签字决定不登。"冯叔鸾的启事详细说明了当日的情形。就在其后一天,也就是6月10日,北京政府才正式下令免去曹章陆三人职务。事实上,这个命令的发布可谓一波三折,本来北京政府第一次只发布了免曹令(数日前就已决定),迫于形势,在10日午后,政府将陆宗舆免职令发出。谁知,下午又得到上海中国各银行团体及商会来电,称如能将曹陆章三人同时罢免,他们才可担当向商界疏通并劝其开市的重任,北京政府只好再将章宗祥的免职令发出。②

日报公会开会时,可能依照的就是免除曹汝霖职务的消息,而上海学界所要求的是曹陆章三人的免职,在只得到曹免职消息的情况下就贸然开市,是不妥当的。时事新报馆冯叔鸾的做法是有道理的,日报公会如此着急要开会,主要目的还是为了反对工人罢工,从不断变更的三则启事就可

---

① 《上海日报公会声明》,《新闻报》,1919年6月12日。
② 参见《五四运动在上海史料选辑》,上海:上海人民出版社,1980年12月第二版,第420页。

以看出来。①

在时事新报社脱离日报公会的声明中,从"深恐此例一开以后各持所据之新闻以求言论之强同不但少数无复自由且必代多数负责"等语言,我们可以看出,时事新报馆对维护少数个体的发言权利是多么在意。

俞颂华在评价《时事新报》主笔张东荪的时候就说:"我很了解他的性格,……他是彻头彻尾的一个自由主义者,他有独特的见解与主张,他喜欢独往独来,特立独行,而不愿受任何拘束的。……我相信他绝对不愿接受任何'铁的纪律'以束缚其自由,同时他亦不敢以此加于他人,使别人的自由受到限制。"②由此,我们就不难理解张东荪和《时事新报》为什么要退出上海日报公会了。这也是时事新报社同人们谨慎小心、不以爱国为儿戏的严谨精神、自由精神的必然表现。

第二节 《学灯》对北大一派的支持

在匡僧接手主编《学灯》期间,北大新青年一派逐渐与张东荪、《学灯》交好。如果说那是初步建立友谊关系,那么在俞颂华接办《学灯》后,尤其是在五四时代浪潮中,可以说是结下了战友一般的情谊。

当然,俞颂华对他留学期间与陈独秀辩论孔教的事情是念念不忘的。在主编《学灯》的第一天,他就在头条发表了《第六卷第一号留美学生季报杂评》一文。我们当然知道胡适回国前就是《留美学生季报》③的主编,但是俞颂华的目的并不是借此来跟胡适寻找共同话题,他的真正目的还是要

---

① 第一稿:上海日报公会紧要广告此次本埠商界全体罢市函电交驰其目的全在罢黜曹陆章三人昨据某商业机关北京消息政府已将曹陆章免职是公众要求业已达到若再坚持恐工界罢工尤多危险故请我南北商界即行开市以安人心而挽危局特此广告诸祈公鉴。

第二稿:上海日报公会紧要广告此次本埠商界全体罢市函电交驰其目的全在罢黜曹陆章三人昨夜新闻报得北京九时二十分发急电政府已将曹陆章免职是公众要求业已达到故请我南北商界即行开市表民意胜利此广告上海日报公会启。

第三稿:上海日报公会紧要广告此次本埠商界全体罢市函电交驰其目的全在罢黜曹陆章三人昨夜各报得北京急电政府已将曹陆章免职是公众要求似已达到故请我南北商界即行开市特此广告上海日报公会启(按:此即最后原稿为十日各报所登者)。

② 俞颂华:《论张东荪》,《俞颂华文集》,北京:商务印书馆,1991年2月第一版,第319、320页。

③ 当时由商务印书馆承印。

继续他与陈独秀在第三卷第一、三两号《新青年》上的争论,也就是"孔教是不是宗教"以及"孔教应不应废"的问题。他颇为含蓄地说道:"王君金吾之《破除迷信说》大意是尊孔辟佛。记者对于宗教问题。虽不敢谓有研究。从前却曾稍留意。与某杂志亦尝争论一下。可惜辩无结果。"应该说上次他同陈独秀在《新青年》上的争论是无疾而终,不了了之的。俞颂华现在掌握了言论机关,当然要进一步阐述自己的观点,这也算是历史话题的接续。他说:"记者以为孔教是一种宗教。宗教在现社会历史不能废除的。① 至于孔教之阻碍吾国家的发达,亦是无可讳言的。……孔教是否为世界上头等之教。我却不敢下这个断语。谓孔教之不振由于儒林之懦弱。我是承认的。因为宗教制度是应当变迁的。不应固定的。固定就靡有进步。就要劣败。……记者因以为宗教在现社会尚不能废除。故对于各大宗教。都希望他能改良。合乎时代的要求。不背将来的幸福。② 这个问题太大。非单词只义所能说尽。记者学识浅薄。也够不上解决这问题。不过在此发表些个人的意见罢了。"③

1919年4月30日,俞颂华又在《学灯》发表了《读新青年第六卷第二号之不朽论》一文,在文中俞颂华针对胡适《不朽论》中将社会认作有机体的说法表示不同意见,他认为分别有二:"有机体大概皆有一定之寿命而社会有永续性一也。组织有机体之各分子不能皆有感觉与意识力。且不能各各独立并自由转移其地位。组织社会之分子则不然二也。"俞颂华这里跟胡适所争的并不是胡适的主旨,只是枝叶而已。最后他自己也承认说:"凡此二端。虽为社会与有机体。最大之差别。而与社会的不朽说之根据。毫无冲突者也。他山之石。可以攻玉。所以质诸不朽论之作者与读者。"④可见,作为北大新青年派的"诤友",要与胡适等北大新青年一派建立起对话与沟通以及后续的合作关系才是俞颂华此时的目的,他也确实是这样做的。

首先,《学灯》呼应了北大新青年一派对马克思主义、社会主义的讨论。1919年4月29日,《学灯》登出"本栏征文:(题)社会主义(一)赞成说。(二)反对说。(三)译述。总以朴实说理为限。但本报认为有碍治安者不

---

① 陈独秀是绝不同意这两点的。
② 这个观点也就是以往俞颂华在与陈独秀论争时持有的见解。
③ 澹庐:《第六卷第一号留美学生季报杂评》,《学灯》,1919年4月26日。
④ 澹庐:《读新青年第六卷第二号之不朽论》,《学灯》,1919年4月30日。

第三章　时代风潮中的《学灯》

为揭载"。这时是在俞颂华刚刚入主《学灯》才两天。这个征文活动出现在《学灯》上无疑是有重大意义的,因为之前张东荪等人并不觉得现在有谈社会主义的必要。张东荪在1918年11月18日的《庆祝与觉悟》一文中说:"至于那国内的问题。如社会主义无政府主义。尚于现在的潮流不相干。那不是二十世纪的东西。此时尚说不到。"张东荪说这个话的时候他正沉浸在一战结束后对美国总统威尔逊重整世界局势开一新纪元的乐观憧憬中,根本没有想到社会主义是否切要的问题。而《新青年》上激进的民主主义者受俄国十月革命的影响已经开始了对社会主义、马克思主义的宣传与讨论,几乎就在张东荪说"于现在的潮流不相干"的同时,李大钊在1918年11月15日第五卷第五号的《新青年》上就发表了《Bolshevism(即布尔什维克主义,笔者注)的胜利》这一有划时代影响的文章。跟张东荪等改良主义者寄希望于"公平正义"的美国人来重组世界格局以维护所谓"公理"不同,李大钊认为:"对于德国军国主义的胜利,不是联合国的胜利,更不是我国徒事内争托名参战的军人,和那投机取巧卖乖弄俏的政客的胜利,而是人道主义的胜利,是平和思想的胜利,是公理的胜利,是自由的胜利,是民主主义的胜利,是社会主义的胜利,是Bolshevism的胜利,是赤旗的胜利,是世界劳工阶级的胜利,是二十世纪新潮流的胜利。这件功业,与其说是威尔逊(Wilson)等的功业,毋宁说是列宁(Lenin)……郭冷苔(Collontay)的功业。"①

而到了1919年5月,《新青年》第六卷第五期更是由李大钊主编刊出了"马克思主义研究专号"(值得注意的是研究系的渊泉(即陈博生)和刘秉麟(南陔)在该号发表了三篇文章)。全面地介绍马克思主义是这个阶段北大新青年一派重要的思想路向之一。而《学灯》在这个阶段显然也将很大的注意力投向了马克思主义。在《五四运动在上海史料选辑》这一正统的、带有官方色彩的历史资料书里,对此也是承认的,在"北京和上海报刊中有关十月革命和马列主义译著的重要篇目索引"中,共收录了七篇《新青年》的篇目,《每周评论》四篇,《学灯》三篇,《劳动》三篇,《晨报副刊》一篇,《言治》一篇。《新青年》的七篇中,其中渊泉发表在第六卷第五号《新青年》上的《马克思的唯物史观》一文,曾在1919年5月6、7日连载于《学灯》;而《马克思奋斗生涯》则发表在1919年5月6日的《学灯》上。(根据《新青

---

① 李大钊:《Bolshevism的胜利》,《新青年》第五卷第五号,1918年11月15日。

年》的征稿启事,所投的稿件一定要是没有发表过的,所以该号《新青年》当出于 5 月 6 日前。)

就在《学灯》登出了以"社会主义"为题的征文启事后,1919 年 5 月 14 日,《学灯》又刊出了一则编辑给投稿者的启事,其中说:"金侣琴君鉴:两次大稿均收到不胜欢迎当即发表此次关于此类译件望源源见赐此白"。这里说的希望作者"源源见赐"的稿件是什么呢?在 5 月 15、16、19 日三天都连载了金侣琴翻译的列宁的著作《俄国问题》。可见,《学灯》对马克思主义和苏联的情况是极其有兴趣的。事实上,在《学灯》编辑中,第一个关注"社会主义"的是匡僧,在发表于 1919 年 3 月 27 日余青心的《过激主义之防遏策》一文后曾加按语说:"那过激派的社会主义。他的举动。似乎太暴烈。但是他的理想。也是由时代所要求而来的。作者以民生主义为第二件的防遏策。未免有点药不对症呢。他们过激派勃起的根本原因。不是面包有无的问题。是面包分配的问题。因为工商业发达的结果。资本家的专制一天甚一天。一般平民纵使有了面包。但是受那资本家专制的苦痛。还是很大的。若仍旧照着老式的法子去振兴工商业。去开辟利源。恐怕还是不能防遏那过激派的势力呢。但是在吾国的社会上。……尚不无研究的余地呢。"①从匡僧的话中可以看出,当时研究的目的是要找寻遏制过激派势力影响中国的对策。在发表于 5 月 3 日成舍我翻译托洛茨基的《布尔什维克和世界和平》一文之前,张东荪也说:"现在俄国的广义派可谓震动全球了。国人对于他尚不晓得是个什么东西。岂不可耻么。但欲研究这个思想。若是依据旁人的评论。不如拿他们自己的著述来看。不过他们的著述狠难取得。本书是杜洛斯基做的。……我看见这书目就向日本丸善书店去买。不料已经禁止了。幸而成君舍我有这本书。就托成君一译。……以下是成君的译文。请读者细细研究。"②

此时在《学灯》上发表的渊泉的《马克思之奋斗生涯》及他翻译河上肇的《唯物史观》,刘南陔的《社会党泰斗马格斯 Marx 之学说》《社会主义两大派之研究》,金侣琴翻译的《俄国问题》等文章构成了除《新青年》《每周评论》之外最关注马克思主义及俄国革命问题的一个媒体空间。研究系的同人也是除北大新青年派以外最重视马克思主义学说研究的一个团体,他们

---

① 匡僧:《匡僧按语》,《学灯》,1919 年 3 月 27 日。
② 张东荪:《东荪附志》,《学灯》,1919 年 5 月 3 日。

第三章 时代风潮中的《学灯》

在这个时期的有关马克思主义及其个人介绍的文章中,大多都对马克思从道德层面上给予肯定,对他在逆境中奋斗的不懈努力表示钦佩,但是又把马克思的思想与社会政治革命分离开来论述。比如刘南陔在《社会党泰斗马格斯 Marx 之学说》的前言中就说:"马格斯在经济学界中。素有大名。其所持论。与时贤不同。后之持社会主义者。咸奉为泰斗。其学说皆用科学法证明。欧人士知之较蕴。中国出版界中述此者甚少。且有不知其底蕴。而诋其言论过激者。自我视之。未免诬枉。爰就所习。节译数段。"①可见研究系知识分子研究马克思主义的特点,即是将马克思主义研究尽量"学术化",淡化甚至阉割了其理论对现实斗争的指导性。

其次,是在五四学潮中,《学灯》对处于风口浪尖上的蔡元培主持下的北大以及陈独秀、胡适、傅斯年、罗家伦等新文化运动领袖人物的舆论支持。

这不但跟张东荪与北大新青年一派之前在思想上达成的统一战线有关,也与俞颂华进步的、以"真善美"为核心理念的编辑思想有关。他后来曾说:"记得民国八年,我在上海《时事新报》主编《学灯》的时候,国内人士,在当年'五四'运动发生之前,都对中国内忧外患的煎迫,感到甚深的苦闷,那时节有一位朋友来到报馆,谈论时事,很感慨地说:'我们的教育界与新闻界,未免失职;否则中国的社会,何致这样地暮气沉沉,没有光明的气象!'虽则当时有位在座的同事为报界辩护说:'你对教育界与报界似乎责备得太苛了一点,因为社会的有无进步,与政治经济军事等等都有密切关系,似乎不应仅由教育与新闻界负其责任。'然我听了那位朋友的话,深为感动,觉得他的话含有若干真理。关于教育,姑置不论。至于报纸,它是社会的耳目,民众的喉舌,不仅应当像一面明镜,能反映人类社会各方面的真相,抑且应当常常站立在时代潮流的前面,在社会上培植一切善的力量,打击恶势力,以促整个社会国家、整个世界人类的进步。固然报纸一方面受社会的陶铸,但我们也不能否认,一方面它确也有陶铸社会——至少是改良社会——的作用、力量与责任的。报纸如果能尽其崇高的职责,国家与社会都蒙其福,如果不幸失职,则有时竟与反宣传、反革命一样,足为国家、

---

① 刘南陔:《社会党泰斗马格斯 Marx 之学说》,《学灯》,1919 年 5 月 12 日。

社会进步的障碍。"①既然俞颂华在五四之前就有了这样的觉悟，那么我们就不难想象他主持下的《学灯》会对"善的力量"和"恶势力"分别采取怎样的态度了。

五四之后，蔡元培被迫离职。在5月12日，张东荪发表《国人速起挽救大学》，大声疾呼："蔡校长去职矣。大学已受人压迫矣。全国为死气所蒙。独大学有一线生气。今乃并此一线生气而不容。其心之忍毒。尚可问耶。虽然此辈人头畜鸣也久矣。不足责。惟一班国民则决不忍见此一线生气之消亡。及今而不挽救。尚何待乎？"②5月13日，俞颂华以"澹庐"为名在《学灯》发表《恶浊势力与教育界之决斗》，也对北京大学和蔡元培受到黑恶势力的攻击而抱不平。他说："弟观于蔡校长之翩然引避。可推知恶浊之势力。正澎湃汹涌。大有冲荡吾教育界一线生气。使之绝灭之势。……国民既抱一致对外之决心矣。对内亦不可无坚决之办法。以保全大学使蔡校长复职。蔡校长之去就。系乎其个人之得失虽小，系于北方教育界得失实大。而且影响于吾教育界上一团正气之存亡尤巨。"③当五四运动发展到全体罢课之后，有署名为毋忘的文章《北大的精神》，希望学生一定要保住北京大学这个与恶势力相抗衡的桥头堡。文中说："近来北京大学学生与这黑暗势力奋斗。实在是一件很可敬的事。从事吾国社会与黑暗势力奋斗。没有不失败的。那失败的原因。也很简单。大概这种黑暗势力。仿佛一种毒菌。他可以尽量的繁殖。而与他对抗的一方面。往往取消极的态度。以至于失败。所以记者对于这回北大学生的奋斗。很希望他们以保全北大为前提。……不单是保住他的名义。并须保持他的精神。"④

1919年6月3日，北京学生因为演讲，数百人被京师警察厅拘捕并囚禁于北大法科大礼堂。6月5日，上海各界联合会要求北京政府惩办卖国贼，并掀起"三罢"活动以声援被捕学生，张东荪、叶楚伧等被选为报界代表。6月8日，在《时事新报》显目位置登出《北京学生受辱记——大学教授胡适之先生来函》，信中胡适详细叙述了北大学生被囚禁的状况。毫无

---

① 俞颂华：《论报业道德》，葛思恩、俞湘文编《俞颂华文集》，北京：商务印书馆，1991年2月第一版，第254页。
② 张东荪：《国人速起挽救大学》，《时事新报》，1919年5月12日。
③ 澹庐：《恶浊势力与教育界之决斗》，《学灯》，1919年5月13日。
④ 毋忘：《北大的精神》，《时事新报》，1919年5月24日。

疑问,这是一篇希望张东荪在上海给北大学生造势、给北京政府施压的求助信。在强大的舆论压力下,北洋政府被迫释放学生。针对安福系妄图更改大学学制以压制北京大学以及进步学生的企图,胡适于7月9日在《学灯》上发表《论大学学制》,对安福系提出要恢复民国元年大学学制的提议表示坚决反对,胡适认为这种做法是妄图否定蔡元培在北大两年来的改革成果。《时事新报》和《学灯》在声援北大新青年一派的舆论造势方面可以说是扮演着极为重要的角色,是后者在上海发声的重要喉舌。

《时事新报》及《学灯》对北大新青年一派的态度在营救陈独秀出狱这件事上表现的非常充分。

1919年6月11日风潮稍微平定,陈独秀在北京就因散发传单而被捕。6月17日,《时事新报》刊登了国民大会上海干事部所作的《陈独秀被捕之不平鸣》:"前大学学长陈独秀君学望优崇国人共仰久为北廷侧目今延军警违法逮捕当民气方昌之际则巧事敷衍风潮稍定又复挟私罗织似此处心积虑摧残学界凡爱国热心之士孰不人人自危此间各界群情激愤请就近一致力争以作士气"。6月17日,明己在《陈独秀先生被捕》一文中则说:"北京政府释放学生之后。忽将文科学长陈独秀君捕去。禁绝探询。死生莫卜。……陈先生于所办的新青年每周评论上。只有提倡民本主义(德默克拉西)。绝没有提倡过激主义。岂有这样鲁莽的行为。……唉。陈先生只因为言辞直爽。触怒权奸。竟得了这个结果。恐怕他不得生还了。……但是陈先生是个先觉。我们脑中所以爱慕民本主义。他必然有许多力量。难道现在便听他死么。"①如果宣扬马克思主义和阶级斗争学说就是过激主义的话,那么陈独秀这时毫无疑问就是一个"过激党"。只是这时很多人还是用以前的老眼光来看待他,认为他还是以前那个从事思想启蒙、宣传文学革命的文化运动的旗手,事实上,陈独秀这时已经开始转向无产阶级政治革命了。②

---

① 明己:《陈独秀先生被捕》,《时事新报》,1919年6月17日。
② 陈独秀在1918年底《每周评论》发刊词中还认为:"美国大总统威尔逊屡次的演说,都是光明正大,可算得现在世界上第一个好人。"在第二号《每周评论》中的《国外大事述评》中,陈独秀还认为:"马克思的社会主义今日已经没有根据了,所以它的势力在国会上也渐减少。"1919年1月份的时候他对十月革命还持批评态度,他认为俄国革命是平民压制了中等社会,残杀贵族和反对者。可是到了当年4月他逐渐改变了以往的态度,开始赞扬十月革命,从当月所作的《二十世纪俄罗斯的革命》中就可以看出这种转变。但是即使是到了1919年年底,他还不完全赞成阶级斗争,可见他思想的复杂性。

骸骨迷恋的国故派、北京政府安福俱乐部一帮人嫉恨《新青年》和《新潮》一派，于是四处传播谣言说陈独秀、胡适被北大驱逐了，也有谣言说傅斯年、罗家伦被安福俱乐部收买了。时在上海的陈独秀的安徽老乡余裴山在 6 月 19 日致信张东荪，要求张东荪主持公道，替傅斯年和罗家伦辩诬，营救陈独秀出狱。他在信中说："我和傅罗两君虽靡有见面但时常通信精神上是很联合的我常常悲愤我国社会靡有鉴别真正是非的能力那种万恶的官僚是诡计多端的初入社会的青年英气勃勃不畏困难的他们就想法去加他一个恶名使他永远不能做人哪将来还有谁肯任劳任怨吗我并不是为傅罗二君辩护我是说正义说公理凭我的良心的至于陈君独秀被捕也是一样极黑暗的事我希望先生多发挥些议论去拯救他的……我佩服先生得很所以随便写些还望不要责我狂妄。"6 月 21 日给张东荪写的信中余裴山再次呼吁张东荪制造舆论以营救陈独秀，他说："陈独秀先生现还在狱里并靡有恢复他的自由而且受伤甚重不许与熟人见面这样看来陈独秀先生的生命不是很危险的吗所以我还望先生切实的发挥些的议论使社会注意联合去营救他的。"①在信后余裴山还附上了罗家伦给余裴山的信，其中表示："除我们设法营救外先生可以在上海为我们想法子吗?"而余裴山因此找到了张东荪要求设法营救陈独秀。不光是余裴山，6 月 28 日，《学灯》刊登了上海学联主席狄侃的文章《请看罗家伦复我的信》，在信中罗家伦也要求狄侃营救陈独秀："陈先生尚未放出望速设法。"而狄侃也是找到了张东荪的《时事新报》，要求张东荪来主持舆论，施加压力。张东荪把这些信件登出来，其实就是在做着营救的事业了。后来，胡适等人 7 月 7 日在《时事新报》登出启事，也为傅斯年等人辩诬，其中说道："近来有人散布谣言说新潮社的傅斯年罗家伦两君被安福俱乐部收买去了这种谣言本来不值得一笑因为安福俱乐部都是个什么东西他也配收买这两位高洁的青年不幸国中缺乏常识的人太多了居然有人相信这种谣言居然有许多通信社和报馆极力传播这种谣言我们心里不平不能不替他们两位辩个清白胡适周作人陈大齐刘复高一涵钱玄同唐伟同白。"6 月 26 日，胡适给《时事新报》主编张东荪写信："陈独秀先生被捕事警厅始终严守秘密，不把真相发表也不宣布真态度，到前日始许一人往见独秀。他现染时症发寒，他的朋友听见了很着急，现在有许多人想联名保他出来养病，不知能办得到否?"这封私信，张

---

① 余裴山:《致张东荪》,《学灯》,1919 年 6 月 23 日。

第三章 时代风潮中的《学灯》

东荪并没有把它发出来,但是从中可以看出,在胡适等人心目中张东荪是一位有能力,也有影响力的"自家人"。

光转载别人要求营救、表示声援的信件和启事当然是不够的,时事新报馆《学灯》旗帜鲜明地表明了自己的态度。在6月23日,郭虞裳以"虞"为名发表《问北京政府——你究竟要怎样办陈独秀?》,他在文中表示自己敬佩陈独秀先生认为研究室和监狱是文化发祥地的说法,他对于陈独秀的被捕"但有表示敬意",并且激愤地说:"要知道陈独秀先生是天天预备着坐监狱的。不但陈独秀先生。我们这班不知轻重不识忌讳的青年。也是天天预备着坐监狱的。我还盼望我辈青年。以后看陈独秀先生的样。都去坐坐监狱才能够发祥文化呢。……那么我倒要问问北京政府。你究竟要怎样办他。"①7月1日,俞颂华发表《言论终不能自由么?》一文,其中说:"大凡革新家在言论上是负两种责任。一种是批评旧习惯和旧制度的责任,一种是创造新的责任。因此言论自由,不但可以防遏社会变态的变动,并且能促社会循进化的常轨发达。但是在新旧交替时候,因为制度犹未革新,社会习惯的惰性仍深,言论很难自由。言论家要尽他的责任,总不免受各方面的压迫。今陈独秀竟然拘囚了。大学学生傅罗两君也被人诬蔑。我想他们既为革新事业。文化运动。尽其言论上的责任。虽受了这些痛苦。必定理得心安。精神上很可以自己安慰。……然傅罗二君被诬。有人为其辩正。陈独秀拘囚。各方面也有人为其诘问政府。可见吾社会意识未尝消沉。这一点很可以鼓励革新家在言论上尽他责任的勇气。无论政府与黑暗势力怎样对付他们。我预想他们百折不回。在言论上决不肯放弃责任。……革新家奋斗的精神始终不懈。将来社会意识逐渐扩充。难道习惯和制度终不能改良。言论终不能自由么?"②

我们从俞颂华和郭虞裳的言语中,看出他们对北大新青年一派,尤其是对于这些曾经是其文化议题的"对方辩友"身处险境时,他们所秉持的公正、无私、悲愤的态度和大无畏的精神。而这,也正是五四精神的体现。

正如同西谚所说:"我虽然不同意你的观点,可我却要誓死去保卫你说话的权利"。把它放到五四运动中来看张东荪、俞颂华、郭虞裳等人与北大一派的关系上,也是非常恰当的。

---

① 郭虞裳:《问北京政府——你究竟要怎样办陈独秀?》,《学灯》,1919年6月23日。
② 澹庐:《言论终不能自由么?》,《学灯》,1919年7月1日。

第三节　俞颂华、郭虞裳与《学灯》的建设

在俞颂华主编《学灯》期间，他不但对北大一派积极回应、热诚相助，在《学灯》自身建设上也做出了很大的成绩。

在栏目设置上，俞颂华做出大胆的改革，果断地裁撤了"佛门丛载"①这一不适应新形势的旧栏目。在1919年5月16日，《学灯》登出本栏特别启事："启者本栏向有'佛门丛载'一门。兹因他稿太多。从今日起。暂时停止。关于此门望勿再投稿。"在跟刊物旧痕迹、旧倾向切割、告别的同时，俞颂华增设了一些新的栏目。1919年5月23日，《学灯》再次发出"本栏特别启事"："自本日起本栏特辟'提倡'与'评论'两项凡有一切主张均归提倡一栏发表一切杂评均归入评论项内原有'小言'因即取消此启"。"小言"这个栏目的前身就是《学灯》出版伊始时设立的"教育小言"栏，当时一般都用来发表《学灯》主编在教育方面的主张和感想。而俞颂华新开创的两个栏目"提倡"和"评论"，显然涵盖面宽广的多，不消说，在俞颂华看来，在这个风起云涌的时代大潮中，显然已经不是什么仅仅在教育方面"小言"的时代了。

与此同时，俞颂华积极地在《学灯》上推行新式标点符号。现在我们看起来不起眼的标点符号，在五四新文化运动中和白话文一样可以说是鉴别报纸刊物进步与保守的重要标志。《新青年》早在1918年1月第四卷第一号起就已经全部使用了新式标点符号。而《学灯》从创刊到五四运动爆发之时，一直都是老式的句点。一方面这与张东荪等人的保守倾向有关，另一方面也与报馆在重新铸造字模、培养手民编排新式标点习惯等具体的事务方面的困难有关。俞颂华上任以后没几天，就在1919年5月9日《学灯》发出启事称："本栏缓日拟试用最简单之新式圈点用三种符号即（，。？）此后投稿诸君之稿件亦望用此三种符号圈点后惠寄本栏"。从中可见，不光是报馆，甚至连投稿者都要去学习、去适应这些新式标点。当然，《学灯》尝试运用新式标点也有一个大的时代背景。1919年4月22日，国语统一筹备委员会召开成立大会，张一麐任会长，会员包括钱玄同、胡适、黎锦熙、

---

① 该栏目是从1918年12月4日出现在《学灯》的。

第三章 时代风潮中的《学灯》

蔡元培、赵元任等人,在该会的九条议决案中就要求颁行新式标点符号,这也是在文化教育体制内的官方行为。显然这是今后国家权力意志、政府意向倡导的一个文化、出版、教育上的必然倾向。1919年6月30日,《学灯》"本栏启事"中就说:"投稿诸君鉴所铸简单新式圈点之符号。已将告竣。此后来稿。务祈悉加新式圈点(。,?)为祷。"1919年7月2日,《学灯》再次发出"本栏启事":"兹本栏试用最简单之新式圈点符号此后来稿务乞悉加此项符号为要"。不难想象,《学灯》接二连三地要求投稿者加新式标点的启事说明在这方面碰到了不小的困难。

就在俞颂华整顿《学灯》的同时,由于五四风潮中北京局势的影响,新文化运动的媒介空间发生了巨大的变动。首先是《新青年》《新潮》等刊物被迫停刊,北方的新文化舆论处于空白状态。《新青年》自从1919年5月的第六卷第五号的"马克思主义研究专号"之后,就停刊了,一直到1919年11月1日才出版了第六卷第六号;《每周评论》在出版第37期之后,也在1919年8月31日被北京政府查禁;同样的,《新潮》在1919年5月1日出版了一卷五号之后,一直到同年10月30日才出版第二卷第一号。

1919年9月16日,陈独秀出狱,李大钊为此作白话诗《欢迎仲甫出狱》,其中欢呼道:

　　……如今"只眼"[①]的光明复启,
　　却不见了你和我们手创的报纸,
　　可是你不必感慨,不必叹息,
　　我们现在有了很多的化身,同时奋起;
　　好像花草的种子,
　　被风吹散在遍地。[②]

据统计,五四之后全国各地兴起的宣扬新文化的白话报纸和刊物多达400多种!

确实像李大钊说的那样,有两股势力就像他们的化身一样乘势崛起于文化界:第一是孙中山领导的国民党人,第二是研究系的张东荪等人。在

---

① "只眼"是陈独秀的笔名之一。
② 李大钊:《欢迎独秀出狱》,《新青年》第六卷第六号,1919年11月1日。

孙中山的直接授意下,《星期评论》和《建设》相继创刊于上海。孙中山一派国民党人早在1918年2月的时候就已经有从事文化运动的想法了,当时孙中山认为要实现理想中的政治"断非其时",因此准备从著述方面开导国民(他在政治方面受挫后从事文化运动的想法、路径也跟梁启超不谋而合)。1919年4月1日孙中山在写给赵泰纪的信中这样说:"今日欲维持民国,须于地方上开通民智,振起民气,使知民国及以人民为主人。使各地之人皆知尽主人之义务,则国事乃有可为也。予现时一切时事皆不问,只从事著书以开民智。"①1919年6月孙中山授意邵力子等人在上海创办《民国日报·觉悟》副刊②,1919年8月1日,《建设》又在上海创刊,孙中山亲自为该杂志撰写了发刊词。最能充分体现孙中山一派此时从事文化运动动机的言论出自1920年1月29日孙中山给海外的国民党员的一封信,孙中山说道:"自北京大学发生五四运动以来,一般爱国青年无不以新思想为将来革新事业之预备,于是蓬蓬勃勃,发抒言论,国内各界舆论一致同倡。各种新出版物为热心青年所办的,纷纷应时而出,扬葩吐艳,各极其致。社会遂蒙绝大之影响,虽以顽劣之伪政府,犹且不敢撄其锋。此种新文化运动在我国今日诚思想界空前之大变动,推原其始,不过由于出版界一二觉悟者从事提倡,遂至舆论界放大异彩,学潮弥漫全国,人皆激发天良,誓死为爱国之运动。倘能继续增高,其将来收效之伟大且久远者,可无疑也。吾党欲收革命之成功,必有赖于思想之变化。兵法攻心,语曰革心,皆此之故,故此种新文化运动,实为最有价值之事。"③由此可见以孙中山为代表的中国国民党人对新文化运动历史作用和现实价值的认知。

而在1919年7月24日《时事新报》上就有《建设》月刊的出版广告,详细介绍了它的主旨、主笔、编辑处、通讯处、价格、总发行处等等。同是天涯沦落人,在文化方面,研究系的机关报《时事新报》对国民党的刊物还是非常支持的,对孙中山从事著述方面的工作也是支持的。在1919年6月6

---

① 参见《中华民国史事纪要》1919卷,台北:中华民国史料研究中心,1973年3月版,第425页。

② 据《五四时期期刊介绍》所述,《觉悟》的创刊确切日期不详,现在可见的最早一期是1919年6月16日,并没有发刊词,从内容看也不是创刊号。而据闵迪华在1983年6月《学术月刊》上发表的《试论〈觉悟〉的创刊日期》一文,《觉悟》的创刊日期就是1919年6月16日,无发刊词是因为当时《民国日报》对副刊的出版格式比较随便。

③ 孙中山:《致海外国民党同志函(十)》,黄季陆《总理全集(下册)·函札》,第160页。

日,《时事新报》发表了孙中山新著《孙文学说》的广告。

而在研究系一派,由于梁启超欧游,由张东荪、俞颂华、陈博生等人出面筹备《解放与改造》。1919年7月5日,《时事新报》头版头条登出特大黑体字"解放与改造"创刊预告,广告词中说:"人类解放的时限到了!世界改造的时候来了!大家须得找个新生命,立个新组织,我们狠愿意在这个'解放与改造'的题目上用些功夫,把世界的潮流迎接过来和大家研究,现决定九月一号出版。每月出二册。这个小小的刊物,是公开的,最欢迎外界的投稿和通信。所有一切的内容。过几天再借各报披露。编例函索即寄。(本刊的通信处暂由上海西门外陆园内俞颂华收转)"。在7月8日的《学灯》中又详细地刊登出了"解放与改造杂志编例",其中就说其刊物宗旨为"主张解放精神物质两方面一切不自然不合理之状态同时介绍世界新潮以为改造地步";在介绍刊物内容范围时说,"凡属于哲学心理社会伦理政治经济教育法律生物文学等著述与前项宗旨相符者皆所欢迎其有关于自然科学之论著与解放改造无直接关系者不录";在句读方面特别提出"在文旁加用简式之西文符号每句空一格每节起首低两格";在文语方面则是"文言白话听作者自便均以朴实洁净为主"。可以说,以上各条都体现了张东荪、俞颂华等人一贯的追求和主张。事实上,他们也做到了。赵家璧在《中国新文学大系》中在评价它文学方面的表现时说:"《解放与改造》、《每周评论》……《时事新报》的'学灯'、《民国日报》的'觉悟',虽非纯粹的文学刊物,在文学方面,是尽了许多力量的。"

我们知道,研究系的文化建设事业、人才储备工程历来都是整体统筹安排的,在新的情势下也不例外。在7月14日《时事新报》头版头条刊登出大幅广告:"北京国民公报北京晨报上海时事新报紧要启事本报为迎接世界新潮流起见共同延揽海内外同志从事著译由三家轮迭发表此后凡有转录此类文字者务请注明转录字样为要"。[①] 这已经是他们在1919年2月同时转向从事新文化运动之后,第二次加强合作,想要形成合力来扩大影响。而俞颂华就是在这样的形势下担任了《解放与改造》一方面的筹备工作,所有的稿件都是要他来收转。

当然,新的工作可能只是俞颂华离开《学灯》的一方面原因,另一个更主要的因素受他的私事影响。他的妻子钱梅先后来回忆说:"同年7月以

---

① 引自《时事新报》,1919年7月14日。

前，我在北京的父亲钱菊人，事先没有征得颂华的同意，就贸然把颂华推荐给北洋政府派驻海参崴的特使李家鏊充任日文秘书，并来函催促克日前去就任，不料颂华执拗地不肯离开他心爱的新闻工作岗位，我只得劝说：'你不肯去，叫我父亲怎样向他的朋友交代？你去试试，觉得不合适再回来好了。'他才于7月下旬交卸了《学灯》编务，搭船去海参崴。谁知他临行之前，已向张东荪表明，他去一去就要回来的。张东荪就替他出主意，叫他在回程时到天津再去会见一下梁启超，促使梁启超助成他去苏联之事。他去海参崴，不到三个星期就回来了。我诧异地问他怎么这样快就回来了？他只对我说：'我一见到李家鏊，他就取出一篇日文，命我译成中文，给他看了后，他怪我怎么"的"呀"了"呀的全是白话文。他既然瞧不起我，我就不告而别回来了。'他却没有告诉我曾去了天津，并由梁启超介绍他再去北京，直接和北京《晨报》总编辑陈博生商妥，由两报合派他去苏联采访，并允许可以聘请帮他翻译的人员同去。这时，他已诸事俱备，只欠东风——即翻译人员的选派。我却还被蒙在鼓中。颂华又回报馆去了。张东荪要他暂时一同主编《解放与改造》半月刊。"①

钱梅先女士的回忆是不尽准确的，尤其是她没有亲身参与的那部分。比如关于张东荪让俞颂华去见梁启超之类，因为此时梁启超还在欧游之中②，根本不可能与俞颂华在天津见面。我想可能是因为时间间隔太久记忆不清所致。俞颂华本人在《论梁启超——谈谈我对于他的认识》一文中也说："我在学生时代从未与梁氏谋面。一直到了民国九年，他于第一次世界大战后考察了欧洲战后情形回来之后，我才在上海天津见过他两次。"③但是钱梅先女士关于自己参与的一方面回忆当不会有错，尤其是其父亲给俞颂华谋差一事以及俞颂华返程后给她说的话那部分应该是可信的。但是钱女士也弄错了俞颂华去海参崴的时间，7月份的时候，俞颂华一直忙于筹备《解放与改造》事宜，不可能一交卸了《学灯》主编立刻就去海参崴的。上海市政协文史资料工作委员会和中国社科院近代史研究所中华民国史研究室合编的《中华民国史资料丛稿·人物传记》第十辑中，在"俞颂

---

① 钱梅先：《纪念颂华》，葛思恩、俞湘文编《俞颂华文集》，北京：商务印书馆，1991年2月第一版，第8、9页。
② 梁启超是1920年3月才从欧洲返回国内的。
③ 俞颂华：《论梁启超——谈谈我对他的认识》，葛思恩、俞湘文编《俞颂华文集》，北京：商务印书馆，1991年2月第一版，第305页。

华"一项下这样说道:"1919年底,我国派驻海参崴的外交代表李兰洲(家鳌)邀俞颂华前往担任日文秘书。俞到海参崴后,因志在新闻事业,对日文秘书不敢兴趣,故不久即放弃了这个比新闻工作收入多几倍的工作,回到上海仍任《学灯》主编。"①该资料也指出是在年底,俞颂华才有海参崴之行的。更可靠的资料来自《时事新报》上俞颂华本人的文章,1919年11月17日,《时事新报》刊登了俞颂华的游记《京游杂记》一文。文中从俞颂华说自己"在此旬日中",到天津之前先到了北京,但他没有说到北京之前去过哪里。从他的行程来看与钱梅先的描述非常相符,应该这次旅行就是赴海参崴之邀的。只是俞颂华没有说明而已。更精确的叙述来自1919年12月17日张东荪在《时事新报》上发表的《对俄问题》一文,文中张东荪有"俞君颂华日前作海参卫之游"的说法。12月22日,俞颂华在《时事新报》"时评二"中说,"我前几天到海参崴旅行"。可见,俞颂华应李家鳌之邀北上应当是在1919年11月中。虽然搞错了时间,钱梅先女士所说的可信的一部分也足以说明俞颂华离开《学灯》的原因了。

1919年7月26日,《学灯》头条登出"澹庐启事":"鄙人因神经衰弱是以自今日始离馆休息此后本栏编辑事宜概由虞君担任谨启"。

俞颂华走后,《学灯》的主编变成了他的同学、挚友——郭虞裳。郭虞裳是一个被我们大陆学界遗忘的人物。我们以往只是在关于徐志摩和张幼仪在英国的离婚悲剧中看到过他出现的身影。

郭虞裳在《学灯》上露面,最早是在1919年6月17日,他发表了《对于全国学生联合会成立的感想》一文,在接下来的6月18日、23日和24日,郭虞裳接连在"评论"栏发表文章。他一方面支持学生运动,大力抨击北洋政府逮捕陈独秀的卑劣行径,赞扬工人在新时期下自决力的扩张,同时他又希望学生不要抛弃学问,所谓"不以国事忘求学不以求学忘国事"。这也体现了他本身的一种矛盾态度。我想,6月中下旬郭虞裳如此密集地在《学灯》发文,应该是已经到了《学灯》编辑的岗位了。有以下几个证据可以说明,在7月2日《学灯》发表了左舜生的《小组织的提倡》一文,文后有"虞注"的附言:"我读左君这篇提倡小组织的文字,很有点感想。……希望读者诸君,逐条讨论一回,寄到本栏发表。"从这种话语的口气中无疑可以看

---

① 上海市政协文史资料工作委员会和中国社科院近代史研究所中华民国史研究室合编:《俞颂华》,《中华民国史资料丛稿·人物传记(十)》,北京:中华书局,1981年第一版,第63页。

出,郭虞裳这时已经在编《学灯》了。1919 年 7 月 16 日,《学灯》"本栏启事":"若愚舜生(即王光祈、左舜生二人,笔者注)二君鉴过沪时请来馆一谭(谈)为盼澹庐虞同启"。这条启事的署名更直接地告诉我们,郭虞裳在俞颂华正式声明离开之前就已经同俞颂华一起在编辑《学灯》了。当然,这也很好解释,因为毕竟俞颂华这时已经承担了筹备《解放与改造》刊物的重任了。我想,应该是在 6 月中下旬,郭虞裳就已经在时事新报馆参与编辑《学灯》了。①

到底是新人,没有历史包袱,说起话来无所顾忌。郭虞裳在 7 月 26 日发表了《告蒋梦麟教授》一文,他在文章中希望代理校务的蒋梦麟对北大学生中被安福部收买到处造谣生事的范铠等人一定要立即肃清。他说:"吾以为蒋先生对此,迅宜查明真相,立将此辈败类,开除学籍,使安福走狗,不得混迹大学,淆乱是非。昔蔡先生长大学时,有学生张某其人,递寄谐文,毁谤教授。其后查明斥退。今范等居心略等,而罪状尤彰。蒋先生既受蔡校长之托付,代行校事,宜以前事为师,不以姑息贻患。此则全国学界所引领而望者也。"②郭虞裳在这里说的"张某人"无疑就是张厚载,张在 1919 年 3 月 31 日被北大开除。郭虞裳显然不知道,《学灯》上就曾经刊登过张厚载"毁谤教授"所谓"蝙蝠派文人"的谐文,但是,郭虞裳的态度是清晰的、明确的,作为俞颂华的同学和同事,他在编辑《学灯》期间是积极贯彻了俞颂华一贯的主张的。

从 1919 年 7 月 26 日俞颂华离开到同年 8 月 15 日宗白华正式主持"新文艺"一栏并协助郭虞裳编辑《学灯》,真正由郭虞裳单独编辑《学灯》的日子也就是二十天左右。

---

① 1919 年 7 月 16 日,郭虞裳在《时事新报》刊登启事:"鄙人因脑弱事繁业于六月底辞退南洋商业专门学校校长职务乃近日亲友赐书仍有寄到该校者辗转传递易致失误用谨登报声告凡此后惠缄务请径寄上海时事新报馆鄙人收启为要"。也可以看出最迟六月底,郭虞裳就已经到时事新报馆了。

② 郭虞裳:《告蒋梦麟教授》,《学灯》,1919 年 7 月 26 日。

第四章 少年中国学会与《学灯》的新文化建设

美国思想家丹尼尔·贝尔在《资本主义文化矛盾》中曾说过这样一段话:"传统上的稳定信仰就是宗教。……现代社会却用乌托邦取代了宗教——这里所谓的乌托邦不是那种超验的空想,而是一种靠了技术的营养和革命催生、通过历史(进步、理性和科学)来实现的世俗理想。现代主义的真正问题是信仰问题。用不时兴的语言来说,它就是一种精神危机,因为这种新生的稳定意识本身充满了空幻,而旧的信念又不复存在了。如此局势将我们带回到虚无。由于既无过去又无将来。我们正面临着一片空白。虚无主义曾经是思想性很强的哲学,就像巴扎洛夫那一类人的思想,它的任务是要摧毁某些东西,并且用另一些东西来取而代之。可今天有什么旧的东西仍需要加以摧毁,而且谁又能寄希望于未来呢?人们企望从文学艺术中寻求刺激和意义,以此来顶替宗教的作用。……革命的设想依然使某些人为之迷醉,但真正的问题都出现在'革命的第二天'。那时,世俗世界将重新侵犯人的意识。"①这段话虽然是丹尼尔·贝尔针对资本主义文化语境下人类精神困境的一种阐释,但是如果把它用来解释五四运动之后的中国文化场域内的精神状况,却也有相当的借鉴意义。

毫无疑问,五四运动对中国人来说,在热情、激动、狂热中度过的那两个月绝对是中国"革命的第一天"。它本身是新文化运动的产物,它加速摧毁了一个旧世界。在这个过程中,青年学生、群众的力量的展示及其精神成果极大地促发了全社会政治意识的觉醒。胡适就说:"从我们所说的'中国文艺复兴'这个文化运动的观点来看,那项由北京学生所发动而为全国人民一致支持的、在1919年所发生的五四运动,实是这整个文化运动中的一项历史性的政治干扰。它把一个文化运动转变成一个政治运动。……这项学

---

① [美]丹尼尔·贝尔:《资本主义文化矛盾》,北京:三联书店,1989年第一版,第75页。

生自发的爱国运动的成功,使中国的政党因此颇受启发。他们觉察到观念可以变成武器,学生群众可以形成一种政治力量。……中山先生便提到北京学生由于新文化运动的启发,竟能化新观念为力量。便赤手空拳的使反动的北京政府对他们让步。一九一九年以后,国、共两党的领袖们,乃至梁启超所领导的原自进步党所分裂出来的研究系,都认识到吸收青年学生为新政治力量的可能性而寄以希望。'五四'以后事实上所有中国政党所发行的报刊尤其是国民党和研究系在上海和北京等地所发行的机关报都增加了白话文学的副刊。国民党的机关报《民国日报》的文学副刊便取名《觉悟》。梁启超派所办的两大报《北京晨报》和《国民公报》里很多专栏,也都延揽各大学的师生去投稿。当时所有的政党都想争取青年知识分子的支持。其结果便弄得知识界里人人对政治都发生了兴趣。因此使我一直作超政治构想的文化运动和文学改良运动的影响也就被大大地削减了。……我告诉你这件事,就是说从新文化运动的观点来看,我们那时可能是由于一番愚忧想把这一运动维持成一个纯粹的文化运动和文学改良运动,但是它终于被政治所阻挠而中断了。"①狂热过后,由进步、科学、理性构成的现代精神观念(贝尔所谓的"世俗理想")本身却在政治大潮冲刷下展现了自身空幻的一面,当旧有文化观念受到了极大冲击,而新的现代理想又因为受到干扰而未能有如以前想象的那样如约建立的时候,虚无主义的盛行就是必然的。在革命的"第一天",破坏的狂热让人癫狂,可是到了"第二天",如何面对并解决这些精神危机就成了当时中国知识界首要的命题。从胡适的话中,毫无疑问地可以看出在五四运动之后,当时的新文化运动已经包含着很浓的政治味道了。

  对北大新青年一派来说,在政治和文化之间的摇摆、选择是导致他们最后分裂的原因之一。由于胡适坚持的是"只谈文化,不谈政治"的主张,作为妥协,陈独秀和其他几位北大教授才在《新青年》之外另辟《每周评论》来商谈政治。胡适曾回忆说:"我曾向我的同事们建议,我们这个文化运动既然被称为'文艺复兴运动',它就应撇开政治,有意识地为新中国打下一个非政治的文化基础。我们应致力于研究和解决我们所认为最基本的有关中国知识、文化和教育方面的问题。我并且特地指出我们要'二十年不

---

① 胡适口述,唐德刚译注:《胡适口述自传》,桂林:广西师范大学出版社,2005年8月第一版,第189—193页。

谈政治,二十年不干政治'。我的政治兴趣甚浓的朋友们如陈独秀等人,对我这番建议并不热心。因此他们才创办这个新周刊《每周评论》,来发表政见、批评时事和策动政治改革。这样一来,《新青年》杂志便可继续避免做政治性的评论,同时他们也可利用一个周刊来得到谈政治的满足。"①《每周评论》创刊于1918年12月22日,可见从那时候起,北大新青年一派就有分裂的苗头了。

而对研究系一派来说,也是在1918年12月27日,就在《每周评论》创刊后一个礼拜,在梁启超等人启程欧游的前一个晚上,梁启超与同人却在忏悔以往的政治生涯:"是晚我们和张东荪、黄溯初谈了一个通宵,着实将从前迷梦的政治活动忏悔一番,相约以后决然舍弃,要从思想界尽些微力,这一席话要算我们朋辈中换了一个新生命了。"②

历史的节点都对准了1918年年底,就在五四运动风雨欲来的前夜,一派挟新文化运动的威名投身于政治,而一派却舔舐着政治伤口决心投身新文化运动!

这是革命前夜的状况,而在革命的"第一天",他们无疑是携手奋战的。但到了革命的"第二天",随着陈独秀脱离北大及李大钊等人的影响,《新青年》日益左倾,而研究系张东荪的一班人,却在承续着北大新青年派的传统,不光是它的新文化运动建设,也包括在政治上的分裂的现象。不同的是,北大新青年派是内部组成人员的分裂,比如陈独秀、胡适之间"谈政治与谈文化"的分裂,而在研究系一派,则通过传承类似《每周评论》《新青年》之间的互补关系,它也构建起《解放与改造》和《学灯》之间的"谈政治与谈文化"的刊物互补结构,它内部不但没有分裂,反而通过引入新的社会文化力量来开创《学灯》文化建设事业的新局面。

我们知道,1919年9月1日正式登上历史舞台的《解放与改造》是由研究系新学会主办的从事于政治理论介绍尤其是社会主义学说探讨的刊物,并不是专门从事于新文化运动建设的刊物。历史学者彭鹏在研究《解放与改造》之后指出:"纵观《解放与改造》二卷共16期,第一卷共8期中,所刊载与当时文化运动问题直接相关的文章,只有胡适一篇《我为什么要做白

---

① 胡适口述,唐德刚译注:《胡适口述自传》,桂林:广西师范大学出版社,2005年8月第一版,第189页。
② 丁文江、赵丰田主编:《梁启超年谱长编》,上海:上海人民出版社,1983年8月第一版,第875页。

话诗》,文艺方面只有茅盾的几篇译文及署名 C.S.生的一个'短篇讽语'的翻译,全无创作,而且总共 4 篇,平均两期一篇,以上两者加起来,只占全部文章(包括宣言、社会状况、附录等)的 6.2%;第二卷共 8 期中,与文化问题相关者计有周佛海的《精神生活的改造》……文艺方面有柯一岑和柏香的作品及茅盾的介绍性文章、耿济之翻译的戏剧,以上两项于全部文章中所占亦只有 14% 多一点,其余内容,以社会主义介绍及论说为主,其中还有妇女问题研究、工团主义研究、无政府主义研究及俄罗斯苏维埃共和国宪法译文、各国政治现状等。"①我们从这样的刊物内容分配就不难看出《解放与改造》在研究系事业拼图中的"政治"定位和角色,而且,该刊物的作者很多都是跟张东荪精神联系紧密的前《学灯》主编,包括匡僧、俞颂华以及现《学灯》主编郭虞裳,他们都是与张东荪具有相同或相似政治倾向和观点的、具有政治热情的知识青年。毫无疑问,《解放与改造》是研究系中张东荪等一派人"政治的园地"。

我们再来看《学灯》,从它 1918 年 3 月创刊到 1919 年 7 月底,也就是俞颂华离开《学灯》以前,在"新文艺"栏总共发表了以下屈指可数的文学作品:

发表时间	作者及篇名
1918 年 12 月 6—18 日	韵梅译的泰鹤露(即泰戈尔,笔者注)的《邮政局》
1918 年 12 月 31 日	一鹤译的托尔斯泰的《笼中鸟和空中鸟》
1919 年 2 月 14 日—3 月 26 日	信言翻译卢梭著作的教育小说《奄密儿》
1919 年 3 月 21 日	周作人翻译的安徒生的《卖火柴的女儿》,转录《新青年》
1919 年 3 月 28、29 日	周作人翻译俄国 F.Sologub 著作《铁圈》,转录《新青年》
1919 年 4 月 3 日	涵庐的小说《逃兵》②
1919 年 4 月 11、12 日	程生的小说《名节》
1919 年 4 月 17 日	一岑的小说《兵劫》
1919 年 4 月 25 日	君豪的小说《小学生》

---

① 彭鹏:《研究系与五四时期新文化运动——以 1920 年前后为中心》,广州:中山大学出版社,2003 年 5 月第一版,第 249、250 页。
② 《五四时期期刊介绍》一书,在目录中没有收录这篇小说,可见前人的研究成果只能借鉴而不能盲从,在资料方面查证第一手资料对研究工作的准确性来说是至关重要的。

第四章 少年中国学会与《学灯》的新文化建设

这就是郭虞裳接手《学灯》之前,在该刊物上曾经发表过的所有的文艺作品的目录,总共九篇文章,其中译作是 5 篇,创作小说是 4 篇,真正的屈指可数!而在 1919 年 8 月 15 日郭虞裳聘请宗白华协办《学灯》"新文艺"栏后,仅仅半个月,新文艺栏发表文艺作品共 15 篇!与此同时,郭虞裳也在《解放与改造》与《学灯》之间依据稿件性质在进行着稿件分配工作。1919 年 9 月 1 日,《学灯》刊出"本栏启事":"金侣琴君鉴前承惠寄译稿一卷已代介绍于解放与改造杂志请示通讯处为盼"。我们要知道,早在 1919 年 4 月底《学灯》刊出以"社会主义"为题的征文启事后,1919 年 5 月 14 日,《学灯》刊出了一则编辑给投稿者的启事:"金侣琴君鉴:两次大稿均收到不胜欢迎当即发表此次关于此类译件望源源见赐此白"。这里说的希望作者"源源见赐"的稿件就是发表在《学灯》上的金侣琴翻译的列宁著作《俄国问题》。而在 9 月 1 日这则给金侣琴的私人启事中,就声明了将其稿件转投了《解放与改造》,看来《学灯》的编辑肯定认为该稿件更适宜于政治性的《解放与改造》而不是文艺性的《学灯》,而金侣琴的稿件就是发表在《解放与改造》第一卷第一期上的翻译李宁(即列宁,笔者注)的《鲍尔雪佛克之排斥与要求》一文。更明显的是,在 9 月 10 日,《学灯》刊登了一则告读者的启事:"本报前登成舍我君所译广义派之研究以有特别原因致未续载现将该文介绍至解放与改造杂志大约该志自第三期起当能陆续登出也"①。

从《学灯》编辑在 5 月份和 9 月份的给金侣琴的两则私人启事的对比以及给读者解释成仿吾政治论文的去向之启事中,不难看出随着定位于谈论政治思想的《解放与改造》的出现,《学灯》在研究系张东荪等人的眼中已经是更多用来从事新文艺建设的"园地"了。

我们从这个角度来审视宗白华和李石岑等人作为新的社会文化力量被引入时事新报馆来编辑《学灯》,就会更清晰地认识到研究系张东荪等人的文化拼图的设计与安排,也会更清晰地把握在新文学运动向纵深开展过程中《学灯》的精神走向和文学表现,并体悟到其文化品格、精神气质嬗变的文化场域动因。

---

① 《本栏启事》,《学灯》,1919 年 9 月 10 日。

第一节　宗白华、少年中国学会与《学灯》之因缘

1919年8月15日,《学灯》刊登"本栏启事":"本栏自今日起另辟新文艺一门倘蒙读者投稿无任欢迎此启"。这则启事标志着宗白华应张东荪、郭虞裳之邀正式进入时事新报馆协助郭虞裳主持"新文艺"栏。这则启事就是宗白华所作,后收入《宗白华全集》之中。从这则启事就可以看出来,宗白华对《学灯》从事新文学建设的历史并不是完全明了,要知道,早在1918年底,《学灯》上就出现过所谓"新文艺"栏。当然,这一方面也说明了《学灯》在新文学建设方面实在是没有给当时的人留下什么深刻的印象,以至于宗白华都不知道曾经还有过这样一个栏目。要说《学灯》在宗白华的编辑下焕发的神采,就不能不说说宗白华其人了。

宗白华,1897年12月15日出生于安徽安庆,原名之櫆,字伯华,"白华"即是"伯华"的谐音。幼年时代在南京求学,后入由德国人开办的青岛大学中学部,学习德文。1914年秋,宗白华入上海同济医工学堂中学部(语言科),继续学习德语。1916年升入同济大学医预科同济医工学堂。1917年一战结束后同济医工学堂被北洋政府教育部接管,迁至吴淞,更名为"私立同济医工专门学校"。"此时,他已无意学医,便自己在家花了很大精力来研读德国文学和哲学,包括歌德、席勒、赫尔德林等人的诗歌,以及康德、叔本华、尼采的著作。贯穿宗白华一生的哲学、美学研究活动,正是从这个时候开始了它艰难的第一步。"①而谈起宗白华开始接触这些伟大灵魂的机缘时,竟然颇为偶然。"……从进中学开始,宗白华一直没有中断自己的德文学习,而阅读康德、叔本华等人的书籍,一开始正是出于学习外语的动机(1918年夏,他从同济学校毕业时,因成绩优秀所获学校奖励的,正是一部康德的《纯粹理性批判》)。然而,当他完全沉浸在这些伟大思想家的睿智文字之中,自发的语言学习动机便转而为一种自觉的思想扣问。"②

在宗白华进入时事新报馆编辑《学灯》之前,真正对他今后的思想观

---

① 王德胜:《宗白华》,武汉:湖北人民出版社,2002年4月第一版,第5页。
② 王德胜:《宗白华》,武汉:湖北人民出版社,2002年4月第一版,第6页。

念、人生轨迹产生重大影响的活动就是加入少年中国学会。"在五四运动的前夕,我在上海同济大学学习德文后,因法租界封闭了同济,同济迁吴淞,我无意学医,自己在家阅读德国古典文学,歌德、席勒、赫尔德林等诗人的名著,同时也读了一些哲学书,如康德、叔本华、尼采的著作。当时青年的求知欲和关心国家前途的热情是普遍的。第一次欧战的结束和俄国革命的成功对于中国青年的刺激是难以想象的。青年们相见,不论识与不识,都感到有共同的要求,共同的热望,胸怀坦白相示,一见如故。少年中国学会的朋友们就是这样集拢起来,组织起来的。浪漫精神和纯洁的爱国热忱,对光明的憧憬,新中国的创造,是弥漫在许多青年心中的基调。少年中国学会的最早六位发起人1918年6月30日在北京岳云别墅聚会发起筹备学会后,我在上海由魏时珍同学的介绍加入学会的筹备,1919年1月21日王光祈到沪,23日在吴淞同济学校开第一次团体会议时我就参加了。王光祈青年老成,头脑清楚,规划一切井井有条,满腔爱国热情溢于言表,极得我的信任和钦佩。他是少年中国学会的主要发起人之一,我认为他所写的《少年中国精神》是他的心血所凝成的文字,代表他的理想,也代表了'少年中国'初期成立时一些同人的思想。"①

  宗白华在这里回顾了他参加少年中国学会的一些基本概况,我们也有必要来认识一下少年中国学会的成立的过程和缘由。在1918年3月23日,段祺瑞复任北京政府国务总理,他为了贯彻武力统一的政策,大肆向日本借款,并与日本寺内内阁秘密签署"中日公共防敌军事协定"。这个严重侵害中国国家主权和尊严的条约一经公布,留日学生界群情激愤,当时尚在日本留学的曾琦等人号召罢学回国。曾琦等人回国后,原本希望扩大"留日学生救国团"以从事爱国运动,但由于当时的北京政府已经对这批留日返国学生实施高压干涉政策,"留日学生救国团"被迫解体。有鉴于此,曾琦就与王光祈等人商议,发起了以学术报国为期许的"中国少年学会",在曾琦的《戊午日记》中就有记载,1918年4月1日日记中他说:"……思予拟集合同志,提倡分业,为一真正之学会,各就所学,轮流演讲,要以根于学理,按诸事实为主,冀收切磋之实效,顷与友人谈及,颇多赞同,其或有成乎?"又在4月5日的日记中记载道:"……昨日汤济武(即研究系汤化龙,

---

① 宗白华:《少年中国学会回忆点滴》,《宗白华全集》,合肥:安徽教育出版社,1994年12月第一版,第579、580页。

笔者注)君谈话颇有可记者,即谓十年以前,彼等但知当变法,而不知所以变之之道,是以国愈乱而术已穷;十年以后,国事当属少年,若再无素养,国将何望?言颇沉痛也。"曾琦等人后来又同梁启超、张东荪等人商讨让梁启超出面来创办学校收容归国学生。同年5月10日曾琦在日记中记载:"晨写上梁任公一函,交眉生回国带呈,劝其出而办学校,以收容近日废学归国之青年也。"他在自订年谱戊午条下说:"余归国时,曾谒梁任公先生于天津,劝其出而办学,任公不听。"①沈云龙在《两位反共的先驱——梁任公与曾慕韩》中也说:"慕韩先生初谒任公,即以办学之说进,盖为罢学归国之一千余留日学生计也。而任公不从,则以研究系已一蹶不振,大都意存消极,无复关心实际政治。而任公一己之兴趣,亦在闭户著书,不欲过问时事。"②虽然没有答应曾琦等人出面办学的请求,但是梁启超对曾琦却提出了自己的希望:"任公先生昨言,对予有两种希望:一望予就所治科学,益加精研;二望予以研究科学之方法,再治国学。又谓予宜以六分精神致力学问,四分精神尽力社会,必学问大成,殆有裨于世云云。训勉之意,良可感也。"③

在1918年上半年,《时事新报》及《学灯》就曾经与曾琦有过交流。在1918年5月23日,《时事新报》第一张就登出"中日密约之全文",揭露北京政府卖国真相;5月27日,又登出张东荪的《答曾琦》一文,文中张东荪表示他本不赞同学生罢学返国,但是由于群情激愤有不可遏制之势,所以"不得不服从多数,以表示国民决心"。张东荪支持曾琦要求社会中枢出面办学的想法,并且说:"窃以为学之为事不以国之存亡为标准。国未亡而求学。为学成而强其国也。国已亡而求学。为学成而复活其国也。若谓国今亡矣。可以废学。此乃无知识无勇气无涵养之言也。……今吾国积弱如此。无论此项亡国密约成立与否,而根本救亡之图。仍为教育。教育而得其道。国亡而可复活。又况其尚未及亡耶。此仆所以认教育为根本之图。而此拒约运动反为末节也。"④1918年7月29日,好学在《学灯》发表

---

① 转引自吴天任《民国梁任公先生启超年谱》第三册,台北:商务印书馆,1988年第一版,第1382页。
② 转引自吴天放《民国梁任公先生启超年谱》第三册,台北:商务印书馆,1988年第一版,第1382页。
③ 转引自吴天放《民国梁任公先生启超年谱》第三册,台北:商务印书馆,1988年第一版,第1382页。
④ 张东荪:《答曾琦》,《时事新报》,1918年5月27日。

第四章　少年中国学会与《学灯》的新文化建设

《办学问题》一文,表示在国内为留日归国学生办大学有很多事实上的难处,比如归国学生学科不一、学年不一,勉强设立大学万难完善学科配置,缺乏欧美名儒执教等等。作者最后说:"以此数端。则自办大学之议。其难可知矣。虽然。天下无难事。只怕有心人。苟决心以赴之。亦未必绝无希望。记者今提出此数难题。并非反对办学。乃忠告彼主张办学之归国学生。勿视天下事太易。须知一切事皆从困难中而出也。"①曾琦在《戊午日记》一书之1918年7月28日日记中记载道:"……往谒梁任公,以学会章程及公函呈阅,请渠为赞成员,得其允许,并相与倾谈良久。"从以上资料中不难看出,在少年中国学会创办之初,他们在精神上就得到了研究系的支持,与汤化龙、梁启超、张东荪等人的交流也使他们获益匪浅,在《时事新报》和《学灯》上都受到了不小的媒体舆论支持,并使曾琦、王光祈等人获得了关于今后活动路向的教诲和指导。甚至就连"少年中国学会"这个名称,从曾琦的日记中推测来看也与梁启超有一定的关系。

1919年7月1日,在经过了一年的筹备之后,少年中国学会正式成立。在这一年中,王光祈发挥了重要的组织作用,并为少年中国学会奠定了组织架构、精神基调。曾琦在对李璜回忆他从日本归国第一天遇见王光祈,王的告诫就是说:"我们皆在青年求学时期,救国最好在早做基础的准备工夫,而准备工夫不外两事:一为人才,二为办法。但人才不能求之已成势力中,则应早日集结有志趣的青年同志,互相切磋,经过历练,成为各项专门人才,始足以言救国与建国的种种实际问题的解决。……因此必须每个同志都去增进自己学识,从事各种研究。而今日之研究学术,又必须本科学的精神方不流于空疏。"②在成立大会上,议决在北京设立少年中国学会总部,下设评议部、执行部和编译部。王光祈也当然地被选举为执行部主任,宗白华则当选为评议部评议员。

在王光祈起草的"少年中国学会宣言"中,他表示:"同人等欲集合全国有为的青年,从事专门学术,献身社会事业,转移末世风俗。……知改革社会之难而不可以徒托以空言也,故首之以奋斗,继之以实践;知养成实力之需时而不可以无术也,故持之以坚忍,而终之以简朴。务使全国青年志士,皆具先民敦厚之风,常怀改革社会之志,循序以进,悬的以趋。勿为无意识

---

① 好学:《办学问题》,《学灯》,1918年7月29日。
② 转引自郭正昭《王光祈与少年中国学会》,《中华民国史事纪要》1919卷,第804页。

之牺牲,宜作有秩序之奋斗。"①少年中国学会的宗旨是:"本科学的精神,为社会的活动,以创造少年中国。"学会的信条是:奋斗,实践,坚忍,俭朴。少年中国很大的特色就是不谈政治,也不从政。在会章里就标明:凡加入少年中国学会的人,一律不得参加当时的污浊的政治社会,不请谒当道,不依附官僚,不利用已成势力,不寄望过去人物;大家研究新学问,学有所成,相期努力于社会事业,一步一步来创造少年中国。

《时事新报》一派人与王光祈等人交往历史以及对少年中国学会的关注可以追溯到1919年年初。在1919年1月25日,《时事新报》在论说栏中就登出张东荪《答若愚君》一文,张东荪在文中强调他认为政治是他律的,而不是若愚(即王光祈)所认为的自律的。在文末,张东荪邀请王光祈到时事新报馆一叙。"若愚君如再有见教,何妨贲临敝馆一谭呢"。1919年4月4日,《学灯》在青年俱乐部栏中发表了章太炎在少年中国学会的讲话(王光祈笔记),题目是《今日青年之弱点》。章太炎在文章中讲了青年的四大弱点:(1)就是把事情看得太容易,其结果不是侥幸,就是退却。(2)就是要想凭借已成的势力,本来自己是有才能的,因为要想凭借已成的势力就会受到已成势力的影响而失败,比如辛亥革命。"你们的学会。(指本会)主张不利用已成势力。我是狠赞成的。不过已成势力,无论大小。皆不宜利用。抱定宗旨。向前做去。自然志同道合的青年。一天多似一天。那力量就不小了。惟最要紧的须要耐得过这寂寞日子。不要动那凭借旧势力的念头。"②(3)就是虚慕文明,虚慕那物质上的文明,其弊是显而易见的。就是虚慕那人道主义。也是有害的。今后之青年做事要彻底,不要虚慕那人道主义。(4)就是好高骛远,不能踏踏实实去求学。"大家如能踏踏实实去求学问。始足与各国青年相竞争于二十世纪时代也。"③

1919年4月7日,《学灯》在青年俱乐部栏中转录少年中国学会会务报告以及胡适讲演的《"少年中国"的精神》一文。针对章太炎只从消极的方面警告青年的说法,胡适要对青年积极地"提出几个观念和各位同志商酌":

1. 少年中国的逻辑:逻辑就是思想、辩论、办事的方法,由于方法的缺

---

① 王光祈:《少年中国学会宣言》,转引自《五四时期期刊介绍》,第一集上册,1959年第一版,第238页。
② 章太炎:《今日青年之弱点》,《学灯》,1919年4月4日。
③ 章太炎:《今日青年的弱点》,《学灯》,1919年4月5日。

乏就会出现迷信鬼怪思想、谩骂无理的议论、迷信古人的学说、迷信西洋人理论等等错误的观念。胡适认为应该运用科学方法：第一要注重事实，第二要注重假说，第三要注重证实。"少年的中国。中国的少年。不可不时时刻刻保存这种科学的方法。实验的态度。"

2. 少年中国的人生观：胡适认为现在中国有几种人生观都是"少年中国"的仇敌，第一是醉生梦死的无意识生活，第二是退缩的人生观，消极的缩颈主义，第三是野心的投机主义。他认为正当的人生观应该有以下几种要素：第一需要有批评的精神，一切习惯、风俗、制度的改良都起于一种批评的眼光，不能当"无意识的两脚机器"。"批评的精神不是别的。就是随时随地都要问我为什么要这样做。为什么不那么做。"第二需要有冒险进取的精神。第三需要有社会协进的观念。"你少说了一句话。我或者不是我现在的样子。我多尽了一份力。你或者也不是你现在这个样子。我和你多尽了一份力。或少做了一点事。社会的全体也许不是现在这个样子。这便是社会协进的观念。"

3. 少年中国的精神："少年中国的精神并不是别的。就是上文所说的逻辑和人生观。我且说一件故事做我这篇文章的结论。诸君读过英国史的。一定知道英国前世纪有一种宗教革新的运动。历史上称为'牛津运动'The Oxford Movement. 这种运动的几个领袖如客白尔 Keble 纽曼 Newman 福鲁德 Froude 诸人。痛恨英国国教的腐败。想大大的改革一番。这个运动未起事之先。这几位领袖做了一些宗教性的诗歌写在一个册子上。纽曼摘了一句荷马的诗题在册子上。那句诗是。You shall see the difference now that we are back again! 翻译出来就是'如今我们回来了。你们看便不同了'。少年的中国。中国的少年。我们也该时时刻刻记着这句话。如今我们回来了。你们请看便不同了。这便是少年中国的精神。"①胡适用他那浅白流畅极富煽动力的白话文字，从正面激荡着一个时代"少年中国"的魂灵，与章太炎的"警告"相辅相成，对中国少年学会思想的发展与成熟具有重要的指导意义。

对工读主义的提倡，则是中国少年学会在五四后指导青年发展路向上的重要贡献，具有重要的现实意义和思想意义。1919年7月2日，左舜生在《学灯》上发表《小组织的提倡》一文，文中左舜生提出要打破现在的恶社

---

① 胡适：《"少年中国"的精神》，《学灯》，1919年4月7、8日。

会对青年人的压迫、要在学术上努力互助、要减轻旧式家庭的困扰,就需要提倡"小组织",也就是"由少数同志组织的一种学术事业生活的共同集合体"。他认为这样的集合体需要以下几个条件:(1) 本团团员劳力所得的收入就是本团的共有财产;(2) 本团团员以有独立生活的能力为限;(3) 团员不限于男子;(4) 团员之间要有人生观的了解;(5) 团员对于家庭须不负经济上的责任,并不能承受家庭的遗产;(6) 团员有职业的,可从事职业,无职业的,可从事学问的钻研或不要报酬的社会事业。左舜生认为通过这六条措施来实施"小组织"运动,就可以消除让青年人堕落的三大原因:愚昧、生计的艰难和缺乏精神修养。《学灯》编辑郭虞裳在该文后附注说:"我读左君这篇提倡小组织的文字,狠有点感动。不但我们家庭的生活是无意识的,机械的,消磨志气的,就是我们社会的生活,也是这样。若是要打破他,改造他,当然先要找出一种方法。这个小组织,便是一种方法了。不过左君这篇里头的条款,是凭着一时的感想写下来的,还觉得不十分周到。希望读者诸君,逐条讨论一回,寄到本社发表。我想左君是一定欢迎的。"①左舜生的这篇文章,是第一篇提出青年人结合起来去农村进行"互助"的论文,它的出现引起了各方面的极大关注。王光祈在7月15日《学灯》上发表了《与左学训书》,对左舜生的小组织建设的观点进行讨论。王光祈表示:"我昨天读了你的文章——小组织的提倡——知道你要创造一个崭新的生活出来,我欢喜的连吃饭都忘了。……舜生,你今年春日曾告诉我一句话,我至今还是牢牢的记着,你说我们要与恶社会宣战,非自己先行创造一个生活根据不可。若是一面与恶社会宣战,一面又要与恶社会周旋,其结果就是不澈底,就是多所顾忌。舜生!我们提倡新生活的动机,就是主张凡事澈底,毫无顾忌,埋着头儿,大着胆儿,一直往前,决不受'衣食住'三位先生的牵掣,岂不是一个最美最乐的自由世界吗?……我们少年中国学会的会员,都是极端赞成的,而且是急欲见诸实行的。"②文章中,王光祈做了一些理想色彩极浓的对未来小组织生活的憧憬。同日就在王光祈的文章下面就是左舜生的《答若愚》,他在文章中又表示大规模的教育运动也是"刻不容缓",表示最紧要的工作是两项:(1) 改革商务印书馆、中华书局的中小学教科书;(2) 对于一切教会学校的革命。可见此时左舜生的

---

① 郭虞裳:《附言》,《学灯》,1919年7月2日。
② 王光祈:《与左学训书》,《学灯》,1919年7月15日。

第四章　少年中国学会与《学灯》的新文化建设

思想也是极其跳脱,不能专注,他后来又在《学灯》发表了《论外人在中国所办教育事业》等文章来抨击教会教育。

俞颂华、郭虞裳等人此时也在关注"小组织"的问题,他们瞩目于《新青年》有关"新村"的介绍对"小组织"建设的借鉴意义。俞颂华说:"近顷热心于改良社会者,有模范村与模范农工厂之发起。此事在吾国为创举。发起者事前之研究与预备,若能审慎周详,布置周密,则他日成效必著,推行亦易。此亦一种模范的运动,吾人希其得各界之赞助,而达改良社会之鹄的。新青年第六卷第三号"日本的新村"一文,足资吾改良社会热心家之参考,固饶有研究之价值。"①俞颂华又在7月18日《学灯》上发表《高尚之生活》一文,除了对陈独秀"出了研究室就入监狱,除了监狱就入研究室"表示敬佩,认为是"人生最高尚优美的生活"之外,话锋一转,表示:"其后又见若愚与舜生讨论乡间新生活之办法(见十五日本栏)。此两种新生活(另一种即陈独秀那种,笔者注),虽狂狷有所不同,要亦振拔流俗,学者之高尚生活也。前者陈氏竟已实践,后者当亦不难实行。足证高尚纯洁之理想,辅以热忱毅力,则此理想故不难实现也。然以余与虞君所见,此外尚有一种高尚生活,迄犹未闻有实行之者,即青年投身工界,与工人为伍,一面唤醒其觉悟,发起劳动组合。一面调查其状况,以供当世之研究。都市中未必绝无高尚生活,而此都市中之高尚生活,亦必有一部分之青年力行之,吾社会方有振衰起敝之望。盖今后有志之青年必将文化普及于下层阶级,在黑暗里放光明,庶乎其得达救世之鹄的也。"②由于左舜生等人只注重将"小组织"建立在农村去与农民结合,俞颂华等人觉得应该在城市中也施行类似"小组织"的政策,可以说,他们的建议是综合了张东荪之前的"学工主义"的思想观念以及左舜生等人的具体操作办法之后的合成物。它的提出直接导致了后来在城市中出现了大量的"工读互助团"这一历史产物。为了构建与少年中国学会共同的话语空间,1919年8月7日,《学灯》刊出"本栏启事":"青年俱乐部内因为狠有佳什,所以改为'论坛',使他醒目些。原有青年俱乐部专载短篇的通讯。还有'小组织''新村'等问题本报认为非常重要,因此另辟一门,名为'新生活商榷'。以后照此分列。读者注意!"可见,郭虞裳主持下的《学灯》对这个问题的重视。

---

① 澹庐:《模范村与模范农工场》,《学灯》,1919年7月17日。
② 澹庐:《高尚之生活》,《学灯》,1919年7月18日。

由于在兴趣话题、思想倾向上的靠近，在1919年7月16日，《学灯》刊登"本栏启事"："若愚舜生二君鉴过沪时请来馆一谭（谈）为盼澹庐虞同启"。此时，俞颂华尚未离开《学灯》，郭虞裳也在协助他编辑《学灯》。他们显露出极大的意愿去结识王光祈和左舜生等少年中国学会的会员。可能也就是在这次预定的会谈中，少年中国学会会员宗白华被拉入时事新报馆来协助郭虞裳编辑《学灯》的。双方结合的一个很重要的精神"共振点"就是对《学灯》"非政治化"的定位，对张东荪一派来说，他们想把《学灯》建设成为"文艺思想"的园地（而在《解放与改造》上去发表政治思想研究类的文章）；而对少年中国一派的人来说，"不谈政治"是他们的一个合作底线，从他们的宣言里也可以看出他们对这一点有多么的警惕。

《时事新报》《学灯》也对少年中国学会的刊物和事务给予了很多舆论支持和宣介，早在1919年6月4日，《时事新报》上就刊登了巴黎通讯社的商务广告，后来又在7月28日《学灯》的"介绍新刊"栏中详细地介绍了少年中国月刊第一期的情况，以及少年中国学会的宗旨和信条以及杂志的发行所和代派处，并且评价道："这个学会的会员现在虽是不多，但都是高尚有为的青年。"切不可小看这些评论，它对少年中国学会在社会上形成广泛影响力和号召力产生了巨大的作用。少年中国学会七个发起人之一的张梦九回忆道："当时'少中'在很短时期内，就能名满海内外，以我个人来看，约有两个原因：第一当时在五四运动以后，世界新潮，日趋演变，中国政治，还是黑漆一团，不过社会各方面，露微弱的曙光，全国青年，对于新知与出路的要求，皆有非常敏感，于是本会遂成了一般青年想望追求的对象；第二胡适之先生的帮忙甚大，张东荪、郭虞裳、黄炎培对这个团体也帮过相当的忙。"①张梦九在六十年之后，作为历史当事人，仍然可以清楚地记得胡适、张东荪、郭虞裳对少年中国学会的帮助，可见，《学灯》主事人的善意帮助是多么深刻地烙印在他的记忆中。

而当时少年中国学会对《时事新报》《学灯》以及时事新报馆诸人的态度又是怎样的呢？我们通过少年中国学会会员黄玄（黄仲苏）在1919年8月11日发表在《学灯》上的给张东荪的一封信就可以看的非常清楚。黄玄在信中说："大凡现在一般较有辨别力的阅报者，对于贵报，都承认说是中国今日新闻界中之 The Better.（即较好者）但是我希望贵报的是 The Best.

---

① 张梦九：《忆少年中国学会》，台湾《传记文学》第35卷第2期，1979年7月，第144页。

第四章 少年中国学会与《学灯》的新文化建设

(即最好者)这真所谓'爱之深者望之切'。"从黄玄的话中,我们可以看出来,他对《时事新报》是极为肯定,又寄有厚望的。他在信中对张东荪建议改造《时事新报》,主要有两点:(1)希望星期泼克改变风格,在"嫉恶如仇"地抨击社会之外,也要多加一些可以引起"美"与"善"的插图,也不要在泼克上刊登一些明显是沾染恶劣旧报风的"说鬼狐"之类的小说。(2)"希望学灯栏每日加刊思想新隽,文字清白的小说或诗。(以偏于美的为归)或译或著均可。此种文字最能引起阅者的注意(灌输新思想的效力,比较他种文字要胜过许多)。而予人以精神的快乐。……总言之:贵报是现在中国新闻界中,唯一有希望的报纸,所以我才冒昧说了许多希望。希望!东荪先生!你究竟怎样答复我呢?希望万岁!!! 黄玄敬白"。张东荪在回复黄玄的信中说:"……时事新报不敢说是 Better,不过总想做到真正的 Better,至于 Best 这句话差得远了,我们一方面须得培养学问,他方面又须得厚集财力,止好期以十年之后罢了。"张东荪在面对"唯一有希望的报纸"之类的赞誉时,还是谦虚的,但是从他"总想做到真正的 Better"看来,他也是有准备、有抱负的。而郭虞裳在 1919 年 8 月 30 日发表在《学灯》上的《少年中国学会》一文,对少年中国学会的评价是极其之高。郭虞裳说:"我时常和朋友说起,现在中国最有望的学术团体有两个,一个是'中国科学社',一个是'少年中国学会'。……'少年中国学会'是少数极纯洁青年的结合。在去年六月三十日发起,今年七月一日正式成立。这一年筹备期内的进步,着实令人惊骇。发行期刊啊,编著书籍啊,印刷储金啊,学术谈话啊,联络支会啊,都在这一年内平平稳稳,日新月异的做去。除了'中国科学社',找不出第二个有这样好成绩的学术团体。他虽是呱呱坠地得不多几个月,没有惹起社会一般的注意,然而我却信得过他的未来宏大的精神,一定可以做构成少年中国的基础。"①

一方认为对方是"新闻界中唯一有希望的报纸",一方认为对方是"最有望的学术团体",一方面高呼着"希望万岁",一方面憧憬着"总想做到",就是在这样的和谐的氛围中,宗白华承载着双方的希望进入了时事新报馆。而当时社会上也是把《少年中国》和《时事新报》看作是一派的刊物,尤其是它们猛烈抨击的敌人。浙江督军卢永祥在给北洋政府的密电中就说:"……如《新社会》、《解放与改造》、《少年中国》等书以及上海的《时事新

---

① 郭虞裳:《少年中国学会》,《学灯》,1919 年 8 月 30 日。

报》,无不以改造新社会、推翻旧道德为标帜,掇拾外人过激言论,迎合少年浮动心理。"①

我们不禁要问,加入时事新报馆的为什么是宗白华而不是别的少年中国学会会员呢?

我想这与宗白华当时表现出来的卓越的学术才华和办事能力受到当时学界的普遍关注有关。张梦九曾回忆说:"……对于本会(指少年中国学会,笔者注)注意最早,帮忙最大,还是要算胡适之先生。……胡氏虽系哲学博士,事实上对于大哲学家如康德、叔本华一流人,是否曾读其书颇有问题,但本会最初发行的会务报告(一共四期)不过是一本又薄又小的册子,第一期便是会友魏时珍博士介绍的康德哲学,第二期便是宗白华教授介绍的叔本华哲学,遂叫当时学术界大吃一惊。胡氏是一位青年有心的学者,亦不能不大加注意,后来本会由报告改成少年中国及少年世界两种月刊,都是由胡氏介绍他的朋友亚东图书局汪老板发行的。"②而据宗白华的学生邹士方在《宗白华评传》中的记载,"宗白华当时的哲学论文和讲演,受到名气很大的胡适的重视。五四前夕,胡适到沪,在一次聚会上提出:'要见见研究康德的宗白华老先生。'宗白华从人群中站起,说:'我就是宗白华。'看着宗白华那年轻的面庞,胡适大吃一惊"③。我想,感到吃惊的不光是胡适,应该还包括在上海具有地利之便、一直关注并绍介西方哲学的张东荪。

第二节 文艺建设上的郭虞裳与宗白华

一

五四狂潮过后,日报、杂志等媒体上有关新文学的作品逐渐增多,媒体对新文学的重视日渐增强,为新文学运动向纵深开展创造了极好的条件。一方面这是新文化运动中思想革命和白话文运动深入发展的必然要求,尤其是胡适的"文学的国语,国语的文学"的观念和逻辑刺激了新文学创作必

---

① 陈福康编著:《郑振铎年谱》,北京:书目文献出版社,1988年3月第一版,第24页。
② 张梦九:《忆少年中国学会》,台湾《传记文学》第35卷第2期,1979年7月,第144页。
③ 邹士方:《宗白华评传》,香港:新闻出版社,1989年9月第一版,第15页。

须要结出"果子"以巩固白话文运动的成果,同时另一方面也迎合了当时的青年在社会黑暗统治下必然以文艺作为情绪"发泄口"的要求。当然,报纸、杂志等为了互相竞争吸引读者,从他们自身的发展来说,也有必要在同业竞争中突出自己的文艺色彩和文化品位。就如同少年中国学会会员黄玄(黄仲苏)在1919年8月11日发表在《学灯》上的给张东荪的一封信中建议的那样:"希望学灯栏每日加刊思想新隽,文字清白的小说或诗。(以偏于美的为归)或译或著均可。此种文字最能引起阅者的注意(灌输新思想的效力,比较他种文字要胜过许多)。而予人以精神的快乐。"

郭虞裳主持下的《学灯》与俞颂华时有很大的区别,最大的区别就是对文艺的重视。当然,我们不能说俞颂华不重视文艺,主要是他主持《学灯》的时候正好是五四运动时期,风起云涌的形势让俞颂华也不可能有精力和兴致去看顾文艺的园地。

一般说来,大家都知道宗白华对郭沫若诗歌创作的助力。而郭虞裳对茅盾(沈雁冰)从事外国文学翻译所起的作用则没有人关注,甚至就连茅盾自己也不去提这件事,我想,这多少有点不合乎历史的逻辑。

我们不妨来看看沈雁冰进了商务印书馆以后从事外国文学作品翻译、介绍的情况以及他与时事新报馆早期的合作状况。起初,他在商务主要是协助孙毓修做一些诸如《中国寓言》之类的古书集成工作。后来,他被编辑《教育杂志》《学生杂志》《少年杂志》的朱元善请去为《学生杂志》翻译国外科学小说。茅盾曾回忆道:"朱元善出了个题目,说《学生杂志》上没有登过小说,现在打算登点小说,学生最好看点科学小说,要我找材料。我在涵芬楼图书馆的英美旧杂志中发现两种杂志,一种叫《我的杂志》,一种叫《儿童百科全书》,两者都是供给中学生以历史、科学知识的通俗读物。我在后者或前者(现在记不准了,也不记得是哪年的)找到一篇可以说是科学幻想小说,我把它译出来,就是《三百年后孵化之卵》,登在1917年的《学生杂志》正月号上。……一九一八年的《学生杂志》,认真要登科学小说了。这一点也是我和朱元善商量好,由我负责收集材料。……小说开头,我按照朱的意见,完全用骈体……也是读了《新青年》,我开始注意俄国文学,搜求这方面的书。《万人丛书》有帝俄时代文豪如托尔斯泰等人的英译本,得之甚易。当时美国人开的'伊文思图书公司'有英、美出版的新书,也有杂志。它所没有的书,你开了书名,它可以代购,书到后付款。……登载在《学生杂志》第六卷四、五号上的《托尔斯泰与今日之俄罗斯》,就是我关心俄国文学之后写的一篇评论文章。……到了一九一九年春夏之交,'五四'运动爆发了,在它的影响和推动下,我开始专注于文学,翻译和介绍了大量的外国文学作品。《学生杂志》不适合刊登的,我就投稿给上海《时事新报》的副刊《学灯》。契诃夫的短篇小说《在家里》就是我那时翻译的第一篇小说,也是我第一次用白话翻译小说,而且尽可能忠实于原作——应该说是对英文译本的尽可能的忠实。在这之后半年多的时间内,我接连翻译了契诃夫的《卖诽谤者》《万卡》,高尔基的《情人》,法国莫泊桑的《一段弦线》,英国高尔斯华绥的《夜》等十多篇短篇小说,写了介绍托尔斯泰和萧伯纳的文章,都登在《学灯》上。……由于我常在《学灯》上投稿,《时事新报》主编张东荪办《解放与改造》时就约我写文章。研究系在政治上属于右翼,但在'五四'运动后,也伪装进步。张东荪甚至还与陈独秀共同发起上海的马克思主义研究小组。《解放与改造》刊登介绍外国各派社会主义运动的文章。《时事新报》的副刊《学灯》登载拥护'五四'新文化运动的文章。但当梁启超(研究系首脑)从海外归来,态度即变。张东荪在《时事新报》上发表社论《由内地旅行而得之又一教训》,即为自己重复'右倾'找'理论根据',以后就不谈社会主义了,且反对社会主义了。《解放与改造》上有一栏叫'读书录'。读书录是把某一外文原著以提要形式介绍其内容,而不是全文翻译。我在这上面介绍的第一篇是张东荪给我的材料,叫《罗塞尔〈到自由的几条拟径〉》(《解放与改造》一卷七号)。小题目是无政府主义,社会主义,工团主义。罗塞尔主张基尔特社会主义,反对社会主义,也反对无政府主义和工团主义。那时已是一九一九年尾,我已开始接触马克思主义,我觉得看看这些书也好,知道社会主义还有些什么学派。那个时候是一个学术思想非常活跃的时代,受新思潮影响的知识分子如饥似渴地吞咽外国传来的各种新东西,纷纷介绍外国的各种主义、思想和学说。大家的想法是:中国的封建主义是彻底要倒了,替代的东西只有到外国找,'向西方国家寻找真理'。所以,当时'拿来主义'十分盛行。"[1]

　　茅盾在回忆中提到了《学灯》和张东荪,也大概地介绍了自己作品在《学灯》《解放与改造》上发表的情况(文中他也提到了这两个刊物的区别)。但是,他却没有具体谈他在《学灯》发表译著的具体因缘和过程,只是很泛

---

[1] 茅盾:《商务印书馆编译所生活之二》,《茅盾专集》,福州:福建人民出版社,1983年5月第一版,第417页。

泛地说："到了一九一九年春夏之交，'五四'运动爆发了，在它的影响和推动下，我开始专注于文学，翻译和介绍了大量的外国文学作品。《学生杂志》不适合刊登的，我就投稿给上海《时事新报》的副刊《学灯》。"事实上，我们绝对不能低估沈雁冰当时在《学灯》上发表这些译著对他从事文学道路的影响，他自己也承认在《学灯》上发表这些译著的意义："契诃夫的短篇小说《在家里》就是我那时翻译的第一篇小说，也是我第一次用白话翻译小说，而且尽可能忠实于原作——应该说是对英文译本的尽可能的忠实。"与他之前在《学生杂志》上发表的那些译著①比起来，这些文章可以毫不夸张地说是换了一个天地。

我们来看一下沈雁冰在1919年发表在《学灯》上有关文艺方面的文章②：

发表时间	作品名目
1919年8月20—22日	翻译契诃夫短篇小说《在家里》
1919年8月28日	翻译奥地利Arthur Schnitzler的作品《界石》
1919年9月18日	翻译Strindberg的作品《他的仆》
1919年9月30日	翻译Elizabeth J.Cootsworth的作品《夜》以及Evelynwell的作品《日落》
1919年10月7—11日	翻译法国Guy de Maupasant（即莫泊桑）的作品《一段弦线》
1919年10月11—14日	翻译契诃夫的作品《卖诽谤者》
1919年10月25—28日	翻译高尔基的作品《情人》（同时，又在《解放与改造》上发表比利时梅特林克的《丁泰琪的死》）
1919年11月24日	文艺评论《萧伯纳的〈华伦夫人之职业〉》
1919年12月8日	评论《文学家的托尔斯泰》
1919年12月18日	翻译波兰Stefan Zeromski小说《诱惑》
1919年12月24、25日	翻译契诃夫《万卡》（当时作"方卡"，即Vanka的译音，笔者注）
1919年12月27—29日	翻译俄国M.Y.Saltykov作品《一个农夫养两个官》

---

① 如励志的译作《履人传》《缝公传》之类。
② 在茅盾回忆中，还有一篇翻译爱尔兰作家葛雷鼓夫人的剧本《月方生》也发表在《学灯》，但并未找到。可能是其记忆之误。

正是因为译作在《学灯》上大量发表,因此,沈雁冰颇得时事新报馆张东荪等人赏识与青睐。据《茅盾年谱》中介绍,"(是年)由于常在《时事新报》的副刊《学灯》上投稿,引起了《时事新报》主编张东荪的重视。某次张因事离开上海,被请去代理了二三个星期的《时事新报》的主笔"[1]。由此,可见二人关系之紧密。

《学灯》当时给沈雁冰等人开出的稿酬是很高的,茅盾自己也回忆说:"自从上年尾,《时事新报》的副刊《学灯》就约我写稿[2],张东荪(《时事新报》总编辑)办《解放与改造》半月刊也约我写稿,而我在商务的《学生杂志》上写的稿件还不算在内。一九一八、一九一九,我的薪水每月各增十元,现在月薪五十元。但我向各处投稿的收入,平均每月也有四十元左右。"[3]我们可不能小看这40元,汪原放在《回忆亚东图书馆》中谈起自己曾被宗白华邀请为《学灯》写稿一事,他说:"我们印行少年中国学会的《少年中国》月刊,创刊于1919年7月。从当时的广告看,是从第五期起归我们发行的[4];……来亚东接洽《少年中国》出版的是宗之櫆(白华)先生。他曾担任过《时事新报》的《学灯》的主任编辑,……由于接洽《少年中国》的事,我同宗白华先生渐渐的很熟了。迁到五马路之后,我开始用白话文译英文的短篇小说。有一次,宗白华先生来的时候,我拿出我试着转译的一篇托尔斯泰的《只有上帝知道》来请他改改。他拿去了。想不到,竟在《学灯》上刊出了。月底,《时事新报》上登一条通知,要投稿的人去领稿费,上面有我的名字。我去领了,原来有八元之多!我高兴之极,宗先生再来时,我谢谢他。在当年,八元很得用的。我记得做了两身小褂裤,又还买了皮鞋、袜子等等。这第一次发表译稿,对我是很大的鼓励。我有时有空总喜欢看看英文小说了。有空也译一些放着,慢慢儿的改改校校,力求'信、达、雅'。可是真很不易做到哩。后来我陆续译的有白话诗、神话、童话、短篇小说等,以投给《民国日报》副刊《觉悟》的居多,也有继续投给《时事新报》副刊《学灯》

---

[1] 万树玉:《茅盾年谱》,杭州:浙江文艺出版社,1986年10月第一版,第44页。代理《时事新报》主笔的时期应该是在1920年10月下旬至11月上中旬,当时张东荪正陪同罗素在内地讲学。

[2] 沈雁冰在1919年7月前并没有在《学灯》上发过文章,他在《学灯》上的第一篇文章是1919年7月25日发表的《对于黄蔼女士讨论小组织问题一文的意见》。

[3] 茅盾:《商务印书馆编译所生活之二》,《茅盾专集》,福州:福建人民出版社,1983年5月第一版,第432页。

[4]《少年中国》是在出版四期后由胡适推荐给亚东图书馆发行的。

的。因为投稿关系,向这两个报社各讨了一份报纸来,从《觉悟》和《学灯》上,得益是比较多的。"①可见,当时的报纸副刊开出的稿费,对于投稿者来说在经济方面"很得用",而且在自信心方面对幼稚的作者来说是极大的增强,更不用说像沈雁冰这样由此得以与报纸传媒界大佬们建立起更紧密的合作关系,为日后各自的事业的开展奠定了良好的人际基础。

可是茅盾在回忆中甚至根本不提当时邀请他为《学灯》投稿的主编郭虞裳。要知道,郭虞裳对初入文坛的沈雁冰的帮助应该是很大的,甚至在一些译书的具体事务上对沈雁冰的帮助可以说是无微不至的。在1919年10月23日的《学灯》上,郭虞裳有给沈雁冰一封信,其中说:"……又想起前借狄庚生等三书现已带在馆中,如需用,可着人来取,因尊处门牌已忘却,未能送上也。"②可见关系之亲密。那么,为什么茅盾在回忆录中不提郭虞裳呢?我想,这与沈雁冰和郭虞裳在后来的一段不愉快的合作经历有关。

沈雁冰在1922年9月20日写给周作人的信中,在言明郭虞裳邀请他在《学灯》发稿的同时,又讲了这样的一件事,他说:"《中国文学变迁史》一事,已作一启事在《文学旬刊》上声明;该书亦已看见,后面附录实非捏名。说到这件(事),其话甚长,而且是我自己不是。大前年郭虞裳君编《学灯》时,约我投稿,我那时正开始研究文学,买了几本书读,随时译些出来作为札记,就把那些札记送给虞裳看看。其中曾有一节译Chandler(即钱德勒,笔者注)那本书中的象征主义一章的,登在大前年《时事新报》《学灯》新年增刊上。后来虞裳说有个小书店想出'新文化'书,托他代找着稿子;并说他们想出一部《文学变迁史》,分人撰述,中国的一部做得还好,介绍我去做外国一部,我说不能,然而虞裳尚劝,后来并和闻野鹤③见过一次,始知他们那部书实在是注重本国,不过要以外国眼光来看本国材料,而苦于并无此等中文书云云。所以他们要的外国材料只是做参考,不是要登。当时说了极客气的话恭维我,我因为实在不行,就转荐愈之(即胡愈之,笔者注);愈之后来和他们见过,晓得是供材料,觉得不伦不类,也就辞却。虞裳于此时也要到英国去了,和宗白华同走,东荪替他们送行,在兴华川请客,我也

---

① 汪原放:《回忆亚东图书馆》,上海:学林出版社,1983年11月第一版,第43页。
② 郭虞裳:《致沈雁冰》,《学灯》,1919年10月23日。
③ 南社社员,鸳鸯蝴蝶派成员之一。

去的,虞裳又提起这话,并说就把前次送在他处的札记给他们如何,并说那札记就有点连贯的。我以为是给他们看一看,当时就答应了。虞裳走后,那书坊又有人来找我,可是没有碰到,后来又寄了三十块钱来。我收下了,算是一件事了结。这一收是不该的,因为如此就算卖稿子了;我一向因见商务买稿有契约,以为他们并无契约,即是卖,其实太呆气了。现在看他们所出的,大概是以前的计划不成,而又不舍得已化的三十元,故此胡乱一来,并且替我的原稿修饰,把他首尾凑结起来。其实他们何不早对我说一声,我可以付回三十元,岂不都便。因有此等周折,故而我反不能不承认。现在我写信质问他们:(一)为何如此合订出版,(二)与从前的说法不同,未出版时为何不先关照。但曾见一面的闻野鹤据说早已不在上海,我这'抗议',或者竟至无效。总之,这件事在我个人,简直是只好不认真,因为实在是自己不是。总算得了个教训,以后倒要随处谨慎些了。"①在1919年10月23日,郭虞裳在《学灯》上给沈雁冰的一封信中也似乎谈了这个问题:"……某君创办新杂志一种,拟多录新体文艺,便请赐稿。"②沈雁冰在这封信中所称登在1922年9月11日《文学旬刊》上的"文学研究会启事"是这样说的:"近因上海某书店出版的《中国文学变迁史》上印有'新文学研究会'字样,遂有人函致本会询问;兹特郑重声明,本会与该书店并无关系,所谓'新文学研究会'当系另一团体,与本会无涉,特此通告,以免误会。"③

从以上资料可见,沈雁冰对郭虞裳把他早年投给《学灯》的稿件转给闻野鹤等人并由鸳鸯蝴蝶派的小书坊利用"文学研究会"的名义出版的做法,深表不满,他认为郭虞裳的做法混淆了新旧斗争阵线,对当时非常讲究"门户"的沈雁冰来说,鸳鸯蝴蝶派出版他的著作显然与当时文学研究会在上海围剿"礼拜六派""鸳鸯蝴蝶派"的斗争局面是不协调的。由此,可以想见他对该事"始作俑者"的郭虞裳极为不满的情绪,这也是郭虞裳在茅盾回忆录中被"抹去"的重要原因。

二

1946年9月1日的《上海文化》杂志中登载了沈从文写的《怎样办一份

---

① 沈雁冰:《致周作人》,孙郁、黄乔生主编《致周作人》,开封:河南大学出版社,2004年4月第一版,第161页。
② 郭虞裳:《致雁冰》,《学灯》,1919年10月23日。
③ 《文学研究会启事》,《文学旬刊》,1922年9月11日。

第四章 少年中国学会与《学灯》的新文化建设

好报纸》一文,文中他强调了报纸副刊对新文学运动的促进作用以及副刊编辑在报馆中的重要地位。他说:"副刊在新闻纸的发展史上说,本不是个了不得的部门,但已是个不可少的部门。从五四起始,近二十五年新闻纸上的副刊,即有个光荣的过去,可以回溯。初期社会重造思想与文学运动的建立,是用副刊作工具,而得到完全成功的。这二十年新作家的初期作品,更无不由副刊介绍于读者。……一个报纸的副刊编辑,且照例比任何版编辑重要。社长对于副刊编辑不当作职员,却有朋友帮忙意味。如孙伏园、徐志摩、刘半农诸人作副刊编辑,即为这种情形。许多报纸存在和发展,副刊好坏即大有关系。这个趋势在北伐成功后有了点变化,为的是单行刊物兴起,副刊有一时就掉落了。"①可见,报纸文艺副刊在1928年以前的重要性,甚至我们不妨说,五四新文化运动时期存在着一个"副刊时代"。1987年,萧乾也为报纸副刊在文化史、文学史上被忽视而不满。他说:"翻遍几部现代中国文学史,看不到哪位文学史家正视过文学副刊对'五·四'以来的新文学起过的作用,做出的贡献。然而多少作家是在20年代、30年代,在北平的《晨报》、《京报》,天津的《大公报》、《益世报》,上海的《申报》和《新闻报》开始写作的呀!"萧乾并且结合自己的亲身经历和体验说道:"每当写到个人文学生涯时,我从不忘记提到杨振声、沈从文主编的天津《大公报·文艺》是我的摇篮。1933年秋天,我偶然在未名湖畔写了一篇小说《蚕》。投寄后不久,它在报端出现了。第一篇习作变成了铅字,那种快乐和兴奋时无法形容的。于是,像注了什么壮胆的灵药,第二篇、第三篇写下去了。……每逢新闻系的青年同我谈该钻研什么项目时,我总不忘记提到报纸的文学副刊。"②(萧乾在这里没有提到上海《时事新报》的《学灯》,也没有提到《民国日报》的《觉悟》,这也不奇怪,作为一个1910年出生成长在北方、五四时期尚读小学的孩童,自然没有感受到五四时期这两个副刊的魅力了,也不可能留下多少鲜活的印象。)但是,也有当时就直接受惠于报纸副刊《学灯》的作者。创造社的洪为法曾回忆说:"到了五四运动发生后,那时我已从师范学校毕业,也忝为人师。看见报章杂志上的新诗,忽又将潜伏很久的诗兴激动起来,谋文学上的解放,提倡白话文,写新诗,

---

① 沈从文:《怎样办一份好报纸》,《沈从文全集(十四)》,太原:北岳文艺出版社,2002年12月第一版,第242页。
② 萧乾:《〈中国报纸的副刊〉序言》,王文彬编《中国报纸的副刊》,北京:中国文史出版社,1988年6月第一版,第1页。

做新小说，我竟做了新文化运动的拥护者。尤其是新诗，像是使自己着了魔，五彩的信笺，一张写一首小诗，用红绿丝线自己装订起来，收来抽斗里，就像要'藏之名山，传之其人'一样。后来看到《时事新报》的《学灯》上登载着郭沫若、宗白华等人的新诗，眼热起来，也寄去几首。居然揭载出来，且有五角钱一首的稿费。这是我的诗卖到钱的第一次。……当时我又真以为自己就是一位新诗人了。"①由此可见，文章发表对自信的增强以及稿费制度的刺激，对刚刚尝试文学创作的青年们有多么的重要。文艺副刊不仅提供了一个舞台得以让文艺青年们展示自己的才华，而且为五四新文化运动营造了一个健康的、可持续发展的文化生态。

文史学者陈平原认为五四时期就是一个"以刊物为中心的文学时代"，这个见解非常有洞彻力。说到文艺副刊在五四新文化场域中的发生机缘及重要作用，被称为"副刊大王"的孙伏园1924年年底在谈到创办《京报副刊》时曾说："大战终了以后，无论在世界或在中国，人们心理中都存着一种怀疑，以为从前生活的途径大抵是瞎碰来的，此后须得另寻新知识，作为我们生活的指导。这时候日报上讨论学问的文章便增加了。不过，大多数人尽可有这样的要求，日报到底还是日报，日报的附张到底替代不了讲义与教科书的。厨川白村说的好，报章杂志只供给人以趣味，研究学问需用书籍，从报章杂志上研究学问是徒劳的。而在中国，杂志又如此之少，专门杂志更少了，日报的附张于是又须代替一部分杂志的工作。例如宗教，哲学，科学，文学，美术等，本来都应该有专门杂志的，而现在民国日报的'觉悟'，时事新报的'学灯'，北京晨报的副刊，和将来的本刊，大抵是兼收并蓄的。"②可见，当时是由于专业的文化杂志的缺失才让副刊"不得不"承担起"讨论学问、供给趣味"这样的历史使命的，那个时代的文学生产与运作也必然是以文艺副刊为轴心开展的。

设想一下，如果我们让郭沫若像萧乾那样也来回忆个人文学生涯之开端的话，那么什么刊物会是他的"摇篮"呢？

毫无疑问，就是《学灯》！

我们知道，郭沫若是以新诗创作震动文坛的。他第一次在《学灯》上发

---

① 洪为法：《从李涵秋到郭沫若》，郑振铎、傅东华编《我与文学》，上海：上海书店出版社，1981年6月第一版，第184页。
② 孙伏园：《理想中的日报附张》，《京报副刊》，1924年12月5日。

表新诗已经是1919年9月11日。他既不是中国现代新诗的开创者和倡导者,又不是中国新诗坛出现的第一位著名诗人。最早以创作实绩展现新诗成果的就是胡适,而钱玄同在1918年2月出版的第四卷第二号《新青年》上就发表了《尝试集序》。据统计,到1918年止,在《新青年》上发表新诗的作者群就可以开列以下一长串名单:刘半农、李大钊、沈尹默、陈独秀、鲁迅、俞平伯、陈衡哲、沈兼士、周作人、常惠、林损和Y·Z等12人,共发表新诗作品74首。到了1919年春夏,有更多的刊物关心起新诗的创作,比如《每周评论》《星期评论》《新潮》《新生活》等等,也有了《新青年》之外更多从事新诗创作的一批作者,比如刘大白、沈玄庐、叶圣陶、罗家伦、傅斯年、易家钺、戴季陶等人。毫不夸张地说,当时的诗坛已经是一片兴旺气象。但是1913年就赴日留学的郭沫若却并没有受到以《新青年》为代表的国内新诗运动的影响。他说:"当时(指1919年前,笔者注)胡适们在《新青年》上已经在提倡白话诗并在发表他们的尝试,但我因为处在日本的乡下,虽然听得他们的风声却不曾拜读过他们的大作。《新青年》杂志和我见面是在民九(即1920年,笔者注)回上海以后。"①

对郭沫若来说,在《学灯》上发表新诗也不是他头回尝试新诗的创作。他回忆说:"我对于文学发生兴趣,甚至开始语体诗的尝试,是远在五四以前。1915年的春间,我第一次读到太戈尔的《新月集》(英文),那种清新,醇粹,冲淡的作风,十分地吸引了我,我此后三四年间差不多专门找他的诗和剧本来读。我曾经企图过选译工作,但因无处出版,结果作罢。日本的医学是传授德国的衣钵的,凡在日本学医的人必须学习德文。因此我在接触太戈尔之后不久,便又和海涅的诗接触了。海涅的一些恋爱诗,虽然和太戈尔的味道完全不同,但是一样的清新,而更富有人间味。它也使我企图过选译,以同样的理由没有成功。和这两位诗人接触之后,我自然受了不小的影响,在(一九)六、一七、一八几年间便摹仿他们,偶然地写过一些口语形态的诗。像《死的诱惑》一诗便是在一九一八年春间做的。"②郭

---

① 郭沫若:《我的作诗的经过》,《郭沫若论创作》,上海:上海文艺出版社,1983年第一版,第203页。

② 在《郭沫若全集》第十四卷中的《五十年简谱》中,郭沫若又在1916年下注:"暑期中在东京与安那相识,发生恋爱。作长期之日文通信并开始写新诗。(《残月黄金梳》及《死的诱惑》等为此时之作。)"其中的《残月黄金梳》就是收入《女神》的诗歌《别离》。我想1916年应该是《死的诱惑》的写作年份,毕竟它与一段刻骨铭心的爱情纠结在一起。郭沫若在这里应该不会搞错的。

沫若在这里的回忆是有问题的,他在《我的作诗的经过》一文中详细地介绍了自己从事诗歌创作的起源,则又是另外一番说法了。"在民国五年的夏秋之交有和她(指安娜,笔者注)的恋爱发生,我的作诗的欲望才认真地发生了出来。《女神》中所收的《新月与白云》、《死的诱惑》、《别离》、《维奴司》,都是先先后后为她而作的。《辛夷集》的序也是民五的圣诞节我用英文写来献给她的一篇散文诗,后来把它改成了那样的序的形式。还有《牧羊哀歌》里面的几首牧羊歌,时代也相差不远。那些诗是我最早期的诗,那儿和旧式的格调还没有十分脱离,但在过细研究过泰戈尔的人,他可以知道那儿所表示着的泰戈尔的影响是怎样的深刻。"①其实郭沫若这两种说法并不矛盾,前者是说自身创作受外来诗歌的影响,而后者则挑明了自身情感欲望与诗歌创作之间的直接关联。

而说起自己和《时事新报》的缘分,郭沫若在1945年7月《文哨》第一卷第二期中完整地回忆了他跟《时事新报》相识的全过程。他说:"五四运动终竟起来了,在日本报上自然作为天变地异的事情叙述着。当时我们住在福冈的几位同学,虽然都是学医的人,但迫于爱国的要求,我们也生了反应。在五月中旬,我们在夏禹鼎②同学的寓里开了一次会,参加的有徐诵明,刘先登,陈中,钱潮诸位同学。我们决定组织一个义务通信社,定名为'夏社'。因为时期是在夏天,我们是中国人,中国原称中夏,而结社又是在夏君家里。大家捐了一些钱,买了一部油印机和些纸头油墨等,很简单地便开始了工作。主要是翻译日本人仇华的消息,有时由我们自己撰述些排日的文字。印出之后,向上海各报馆分寄。参加的同学,因为都是真正的科学家,不善于做文章,因此翻译和撰述的事就落在陈中和我的头上。陈中兄因为有肺吸血住虫的毛病,精神不济,不久到了暑假,他又回到国内去了,于是便由我一个唱独角戏。自己执笔,自己写钢板,自己油印,自己付邮。在这期中,我写过一篇《同文同种辩》,在上海的时事新报,作为社论被登出过。就因为要和上海的报界发生联系,夏社便专门订了一份时事新报。这报,后来也差不多专门由我一个人阅读了。留学界众人向来是看不起中国报的,因为编辑既腐败,消息又落后,毫无一看的价值。但当时的时

---

① 郭沫若:《我的作诗的经过》,《郭沫若论创作》,上海:上海文艺出版社,1983年第一版,第202页。

② 郭沫若在日本留学时的医科同学,浙江宁波人,1919年1月2日郭沫若在家信中说其"与男甚相得"。

事新报,因为受了五四的影响,已经有了《学灯》副刊了,主编者是郭绍虞。是这副刊吸引着我的注意,而且给予了我很大的鼓舞。"①郭沫若在1945年写的这篇回忆中,显然错误地把郭虞裳说成是郭绍虞了。郭沫若在1936年九月写的《我的作诗的经过》一文中也说道:"民八是五四运动发生的一年,我们在那年的夏天,响应国内的运动,曾经由几位朋友组织过一个集会,名叫'夏社',干过些义务通信的事情。因为要和国内通信,至少须得定一份国内的报纸,当时由大家选定了《时事新报》。因此才得以看见《学灯》,才得以看见康白情诸人的诗,这要算是偶尔的机缘。假如那时订阅的是《申报》、《时报》之类,或许我的创作欲的发动还要迟些,甚至永不见发动也说不定。"②历史就是这样,看似偶然,其实也蕴含了必然性因素。

一开始,夏社也并不是直接和时事新报馆联系的,当时上海太平洋社由陆友白发起了专门研究对日问题的月刊《黑潮》③并登广告征文,夏社组织的通讯社所发出稿件很大程度上都是为了《黑潮》而作。而《黑潮》的主持人陆友白又是《学灯》编辑郭虞裳的朋友,郭虞裳在1919年9月3日在《学灯》上作文评价《少年中国》的时候就特意点出,"《黑潮》系我的朋友陆友白一人独办,虽有目的,材料究不免枯窘"。我想郭沫若所谓发在《时事新报》上的那篇《同文同种辩》,也应该是陆友白介绍给郭虞裳的,《同文同种辩》一文曾发表在1919年10月的《黑潮》上。郭沫若在1919年11月9日,也在给陆友白的信中勉励他要克服《黑潮》初创期各方面的幼稚病。郭沫若在信中说:"(《黑潮》)第二期的内容,比第一期的更觉丰富了。足下的黑潮与大船两诗以及傅彦良先生的笔记,我很喜欢,这样的文章,读了总令人起一种Fresh(即新鲜,笔者注)的快感。倒是我那几篇,很有许多腐败霉菌在里面涌来涌去,有无限的硫化水素的瓦斯在纸上蒸发着一样,我真惭愧得很咧!目下功课甚忙,除了随着兴儿,时时写首歪诗之外,简直没有做文章的余暇。目前做了《箱崎吊古》一诗,写出来请你指教。"④后来陆友白

---

① 郭沫若:《兔进文艺的新潮》,《新文学史料》第三辑,北京:人民文学出版社,1979年5月内部发行,第34页。
② 郭沫若:《我的作诗的经过》,《郭沫若论创作》,上海:上海文艺出版社,1983年第一版,第203页。
③ 《黑潮》创刊于1919年8月。创刊号就发表了"中日可亲善否?"的征文活动。
④ 郭沫若:《致陆友白》,黄淳浩编《郭沫若书信集(上)》,北京:中国社会科学出版社,1992年12月第一版,第82页。

把该诗发表在1920年1月《黑潮》第三号上。

郭沫若第一次在《学灯》上发表新诗是在1919年9月11日,也就是在同年8月15日宗白华宣布主持《学灯》"新文艺"栏之后差不多一个月左右的时间。郭沫若也说自己之所以为《学灯》投稿是受了该副刊的刺激,他说:"副刊(指《学灯》,笔者注)里面时时登载一些白话诗,我记得我第一次看见的中国白话诗,是康白情的《送许德珩赴欧洲》,里面有'我们喊了出来,我们便做得出去'那样的话(大意),我感觉得这倒真是'白话'。是这诗使我增长了自信,我便把我以前做过的一些口语形态的诗,扫数抄寄去投稿,公然也就陆续地被登载了出来,真使我感到很大的愉快。这便是我凫进文学潮流里面来的真正的开始。"①郭沫若在这里的回忆又出错了,《学灯》上当时登出的是康白情的《送慕韩②赴巴黎》,而不是《送许德珩赴欧洲》。至于当时接纳他诗稿的人,应该就是他和陆友白共同的朋友郭虞裳。

从郭沫若的回忆中,可以看出,他对自己以前的白话诗创作是不自信的。他曾以自己1916年创作的《死的诱惑》一诗为例来说明自己当时仍然不能完全摆脱旧体诗词注重音韵的桎梏:

> 我有一把小刀,
> 倚在窗边向我笑。
> 他向我笑道:
> 沫若,你不要心焦,
> 你快来亲我的嘴儿,
> 我好替你除却许多烦恼。
> 窗外的青青海水,
> 也不住声地向我叫号。
> 他向我叫道:
> 沫若,你不要心焦,
> 你快来入我的怀儿,
> 我好替你除却许多烦恼。

---

① 郭沫若:《凫进文艺的新潮》,《新文学史料》第三辑,北京:人民文学出版社,1979年5月内部发行,第34页。

② 慕韩,即曾琦。时为少年中国学会会员。

第四章 少年中国学会与《学灯》的新文化建设

　　从这首郭沫若早期的白话诗作来看,诗中的几个"儿"的音节,也明显是照应上下文读音和谐押韵的,可见作为一个自称"是受科举时代的余波淘荡过的人",此时郭沫若并没有完全摆脱旧体诗词的羁绊,还是非常讲究音韵的。这在当时几乎是所有从旧体诗写作转向新体诗写作的人们面临的共同的困难。曾和胡适谈论新诗创作的鸳鸯蝴蝶派成员胡怀琛在 1920 年第 11 卷第 5 期《小说月报》的"小说新潮"栏内发表了《燕子》一诗,诗云:

　　　　一丝丝的雨儿,一阵阵的风,
　　　　一个两个燕子,飞到西,飞到东。
　　　　我怎不能变个燕子,自由自在的飞去?
　　　　燕子说:你自己束缚了自己,怎能望人家解放你?

　　在这首诗的下面,胡怀琛写了一段按语:"案新体诗我本来怀疑,我早做过好几篇文章说明了,但是我也要亲自做过,方知道它的内容是怎样,原不敢毫无研究,一味乱说,这一首便是我试做的成绩了。我做过之后,知道新体诗绝不易做,不是脱不了词曲的旧套,便是变了白话文,都不能叫新体诗。像我上面的一首,前半段还是新体诗,后半段便是白话文了。再有天然音节,也是很难。譬如前面一首,第一行里的一个'儿'字,似乎可以不要,岂知不要他便不谐。因为'儿'字上的'雨'字和'儿'字下的'一'字,同是一声,读快了便分不清,读慢些又觉得吃力,所以用个'儿'字分开,读了'雨'字之后,稍停的时候,顺便读个'儿'字,毫不费力,且觉得自然好听,这也是天然音节的一斑,不懂这个,新体诗便做不好。"①当时的《小说月报》的编辑沈雁冰,也认为胡怀琛《燕子》一诗中的最后一句——"燕子说:你自己束缚了自己,怎能望人家解放你?"——是这首诗的"警句"。可以说,这是那一代诗人作为"历史中间物"在文学上的体现。

　　郭沫若自己也承认,他说:"像这样的诗(《死的诱惑》),我写的并不多。因为没有充分的自信,也没有用意保存。严格地说来,对于旧式的词调并没有十分脱掉,那只能算是一种过渡时代的畸形的东西。"不过,郭沫若对自己的思想倾向、诗意才华是非常自信的:"这诗,日本人曾经翻译过它,或

---

① 胡怀琛:《燕子》,《小说月报》第 11 卷第 5 期。

许是中国的口语诗被日本人翻译的第一首。伯奇和寿昌告诉我,说厨川白村曾经看见那译诗,颇为赞赏,以为没想出中国的诗歌已经有了这样的民主的气息。"①

就在看到了康白情的《送许德珩赴欧洲》(应为《送慕韩赴巴黎》,此为郭沫若记忆之误)里面"我们喊了出来,我们便做得出去"这样活泼泼的白话之后,郭沫若获得了极大的自信,不断地给《学灯》投稿。他说:"我第一次看见的白话诗是康白情的《送许德珩赴欧洲》(题名大意如此),是民八的九月在《时事新报》的《学灯》栏上看见的。那诗是真真正正的白话,是分行写的白话,其中有'我们喊了出来,我们做得出去'那样的辞句,我看了也委实吃了一惊。那样就是白话诗吗?我在心里怀疑着,但这怀疑却唤起了我的胆量。我便把我的旧作抄了两首寄去,一首就是《鹭鸶》,一首是《抱和儿在博多湾海浴》(此诗《女神》中似有,《诗集》中未收)。那时的《学灯》的编辑是郭绍虞,我本不认识,但我的诗寄去不久便发表了出来。第一次看见了自己的作品印成铅字,真是有说不出来的高兴。于是我的胆量也愈见增大了,我把已成的诗和新得的诗都络续寄去,寄去的大多登载了出来,这不用说更增进了我的作诗的兴会。"②

郭沫若在郭虞裳主编《学灯》、宗白华主持"新文艺"栏期间,先后发表了以下作品:

发表时间	作品名目
1919年9月11日	《抱和儿浴博多湾中》《鹭鸶》
1919年9月29日	《死的诱惑》
1919年10月2日	《新月》《白云》
1919年10月10日《学灯增刊》	《夜》、《钞译》(译作)、德国歌德《浮士德》节选
1919年10月18日	《两对儿女》
1919年10月20日	《某礼拜日》
1919年10月22日	《梦》

---

① 郭沫若:《鬼进文艺的新潮》,《新文学史料》第三辑,北京:人民文学出版社,1979年5月内部发行,第33页。

② 郭沫若:《我的作诗的经过》,《郭沫若论创作》,上海:上海文艺出版社,1983年第一版,第203页。

续　表

发表时间	作品名目
1919年10月23日	《火葬场》《晚步》
1919年10月24日	《浴海》
1919年11月14日	《黎明》

可这样的兴会并没有持续太久,在郭沫若看来,阻碍这种兴会发展的竟然是《学灯》的宗白华!郭沫若回忆说:"在我接触了《时事新报》后,郭绍虞的《学灯》编辑似乎没有持续到两个月,他自己便到欧洲去了,继他的后任的是宗白华。宗白华接事后,他有一个时期似乎不高兴新诗,在《学灯》上不见有新诗发表,我寄去的东西也都不见发表出来。等到后来我同他通过一次信,论墨子的思想,这信是在《学灯》上发表过的,得到了他的同情,他便和我通起了信来,并把我先后寄去寄存在那儿的诗,一叠地拿出来发表了。因而在民八、民九之交的《学灯》栏,差不多天天都有我的诗。"①可是事件当事人的另一方却不是这样说的,宗白华的回忆是这样的:"这年9月,《时事新报》总编辑张东荪找我,聘请我接替郭虞裳担任该报文艺栏《学灯》的主编。这位郭虞裳原是《时事新报》的总经理,擅长管理和经营,不擅长笔墨。那时郭沫若从日本寄给《学灯》的许多诗稿,都被郭虞裳压下来了。后来我接替《学灯》的主编,从积压的稿件中发现了郭沫若的诗稿,如获至宝,一一予以利用。"②

历史的描述在这里出现了裂痕,我认为,宗白华的说法中有问题。首先,当年九月张东荪并没有要让他担任《学灯》的主编,是在8月中旬让他协助郭虞裳编辑《学灯》。其次,宗白华对郭虞裳的评价显然不公允,郭虞裳绝非一个只懂经营不擅长笔墨的碌碌之辈。任何翻阅了1919年6月至1919年底的《学灯》的读者应该都不会有这样的印象。宗白华在这里"隐藏"了自己对待新文艺的思想观念、情绪态度转变的心路历程。

宗白华在接受了郭虞裳等人的邀请"助编"《学灯》之后,《学灯》最明显的变化是引入了少年中国学会的力量参与"新文艺"栏的建设。从1919年8月15日宗白华正式主持"新文艺"栏开始到当月月底,短短15天时间,发

---

① 郭沫若:《我的作诗的经过》,《郭沫若论创作》,上海:上海文艺出版社,1983年第一版,第204页。

② 陈明远:《宗白华谈田汉》,《新文学史料》,1983年第4期。

表在新文艺栏的作品如下：

发表时间	篇目及作者
8月15日	《重来上海》,黄仲苏
8月16日	《作为上的教训》,沈英烈译
8月18日	《对月》,黄仲苏
8月18日	《游西湖遇雨》,阮真
8月19日	《迷梦》《游秦淮有见》,阮真
8月20—22日	《在家里》,俄国契诃夫著,沈雁冰译
8月20日	《一个雨天的花子》,了
8月23日	《我的女儿——阿男》,君邃
8月25日	《讲我们国家的近代史》,舜生
8月25日	《你睡》,子耕
8月26日	《留别上海少年中国学会诸同志》,黄仲苏
8月27日	《梦》,闻天
8月28日	《界石》,奥地利Arthur Schnitzler著,沈雁冰译
8月29日	《送慕韩往巴黎》,康白情（这就是刺激了郭沫若诗兴的那篇白话诗,笔者注）
8月30日	《问祖国》,宗白华

总共十五篇作品,除了郭虞裳约的沈雁冰写稿之外,其余的黄仲苏、阮真、舜生、张闻天、康白情、宗白华等人都是少年中国学会会员,占据了"新文艺"栏绝大的比重。不但是给"新文艺"栏投稿,由于少年中国学会同《学灯》主编郭虞裳双方思想接近、互相欣赏形成了极好的人际关系,少年中国学会在《学灯》除"新文艺"栏之外的其他栏目中,也大量发表了文章、作品,但最突出的还是在"新文艺"栏。宗白华作为主持"新文艺"栏的编辑,也在其中发表了诗歌《问祖国》。可见宗白华这个时候对新文艺创作,尤其是新诗创作是有很大的兴趣的。无疑,宗白华是奋进的,他在其担任主编的《少年中国》第一卷第三期中说:"……我们不必做Sentimental的态度。我们还是目光向着未来,不要回想过去了。我们青年的生活,就是奋斗的生活,一天不奋斗,就是过一天无生机的生活。现在上海一班少年,终日放荡佚

乐,我看他都是一班行尸走肉,没有生机的人。我们的生活是创造的。每天总要创造一点东西来,才算过了一天,否则就违抗大宇宙的创造力,我们就要归于天演淘汰了。……现在若不着手创造,还要等到几时呢?"①

但是作为一名本质上的哲学家,面对《学灯》这样的报纸文艺副刊的特殊性质,宗白华有些情绪是很正常的,1919年10月他在写给好友田汉的信中说:"你是由文学渐渐的入于哲学,我恐怕要从哲学渐渐地结束在文学了。"②看来,宗白华对自己从哲学研究转变到主持文艺类副刊似乎多少有点郁郁寡欢。

在1919年9月15日,也就是他助编《学灯》整整一个月后,他在《少年中国》第一卷第三期上发表了《致〈少年中国〉编辑诸君书》,其中他就表示对文艺作品关注过多是不好的,他认为如果要担负"创造新少年的责任",就必须从创造"新我"做起:"研究学理是我们新少年真正的天职,那些鼓吹青年评论社会还不是我们的正事,我们的学理不曾真正研究,怎么能鼓吹他人评论他人呢?……现在一班著名的新杂志(除去《北京大学月刊》同《科学》杂志),都是满载文学的文字同批评的文字,真正阐发学理的文字极少,只能够轰动一班浅学少年的兴趣,作酒余茶后的消遣品,于青年的学识见解上毫不增益,还趾高气昂的自命提倡新思潮。我以为这种新思潮是他们个人主义的新思潮,并不是世界的新思潮。世界的新思潮在学术上是真正的自然科学的精神,在社会上是真自由真平等的互助主义同新式的社会组织,在文学上是写实主义同人道主义。试看,他们的文字有几篇真有科学的精神(发阐科学的更少)?有几篇用科学的方法彻底研究社会问题?又曾有几篇写实文学的大著作?……我们要打破中国人的文学脑筋,改造个科学脑筋,这是我们月刊(指《少年中国》,笔者注)的目的。……总而言之,我们的月刊文字要学理多而文学少,篇篇文字都要有学理的价值,就是文学也是要描写世界一种的真理。我们的月刊,才是一个学会的月刊,不是供一般世俗的时髦少年的消遣品。诸同志以为然否?"③在1919年10

---

① 宗白华:《致康白情等书》,《宗白华全集》,合肥:安徽教育出版社,1994年12月第一版,第41页。

② 宗白华:《宗白华年谱》,《宗白华全集》,合肥:安徽教育出版社,1994年12月第一版,第691页。

③ 宗之櫆:《致〈少年中国〉编辑诸君书》,《宗白华全集》,合肥:安徽教育出版社,1994年12月第一版,第52—54页。

月10日,宗白华又在《学灯》上发表《说思想改革》一文,在文中他进一步强调要对中国人进行思想改革,他认为:"中国人的思想经数千年的恶习惯的遗传,已有了很深的病。我们思想的内容与思想的法则皆有许多不合理的。一时未能打破,就是一班新学家也不能免。最显见的就有两种(一)文人头脑(二)直觉眼光。这两种旧学遗传的恶习惯最不适用于现在科学时代。而一班新学家亦不免此病。……我们的思想先要有周备完密的实际经验做基础,再要完全适合'思想律令'不与抵牾,然后才是'科学的思想',不是文人的空想与笼统的直觉。"①在1919年11月15日《少年中国》第一卷第五期中,宗白华在《中国青年的奋斗生活与创造生活》一文中更是从创造中国新文化的角度来谈到这个问题。他说:"我们现在对于中国精神文化的责任,就是一方面保存中国旧文化中不可磨灭的伟大庄严的精神,发挥而重光之,一方面吸取西方新文化的菁华,渗合融化,在这东西两种文化总汇基础之上建造一种更高尚更灿烂的新精神文化,作世界未来文化的模范,免去现在东西两方文化的缺点、偏处。这是我们中国新学者对于世界文化的贡献,并且也是中国学者应负的责任。……这是少年中国新学者真正的使命,真正的事业,不是提倡一点白话文字、介绍一点写实文学就了事的。……不但真正的科学得有发展,就是科学严格的法则,客观研究的精神,还未曾深入中国新学者的脑筋,中国遗传的文人头脑,尚未曾改作科学的头脑,提倡新学的还是偏于文学方面,于科学方面,无新发扬,一般青年也还是欢迎文学的多,对于科学没甚趣味。这是过渡现象,不能深责,但是以后我们要改良了,对于一切学术事理,皆要取纯粹客观,注重实证的态度,基础西方科学严格的精神,利用东方天才直觉的能力(直觉本无害,惟偏于直觉而无科学分析眼光,就有弊了。直觉本是世界一切大理论大思想产生的渊源,不过直觉之后要有实际的取证,不可流于空论玄想,我所以反对的是纯粹直觉主义,不是反对东方伟大的直觉才能),发阐世界真理,建造新学术,新艺术,新伦理,新宗教,以造成中国的新精神文化。"②

总之,宗白华觉得应该多提倡科学(尤其是自然科学),少提倡文学,即从事新文化建设的刊物应该"学理多而文学少"。宗白华这样的思想并不

---

① 宗白华:《说思想改革》,《学灯》,1919年10月10日。
② 宗白华:《中国青年的奋斗生活与创造生活》,《宗白华全集》,合肥:安徽教育出版社,1994年12月第一版,第101—104页。

是突如其来的,而是经过深思熟虑的,由以上他在连续三个月中分别写文章都来强调这个观点就可以清楚地看出。

在这种观念的统摄下,尤其是在1919年11月18日郭虞裳声明由宗白华接任主编《学灯》后,我们再来看看郭沫若的诗作发表情况:

发表时间	诗歌名目
1919年11月24日	《辍了课的第一点钟里》
1919年12月3日	《从那滚滚大洋的群众里》
1919年12月20日	《夜步十里松原》
1919年12月30日	《读》
1920年1月4日	《晨安》
1920年1月5日	《立在地球边上放号》《三个Pantheist(即泛神论者,笔者注)》
1920年1月6日	《地球!我的母亲!》
1920年1月7日	《别离》
1920年1月8日	《呜咽》《演奏会上》
1920年1月9日	《晚饭过后》
1920年1月10日	《读Thomas Carlyle:The hero as poet 的时候》
1920年1月13日	《夜》《死》
1920年1月22日	《解剖室中》
1920年1月23日	《匪徒颂》
1920年1月30、31日	《凤凰涅槃》

从以上不难看出,在宗白华11月18日从郭虞裳手中接任《学灯》主编后直到当年年底,他确实如同郭沫若讲的那样:"宗白华接事后,他有一个时期似乎不高兴新诗,在《学灯》上不见有新诗发表,我寄去的东西也都不见发表出来。"

而从1919年12月底到1920年1月间,郭沫若诗歌之发表呈现出井喷的态势。郭沫若也讲了原因:"等到后来我同他通过一次信,论墨子的思想,这信是在《学灯》上发表过的,得到了他的同情,他便和我通起了信来,并把我先后寄去寄存在那儿的诗,一蓦地拿出来发表了。因而在民八、民九之交的《学灯》栏,差不多天天都有我的诗。""《学灯》编者不久换为宗白华兄。为我不同意易白沙的一篇论墨子的文章,我开始和白华通信。他把我的信发表了,接着也常川地和我通起信来。是他怂恿我尽量写诗,我凡有诗去,他毫无保留,甚至有时用《学灯》整个的篇幅(四开一面)登载我的诗。在一九一九年与二〇年之交,我的诗兴被煽发到狂潮的地步。"①由于是几十年之后的回忆,郭沫若显然记错了,他当时并不是不同意易白沙论墨子的文章,而是"抱一"论墨子的文章。② 但郭沫若对其诗歌的发表状况的描述却是准确的。宗白华在给郭沫若的复函中说:"沫若先生:你对于抱一先生那篇《墨子人生观》的批评,我很表同意。老实告诉你,我那篇评中国学问的文字的动机(即发表于1919年11月27日《学灯》栏的文章《中国的学问家……沟通……调和》,笔者注),就是因为看了这一篇呢。现在有了你这言论,我那篇抽象的意见得了具体的指证了。你的诗即日发表。"③

也就是直到这时,宗白华才真正地变成了郭沫若的"伯乐"。此后两人的回忆就很合拍了,趋于一致,不再像之前那样裂痕显著了。宗白华说:"当时,沫若正在日本留学,他从国外向《学灯》投寄新诗。沫若的诗大胆、奔放,充满火山爆发式的激情,深深的打动了我。我认为自己发现了一个抒情的天才,一个诗的天才,因此对他寄来的诗作很重视,尽量发表,尽管他当时还没有什么名气。他的著名长诗《凤凰涅槃》等就是这时发表的。我写信给他:'你的诗是我所最爱读的。你诗中的境界是我心中的境界。我每读了一首,就得了一回安慰。'他在给我信中说:'《学灯》栏是我最爱读的。我近来几乎要与他相依为命了。''我要把全身的脂肪组织来做《学灯》里面的油。'沫若在他的《自传》中也说过:'但使我的创作欲爆发了的,我应该感谢一位朋友,编辑《学灯》的宗白华先生。'这时他像一座作诗的工厂,几乎每天都在诗的陶醉里。"④在1920年1月19日,《学灯》上刊登了沈泽

---

① 郭沫若:《凫进文艺的新潮》,《新文学史料》第三辑,北京:人民文学出版社,1979年5月内部发行,第33页。

② 郭沫若记错的原因可能是因为易白沙在20世纪20年代初在《新青年》上也发表过研究墨子学说的文章《述墨》。而邹士方在《宗白华评传》中,认为"抱一"就是易白沙。香港:香港新闻出版社,1988年9月版,第33页。而据笔者查阅,易白沙并没有"抱一"这个字号,可能是湖南李抱一,其作有《墨子学说今识》一书。

③ 宗白华:《致郭沫若函》,《学灯》,1920年1月30日。

④ 《秋日谈往——回忆同郭沫若、田汉青年时期的友谊》,《宗白华全集》第一卷,合肥:安徽教育出版社,1994年12月第一版,第300页。

第四章　少年中国学会与《学灯》的新文化建设

民与宗白华的通讯,沈泽民说:"沫若的诗《夜》、《死》真好极了。我希望你多向他要几首诗。"宗白华在回信中说:"沫若的诗,意境最好,有诗人的天才,我也盼望他不久就有诗寄来。"①郭沫若面对宗白华对自己的认可和欣赏也是非常感激,他在1920年1月18日写给宗白华的信中丝毫不掩饰自己的喜悦之情:"白华先生:我的诗真的是你所最爱读的么?我的诗真的可以认作你的诗的么?我真欢喜到了极点了!"②他甚至表示自己不愿意要稿费,他说:"……你前函说报馆要与我汇墨洋若干来,不知道是什么名义。是给我的报酬么?我寄上的东西,没一件可有当受报酬的价值的。我的本心也原莫有想受报酬的意志。白华兄!你若爱我时,你若不鄙我这恶晶罪髓时,我望你替我把成议取消,免使我多觉惭愧罢!"③事实上,在日本生活拮据的郭沫若此时多么需要钱啊!

宗白华对郭沫若的欣赏是不言而喻的。他在渝版《学灯》上为了祝贺郭沫若先生50寿辰写的《欢欣的回忆和祝贺》一文中说到自己当年的心情:"二十一年前,上海望平街《时事新报》编辑室的一张小桌上,每天傍晚总是堆满着一大堆的信,编者走近看见时着实充满心的欢喜。这是四面八方活泼天真的青年寄来的稿件,有的讨论社会问题,有的发阐青年问题,有的介绍西洋哲学与文学,大谈文化,有的研究教育,有的是很苦恼地发抒着恋爱和社会问题——那小小的书桌上象征着'五四'时代的青春、朝气、希望、青年的春节,生活里和一个文化史伟大创新的开端……然而作为这一切象征之象征的却是每天寄来的一封封字迹劲秀,稿纸明洁,行列整齐而内容丰满壮丽的——沫若的诗!"④

这种欣赏最后竟然发展到了一种无条件的认可和喜爱的程度。宗白华在《少年中国学会回忆点滴》中说:"我应了《时事新报》《学灯》编辑郭虞裳的邀请,替代他编辑《学灯》。我主编《学灯》的一年期间,每天晚饭后到报馆去看稿子,首先是寻找字体秀丽的日本来信,这就是郭沫若从日本不断惠寄的诗篇,我来不及看稿就交与手民,当晚排印,我知道《学灯》的读者

---

① 宗白华:《复沈泽民书》,《学灯》,1920年1月19日。
② 郭沫若:《致宗白华》,《学灯》,1920年2月1日。
③ 田汉、郭沫若、宗白华著:《三叶集》,上海亚东图书馆,1920年,第56、57页。
④ 宗白华:《欢欣的回忆和祝贺》,《宗白华全集》第一卷,合肥:安徽教育出版社,1994年12月第一版,第300页。

也像我一样每天等待着这份珍贵的、令人兴奋的精神食粮。"①宗白华作为《学灯》的主编,甚至不看稿就把郭沫若的诗作交给手民排印,体现出来的是对郭沫若何等的信任!

宗白华对郭沫若的影响不光是体现在稿件的顺利发排上,宗白华的诗歌理念甚至对郭沫若的诗歌创作及诗歌思想的成熟也产生了巨大的影响。一个好的编辑不光是优秀作家的接生婆,更是通过自己的文艺素养和知识素养、对作家提出新的更高的艺术要求来促进作家思想上的成长与艺术上的成熟。郭沫若显然也意识到了这点,他回忆道:"我因为自来喜欢庄子,又因为接近了泰戈尔,对于泛神论的思想感受着莫大的牵引。因此我便和欧洲的大哲学家斯宾诺莎(Spinoza)的著作,德国大诗人歌德的诗,接近了。白华在那时也是倾向于泛神论的,这层更加促进了我们两人的接近。他时常写信来要我做些表示泛神论的思想的诗。我那时候不知从几时起又和美国的惠特曼的《草叶集》,德国的华格纳的歌剧接近了,两人也都是有点泛神论的色彩的,而尤其是惠特曼的那种把一切的旧套摆脱干净了的诗风和五四时代的狂飙突进的精神十分合拍,我是彻底地为他那雄浑的豪放的宏朗的调子所动荡了。在他的影响之下,应着白华的鞭策,我便做出了《立在地球边上放号》、《天狗》、《炉中煤》、《巨炮之教训》等那些男性的粗暴的诗来。这些都由白华在《学灯》栏上替我发表了,尤其是《凤凰涅槃》把《学灯》的篇幅整整占了两天,要算是辟出了一个新纪录。"②所谓"白华的鞭策"应该是指宗白华在给郭沫若的信中出了"命题作文",宗白华在信中说:"我很希望《学灯》栏中每天发表你一篇新诗,使《学灯》栏有一种清芬,有一种自然 Natur 的清芬。你是一个 Pantheist(即泛神论者,笔者注),我很赞成。因我主张诗人的宇宙观有 Pantheismus 的必要。我不久预备做一篇《德国诗人歌德(Goethe)的人生观和宇宙观》,想在这篇中说明诗人的宇宙观以 Pantheism 为最适宜。要请你帮忙,供给我些材料。我请你做几首诗,诗中说明诗人与 Pantheism 的关系,作我那篇文前面的引导或后面的结束。你看如何?"宗白华的"命题作文"其实就是要跟郭沫若一起合作

---

① 宗白华:《少年中国学会回忆点滴》,《五四时期的社团(一)》,北京:三联书店,1979 年 4 月第一版,第 555 页。
② 郭沫若:《我的作诗的经过》,《郭沫若论创作》,上海:上海文艺出版社,1983 年第一版,第 204 页。

第四章　少年中国学会与《学灯》的新文化建设

创作,毕竟在宗白华看来:"你诗中的境界是我心中的境界。……你的诗既可以代表我的诗意,就认作我的诗也无妨。你许可么?"①不光是出这样的"命题作文",在具体的诗歌创作技巧上,宗白华对郭沫若的诗歌也提出了很多意见:"……我觉得你的诗,意境都无可议,就是形式方面还要注意。……你的诗又嫌简单固定了点,还欠点流动曲折,所以我盼望你考察一下,研究一下。你的诗意诗境偏于雄放直率方面,宜于做雄浑的大诗。所以我又盼望你多做像凤歌一类的大诗,这类新诗国内能者甚少,你将以此见长。但你小诗的意境也都不坏,只是构造方面还要曲折优美一点,同做词中小令一样。要意简而曲,词少而工。这都完全是我直觉的感想。"②

针对郭沫若说"真正的好诗是'写'出来的,而不是'做'出来的"这种说法,宗白华显然觉得诗作为一种艺术"总不能完全没有艺术的学习与训练"的。宗白华在《新诗略谈》一文中将诗歌的内容分为两部分,即"形"与"质"。"诗的'形'就是诗中的音节和词句的构造;诗的'质'就是诗人的感想情绪。所以要想写出好诗真诗,就不得不在这两方面注意。"③在诗歌的形式方面,宗白华认为应该"使诗中的词句能适合天然优美的音节,使诗中的文字能表现天然画图的境界"。同时,宗白华给出了自己关于养成诗人人格的建议:一是要多在自然中活动,他认为诗歌的意境就是诗人的心灵"与自然的神秘互相接触映射时造成的直觉灵感,这种直接灵感是一切高等艺术产生的源泉"。二是要在社会中活动去表现人性,因为这是诗人"最大的职责"。对于宗白华的诗歌创作建议④,郭沫若显然是虚心接受的,他完全接受了宗白华关于诗歌内容和形式二分的观念。他说:"诗底内涵便生了人底问题与艺底问题来。Inhalt(内容,笔者注)便是人底问题,Form(形式,笔者注)便是艺底问题。归根结底我还是佩服你教给我的两句话。

---

① 宗白华:《致郭沫若》,《宗白华全集》第一卷,合肥:安徽教育出版社,1994年12月第一版,第214页。
② 宗白华:《致郭沫若》,《宗白华全集》第一卷,合肥:安徽教育出版社,1994年12月第一版,第227页。
③ 宗白华:《新诗略谈》,《宗白华全集》第一卷,合肥:安徽教育出版社,1994年12月第一版,第168页。
④ 在1920年1月3日写给郭沫若的信中,宗白华又说:"沫若,你有lyrical(即情感丰富的,笔者注)的天才,我很愿你一方面多与自然和哲理接近,养成完满高尚的'诗人人格',一方面多研究古昔天才诗中的自然音节,自然形式,以完满'诗的构造',则中国新文化中有了真诗人了。这是我很热忱的希望,因你本负有这种天才,并不是我的客气。"《致郭沫若》,《学灯》,1920年2月1日。

你教我:'一方面多与自然和哲理接近,以养成完满高尚的诗人人格;一方面多研究古昔天才诗中的自然音节,自然形式,以完满诗底构造'。白华兄!你这两句话我真是铭肝刻骨的呢!"①我们要知道,宗白华本身也是诗人,他同郭沫若此时就新诗创作的探讨,对郭沫若诗歌艺术的成熟是有极其重要的意义的。尤其是当他作为《学灯》——这个郭沫若癫狂热恋着的对象——的主编时,他的意见对郭沫若的影响显然是不言而喻的。

在谈到与郭沫若所以结交的缘由和基础时,宗白华说:"我们在兴趣爱好方面有一些共同的基础,我同沫若最早都是学医的,在这方面有着共同语言,后来又都对诗歌发生了兴趣(我当时也写新诗,后来编成一本《流云》小诗集出版)。我们和当时的青年一样,受到时代潮流的冲击,感到半封建半殖民地的旧中国太令人窒息了,我们苦闷、探索、反抗,在信中谈人生,谈事业,谈哲学,谈诗歌和戏剧,谈婚姻和恋爱问题……互相倾诉心中的不平,追求着美好的理想,自我解剖,彼此鼓励。我们的心像火一样热烈,像水晶一样透明。1919 年我 22 岁,沫若 27 岁。我作为编辑,他作为读者,他投稿,我发稿,两人建立起友谊。但我们从来没有见过面,可以说是'神交'。"②而郭沫若的说法则是:"我同白华最初并不相识,就由投稿的关系才开始通信。白华是研究哲学的人,他似乎也有嗜好泛神论的倾向。这或许就是使他和我接近了的原因。"③

除此之外,我认为还有一个很重要的原因,就是郭沫若针对宗白华在《中国青年的奋斗生活与创造生活》中鼓吹"学理多而文学少"的观点,提出了"天才的发展两种 Typus(类型,笔者注)说",从而打通了作为诗人的自己和作为哲学家的宗白华之间的思想鸿沟。郭沫若在给宗白华的信中说:"我常想天才底发展又两种 Typus:一种是直线形的发展,一种是球形的发展。直线形的发展是以他一种特殊的天才为原点,深益求深,精益求精,向着一个方向渐渐展延,展到他可以展及的地方为止:如像纯粹的哲学家,纯粹的科学家,纯粹的教育家,艺术家,文学家……都归此类。球形的发展是将他所具有的一切天才,同时向四方八面,立体地发展了去。这类的人只找到两个:一个便是我国底孔子,一个便是德国底哥德。"随后,郭沫若详细

---

① 郭沫若:《致宗白华》,《学灯》,1920 年 2 月 1 日。
② 《秋日谈往——回忆同郭沫若、田汉青年时期的友谊》,《宗白华全集》第一卷,合肥:安徽教育出版社,1994 年 12 月第一版,第 301 页。
③ 郭沫若:《创造十年》,《学生时代》,北京:人民文学出版社,1979 年第一版,第 59 页。

第四章　少年中国学会与《学灯》的新文化建设

地描述了孔子和哥德作为"同时向四方八面立体地发展"的天才的作为,比如孔子既是政治家,又是哲学家、教育家、科学家,也是文学家之类。最后,郭沫若说:"我想诗人与哲学家底共通点是在同以宇宙全体为对象,以透视万事万物底核心为天职;只是诗人底利器只有纯粹的直观,哲学家底利器更多一种精密的推理。诗人是感情底宠儿,哲学家是理智底干家子。诗人是'美'底化身,哲学家是'真'底具体(这些话自然是要望你指正的了!)可是我想哲学中的Pantheism(指泛神论,笔者注)确是以理智为父以感情为母的宁馨儿。……诗人虽是感情底宠儿,他也有他的理智,也有他的宇宙观和人生观的。那么,自然如你所说的:'诗人底宇宙观以Pantheism为最适宜'的了(你这'宇宙观'当中自然是包含着'人生观'说的了)。"①我们从宗白华多次称赞郭沫若"天才"的语句中能体会出,显然,宗白华接受了郭沫若的解释,在体认哲学中泛神论是"理智为父感情为母"的宁馨儿且其最适宜作为诗人的宇宙观、人生观的同时,作为诗人的郭沫若也找到了以泛神论为结合基点来消弭作为哲学家的宗白华对理智的强调和对文艺感性的压制。同时,宗白华也说:"因我的思想,我的学识,我的见解,有几多良朋同我相同,或且远超过我,但我深心中的感觉,个性中的良知,直觉中的思想见解,要以你同我最相近了。"②可见,宗白华与郭沫若的相知,实在不是仅仅因为学理方面相投契。"直觉中的思想见解"这类心灵的宁馨儿不啻是他们之间的精神红线。到了1920年2月23日,郭沫若在《学灯》上发表《生命底文学》。他认为:"生命的文学是必真、必善、必美的文学,纯是自主自善底必然的表示,故真;永为人类底Energy(活力)底源泉,故善;自具光明,谐乐,感激,温暖,故美。真善美是生命底文学所必具之二次性。"③在这里,郭沫若更进一步将之前"诗人是'美'底化身,哲学家是'真'底具体"的说法,修正融合为"真善美是生命底文学"的必要组成部分。而宗白华也进一步修正了之前"重学理轻文学"的观念,他在看了郭沫若的《生命底文学》一文后,作为回应写了《新文学底源泉——新的精神生活内容底创造与修养》。宗白华说:"……现在新文学底创造,就是一方面打破中国人旧式的文学脑筋,根本改造,一方面创造新文学底精神内容,做新文学底实

---

① 郭沫若:《致宗白华》,《学灯》,1920年2月1日。
② 宗白华:《致郭沫若》,《宗白华年谱》,《宗白华全集》第四卷,合肥:安徽教育出版社,1994年12月第一版,第700页。
③ 郭沫若:《生命的文学》,《学灯》,1920年2月23日。

质基础。……我以为文学底实际,本是人类精神生活中流露喷射出的一种艺术工具,用以反映人类精神生命中真实的活动状态。简单言之,文学自体就是人类精神生命中一段的实现,用以表写世界人生全部的精神生命。所以诗人底文艺,当以诗人个性中真实的精神生命为出发点,以宇宙全部的精神生命为总对象。文学的实现,就是一个精神生活的实现。"①这里,宗白华又呼应了郭沫若之前"诗人与哲学家底共通点是在同以宇宙全体为对象"的说法。到了这时,很显然,宗白华已经彻底放弃了之前将"学理"和"文学"两分取舍的观念,转而关注起新文学尤其是新诗的创作中体现出的融汇了诗人和哲学家共通点的"直觉中的思想见解"。我想这对宗白华、郭沫若双方来说,不仅是诗歌观念的切磋,更是在消融既往成见基础上的一种思想升华、感情升华。

宗白华在《读柏格森"创化论"杂感》中,从知识类型上着眼,曾这样说:"科学家偏于智慧推理的知识,诗家偏于本能直觉的知识。哲学家大半会融科学家及诗家的天资。如中国的庄子,近代德国的费希勒(Fechner)等。其实古来天才的知识皆是如此。天才所创造的思想与发明大半是由一种茫昧的冲动,无意识的直感,渐渐光明,表现出来,或借学说文章,或借图画美术,使宇宙真相得显示大众,促进人类智慧道德的进化。……德国哲学家朗格说:'哲学是宇宙诗',也含此意。……所以这'宇宙诗'同'宇宙图画'正是近代哲学的佳譬。"②从中我们不难看出,宗白华其实就是这样,作为哲学家,一方面他大力地强调科学的作用,尤其是自然科学的精神;同时另一方面他又具有诗人的天资,前期的宗白华显然是过多地强调了科学的一面,后期的宗白华则是由于郭沫若的出现,激活了他作为诗人的一面。在对"宇宙的全部精神生命"的关注与体认中,他们走到了一起。宗白华有一句话说的非常清晰:"以前田寿昌在上海的时候,我同他说:你是由文学渐渐的入于哲学,我恐怕要从哲学渐渐的结束在文学了。因我已从哲学中觉得宇宙的真相最好是用艺术表现,不是纯粹的名言所能写出的,所以我认将来最真确的哲学就是一首'宇宙诗',我将来的事业也就是尽力加入做

---

① 宗白华:《新文学底源泉——新的精神生活内容底创造与修养》,《学灯》,1920年2月23日。
② 宗白华:《读柏格森"创化论"杂感》,《学灯》,1919年11月12日。

这首诗的一部分罢了。(我看我们三人的道路都相同。)"①这封信是宗白华写于1920年1月30日的,结合他思想观念的转变轨迹,我想他在1919年10月给田寿昌说起自己要"从哲学渐渐的结束在文学"时的心情恐怕更多的是几分无奈和郁积,而不会是如同他在这里所说的这样对未来充满信心。

第三节　宗白华与《学灯》

一

1919年11月18日,《时事新报》头版头条登出反白印刷、更为醒目的"本报大改良"启事:"本报决定将原有星期泼克废除。每日学灯栏后添设《余载》一门。专载小说脚本并插图画。至下星期实行。关于小说戏曲欢迎投稿。润笔从丰。此启"②。也就是在同一天,郭虞裳透露了他要离开《学灯》的消息,当他离开《学灯》的时候,他并没有如同他的几位前任那样,刊登启事来说明,只是在他给沈雁冰有关家庭婚姻问题的回信中说:"这几天事情太多,打起精神,还忙不了。学灯编辑的事,现请定我最敬佩的朋友宗白华先生代理。以后学灯一定可加些光采了。"③两天后,郭虞裳在给沈雁冰的信中又说:"你对于学灯文艺方面的意见,我很是佩服。宗白华先生见你这信,也以为狠是。你便中来馆的时候,可和宗先生商量一下。我们总要想法实现我们的理想。"④显然,郭虞裳是打算彻底脱离《学灯》的编务了,从他让沈雁冰来找宗白华洽谈《学灯》事务已经可以看的很清楚了。也可以说,从此之后,宗白华就是独立编辑《学灯》了。

宗白华编辑下的《学灯》积极地投入到了新思潮的建设事业之中,当然,"讨论问题"在当时就是进步报刊媒介的一大显著特点。胡适在《新青年》第七卷第一号上发表的《新思潮的意义》中提到体现新思潮运动共同精

---

① 宗白华:《致郭沫若》,《宗白华全集》第一卷,合肥:安徽教育出版社,1994年12月第一版,第225页。
② 《本报大改良》,《时事新报》,1919年11月18日。
③ 郭虞裳:《致沈雁冰》,《学灯》,1919年11月18日。
④ 郭虞裳:《致雁冰》,《学灯》,1919年11月20日。

神——评判的态度——的具体体现时曾说:"我们随便翻开这两三年以来的新杂志,便可以看出这两种趋势。在研究问题一方面,我们可以指出(1)孔教问题,(2)文学改革问题,(3)国语统一问题,(4)女子解放问题,(5)贞操问题,(6)礼教问题,(7)教育改革问题,(8)婚姻问题,(9)父子问题,(10)戏剧改良问题……"①宗白华后来也回忆说:"当时青年思想也是偏于理想方面,对于哲学问题,文化问题(如东西文化及其哲学),文艺的问题(如新诗)都特感兴味。《时事新报·学灯》上所发表的文字,主要的是'杜威罗素的哲学'、'文学艺术理论'、'新诗'(郭沫若的诗)、'青年问题'、'恋爱婚姻问题'、'反宗教问题'等,而政治问题却比较地不是中心。到后来青年中产生政治上党派,'五四'运动的潮流,可以说是转入一新阶段了。我觉得民族中这种天真纯洁的'青年气',是永远需要的。我并不盼望中国青年在20岁以前,就个个很老早地懂得政治上的世故,虽然我不否认政治对一民族的重要。"②

一般来说,报社主笔或者副刊主编对报纸副刊上有关问题的讨论是有绝对的自主权的,他们可以根据自己的倾向和认识来控制哪些问题可以"浮出水面"供大家讨论,而哪些问题要被"按入水底"而不进入大众的视域。我们这里就以《学灯》上对有关青年婚恋问题的讨论为例,来谈谈这个问题。

1919年10月28日,《学灯》评论栏刊登了郭虞裳的《一个问题》一文,其中郭虞裳把读者"奋我"的来信登载出来,要求与读者一起讨论。奋我的问题大体上是这样:现在的青年对于他们的父母从前代他们聘定的未婚妻,应该表示怎么样的态度,即使废止了婚约后女子的父母又替她另结同样的婚约怎么办,大多数的女子因为不与男子交际如何才能达到由恋爱结合的婚姻,如果考虑到这些问题,是不是应该重新考虑自己对待父母包办的婚姻的态度。

郭虞裳认为,爱情应该是婚姻的第一要素,所以对包办婚姻应该不承认才对。如果替女子着想,似乎不应解除婚约,但是男子的人格也应该得到尊重。"不必因对面的女子不发生利益,自己便去忍受损害。至于女子

---

① 胡适:《新思潮的意义》,《新青年》第七卷第一号,1919年12月1日。
② 宗白华:《我所见到五四时代的一方面——少年中国学会与〈学灯〉》,《宗白华全集》第二卷,合肥:安徽教育出版社,1994年12月第一版,第266页。

第四章 少年中国学会与《学灯》的新文化建设

当然也应得尊重伊自己的意思,不要听人支配。"当然,郭虞裳本人可能觉得这些问题很难回答,他想请"读者共同思索"。果然不久,张闻天就该问题给郭虞裳回复了。张闻天认为不光要问男青年对父母包办的未婚妻该怎么办,还要问女青年对父母包办的男青年该持什么态度,总之,两性问题需要双方一起去研究解决。幼波也随即发表了《离婚问题》,认为除了家庭对男女青年的压迫之外,社会利用礼教贞操观念也在压制着青年。到了10月30日,沈雁冰就来回应郭虞裳了。他在《〈一个问题〉的商榷》中说:"……婚姻问题是我最喜欢研究的,所以我也要来多嘴说几句。"沈雁冰认为结婚不当以恋爱为要素。"我以为恋爱(Love)这东西的素质,我们人多半没有见过。平常表现的恋爱,多少已经受了社会惯习的暗示和个人经验的连合作用或情形的助成,绝不是素质。换一句话说,就是各个人所经验的恋爱,因受了这三种力的牵扯,常常各不相同。非但各个人不相同而已,就在同一'我',也因时间的先后,恋爱也要变更他的程度。所以我是不信有纯粹的恋爱,也不信纯粹的恋爱有永久性。……如此说来,恋爱这东西,发现的不见得定是素质,因此发现后也不能必其不变,所以结婚不应以恋爱为要素。"在这个基础上,沈雁冰回答了读者给郭虞裳提出的问题:"父母前定的婚,除因特种情形(如确知该女性情乖戾或伊父母不良或因其他主见上之歧异等等)外,皆可以勉强不毁。"这样的回答显然是与五四时代个人解放的时代潮流不相符合的,不能因为人类的情感有可能会随时间变迁而就从根本上否认了爱情的存在。沈雁冰的另一个理由却说出了当时大多数深陷旧式婚姻痛苦中的人的心声,他说:"再进一步想,我们解了父母定的婚约了,在男子固然可以另想法;但是女子如何? 我不要伊,别人要伊么? 伊从前不出来社交,现在一旦就'能'出来,父母也就一旦'许'他出来么? 恐怕有些固执的女子,反要误会意思,弄出性命交关的事来呢! 这岂不是为好反成恶么? 所以我们要进一层想,该女子不社交无知识,是个可怜虫,我娶了他来,便可以引伊到社会上,使伊有知识,解放伊,做个'人'! ……我愿我们青年人对于妻的观察是如此:不是我的妻,也不是我父母的媳妇,——是一个'人'!"[①]虽然沈雁冰把这个问题提高到了"立人"的层面,我们仍然要说他的这个说法是一种身为"历史中间物"的浅薄人道主义观。男女社交本身其实就是解决男女社交问题最好的方法。身为《学

---

① 沈雁冰:《〈一个问题〉的商榷》,《学灯》,1919年10月30日。

灯》主编的郭虞裳也再次呼吁更多的读者参与讨论。他在沈雁冰文后附注道："雁冰先生此论，颇有见地。但是这问题绝不是数语可了；我仍望读者诸君再发表些高见。"①作为一个身受包办婚姻之苦的读者，王崇植就响应郭虞裳的号召，他在《解决父母代定的未婚妻问题》中支持郭虞裳的见解，但认为在事实上做到自由恋爱和男女公开社交是很难的。

讨论显然是有效果的，就连最初给郭虞裳写信的"奋我"也再次发言，声明他之所以要提出这个问题的动机，他在《再论〈一个问题〉》中说："现在一般青年，活活的受罪，不知醒悟，我提出这个问题就是要促起青年男女的自觉，增进研究婚姻的兴味，速求根本的办法。"他并且引用了胡适和蓝公武在1919年春就此问题的辩论来说明："我们争回自己的人格，争回对手的人格，这正是合于人道主义的事情。""奋我"说的显然是针对沈雁冰的看法而言的。1919年11月18日，沈雁冰再次致信郭虞裳，表示要收回之前的说法。他说："虞裳先生：今天接到先生的信。我那篇《对于妇女解放问题的感想》现在想去，简直是乱想。……上次的一篇感想，许多地方说的不爽不快，请您给我撕了罢，不好算数的。"但是沈雁冰在该信中却提出了一个乌托邦式的解决旧式家庭压迫苦难的办法，他表示应该要废去家庭制度，过一种只有社会生活、没家庭生活的"新生活"。显然这样的想法是偏激的，没有实际价值的。在11月20日，沈雁冰在给郭虞裳的话中说："我以为一个问题讨论到现在，发表意见的人虽多，却已经都是雷同，更有许多感情话，不但失讨论此问题的初意，而且令读者看的生厌了。历次总有几个人互相辩驳，而且狠有不看清别人的议论，不寻着他主张的来源，就字面上乱驳一阵的，我觉得这总也不算好现象。"②

在1919年11月23日，刚刚接手《学灯》主编的宗白华在《学灯》发表了《一个问题的商榷》。在该文起首，宗白华就说："此次来稿过多，不能全部发表，甚以为歉。又所登诸君文字原文过长，限于篇幅，不能全载，只节录大旨，亦望原谅。"之后，他一气选登了十一条读者的相关讨论信函。他在这十一条读者信函之后的编辑按语中道破了玄机："这一个问题诸君讨论日子已经很久。大致都是主张不承认父母代定之未婚妻或未婚男的。惟手续进行上尚是意见纷岐，不归一致。这是理想目的相同，而达到这理

---

① 郭虞裳：《〈一个问题〉的商榷》附注，《学灯》，1919年10月30日。
② 沈雁冰：《致郭虞裳》，《学灯》，1919年11月20日。

第四章 少年中国学会与《学灯》的新文化建设

想目的方法有急进与温和的差别。这是各人的性情思想及所设想的环境不同的缘故。本不能强归一致。一个问题的范围中总含了无数的零碎问题。这种零碎问题因各种环境及对付这环境的主观各有不同,决不能找出一个普遍的原则叫各时各地的人都是一样的去解决。……我们对于社会上的责任,只是竭力发挥自由恋爱的真谛,反对代定婚姻的恶习,引起一班青年男女的觉悟及旧习父母的反省。而我们实在不能替各一种人的境界设想,又替他细筹解决的方法。所以我们只要认明一个共同的目的,分头猛进,自然于社会上有极大切实的影响。我们纵然自身不能享得这种幸福,只有保守着这种观念,步步进行,事事发挥,我们将来的社会——我们就是他们的父母!——总可享这种婚姻自由的幸福了。……至于做的方法是依个人的环境与自己的性质。不能有个普遍的法则。只要不背这共同最后的目的罢了!所以本报上对这个问题暂时停止讨论。"① 此时宗白华接任《学灯》仅仅五天,他就中止了郭虞裳在10月底发起的、一再要求读者参与的有关青年婚恋问题的讨论。整个讨论过程充分体现了刊物主编对"讨论问题"从发起到结束的决定性影响。而且这次讨论很有代表意义。一方面就如同沈雁冰在11月20日给郭虞裳信中说的那样,很多读者的意见是雷同的,而且有的读者在辩驳中暴露出来的思想上种种认知缺陷、传统禁锢、人性弱点等问题往往导致问题讨论不能深入。这在同期很多问题的讨论中很有代表性,尤其是在以大众为目标读者和参与对象的报纸上,有关"问题讨论"经常就是这样收尾的。但是另一方面,张东荪作为《时事新报》的主笔,他对这个问题价值的认知和评价也是很重要的因素。张东荪并不愿意谈论青年的婚恋问题。他在1919年12月19日发表在《学灯》上的《我对于解决一个问题的意见》一文中说:"我对于所谓一个问题不愿意发表意见。因为我一发表意见必定扫了大家的兴。为什么呢。我以为本没有一个普遍原理可以解决这个问题。因为人人各有个性。各个不同。人人各有境遇,各个不同。人人各有自由的意志。各个不同。所以凡是结婚和离婚的问题只能由本人适应他的特别境遇依着他的自由意志用他个性的自动能力去解决。旁人决不能参与其事。……这个问题不是学理问题,乃是个最简单的人事问题。就是只有'离''合'两字。……所以本报大胆把所有投函都牺牲了。固然对于投函诸公非常抱歉。然而自信却于

---

① 宗白华:《一个问题的商榷》,《学灯》,1919年11月23日。

事实丝毫无损。……反对父母代定婚约从抽象上说我是赞成的。但是一到具体的某某人的问题。我便主张听本人自由。有的主张毁约就毁约，有的主张不毁约就不毁约。不必强人一律照办。"①可见，即使是胡适口中的"研究问题"，张东荪仍然强调的是学理的一面，而不是具体问题分析的一面。听张东荪说起来似乎有理，可是如果不从具体的问题个例入手，只是在学理层面来谈问题，很容易将问题浮泛化，不可能深入探讨下去，因为不存在脱离具体语境的问题；强调只是谈学理，事实上是将复杂的问题简单化、抽象化，而回避了"讨论问题"对广大青年和现实生活的指导意义和批判价值。

从宗白华表示"本报上对这个问题暂时停止讨论"到张东荪言明"本报大胆把所有投函都牺牲了"，我们可以看出，张东荪作为主笔对宗白华主持下的《学灯》是有一定的影响力的。但是也有很多人对张东荪的看法表示不同意见的。甚至到了1926年7月3日，周作人在写给即将担任《世界日报》副刊编辑的刘半农的信中还建议道："不可轻蔑恋爱。当时是说副刊上不可讨厌谈恋爱的诗歌小说论文而不登，只要他做的好，——并非说副刊记者。天下之人大都健忘，老年的人好像是生下来就已头童齿豁，中年的人出娘胎时就穿着一套乙种常礼服，没有幼少时代似的，煞是可怪可笑。从前张东荪君曾在《学灯》(?)上说，他最讨厌那些青年开口就要讲结婚问题，当时我对朋友说，张君自己或者是已不成问题了，所以不必再谈，但在正成为问题的青年要讲结婚问题却是无怪的，讨厌他的人未免太是自己中心主义了。（在你的一位同行拉丁系言语学教授丹麦人Nyrop老先生的一本怪书《亲嘴与其历史》的英译本里，有一句俗谚，忘记是德国的呢还是别国了，此刻也懒得向书堆中去复查，就含糊一点算了罢，其词曰，'我最讨厌人家亲嘴，倘若我没有分'，这似乎可以作别一种解释。）"②周作人的话多少有一点戏谑的成分，但是他指出了当时在副刊上主持类似讨论的人（不光是张东荪）的一个通病，就是"自我中心主义"。周作人的看法是深刻的，同时，从他六年之后还记得在1920年张东荪在《学灯》上的言论可想而知，他当

---

① 张东荪：《我对于解决一个问题的意见》，《学灯》，1919年12月19日。甚至于到了1923年11月10日，在《学灯》通讯栏，张东荪依然认为《学灯》不应该刊登关于婚姻恋爱的稿件，他认为在人生中有比婚姻恋爱更为重要的事情，引得许多青年抛了功课和学业来谈这件事情，"实在于青年有害而于社会无益。以后学灯毅然决然不再登这一类的稿件，理由如此，想你必能原谅罢"。

② 周作人：《条陈四项》，《知堂书信》，第86、87页。

第四章 少年中国学会与《学灯》的新文化建设

时对《学灯》及其主事者在讨论问题方面的做法及其倾向是相当注意的。

二

除了"讨论问题"之外,宗白华作为《学灯》的主编还卷入了一场论战。就在宗白华刚刚同郭沫若交好的同时,1920年1月9日,《学灯》栏突然刊登出了宗白华的一则"特别启事",其中说:"我在前月(指1919年12月,笔者注)13日为《解放与改造》做了一篇《学者的态度与精神》,已于二十余日前付印。(有以前广告可证。)今观其内容,恐读者疑心,以为与此辩论事有涉。故特此声明,以免误会。"①那么,宗白华在这里提到的"辩论事"是什么呢?

原来,就在1920年1月1日,也就是在1920年元旦这天,陈独秀在《学灯》上发表了《告上海新文化运动的诸同志》一文。文中,陈独秀不点名地批评了《少年中国》1919年9月15日第一卷第三期上宗白华的《致〈少年中国〉编辑诸君书》中"重学理轻文学"的观点以及魏时珍给王光祈信中流露出来的文化观念。文中,陈独秀主要"敬告诸君的有三件事":

(1) 出版物是新文化运动的一端,不是全体。

(2) 新文化运动只当向前的发展,不当向后的反动。

(3) 不应该拿神圣的新文化运动做射利的器具。②

这三条当中,首尾两条都与宗白华及《学灯》无关,但第二条则是专门针对宗白华而发。

关于第一条,陈独秀解释道:"出版物自然是新文化运动中很要紧的一件事,但此外要紧的还狠多,不必大家都走一条路。我们富于模仿力,缺乏创造力……现在大家都来办报,不肯向别的事业方面发展,也就是缺乏创造力底缘故。照我们现在底学问程度人才力量,一个地方只配办两三种报,多了便要人力分散,勉强杂凑起来,一个报也办不好,这是何苦来!就是办报,也应该办性质不同、读者方面不同的报,不必办性质相同的报。……我曾劝许多在上海的朋友要办报不必办和人相雷同的报,上海工商业都很发达,像《店员周刊》《劳动周刊》,倒有办的必要;但是至今无人肯办,难道不高兴张嘴和店员劳动家说话吗?……我总希望大家拿这些人力

---

① 宗白华:《特别启事》,《学灯》,1920年1月9日。
② 陈独秀:《告上海新文化运动的诸同志》,《学灯》,1920年1月1日。

财力,去办新文化运动中比出版物更进一步更要紧的事业。"对这条意见,陈独秀曾多次强调其紧要性、急迫性。在1920年1月1日出版的第七卷第二号的《新青年》"随感录"中,第75条就是陈独秀做的《新出版物》一文,文中陈独秀重复了他的观点:"出版物是文化运动底一端,不是文化运动底全体;出版物以外,我们急于要做的、实在的事业狠多,为什么大家都只走这一条路?若是在僻远的地方——云南甘肃等处——发行杂志,倒也罢了;像北京上海同时出了好些同样的杂志,人力上财力上都太不经济了。……凡是一种杂志,必须是一个人一团体有以后在那个主张不得不发表,才有发行底必要;若是没有一定的个人或团体负责任,东拉人做文章,西拉人投稿,像这种'百衲'杂志,实在是没有办的必要,不如拿这人力财力办别的急于要办的事。"①陈独秀不但是自己写文章这样说,在1919年底俞颂华到北京时,第一次见到了陈独秀,陈独秀也给俞颂华表露过类似的意思,"他希望出版物要普遍的发达。各种出版物不要尽出一途。要各方面一起发达。必定讨论主义的也有。讨论大问题的也有。讨论小问题的也有。以至讨论专门学问。讨论特定问题的都有。才算得真是好现象。若同一性质的杂志或周刊多几个是算不得什么好现象。他以为在上海商店狠多。工厂也不算少。最好商界工界自动的举办店员周刊工人周刊。要是他们举办起来。智识阶级应得帮他们忙。目前关于学界的出版物固然比较多些。那专供工商界看的周刊期刊还是毫不发达。所以大家于工商界方面也应得提倡。"②可见陈独秀产生这样的思想由来已久。

关于第三条,陈独秀说:"上海由一位朋友写信给我说:'因为现在关于新思潮的报销路都很好,此地有许多做黑幕小说的、做红男绿女香艳小说的朋友,都打算改做这种投机的事业了。'……我们所欢迎的新思潮,不是中国人闭门私造的新思潮,乃是全人类在欧战前后发生的精神上物质上根本改造的共同趋势,这是何等神圣的事业!我们中国人腐败,堕落,精神上物质上都到了破产的运命;最后的希望就是想随着全人类大改造的机会,来做鼓吹大改造的新思潮的新文化运动,或者是起死回生底一线生机。……没有觉悟的人,仍然是拿投时射利的动机来办鼓吹新思潮的报,

---

① 陈独秀:《新出版物》,《新青年》第七卷第二号,1920年1月1日,第153、154页。
② 俞颂华:《京游杂记》,《时事新报》,1919年11月17日。

所以不得不替新思潮捏一把冷汗。"①陈独秀在这里的担心绝对不是多余的。在1919年12月9日,《学灯》上就刊登出由美华图书公司发行、由鸳鸯蝴蝶派闻野鹤为社长的《新思潮》杂志预定于1920年元旦出版的广告。在广告词中这样说道:"今天的中国,大家都闹着'新思潮'了。这'新思潮'究竟是怎样的呢?一个时代的社会政治学术,便是一个时代思潮的表示,我们现在的社会政治学术总望不上欧美各国,但是我们的思潮,却一步步接近了。这是我们可以承认的。我们现在一方批评我们的社会政治学术,一方介绍欧美社会政治学术,将来把东西洋的文明集合了,一通引进二十世纪的新潮流去。这便是我们的主义。"②在广告中,它还特别指出担任撰述的是"国内有名人物和旅欧旅美的几位同志"。当新文化运动在上海特殊的商业文化氛围中变成了可以盈利的商业行为时,追腥逐臭的鸳鸯蝴蝶派文人是不会放过这个摇身一变就可以成为时代先锋、继续发财的机会的。

陈独秀这篇文章的核心部分就是第二部分,也占据了该文的绝大篇幅。陈独秀在文中说:"死抱着祖宗牌位向后退走的顽固派,我们不去论他;就是那半新半旧的先生们,像那帮着警察厅大骂同学的人;又像那挂起留美学生的金字招牌办杂志,却都仿照无聊的医生底办法,请出许多名人介绍,这般人既然可怜没有当顽固派的魄力,头脑中又抛不了祖宗牌位底偶像,我们也不去论他;我们深以为憾的,正是我们很推重的杂志,我们很希望的青年,也发出似是而非的议论:说什么'这种直觉的新学问家同中国古代的学者,有什么分别,恐怕还不及他们有人生与社会的经验呢?'"陈独秀在这里引用的是宗白华在《致〈少年中国〉编辑诸君书》中的文字,陈独秀针对这个观点反问道:"试问大科学家Bergson(即柏格森,笔者注)的直觉哲学,是否毫无价值?试问中国现在是否有人算得是直觉的新学问家?试问中国的学者底人生与社会的经验,现在有什么价值?"紧接着,陈独秀又引用了一段宗白华的文字,陈独秀说:"说什么'现在一班著名的新杂志(除去《北京大学月刊》同《科学杂志》),都是满载文学的文字同批评的文字……世界新思潮,在学术上是真正的自然科学的精神,在社会上是

---

① 陈独秀:《告上海新文化运动的诸同志》,《学灯》,1920年1月1日。
② 《新思潮》广告:《学灯》,1919年12月9日。钱玄同在1920年5月7日写给周氏兄弟的信中,更是不客气地将闻野鹤叫做"那位做'新思潮'(此三字非横写不可的)的闻野鸡"。

真自由真平等的互助主义同新式的社会组织,在文学上是写实主义同人道主义;试看他的文字,有几篇真有科学的精神(发阐科学的更少),有几篇用科学的方法,彻底研究社会问题,又曾有几篇写实文学的大著作.'"这段话,也是宗白华《致〈少年中国〉编辑诸君书》中的文字。陈独秀说:"他列举的三种新思潮固然不错,可惜这三种新思潮虽然都受了科学的影响,却不是他没头崇拜的自然科学所能包办的呵。他用'趾高气扬的态度,夸大藐视的心胸'骂倒一切新杂志,诚然痛快;但独独推重《北京大学月刊》同《科学杂志》,除了因为这两种杂志多讨论自然科学以外,不知道还有何种理由? 他说:'我们要打破中国人的文学脑筋,改造个科学脑筋。'这话固然有理,但科学脑筋却不限于自然科学,不反背科学精神的文学艺术,也都是人类最高精神的表现,岂可一概抹杀?"

我们要知道,就在宗白华"多学理少文学"的观念在1919年9月后宣扬于《少年中国》和《学灯》的同时,北京在五四运动中被迫停刊的刊物也逐渐复刊了。《新青年》自从1919年5月的第六卷第五号的"马克思主义研究专号"之后,到1919年11月1日才出版了第六卷第六号;《新潮》在1919年5月1日出版了一卷五号之后,到同年10月30日才出版第二卷第一号。复刊后的《新青年》与《新潮》都突出文艺的色彩,与同期宗白华的言论形成了鲜明的反差与比对。而且宗白华在文章中显然对某些杂志(显然包括《新青年》《新潮》)"满载着文学的文字和批评的文字"表示鄙夷,陈独秀在文章中没有引用完整,宗白华的原话是:"现在一班著名的新杂志(除去《北京大学月刊》同《科学》杂志),都是满载文学的文字同批评的文字,真正发阐学理的文字极少,只能够轰动一班浅学少年的兴趣,作酒余茶后的消遣品,于青年的学识见解上毫不增益,还趾高气扬的自命提倡新思潮。我以为这种新思潮是他们个人主义的新思潮,并不是世界的新思潮。"①可见,宗白华几乎将《新青年》《新潮》归入"酒余茶后的消遣品"了,宗白华的说法显然比较片面。作为《新青年》的"监护人",难怪陈独秀为此非常生气了。

在1919年11月1日出版的第六卷第六号的《新青年》中,除了"随感录""通信""什么话"外,共有13篇(类)文章,其中文艺类的就有7篇,这期中还包括"诗"栏目一项中的12篇诗歌。《新青年》对新文学的关注在当时

---

① 宗白华:《致〈少年中国〉编辑诸君书》,《少年中国》第一卷第三期,1919年9月15日。

第四章 少年中国学会与《学灯》的新文化建设

是极为引人瞩目的,也是极有现实斗争指向性的。在当期的《新青年》"什么话"栏中,记载了林纾的一段话:"余谓不为小说,则已;为小说,舍艳情外无足动目。(见本年三月二日新申报)"这里耐人寻味的是,在1919年11月份的《新青年》要把当年3月林纾的话翻出来再加批判,可见当时的北大新青年派觉得仍然有必要继续批判文学娱乐化倾向,与此同时又必须以新文学作品来树立正确的文学导向,所以在1919年12月1日第七卷第一号的《新青年》开首,就有北大新青年一派的"本志宣言",其中就说道:"我们因为要创造新时代新社会生活进步所需要的文学道德,便不得不抛弃因袭的文学道德中不适用的部分。"①

傅斯年在1919年9月5日写作新潮社改为学会的纪念文章中说:"新潮的将来大约也是宣传文艺思想人道主义的,不是个专研究现日中国社会问题的"。在张继(溥泉)写给新潮社的信中,张继说:"一个时代有一个时代的文章,前数年常常的想,何以中国的整体变了,而戏剧文学仍照前清帝政时代的样子,可见中国的国门,只换了一块招牌,思想风俗一切全没有改。"而在写给张继的回信中,罗家伦说:"老实说,文学革命不过是我们的工具,思想革命乃是我们的目的。而且思想革命同文学革命是一刻儿离不了的。"《新潮》在11月复刊后不久,11月26日徐彦之在给潘家洵的信中就提出:"现在对于你自己却有件事要请你承认。我们杂志第二期的编辑公推了志希,他提出一个意见,辑斋颉刚平伯白情我们几个都很赞成。可是一定要请你尽力,不然还难得实行哩。什么意见呢? 就是以后我们的杂志每号里头务必要有一篇戏剧,一二篇小说,和几首新诗,标出我们文艺的色彩。"②可见,加强新文学的推介并以此为路径来来进行思想革命是当时北大新青年一派、新潮社诸人的共识。由此,我们可以想见,陈独秀对宗白华立论偏颇是有非常大的看法的,也理解他为何要在《学灯》上对它的主编不点名地批评了。

这只是陈独秀批评宗白华的一方面,另一方面则是针对少年中国学会会员也是宗白华的好友魏时珍在第一卷第三期《少年中国》"会员通讯"栏中文章而发。相较于宗白华,陈独秀对魏时珍的批评态度更加猛烈。魏的文章中其实大意也同宗白华一样,只是魏更加强调传统文化与现代社会相

---

① 《本志宣言》,《新青年》第七卷第一号,1919年12月1日。
② 徐彦之:《致潘家洵函》,转引自《中华民国史事纪要》,1920年下卷,第491页。

合的一面及其存在的合理性,他说:"顷年以来。思想革新。诚甚盛矣。然试登高远瞩。国内书报。刊行者何限。亦尝有专言精确科学者乎。亦尝有脚踏实地。本其钻研之所得。而后发为言论者乎。(大要皆道听途说或抄袭剽窃)美洲之《科学》北京之《大学月刊》《数理杂志》其言论文章。稍近科学矣。然其销行之广。能如其它鼓吹谬论者乎。吾国之人。患在空谈。将欲救之。非用实学。断不为功。今不出此。而又助之以焰。燎原之祸。吾惧其将及矣。此其大弊一也。方今之人。震于西学之势。痛诋中学。一若中国学术。溃烂臃肿。势非廓清扫净不可者。而抑知性理之学。经数千年之蕴蓄。其中固有至贵者存乎。夫理学与科学。两事也。科学之效。在利用厚生。使吾辈有精严之宇宙观。(科学中亦有专研理极而无俾实用者此特为常立论耳)理学之用。在存养省察。使吾辈有正确之人生观。故理学不患其旧。虽羲皇之言。苟其果善。亦皆可从。所谓'推之万世而准也'。而科学则力求其新。非新则用绌矣。故理学不厌其少。片言只字。苟其诚精。皆可作则。所谓'得其一言。终身用之。有所不尽'也。而科学则力求其富。非富则利不溥矣。是以士处今日。当严辨理学科学之界。而不可混而为一。诚欲救理学矫揉之弊。则取其拘束萎靡者而铲除之。斯可已矣。乌可尽弃其旧而惟新是图也。又况新者。多拾人牙慧之余。似是而非之妄解。虚诞无实之缪谈耶。此其大弊二也。"①陈独秀对这一段议论,痛斥为"恰和主张'中学为体,西学为用'的张之洞所著《劝学篇》,好像是一人手笔"。陈独秀说:"(看他科学玄谈对举,又不满于近来的思想革新,又专门推重讨论自然科学的二个杂志,想必是专指自然科学。)别的关于思想艺术的学问,都一笔抹杀。这还是几十年前中国人慑于西洋物质文明底极幼稚的观念,对于西洋各种学术文化底发达,简直未尝梦见。当真西洋文明只有科学吗?我们只应输入他们的科学,不可输入他们的别种学问艺术思想制度吗?哲学、社会学、心理学、人类学、语言学等,不比科学更难几倍吗?后半段突然又把中国的性理学抬出来和西洋底科学并重,并且分作两事,实在莫名其妙。大约他还是抱着张之洞以来'科学是新的好,道德是旧的好;物质文明是西洋好,精神文明是中国好'的一种成见。……我们现在一方面要晓得自然科学只是各种学术底一种,不能够拿他来取消、代替别的学术;一方面要晓得别的学术(道德学,性理学,也包

---

① 魏时珍:《致王光祈》,《少年中国》第一卷第三期,1919年9月15日。

第四章　少年中国学会与《学灯》的新文化建设

含在内。)多少都要受科学精神的洗礼,才有进步,才有价值。……我以为珍重研究介绍新潮的人,他若真是打破了中国人的文学脑筋,改造了一个科学脑筋,就应该指出那种思潮是新的,是合乎科学的,是可以发生好的效果,那种思潮是旧的,是不合乎科学的,是可以发生恶的效果;不可以笼统说凡属自然科学以外的新思潮,都是'玄谈',都是'谬论',都是'空谈',都是'燎原之祸',都是'拾人牙慧'(羲皇之言,何尝不是人之牙慧?)都是'似是而非的妄解',都是'虚诞无实之谬谈',……像这样笼统不举实例的漫骂武断,在官场文告中时常看见,学理的讨论果然是这样吗? 科学家的态度果然是这样吗? ……谬论与空论不同,说他是谬论,必须指出他所以然的谬处,才算是科学态度的批评。若拿出科学家的态度,实际批评那种新思潮是何以好,那种新书报,那篇文章,有那种谬论,他谬处在那里,像这种学理的讨论,正可以使新文化运动向前发展。若是不问青红皂白,对于一切新思潮笼统加以'鼓吹谬论'的徽号,这简直是从根本上反对新文化运动,助守旧官僚张目,要造成向后的反动。若是明目张胆的守旧派说出这种话,我们不以为奇,某杂志似乎也是一班主张新文化运动的人办的,竟然有向后反动的现象,像这种挂起'毋忘国耻'招牌卖旧货的办法,我们断然不能容忍!"①

毫无疑问,陈独秀对于《少年中国》第一卷第三期上宗白华和魏时珍的文章是极有意见的。他在文中不断提到的"某杂志"其实就是《少年中国》。当然,陈独秀针对宗白华主持《学灯》也说了几句:"……我很希望在上海的同志诸君,除了办报以外,总要向新文化运动底别种实际的改造事业上发展,……就以办报而论,也要注重精密的研究,深厚的感情,才配说是神圣的新文化运动,……我们所希望的,持论既不谬,又加上精密的学理研究才好,像 Karl Marx(卡尔·马克思,笔者注)底《资本论》,Kropotkin(克鲁泡特金,笔者注)底《互助论》,真是我们持论底榜样,但也许有人说他们是鼓吹谬论。某杂志骂倒一切书报,除研究自然科学的都是鼓吹谬论,又没有举点证据出来,固然是很糊涂,我恐怕他这样非科学的笼统论调,要生出向后反动的流弊,所以上面不得不稍稍辩驳几句;至于他主张'发表一篇文字都要有学理的价值'。(胡适之先生不主张离开问题空谈学理,我以为拿学理来讨论问题固然极好,就是空谈学理,也比二十年前的《申报》和现在新

---

① 陈独秀:《告上海新文化运动的诸同志》,《学灯》,1920年1月1日。

出的《民心报》上毫无学理八股式的空论总要好得多。)'要打破中国人的文学脑筋,改造个科学脑筋。'这几句话,却真是我们的昏夜警钟呵!"①

虽然在文章的末尾,陈独秀也对《学灯》主编宗白华肯定了几句,但是总体上的语气是严厉的,论调是批判的。

1920年1月3日,宗白华的反驳文章《答陈独秀先生》就发表在《学灯》上。文中,宗白华针对陈独秀说他"没头的崇拜自然科学"反驳道:"我主张我们发表一篇文字都要有学理的价值,要有科学的精神,这都是陈先生所认为'昏夜警钟',所认为'固然不错'的。这就是没头的崇拜自然科学么?陈先生宣言拥护'德先生'和'赛先生',这就是有头的崇拜科学么?陈先生没有指出我们没头崇拜自然科学的证据,我却可以反证我不是没头的崇拜自然科学。我在《欧洲哲学的派别》独断论中有一段说:'……一班科学家以为科学万能,可以解决一切事理,这也堕入独断论了。'陈先生把我原文没看清楚,就因了感情的作用,先有了幻想的作用,根据这种幻想,发挥他的谩骂。陈先生,这是学者的态度么?……陈先生说我一概抹杀了文学艺术的价值,这正是陈先生幻想的作用。我因《少年中国》是个'学会'的出版品,劝他多载些学理的文字,又主张文学也要'不背科学的精神'呢!陈先生空想虚构的能力,令人佩服无地。"②宗白华的主要观点就是这样的,他觉得陈独秀对他和魏时珍的批评是基于直觉上的无端指责。宗白华在这里说的虽然不错③,但是在1919年10月10日他在《学灯》上发表的《说思想改革》一文中他确实是有些"崇拜"自然科学而轻视文学的,他说:"逻辑上思想的律令本不如科学律令(自然律令)能够坚定准确丝毫不错的。我们的思想往往因遗传的旧观念,先入的成见,感情冲动,以致矛盾谬误不合法则。我们要得正确的思想非有全副精神,依据实际造成明了概念,再依逻辑律令,制成正确的判断与结论。不是随意凭着直觉眼光,文人空想的脑筋或依引'圣教量',就可以算得有学理价值的。中国人的思想偏有这种

---

① 陈独秀:《告上海新文化运动的诸同志》,《学灯》,1920年1月1日。
② 宗白华:《答陈独秀先生》,《学灯》,1920年1月3日。
③ 宗白华在1919年8月15日《少年中国》第一卷第二期上有《致寿昌君左函》,信中宗白华提出:"窃以为两足下暇时,不妨多介绍欧土最新文艺,如俄、法、挪威之写实派。(易卜生所著《国民公敌》或《民仇》甚有意思,君左兄愿译之否?)槐以为写实派文学,并非最高文学式。(譬如照片是写实之极,然终不如图画之美)。但其中描写欧洲文明社会黑暗之处,大足令人深长思耳。"其实,这就是宗白华"文学也要不背科学的精神"的体现。

第四章　少年中国学会与《学灯》的新文化建设

习惯所以我以为非设法改革改造不可。这种改革比社会政治改造还重要。因为全国学者的思想若是不合法,怎能改造创造其他的事业呢? 改造的方法我也想了一下,就是切实去彻底研究自然科学。有两重原因:(一)因自然科学是纯粹依据实际的学科。自然科学的内容就是我们思想的依据。(二)自然科学思想的法则是最正确最合理的思想法则。我们若常在自然科学中研究,我们的思想就自然而然的练成合法的思想了。然后我们具了这种'科学头脑'观察一切,论断一切,自就不会再流入直觉笼统,随意武断,发表些无价值的文章了。这才是真正新学家的精神。中国未来文化发展的基础。请我国可敬的新青年注意于此!"①

从1919年11月15日《少年中国》第一卷第五期上的《中国青年的奋斗生活与创造生活》一文中宗白华所说的"中国遗传的文人头脑,尚未曾改作科学的头脑,提倡新学的还是偏于文学方面,于科学方面,无新发扬,一般青年也还是欢迎文学的多,对于科学没甚趣味"中可以看出,他还是宣扬一种"重学理轻文学"的思想意识,他并没有一概抹杀文学艺术的价值,可是,就读者来说,是可以明显感觉到他"重理轻文"的倾向。即使是陈独秀"误读",但也是说明了一方面问题。如同宗白华讲的那样,《少年中国》确实是学会的刊物,强调学理是可以理解的。可是《学灯》并不是,就是它的"文艺副刊的性质"让宗白华当时感觉到恐怕要"结束在文学"上了。

事实上,这次论争双方并没有就这个话题深入下去。这只是论辩双方尤其是陈独秀情绪的一次发泄而已。我们知道,北大新青年派在五四运动中受到时代大潮的冲击而急遽分化。以胡适为代表的"想在思想文化上为中国未来政治构筑基础"的一派和以李大钊、陈独秀为代表的"日趋俄国化"的一派日益分裂。1919年7月开始的"问题与主义"之争只是矛盾初现端倪而已。而宗白华在新青年派系的分裂中毫无疑问是早就站在了胡适的一边。

就在1919年7月15日出版的《少年中国》第一卷第一期中,宗白华发表了《致北京少年中国学会同志书》。文中宗白华就主张:"……以后月刊中发表文字,宜取绝端慎重态度。……夫果为主义而见辱,实学者之勇气,固当不屈,但为叙述他人之主义而见残,殊不值也。况吾学会对于政治及社会,纯取学术研究,尚未有主张。若因个人之文字而危及全体之进行,则

---

① 宗白华:《论思想改革》,《学灯》,1919年10月10日。

不若暂时停止与学会存亡有关之言论,专从事于科学、哲学、人生观、群学等,以发阐之,则政治社会诸问题,不解自解。且较有根据矣。……作事有经有权,学会全体之进行事大,个人言论自由,比之较轻,因个人而危及全体,智者不为。社会黑暗既已如此,吾人不得不暂时忍辱,专从事于健全无妄之学术,求得真理,将来确定一种健全无妄之主义,发扬蹈砺,死以继之,则不失学会之精神耳。设创始之初,即遭摧残,固属社会之罪,实亦吾人之不智也。故同人等主张月刊文字,暂多研究'学理',少叙述'主义',以求维持学会之巩固,即发阐主义,总注意毋危及学会存亡,审时度势,暂时从权,实至要也。"① 宗白华在这里提出的"多研究学理,少叙述主义"的说法,比胡适在第 31 期的《每周评论》上发表《多研究些问题,少谈些主义》一文,还要早 5 天! 宗白华这里主要是从在黑暗社会现实中如何保持学会健康发展的角度出发,从"有经有权"中注重"从权"的一部分来提出自己的论点的。② 在同期《少年中国》中也有《北京少年中国学会同人致上海本会同志书》,文中北京少年中国总会对宗白华等人的意见表示支持:"北京同人对于上海同志之建议,极表同情;又来函谓本会已有一定主义,亦在积极进行,此语甚为扼要。盖本会宗旨即在建造'少年中国'。本会同人若在研究真实学术、发展社会事业范围之内活动,同人自当互相与以积极之援助。倘有会员对于政治兴味极浓,急欲登台一试,或对于社会组织有所不满,急欲从事社会革命,本会同人对于上述两种会员,无论其成功失败,均不过问,听其自然。要之,本会同人严守研究真实学术发展社会事业之态度,个人在本会宗旨以外之活动,必不使其影响于团体,此固可以断言者也。"③ 在 1919 年 7 月 26 日,少年中国学会会员曾琦致信胡适,盛赞胡适《多研究些问题,少谈些主义》一文"对于现在空发议论而不切实的言论家痛下砭鞭"并表示"万分佩服"。胡适在 1922 年 6 月 18 日,在第七期的《努力周报》中谈起了他挑起"问题与主义"之争的缘由及其思想方法上的根源:"1919 年 6 月中,独秀被捕,我接办《每周评论》,方才有不能不谈政治的感觉。那时正当安福部极盛的时代,上海的分赃和会还不曾散伙。然而国内

---

① 宗白华:《致北京少年中国学会同志书》,《少年中国》第一卷第一期,1919 年 7 月 15 日。
② 宗白华的担心不是多余的,在 1919 年 11 月,北京政府就以《国民公报》登载有关克鲁泡特金自叙传、宣扬无政府主义为名查封该报,并逮捕了该报记者孙几伊。
③ 《北京少年中国学会同人致上海本会同志书》,《少年中国》第一卷第一期,1919 年 7 月 15 日。

第四章 少年中国学会与《学灯》的新文化建设

的'新'分子闭口不谈具体的政治问题,却高谈什么无政府主义与马克思主义。我看不过了,忍不住了,——因为我是一个实验主义的信徒,——于是发愤要想谈政治。我在《每周评论》第 31 号里提出我的政论的导言,叫做《多研究些问题,少谈些主义》。……我现在的谈政治,只是实行我那'多研究问题,少谈主义'的主张。我自信这是和我的思想一致的。梅迪生说我谈政治'较之谈白话文与实验主义胜万万矣',他可错了;我谈政治只是实行我的实验主义,正如我谈白话文也只是实行我的实验主义。实验主义自然也是一种主义,但实验主义只是一个方法,只是一个研究问题的方法。他的方法是:细心搜求事实,大胆提出假设,再细心求实证。一切主义,一切学理,都只是参考的材料,暗示的材料,待证的假设,绝不是天经地义的信条。……我对于现今的思想文艺,是很不满意的。孔丘、朱熹的奴隶减少了,却添上了一班马克思、克洛泡特金的奴隶。"①对胡适来说,他终身都不信服马克思主义的重要原因之一就是因为他不信仰那些没有经过实践检验的政治理论。②

宗白华跟胡适在这点上是很接近的,他在 1919 年 10 月 10 日的《学灯》上说:"中国人思想最欢喜依据'圣教量'③。譬如儒家就引据孔孟先儒的话作千古定论,佛家就以佛说为无可怀疑,新学家就以最近著名大学者的见解为最新最好的学说。初不先去彻底考察各种'圣教量'的理由根据。随便搬出就评论一切,解释一切,以为这种素所信仰的大学者的话就是科学上最大公例。这真是不合科学思想。所以中国学者最易于动摇,易于轻信,易于盲从。人说中国人顽固守旧,我以为中国人缺少判断力,所以容易顽固,也容易轻信盲从。都不肯去考察基础现象,研究最初概念的内蕴。"④可见,在思想方法和观念上,宗白华也是倾向于胡适的,他在 1919

---

① 胡适:《我的歧路》,《努力周报》第七期,1922 年 6 月 18 日。
② 季羡林在《站在胡适之先生墓前》一文中就说:"众所周知,适之先生是不赞成共产主义的。但是,我们不应忘记,他同样也反对三民主义。我认为,在他的心目中,世界上最好的政治就是美国政治,世界上最民主的国家就是美国。这同他的个人经历和哲学信念有关。他们实验主义者不主张设什么'终极真理'。而世界上所有的'主义'都与'终极真理'相似,因此他反对。他自己说,他一辈子没有写过批判共产主义的文章,而反对国民党的文章则是写过的。"见杨天石主编《文坛与文人》,第 253 页。
③ 宗白华在该文后附注说:"'圣教量'是佛经中语。他的意义就是一个学派或宗教中主脑人物所说的神圣不可怀疑的话。如儒家对于孔子之说,佛家对于释迦之言。"
④ 宗白华:《说思想改革》,《学灯》,1919 年 10 月 10 日。

年11月18日《学灯》上发表的《"实验主义"与"科学的生活"》一文更是极力推崇"实验主义"。他说:"昨日我读了胡适之先生的《实验主义》一书(学术讲演会出版),很受感动。'实验主义'的精神与态度真是改救中国人思想的唯一良药。胡先生高呼提倡,若果能影响到中国青年的思想里面,使中国人空气的积习根本铲除,以事实际现象的研究,则中国学术必将改观,中国思想史上将开一新纪元,其惠益中国文化将在提倡白话文字之上。"

可以这样说,同样是不谈政治,胡适和宗白华等人的出发点是不一样的,但他们从思想方法层面出发反对信仰马克思主义和无政府主义则是一致的。胡适早年留美期间受到美国政治文化的影响可以说是极大的,甚至是终身的。胡适说:"我对美国政治的兴趣和我对美国政制的研究,以及我学生时代所目睹的两次美国大选,对我后来对中国政治和政府的关心,都有决定性的影响。其后在我一生之中,除了一任四年的战时中国驻美大使之外,我甚少参与实际政治。但是在我成年以后的生命里,我对政治始终采取了我自己所说的不感兴趣的兴趣(disinterested-interest)。我认为这种兴趣是一个知识分子对社会应有的责任。"[①]可见,胡适要求少谈主义,也就是他出于"不感兴趣的兴趣"而做出"发愤要想谈政治"的举动。而宗白华等人作为新兴少年中国学会会员所声明的不谈主义,不仅是在恶劣现实政治环境下希图自保的权宜之计,而且最关键的是,少年中国学会的精神理念就是要从思想文化教育等方面来建设"少年中国",即"本会已有一定主义,亦在积极进行,此语甚为扼要。盖本会宗旨即在建造'少年中国'。本会同人若在研究真实学术、发展社会事业范围之内活动,同人自当互相与以积极之援助"。少年中国学会领导人王光祈针对有青年加入旧政界说道:"……所谓新文化运动者,即由政治改革而进为社会改革之一种表现也。果能循此以进,努力奋发,民族清明之气,不难计日而复。曾几何时,一般参与新文化运动之青年,乃将三十年来之教训尽行忘去;所有新文化运动精髓之社会改革一笔推翻;所有从前政党之迷路皆一一照旧再走;所有中国一线生机,遂从兹断绝。呜呼!以胡适之先生之不否认现代政治组织,犹且宣言二十年内不作政治活动;而今日提倡社会主义之青年,乃主张加入旧政界,此诚可令人痛苦流涕长太息者矣!……总之,三十年来所得

[①] 胡适口述,唐德刚译注:《胡适口述自传》,桂林:广西师范大学出版社,2005年8月第一版,第46页。

第四章 少年中国学会与《学灯》的新文化建设

之教训,吾辈必珍之贵之。从前是政治改革之失败,今日是社会改革之代兴。吾辈与旧日党人不同之点在此,新文化运动关系民族之存亡者亦在此。所以吾辈必抱定宗旨,从事社会活动,反对政治活动。"①可以说,王光祈的观点是少年中国学会会员的普遍共识。在这样的思想观念下,宗白华在1920年10月"少年中国学会会员终身志业调查表"中在"终身欲研究之学术"栏下填写的是"哲学、心理、生物学",而在"终身欲从事之事业"栏下则是"教育"。宗白华对自己的信念是坚持的,就在1925年少年中国学会因为内部思想分裂而渐趋解体之时,他仍然表示自己"对于目前内忧外患交迫的中国"抱持"少年中国主义"。

郭正昭在《王光祈与少年中国学会》一文中,曾转述过王光祈这样的一个观点:"他(指王光祈,笔者注)又曾投稿德报,论'留学生与中国政治',以留学生的思潮为史例,分析三十年来中国政治社会的进化,而归纳成三大派别:(一)留日学生大抵主张'政治的政治改革'②,他们最大成功为辛亥共和革命,而最大失败则为未植社会基础。(二)留美学生大抵主张'社会的政治改革',他们最大成功,为国内产业勃兴,其最大失败,则为违背时代潮流。(三)留欧学生大抵主张'社会的社会改革',如留法之李石曾,留英之吴稚晖,留德之蔡子民等人。他们将来的最大成功则必为文化勃兴,平民崛起。"其中,王光祈认为最有希望的就是"社会的社会改革",他在《社会的政治改革与社会的社会改革》一文中认为:"吾国民族今日之所以陷于如此悲运,其原因虽多,而其最重要者,则无过于社会腐败,内政外交不过其表面者耳。外交之危殆由于内政之腐败;内政之腐败由于社会之麻木。有纵容安福部之社会,然后始有媚日卖国之安福政府;有纵容张作霖、曹锟之社会,然后始有国际共管之说。……除少数'社会的政治改革者'之外,必同时赖多数'社会的社会改革'为之辅助,始能收效。"③王光祈认为黄任之、胡适、梁启超、汪精卫四人是"社会的政治改革者"。胡适所谓的"要从思想文化方面为将来的政治打下基础"就是"社会的政治改革"最好的说明。而王光祈和宗白华等人毫无疑问都自认为是"社会的社会改革者",他

---

① 王光祈:《政治活动与社会活动》,《五四时期的社团(一)》,北京:三联书店,1979年4月第一版,第402页。
② 即以政治手段改革政治。以下同此句法。
③ 转引自郭正昭《王光祈与少年中国学会》,《中华民国国史纪要》1918年,第836页。

们思想的最终着眼点并不在政治,而在社会。① 这可能是他们跟胡适最大的区别。但是,与胡适一样的是,他们都是要"从思想文化方面下手",这是他们与胡适一派靠近的最大缘由。

在1919年11月15日《学灯》上发表的《"实验主义"与"科学的生活"》一文中,宗白华从"实验主义的根本观念就是科学实验室的态度"这个观念前提出发,呼吁在国中多建立一些真正的科学实验室,比如"理化的,心理的,生物的"来修养磨练"科学真精神"。更关键的是,宗白华在这里不但在思想方法上靠近了胡适,同时在精神观念上更远离了陈独秀。文中他继续说:"我向来以为,现在中国青年有两种最优美最丰富而最有价值的生活,就是新村的生活与科学实验室的生活。新村的生活是谋社会的建设,新中国的创造,是在自然界中活泼新鲜的创造生活。科学实验室中的生活是求学理的阐明,新文化的振兴,是在小宇宙中丰富多趣的研究生活。两种都是真有意义有价值的生活。我们任择其一,我们的生活内容就无忧了。"② 宗白华在这里的论述方式和话语套路不禁让人想到了陈独秀在第25期《每周评论》中的《研究室与监狱》一文。文中陈独秀说:"世界文明发源地有二:一是科学研究室,一是监狱。我们青年要立志出了研究室就入监狱,出了监狱就入研究室,这才是人生最高尚优美的生活。从这两处发生的文明,才是真文明,才是有生命有价值的文明。"③ 显然,"科学研究室"还是一样大家都会强调的,只不过在陈独秀那里的现实的"监狱"到了宗白华这里变成了乌托邦般的"新村"。陈独秀在发表《研究室与监狱》一文三天后就果真进了北京政府的监狱,他显然不愿意只是坐而论道,他想要在实际的层面有所行动,而"有经有权"的宗白华可不是这样认为的。当然,由此我们就可以明了陈独秀在批判宗白华的文章中一再地说"除了办报之外,总要向新文化运动底别种实际的改造事业上发展"的苦心孤诣了。而这,也恰恰就是他与胡适、宗白华等人在此时渐行渐远的一个重要的因素。而陈

---

① 罗志田认为"社会改造"之所以在五四时期受到青睐或许因为"社会"带有调和或综合政治和文化两趋向的意味,它既不那么政治化,又比文化和思想更具体实在,同时还能包容个人和群体两方面。见《激变时代的文化与政治——从新文化运动到北伐》,北京大学出版社,2006年9月第一版,第5页。
② 宗白华:《"试验主义"与"科学的生活"》,《学灯》,1919年11月15日。
③ 陈独秀:《研究室与监狱》,《每周评论》第25期,1919年6月8日。周作人在《红楼内外》中认为该文是出自胡适的手笔。事实上,该文发表在陈独秀被捕之前三天,而非周作人认为的陈独秀被捕之后,应该是周作人误记。周作人该文可参见陈平原、夏晓红编《北大旧事》,第396页。

独秀则在 1920 年 2 月 1 日《新青年》第七卷第三号的通信中,在回复学生臧玉海有关林纾从事教育事业一事时说:"我们现在不必拿宝贵的时光和他(指林纾,笔者注)说废话。况且现在青年思想底大害,不是这班顽固的老辈,乃是有点新思想而不澈底的少壮学者呵!"①陈独秀并没有指明是说谁,不过从时间的关联上,极易让人联想到矛头有可能是指向宗白华、魏时珍等少年中国学会同人。

三

1920 年 1 月 1 日,也就是在元旦这天,《时事新报》第一张第二版刊登了时事新报馆同人的《我们的宣言》一文。这是在《时事新报》历史上极其重要的一个宣言,它直接关系到我们怎么来理解和定位这份在历史上争议极大的报纸。这则宣言说道:

> 我们办了这个报已有十多年了。我们似乎应得早有一个宣言。为什么今天才发表呢。因为今天可算是本报一个新纪元。以前的本报是个偏重于政治方面的报。从今天以后就要偏重于社会方面了。以前的本报是主张以政治力建设一个新国家的。以后的本报是鼓吹以文化力创造一个新民族的。因为这个缘故。所以不能不发表一个宣言。
>
> 虽则我们这个倾向不是今天才决定的。已经决定有两年了。但是这两年乃是预备的时期。我们在这两年里头实验我们的主张。觉得我们的方向确是没有错误的。所以我们今天敢大胆的宣布出来。
>
> 我们这个宣言。不是广告的性质。乃是誓约的性质。不是说得好听。求各方面立刻表同情给我们。乃是豫定我们事业的方针。以便自己约束自己。

接下来,该宣言分三层来说明他们的方针:"一,我们的主张。二,我们的态度。三,我们的事务。"

在宇宙观方面他们认为:"未来的真理就是从实验现在的真理里头创造出来的。现在的真理自然是从实验过去的真理里头蜕化出来的。我们

---

① 陈独秀:《林纾与育德中学》附识,《新青年》第七卷第三号,1920 年 2 月 1 日。

不敢说未来的真理创造得怎么样。我们只敢说过去的真理怎样的蜕化。现在的真理怎样的充实。"人生观方面他们认为："我们对于人生观。以为人生在世就是实现人性。甚么是人性的实现呢。就是自由平等向上的合一。……我们的理想以为最好有一个制度。同时解决这三方面的问题。就是在政治方面能发挥自由的高度。在经济方面能建立平等的基础。在学术方面能促进向上的动力。这是我们所理想的制度。因这个缘故。我们对于现行的制度。无论从哪一方面看。都认为不能满意。但是我们对于古代贤哲和当代贤哲所拟的各种制度也不能都满意。所以我们不能不综合我们自己所想得到的。创造一个理想的标准。这个理想的标准就是我们的趋向。我们此后一生的事业就是把这个理想化作具体的制度。但是我们只站在言论方面。此后的充实这个理想也是专在言论。"

与此同时，他们也提出了具体的主张是：

"……解决中国问题非和解决世界问题用同一方法不可。解决世界问题没有取巧的捷径。只靠着各个人的自觉和各民族的自觉。要他们各个人都能自觉。第一步便是文化运动。所以我们以为解决中国问题的初步的方法也就是文化运动。我们愿意把这张小小的报纸公开做全国文化运动的机关。

"我们既抱了这个主张。自然对于现在所有的各党派。都认为立脚地完全不同。一概断绝关系。但是无论哪一党派的人如能抛弃他的固有地位而来做文化运动。我们也愿意互相扶助。"

而说到他们的态度，他们说："……我们取试验的态度。不取独断的态度。对于反对者不去胡乱攻击。对于赞成者也不做感情的袒护。不做乡愿式的调和论。也不做空无所有的怀疑论。"

关于他们的事务，他们也指出："说到我们的事务。自然是两种。一种是言论。一种是新闻。言论表示我们的主张。已经说过了。我们对于新闻事业认为不是单纯的报告消息。乃是交通知识。用具体的事象表示时代潮流和文化精神。所以和主张的言论是相辅而行的。同是文化运动的一种方法。不可轻视。因此我们对于新闻的记述专求表示时代精神。不取无聊的消息。但是我们的记述不含作用。没有新闻政策。我们认言论事业新闻事业。都是终身的事业。干这种的人必定'锲而不舍'并且要'威武不能屈。贫贱不能移'。我们虽然浅陋。却也自誓不怕强暴。不怕辛苦。总要这个立脚地上奋斗出光明来。"

第四章 少年中国学会与《学灯》的新文化建设

从这份时事新报馆同人的宣言书中,我们不难看出,张东荪在1920年之前从事新文化运动的实践让他们认识到之前从事政治运动是误入歧途,真正有价值的是在社会方面用力,通过创造性的文化运动来建设新的国家民族。1920年之前的文化努力在他们来说只是一种预备工夫,并且他们觉得自己在这两年的努力是正确的,所以直到今天才"敢大胆的宣布了出来"。而且在谈到他们的事务时,他们挑明了关于《时事新报》正张与副刊的一个重要的关系,就是新闻与言说的关系,即新闻既要"交通知识",也要"用具体的事象表示时代潮流和文化精神",于是,新闻正张与副刊的关系也就是"相辅而行"的了。这也体现着时事新报馆从革除《报馀丛载》黑幕并创刊《学灯》开始所作的以维护刊物整体品格相互协调为目的的一种努力。也就是说,《时事新报》正张和以《学灯》为代表的副刊整体文化精神是相互打通、一以贯之的。

也就是在同一天,宗白华主持下的《学灯》也刊登出了"学灯栏宣言":

> 本栏自刊行以来。极承社会上学者和青年的同情。又蒙读者诸君常常投稿。为本栏生色。同人等深致谢意。但世界的实际是不断的创化。本栏虽小。也当力求进步。现在再将本栏的主义和体裁申说一遍。愿求诸君精神上的集合与积极的帮助。
>
> (甲)本栏的主义　本栏今后的主义和理想。简括言之。就是。从学术的根本研究。建中国的未来文化。
>
> 我们为什么要建造中国的新文化呢。这事已可不必多解说。我们从文化的意义上已知道文化就是人类精神思想继续不断的工作。以谋人类精神生活和物质生活双方的进化与发展。文化的实际是活动的潮流。不是静止的典型。是创造的工作。不是因袭的模仿。新文化的创造是我们应有的责任。是我们可能的事业。中国文化的进化。停顿已久。我们中国的民族。人人都有创造中国新文化的责任。
>
> 我们为什么要做学术的根本研究呢。有两重理由。
>
> (一)新文化的运动。本有学术。艺术。道德。伦理的各方面。但本栏是学术界的出版品。本栏的能力。只能从学术上研究各种艺术。道德。伦理。学术的价值和内容。发挥而介绍之。不能直接的去做艺术或道德的运动。所以本栏的主义和责任。是学术的根本

研究。

（二）本栏以为文化的起源和建设。本是由于人类的经验与思想。而我们有统系有条理有组织的经验思想。正是我们的学术。所以本栏承认学术是新文化运动的一个重要基础。学术的根本研究是我们创造新文化的重要手续。

所以本栏的定义。简括言之。就是奉学术作本栏新文化运动的指导明灯。借着这学术的灯。做我们积极的。基础的。稳固的。建设的新文化运动。这正是本栏取名学灯的本意。

但本栏对于学术又取的什么态度呢。本栏以为学术的实际是经验与思想并重。没有思想的经验是盲目的经验。离开经验的思想是无效果的空想。所以本栏主义是尊重有思想组织的经验学术和不背实际的哲学理论。本栏所推崇的学术方法是实验的。归纳的。科学方法。

以上是本栏主要的意见。也就是本栏以后进行的标准。现在再把本栏文字编辑的体裁。叙述于后。

（乙）本栏的体裁本栏的门类本不能有绝对的固定。须跟着学术的新思潮和社会的新问题随时移动。但有以下的数门。可以得常常的披露。

（一）评论　发表记者或读者对于各种社会问题或学理问题的意见。

（二）讲坛　登录名家的讲演。或当代学者的言论。

（三）研究　登载各种学术或社会问题的精密的研究。

（四）译述　登载欧美名著的翻译或叙述。

（五）学术丛谈　介绍科学哲学文学与社会学术的新思想。

（六）文艺　披露文学的著作。新体诗文和剧本。

（七）社会问题　登载各种社会问题。如教育问题。妇女问题。新生活问题等的讨论。

（八）读者问答　发表读者关于学术上或社会上各种问题的问答。

（九）青年俱乐部　发表各界投稿的文字。

（十）通讯　登载读者。或记者往来的通讯。

第四章　少年中国学会与《学灯》的新文化建设

此外还有学术界消息艺术界消息笔记来件介绍新刊等类。都系临时发表。不拘时日。

在"我们的宣言"中,张东荪等人表示愿意断绝一切党派关系来"把这张小小的报纸公开做全国文化运动的机关";而在"学灯栏宣言"中,宗白华又表示要"奉学术作本栏新文化运动的指导明灯。借着这学术的灯。做我们积极的。基础的。稳固的。建设的新文化运动"。毫无疑问,此时他们是真诚的、积极的、向上的。

值得注意的是,在"学灯栏宣言"中,对学术本身以及从事学术研究的再三强调,可以让我们更充分地了解《学灯》的性质和特色,也对我们认知新文化运动向纵深方向发展的复杂性提供了一个很好的视角。这里,我们就以新文化运动从"杂志时代"向"丛书时代"转换过程中《学灯》在上海两大书局——商务印书馆和中华书局——从事新文化运动建设的历史进程中所扮演的角色、所起到的作用作一番论述。

新文化运动进入1920年代后,出于对前一个阶段文化运动主要由杂志报纸开展而必定随之产生的浮泛浅薄、抄袭成风等文化恶相的反思,人们都在寻求深入开展文化运动的突破口。而这样的突破口的寻求是与大家对当时出版、文化生态的批判性认识有密切关系的。陈独秀的看法非常有代表性,陈独秀认为当时的千篇一律的杂志刊物太多了,不但是多,而且大多都是对西方学说掐头去尾、浅尝辄止,甚至有的概念混乱、逻辑颠倒让人不忍卒读。但大多读者却习惯性地依靠报纸、杂志来增进知识学养,而不是从专业书籍出发。所以当时的有识之士也大声疾呼,要求青年人如要提高知识水平、增进学术修养就要多读有系统的学术书籍才行。

当时在浙江一师的读者平陵在给张东荪的信中就其翻译《创化论》一事说:"我们中国的学者,对于文化运动,不应当把西洋的文化,零零碎碎的介绍过来;是要如先生这样的毅力,把他一部一部,新上加新的科学书,哲学书,大批大批的翻译过来。那么,新思潮才能真澈底,新文化运动,才算真发达。中国人向来有一种毛病,最喜欢干'轻而易举'的事情,这都是民族惰性的表示,……我们自五四以来,新出版物,如雪片似地飞来,这不算不是好现象,对于新思潮的不算不欢迎。但其中却又一个大危机,就是青年守着那些零零碎碎的刺激,很容易冲动他们的名誉欲,酿成急进的求知底现象,达到'欲速不成'的倾向,不能切切实实,去做他们的修养工夫,弄到完来,天资聪颖的,至多不过'模糊笼统'记着几个新名词,对于根本的科学常识,'捕风捉影',简直'摸门无路',后来觉悟了,才晓得非补修根本的科学不可,可怜虽有这样的心,没有这样的力了,脑筋记忆力最强的时期,已经过去了,学也学不进了,长此以往,新文化运动,真难免有反对的一日了。这不是一个大危机吗?"①在1920年1月15日《学灯》上发表的少年中国学会会员邰爽秋的《敬告现在的新文化运动家》一文中更是提出了"少办杂志,多译丛书"的口号。他说:"我觉得现今杂志第一个缺点,就是所介绍的知识,居多是片段的,仿佛是东鳞西爪,竹头木屑,既没有系统,又没有相互的关系;这类的材料,大概是从西文书里抽译出来的,什么前因后果,译者都是不负责任的,譬如先前不译一部西洋哲学史,就凭空介绍现代的一个哲学名家。这家哲学在哲学史上的地位,和他与当时诸学说的关系,都是不清不楚,叫读者一看,莫名其妙。连他的根本概念的定义都不能了解。咳!这样情形,就是这半年来文化运动的现象!……现在的人,动辄说中国知识界起了饥荒,不可不办杂志来救济。我觉得杂志的功用,只可以引起知识界饥荒的感觉。真正的饥荒,杂志并不能救济。我们中国的学术界,好比是个饿得要死的人,已经失了知觉,不觉得自己饿。做医生的,第一步先要用刺激性的药,把他刺醒,教他觉得肚里饿。随后第二部,必定要给他充分的滋养料,去营养他的身体,这才是起死回生的手续。如果不这样,依然用刺激性的药,向他肚里灌,这个人要吃的欲望,终究是不能满足的!中国人知识的饥荒,也是这样,在前几年,仿佛是饿得要死的人,已经失了知觉,近年来才被杂志刺醒,个个都有满足知识的要求,文化运动家,在这个时候,应该当赶快联络同志,各就本分,分类译书,尽力的介绍有系统的科学,使翻译事业,放大光明于国内,教研究一种学问的人,个个都有高深的参考书,不必处处要看西文书籍,这才能算真正的文化运动。若还是去多办杂志,一鳞一爪,介绍片段的知识,我真不赞同。"②显然,读者们的看法跟宗白华等人的看法非常吻合,宗白华马上就出来呼应了。在两天后,也就是1920年1月17日,宗白华就在《学灯》上发表《我对于翻译丛书的意见》一文,表示对于邰爽秋的意见"很赞成"。他认为:"我们现在研究新学术的初步手续,就是:各种学术根本观念的研究和历史的观察。研究

---

① 徐平陵:《致张东荪》,《学灯》,1920年1月14日。
② 邰爽秋:《敬告现在的新文化运动家》,《学灯》,1920年1月15日。

方面既是如此,介绍方面就得以此为标准。我们现在要翻译丛书,就得了一个标准和范围如下:(A)横的方面——各种新学术根本观念的解说。(B)纵的方面——各种新学术源流历史的介绍。"他不但在宏观上指出了丛书翻译的路径,而且以哲学为例来谈到如何进行。他说:"譬如介绍哲学,我们现在就要先着手翻译哲学史同哲学概论,然后才讲到介绍近代名家。我们要先从这'纵''横'两方面同时并进,做一种基础的文化运动。再从这基础上慢慢的发挥介绍欧美名家高深的理论同微妙的学术,诸君以为如何?"①

如果说之前的鼓吹大多是笼统的和宏观的话,那么少年中国学会会员左舜生在1920年2月10日《学灯》上发表的《有力的文化运动》一文,就更是进一步指出了具体的操作步骤。文章中,左舜生一开始也是指出在现阶段光增加杂志刊物的数量是不能满足社会需要的。"一般人的要求,已经移到丛书一面,从事文化运动的,不能不设法满足社会的需求。我觉得大出丛书,应该有一种极完善的组织,不然,出的书一定漫无系统,人才与时间也太不经济。组织的第一步,最好各地成立出版部,例如南京高师和金陵,学生中不少优秀,高师的教员,更是一时之选,如果教员和学生同组织一个出版部,从事译著,定能限期出多少丛书。"左舜生的要求就是在各地组织以大学为中心但不局限于大学的出版机构,然后进一步组织全国出版联合会,实行大规模的文化运动。"这个联合会不是立个名目不做事的,是要负责审查出版物介绍名著等的责任,并且还要筹一宗奖励出版物的基金(最好由各地出版物的报酬中抽出百分之几),遇有重要的出版物发现,应由联合会予以一种极有名誉的奖励。同时联合会还可选出若干名著,悬奖征求翻译,有重要的问题待解决,也可用联合会名义,征求国内外学者的意见。照这样做,大可以把全国智识阶级最有力量的一部分,连成一气,对于恶势力,我们可以用再接再厉的精神去扑灭,……总而言之,文化运动到今日,实在有大组织的必要了,有组织我们就可以把三年的工夫并做一年做。没有组织,就三年的工夫十年还做不好。先生们啊!朋友们啊!时候不早了!大家起来罢!"②从左舜生的叙述中,不难看出,他是想组织、整合全国的知识阶层的力量来共同从事文化出版活动,事实上也是受了五四时代行

---

① 宗白华:《我对于翻译丛书的意见》,《学灯》,1920年1月17日。
② 左舜生:《有力的文化运动》,《学灯》,1920年2月10日。

会组织流行一时的影响。

就在进步青年们大声疾呼发行丛书的同时,另一方面,在同时期的《学灯》上也展开了针对商务印书馆和中华书局保守、敛财等各种营业恶习的文化批判,不客气地说,商务印书馆和中华书局(以下简称商务与中华,笔者注)之所以参与到新文化运动丛书建设中来的重要原因,是被少年中国学会等一帮进步青年骂出来的。早在1919年11月4日,康白情就给张东荪写信,对中华书局征求政界和学界的题名单借以敛财的做法表示了强烈不满。康白情说:"上海是个造赝品的大工场。无论什么事,只要可以博得些'蜗角功名'、'蝇头微利',就不愁没有人冒牌混替的。……国内有数的中华书局也居然做起流氓生活来了!你看他这次大登广告,征求政界和学界的题名单,编辑政界名簿和学界名簿,不是图借端敛财么?最可恨的是他还把这个用意说是仿了英美各国的 Who is who 和日本的绅士题名录!……有见识的,眼里自然有个黑白,而寻常人都以经验为断。这种的书,我可以推断他们有种种的不确实,而且万难副应征的之望。如浅人信'黑幕'为近世写实派的小说,因不相信'黑幕'以致菲薄近世写实派的小说。将来这种什么界名簿的书宣告了死刑,这个要破产了的社会必至因不相信什么界名簿而菲薄英美各国的 Who is who 和日本的绅士题名录。唉!先生,你看这还了得么?但他的广告已登了许久,却并没有谁批评他,可见这社会的麻木程度了!我望你解释我的疑窦,而且对于这麻木的社会,痛打几针。看怎么样?"[①]在1919年11月13日,邰爽秋又在《学灯》上发表《评商务书馆的〈袖珍日记〉》,对商务印书馆在出版物封面上刊登英美烟草公司的广告的做法表示抨击,认为商务印书馆的做法污染了青年成长的文化环境和教育环境。文章的最后,邰爽秋话题一转,说:"我以为商务印书馆,急宜觉悟,自己问一问,这十几年来教育上正当的书出了几部?高等学术的书出了几部?损坏青年道德的小说书出了几部?附下比一比,也应该有良心上的责备。我今为商务书馆计,当速速打起精神,来干神圣出版的事业,才可以赎以往之罪,才不是我国教育的罪人。商务书馆是中国顶大的书店。他倘能分些营利的精神,帮一回文化运动的忙,力量一定非常大的。我做这段评论,对于商务书馆有很大的希望咧。"[②]这都是少年中

---

① 康白情:《致张东荪》,《学灯》,1919年11月4日。
② 邰爽秋:《评商务书馆的〈袖珍日记〉》,《学灯》,1919年11月13日。

国学会会员借《学灯》读者来信一栏对商务和中华的批判与希望。

宗白华作为《学灯》的主编，在这个时期对两大书局的态度也是"又打又拉"。宗白华在1919年11月8日的《学灯》上发表了《评上海的两大书局》，文中宗白华的态度极为严正。他说："一个大书局在社会上同别种商店不同。它营业而外还要负点文化责任。现在欧洲各国及东方日本都已了解这一层。如世界著名的德国莱克兰（Reclam）书局，每年出书万册，价值极廉而内容极富。因为它店主人是个很有学问的，它的宗旨不是在赚钱，实在是想推进社会国家的文化。所以它极注意国内学者与国外的新出版书籍。国内学者若有所著，它立即购去，印成一小册子廉价出售。——务使这部书于数月之间散布全国。国外书店若有新书出版，它立刻翻译，传布国内。——中国现在的大书局正相反。它们不仅丝毫不晓得有文化责任，并且还正是中国文化的障碍。上海两个大书局，如商务印书馆与中华书局就是这样。商务印书馆十余年来不见出几部有价值的书。学理书等到现在还是严复的几本译本。欧洲近代名著中只出了一本《创化论》。还都定价很高，使穷学生无力来买。新学潮的书籍月刊都不看见它代售，——中国古代名著它不出售（我有一次去买《墨子》它都没有），欧洲现代名著原文它都没有。我每每想不出他这书局为什么而开。就是为营业起见也不当如此。'文化责任'四个字更不是它所能梦见的了。中华书局更没有评论的价值，我也不忍说它，因为它的门前已经极冷落了。"①文章中，宗白华对比了中西两种文化语境中出版机构的作为和表现，对商务和中华评价极低。当然在文章的末尾，宗白华对这两个中国最大的出版机构也提出了希望并指出光明的道路。他说："提议译著欧美名著，先通论而后专论，限一年内出书几十部。但是不必再找那班名公。——现在社会上并不是没有能译述的学者。若专向已著名的学者征求文字，实是商务印书馆与中华书局毫无进步的根本原因。"②甚至到了1920年2月14日，仍然有读者在猛烈地抨击商务印书馆。侯可九在《我对于商务印书馆的批评》一文中就商务印书馆与新文化运动的关系一项对商务颇为不满，他说："……商务书馆处处都是营业性质，专做一个适合国民心理的投机事业。照我们的眼光看起来，他既是个书店，而且是个国内极大的书店，对于中国的文化

---

① 宗白华：《评上海的两大书局》，《学灯》，1919年11月8日。
② 宗白华：《评上海的两大书局》，《学灯》，1919年11月8日。

事业,当然负有极大的责任。应当抱着牺牲的精神,和热烈的情感,去做种种文化革新的事业。但是他编译所里的成绩,是怎样呢?不过几本旧式的科学书,对于文艺小说,像林纾①那样古董,竟当他是个台柱,大捧而特捧。……以上的批评,也许有苛刻的地方,但是我自信还算公平,而且我对于他,有无限的希望,因为他在中国的工厂里,在比较上,究竟算是最新式最完善的一个,所以就本着'春秋责备贤者'的意思,来说这一番闲话,盼望他有彻底的觉悟,不断的改良,成功一个最合时势最大最好的大组织。"②显然,在读者强烈批判的同时,我们也可以体味出其对商务希望之殷。

要知道,商务印书馆因为守旧受到进步知识界的抨击可是不是自《学灯》始的。最先对他们批评的是北大新青年派。早在1918年9月15日的《新青年》第五卷第三号上就刊登陈独秀《质问东方杂志记者——东方杂志与复辟问题》一文,对商务印书馆杜亚泉办的《东方杂志》提出质问16条;其后,1919年4月1日出版的第一卷第四号《新潮》杂志上刊登了罗家伦的《今日中国之杂志界》,对商务出版的《教育杂志》《东方杂志》《学生杂志》《妇女杂志》等刊物提出尖刻的批评和嘲讽。

对商务印书馆保守行径批评的不只是北大新青年派和以少年中国学会为代表的进步青年们,国民党人对晚清保皇党统治下的商务印书馆也是怨气冲天。孙中山在1920年1月29日,在《为创设英文杂志印刷机关致海外同志书》一文中,把商务的复古倾向放在五四的时代大背景中论述,来凸显其政治反动、文化守旧的一面。孙中山说:"自北京大学学生发生五四运动以来,一般爱国青年无不以革新思想,为将来革命事业之预备,于是蓬蓬勃勃发抒言论,国内各界舆论,一致同倡,各种新出版物为热心青年所举办者,纷纷应时而出,扬花吐艳,各极其致,社会遂蒙绝大之影响,虽以顽劣之伪政府,犹且不敢撄其锋。此种新文化运动,在我国今日诚思想界空前之大变动,推原其始,不过由于出版界之一二觉悟者从事提倡,遂致舆论放大异彩,学潮弥漫全国,人皆激发天良,誓死为爱国之运动。倘能继长增高,其将来收效之伟大且久远者,可无疑也。吾党欲收革命之成功,必有赖于思想之变化,兵法攻心,语曰革心,皆此之故。此种新文化运动,实为最

---

① 根据郑贞文《我所知道的商务印书馆编译所》中记述,林纾与高梦旦不仅是福建老乡,而且有同学与同年之谊。

② 侯可九:《我对于商务书馆的批评》,《学灯》,1920年2月14日。

第四章 少年中国学会与《学灯》的新文化建设

有价值之事。最近本党同志激扬新文化运动之波澜,灌溉新思想之萌蘖,树立新事业之基础,描绘新计划之雏形者,则有两大出版物,如建设杂志、星期评论等,已受社会欢迎。然而尚自慊于力有未逮者,则印刷机关之缺乏是也。夫印刷机关,实出版物之一大工具。我国印刷机关,惟商务印书馆号称宏大,而其在营业上有垄断性质,固无论矣,且为保皇党余孽所把持,故其所出一切书籍,均带保皇党气味,而又陈腐不堪读。不特此也,又且压抑新出版物,凡属吾党印刷之件及外界与新思想有关之著作,彼皆拒不代印。即如《孙文学说》一书,曾经其拒绝,不得以自行印刷。当此新文化倡导正盛之时,乃受该书馆所抑阻。"[1]当然,张元济在日记中并不承认他们是因为保守而不肯印行《孙文学说》的,反说是因为从营业上考虑才没有刊印该书。[2]

事实上,就是商务印书馆内部,此时也在重重经营压力之下,矛盾丛生。新文化运动广泛开展之后,商务的杂志因为内容守旧而日益受到读者的冷淡,以至于销售额逐年下降。张元济和高梦旦等人在1918年年底就多次商量应对策略,当时提出的方案包括打折促销等,这显然不是治本之策。而说到商务的内部派别的矛盾,陈叔通在《回忆商务印书馆》一文中就提到了商务内部教会派与非教会派的冲突之严重[3],尤其以高凤池(翰卿)和张元济之间的矛盾为最烈。1920年3月,张元济突然在报纸上刊登消息声明辞职,当时作为调停人的陈叔通回忆说:"……高翰卿来找我了。我便直截了当地对高说:'你是总经理,你可以估量一下,如果能背得下,那就听他(张元济)辞职,商务还搞商务的。'高说:'事务方面还能勉强凑合一下,但社会文化界,我怎么能号召得了?'"[4]可见,商务之所以重视张元济,就在于他在社会文化界的号召力和影响力。而他们之间最尖锐的矛盾其实就是改革和保守之争。张元济在1920年4月26日写给梁启超的信中

---

[1] 孙中山:《致海外国民党同志函》,《孙中山全集(五)》,北京:中华书局,1985年4月初版,第210页。

[2] 张元济为出版《孙文学说》事曾与高梦旦磋商,高以为"恐有不便",张元济也以为"不如婉却",答以"政府横暴,言论出版太不自由,敝处难与抗,只可从缓"。参见张树年主编《张元济年谱》,第167页。

[3] 章锡琛在《漫谈商务印书馆》中将矛盾双方称为"教会派"和"书生派",并认为高凤池是个没有文化的工人出身,自高自大,以创业老板自居,职工对其很不满。

[4] 陈叔通:《回忆商务印书馆》,《中国出版史料(三)》,武汉:湖北教育出版社,2004年10月第一版,第74页。

就说:"弟之辞职确有其事。缘与总经理高君翰卿宗旨不合。弟意在进步,而高君则注重保守。即如用人,弟主张求新,而高君则偏于求旧。隐忍五年,今乃爆发。嗣经董事会出为疏解,高君亦认弟之政策为是,并且辞职,另推鲍君咸昌(现管印刷所,亦创办人之一),李君拔可继任,添招年富力强有新知识相助为理。"可见,商务印书馆的保守是有主事者一面的原因的,但在其内部也有分别,并不像时人以及后人想象起来那样铁板一块般的守旧复古。

而在中华书局一方面,跟商务印书馆在当时比起来影响力是差一些的,尤其是由于它盲目扩充机构和厂房,投资过大,个别高层人员的经济问题频出,以至于最终出现所谓的"民六危机",后又提出与商务合并,未成后几乎破产。老板陆费逵后来曾感叹道:"不幸在最盛之时代,演出绝大之恐慌,非身历其境者,殆决不能置信也。……最困难之时代,凡三年余,此三年中之含垢忍辱,殆非人之意想所能料。民十以后,元气稍苏,基础渐固;……十余年来,股东债权热心维持,同人工友效死勿去,社会各方辅助维护,此不绝如缕之文化机关,数从死里逃生,今能与中华民国同庆成人,不得不向护法诸君致谢者也!"①从这里我们可以想见,此时中华书局正是处于所谓的"最困难之时代"这一阶段中,我们可想而知,在当时以教育文化而著称的《时事新报·学灯》对中华书局的批判,会对它的主事人产生多么大的压力和影响。

那么,《时事新报》主事人张东荪对此时的商务和中华这两大书局持何种态度呢？在1919年10月2日,罗家伦在写给张东荪的信中就提出了当下知识界应该努力去解决社会上知识饥荒的问题,同时,他也希望张东荪在"贵报上当开一栏'蒲鞭'",将那些假借新文化运动的名义行敛财之实的人"鞭策一回才是"。而在1919年11月30日,张东荪在写给张闻天的信中认为时事新报馆有义务负起这个责任。他说:"冒牌之弊最足痛心,我们当组织揭发队对于各方面之冒牌皆猛着蒲鞭也。"②可见,张东荪等人对新文化运动中出现这样打着从事新文化运动建设的幌子实则敛财的做法是深恶痛绝的,可想而知,他对商务和中华从事基于商业盈利基础上的一些

---

① 陆费逵:《中华书局二十年之回顾》,《中国出版史料(三)》,武汉:湖北教育出版社,2004年10月第一版,第173、174页。
② 张东荪:《致张闻天》,《学灯》,1919年11月30日。

"新中有旧,旧中掺新"的所谓"新文化运动"的做法是很不满的,并且愿意以手中的《时事新报》为武器同守旧势力决斗。张东荪显然是觉悟的,他在1919年年底写作的《新旧之争》一文中,坚决而明确地表示了自己的立场和态度。他说:"从五四以来。新的方面才出来。便没有一天不受旧的摧残。可以说自从五四以后天天有新旧之争。新旧既然在那里不断的争。自然双方的动员不能不逐渐增加。……记者虽不是学生和教员。然而也立在新的一方面。愿做一个马前卒。以为在这大决斗中。宁可全军覆没。不愿败了尚有一个生还。我们亲爱的商工界啊。你们还是加入呢还是做壁上观? 请你们问一问天良罢!"①张东荪最后呼吁出版工商业界改过自新,站在新的阵营中并加入"新旧之争"中来。这也可以看作他对像商务和中华一类的文化出版商业巨头的呼吁和号召。

资本往往是最敏感的。处于内外交困之中的两大出版巨头很快就意识到变则通、通则久。于是,社会上对商务印书馆和中华书局方面的批评很快就有了回应。1919年11月初,商务印书馆上层很快决定要将《小说月报》《妇女杂志》改革。茅盾回忆说:"……当年(即1919年,笔者注)十一月初,身兼《小说月报》与《妇女杂志》主编的王莼农突然找我,说是《小说月报》明年起将用三分之一的篇幅提倡新文学,拟名为'小说新潮栏',请我主持这一栏的实际编辑事务。……我同孙毓修、朱元善谈这件事,他们都承认'有过商量',并且暗示:王(莼农)是不得已而为之,半革新的决定来自上面。……《小说月报》的半革新从一九二〇年一月出版那期开始,亦即《小说月报》第十一卷开始。这说明:十年之久的一个顽固派堡垒终于打开缺口而决定了它的最终结局,即第十二卷起的全部革新。"②

与此同时,中华书局也在行动着,它直接与"鞭策者"——时事新报馆建立起了合作关系。1919年12月31日,在《时事新报》头版头条刊登了"解放与改造杂志社特别启事",其中就说:"本志为广销起见,所有发行方面事务自二卷一号起概归中华书局接办倘蒙各界订阅代销或惠登广告均请向中华书局接洽但关于编辑方面函件仍请投寄时事新报馆收转恐未周知特此声明"。同时又附有一条启事:"本志代派所诸君钧鉴以前未清之款

---

① 张东荪:《新旧之争》,《学灯》,1919年12月28日。
② 茅盾:《革新〈小说月报〉的前后——回忆录[三]》,福州:福建人民出版社,1983年5月第一版,第438页。

此后请于一个月内寄交上海中华书局总发行所以清账目为祷"。我们知道,《解放与改造》杂志一向声明是由研究系新学会主办、订购代派广告等业务以前都是由时事新报会计处经营的。而此时,中华书局的介入不仅减轻了时事新报馆在业务上的负担,同时《解放与改造》也可以借助于中华书局更为完善的销售网络来推广发行,而且,与时事新报馆共同从事新文化运动的阵营中又得了一员健将,真可谓一举多得。

相应的,就在此时,宗白华对上海几个书局的评价已经改变了。在1920年1月19日写给沈泽民的信中,宗白华就说:"现在上海的书店中最有觉悟,真心来帮助新文化运动的要算亚东和群益。中华商务听说也有些觉悟了。究竟是否澈底的觉悟,还不能晓得。"①很快,中华书局又成立了新思潮社,专门从事新文化运动建设。张闻天等人随即就在《学灯》上对中华书局的改革提出了赞扬,但同时也提出了批评。在1920年1月22日,张闻天在《对于中华书局新思潮社管见》一文中说:"听说中华书局要设立新思潮社。一个老大书局也幡然改悟,这是何等可喜的事情。"同时,他又进一步提出了中华书局以后应该做的事情:整理国故、有系统地翻译欧美丛书、有系统地整理近代有价值的文字。而要做这样的工作就必须要"多请几个真有学问的人去分部的整理和编辑",如果考虑到书局经济上的压力那么只好"请二三个学者看由外边买来的稿子"。在有关翻译丛书的实施方法上,张闻天也给出了建议。他说:"材料的选择,要十分的严格。对于这一层,吾以为不是一二个人可以办到的。最好由书局方面敦请真是有学问的学者,组织评论会。各种稿子必要评论会通过,认为真有出版的价值。"而在整理国故一项中,张闻天也指出不能让一班遗老去整理,他给出了做这项工作的三个条件:(1)了解中西文化;(2)有世界眼光;(3)有科学的见解。最后,张闻天说:"二种方法之中,中华书局度自己能力之所及,任择其一,努力地做去。以后没有价值的书也不必出了。吾对于中华书局抱有无限希望,所以略说如上。吾并且希望别的书局,也一样的做去。"②读者姚伯麟于1920年3月14日在《我对于商务印书馆的希望》一文中,表示自己"很希望商务馆振起精神。发愤为雄。取公开主义。勿存私刻主义。取吸收主义。勿抱排斥主义。聘请专门学者。编译些极大极精的书

---

① 宗白华:《致沈泽民》,《学灯》,1920年1月19日。
② 张闻天:《对于中华书局新思潮社管见》,《学灯》,1920年1月22日。

籍。做些万世不朽的功业。方不愧全国无比那么大的一个书店呀"①。在读者给商务和中华的建议中，都要求他们整合社会文化资源、聚合社会学术精英来系统地做好西方学术引介等文化建设事业。

在社会各界的督促下，在自身思想的觉悟以及营业要求下，势之所至，中华书局率先在社会上征集"新文化丛书"的书稿，在署名为"中华书局新文化丛书编辑部"的启事中起首就谈到了编辑丛书的重要性和必要性，它说："新文化运动的呼声，一天高一天，范围一天广一天；关于时代思潮的作品，散见于各种新杂志的不少；但都是零零碎碎，不成片段。当我们'饥不择食'的时候，还可以勉强过去，要真正满足我们'求知'的欲望，实在还嫌不够。所以现在出版界的趋势，已由杂志时期，一变而入于丛书时期了。我们这个新文化丛书，就是以应这个需要为目的。但我们知识有限，所以要向外间征稿。"紧接着，它又谈到所拟定丛书的内容和形式方面的要求以及收稿的办法："（一）关于形式的，分大中小三种，大丛书字数约二十万左右；中丛书约十万左右；小丛书约五万左右。（如果有二三万字的稿子，也很欢迎，但报酬递减）。（二）关于内容的，无论'文学''哲学''科学通论''世界大势''社会问题'等等，都一律欢迎。文言白话，也不加限制。收稿的办法，我们也拟定了下面三类：（一）小丛书的版权，我们希望著作者一次让与本局。每本报酬五十元，特别者可至一百元。（二）中丛书和大丛书的办法，或由著作者保留版权，或照小丛书办理均可。关于报酬，临时议定。（三）版权已让与本局的稿件，即用新文化丛书的名目。各学术团体保留版权的稿件，即用某学术团体丛书的名目。（如某某学会丛书，或某学社丛书之类）。关于装订的形式，凡以版权让与本局的，由本局定。凡保留版权的，由著作者，或学术团体自由选择。关于校对的事，我们完全负责，特别精细。稿件请挂号寄上海静安寺路一九二号中华书局编辑所。由东西文译的，并请将原本寄下。合用即以酬金奉上，不合仍挂号寄还，邮费由本局担任。"②该启事最后还说到了书局出版丛书的三个考虑："其一为著作者的报酬，不能过高，也不能太菲。但程度愈高，劳力愈大的书，愈要求著作者牺牲，因为销路不多，书局的牺牲很大的。其二为读者的购买力，只求普及，定价不能太大。其三为书局的营业，只求不受损失，绝不忘记为文化运

---

① 姚伯麟：《我对于商务印书馆的希望》，《学灯》，1920年3月14日。
② 《新文化丛书征稿启事》，《学灯》，1920年3月14日。

动尽力。这是我们一定的趋向,希望国内外著作家,与以一种同情!"中华书局"新文化丛书"编辑部最初由戴蔼庐①负责,后来由左舜生负责。

非常有意思的是,在 1920 年 3 月 14 日,姚伯麟批判商务印书馆的文章《我对于商务印书馆的希望》与中华书局"新文化丛书"征稿启事同时发布在《学灯》上!在 3 月 15 日,姚伯麟的《我对于商务印书馆的希望》续文中,姚再次对商务"又打又拉"。他说:"至于新文化运动。新思潮的书籍。恐怕商务还没有出下一本。现在欧战以后。世界改造的新潮。有一泻千里之观。欧业不必说。请先看日本。他们发生了许多的新书店。募集大资本。组织大公司。聘请全国的学者。编译新书籍。所编译的。如托尔斯泰及马克斯的全集等。现尚在预约中。至于零星小本。出版不计其数。我劝商务馆有澈底的觉悟。牺牲的精神。顺世界的潮流。应时代的要求。费些大力量做去。要晓得一个雄冠全国的书店。不独抱一种营业的性质。对于新文化的运动上。也不能不负极大的责任。不能说在东方杂志或他种杂志上。译著下几篇新思潮的文章。点缀风光。粉饰太平。便算完了。"②

种种压力之下,半个月后,商务印书馆的"世界丛书条例"便出现在《学灯》中了,共八条细目。它说:"(一)本丛书的目的在于输入世界文明史上有重要关系的学术思想,先从译书下手,若某项学术无适当的书可译,则延聘专门学者另编专书。(二)无论是译是编,皆以白话为主,(惟浅近文言亦可)一律用新诗标点符号,以求明白精确。(三)本丛书无编辑部,只设审查委员会,会员五人或七人(不必限定在一处),由发行人聘定。(四)审查委员会之职务:(甲)商定要编译的书目及先后次序。(乙)担任委托胜任的编译人分任各项书籍。(丁)每书成五千字以上时,得由审查委员分任或转托人初读一次,以定编译人能否胜任此项书籍。(丁)书成后,审查委员或亲自审查或转托专家审查。审查之后,由审查人署名负责,始付印。(戊)审查委员会除委托编译的书籍之外,随时亦可收受已成之稿。审查合格后,亦可作为丛书之一部。如系译稿,须与原本同时交与审查委员会。(五)审查人(无论是否委员会中人)每审查一书,应得相当的报酬。(六)每书的编费或译费,略依本书的难易为标准,分为两种办法:(甲)依售稿办法,约以

---

① 戴蔼庐即是郭虞裳、俞颂华在东京留学时的旧相识,当时戴蔼庐与俞颂华共住一室。
② 姚伯麟:《我对于商务印书馆的希望(续)》,《学灯》,1920 年 3 月 15 日。

第四章 少年中国学会与《学灯》的新文化建设

每十万字稿费三百元为圭。其版权为发行人所有。(乙)依版税办法,以定价百分之十至百分之二十为版税。其版权为著作人所有。遇需要时得垫付版税若干。(七)本丛书由商务印书馆有限公司发行,现已委托国立北京大学蔡孑民蒋梦麟陶孟和胡适之诸先生组织本丛书审查委员会。(八)国内外学者有愿担任编译者,望将所愿编译之书名或已成稿件寄交北京大学第一院胡适之先生,或由上海商务印书馆编译所转交,以便通函接洽。"①如果我们比对商务"世界丛书"和中华"新文化丛书"的编例启事,就会发现商务给出的待遇要比中华好得多,考虑到中华正处于元气大伤后恢复的阶段也情有可原。而且商务并没有设编辑部而是聘请了北京大学新文化运动的一帮名士作为审查委员,这也是商务的高明之处,通过它与北京大学胡适等人的合作,一方面强强携手保证了丛书的质量,同时更是拉近自身与北京大学一派新文化运动弄潮儿之间关系的很好的途径。

　　既然已经有了丛书征稿的启事,显然,接下来的就是该如何确定丛书的编译目录了,也就是面对浩如烟海的西方典籍,到底该依怎样的先后次序来翻译呢？我们以文学方面为例,沈雁冰一直关注译介西方文学作品这个问题。当然这一方面与他在《小说月报》中"小说新潮"栏的职务有关,就在《小说月报》主编王莼农来找沈雁冰要求他主持"小说新潮"栏的时候,双方有一段对话,沈雁冰记载得很清楚:"我(指沈雁冰,笔者注)问他:是看稿子,并决定取去么？回答是:也要出题目。我又问:出什么题目？回答是:例如要翻译什么作家的什么作品。"②沈雁冰显然在1919年底就开始思考这个职务内的问题了。在1920年元旦这一天,沈雁冰以"冰"为名在《学灯》中发表了《我对于介绍西洋文学的意见》一文。沈雁冰在文中将需要翻译的文学作品分为两部分,第一部分是注重文艺色彩的,共十二位作家三十部作品;第二部分是以"问题著作"居多,共五位作家的七部作品。沈雁冰最后说:"第一部所取的是纯粹写实派自然派居多,而且侧重在艺术的手段,第二部是问题著作居多,我以为总得先有了客观的艺术手段,然后做问题文字做得好,能动人,这便是我强分第一第二两部的一孔之见了。……此外要

---

① 《世界丛书条例》,《学灯》,1920年3月30日。
② 茅盾:《革新〈小说月报〉的前后——回忆录[三]》,福州:福建人民出版社,1983年5月第一版,第436页。

紧的事情,就是要一部近代西洋文学思潮史。① 待这些阶段都已走完,然后我们创造自己的新文艺有了基础。"②傅东华在看到沈雁冰该文之后,给沈雁冰写文章表示支持。他并且表示:"(一)中国新文学创造者的第一个职务,是在改变读者的 Taste(趣味,笔者注),所以不能不从含艺术的美的文学入手。(二)文学本由思想和艺术两种原素化合而成。若单有思想,没有艺术,那么文学和哲学及科学一样了。"由于在此时,商务和中华尚没有表示丛书出版的计划,所以傅东华在最后说:"……我们译出的书在什么地方发表呢?这个问题,我们还须研究一个极便利,极有效,而使从事的人不至灰心的办法。"③他向沈雁冰表示自己想翻译屠格涅夫的《猎人笔记》。沈雁冰在给傅东华的回信中也说改变读者 Taste 一句话"尤能补我想不到的地方",他说:"……本来中国人一向看红男绿女天神天将的小说太多了,他们的脑筋,这样刺激惯了,看轻描淡写的东西,便看不进,这也是程度关系,照实验心理学讲,程度低的人,看颜色是喜欢红红绿绿的,听声音是喜欢震天撼地的金鼓声音的,怪不得他们。所以你说的改变'胃口',注重在艺术,略轻理想,我却以为这样尚不能使人嗜好,最好是专选结构上有'层峦叠嶂'的,那才是一般 Layman(门外汉,笔者注)所欢迎的呢! 你看这话怎样?"④沈雁冰在1920年2月4日发表了《对于系统的经济的介绍西洋文学底意见》一文,首先他就对《新潮》中声明要标出自己的文艺色彩的说法表示支持。他说:"依我极贫弱的脑筋极狭小的知识看来,觉得凡是一种新思想,一方面固然要有哲学上的根据,一方面定须借文学的力量,就是在现实人生里找寻出可批评的事来,开始攻击,然后这新思想能够'普遍宣传'。……我又承认新潮能够实行他们所说的大愿心,因为总算期期有几篇剧本,如群鬼,华伦夫人之职业等是。但同时我又觉得介绍固然是介绍,却微嫌有点非系统的介绍。……西洋新文学杰作,译成华文的,不到百分之几,所以我们现在应选最要紧最切用的先译,才是时间上人力上的经济办法;却又因为中国尚没有华文的详明西洋文学思潮史,所以在切要二字之外,

---

① 沈雁冰自己也着手创作,也就是后来郭虞裳拿走交给闻野鹤的那部未成系统的书稿。后来沈雁冰因此而对郭虞裳颇有怨言。前面章节中有论述。
② 沈雁冰:《我对于介绍西洋文学的意见》,《学灯》,1920年1月1日。
③ 傅东华:《致沈雁冰》,《学灯》,1920年1月23日。
④ 沈雁冰:《致傅东华》,《学灯》,1920年1月25日。

第四章 少年中国学会与《学灯》的新文化建设

更要注重一个系统字。"①最后,沈雁冰表示自己是站在一个"诤友"的地位上跟新潮社诸君讨论的。

从本质上说,商务印书馆、中华书局组织出版"丛书"的过程,其实就是整合各派别学术力量和各方面学术资源,通过商业的筹划和运作,来从事新文化运动建设的过程。在这个过程中,商务主要与两方面的学术团体产生了合作关系,其一,是以胡适为代表的北大新文化团体,其二,便是以梁启超为代表的研究系文化集团。

先来看北大一派,从渊源上看,张元济与蔡元培可谓是终身的朋友。他们同科得中进士(张元济为二甲二十四名,蔡元培为二甲三十四名),同时被点为翰林院庶吉士,两人一起办学办报,共同编写清末民初的修身教科书,交谊极厚。蔡元培执掌北大后,张元济一直都是蔡的文化追随者和幕后支持者。所以商务找北大合作也可谓合情合理。而商务看上北大的胡适,也是由来已久的。早在1917年10月,蒋梦麟给张元济提出要编印高等学校教科书的建议,即"一面提高营业,一面联络学界"。张元济就要求蒋梦麟具体开列书单,好延请编译者,当时蒋梦麟就给张元济推荐了刚来到北大不久的胡适。商务待胡适也不薄,1918年2月2日,胡适寄到商务的《惠施公孙龙的哲学》一文就得到了商务老交情林纾才享有的同等的优酬。后来该文发表在《东方杂志》第15卷第5、6两号,要知道,这可是胡适第一次在商务发表文稿。1918年7月9日,张元济应邀赴北大与蔡元培、陈独秀、胡适、沈尹默、钱玄同等人座谈,其中也谈到了要编通俗教育丛书等事宜,张元济当时曾有"最好京中有能编此书之人,先成一二十种,本馆甚愿出版"等言论。1919年4月8日,张元济致函孙壮书,托陈宝泉聘请胡适,声明月薪三百元。同年5月1日,当陪同杜威来沪的胡适访问张元济的时候,张元济就告诉他:"京师为人才渊薮,如有学识优美之士,有余闲从事撰述者,甚望其能投稿或编译。"②延揽之心,溢于言表。

根据胡适日记记载,在1919年11月14日张元济曾经约他在大学"应接室"会谈,会谈内容我们不得而知,查阅张元济日记,在同年11月18日中记载:"今日会议席上,余将在京中所闻、学界对于本馆编辑、营业、印刷

---

① 沈雁冰:《对于系统的经济的介绍西洋文学底意见》,《学灯》,1920年2月4日。
② 引自张树年主编《张元济年谱》,北京:商务印书馆,1991年12月第一版,第168页。

及组织不满意之点并希望改良之意详述一过。"①从中可见,张元济此次赴京可能并没有谈与北大合作出版丛书一事。但是,与北大有关丛书出版的合作关系显然是已经建立了。此后在胡适的近期日记中,也没有出现过与商务交流的记录。

我们知道,张元济等人在1919年底的时候,并没有筹办"丛书"的打算,他在回答南京高等师范郭鸿声等人问询时谈到了丛书审定人员难处有二:"一,恐审定人易受人攻评。二,恐审定人事忙,不能速办。"②而且就在1920年1月初筹备丛书的过程中,商务内部的意见仍是不统一的。张元济在1920年1月5日日记中说:"昨与梦(指高梦旦,笔者注)谈,拟仍编小丛书。梦意,每册约三四万字,酬资约二百元。拟先约胡明复一谈。本日余又告梦,字数较多,恐题目有限。余意仍以小种为宜。梦谓小种另是一事。大本者可分哲学、教育科学,选西人名著,仿《文明协会丛书》之例,即托胡适之等人代为主持。余意只以新思潮一类之书选十种八种,至小丛书可仍托胡明复担任试办。"③1920年1月26日,在胡适日记日程表中,胡适在最后一项记载"拟《世界丛书》条例";在1月27日,记载"高梦旦来谈";1月28日,记载"(梁)伯强、(蓝)志先饭";2月2日,记载"请高梦旦谈《世界丛书》事"及"审查吴品今④书"。可见此时胡适等人与商务磋商甚为频繁,与研究系分子也有往来。

在1920年3月8日,张元济又在日记中说:"余与梦翁谈,拟设第二编译所,专办新事。以重薪聘胡适之,请其在京主持。每年约费三万元。试办一年。"⑤1920年3月12日,胡适在日记日程表中记载"出版委员会"一项;3月21日,记载"(高)梦旦谈"、"(林)宗孟宅饭"和"初见梁任公,谈"。1920年3月24日,记载"大陆饭店:高梦旦"一项。

显然,高梦旦与北大一派在大陆饭店的欢宴是有"合作顺利"象征意义的。在1920年3月26日,张元济就收到了高梦旦的信,信中附有《世界丛书》翻译条例。1920年4月4日,《世界丛书》的翻译条例就赫然出现在《时事新报》的头版头条上,而中华书局则更胜一筹,在4月9日,就在《学灯》

---

① 张元济:《张元济全集(七)》,北京:商务印书馆,2008年12月第一版,第152页。
② 张元济:《张元济全集(七)》,北京:商务印书馆,2008年12月第一版,第171页。
③ 张元济:《张元济全集(七)》,北京:商务印书馆,2008年12月第一版,第173页。
④ 吴品今就是共学社中主管丛书书目事宜之人。
⑤ 张元济:《张元济全集》,北京:商务印书馆,2008年12月第一版,第192页。

第四章 少年中国学会与《学灯》的新文化建设

栏下登出了"新文化丛书出版预告",共四部书,《女性论》(冯飞著)、《科学概论》(编译中)、《人生之意义与价值》(余家菊译)和《现代思想之冲突》(王岳崖、查谦合译)。而商务印书馆一直到四月中旬还在打《世界丛书》的征稿广告,只是在广告中由先前的八条,改为六条,将原先最后两条去掉之后,在广告标题处,用大号字体标出"蔡孑民、蒋梦麟、陶孟和、胡适之"四个审查委员的名字,在启事的末尾谈到收稿地址时也颇有意味地将"北京大学"与"商务印书馆"用大号字体并举。

而在北京大学四位《世界丛书》的审查委员中,显然胡适是最核心的人物,其他人大多是挂名而已,对《世界丛书》编译事务只起到建议、协助、会商的作用。1921年12月26日蔡元培在写给胡适的信中就说:"学生陈迪光译有Bushner之《科学与上帝》,已请杨丙辰先生改定并作序,鄙意可收入《世界丛书》,此事想仍由先生主持,特奉上。"①这是蔡元培将已经译成的稿件请胡适定夺。不但如此,对有些外国著作是否需要移译,即对书目的择取上,蔡元培也是请胡适做主的。在1922年1月4日,蔡元培在给胡适的信中说:"日前奉上之波兰人Korzylski所著《人类的人格》,已承阅过否?价值如何?寄者张蕴蔼君劝付译,如值得,似可付人译之,以编入《世界丛书》,请酌行。"②而胡适,也确实是发挥了丛书审查委员作用的,四处为《世界丛书》拉稿。1921年8月30日,胡适在写给周作人的信中就说:"我想你们兄弟做的已可以成一集,可否汇集起来,交'世界丛书社'出版?又《点滴》以后,你译的小说也不少了,我希望你能把这一集交'世界丛书社'出版。《点滴》排印错误太多,殊使人失望。商务印刷,可无此病。此两事,确系我替你的身体计的。此两事皆不须你自己劳心力,并且可得较好的酬报,并且于读者大有益。"③在信末胡适特别声明:"千万回我一信"。而在鲁迅1921年9月4日给周作人的信中,鲁迅就说:"胡适之有信来,……彼欲印我辈小说,我想我之所作于《世界丛书》不宜,而我们之译品,则尚太无

---

① 蔡元培:《致胡适函》,《蔡元培书信集》,杭州:浙江教育出版社,2000年5月第一版,第505页。
② 蔡元培:《致胡适函》,《蔡元培书信集》,杭州:浙江教育出版社,2000年5月第一版,第508页。
③ 胡适:《致周作人》,孙郁、黄乔生主编《致周作人》,开封:河南大学出版社,2004年4月第一版,第110页。

片段,且多已预约,所以只能将来别译与之耳。"①可见,丛书的书目的择取、拉稿都是胡适作为审查委员重要的工作,这表面上看是决定着哪些书目可以浮出水面,实际上却对扩大中国现代文化视野、学术系统结构的建立与完善具有至关重要的影响和不可低估的作用。

几乎就在商务选定胡适在京主持丛书事务的同时,1920年3月初欧游了将近一年半的梁启超回到了国内。不仅在现在,即便在当时这也被看作有象征意义的一件大事。梁启超一回到国内,就立刻与商务展开了合作。甚至从他一下船,就陷入了张元济等人的"包围"中。根据张元济日记的记载,在1920年3月5日,"梁卓如由法国归。余至码头迎接,邀宿余家"②。而在梁启超3月25日写给女儿梁令娴的信中,梁启超也说:"……十五日(阴历,笔者注)抵沪,诸友来迎者颇众,馆于张菊生家,叔通、东荪、溯初屡作深谈。"③可见,梁启超和张元济之间交情颇不简单。要知道,他们同样都是在戊戌变法中被革斥的晚清进步知识分子,又同样是被新生政治、文化势力目为封建保守派,无论是从人生经历、个人情感上,还是从文化观念、思想理路上,他们都惺惺相惜,终身保持着合作关系。

据梁启超年谱记载,梁启超回国之后,研究系文化宏图的建构同时全面铺开:"除从事著述外,计所着手创办的事业,有发起中比公司,承办中国公学,组织共学社,成立讲学社,整顿《改造》(《解放与改造》杂志自今年第三卷起改今名),发起国民动议制宪运动等数事。"④欧游后梁启超通过译介西方新知从事新文化建设的指导原则、思想观念和逻辑理路在1920年11月梁启超欢迎罗素的演讲词中说的很充分,梁启超指出:"我们对于中国的文化运动,向来主张'绝对的无限制尽量输入'。因为现在全世界,已到改造的气运。在这种气运里头,自然是要经过怀疑的试验的时代。所以学派纷纷并出,表面上不免有许多矛盾,但各有开辟将来局面起见。总之各有各的好影响。就学问的本质说,本来就没有绝对的好或绝对的不好。

---

① 鲁迅:《致周作人》,孙郁、黄乔生主编《致周作人》,开封:河南大学出版社,2004年4月第一版,第14页。
② 张元济:《张元济全集(七)》,北京:商务印书馆,2008年12月第一版,第192页。
③ 丁文江、赵丰田编:《梁启超年谱长编》,上海:世纪出版集团,2009年4月第一版,第580、581页。
④ 丁文江、赵丰田编:《梁启超年谱长编》,上海:世纪出版集团,2009年4月第一版,第581页。

第四章 少年中国学会与《学灯》的新文化建设

为中国现在计,说是那种绝对的适宜,那种绝对的不适宜,谁也不能下这个断语。……现在正当我们学问饥饿的时候,对于追求真理的心事,益当迫切;……我们要趁这个机运,要培养他,令他发达,只有一个办法,就是绝对的自由研究。所以无论何种学说,只要是有价值的,我们都要把他输入,令各方面的人,对于那一种有兴味,就向那一种尽量研究。表面上看来,所走的方向,或者不同,结果总是对于文化的全体,得一种进步。"这是梁启超从学问的本身价值方面来谈的,但是这并不是研究系从事译介西学的唯一动机,对欧游之后认为欧洲文明已经破产、希冀用东方文明来救拔西方文明的梁启超来说,他更强调以思想自由为前提并在世界文化视角下中国文化在未来世界所扮演的越来越重要的角色和责任,梁启超进一步指出:"……现在世界学者所研究种种理想的制度,在欧洲办不到的,或者我们中国倒是最好的一个试验场。因为欧洲已经到了积重难返的时候,……我们中国因为近来社会进步比较的慢,欧洲先进国走错的路,都看得出来了,他治病的药方,渐渐有了具体的成案了。我们像一块未有染过颜色的白纸,要他往好路走,比较的还不甚难。就这一点看来,我们的文化运动,不管是对于本国自己的责任,实在是对于世界人类的一种责任。至于采哪一种方案算最好的呢,总要经过自由研究,种种试验之后,才可以决定。今日只要把种种的学说,无限制输入,听国人比较选择,将来自然可以得最良的结果。……只要是有价值的学说,我们不分门户,都要把他介绍进来。……我常说中国学问的衰落,由汉朝的表彰六艺,罢黜百家。若是要表彰什么,罢黜什么,无论他表彰的罢黜的对不对,总是把思想的自由锢蔽了。所以我们要大开门户,把现代有价值的学说都要欢迎,都要灌输。"①梁启超在该演说词中虽然谈的是研究系主持下讲学社的宗旨,其实也就是研究系译介西学的核心原则和思想原动力。二十世纪在梁启超看来,就是以欧美为代表的泰西文明和以中华为代表的泰东文明"两文明结婚之时代也","彼西方美人,必能为我家育宁馨儿以亢我宗也"。② 当然,梁启超在这里对译介西学的强调与他欧游之后对中国传统文化的褒扬是并不矛盾的,因为他显然意识到,中西互补的学术更新与知识转型是培育20世纪世界文化"宁

---

① 梁启超:《在讲学社欢迎罗素之盛会演说词》,夏晓红辑录《〈饮冰室合集〉集外文(中)》,北京:北京大学出版社,2005年1月第一版,第855页。
② 梁启超:《论中国学术思想变迁之大势》,见罗检秋编《梁启超心语》,长沙:岳麓书社,1999年8月第一版,第236页。

馨儿"的必然要求。在《中国历史研究法补编》中他说:"现在往后,要把欧美思想,尽量的全部输入,要了解,要消化,然后一面感觉从前学术不足以解决我们的问题,一面又感觉他们的学术也不足以解决他们的问题,然后交感而生变化作用,才可以构成一种新东西。"① 在《欧游心影录节录》中,谈到中西文化交流时梁启超说:"我希望我们可爱的青年,第一步,要人人存一个尊重爱护本国文化的诚意;第二步,要用那西洋人研究学问的方法去研究他,得他的真相;第三步,把自己的文化综合起来,还拿别人的补助他,叫他起一种化合作用,成了一个新文化系统;第四步,把这新系统往外扩充,叫人类全体都得着他好处。"②

毫无疑问,梁启超在讲学社欢迎罗素的演讲词中的相关论述完全适用于1920年4月成立的共学社,编译丛书就是共学社从事新文化运动建设的重要内容,尤其是编纂由商务印书馆出版的共学社丛书。梁启超曾谈到共学社志向及其事务时说:"培养新人才,宣传新文化,开拓新政治,即为吾辈今后所公共祈向,现在即当实行着手,顷同人所立共学社即为此种事业之基础。社中主要业务,在编译各书,已与商务印书馆定有契约,经费略敷周转。"③

1920年3月13日,张元济在日记中记载:"任公言,拟集同志编辑新书及中学教科书。约梦旦、叔通细谈,拟拨两万元预垫版税,先行试办一年。胡适之一面,亦如此数。属任公不必约彼。午后四钟任公到总务处。余与梦、叔在会议室晤谈。告以对彼自己著作,拟请编著小本新智识丛书,题目范围宜窄。如过激主义、消费组合等。要读者易于了解、完毕。任意欲分两种,一为此类,二为历史类。每册约十万言。余又言,对伊自著,拟预致版税五千部。版税亦拟增加。但现在办法较为扩充,应如何办法。任谓,拟成一团体公司,对彼虽从优,伊可分与同人。其意欲本馆购稿。余言最好仍用版税,彼此利益平均。但无基本金着手不易。本馆试行一年,可垫付版税二万元,请其预为筹划。任问若干字数,梦云请其计划分配。梦又云,将来对伊著作版权似应区别。任云,此可由公司定,伊仍匀配同人。余问是否到津即可商定。任言途中与百里、振飞亦可晤商,即可拟定。将来

---

① 参见罗检秋编《梁启超心语》,长沙:岳麓书社,1999年8月第一版,第235页。
② 参见罗检秋编《梁启超心语》,长沙:岳麓书社,1999年8月第一版,第235页。
③ 丁文江、赵丰田编:《梁启超年谱长编》,上海:世纪出版集团,2009年4月第一版,第584页。

第四章 少年中国学会与《学灯》的新文化建设

由伊代表订立契约,交稿约在三个月之后。"①到了4月10日,张元济在给梁启超的信中,也请他早日决定译著新书的计划。他说:"前尊意拟集同志数人,译辑新书,铸造全国青年之思想,此实为今日至要之举,敝处拟岁拨两万元先行试办,仰蒙采纳。梦旦又言在津与公晤谈,尊意欲更为久大之计画,属加拨两万元,为两年之布置,鄙意当属可行。此事得公提倡,必有裨益,惟前允将一切计划开示,尚未奉到,想因有扩充办法,故一时未能决定,可否即请将两年之计划预为筹示,以便与同人商定,至为祷盼。"②在梁启超并没有将全盘文化计划告知张元济的情况下,商务印书馆就两次投巨资于研究系的共学会,可见商务印书馆对梁启超等人的信任。相较于北大胡适一派,梁启超等人更得商务的优待和照顾。

此时,梁启超等人正在为共学社募集出版资金。他在给蒋百里的信中谈到募捐一事时说:"募捐启如可用,亦请印一二百张(纸须稍佳),分途往募(印成后请寄数十张来),个人有特别交谊者,除公启外,滕以私函,当更有力,如商务印书馆、南洋烟草、大生纱厂等处,仆当加函。如穆藕初、聂云台诸处,请蔡先生或梦麟加函。如福公司请搏沙加函。多为其途,当可有获,希与同人熟商进行。"③在这里,我们就可以看出梁启超一派复杂的人脉关系,在新文化运动中研究系和北京大学高层之间的关系也颇令人玩味。

同日在给张东荪的信中,梁启超又谈起共学社章程和编译书目事项:"共学社章寄上(请以一份交菊生)。此间社员已有二十人(原单外加入数人),沪上更得几人耶?编译书目已列单,请社员自认,汇齐当奉尘。"在5月5日,吴统续(品今)在给梁启超的信中谈到了共学社评议会开会商定译著书籍一事。吴说:"所编书籍,自宜以浅近简明为主,其有特别需要之名著,似由评议会决定后,提出交社员译出为佳。日前开第二次会议,到会者较前次为多,首由百里先生述明评议员推选之缘由(是日蓝志先生因病肠胃,未能出席),并推定评议员六人,众无异议。惟关于审查专门学科问题,有主张设审查会者,有否者,但据共学社规约,审查稿件得由评议会委托专员办理,故此项问题当时未甚决定,即审查员虽感必要,而审查会是否

---

① 张元济:《张元济全集(七)》,北京:商务印书馆,2008年12月第一版,第194页。
② 丁文江、赵丰田编:《梁启超年谱长编》,上海:世纪出版集团,2009年4月第一版,第581页。
③ 丁文江、赵丰田编:《梁启超年谱长编》,上海:世纪出版集团,2009年4月第一版,第582页。

需要，尚未定也。"①而作为时事新报主事人的张东荪也为梁启超就丛书出版一事出谋划策，他认为有必要在社会范围内征集书稿而不应仅仅局限于研究系知识分子集团内部。他说："编书事宜早登报，中华书局所出之《新文化丛书》，颇有好稿，皆登报招徕之功也。"②而且他也不赞成设立审查会，而且这点似乎直接是针对北大的《世界丛书》而发的。在1921年3月29日，张东荪在给时为北大学生、后为今人会同人的徐六几、郭梦良的信中就说："审查一层本来是一个大问题。共学社因鉴于世界丛书之 Aristo-cratic（指贵族气的，笔者注），所以不设审查。"③

张元济在1920年6月12日给梁启超的信中说："共学社契约已定，已拨付五千元，梦旦当有信奉告，甚盼好书来一慰世人渴望新知之愿。"④

至此，梁启超研究系一派组建的共学会与商务印书馆就"共学社丛书"一事的合作关系正式达成。后来在中国现代文化史、出版史上赫赫有名的"共学社丛书"于是陆续面世，为新文化运动的深入开展做出了不可磨灭的贡献。⑤

我们要知道，张元济之所以看重共学会及其丛书，一方面固然是与梁启超多年的情谊有关，但是，我想这也跟此时梁启超及共学会同人"不问政治专注学术"的声明有关。从张元济同梁启超合作的历史上看，张元济是一个非常有主见、有头脑的文化生意人。梁启超在1911年三四月间准备组织国民常识学会，原打算由该会中人撰稿，通过商务印书馆每月出一册200页的讲义，一共两年出完，共24册。张元济在看了梁启超寄来的"国民常识学会章程"后给梁启超回信，首先通过自身的出版经验说明了系列讲义在出版和销售上的不利之处，并说这是"弟近数年以来所得之阅历也"。他尤其针对国民常识学会成员芜杂不齐、倾向各异指出："……学会

---

① 丁文江、赵丰田编：《梁启超年谱长编》，上海：世纪出版集团，2009年4月第一版，第584页。
② 丁文江、赵丰田编：《梁启超年谱长编》，上海：世纪出版集团，2009年4月第一版，第585页。
③ 张东荪：《致徐六几、郭梦良》，《学灯》，1921年3月29日。张信中还说："后来事实上却发生了困难，就是译稿大都下得去，独有二三的地方却非改动不可。这种情形却很多。"
④ 丁文江、赵丰田编：《梁启超年谱长编》，上海：世纪出版集团，2009年4月第一版，第585页。
⑤ 该丛书采用先支款后收书稿审定的办法。这样一来，就出现了一些拿了钱但是稿件不一定按期交付的现象。在1923年2月19日，《学灯》中缝登出了张东荪写给恽代英的一封公开信，其中说："恽代英君鉴：不知住地，无由通信为憾。两年前执事允为共学社译书，先支去二百元。现共学社对于欠账拟设法整理。望执事有明切答复，究如何见还。张东荪启。"

之设,无非为联络同志,交换知识起见。然如来示所举之人,皆以一身兼无数事,断不能再尽心会务。若欲借其名誉以为提倡之用,俾人人重视此会之书之价值,则诸人之不能著书又为人所共知,故弟窃以为无益。……同人之意,为将来易于销售起见,仍以小丛书为宜。"①而共学会是在研究系"无心政治励志学术"之后才成立的,在"尽心会务"一面无疑是有保证的。而从营业出发,丛书显然都是一种非常适宜的形式,无论是在1911年,抑或在1920年代。

毫不夸张地说,新文化运动由"杂志时代"进入"丛书时代"②,这是传统知识类型向现代知识类型转换的必然要求,这是中国文明形态、文化范式进入到现代社会的必然要求,它对各种文化门类、学科的深入、系统的研究工作,甚至对中国现代学术文化内在结构的建立与完善都是极有意义的。在旧的交往结构和惯习被打破的同时,新的知识分子交往途径和结构因此而慢慢地形成(比如胡适和商务印书馆同人;商务印书馆与梁启超一派;梁启超与北京大学一派等等),这也凸显了五四新文化运动内在的复杂性和多面性。由于两大书局的介入,新文化运动的成果也有了更加完善的渠道得以在全国出版发行。而对几大书局以及大批从事新文化运动建设的同人来说,在获得一定经济报酬的同时,也在以更高的要求与标准重塑自身的知识视野和新文化格局观念。

春江水暖鸭先知。在郑振铎写给张东荪的信中,郑振铎说:"……新文化运动的前途,似乎又有一种乐观的地方;就是从前从事杂志事业的人,现在渐渐的有许多人觉着自己学问的不够,重又从根本上做工夫,实心实意的研究起学问来。这实在是一个极好的现象!我有许多朋友都是如此!中国文明的再造,或者竟可以实现了!"③甚至连接任宗白华出任《学灯》主

---

① 张元济:《张元济全集(三)》,北京:商务印书馆,2008年12月第一版,第219页。
② 值得注意的是,在20世纪80年代,中国重新与世界接触的时候,也是另一个丛书盛行的时代,比如《走向未来》丛书等。因为那个时代也亟待知识转型、文化转型。而五四时期的表现尤为明显。
③ 郑振铎:《致张东荪》,《学灯》,1920年4月22日。在信中,郑振铎还说:"我现在对于俄罗斯的文学,感极深的兴趣!我想:中国想创造新的文章,非从俄国文学方面下研究的工夫不可。我同耿济之、瞿秋白、沈颖诸位朋友,正打算极力的介绍俄国文学到中国来。现在先译《俄罗斯名家短篇小说丛刻》一种,不久即可出版了!我近作一篇《俄罗斯的罗曼主义文学》,又译了一出契诃夫的《海鸥》,不知时事新报学灯栏可以登吗?"事实上到后来,郑振铎和他的朋友的书籍最后都以"共学社丛书"中《俄罗斯文学丛书》的名义出版了。

编的李石岑也在1920年7月初颇有感触地说:"一月来有最惬意者一事,即国内丛书出版界之活跃是已。无论对于文化运动所获之效果,如何微小,然此自为一种过程,且确较去岁所植文化事业之根基,更为稳固,更为切实,此或为他国所不及料到者也。"①

这就是新文化运动从"杂志时代"进入"丛书时代"后留给时代观察者最鲜明的印象。一个深沉的、统筹的、系统的、分工合作的新文化运动逐步深入开展的态势和格局已经初步形成了,当然这其中也不可避免地存在着矛盾、竞争、攻击、驳难、钩心斗角、尔虞我诈。但是,它的进步作用毫无疑问是主要的。

当然,我们不应该忘记《学灯》在这场时代大合唱中曾经扮演过的角色及其发挥的作用。

就在各种新旧势力通过各大书局结合起来从事新文化运动建设的同时,原来北大新青年派的分化也在继续着。陈独秀在1920年2月为躲避北京政府的拘捕在李大钊的掩护下来到上海。3月,共产国际代表维金斯基偕妻子库兹涅佐娃和秘书马迈也夫等人来到北京,经过北京大学俄国教授波列沃依介绍得以结识李大钊,李大钊又介绍他们去上海与陈独秀见面。此时,李大钊已经在北京大学发起并成立了"马克思学说研究会"。4月,陈独秀在上海会见了从北京专程来拜访自己的维金斯基。也就是在这个时候,北京政府接到了苏联政府第一次对华宣言。在国际上备受孤立的苏联政府想借归还中国被掠夺的权利来换回中国对苏俄新政权的外交承认,但是北京政府并没有这个打算,然而苏联此举却博得了中国民间社会、知识分子群体、普罗大众强烈的好感,全国有三十一个社会团体发表致苏俄感谢电,尤以上海一地为甚。(苏联此次宣言其实早在1919年7月25日就由苏联外长加拉罕签署发布,但是直到此时才为中国社会所知晓。)陈独秀在这个时期,也多次邀请上海各方面人士与维金斯基座谈,包括李达、李汉俊、俞秀松、陈望道、沈玄庐、邵力子、沈雁冰、李季、李震瀛、刘大白、戴季陶、张东荪等人。陈独秀年谱记载:"维金斯基曾打算由主编《新青年》的陈独秀、主编《星期评论》的戴季陶和主编《时事新报》的张东荪等人,联合起来组织中国共产党,但在酝酿过程中,戴、张二人拒绝参加。"②而沈雁冰

---

① 李石岑:《述感》,《学灯》,1920年7月4日。
② 王光远编:《陈独秀年谱》,重庆:重庆出版社,1987年10月第一版,第86页。

的回忆也证实了这个说法,沈雁冰说:"一九二零年五月上海始有共产主义小组及马克思主义研究会。发起人是陈独秀、李汉俊、李达、陈望道,还有张东荪和戴季陶。可是刚开了一次会,张东荪和戴季陶就退出了。据说张东荪退出时所持的理由是:他原以为这个组织是学术研究性质,现在说这就是共产党正式成立前的预备组织,那他就不能不退出,因为他是研究系,他还不打算脱离研究系。戴季陶退出的理由和张东荪大体相同。这些事,我是在一九二一年二三月间由李汉俊介绍加入共产主义小组后才知道的,其时陈独秀已应陈炯明的邀请到广州办教育去了。"①

也就是在陈独秀、李大钊等人急遽左倾政治化的同时,原先北大新青年一派不可避免地显出了裂痕。在1920年4月26日,陈独秀写信给李大钊、胡适等《新青年》编辑等十二人,对1920年5月1日出版《新青年》第七卷第六号之后如何规划《新青年》未来的路向提出了三个问题:(1)是否继续出版? (2)如果继续出版,对与发行部初次所定的合同有没有需要交涉的事宜? (3)有关未来《新青年》编辑问题,陈独秀给出了三个选项:① 由在京诸人轮流担任;② 由在京一人担任;③ 由陈独秀在上海担任。② 从这封几乎是要表示分手的信中不难看出,之所以会提出这个问题已经充分显示出陈独秀此时已经想改换《新青年》的色彩了,要知道,在1919年12月1日第七卷第一号《新青年》上刚刚发表了"本志宣言",那是《新青年》在经历了北京政府封查之后最明确的一次表明自身将注重学术思想文艺改造的宣言。然而不到半年的时间,新青年派同人思想已经发生了天翻地覆的变化。在现实政治的诱惑下,原先一起打孔家店的老朋友注定了最后分道扬镳的结局。与此同时,像刚刚经历了"浙江一师"风潮的施存统、陈望道等一帮年轻知识分子也迅速地聚合在了陈独秀的周围。而胡适此时正忙着送杜威一家赴天津的事宜,一直到了1920年5月11日,胡适在日记日程表中记载:"公园,议《新青年》事。"5月30日,再次记载"《新青年》会"。可以说,陈独秀写于四月底的这封信也为同年年底《新青年》最终的分裂埋下了直接的引线。后来胡适在高度评价《新青年》是三十年来三种划时代的

---

① 茅盾:《复杂而紧张的生活、学习与斗争[上]——回忆录[四]》,《茅盾专集》第一卷上册,福州:福建人民出版社,1983年5月第一版,第455页。陈独秀离开上海赴广州是在1920年12月16日。

② 参见《胡适来往书信选(上)》,北京:中华书局,1979年5月版,第90页。

刊物之一后①,也颇为惋惜地说:"可惜新青年的一群朋友,不在文化岗位上努力下去,以致思想革命,只做了一半。"②

总的来说,在文化上,知识分子在整合的同时有分化;在政治上,知识分子在分化的同时有整合。

也就是在这个阶段,宗白华离开了《学灯》,赴德国留学,与他一起去的还有他的前任——郭虞裳③。1920年4月30日,《学灯》登出"宗白华启事":"我因为个人有特别事务,不能继续编辑学灯。以后学灯事务由李石岑先生主任。"④那么为什么会是去德国呢?我想这或许与研究系的通盘安排、计划以及当时在经济上赴德之便利有关。在1920年1月12日,在张君劢写给黄溯初的信中,张君劢就梁启超回国之后各项事务的计划有了统筹的安排。主要的事项包括:"一、中比贸易公司。二、中比轮船公司,此二事虽二而实一。三、月报及印刷所。四、大学。五、派留德学生。……第五事以此次赴德,觉学费之廉,出人意外,现一元可易五十马克,每学生得三十元或四十元(即一千五百马克或二千马克)尽可从容度日,如国内大公司如中原之类,每年能出资万元或五千元,可派学生十人或二十人。国内后起不乏才智,李石曾留法勤工俭学会以招至万人为度,吾侪此不图,尚何新人才之可言,此事非与李竞争,为国家计,应如此也。"⑤而据宗白华回忆,他之所以要赴德留学是受了田汉的影响。⑥

在1920年5月30日,《时事新报》在"时评二"栏、新闻栏中都登出消息,欢送郭虞裳和宗白华留学,在新闻栏《郭虞裳宗白华二君赴欧——今晨首途》文中说:"郭君虞裳宗君白华。曾先后担任本报学灯栏主任。因鉴于东西文化暌隔。决计赴欧研究。宗君由法至德。专攻哲学。郭君由法至

---

① 另两种是《时务报》《新民丛报》。
② 转引自曹聚仁《文坛五十年》,香港:新文化出版社,1983年版,第108页。
③ 1920年5月13日,胡适在日记日程表中记载"'长美轩',请虞裳"。
④ 宗白华:《宗白华启事》,《学灯》,1920年4月30日。
⑤ 张君劢:《致黄溯初函》,转引自丁文江、赵丰田编《梁启超年谱长编》,上海:世纪出版集团,2009年4月第一版,第577页。
⑥ 1920年7月,曾琦在给左舜生的信中提到:"白华自言此次出国,得力于田寿昌兄之劝告……"参见《宗白华全集(四)》,合肥:安徽教育出版社,2008年5月初版,第708页。而德国学者顾彬则认为宗白华是出于对歌德的敬仰,受王光祈赴德留学的影响而去德国法兰克福的。参见《美学的双峰》,合肥:安徽教育出版社,1999年初版,第379页。

英。研究经济学及近代思潮外。并考察各种实况。今晨乘法公司轮船首途。二君赴欧后。将以研究所得。陆续在本报发表云。"①

不管怎样,宗白华毕竟是离开了《学灯》,离开了他为之奋斗了将近一年的时事新报馆,当然,在三十年代,他与时事新报馆再度结缘,被聘为渝版《学灯》的主编,不过那已是后话了。

---

① 记者:《郭虞裳宗白华二君赴欧》,《时事新报》,1920年5月30日。

第五章　李石岑主持下的《学灯》

宗白华离开时事新报馆后，继任《学灯》主编一职的是当时另外一位赫赫有名的哲学家李石岑。在现代文化史、学术史、出版史上，李石岑几乎成为一个被人遗忘的过时角色了，但在当时，他却是一个相当有影响力的文化人物。

李石岑(1892—1934)，原名邦藩，字石岑，湖南醴陵人，先在私塾，稍长即赴长沙求学。1912年东渡日本，入东京高等师范学校留学。1916年成立丙辰学社(后改名为中华学艺社)，李石岑此时任学术研究会主办的《民铎》杂志编辑。1918年与曾琦等在东京发起组织华瀛通讯社。① 在东京时，他就与后来先后进入时事新报馆的潘公弼、俞颂华、郭虞裳等人熟识②，后于1918年5月因东京留日学生反对中日军事密约而发起罢课返国运动回到国内，继续担任时由上海泰东图书局出版的《民铎》杂志主编。1920年春，李石岑毕业于东京高等师范学校。一回国，他就被延揽进入时事新报馆③，继宗白华之后主编《学灯》(同时，李石岑也主持《民铎》，该刊在1920年7月后也由季刊改为月刊)。

---

① 参见徐友春主编《中华民国名人大辞典》，石家庄：河北人民出版社，2007年1月第二版，第466页。

② 胡适在日记中谈到1917年回国途经日本时说道："(1917年)七月五日下午四时船进横滨港，……因船期甚短，故已决计不去东京一游，拟与慰慈上岸寄信买报。方登岸，即遇嘉定潘公弼君，言东京友人郭虞裳、俞颂华两君知吾与慰慈归国，坚邀去东京想见。两君因今日有考试，故托潘君来迎。诸君情意不可却，遂以电车去东京，与郭俞两君相见甚欢，两君皆澄衷同学也。此外尚有戴君克谐(字蔼庐)与颂华同居。诸君邀至一中国饭馆晚餐。虞裳言有湖南醴陵李君邦藩(字石岑)曾读吾文，闻吾来甚思一见，因以书招之来，席上相见，谈及傅君剑、谢消庄诸故人，皆醴陵人也。"参见《胡适日记全编》第二卷，合肥：安徽教育出版社，2001年10月第一版，第613、614页。

③ 李石岑在1920年7月4日发表于《学灯》上的《述感》一文中说："愚自返国以来，迄今只两月余。"由此可见，他一回国就进入了时事新报馆。

第五章 李石岑主持下的《学灯》

李石岑之所以会被时事新报馆张东荪选中,我想主要是由于他们哲学观念相近。作为哲学家,李石岑受尼采"权力意志"学说以及柏格森哲学思想影响很大。他在1924年元旦写给吴稚晖的信中谈到自己思想演进时曾说:"我自从五岁受书一直到现在三十三岁,没有离开书本生活,中间虽是经了许多良师益友的指导,却是不能叫我开辟一个方向,可以照这个方向一直走去,结果只在路当中回旋。直到二十五岁以后(约1917年,笔者注),才慢慢地知道划出一个轮廓,对于自己的生活便不肯放松。后来得了一个绝大的暗示(也许我现在的生活还是受了这个暗示的结果),就是尼采的思想。我觉得他的思想和我很合脾胃,我的生活就从此着了一个很浓厚的色彩。自后无论读书治事,处人接物,总脱不了这种见解;就是对着路上一个乞丐,也不肯抛弃了这种见解去对付他。(因为尼采不主张怜悯,说怜悯适以减杀他人的能力,而成全他一种惰性。)这是我生活的一般。"同时,他也阐明了自己做学问也是受尼采哲学思想的影响,他说:"……我觉得无论哪种学术,都值得精求。我所以对于各种学术很觉得有兴趣,也大半为此。培根说:'时间的快乐都易惹起一种饱和的状态,就是一到了快乐的境地,那种快乐便老去了。但是学问便不然。学问绝不会惹起饱和的状态,学问是由满足和欲求永远互相交代而起的东西。他对于享乐它的人,它便贡献一种享乐做他的报酬。'我近来颇感到这句话的可信而愿意去尝试,但绝非出于厌世,也没有为什么而学问的一种成心;结果恐怕要归到尼采所说的一种权力意志的表现。"①李石岑不但表示自己受尼采思想影响很深,同时针对欧战后中国学界对尼采的误解大胆地替尼采辩诬、翻案。他说:"我国自五四运动以来,学术界骤生了长足的进步,凡杜威、詹姆士、柏格森、倭伊铿一班人的学说,都有人出来介绍;独尼采的学说,没有一个人敢提一字,这也可怪。因为谈及尼采的学说,不仅全国人反对,即全世界也必反对。但我个人觉得他的学说,在学术界实在占有重要的地位,便大胆在《民铎杂志》上出了一期'尼采号'。……欧洲战争,完全是受了康德一派学说的影响,与尼采学说究有什么相干。尼采不特不任受一般人的非难,反而要招一般人的崇拜。就是他所提倡'力'的哲学,有许多是和现代思潮相

---

① 李石岑:《我的生活态度之自白》,《李石岑讲演集》,桂林:广西师范大学出版社,2004年12月第一版,第11、12页。

发明的。"①而张东荪无疑也是尼采学说的推崇者。他在1919年1月21日《时事新报》第一张二版"论说"栏上发表了《〈新潮〉杂评》一文,其中说:"尼采的学说勿论如何终含有一方面的真理。论者居然敢说出来。使我不能不起敬。因为德国打了败仗。尼采已为人吐骂到不成个东西了。……论者还敢说这种公平的论调。我实在佩服他有独立的精神与研究的态度。"张东荪虽然并不是针对李石岑发言的,但是我们可以想见,在当时的学术界都不谈尼采的时候,出于对介绍尼采思想于中国当下社会重要性的共同认识,张东荪对李石岑"不能不起敬"的。在1919年6月5、6日,张东荪在《学灯》上发表了《绍介"晚近哲学之新趋向"并批评》一文,对李石岑发表在《民铎》杂志上的《晚近哲学之新趋向》评价极高,他说:"不佞年来读时人谈哲学之作,大都蒙头盖面,若李君之明晰者,诚未曾有也。……其述柏格森则明晓精密极矣,柏氏之书颇难读,每易误会,李君乃能掬其要谛,此诚可佩也。"②李石岑不但研究,而且服膺于柏格森的"生命哲学",对于当时社会上流行的杜威和罗素的哲学学说,他反而是比较冷淡。这点也跟张东荪很像。李石岑曾说:"……我对于他们两人(指杜威和罗素,笔者注)的学说,都不十分赞成。我比较赞成且加上佩服的,便是法国柏格森的哲学。柏格森的哲学,可谓取杜罗两人的长处,去掉他们的短处。"③他认为柏格森是支配现代思潮的第一人,而反对现代思潮、别树一帜的就是罗素,他们二人恰恰立于相对立的位置。④ 要知道,张东荪就是对柏格森的学说极其推崇的,而1918年初《时事新报》上就曾连载他所翻译的柏格森的《创化论》达数月之久。延揽李石岑进入时事新报馆并主持《学灯》,显然是张东荪基于其与李石岑在哲学观念、思想见解方面志同道合的必然举措。而且,李石岑当时也在主编《民铎》杂志,他的加入,对时事新报馆而言无疑又多了一个有力的舆论伙伴。

---

① 李石岑:《尼采思想与吾人之生活》,《李石岑讲演集》,桂林:广西师范大学出版社,2004年12月第一版,第113、114页。
② 张东荪:《绍介"晚近哲学之新趋向"并批评(上,下)》,《学灯》,1919年6月5、6日。
③ 李石岑:《杜威与罗素之批评的介绍》,《李石岑讲演集》,桂林:广西师范大学出版社,2004年12月第一版,第41页。
④ 李石岑:《罗素与柏格森》,《学灯》,1921年1月11日。

第五章　李石岑主持下的《学灯》

第一节　李石岑的编辑特色与新诗的论争

李石岑主持下的《学灯》最大的特色就是学理性强，尤其是在系统研究探讨西方哲学思想、社会学说方面。主持《学灯》没有多久，李石岑就在5月22日《学灯》上发表了阐发自己办刊理念的文章——《学灯之光》。他认为一年以来的文化运动最大的成绩就是让国人的头脑和视线转换一新，自动的精神和组织的能力有所启发，国人求新知识的欲望更加急切了；而新文化运动在带来良性改变的同时也伴随着一些缺陷，比如在运动中暴露出思想的浅薄和盲目。他认为要改变这样的状况："惟此时急宜注意者，最初一着，在矫正国人浅薄之思想。其矫正之方法，以愚此时之思考力与批判力所能虑及者，第一，在督促国人注重学问的生活，第二，在联络富有学识之人，共营编译之事业。"同时，他认为中国当下介绍西方文化的人让国人不满的原因就是他们的译介很不系统。他说："……介绍西洋学说，大都首尾不具。或其学说之根据与真价，未能析出。即析出者，而零星散著，乌足以概学说之全体。"最后，李石岑表示了自己主持下《学灯》的志向："学灯之主义与理想，为学术的根本研究。曾于本栏宣言中分别论之。今后惟力求此主义之贯彻，与理想之实现。务去浅薄之思想，以建造无限之人生。则生命之火花，可以环射，而学灯之光，亦庶乎其四照矣。"① 从李石岑的表述里，不难看出他想在学理上深入开展新文化运动的美好初衷。

李石岑接手《学灯》是在1920年5月，这正是五四运动一周年的日子。当时学界普遍对于后起的学生运动已经感到了一丝厌倦，大家普遍希望从理性层面反思五四运动和学生运动。张东荪发表了《五四之回顾》一文，表示"人类有夸大性"，他在承认五四有相当价值的同时，也表示"不可誉之过于其相当之价值"。5月7日，北大的蒋梦麟、胡适也在《学灯》联合发表了《我们对于学生的希望》一文，蒋、胡二人指出了五四的功劳有：引起学生的自动精神；对于社会国家的兴趣；培养了作文演说的能力、组织能力和办事能力；增加了团体生活的经验；增进了求知识的欲望。同时他们也指出了五四以来学生罢课的恶劣影响：养成了依赖群众的恶心理；养成了逃学的

---

① 李石岑:《学灯之光》,《学灯》,1920年5月22日。

恶习惯;养成了无意识行为的恶习惯。同日,罗家伦也发表了《一年来我们学生运动底成功失败和将来应取的方针》,从成功与失败两个方面总结了五四运动的经验教训。(作为五四运动中暴得大名的学生领袖,罗家伦获得了不小的社会援助。①)在失败的一面,他认为主要存在两方面问题:一是觉得根基太薄弱,成熟过早;二是觉得大家真正了解的少,而多半把新思潮当做了太上老君的急急如律令符咒。②

一面是知识界对过往的反思与了断,另一面他们也在谋划着未来。就《学灯》而言,由于宗白华等人离开时事新报社以及诸多少年中国学会同人出国留学,《学灯》上少年中国学会成员的身影骤然减少许多。所以对李石岑来说,更需要利用好社会上的知识资源和文化力量,同时需要更好地调动读者的参与热情。李石岑具体的做法是在保持《学灯》原有的经典栏目的同时,全方位开创学术知识栏目并紧紧抓住新闪现的热点问题。

"论坛""名著·译述""杜威讲演""演说录""青年俱乐部""通讯"等栏目是《学灯》上的传统栏目,李石岑统统予以保留,做到原有栏目不变样。同时,他又新开了诸如"研究·马克思研究""妇女问题""哲学问题""艺术丛谈""故书新评""美术评论""学术史""读书录""佛学浅说""浪漫谈""歌谣""儿童文学"等一系列的新栏目,来调动各方面读者的积极性。从这些新设置的栏目可以看出来,李石岑的学术视野、编辑视域是十分宽广的,所以这个阶段《学灯》展现给我们的就是一部"无主题变奏曲"。其中不但有一以贯之的热点(主要有三方面:由翻译丛书引发的重译问题、译名问题;由胡适《尝试集》出版后引发的新诗讨论;国语问题等),而且也有由突起的外部事件的刺激而引起的热点(主要有:1920年11月由张东荪《由内地旅行而得之又一教训》引发的社会主义论战;1920年12月由法国领事柏卜致函中国外交部要求中国加入瑞士万国著作权保护公约引起的知识界恐慌;1921年5月底6月初在上海举行的远东运动会等)。

在编辑形态上,由于社会不断有热点问题和事件涌出,所以李石岑采取了不少"专号"的出版形式进行集中讨论。在他主编《学灯》期间,总共出

---

① 1920年年初,上海富商穆藕初与北大蒋梦麟等人商议捐资助教事宜,穆藕初准备拿出五万两银捐助北大毕业生。罗家伦就是第一批的受助者,其余四人为段锡朋、汪敬熙、周炳琳和康白情。每人每年获得美金1200元,按年付给,年限无定,视学者研究之志愿为转移。参见《穆藕初先生年谱》,上海:上海古籍出版社,2006年5月初版,第189页。

② 罗家伦:《一年来我们学生运动的成功失败和将来应取的方针》,《学灯》,1920年5月7日。

版了以下专号：

出版时间	专号名称
1920年6月26日	家庭研究号
1920年8月5日	诗学讨论号
1920年9月1日、12日	诗歌讨论·新诗讨论
1920年9月27日、1921年2月18日	乡村教育号（第一、第二辑）
1920年10月14日、10月31日、11月1日、11月9日、11月15日	国语研究号（第一、二、三、四、五辑）
1921年4月10日、6月26日	国语号
1921年3月20日、4月3日、5月1日、8日、15日、22日、6月12日、19日	讲演号
1921年5月30日—6月5日	远东运动会号
1921年7月3日	杜威讲演号

在李石岑之前的诸位《学灯》编辑，没有一位用过"专号"的形式。这不能不说是李石岑作为杂志期刊编辑主编报纸副刊时在编辑形态上的一大创造。他在给少年中国学会会员邰光典的信中曾说到自己喜欢用专号的形式以及用专号的难度，他说："……尊著《非个人主义的新生活》，已于六月十五日发表。该日学灯所载，皆系关于新村讨论之文字，正与来函第一条所论不期而合。又六月七日专载关于恋爱问题之文字，六月九日泰半载杜威各种演讲。亦与来函第二条所论暗合。惟事实上有不能如意办到者，非文稿长短不一，即排印上有不便之处。（如六月十日学灯栏，鄙意欲专载国语讨论之文字，乃排字房以注音字母不备，一日不能全刊之故，竟未将各稿排入。）尚有一层困难者，近来来稿极多，先投之稿，未便久延不发，又有一种文字，虽系新稿，亦不能不发，否则转失时效。"①要知道，李石岑以前是一位杂志期刊的编辑而不是日报副刊的编辑，所以他当然知道采用专号形式可以增加内容的专题性，但是由于日报不同于期刊，所以他于其中也尝得一些甘苦。而读者也对李石岑的专号编辑策略表示肯定，在读者胡世俊写给张东荪的信中就不点名地表扬了李石岑，胡世俊在信中说："……学

---

① 李石岑：《致邰光典》，《学灯》，1920年6月22日。

灯把同性质的讨论,同号刊载,如'家庭问题号'、'新村号',我极赞成。"①

李石岑不但喜欢专号形式的编辑手法,而且在版面上也有自己的特色,比如他为了和社会知名文化力量合作而推出了亮点类的"拳头"栏目,特地试验在版面上个别栏目使用比别的栏目大一号的字体,以凸显出该栏目的重要性。毕竟,宗白华的离开让《学灯》流失了一批有力的供稿者和知识资源,李石岑也需要通过类似的优惠举措吸引更多高层次的社会知识阶层参与到《学灯》的建设中来。"评坛"栏就是在李石岑这样的编辑理念下产生的。在1921年元旦,李石岑在《学灯栏启事》中声明要将《学灯》题材略为变更,最主要是推出了"评坛"栏,该栏目之前也有,只是以前每月该栏在《学灯》中并不是主推栏目,而李石岑在元旦启事中声明说:"评坛此类文字,不求长冗,如有精彩,少至数十字亦佳。无论记者或读者对于各种社会问题或学理问题之意见。于对于新出各种杂志或丛书之批评,均可随时发表。"在这之后的一段时间内,"评坛"作为李石岑主推的一个栏目受到了各方的注意。李石岑为了显示该栏目的重要,特地用比其他版面都要大一号的字体来排印"评坛"文字。当时的亲历者对李石岑的做法显然是印象深刻的。

钱穆先生在其回忆录《八十忆双亲·师友杂忆》中曾回忆自己在后宅初级小学当校长期间与李石岑打交道的一段经历。他说:"一夕,余与若泰、英章(皆钱穆当时的朋友,笔者注)三人聚谈。时李石岑自欧留学返国,以哲学名,在上海《时事新报》副刊《学灯》任主编。每作一文,必以大一号字登首幅,其余皆小一号字排。余告两人,石岑文亦自语简意远,较胜他文。余当试投一稿,看其亦能用大一号字刊之首幅否。二人亦加怂恿。余撰一文,长可三百许字,题名《爱国欲》。投去,是为余生平在报纸上投稿之第一篇。越日,余文果以大一号字在《学灯》首幅刊出。若泰、英章两人大加揄扬。"②钱穆后来又写了一篇《论希腊某哲人与中国道家思想之异同》,又被李石岑以大号字体刊登在《学灯》的首幅。钱穆自称"乃为《学灯》上刊载大一号文字李石岑外之第一人"。正在这时,《学灯》上突然刊登出李石岑要求钱穆告知通讯地址的公开函。他的两位朋友都很兴奋,"谓兄自此获知于当代哲人,通讯久,当有前途可期"。后来钱穆就将自己所在的后宅

---

① 胡世俊:《致张东荪》,《学灯》,1920年7月6日。
② 钱穆:《八十忆双亲·师友杂忆》,长沙:岳麓书社,1986年7月第一版,第99、100页。

第五章 李石岑主持下的《学灯》

镇第一小学地址寄给了李石岑。他的两个朋友都说钱穆太愚蠢,认为只有通讯久了,才可以把自己底细告诉李石岑。他的一个朋友说,李石岑不会跟一个小学校的作者保持通讯关系的。钱穆不相信。后来钱穆再给李石岑主持的《学灯》寄稿,"不久,此文改小一号字体,刊入《青年论坛》中,亦终无来信"。钱穆的朋友对他说,如果他再投寄稿件过去,再也不会用大一号字体刊出了。钱穆不信,再投一稿,"续登《青年论坛》,自是遂绝不再投寄"。可见,李石岑作为一个编辑,是十分看重投稿者的名气和身份的。这也难怪,面对那么多投稿者,他在选稿和结交方面也只能作一种简单化处理了。而且我们不得不指出,可能是由于年代相隔过久,钱穆的回忆错误很多,李石岑并非什么从欧洲回国的学者,钱穆的稿件确实是在《学灯》上以大一号字排出,但绝非什么他自称的"乃为《学灯》上刊载大一号文字李石岑外之第一人"。在钱穆发表文章之前,已经有多人在《学灯》首幅享受过这个待遇了。钱穆的这个说法,在抬高自己、贬抑他人的同时,也将让后人对《学灯》主编李石岑产生错误的印象,仿佛李石岑是一个以"大一号字"包办《学灯》首幅的自大狂。这是不符合历史事实的,也是不公正的说法。

在编辑内容上,我们知道,李石岑是一个研究西方哲学的哲学家,所以对他大量地在《学灯》上刊登介绍西方哲学家杜威、罗素、柏格森等人的学说当然不足为奇,但我们还要认识到,与欧阳竟无大师关系密切的李石岑还是一位非常热衷于研究中国传统佛教的现代哲学家。一方面在译介西方哲学的同时,李石岑也非常注重中国传统思想在世界学术格局中与西方哲学的交流与沟通。在《答章太炎先生》一文中,李石岑就说:"……柏格森之哲学,泰半受释家之影响,果能昌明佛理,或于彼西土哲家,所裨滋大。愚观国人治佛学者,率多见不及此,而乃流入于厌世,此非国人之好心理也。"①一日后,李石岑又在《两种预备工夫》一文中,再次阐明佛学研究于柏格森学说的重要性,文中他说:"柏格森来华讲演,期定一九二三年,转瞬即至耳。愚以为应赶速预备者有二事。一,关于法语方面者……二,关于佛教方面者,有谓柏格森直觉之哲学,全受佛教之影响者,有谓柏格森已阅过各种西译之佛籍,尚感不足,而谋以生物学上之实验,证明其直觉之性质者,要之不脱佛教之关系者近是。愚以为从前者之说,则昌明佛学,以谋真谛之普及;从后者之说,则尤宜昌明佛学,以防讹义之西渐。论者谓后者较

---

① 李石岑:《答章太炎先生》,《学灯》,1921年1月14日。

前者更属可靠之消息,则佛教之讲求,尤为亟亟之务。愚深盼精通佛学者,将本土名籍,译成西文,一面可以订正柏格森佛学上之知识,一面可以供献东方思想于西方哲学之林。"① 可见,李石岑是非常主动地、有意识地去做中西哲学思想、文化交流的工作,并且在这种交流中他秉持的中华传统文化主体意识是非常明确的。我们也不难理解,为何李石岑会在《学灯》上开辟"佛学浅说"、"法海回澜"这样的栏目。要知道,俞颂华 1919 年 5 月在《学灯》上关闭了"佛门丛载"一门标志着《学灯》走向新生,而此时,李石岑却又在《学灯》上开辟了类似的栏目,并不是盲目的复古和守旧,而是在经历了新文化运动早期凌厉飞扬的批判破坏之后重新自我审视、自我文化身份寻求认同之后的必然之举。不过,这个栏目在李石岑离开《学灯》之后并没有保留多久。

当然,李石岑并不光是在这些艰深的学理中打转,他还有另外的一面,我们不妨来看两则启事。在 1920 年 6 月 19 日,他在《学灯》刊登出征文启事,共征求十个方面:

(一)近来有倡"暑假废止论"的,有倡"暑假利用论"的,究竟那样的理论、根据最强?

(二)现在那些大哲学家大文学家等等,他们暑间的生活是怎样?

(三)东西洋避暑地是些甚么地方?那些地方有甚么好处?

(四)用怎样的方法,利用暑假的时候,提倡修学旅行,或远地视察旅行?

(五)许多人说过:暑天最好是游泳,我国甚么地方好做游泳场?

(六)水上运动的方法是怎样怎样?提倡水上运动?

(七)我国的文化运动,用怎样具体的方法,才好利用暑假的时候,传播到乡间去?

(八)开导乡间一般农民的知识,最好是行通俗教育。我国各地通俗教育的实际状况是怎样?没有的怎样去提倡?有的怎样去改良?

(九)欧美日本通俗教育的实际状况是怎样?

(十)我国的农村教育,是很幼稚的。关于土地种类(如林地,山岳及原野,牧场,农耕地等)农作物(如谷类,家畜饲料,亚麻,果树,首

---

① 李石岑:《两种预备工夫》,《学灯》,1921 年 1 月 15 日。

蓿及枯草等)农业知识(如肥料,种子,灌溉法等)及小农保护副业奖励等,应该给些知识把农民,就我国现在农村教育幼稚的时候而论,那样的知识是很要紧的?

而在1921年7月11日,《学灯》又登出李石岑的"特别征文启事":"现在上海美术学校开十周纪念绘画展览会了,每日去参观的人可也不少,这算是提倡美术的一个事实了。我们天天知道提倡美术,是一件顶紧要的事,却只一些空谈提倡,有几个真正着眼于事实的提倡呢?闻说往美术学校参观的人,多半记有评语,我们现在很想择选那些有价值的评语,披露披露。"

从这个征文的内容涵盖面可见,李石岑的目光脱离了哲学社科之外是很散漫的,一会儿是农村的通俗教育问题,一会儿又是上海美专的美术研究,大俗大雅,漫无边际。其实这是此时《学灯》成为"无主题变奏"的一个重要表现,它不过是一个正常的社会生态下副刊多样性的必然表现而已。

当然,为了寻求争议性话题以吸引眼球,李石岑主编的《学灯》也积极关注围绕着新文学运动出现的有代表性的作品而展开的论争。在这里,我们主要来看一看围绕着胡适《尝试集》而发生在《学灯》上的一场有关新诗问题的论争。论争的一方是胡适及其追随者,另一方是鸳鸯蝴蝶派的胡怀琛(寄尘)及其个别拥趸。

1920年3月,胡适的白话诗集《尝试集》由亚东图书馆出版,这是中国新文学史上第一部白话诗集。《尝试集》问世没多久,胡怀琛就在1920年4月30日上海《神州日报》上发表了《读胡适之〈尝试集〉》一文,对胡适的《尝试集》指手画脚,并对其中的七首诗大加删改。上海《神州日报》对北大新青年一派实在是个"老朋友"了,1919年3月,张厚载谎称北大驱逐了陈独秀等人的"半谷通信"就是发表在上海《神州日报》上的。

面对鸳鸯蝴蝶派胡怀琛的"不请自师",胡适并没有选择在《神州日报》上回应,而是选择了《学灯》。五四时期知识分子在刊物择取上是壁垒分明的。胡适在1920年5月12日在《学灯》上发表了给张东荪的一封信。文章一起首,胡适就抨击中国的报界没有"书评"一栏,他的哲学史大纲出版已达五版,中文报只有《太平洋》评过一次,"这是我很不幸的事"。紧接着,胡适话锋一转,就把矛头对准了胡怀琛。"但是我的尝试集出版不久,前天上海神州日报上已登有胡怀琛先生的长评。他这篇书评却也别致。他不但批评,还替我大大地改削了好几首诗。这种不收学费的改诗先生,我自然很感谢。但是我有一点意见,想借你的学灯栏发表。"胡适认为,诗人的"烟士披里纯"是独一无二的,是极具个人色彩的,是别人很难参透的。接下来,他举了被胡怀琛删改的《小诗》为例。

胡适的原文是:"也想不相思,可免相思苦。几次细思量,情愿相思苦。"

而胡怀琛改的是:"也要不相思,可免相思恼。几度细思量,还是相思好。"

胡适不客气地说,他(指胡怀琛,笔者注)改的都错了。胡适主要是从押韵的角度来批驳胡怀琛的,胡适说:"……'想相思'三个字是双声,'几次细思'四个字是叠韵,胡先生偏要说'想'与'相','次'与'思'读不上口,所以要改。这是他不细心的错处。他又嫌我二四两句都是用苦字煞尾,故替我改押'恼''好'两字。他又错了。我这首诗是有韵的,押的是第二句的第二字和第四句的第二字,'免'和'愿'两字。这种押韵法是我的一种尝试,好不好另是一个问题,但他的改本便把我要尝试的本意失掉了。"胡适在《胡适口述自传》中曾说他的新诗创作都是在实验主义的思想指导下的出产品。胡适是在尝试在新诗创作中创新声韵和谐的新途径。胡适也曾说新文学需要有更多的创作成绩——别人要用你结的"果子"来衡量你。而他的"果子"刚一露面就被胡怀琛删改的面目全非,胡适显然是有些生气的,他很明确地指出:"我很希望大家切实批评我的诗,但我不希望别人替我改诗。"①

很快,5月16日,胡怀琛的回应就来了。他在给张东荪的信中表示:"前天看见贵报学灯栏内,有胡适之先生写给你的信,所说的是关于我的事,我也求你,在学灯栏内给我登这篇通信。"胡怀琛为什么要"求"张东荪呢?我想这与胡怀琛自己的名声和地位有关。胡怀琛本身就是鸳鸯蝴蝶派的成员,而胡适则是新文化运动中的风云人物,他肯定觉得自己无论在影响上或地位上无法和胡适相比,在报刊主编眼中是微不足道的,所以才有"求"张东荪发表著作的言辞。胡怀琛在回信中,可能由于自卑所以显得极为自负,他在谈到别人的诗歌当改不当改的问题时说:"我现在评他不

---

① 胡适:《致张东荪》,《学灯》,1921年5月12日。胡适的这个说法后来被他自己打破,他后来为了《尝试集》再版,多次让鲁迅、周作人等给他删改诗。

好,读者必要问我,如何才算好,这时我不得不立个好的标准,和普通的改篡不同。"由于胡适只提出了"小诗"一首来说明胡怀琛改的不对,所以胡怀琛也颇为厚颜地推测道:"以外的几首,适之先生没说起,或者他认为没有改错,也未可知。"接下来,他针对胡适有关双声、叠韵的说法表示:"没有像他这样的双法","没有像他这样的叠法"。"他又说他押韵是第二句的第二字和第四句的第二字,这种押韵法,是他创造的,我的见识又浅,所以看不出,但是姑认他有这个格式,读起来也不好听,因为'免'字'愿'字既是押韵,我们读的时候,在'可免''情愿'两处,不得不停顿一下,而且这两处要读重些,下面各三字要读轻些,这样一读,便变了上七下三两句诗,而且下三字都是几几等于无声(因为须读得轻的缘故),这还成个甚么音节。"针对胡适说自己的原题是"爱情与痛苦"所以必然有"情愿相思苦"的话,胡怀琛更是不客气:"我说题目有了苦字,诗里一定要有苦字,还是试帖诗点题的习气。"

胡怀琛在文章最后说:"我再望适之先生指教,倘然他愿和我通讯(请告知他住的地址),我还有许多关于诗的话同他研究,完全为着讨论学问艺术起见,毫没有意气的关系,这一点想适之先生早明白了。"①

在这之后,支持双方的人物就粉墨登场了,前前后后,从 1920 年 5 月一直到 1921 年 1 月,朱侨、刘大白、刘伯棠、胡焕九、王崇植、吴天放、伯子、井湄、郭沫若等人都参与到这场争论中来,大多数人都是支持胡适的,也有少部分支持胡怀琛的。双方都从古代诗歌中找了很多的例证来讨论诗歌音韵的问题。在《学灯》上主要有以下一些文章:

发表时间	文章篇目(作者)
1920 年 5 月 12 日	胡适致张东荪
1920 年 5 月 16 日	胡怀琛致张东荪
1920 年 5 月 18 日	朱侨致胡适之
1920 年 5 月 21 日	刘大白致李石岑
1920 年 5 月 23 日	胡怀琛致李石岑

---

① 胡怀琛:《致张东荪》,《学灯》,1920 年 5 月 16 日。

续 表

发表时间	文章篇目(作者)
1920年5月25日	刘大白致李石岑
1920年5月29日	胡怀琛致李石岑
1920年6月8日	刘伯棠致胡适之
1920年7月15日	胡焕九致李石岑
1920年7月20日	胡怀琛《尝试集正谬》《胡怀琛致李石岑》
1920年7月23日	胡怀琛致李石岑
1920年8月4日	王崇植致李石岑
1920年8月5日	王崇植《评诗略谈——寄给胡怀琛先生的一封信》(诗学讨论号)
1920年8月8日	胡怀琛《评诗余谈——答王崇植先生的信》
1920年8月9日	胡焕九致李石岑
1920年8月22日	吴天放《评胡怀琛"尝试集正谬"》
1920年9月1日	胡怀琛《评论尝试集最后的解决》《解释胡焕九、吴天放二君的怀疑》
1920年9月12日	胡适《答胡怀琛先生九月一日的信》、井湄《评"尝试集正谬"及"尝试集"里的原作》
1920年9月22日	伯子《读胡怀琛先生的"尝试集正谬"》
1921年1月11日	胡怀琛《胡适派新诗根本的缺点》
1921年1月15日	郭沫若致李石岑
1921年1月20日	胡怀琛致李石岑(介绍郭沫若先生信一封)

除了《学灯》关注围绕着胡适《尝试集》的论争,朱执信在《星期评论》上也开辟战场,参与了论战。我们这里只关注《学灯》。在反驳刘大白对胡适的支持时,胡怀琛在胡适《尝试集》中找到了一个重要的证据,他说:"胡适之先生自己说:'免''愿'二字是押韵,全是违心之言,你试翻看他尝试集第二编第五五和五六两页一看便知道了,他首'小诗'后面,有一个跋语,跋语的最后依据,说道'遂用生查子词调,做了这首小诗'。我翻出词谱一对,

第五章 李石岑主持下的《学灯》

果然是半首生查子,既然是生查子词调,何以能将韵押在中间?既然他说这是他的一种尝试押韵法,何以当时又注明是用生查子词调?先后两句话,必有一句不对。"①所以胡怀琛认为刘大白是上了胡适的当。其实,胡适在《尝试集》中用了很多传统的词调用韵的方法,胡适也承认自己这样的做法就像是缠过小脚又放开。刘伯棠的来信,也是支持胡怀琛,反对胡适押韵的方法。而胡焕九则表示反对胡适用生查子词调后,在其他方面都支持胡适。大家意见不一。总之,争论的焦点在于新诗用韵的问题以及诗韵的规格标准问题,牵涉到了不少掉书袋式的古典诗歌音韵的讲求。

我们这里就不从新诗用韵问题展开了,值得我们注意的是胡适对这场争论的态度,在争论早期如火如荼展开的时候,很多人都来助战,胡适却一言不发。这种冷淡的态度深深刺激了胡怀琛,他在《评论尝试集最后的解决》中不满地说:"你对于我的意见,除了最初给东荪先生一信之外,没有第二句话,却是惹得许多旁人出来和我相辩。"为了让辩论有个结果,胡怀琛想让胡适出来说话,他说:"既然有讨论的价值,又已经讨论起来了,应该有一个最后的解决,到底谁错谁不错,应该讨论明白,方可使读者有所适从。……还是请先生自己说一句,平心而论到底错不错,到底什么地方错什么地方不错,方能解释大家的疑团。"除了这个办法之外,胡怀琛还给胡适一个小小的最后通牒,他说:"还有第二种办法,将先生的尝试集和谈新诗(载在星期评论),也将我的各种论诗的文字,都检出来,请几位比我们学问更高的公正人评判,定一个真是真非,但是你赞成不赞成,他们肯担任不肯担任,都是不可知的事。不过照这样说,并不算是无理的要求。……不知道先生的意见如何?"②果然,被他这么一逼,胡适在9月12日《学灯》上发表了《答胡怀琛先生九月一日的信》,这是胡适第一次给胡怀琛的信件,文中胡适首先就表示自己不愿意参加这个讨论,因为胡怀琛既然起首就说明他是在"正谬",那么自己既然已经是被认定在"谬"的位置了,所以也根本不想再来挨骂了。胡适针对胡怀琛自称其"二十多年里头,几乎没有一年不在诗里讨生活","当了衣服买诗集,是常有的事","自己做的诗有两千多首了"之类的大话,胡适只是把他们罗列出来,并不批评,他针对胡怀琛表示其主张的是在旧诗和新诗之外的"另一种诗",那么,"怪不得先生完全

---

① 胡怀琛:《致张东荪》,《学灯》,1920年5月29日。
② 胡怀琛:《评尝试集最后的解决》,《学灯》,1921年9月1日。

不懂得我的'新诗'了。以后我们尽可各人实行各人的'主张'。我做我的'新诗',先生做先生那种'合修词物理佛理的精华共组织成'的'另一种诗',这是最妙的'最后的解决'!"①可见,胡适并不想与吹毛求疵的胡怀琛多费口舌。

  从胡适的言论和语气上看,胡适是受胁迫般很无奈地回复胡怀琛的所谓商榷要求的。此时的胡适,正苦于心脏疾病,就在他致胡怀琛的信函在《学灯》刊出的当天,胡适在日记中记载,由于得了心脏僧帽瓣闭锁不全,他决定以后"谢绝酬应的吃饭"和"谢绝不相干的客",第二天的日记中也表示由于身体问题,"下午想做点事,只得忍耐不做"。如果不是为了养病,作为一个积极上进且喜欢交际的名流,胡适是不会减少社会活动、学术研究的。所以胡适很少参与改诗的论争,一方面可能与他的身体状况有关,另一方面,可能与胡适对胡怀琛发起这场论争的动机表示怀疑有关。我们知道,在1919年底,新文化运动已经在当下的文化界成了一股潮流,或者说是一种时髦的玩意。在上海这个畸形的商业文化氛围中,流行的、时髦的就永远是有市场的。所以,很多鸳鸯蝴蝶派的文人也摇身一变成了所谓新文化运动者,比如闻野鹤等人就创办《新思潮》杂志等,在遭到新文化集团抨击后,当时新文化的刊物也曾经讨论过能否让这类"失足文人"改过自新加入新文化运动建设中来的问题。胡适、陈独秀等人对这一派求名求利的伎俩可谓非常清楚。就如同陈独秀在《再论上海社会》一文中说的那样:"……什么觉悟、爱国、群利、共和、解放、强国、卫生、改造、自由、新思潮、新文化等一切新流行的名词,一到上海便仅仅做了香烟公司、药房、书贾、彩票行底利器。呜呼!上海社会!"②

  胡怀琛删改《尝试集》并在报纸上大肆宣扬造势的举措在胡适的眼中无疑就是这样追名逐利的行为。

  胡适对胡怀琛的冷遇不是没有道理的,如果他很热烈地参与到讨论中来,无疑会无形中增加胡怀琛在新文化运动中的地位和分量。胡适自己也很清楚,在新文化的场域中,胡怀琛是很难有言说机会的,当他们进入到大众传媒所构建的舆论空间中时,双方的地位和权力是有天壤之别的。假如他积极展开与胡怀琛的对话,无疑是在给胡怀琛在新文学界开路的同时,

---

① 胡适:《答胡怀琛先生九月一日的信》,《学灯》,1920年9月12日。
② 陈独秀:《再论上海社会》,《新青年》第八卷第二号,1920年10月1日。

将胡怀琛在文化界的位置无形中提高。所以,他在反感胡怀琛出语狂妄之余,对胡怀琛的动机显然无法不深加琢磨。

事实上,作为鸳鸯蝴蝶派成员之一的胡怀琛的表现也确实值得胡适怀疑。在1920年七八月间论争最激烈的时候,8月21日《时事新报》上突然出现一则消息——"讲习新诗学之消息",这则出现在新闻栏的本埠消息是这样说的:"本埠西门外星期国文讲习社。开办以来。已经一载。成绩颇有可观。本届为第三期。专讲新诗学。由胡怀琛君主讲。每星期日上午九时至十二时到社听讲。下午学生在家作诗。寄来修改。一学期为结束。务以短促之时间。说明诗之功用性质及方法。使学者不至走入歧途。养成高尚之思想。而发挥优美之情感焉。"①

原来如此!

我们知道了胡怀琛为什么要用"正谬"这样的言辞来说明他删改《尝试集》的行为了,原来这纯粹是为了给胡怀琛的商业教务行为进行文化造势。这样过激的言辞也极易在报纸上形成所谓的热点,如果论争的胡适一方足够配合、积极参与的话。同时,我们不难想象,这时候在文化界产生广泛影响的关于其删改《尝试集》的讨论能给他带来多少的生源和利益。

可以想见,胡怀琛显然对胡适1920年9月12日给他的答复是不满的,以至于他"不得不"践约把双方的论争的文章收到一起,出书以供大家评判了。1921年3月11日由泰东图书局发行的《尝试集批评与讨论》正式在《时事新报》上大做广告了。广告词是这样写的:"■研究新文学的人要晓得什么是'新诗'?■研究新诗的人要晓得什么是'新体诗'?什么是'新派诗'?不可不看《尝试集批评与讨论》。"胡怀琛为之作序,该书共收录了报刊上的讨论文章共28篇。定价四角。如果从商业文化生产与运作来看,从胡怀琛删改《尝试集》到后来的在报刊上发起争论形成热点,再到后来的辑录整理出版的全过程,简直有如经过策划公司精密筹划过一般。胡怀琛无疑是论争"赢家",我们也不得不佩服胡适的"不参与"的先见之明。

而有鸳鸯蝴蝶派老底的胡怀琛也从此以新文学作家和学者的身份重新面世了!1921年3月30日,《时事新报》上刊登出胡怀琛新诗集——《大江集》由国家图书馆印行出版的广告。广告词题头是"新文学丛书里面模范的白话诗",广告词是:"本书是胡怀琛先生著的。胡先生的诗。融化新

---

① 《讲习新诗学之消息》,《时事新报》,1920年8月21日。

旧。博采众长。自成一种特创的新诗。本集除胡先生自己创作之诗而外。又有英法美各国诗的译文。和原文。用中英法三国文字合刊的诗集。也要算这是第一部。此外再有附录三篇。详论诗理。是胡先生的特别卓见。有志新文学的。一读此书。便可澈底明白诗是甚么样的一种文学了。冠首还有。陈东阜先生的长篇序文。更见价值。现在此集由本馆编入新文学丛书里面。业已出版。全书新式洋装一册。因要打破虚伪定价的恶习。所以定价两角。不折不扣。书印无多。研究新文学的同志。别错过了。"

1921年5月11日,《时事新报》上再次刊出由泰东图书局发行的胡怀琛《新文学浅说》一书广告。这次胡怀琛的论述范围俨然已经从新诗扩大到了新文学全体了,其广告词曰:"此书系胡怀琛先生在第二师范教国文时所作、由经验学识凑合而此有系统的教本、与坊间剪裁饾钉而成的不可同日而语、诚研究新文学者的指南针也、全书分六章十六节、详论新文学之定义、文法、伦理学与文学、修辞学、美的文学、整齐句法、错杂句法、直线句与曲线句法、单纯句与综合句法、音节、趣味、生趣、意境、创造、自然、打破文法范围、打破伦理范围、不守信字条件、不守达守条件、普遍的价值、永久的价值等、洵研究文学者不可不读。"

可见,胡怀琛这时已经俨然是新文学创作的"指南针"了,名利双收。我们看到,张东荪、李石岑在《学灯》上采取的"公开主义"在客观上为胡怀琛们提供了一个便利的媒体空间。胡怀琛自己心里也是很清楚的,他在给李石岑的信中就说:"你没有成见,完全取公开主义,是我所钦佩的。"[①]从胡怀琛称赞李石岑"没有成见"的话中,我们清楚地看到,胡怀琛对自己在新文化场域中的地位和影响在心里其实是很明了的。而胡适在这场争论中,虽然发言不多,但是客观地看,他也是这场论争的受益者,起码在商业的角度上可以这样理解。在论争最激烈的1920年8月,《尝试集》就发行第二版了。在《尝试集再版自序》中,胡适只承认其中的十四首诗是白话新诗,声明包括《小诗》在内的其他诗作都是过渡时代的产物。也有人在为胡怀琛为胡适改诗的做法叫好,郑逸梅就曾说:"胡适之的《尝试集》,经他改动,胜于原作。"[②]立场不同,结论当然就各异了。

[①] 胡怀琛:《致李石岑》,《学灯》,1920年7月20日。
[②] 郑逸梅:《胡寄尘轶事拾零》,《郑逸梅选集(二)》,哈尔滨:黑龙江人民出版社,1991年6月第一版,第579页。

第五章　李石岑主持下的《学灯》

第二节　知识分子共同体的分裂与聚合

此时,研究系知识分子一派与北大新青年派双方在梁启超回国、北大新青年派面临分裂的新的历史环境下在文化场域中到底处于一种什么样的关系之中呢?

要回答这个问题,我们就不得不对当时的社会文化力量构成进行一番分析。从宏观上看,在知识分子共同体内部大体上逐渐分为以陈独秀为代表的马克思主义派、以胡适为代表的自由主义西化派、以梁启超和梁漱溟为代表的东方文化派,也就是文化保守主义一派。

从时间上看,中国的现代思想启蒙运动是在第一次世界大战爆发之后才逐步兴起的,而在第一次世界大战之后,对于当时的中国知识分子来说,西方突然变成破裂的、多面的形象。"向西方学习"在以前也就笼统地意味着学习西方民主和科学,而现在,"向哪个西方学习"这个问题真正地摆在了中国知识分子的面前。

首先我们来看以梁启超为代表的"东方文化派"[①]。"东方文化派内部派别林立,个人情况也多不同,但他们对于战后世界潮流变动的感悟,理路相类:欧战是西方文化过于趋重物质文明而忽略精神文明的必然结果。西方文化破绽百出,相形之下,东方文化趋重精神文明是其优长,自有它独立的价值。"[②]虽然梁启超在欧游回国之后喊出了"科学破产"之类的口号,但是,这个时代的文化保守主义者对西方的科学和民主的价值观念总体上是认可的,迥然不同于中国传统封建的顽固派和骸骨迷恋狂。当然,我们设想一下,如果没有第一次世界大战欧洲形象的破败,在中国百年来屈辱而专注地向西方学习的主导意识形态、价值观念统治下,他们是根本没有多少可能在社会上产生较大影响的。

梁启超在欧游途中,对欧战给人类文明带来的伤害极为痛心,欧洲的

[①] "东方文化派"这个称呼,是邓中夏等嘲讽调侃地对反思西方文化败劣、褒扬中国传统文化在建立世界文化中重要作用的这么一派中国知识分子的命名。参见《中国现在的思想界》,蔡尚思主编《中国现代思想史资料简编(二)》,杭州:浙江人民出版社,1982年8月初版,第123页。

[②] 郑师渠:《社会的转型与文化的变动:中国近代史论》,北京:商务印书馆,2006年11月第一版,第51页。

破败给他极深的刺激。他在1919年6月9日给梁仲策的信中说:"数月以来,晤种种性质差别之人,闻种种派别错综之论,睹种种利害冲突之事,……吾自觉吾之意境,日在酝酿发酵中,吾之灵府必将起一绝大之革命,惟革命产儿为何物,今尚在不可知之数耳。"①他把自己几个月来功课分为四类——见人、听讲、游览和学习英文,并且给自己的要求是"发愤当学生"。②欧游途中,梁启超见到了倾慕已久的法国柏格森、德国倭铿等人,尤其是在法国会见柏格森的老师蒲陀罗一事对梁启超日后文化保守主义思想的形成影响很大。在会见中蒲陀罗对梁启超说:"一个国民,最要紧的,是把本国文化,发挥光大。……你们中国,着实可爱可敬,我们祖宗裹块鹿皮,拿把石刀在野林里打猎的时候,你们不知已出了几多哲人了。我近来读些译本的中国哲学书,总觉得他精深博大,可惜老了,不能学中国文,我望中国人总不要失掉这份家当才好。"③梁启超听了,"顿觉有数百斤重担加于肩上,以一味向外追求为舍本逐末,故回国后萃力整理固有学术文化,盖源于此"④。1920年3月梁启超回到国内,雄心勃勃的他在上海中国公学演讲时,表示自己此番欧游"为时短而历地多",观察可能不透彻,但是"唯有一件可使精神大受影响者,即悲观之观念完全扫清是已。因此精神得以振作,换言之即将暮气一扫而空。此次欧游所得止此"。在谈到自己为什么会对中国前途表示乐观时,他说:"……因观察欧洲百年来所以进步之故,而中国又何以效法彼邦而不能相似之故,鄙人对于此且有所感想。考欧洲所以致此者,乃因其社会上政治上固有基础,而自然发展以成者也。其固有基础与中国不同,故中国不能效法欧洲,在此百年中可谓在一种不自然之状态中,亦可谓在病的状态中,中国效法此种病态,故不能成功。……西方经济之发展,全由于资本主义,乃系一种不自然之状态,并非合理之组织,现在虽十分发达,然已将趋末路,且其积重难返,不能挽救,势

---

① 丁文江、赵丰田主编:《梁启超年谱长编》,上海:上海人民出版社,1983年8月第一版,第880、881页。
② 梁启超这个阶段所受的讲义主要是:战时各国财政与金融,西战场战史,法国政党现状和今世文学潮流。并拟请柏格森为其讲授哲学。见《梁启超年谱长编》,第883页。
③ 吴天任编:《民国梁任公先生启超年谱(四)》,台北:商务印书馆,1988年7月第一版,第1433页。该文在丁文江、赵丰田主编的《梁启超年谱长编》中未收,有遗珠之憾。原文见梁启超的《欧游心影录》。
④ 吴天任编:《民国梁任公先生启超年谱(四)》,台北:商务印书馆,1988年7月第一版,第1433页。

必破裂。"①3月24日梁启超在写给女儿梁令娴的信中又表示:"吾自欧游后,神气益发皇,决议在言论界有所积极主张。"可以说,梁启超的信心来源于当时世界范围内知识界对资本主义西方文化弊端的共同反省的普遍认识。同时,受到了在欧游时西人呼吁转向东方文化寻求救济之道思潮的影响,再加上自身文化传承的喜爱与偏好,梁启超也大肆鼓吹中国文化,除了在《欧游心影录》中鼓吹外,他利用各种场合都来宣扬这个观点。他在《为创办文化学院事求助于国中同志》一文中就用他那常带感情的笔触,淋漓酣畅的排比句式来说明:"启超确信我国儒家之人生哲学,为陶养个人至善之鹄,全世界无论何国、无论何派之学说,未见其比,在今日有发挥光大之必要。启超确信先秦诸子及宋明理学,皆能在世界学术上占重要位置,亟宜爬罗其别系,磨洗其面目。启超确信佛教为最崇贵最圆满之宗教,其大乘佛理尤为人类最高文化之产物,而现代阐明传播之责任,全在我中国人。启超确信我国文学美术在人类文化中有绝大价值,与泰西作品接触后当发生异彩,今日则蜕变猛进之机运渐将成熟。启超确信中国历史在人类文化中有绝大意义,其资料之丰,世界罕匹,实亘古未辟之无尽宝藏,今日已到不容扃镭之时代,而开采之须用极大劳费。启超确信欲创造新中国,非赋予国民以新元气不可,而新元气绝非枝枝节节吸受外国物质文明所能养成,必须有内发的心力以为之主。以上五事实为其萌芽种。启超确信当现在全世界怀疑沉闷时代,我国人对于人类宜有精神的贡献,即智识方面亦宜有所持以与人交换。以上五事之发明整理,必须在旧学上积有丰富精勤的修养,而于外来文化亦有相当的了解,乃能胜任。今日正在人才绝续之交,过此以往,益难为力。启超虽不敢自命为胜任,然确信我在今日最少应为积极负责之一人;我若怠弃,无以谢天下。"②

可以说,梁启超回国后在他的规划下,研究系的文化建设事业的指导思想发生了巨大的转向,从以前一味追随北大新青年一派反传统、反封建发展到了一个新的阶段,即要求在肯定中国传统文化自身价值、强调所谓"内发的心力"的基础上,希冀在对西方文化充分引进、了解的前提下,以儒

---

① 丁文江、赵丰田主编:《梁启超年谱长编》,上海:上海人民出版社,1983年8月第一版,第900—902页。

② 丁文江、赵丰田主编:《梁启超年谱长编》,上海:上海人民出版社,1983年8月第一版,第983、984页。

家人生哲学、诸子百家的学术成就、佛教大乘佛理、传统文学美术为特色构建面对世界的、开放性的中国文化主体身份，借此不但强化中国传统文化的自信心和内聚力，而且对"世界文化"在知识、精神上有所贡献。对研究系来说，这无疑是一次重大的文化转向，因此也与北大新青年一派产生了思想上的裂痕。

梁启超看到的西方是破败的欧洲，是被第一次世界大战的战车蹂躏、碾碎了的欧洲，以及中国文化在世界文化交流、构造中应尽的责任。而胡适等自由主义知识分子对梁启超的观点绝不认同，胡适眼中的西方的影像当然来自他所留学期间正处于资本主义上升通道内的美国。毫无疑问，美国是第一次世界大战最大的受益者，在欧战期间，美国发了一笔战争财，在国际上经济实力和政治影响力都急剧膨胀。一个上进的、积极的、正面的美国意识形态和价值观深深烙印于胡适头脑中。在文化认同和价值观取向上，胡适是毫不保留地倾向于西化的，即使处在面对欧战后出现严重状况的普遍反思之时。1922年7月3日胡适曾说："梦麟谈欧洲情形，极抱悲观。这一次大战，真是欧洲文明的自杀。法国已不可救了；拉丁民族的国家——意大利，西班牙，葡萄牙——将来在世界上只有下山的前途，没有上山的希望。德国精神还好；将来欧洲必有俄德英联成一片的时候，欧洲将永永为日耳曼斯拉夫民族的世界。但世界的文化已在亚美两洲寻得了新逃难地。正如中国北方陷入野蛮人手里时，尚有南方为逃难地。将来欧洲再堕落时，文化还有亚美澳三洲可以躲避，我们也不必十分悲观。"①1923年12月16日，胡适在日记中谈起自己访问王国维时的对话："他（指王国维，笔者注）又说，西洋人太提倡欲望，过了一定限期，必至破坏毁灭。我对此事却不悲观。即使悲观，我们在今日势不能不跟西洋人向这条路上走去。他也以为然。我以为西洋今日之大患不在欲望的发展，而在理智的进步不曾赶上物质文明的进步。"②在这方面看来，胡适对欧战后的世界文化状况并不感到担心，他认为世界文明已经在亚洲和美洲得到了庇护，如同文化保守主义者那样，他也认为西方的问题出在了精神文明赶不上物质文明进步的步伐，但他并没有觉得需要用中国的精神文明来挽救西方的物质

---

① 《胡适的日记（下）》，北京：中华书局，1985年1月第一版，第391页。
② 引自季羡林主编《胡适全集》第30卷，合肥：安徽教育出版社，2003年9月第一版，第128页。

第五章 李石岑主持下的《学灯》

文明,相反,他认为我们"今日势不能不跟西洋人向这条路上走去"。针对文化保守主义者的"东方文明是精神文明,西方文明是物质文明"的说法,胡适认为"这是有夸大狂的妄人捏造出来的谣言,用来遮掩我们的羞脸的"。胡适表示传统中国才是唯物的文明:"这样受物质环境的约束与支配,不能跳出来,不能运用人的心思智力来改造环境改良现状的文明,是懒惰不长进的民族的文明,是真正唯物的文明。"而对西洋的文明,胡适的评价是:"这样充分运用人的聪明智慧来寻求真理以解放人的心灵,来制服天行以供人用,来改造物质的环境,来改革社会政治的制度,来谋人类最大多数的最大幸福,——这样的文明是精神的文明。"胡适还有一段话明显是针对文化保守主义者说的:"少年的朋友们,现在有一些妄人要煽动你们的夸大狂,天天要你们相信中国的旧文化比任何国高,中国的旧道德比任何国好。还有一些不曾出国门的愚人鼓起喉咙对你们喊道:'往东走!往东走!西方的这一套把戏是行不通的了!'我要对你们说:不要上他们的当!不要拿耳朵当眼睛!睁开眼睛看看自己,再看看世界。我们如果还想把这个国家整顿起来,如果还希望这个民族在世界上占一个地位,——只有一条生路,就是我们自己要认错。我们必须承认我们自己百事不如人,不但物质机械上不如人,不但政治制度不如人,而且道德不如人,知识不如人,文学不如人,音乐不如人,艺术不如人,身体不如人。"[①]所以胡适原来说世界文明在亚美两洲找到了避难所,亚洲既然不是在中国,我想也不会是在印度,真正的避难所那么只有在美洲了。从这里也可见胡适对美国文明的认同。

不光是反对东方文化派对中国文化的颂扬,胡适反对一切派别对中国传统文化的赞扬。胡适在《怀念曾慕韩先生》一文中曾说:"我嫌他(指曾慕韩,笔者注)过于颂扬中国传统文化了,可能替反动思想助威。我对他说:凡是极端国家主义的运动,总都含有守旧的成分,总不免在消极方面排斥外来的文化,在积极方面拥护或辩护传统的文化。所以我总觉得,凡提倡狭义的国家主义或狭义的民族主义的朋友们,都得特别小心的戒律自己,偶一不小心,就会给顽固分子加添武器了。"[②]从这里我们也可以看到胡适的良苦用心了。胡适是从个人言论通过现代媒体运作之后对社会大众产

---

① 胡适:《介绍我自己的思想》,引自娄东仁、夏龙编《胡适小品散文》,北京:中国广播电视出版社,1996年6月第一版,第277页。
② 胡适:《怀念曾慕韩先生》,引自娄东仁、夏龙编《胡适小品散文》,北京:中国广播电视出版社,1996年6月第一版,第344页。

生的客观效果和影响这个层面来思考问题的,胡适说:"自从《欧游心影录》发表之后,科学在中国的尊严就远不如前了。一般不曾出国门的老先生很高兴的喊着:'欧洲科学破产了!梁任公这样说的。'我们不能说梁先生的话和近年同善社悟善社的风行有什么关系,但我们不能不说梁先生的话在国内确曾替反科学的势力助长了不少的威风,梁先生的声望,梁先生那枝'笔锋常带情感'的健笔,都能使他的读者容易感受他的言论的影响。"①

而从历史进程上看,北大新青年一派自从1920年5月1日出版了第七卷第六号的《新青年》之后,就逐步暴露出分裂的趋势,从1920年4月26日陈独秀在上海写给北京李大钊、胡适的信中就可以充分地看出这一点。当时陈独秀提出编辑人的问题共有三个选择,一是由在京诸人轮流担任,二是由在京一人担任,三是由陈独秀自己在上海担任。虽然陈独秀在信末尾催促道"为时已迫,以上各条,请速赐复",但看来这个攸关《新青年》主导权的问题并没有很好地得以解决,因为第八卷第一号的《新青年》一直拖延到1920年9月1日才在上海出版。而这时的《新青年》已经是由陈独秀领导的新的"新青年社"编辑了。

说起陈独秀在政治上的迅速转向,胡适把它归为历史上的"偶然"事件。在胡颂平编著的《胡适之先生年谱长编初稿》中,有这样的记载:"今年暑假(指1920年,笔者注),武汉方面本来要请先生(指胡适,笔者注)去演讲,先生因已接受南京方面的邀请,于是介绍陈独秀去;不料陈独秀这次去了武汉之后,他的思想上起了一个大变化,从此以后开始参加组织中国共产党。(先生生前与编者谈起历史上的'偶然'的事件,曾举此事为例,现就记忆编入。)……陈独秀从武汉演讲之后回到北京,因警察要逮捕他,潜往上海,把《新青年》也带到上海出版;《新青年》完全变质了,七卷六号就是'劳动节纪念号',八卷就成为共产党的宣传机关了,北京的一班新青年社员力主移回北京编辑,未果;从此《新青年》的同人也就分裂了。"②胡适在这里的记忆显然有误,陈独秀在1920年2月已经在上海了,4月份即会见

---

① 胡适:《科学与人生观序》,张君劢等著《科学与人生观》,合肥:黄山书社,2008年5月版,第11页。

② 引自胡颂平编著《胡适之先生年谱长编初稿》,台北:联经出版事业公司,1984年5月第一版,第405—421页。胡适显然对八卷之后移到上海出版的《新青年》是不承认的,他在1935年重印《新青年》时,重印本也只是印到七卷六号为止。胡颂平这里的史实描述是不准确的,陈独秀在1920年暑假并未去过武汉,他只是在1920年2月(寒假)有一次武汉讲学之旅。

第五章　李石岑主持下的《学灯》

了共产国际代表维金斯基,5月份即开始发起共产主义小组和马克思主义研究会。

陈独秀到了上海后,已经意识到原先北京新青年社同仁们已不能再像以前那样依靠了。1920年7月31日,《时事新报》上刊登出"新青年社启事":"本杂志自八卷一号起另行组织新青年社,嗣后编辑发行印刷等事均由本社直接办理。八卷一号以前者仍由群益书社负责。又凡以前直接向群益书社订购诸君,请仍与群益交涉。上海法界环龙路渔阳里二号新青年社编辑部启。"①8月9日,《时事新报》上再次刊登出"新青年社启事":"本报八卷一号准于九月一日出版,编辑部同人照旧,编辑事务任由独秀担任,以后关于投稿及交换告白报章等事项与'上海法界环龙路渔阳里新青年社编辑部'接洽。关于发行事件请与'上海法大马路大自鸣钟对面新青年社总发行所'接洽。报价部分一切照旧,惟特别号不另加价的权利以直接向本社总发行所定阅者为限。特此预先声明,以免误会。此白。"②陈独秀此时显然得到了北京部分同人的一定的支持,所以他才敢大胆地说一句"编辑部同人照旧"。陈独秀此时多次给北京周氏兄弟写信,为移沪出版的《新青年》拉稿,在1920年3月11日写给周作人的信中就表示"很盼望豫才先生为《新青年》创作小说"。这应该是陈独秀离京之后初次向周氏兄弟拉稿。1920年8月28日写给周作人的信中陈独秀说:"《风波》在一号报(指八卷一号,笔者注)上登出,九月一日准能出版。兄译的一篇长的小说,请即寄下,以便同前稿都在二号报上登出。……鲁迅兄做的小说,我实在五体投地的佩服。"③在9月28日,在给周作人的信中,陈独秀又拉稿道:"二号报准可如期出版。你尚有一篇小说在这里,大概另外没有文章了,不晓得豫才兄怎么样?随感录本是一个很有生气的东西,现在为我一个人独占了,不好不好,我希望你和豫才、玄同二位有功夫都写点来。豫才兄做的小说实在有集拢来重印的价值,请你问他倘若以为然,可就《新潮》、《新青年》剪下自加订正,寄来付印。"④同时,他还向胡适拉稿,在1920年8月2日写

---

① "新青年社启事",《时事新报》,1920年7月31日。
② "新青年社启事",《时事新报》,1920年8月9日。
③ 陈独秀:《致周启明信》,任建树等编《陈独秀著作选》,上海:上海人民出版社,1993年4月第一版,第153页。
④ 陈独秀:《致周启明信》,任建树等编《陈独秀著作选》,上海:上海人民出版社,1993年4月第一版,第176页。

给胡适的信中,陈独秀就表示道:"兄想必很忙,此期不做文章还可以,二号报(即第八卷第二号《新青年》,笔者注)要强迫你做一篇有精采的文章才好。"①甚至陈独秀给胡适命题作文,要求他担任"攻击老子学说及形而上学的司令"。

在写于1920年12月上半月致北京新青年社同人②的信中,即将应陈炯明之邀赴粤的陈独秀说了自己要去广州一事,在介绍陈望道、沈雁冰、李达和李汉俊时,他并没有使用"另行组织"的新青年社成员这样的刺激性的字眼,反而只是说"新加入编辑部者",陈独秀维持着旧日同人最后一点点的面皮,似乎忘记了他在本年7月31日"另行组织新青年社"的启事了。陈独秀在该信中指明了陈望道就是他走后新青年社在上海的负责人,并盼望北京同人能有稿见寄。"望道先生已移住编辑部,以后来稿请寄编辑部陈望道先生收不误。四号报已出版,五号报收稿在即,甚盼一涵、孟和、玄同诸兄能有文章寄来(因为你们三位久无文章来了)。"③可以看出,陈独秀此时想极力去弥补新旧两个新青年社之间的鸿沟并为陈望道主编下的《新青年》向旧日同人拉稿了。甚至就在1920年12月16日陈独秀离沪赴粤的当天,陈独秀还给胡适和高一涵写信,信中说:"《新青年》色彩过于鲜明,弟近亦不以为然,陈望道君亦主张稍改内容,以后仍以趋重哲学文学为是;但如此办法,非北京同人多做文章不可。近几册内容稍稍与前不同,京中同人来文太少,也是一个重大的原因,请二兄切实向京中同人催寄文章。"④不难看出,陈独秀的话很大程度上是在自我批评以期重回旧途、引介陈望道并希望继续合作。陈望道也亲自写信给周作人,商谈编辑事宜。

陈独秀在这里所说的《新青年》色彩过于鲜明,显然是指八卷之后的《新青年》过于关注政治,毕竟此时陈独秀领导下的马克思主义学会已经于

---

① 陈独秀:《致胡适》,任建树主编《陈独秀著作选编(二)》,上海:上海人民出版社,2009年版,第242页。
② 该信题头收信人包括李大钊、钱玄同、胡适、陶孟和、高一涵、张慰慈、周树人、周作人和王抚五。跟4月26日的收信人比起来,少了顾孟余、陈大齐(百年)、沈尹默和朱希祖(逷先)四人,多了周树人一人。
③ 陈独秀:《致李大钊、钱玄同、胡适等》,任建树等编《陈独秀著作选(二)》,上海:上海人民出版社,1993年4月第一版,第222页。
④ 陈独秀:《致胡适之、高一涵》,任建树等编《陈独秀著作选(二)》,上海:上海人民出版社,1993年4月第一版,第223页。

第五章　李石岑主持下的《学灯》

1920年10月创刊了更有政治色彩和现实斗争指向性的《共产党》月刊①。陈独秀在1920年9月1日出版的八卷一号的《新青年》一上来第一篇文章就是《谈政治》。文中陈独秀一开首就说："本社社员中有多数人向来主张绝口不谈政治，我偶然发点关于政治的议论，他们都不以为然。但我终不肯取消我的意见，所以常常劝慰慈、一涵两先生做关于政治的文章。……我们中国不谈政治的很多，主张不谈政治的只有三派人：一是学界，张东荪先生和胡适之先生可算是代表；一是商界，上海底总商会和最近的各马路商界联合会可算是代表；一是无政府党人。前两派主张不谈政治是一时的不是永久的，是相对的不是绝对的；因为他们所以不谈政治，是受了争权夺利的冒牌的政治底刺激，并不是从根本上反对政治。……前两派只有消极没有积极的缺点，最近胡适之先生等'争自由的宣言'中已经道破了。这篇文章开口便说：'我们本不愿意谈实际的政治，但是实际的政治却没有一时一刻不来妨害我们。'要除去这妨害，自然免不了要谈政治了。"②陈独秀这里拿胡适等人1920年8月1日发表的《争自由的宣言》中的言论来"以子之矛攻子之盾"，但是，胡颂平在《胡适之先生年谱长编初稿》中却有另外一种说法："这时候，先生正在南京讲学。依照先生的习惯，凡是先生起草而与别人共同发表的文章，都是列名最后的。（着重号为作者所加，笔者注）照列名的次序看来，此文当是李大钊、高一涵两人起草的。"③可见，陈独秀拿来的"子之矛"实在是名不副实的。

胡适在回复陈独秀1920年12月16日之信时，针对陈独秀"幡然悔悟"《新青年》"色彩过于鲜明"表示，"今虽有意抹淡，似亦非易事"，因为"北京同人抹淡的工夫决赶不上上海同人染浓的手段之神速"。所以胡适提出了三个办法：第一，任凭《新青年》流为一种特别色彩的杂志，另创一个哲学文学杂志，"篇幅不求多，而材料必求精"；第二，改变《新青年》内容，声明不谈政治；第三，停办（胡适后来称此条声明不用，笔者注）。胡适的解决办法引起了陈独秀的反对与批评，胡适颇为委屈，在写给新青年同人的信中说："我自信此两条皆无足以引起独秀误会之处，不意独秀答书颇多误解。……第二

---

① 当时由李达主编。
② 陈独秀：《谈政治》，《新青年》第八卷第一号，1920年9月1日。
③ 引自胡颂平编著《胡适之先生年谱长编初稿》，台北：联经出版事业公司，1984年5月第一版，第411页。

条办法,豫才兄与启明兄皆主张不必声明不谈政治,孟和兄亦有此意。我于第二次与独秀信中曾补叙入。此条含义两层:(1)移回北京;(2)移回北京而宣言不谈政治。独秀对于后者似太生气,我很愿意取消'宣言不谈政治'之说,单提出'移回北京编辑'一法。理由是:《新青年》在北京编辑或可多逼迫北京同人做点文章。否则独秀在上海时尚不易催稿,何况此时在素不相识的人的手里呢?(着重号为作者所加,笔者注)……独秀对于第一办法——另办一杂志——也有一层大误解。他以为这个提议是反对他个人。我并不反对他个人,亦不反对《新青年》。不过我认为今日有一个文学哲学的杂志的必要,今《新青年》差不多成了 Soviet Russia 的汉译本,故我想另创一个专关学术艺文的杂志。今独秀既如此生气,并且认为反对他个人的表示,我很愿意取消此议,专提出'移回北京编辑'一个办法。……事实上,老实说,我们这一班人绝不够办两个杂志;独秀虽说'此事与《新青年》无关',然岂真无关吗?故我希望我们先解决这个问题。若京沪粤三处的编辑部同人的多数主张把编辑的事移归北京,则'改变内容','仍趋重哲学文学'(皆独秀函中语),一个公共目的,似比较的更有把握,我们又何必另起炉灶,自取分裂的讥评呢?"①看起来胡适在信中是极力想保持北大新青年一派内部团结的,他把陈望道等上海新青年社的新社员称为"素不相识的人",对《新青年》落入他们的手中变成了 Soviet Russia 的所谓"中译本"表示强烈的不满与担忧②,胡适想把《新青年》移回北京的渴望是很急切的,甚至他也做出放弃"声明不谈政治"的妥协。胡适让北京新青年同人表决,张慰慈、高一涵同意胡适的看法。陶孟和和王抚五赞成移回北京,并且宁

---

① 胡适:《致新青年同人信》,任建树等编《陈独秀著作选(二)》,上海:上海人民出版社,1993年4月第一版,第226页。

② 陈望道在被陈独秀介绍给胡适等北大新青年一派旧人后,于1921年1月15日给胡适寄了一张明信片,表示自己还是愿意刊发胡适的文章,并为自己"抹深色彩"辩白道:"大作已载在新青年八卷五号了。新青年内容问题,我不愿意多说话,因为八卷四号以前我纯粹是一个读者,五卷以后我也只依照多数意思进行。"陈望道是在陈独秀赴粤后的八卷五号之后才编《新青年》的,从他接手后的《新青年》色彩来看,他所说的"依照多数意思"显然指的不是原先北大新青年一派人的多数。值得注意的是,胡适是接到陈望道的明信片后在给陈独秀的信中称陈望道是"素不相识的人"。后来胡适也在给陈望道回寄的明信片中表示不是反对陈望道编辑《新青年》:"而是反对你把《新青年》作宣传共产主义之用。"而陈望道当时给鲁迅的信中则表示:"办《新青年》不能靠胡适,要靠你。"而陈望道在1921年2月13日给周作人的信中则表示:"我也并不想要在《新青年》上占一段时间的历史,并且我是一个不信实验主义的人,对于招牌,无意留恋。不过适之先生的态度,我却敢断定说,不能信任。"参见唐宝林等编《陈独秀年谱》,第139—143页。

第五章　李石岑主持下的《学灯》

愿停刊也不愿分为两种杂志,"致破坏《新青年》精神之团结"。李大钊主张第一条办法,也就是听任《新青年》流为特殊色彩杂志,另办一个谈哲学文艺的杂志,但不赞成停办,宁愿分裂也不能停办。周作人、鲁迅和钱玄同的意见是索性任《新青年》分裂,赞同第一条,但也不反对第二条。周作人认为:"……我看现在《新青年》的趋势是倾于分裂的,不容易勉强调和统一。"鲁迅在写给胡适的信中说:"……如北京同人一定要办,便可以用上两法而第二个办法更为顺当。至于发表新宣言说明不谈政治,我却以为不必,……此后只要学术思想艺文的气息浓厚起来——我所知道的几个读者,极希望《新青年》如此——就好了。"①钱玄同则认为分裂成两个杂志好:"一定要这边拉过来,那边拉过去,拉到结果,两败俱伤,不但无谓,且使外人误会,以为《新青年》同人主张'统一思想',这是最丢脸的事。……我以为我们对于仲甫兄的友谊,今昔一样,本未丝毫受伤。但《新青年》这个团体,本是自由组合的,即此其中有人彼此意见相左,也只有照'临时退席'的办法,断不可提出解散的话。极而言之,即使大家对于仲甫兄感情真坏极了,友谊也断绝了,只有他一个人还是要办下去,我们也不能要他停办。至于《新青年》精神之能团结与否,这是要看各个人的实际思想如何来断定,断不在乎《新青年》三个字的金字招牌!"②三天后,在1921年1月29日,在写给胡适的信中,钱玄同再次说:"与其彼此隐忍迁就的合并,还是分裂的好。要是移到北京来,大家感情都不伤,自然可移;要是必分裂更伤,还是不移而另办为宜。……《新青年》的结合,完全是彼此思想投契的结合,不是办公司的结合。所以思想不投契了,尽可宣告退席,不可要求别人不办。换言之,即《新青年》若全体变为《苏维埃俄罗斯》的汉译本,甚至于说这是陈独秀、陈望道、李汉俊、袁振英等几个人的私产,我们也只可说陈独秀等办了一个'劳农化'的杂志,叫《新青年》,我们和他全部相干而已,断断不能要求他们停办。这是玄同个人对于今后《新青年》的意见。"③同人议论纷纷,内部意见并不一致。

胡适想把《新青年》移回北京,而陈独秀并不这样想。陈独秀与胡适之

---

① 鲁迅:《致胡适》,《鲁迅书信集(上)》,北京:人民文学出版社,1976年第一版,第30页。
② 《胡适的信·玄同附注》,任建树等编《陈独秀著作选》,上海:上海人民出版社,1993年4月第一版,第227页。
③ 钱玄同:《致胡适》,刘思源等编:《钱玄同文集》,北京:中国人民大学出版社,2001年2月第一版,第97页。

间的矛盾,表面上看是《新青年》谈不谈政治所引发的,事实上,这与陈独秀对胡适与研究系之间的看似融洽的关系的不满情绪有关。在1920年12月16日,陈独秀离沪的当晚写给胡适、高一涵的信中,陈独秀就说:"南方颇传适之兄与孟和兄与研究系接近,且有恶评,此次高师事,南方对孟和颇冷淡,也就是这个原因,我盼望诸君宜注意此事。"①胡适在1921年1月22日给新青年同人征求表决意见的信中,也稍微提了一句:"你们看他给孟和的信,便知他动了一个感情,故轻信一种极可笑的谣言。"②至于什么谣言,胡适没有说,我们倒是在钱玄同1921年1月11日写给周氏兄弟的信中发现了一点端倪,在谈到胡适和陈独秀因为《新青年》未来归属而引起的矛盾及其原因时,钱玄同说:

> 初不料陈、胡二公已到短兵相接的时候!照此看来,恐怕事势上不能不走到老洛伯(指李大钊,笔者注)所主张的地位。我对于此事,绝不愿为左右袒。若问我的良心,则以为适之所主张者较为近是。(但适之反对谈'宝雪维几'(即布尔什维克,笔者注),这层我不敢以为然。)……至于仲甫疑心适之受了贤人系的运动,甚至谓北大已入贤掌之中,这是他神经过敏之谓,可以存而不论。……试作一三段式曰:
> 研究系不谈共产
> 胡适之和北京大学亦不谈共产
> 故胡适之和北京大学是投降了研究系
> 这话通吗!③

我们从陈独秀在第八卷第一号《新青年》中《谈政治》一文中将胡适和张东荪并举为学界不谈政治的代表,就可以看出陈独秀非常担忧胡适和研究系在思想上的接近。钱玄同用三段论的逻辑悖谬指出了陈独秀担心之多余。不光是钱玄同,李大钊也对陈独秀听信谣传感到有必要去辩白,他

---

① 陈独秀:《致胡适之、高一涵》,任建树等编《陈独秀著作选(二)》,上海:上海人民出版社,1993年4月第一版,第223页。
② 《胡适的信》,任建树等编《陈独秀著作选(二)》,上海:上海人民出版社,1993年4月第一版,第226页。
③ 钱玄同:《致鲁迅、周作人》,刘思源等编《钱玄同文集》,北京:中国人民大学出版社,2001年2月第一版,第14—16页。

在写给胡适的信中说:"……关于研究系谣言问题,我们要共同给仲甫写一信,去辩明此事。现在我们大学一班人,好像一个处女的地位,交通、研究、政学各系都想勾引我们,勾引不动就给我们造谣;还有那国民系看见我们为这些系所垂涎,便不免引起点醋意,真正讨嫌!"①

于是就有了胡适在1921年2月6日给陈独秀那封非常著名且经常被研究者转引的信。胡适在这封信中直截了当地说明了自己和研究系梁启超一派在文化上的矛盾。针对陈独秀指责他和研究系"关系暧昧"的说法,胡适在信中说:"你真是一个卤莽的人!我实在有点怪你。你在北京的日子也很久了,何以竟相信外间那种绝对无稽的谣言!何以竟写出那封给孟和的决绝信!(你信上有'言尽于此'的话!)你难道不知我们在北京也时时刻刻在敌人的包围之中?你难道不知他们办共学社是在《世界丛书》之后,他们改造《改造》是有意的?他们拉出他们的领袖来'讲学'——讲中国哲学史——是专对我们的?(他在清华的讲义无处不是寻我的瑕疵的。他用我的书之处,从不说一声;他有可以驳我的地方,决不放过!但此事我倒很欢迎。因为他这样做去,于我无害而且总有点进益的。)你难道不知他们现在已收回从前主张白话诗文的主张?(任公有一篇大驳白话诗的文章,尚未发表,曾把稿子寄给我看,我逐条驳了,送还他,告诉他,'这些问题我们这三年中都讨论过了,我很不愿他来"旧事重提",势必又引起我们许多无谓的笔墨官司!'他才不发表了。)你难道不知延聘罗素、倭铿等人的历史?(我曾宣言,若倭铿来,他每有一次演说,我们当有一次驳论。)但我究竟不深怪你,因为你是一个心直口快的好朋友。不过我要你知道,北京也有'徐树铮陆军总长,陈独秀教育总长'的话,但我们决不会写信来劝你'一失足成千古恨……'!这事,我以后不再辨了!"②胡适在信中历数了研究系从事文化运动中与他的斗争矛盾,看起来几乎是全方位的。研究系参与新文化运动的举措,从1920年4月创办的共学社、5月将《解放与改造》更名为《改造》、9月创办的讲学社以及白话文问题、讲学问题等等,在胡适看起来都像是专门针对北大新青年一派的,尤其是针对他自己的。

陈独秀在接到胡适辩白的信之后,对胡适的态度果然转变了。而且,

---

① 李大钊:《致胡适之》,引自张静庐辑注《中国现代出版史料(甲编)》,北京:中华书局,1954年12月第一版,第12页。

② 胡适:《致陈独秀》,季羡林主编《胡适全集》第23卷,合肥:安徽教育出版社,2003年9月第一版,第287、288页。

由于1921年1月底、2月初发生了《新青年》被上海法租界巡捕查封一事①，以及陈独秀因为对中央应该采取集权还是分权问题产生认识上的分歧而与上海留守的李汉俊等人闹翻，客观上也结束了"《新青年》是否移回北京"这个问题所带来的纷扰。陈独秀在1921年2月15日给胡适的信中说："我当时不赞成《新青年》移北京，老实说是因为近来大学空气不大好；现在《新青年》已被封禁，非移粤不能出版，移京已不成问题了。你们另办一个报②，我十分赞成，因为中国好报太少，你们做出来的东西总不差，但我却没有工夫帮助文章。……你劝我对于朋友不要太多疑，我承认是我应该时常不可忘却的忠告，但我总是时时提心吊胆恐怕我的好朋友书呆子为政客所利用。我仍希望你非候病十分好了，不可上课、做文章，而且很想你来广东一游。"③陈独秀的这封信看似修复了他与胡适之间的感情，但是在事实上却宣告了新青年北京同人分裂的最终结局。陈独秀自己对这点也很清楚，在当天他写给周氏兄弟的另一封信中，他就很坦白地说："《新青年》风波想必先生已经知道了，此时除移粤出版无他法，北京同人料无人肯做文章了，惟有求助于你两位，如何，乞赐复。"④1921年4月9日，《时事新报》上登出"新青年社启事"："本社现已迁移广州昌兴马路二十六号三楼，一切信件，均请寄至此处，所有书报往来办法，仍与在上海时无异，特此奉闻。"⑤不难看出，颇有家长制作风的陈独秀已完全以《新青年》唯一监护人自居了，但是实际上的编辑部仍然是留在上海。⑥

陈独秀担心好朋友"书呆子被政客所利用"也是有一定道理的。研究

---

① 《新青年》稿件被法租界巡捕没收，罚洋五十，不准在上海印刷。以至于第八卷第六号《新青年》一直到1921年4月1日才出版。
② 这时胡适已经有了办报的想法，在1921年5月23日写给丁文江的信中，胡适就颇为隐晦地说："那个东西的名字，我想用'努力'，如何？"见《胡适全集（二十三）》，第318页。
③ 陈独秀：《致胡适之》，任建树等编《陈独秀著作选（二）》，上海：上海人民出版社，1993年4月第一版，第275页。茅盾在《复杂而紧张的生活、学习与斗争》中曾谈到《新青年》这次被查封时说："……其时陈独秀尚在广州，主张移粤印刷。八卷六号直至一九二一年四月一日方才出版，而九卷一号的'编辑室杂记'声言八卷六号因移粤印刷，故不能如期出版，请读者原谅。此为故意放烟幕，迷惑法捕房。其实仍在上海印刷，不过换了承印商而已。"见《我走过的道路（上）》，第180页。
④ 陈独秀：《致周豫才、周启明信》，任建树等编《陈独秀著作选（二）》，上海：上海人民出版社，1993年4月第一版，第274页。
⑤ 《新青年社启事》，《时事新报》，1921年4月9日。
⑥ 参见陈望道致周作人的信，1921年2月11日。

系通过组织筹划文化活动大肆招揽人才。当梁启超欧游尚未回国的时候，张君劢在给时事新报馆黄溯初的信中就在呼吁为研究系的事业计要培养人才："弟上半年在法，暑假在德三月，年终取道美国归国，所念念不忘者，在延揽同志而已。惟内地吾党旗帜不鲜明，则招致新人才之举，无由着手，故任公宣布方针，及此后杂志之论调，总以打破军阀，改进社会为标目，要之应与世界潮流相应，不可专顾国内环境而已。"①张君劢这里所说的"杂志"就是指将从《解放与改造》蜕变出的《改造》。再比如在谈到共学社的创办初衷时，梁启超也强调了培养研究系所需人才的重要："培养新人才，宣传新文化，开拓新政治，既为吾辈今后所公共祈向，现在即当实行着手，顷同人所立共学社即为此种事业之基础。"②可见，研究系并未彻底忘情于政治活动。而胡适就是研究系非常看重的"人才"。研究系曾多次拉拢胡适，1920年9月梁启超甚至想拉胡适也参加进他此时的政治活动中来，但是胡适"婉辞谢之"。③ 1921年9月21日，胡适在日记中记载："遇着蓝公武先生，他要我加入他们的'联省自治'的运动，我不肯加入。我现在虽不主张放弃政治，但我不能玩这种政客的政治活动。"④1922年4月21日，在胡适写给蔡元培的信中，胡适就说："林宗孟数日前来访，说他要与亮畴、君任（即罗文干，笔者注）及先生等组织一种研究政治社会状况的团体；并说君任曾以此意奉白先生。他要我也加入，我不曾答应，亦不曾拒绝，只说俟与先生一谈再说。……先生意见如何？便中幸见告。"⑤而蔡元培在当天给胡适的回信中就说自己也曾被研究系林宗孟等人试探过，他的意见是"当简单谢绝之"。⑥ 1922年4月27日，胡适在日记中说："蔡先生昨夜打电话来，……蔡先生主张不组织团体，但赞成发表意见，并由一班人出来主持裁

---

① 丁文江、赵丰田主编：《梁启超年谱长编》，上海：上海人民出版社，1983年8月第一版，第898页。
② 丁文江、赵丰田主编：《梁启超年谱长编》，上海：上海人民出版社，1983年8月第一版，第909页。
③ 季羡林主编：《胡适全集·日记（二十九卷）》，合肥：安徽教育出版社，2003年9月第一版，第195页。
④ 季羡林主编：《胡适全集·日记（二十九卷）》，合肥：安徽教育出版社，2003年9月第一版，第457页。
⑤ 胡适：《致蔡元培》，季羡林主编《胡适全集·书信（二十三卷）》，合肥：安徽教育出版社，2003年9月第一版，第331页。
⑥ 《胡适的日记（下）》，北京：中华书局，1985年1月第一版，第329页。

兵等事。他们要我起草作宣言,我不愿做;宗孟今天要来看我,我不能在家,故乘便去看他。我说明不作宣言之故,劝他自己起草。此事终宜慎重。研究系近年作的事,着着失败,故要拉我们加入。结果有两种可能:或是我们被拖下水而无济于事,或是我们能使国事起一个变化。若做到第二条,非我们用全副精力去干不可。宗孟终日除了写对联条屏之外,别无一事;而我们已忙的连剪发洗浴都没有工夫;在此情形之中,谁占上风,已不言而喻了。"①这时候的胡适,显然已经有了自己在政治上发言的想法,在胡适看来,"我们"的前途是完全不同于着着失败的研究系的。所以在1922年5月14日,《努力》第二号上登出由胡适起草、蔡元培和胡适等十六人列名的《我们的主张》②一文后,研究系对此大为不满,梁启超说他一个人也可以发表宣言,林宗孟说:"适之我们不怪他,他是个处女,不愿意同我们做过妓女的人往来。但蔡先生素来是兼收并蓄的,何以也排斥我们?"③当然这都是后话了,可是也可以看出研究系多么想与北大一派建立政治上的联盟,尤其是与胡适。同时,胡适在与研究系的交往中,保持了异常的冷静,这种冷静也延续到了他与研究系的文化交往活动中,因为有自己的亲身经历,所以胡适也特别警惕研究系借文化运动之名拉拢人才、扩大其政治影响的做法。赵元任就曾回忆1920年10月罗素访华时,研究系要他去给罗素当翻译时胡适等人对他的劝告。赵元任说:"我在南京的时候,我从胡敦复、胡明复及胡适处听说,梁启超、张东荪等人领导的进步党要我为罗素做翻译……三位胡先生警告我不要被该党利用,提高其声望,以达成其政治目标。"④

事实上,梁启超一派并没有停止过为"吾党"招揽人才的计划,而且他们有着极大的规划。1921年十一、十二月间梁启超在写给张东荪的信中就说:"我所最感苦痛,是吾党人才缺乏。"⑤甚至当他听说湖南自修大学不

---

① 《胡适的日记(下)》,北京:中华书局,1985年1月第一版,第338页。
② 该宣言为胡适所作,依照惯例,胡适列名最后一位。
③ 《胡适的日记(下)》,北京:中华书局,1985年1月第一版,第354页。有记载表明,梁游欧归国时,有将研究系正式组建为政党的计划,丁文江、张君劢极力支持,欲以胡适为桥梁,打通北大,推梁启超和蔡元培为党魁,并设想以文化运动作为政治运动的前驱,只是由于张东荪反对"政教合一",此议遂搁置。
④ 转引自《赵元任早年自传》,台北:传记文学出版社,1984年7月版,第119页。
⑤ 丁文江、赵丰田主编:《梁启超年谱长编》,上海:上海人民出版社,1983年8月第一版,第944页。

易成立时,想把其中的优秀人才拉入研究系文化活动中来①。而舒新城在给梁启超的回信中说:"函询湖南自修大学,此事全由毛泽东一人主持,毛与独秀颇相得,且只在第一师范毕业,未必能来,即来亦无何种效用也。"②1921年12月11日舒新城在写给梁启超的信中就说道:"城拟亲赴南京高师、东南大学、北京高师、北京大学读书,专门联络人才。以城所知,欲举大事,只有师生与朋友可靠,然皆须有长久之时日也。……故尝与东荪言,共学社、讲学社之办法,只能增加灯中之油,欲光大固须油多,但欲光能集聚,必不可不恃灯心。吾辈所缺者以灯心为最,而造灯心又以自己作灯心为不二法门。……倘能照此步伐做去,则可以中国公学委城与南陔、东荪三人办理,君劢、志摩则分在南开讲演,公则往南京讲演(最好请百里设法在东南大学设自由讲座),如此鼎足而三,举足可以左右中国文化,五年后吾党将遍中国,岂再如今日之长此无人也。"③

一方面研究系有计划地在政治、文化上拉拢人才,一方面作为党魁的梁启超自己也没有像他回国之后宣称的那样决不再谈政治,说到底,他终不能忘情于政治,1920年九、十月份他就致力于国民制宪运动。"所撰《主张国民动议制宪之理由》(文集第十二册)及《政治运动之意义与其价值》(文集第十三册)两文,言之甚详。所谓国民运动,即国民为保存与发展国家之怀抱理想,对政治现象不满时,用公开形式,联合多数人,协同动作,从事于宣传与实行,求达政治改革之目的,而其主张成为宪法或法律者。……与先生有关之国民制宪,及其后之裁兵大会、联省自治等运动,尤大声疾呼,以赴其事,殆本于所谓'协同动作'而致力者。"④对梁启超研究系直接从事政治活动的警惕不光来自社会外部,张东荪作为研究系内部一员,也对梁启超从事政治活动非常敏感,甚至于专门去函询问梁启超。梁启超在1920年10月24日,专门致函张东荪,自我剖白道:"外报言研究活动,语真

---

① 丁文江、赵丰田主编:《梁启超年谱长编》,上海:上海人民出版社,1983年8月第一版,第943页。

② 丁文江、赵丰田主编:《梁启超年谱长编》,上海:上海人民出版社,1983年8月第一版,第940页。毛泽东1920年秋到1922年冬任职湖南第一师范附属小学校长,此时,舒新城为湖南第一师范的教员。

③ 丁文江、赵丰田主编:《梁启超年谱长编》,上海:上海人民出版社,1983年8月第一版,第941、942页。

④ 转引自吴天任《民国梁任公先生启超年谱》第三册,台北:商务印书馆,1988年第一版,第1466页。

可笑,公何至尚生疑,同人虽至愚,亦何至此。偶作两文,亦非对于现状见猎心喜,实欲借此刺激,为政治教育一种手段耳。"[1]可能是为了让世人放心,让社会释疑,1920年12月9日,《时事新报》在头版头条登出了研究系的解散"声明":"自时局掫扰政团星散宪法研究会久已名存实亡年来同人等以友谊关系时复相互周旋然决无团体之活动兹特正式声明研究会久已消灭同人中所有行动均属个人关系特此布闻"。而在后面列名启事的有蒲殿俊、籍忠寅、王敬芳、蓝公武、梁善济、黄溯初等五十人,而梁启超并不在其中。

统观史实,在1920年年底,我们可以这样说,研究系和北大原新青年派在组织上都已经分别走到了分裂或解散的尽头,至少在表面上看起来是这样的。

我们以此时身处北大新青年派与研究系一派夹缝中的胡适为例,来看看当时新文化运动参与者思想的复杂性。在政治上,胡适一方面与北大新青年同人在报纸上列名发表《争自由的宣言》,这是胡适在向反动的北京政府要求"积极自由";同时他又反对谈政治,主张多研究点问题,也讲点主义,尤其是反对陈独秀等新青年同人讲布尔什维克主义,他屡屡向陈独秀要求《新青年》保有"不谈政治"的"消极自由"。前者是对政治持有"不感兴趣的兴趣"的胡适作为一个公共知识分子的道德要求的必然,也是他和新青年社同人在政治上的底线要求;而后者让他和在1920年10月开始的"社会主义论战"中曾公开反对陈独秀宣扬布尔什维克主义、走俄国道路的研究系张东荪无形中归为一类,起码是在陈独秀眼中是这样的。

而在文化上,胡适一方面强调自己处于研究系的包围之中,处处受到研究系文化互动的打击和排挤,如同他在给陈独秀等信中所宣扬的那样;但在另一方面,在文化特长、研究爱好和知识类型上,胡适却与研究系魁首梁启超有惺惺相惜之感。胡适从1919年12月1日第七卷第一号发表《新思潮的意义》一文,正式提出"整理国故"的口号以来,欧游回国的梁启超才让胡适在知识情感上感觉到了志同道合。因为欧游回国的梁启超也认为

---

[1] 丁文江、赵丰田主编:《梁启超年谱长编》,上海:上海人民出版社,1983年8月第一版,第923页。

对传统文化历史典籍有重新整理的必要。他把中国的传统典籍比作矿产,以前用老式的方法没有什么成绩,"今日若能用科学方法重新整理,便像机器采掘一样,定能辟出种种新境界,而且对于全人类文化,有很大的贡献"①。双方基于共同的文化理念和知识情感,交往自然是融洽的。1920年3月21日,胡适在当天日记记载:"初见梁任公,谈。"同年5月6日,胡适送杜威一家到天津后,当天在日记中记载:"见梁任公。他谈做中国史事,颇有见地。"1921年5月2日(此时胡适已与梁启超建立了更多的学术上的联系,笔者注),在日记中胡适记载道:"……读梁任公先生的《清代学术概论》。此书的原稿,我先见过,当时曾把我的意见写给任公,后来任公略有所补正。《改造》登出之稿之后半已与原稿不同,此次付印,另加惠栋一章、戴氏后学一章、章炳麟一章,皆原稿所无。此外,如毛西河一节,略有褒辞;袁枚一节全删;姚际恒与崔适的加入,皆是我的意见。任公此书甚好,今日亦只有他能做这样聪明的著述。"②1922年2月4日,胡适写信给梁启超,指出了他的《中国历史研究法》中的两处错误。在当天的日记中,胡适却颇为佩服地表示:"然此种小疵不足掩此书之大长处。此书可算是任公的最佳作。"③而梁启超对胡适的学识评价也极高,梁启超在他的《清代学术概论》写好后,准备专门抄写一遍送给胡适修改,甚至他谈起写作此书的缘起也是受胡适的影响。他在1920年10月18日给胡适的信中说:"公前责以宜为今文学运动之记述,归即嘱稿,通论清代学术,正拟钞一副本,专请公评骘。……关于此问题资料,公所知当比我尤多,见解亦必多独到处,极欲得公一长函为之批评,……望弗吝教。"④而在《清代学术概论》一书中梁启超认为胡适"亦用清儒方法治学,有正统派遗风"。⑤

不难想象,胡适在与梁启超等研究系人交往的时候,心理其实是很矛盾的。一方面他欣喜自己在整理国故的文化事业中有了有力的伙伴,另一

---

① 《饮冰室合集(三十八)》,北京:中华书局,1989年版,第5页。
② 季羡林主编:《胡适全集·日记(二十九卷)》,合肥:安徽教育出版社,2003年9月第一版,第232页。
③ 季羡林主编:《胡适全集·日记(二十九卷)》,合肥:安徽教育出版社,2003年9月第一版,第503、504页。
④ 丁文江、赵丰田主编:《梁启超年谱长编》,上海:上海人民出版社,1983年8月第一版,第922页。
⑤ 《饮冰室合集(三十四)》,北京:中华书局,1989年版,第6页。

方面,梁启超等人的研究系背景、蓝公武等人的政客面目和研究系普遍的文化保守主义的取向让胡适一直有一种隐约的忌惮和戒备。而他在与陈独秀交往的时候,除了他反对陈独秀为了宣扬布尔什维克主义而把《新青年》改换色彩之外,胡适和陈独秀在文化理念上,尤其是在对待传统文化的态度上保持着高度的一致。"中国现代思想史上最有势力的两个流派——自由主义和社会主义——大体上都对传统持否定立场。"[①]余英时认为对待传统文化的态度和看法才是衡量、分辨当时中国文化界"激进"与"保守"的最重要的标准,而非现实政治观念。因此,胡适在1921年初给陈独秀的信中使用了"我们"和"他们"这样极富阵营划分色彩的代词,而这样的代词同样多次出现在胡适的日记中,比如1922年4月27日,"他们"研究系是着着失败,而"我们"是"必占上风"的,这个事实几乎是"不言而喻"的。虽然这个"我们"在不同的语境中具体指代范围有广狭之别,而"他们"则是始终指向研究系一派人。

所以,在与中国旧封建势力、宗法思想、骸骨迷恋狂等封建意识集团斗争,包括后来1923年科玄论战的时候,胡适都选择跟"拖四十二生大炮助阵"的陈独秀在一起;而在新文化建设、具体的文化事务操作层面,他却跟声明不谈政治的张东荪、梁启超等人在一起,并参与其文化组织活动(如讲学社等)。当然,我们也不得不指出当时的新文化活动参与者面影众多、身份庞杂的另外一方面很实际且无奈的原因,那就是经济问题。当时的文化运动,尤其是聘请外国学者来华的学术交流活动,在经济上绝不是一家一派所能承受的,无论是聘请杜威,还是后来的罗素。杜威来华的时候,正赶上五四运动爆发,蔡元培声明辞职离校。在1919年6月22日,胡适在写给蔡元培的信中说,"最为使我难为情"的就是杜威的经费着落问题,因为哥伦比亚大学给杜威来华的假期是无薪假,由于经费无着,胡适觉得"实在对不起杜威夫妇,更对不起Columbia大学"。好在后来和梁启超私交密切的范静生给胡适出主意,"他极力主张用社会上私人的组织担任杜威的费用。后来他同尚志学会商定,担任六千元。林宗孟一系的人,也发起了一

[①] 余英时:《中国近代思想史上的激进与保守》,《钱穆与中国文化》,上海:上海远东出版社,1994年第一版,第222页。

个'新学会',筹款加入。我又和清华学校商量,由他们担任三千元"[1]。如此才解决了杜威来华的经费问题。胡适在这里提到的尚志学会、新学会其实都是研究系一派的社会文化组织机构,胡适应该也是很感激研究系此时的经济帮助的。在后来罗素来华筹划中,也是以北京大学、研究系后来成立的讲学社等组织名义发出邀请,由政府、社会团体、企业团体(如商务印书馆)等多方面联合起来解决经费问题。从这个角度看,胡适也不得不与研究系合作。

研究系内部在对待传统文化的态度上也是有分歧的。在研究系中,张东荪并不是一个文化保守主义者,相反,他是传统文化的憎恶者,他在1919年与北大新青年一派就"破坏与建设"论争时就认为真正的中国文化已经"飞腾"了,而保留下来的都是扭曲变形之后的产物。这个认识与欧游之后的梁启超有相当大的差异。在1922年1月1日张东荪发表在《学灯》上的《十一年了》一文中,张东荪也直言不讳地指出:"我总以为今天的中国非特别提倡把生命来奋进扩大的西方文化不可,不消说印度的态度要排斥,即中国的态度也得要排斥。"[2]

在文化上,张东荪强烈的西化倾向和对欧洲知识社会的崇拜可能来自他浸淫于西方哲学所受的影响,他也非常警惕梁启超回国后宣扬欧洲仰慕东方文化可能会在社会上产生流弊,在这点上,他跟胡适是很像的。张东荪在梁启超回国之初就意识到了这个问题。他在1920年3月19日发表的《世界文明的东方化》一文中就表示:"他(指梁启超,笔者注)告诉我一事。很可以注意。他说现在西方学者大多数讴歌东方文明。我在未听见梁先生这一番话以前。在近来的杂志与书籍上早已晓得有这个倾向。……我以为必定有些中国人听了这些消息。便对于中国旧学说与旧制度。立刻起了一种辩护的观念。我是向来不菲薄旧学的一个人。但是对于这个消息。却以为决不能为旧学说旧制度增加声势。为什么呢。因为中国向来缺乏纵的组织力。也就是因为社会遗传不是整齐进步的。而是断续高下的。所以古代的文明未曾完全遗传下来。所遗传到今天的大都杂了他种色彩。

---

[1] 胡适:《致蔡元培》,引自季羡林主编《胡适全集·书信(二十三卷)》,合肥:安徽教育出版社,2003年9月第一版,第236页。在胡适与同为杜威学生的陶行知原先的商议中,接洽杜威来华讲学事宜总共是由三方面出面,即北京大学、江苏省教育会和南京高师。详见1919年3月31日,陶行知致胡适函,该函见庄建平主编《近代史资料文库(九)》,上海:上海书店出版社,第498页。

[2] 张东荪:《十一年了》,《学灯》,1922年1月1日。

并且不成一个系统。我尝对人说。我们今天不但维持旧学说旧制度无从下手。即使破坏旧学说旧制度也是无从下手。在这种状态之下。要整理国故。谈何容易。我向来不谈整理国故。固然可以说我是取巧。但我实在看透了国故无法整理的道理。所以我以为假定东方文明有精髓。也绝不是东方人所能抽得出来。……东方文明非经过西方人的锻炼不可。就是非经过西方人的研究取舍不可。奉劝国故诸公现在不必高抬国故的价格。"①在张东荪这个观念的影响下,《时事新报》以及《学灯》很少发表有关"整理国故"的文章。胡适可能对此也有所不满,再加上1921年初他在写给陈独秀的信中说"他们"已经收回了主张白话诗文的主张,胡适这里所说的可能是指李石岑在1921年初在《学灯》"评坛"栏内刊登出了一系列"大一号"字体的文言文章(钱穆的投稿都在内②),胡适可能对《学灯》重新宣扬古文表示不满,胡适非常看重一个刊物的语言文白、新旧问题,张梦九就回忆说胡适之所以对《少年中国》有些不满,主要就是因为它没有完全采用语体文。那么,胡适对李石岑在《学灯》上的反动,自然也是不满了。不但如此,胡适对时事新报馆张东荪的态度也有点看法。胡适是一个极其敏感的人,他在1921年7月21日的日记中有这样的记载:"七点,陈叔通(敬第)、张东荪邀我吃饭。东荪与我谈话时,满面伪气,心不在焉,甚可怪笑。"③可能胡适又认定这是张东荪的所谓"研究气"?

胡适对时事新报馆的态度慢慢转变着,《时报》老板狄楚青作为"第三者"非常适时地"插足"了。1921年6月26日,胡适在日记中记载上海《时报》老板狄葆贤要让他去主任《时报》新开的栏目"星期讲坛",胡适说他没有答应。同年7月15日,胡适应商务印书馆之邀去上海考察。7月22日,胡适在日记中记载:"五点半,到大东旅社去看狄楚青、钱芥尘。狄先生来看我三次,皆未见,故去看他。此君亦是二十年前的新人物,但现在似不能振拔了。芥尘是一个大滑头,他想替《时报》馆拉我,可谓笨伯。今天我肆

---

① 张东荪:《世界文明的东方化》,《学灯》,1920年3月19日。
② 钱穆的投稿也都是文言,李石岑对钱穆的古文颇为欣赏,钱穆在《八十忆双亲·师友杂忆》一书中回忆道,他和李石岑一见面,李石岑就问他还作古文么。可见印象之深。见《八十忆双亲·师友杂忆》,北京:三联书店,2005年3月初版,第101页。
③ 《胡适的日记(上)》,北京:中华书局,1985年1月第一版,第153页。

口乱谈,——《红楼梦》哪,《水浒》哪,碑版哪,——使他们不能开口。"①从胡适将钱芥尘替时报馆拉他的举动称为"笨伯"以及他对狄楚青的评价可以看出,他此时还是不想"背弃"时事新报馆的,而且《时报》也并不是他满意的归宿。可是两天之后,在7月24日,他在日记中记载:"《时报》馆狄楚青托人写信来说,要我'担任撰述,月奉篆敬二百元,不拘体裁,不拘字数'。此君前托张煊来说过,我没有答应他;此次他来看我三次,俱未见,故不得已会他一谈。今竟出重价来买我了。卖文本不妨,但此事须细查。"②胡适的语气已经有了松动。而到了7月31日,胡适就答应为《时报》的周刊作文。胡适在日记中说:"我颇思考了几日,因近来颇不满意于《时事新报》,故答应了他。"③胡适对《时事新报》的不满,除了可能是对《时事新报》的文化倾向表示不满以外,也有一方面来自对张东荪的不满。当然,时报馆的三番五次上门、求贤若渴的姿态,对胡适的态度的转变也是有影响的。

作为一个文化市场中争夺的资源,胡适清楚地知道自己在报界中的影响。毫不夸张地说,他在读者中的影响力将直接影响到报纸的声望和营业。我们从胡适"跳槽"前的"几度细思量"就可以看出,胡适在选择合作伙伴的时候是有自己的标准和要求的,他与《时事新报》关系的亲疏远近就充分地说明了这一点。

第三节 李石岑与郭沫若的"火气"

李石岑继宗白华之后成为《学灯》主编,对郭沫若的影响是很大的。打个不恰当的比喻,郭沫若之于李石岑,就如同小孩与继母的关系。无论怎么样,作为在前任编辑宗白华那里"受宠"的郭沫若,明显感觉到这个"继母"对自己的种种"不公平"。

郭沫若在1936年9月(此时,李石岑已经去世了,笔者注)写的《我的作诗的经过》一文中详细地说明了自己是如何受到李石岑"冷遇"的。他

---

① 引自季羡林主编《胡适全集·日记(二十九卷)》,合肥:安徽教育出版社,2003年9月第一版,第381页。
② 《胡适的日记(上)》,北京:中华书局,1985年1月第一版,第159页。
③ 《胡适的日记(上)》,北京:中华书局,1985年1月第一版,第167页。

说:"民九的五月,宗白华也卸下了《学灯》的编辑的责任到德国去留学,继他后任的是我们已故的'大哲学家'李石岑。这位李先生也照常找我投稿,但他每每给我以不公平的待遇,例如他要把两个人或三个人的诗同时发表时,总是把我的诗放在最后。有一次他把我的诗附在另一位诗人的诗后发表了,但那位诗人的诗却是我在《学灯》上发表过的《呜咽》一诗的抄袭,仅仅改头换面地更换了一些字句。① 这件细微的事不知怎的就像当头淋了我一盆冷水。我以后便再没有为《学灯》写诗,更把那和狂涛暴涨一样的写诗欲望冷下去了。有些人说作家须得冷,这或许是一片真理,但无论是怎样冷的作家,他所需要的是自己的冷,而不是别人对于他的冷。对于一位作家的冷遇、冷视,对于一篇作品的冷言、冷语,对于作家是最可怕的毒。……继母虐待儿女,有不打不骂,而只不给以充分的粮食,使之渐进的饿死的,便是这一种。"② 有意思的是,郭沫若在这里,也是用了"儿女"与"继母"来比喻。

我们不妨来看李石岑主编《学灯》后,郭沫若的诗作刊发状况:

发表时间	篇目名称
1920年7月11日	《笔立山头展望》《无烟煤》《新阳关三叠——宗白华兄砚右——》
1920年8月28日	《岸上》
1920年9月7日	《雷雨》《霁月》《晴朝》《香午》
1920年10月10日	诗剧《棠棣之花》第一幕第二场"聂母墓前"
1920年10月16日	《葬鸡》
1920年10月17日	《司健康的女神》《鸣蝉》
1920年10月20日	《狼群中的一只白羊》(序)
1920年11月4日	《胜利的死》

---

① 吴从发在《郭沫若与〈学灯〉关系之辩论》一文中说:"查《学灯》的'诗'栏知道,只有一九二〇年十二月二十日同时刊载了吴江冷《舟经台州洋看日出》和郭沫若诗,且是排在郭诗之前的事了。是否就是这人这事,或是郭老误记,笔者掌握的材料还不能作出肯定的结论。"《学灯》上唯一一次真正揭露有人抄袭郭沫若的诗歌是在1924年5月6日,胡开瑜在《读"诗与小说"后之怀疑》一文中揭露赵吟秋抄袭了郭沫若的翻译诗歌。

② 郭沫若:《我的作诗的经过》,《郭沫若论创作》,上海:上海文艺出版社,1983年第一版,第206页。

续 表

发表时间	篇目名称
1920年12月20日	《我的散文诗》(包括《冬》《她与他》《大地的号》三篇散文诗)
1921年2月1日	《太阳礼赞》
1921年2月13日	《金字塔》
1921年2月14日	《我是个偶像崇拜者》
1921年2月16日	译诗《屠尔格涅夫之散文诗》、《自然》
1921年4月23日	《归国吟》
1921年4月24日	《海舟中望日出》《黄浦江口》《上海印象》
1921年4月25日、26日、28日、30日，5月2日	《西湖纪游》组诗

这就是李石岑主编《学灯》一年多的时间内，郭沫若发表的所有诗歌作品。从这里我们可以看出，郭沫若并没有如他自己所说的那样发现有人抄袭他的诗歌之后就"再没有为《学灯》写诗"，他事实上还是一直在断断续续地为《学灯》投稿的。从郭沫若的叙述中，给人一种印象即他的诗歌创作的热情"冷下去"是因为《学灯》新主编对他不重视，这是不确的。因为，诗神在这个时期已经离开了郭沫若。主要原因就是从1919年就开始的翻译歌德《浮士德》带给他的影响。一方面，歌德时代的"狂飙突进运动"的时代情绪与当时五四时期的青年心理十分吻合，这一点深深地吸引着年轻的郭沫若："……和青年歌德的心弦起了共鸣，差不多是在一种类似崇拜的心情中，我把第一部翻译了。"①在1920年初，也就是在他诗作大量地在《学灯》上刊载的同时，郭沫若在给宗白华的信中也多次表示："想把歌德底杰作一一翻成中文，作个彻底的介绍。"②不光是由于歌德的作品拨动了郭沫若的心弦，张东荪的建议也是坚定郭沫若从事歌德《浮士德》翻译的重要因素。郭沫若回忆道："(1920年)七月十九日，我意外地接到了一封张东荪的来信。张东荪是当时《时事新报》的主笔。信里说他们有几位同志，组织了一个共学社，打算介绍海外的名著。《浮士德》只是名著之一，因我曾零碎地

---

① 引自阎焕东编著《郭沫若自叙》，太原：山西教育出版社，1990年9月第二版，第181页。
② 引自阎焕东编著《郭沫若自叙》，太原：山西教育出版社，1990年9月第二版，第181页。

翻译过一些,他便劝诱我从事全译。条件在《时事新报》上有广告登着,售稿或版税都听随自便。我得到这封信时异常高兴,安娜不用说也喜出望外。我便立地写了一封回信,接受了建议,着手《浮士德》的全译。"①对郭沫若来说,既可以翻译与自己性之所近的作品,又可以获得一笔解决生活困难的稿费,简直是天大的喜讯。可是,很快,郭沫若就在翻译时感到了"无限的痛苦",因为歌德的诗体在欧洲已经属于旧的范围了,而且对其中的部分神怪方面的内容郭沫若也觉得很难转译。郭沫若自己也感觉到:"假如说是惠特曼解放了我,那便是歌德又把我软禁了起来。"②而这种感觉让郭沫若很无奈,多次强调翻译《浮士德》给他留下了"很不好的影响"。他说:"我最初从事于戏剧的创作是在民国九年的九月。我那时候刚好把《浮士德》悲剧第一部译完,不消说我是很受了歌德的影响的。歌德的影响对于我始终不是什么好的影响。我在未译《浮士德》之前,在民国八九年之间最是我的诗兴喷涌的时代,……比较粗暴的长诗是后期的作品,那是受了惠特曼(Whitman)的影响写出的。我的诗的创作期中,在这后半期里面觉得最有兴趣,他那时的一种不可遏抑的内在冲动,一种几乎发狂的强烈热情,使我至今犹时常追慕。我那时候的诗实实在在是涌出来的,并不是做出来的。像《凤凰涅槃》那首长诗,前后怕只写了三十分钟的光景,写的时候全身发冷发抖,就好像中了寒热病一样,牙关只是震震地作响,心尖只是跳动得不安,后一半部还是临睡的时候摊在被盖里写出的。假使所谓'茵士披里纯'(Inspiration)的状态就是这样,我那时候要算是真是感受过些'茵士披里纯'的了。但是自从我把《浮士德》第一步译完了之后,那种状态我是绝少感受着的了。内在的感情消涸了。形式的技巧把我束缚起来,以后的诗便多是没有力气的诗,有的也只是一些空嚷。"③从郭沫若的表述中,我们可以认定,由于翻译《浮士德》的影响,郭沫若这个时候并没有写诗的灵感和冲动,这个阶段郭沫若转向了诗剧的创作也是迫不得已的选择。郭沫若自己也承认:"……不知怎的把第二期(即受惠特曼影响的时期,笔者注)的情热失掉了,而成为韵文的游戏者。我开始做诗剧便是受了歌德的影响。在翻译了《浮士德》第一步之后,不久我便做了一部《棠棣之花》。

---

① 引自阎焕东编著《郭沫若自叙》,太原:山西教育出版社,1990年9月第二版,第183页。
② 引自阎焕东编著《郭沫若自叙》,太原:山西教育出版社,1990年9月第二版,第187页。
③ 引自阎焕东编著《郭沫若自叙》,太原:山西教育出版社,1990年9月第二版,第189页。

第五章 李石岑主持下的《学灯》

在那年的《学灯》的双十节增刊上仅仅发表了一幕,就是后来收在《女神》里面的那一幕,其余的通成了废稿。"①

虽然郭沫若心知肚明自己诗神不再(我们且不深论翻译《浮士德》到底是如何影响了他的诗情),但是他却绝对没有提及这点。在1920年8月24日写给上海新潮社陈建雷的信中他就说:"我自从宗白华去后,许多时不做诗了。白华是我的钟子期呀!所以《时事新报》上久不见我的诗。"②郭沫若从来不提自己江郎才尽,只是把原因都归结到《学灯》更换主编这个事情上。在1920年10月10日双十节《学灯增刊》中郭沫若发表了诗剧《棠棣之花》第一幕第二场"聂母墓前"。他在该文之前的附白中说:"《时事新报》将出双十节日增刊,叫我也要做些文章来凑趣,我为学校底功课日日忙个不了:自午前八时起至午后五时止,每日如像上战阵一般,没有闲时候来另起炉灶,我所只得把这一幕中的第二场先行发表。因为只此场较短;写作不费时间,在新闻上发表时,亦不至割裂不成条贯。"③郭沫若强调自己写诗剧来为《学灯》凑数的原因是自己学校功课太忙了。要知道,郭沫若是以诗歌见长的,他的诗歌才是当时读者所喜欢的,《学灯》应该更需要的是这样的稿子才对。

我认为,郭沫若所说的他那"狂涛暴涨一样的写诗欲望冷下去了"是因为李石岑的"不公正待遇",实在是有点冤枉李石岑。

而李石岑对郭沫若也是积极征稿的。1920年7月11日,郭沫若写了《新阳关三叠——宗白华兄砚右——》一诗,在诗歌前面有他的附白:"白华!你走了!你走了之后,我沉默多时了。此诗又是我破默底第一声。"他这句话不但是说给宗白华听的,其实也是说给李石岑听的。果然,第二天,李石岑就在《学灯》上登出公开信,请郭沫若和田汉等人继续赐稿。他说:"郭沫若、田寿昌两先生鉴:学灯不见两先生新诗,已两阅月矣。昨日乃承郭先生遥寄最近诗三首,妙想奇构,读之令人神往。郭先生新诗之雄浑跌宕,田先生新诗之活泼娟秀,久为国人所共赏。两先生既以文艺相高,能时惠佳章,以润学灯之枯涸乎?临颖不胜企切。石岑。"④应该说,李石岑对

---

① 引自阎焕东编著《郭沫若自叙》,太原:山西教育出版社,1990年9月第二版,第187页。
② 郭沫若:《致陈建雷》,黄淳浩编《郭沫若书信集(上)》,北京:中国社会科学出版社,1992年12月第一版,第176页。
③ 引自阎焕东编著《郭沫若自叙》,太原:山西教育出版社,1990年9月第二版,第191页。
④ 李石岑:《致郭沫若、田汉》,《学灯》,1920年7月12日。

郭沫若是表现出了一定的诚意和热情的,毕竟"后妈"也是难做的。

而此时的郭沫若就已经对《学灯》表示出了一定的看法和批评,虽然他对自己的才华也很怀疑。他在1920年7月26日写给上海新潮社陈建雷的信中说:"我对于我自己的文学上的资质我还在怀疑,我觉得我好像无甚伟大的天禀。"①即使这样,他仍然觉得在李石岑编辑下的《学灯》上发表的一些诗作实在是质量太差。在同年8月24日,在给陈建雷的另一封信中,郭沫若对《学灯》批判道:"我看《学灯》中很登载了些陈腔腐调的假新诗,所以我对于新诗,近来很起了一种反抗的意趣。我想中国现在最多的人物,怕就是蛮督军底手兵和假新诗的名士了!"②对郭沫若来说,一方面需要面对自己诗泉干涸的无奈,一方面又看到自己曾经成名的领地乱象丛生,他的心理是复杂矛盾的。对于《学灯》的主编李石岑的文艺趣味,他肯定是有很大意见的。我们从《学灯》上此时刊发的新诗来看,郭沫若的批评显然是有道理的,比如像胡怀琛的《新禽言诗》这样不伦不类的所谓"新诗"竟也堂而皇之地出现在《学灯》上!

郭沫若对李石岑的不满持续蕴积着,终于爆发。郭沫若在1936年11月10日《质文》上发表的《我的作诗的经过》中说:"……李君(李石岑,笔者注)对我每每加以冷遇,有一次把我一篇自认为煞费苦心的创作登在一篇死不通的翻译后面。因而便激起了我说'翻译是媒婆,创作是处女,处女应该加以尊重'的话。这话再经腰斩便成为'翻译是媒婆'。这使一些翻译家和非翻译家恼恨至今,一提到这句话来,就像有点咬牙切齿的痛恨。"③这是郭沫若的第一种说法。可是后来郭沫若还有一种说法,在其修订过的《我的作诗的经过》一文中他说:"李石岑编《学灯》,在有一次的双十增刊上登了文艺作品四篇,第一篇是周作人译的日本短篇小说,第二篇是鲁迅的《头发的故事》,第三篇是我的《棠棣之花》,第四篇是茅盾译的爱尔兰的独幕剧。我很欣赏《头发的故事》,而不知道鲁迅是谁。但把《头发的故事》排在译文的后边,使我感到不平,因而便激起了我说'翻译是媒婆,创造是处

---

① 郭沫若:《致陈建雷》,黄淳浩编《郭沫若书信集(上)》,北京:中国社会科学出版社,1992年12月第一版,第173页。
② 郭沫若:《致陈建雷》,黄淳浩编《郭沫若书信集(上)》,北京:中国社会科学出版社,1992年12月第一版,第176、177页。
③ 郭沫若:《我的作诗的经过》,原载《质文》第二卷第二期,1936年11月10日,王训诏等编《郭沫若研究资料(上)》,1981年第一版,第284页。

第五章 李石岑主持下的《学灯》

女,处女应该加以尊重'的话。这话再经腰斩便成为'翻译是媒婆'。这使一些翻译家和非翻译家恼恨至今,一提起这句话来,就像有点咬牙切齿的痛恨。"①很明显,郭沫若更改了原先发表在《质文》杂志上原文的部分内容。新更换的部分明显来自他在1946年9月写作的《鲁迅与王国维》一文,文中郭沫若也提到了这件事,他说:"我第一次接触鲁迅先生的著作是在一九二零年《时事新报·学灯》的《双十节增刊》上,文艺栏里面受了四篇东西,第一篇是周作人译的日本小说,作者和作品的题目都不记得了。第二篇是鲁迅的《头发的故事》,第三篇是我的《棠棣之花》(第一幕),第四篇是沈雁冰(那时候雁冰先生还没有用茅盾的笔名)译的爱尔兰作家的独幕剧。《头发的故事》给予我的铭感很深。那时候我是日本九州帝国大学的医联二年生,我还不知道鲁迅是谁,我只是为作品抱了不平。为什么好的创作凡屈居在日本小说的译文的次位去了?那时候编《学灯》栏的是李石岑,我为此曾写信给他,说创作是处女,应该尊重,翻译是媒婆,应该客气一点。"②

从郭沫若更改原作的行为中,我们不难看出郭沫若的真正动机。1920年的双十节《学灯增刊》中,在第八张文艺版中,总共只有三篇作品,分别是周作人翻译波兰作家普路斯的《世界的霉》(而非郭沫若所说的日本作品),之后是鲁迅的小说《头发的故事》,第三篇是郭沫若的诗剧《棠棣之花》,并没有沈雁冰的作品发表(第九张有郑振铎的译作)。当时的郭沫若并不知道鲁迅是谁,但是对李石岑把他创作的诗剧排在"名流"周作人的译作之后肯定是有意见的,尤其是他自己那"一篇自认为煞费苦心的创作登在一篇死不通的翻译后面",当然,可以看出,郭沫若对周作人的那篇翻译是不怎么佩服的,但是他并没有点名道姓地指出来,毕竟周作人成名已久。三十年代,郭沫若在评价北大《新青年》社员时曾说:"陈(独秀)胡(适之)而外如钱玄同、刘半农、鲁迅、周作人都是当时的急先锋,然而奇妙的是除鲁迅一人而外,都不是作家。"③可以想见,郭沫若对周作人创作和翻译的看法和

---

① 郭沫若:《我的作诗的经过》,《郭沫若论创作》,上海:上海文艺出版社,1983年8月第一版第206页。

② 郭沫若:《鲁迅与王国维》,《郭沫若全集·文学编(二十)》,北京:人民文学出版社,1992年3月第一版,第301、302页。

③ 郭沫若:《文学革命之回顾——一九一八—一九二八年》,原文载1930年4月《文艺讲座》第一册,引自张静庐辑注《中国现代出版史料(甲编)》,北京:中华书局,1954年12月第一版,第134页。

态度。

郭沫若"媒婆与处女"的感言是在1921年1月15日《学灯》上给李石岑里的信中提出来的。在信中郭沫若表示:"年来对于我国底文艺界还有些久未宣泄的话,在此一并也说出了罢。"他先是对李石岑在1920年双十节《学灯增刊》上发表的《吾人第一义之生活》一文表示钦佩。他说:"去年双十节读先生《吾人第一义之生活》一文,中有'真人生之建设,不能不有待于艺术'一语,最称卓识!'吾国营第一义之生活者甚稀'亦最表同感。"不过随后话锋一转,郭沫若就不点名地批评起李石岑了。他说:"我觉得国内人士只注重媒婆,而不注重处子;只注重翻译,而不注重产生。一般在文艺界徂徕的文人概只夸示些邻家底桃李来逞逞口上的风光,总不想从自家底庭园中开发些花果来使人玩味。而一般新闻杂志底体裁亦默默地表示他差别的待遇。凡是外来的文艺,无论译的好坏,总要冠居上游;而创作的诗文,仅仅以之填补纸角。像这种体裁和趋向决不是所以提倡第一义生活,而鼓舞创造精神的好消息!艺术品既为真人生之建设者,至少也得与其他的论理的评论和研究论文等等得相等之位置,而我国杂志界却不然也。本来这种轻微的问题,对于作品之美恶全不能生若何之影响;然而暗足以使作者灰心,而明足以启读者(俗人)轻视艺术之感。所以我希望我国出版界能打破旧时因袭之成例,凡创作品与评论文尽可间插排去,一以其价值之如何而品其先后;更当打破偶像崇拜之陋习,不宜以人定标准。我这些刍荛之见,我想热心提倡第一义生活者如足下,当得不至吐弃么?"[1]郭沫若在这里很巧妙地用李石岑的言论观点来检验、反衬他的编辑行为,其实是保留情面且不点名地批评了李石岑。郭沫若在信中还表示翻译虽然重要,但是"只能作为一种附属的事业,总不宜使其凌越创造,研究之上,而狂振其暴威"。从郭沫若在信中表示要打破偶像崇拜而以作品价值定先后的说法,再加上郭沫若修改原稿的行为,基本上可以确认郭沫若所说的"一篇自认为煞费苦心的创作登在一篇死不通的翻译后面"就是针对去年双十节他自己的文章被置于周作人的译文之后而发的。

李石岑接到了郭沫若文章之后,还将其转载到了他主编的《民铎》杂志第二卷第五号上,主要是因为郭沫若给他的信前半部分是针对胡怀琛在《民铎》第二卷第三号上所作的《诗与诗人》一文而发评论的,我想并不是因

---

[1] 郭沫若:《致李石岑》,《学灯》,1921年1月15日。

第五章 李石岑主持下的《学灯》

为他觉得郭沫若的观点让他信服。针对郭沫若在信中说"处女应当尊重，媒婆应当稍加遏抑"以及对自己编辑手法的不点名批评，李石岑也在1921年1月31日、2月1日《学灯》上发表《介绍〈小说月报〉并批评》（上，下）一文，文中李石岑表示他对革新后的第十二卷第一号《小说月报》非常喜欢，"欣喜欲狂"。而他认为该卷"压轴之作"就是冬芬翻译的戏剧《新结婚的一对》，他认为该剧的翻译"尤使余喜如心脾"："冬芬君译笔，何其体贴人情，恰到好处，以至于是。"冬芬，是周作人的笔名；对于周作人另一篇译作《乡愁》，李石岑也表示该译文让他"阅之俯仰不已"。李石岑公开表示对周作人译文的喜欢，客观上也是对郭沫若的一种回应，并且在该文的最后，有一段评论，似乎直接是对郭沫若批评的回应。李石岑说："创作与译著，固宜并重，惟创作须有一种新文学的新生命伏于其中，不可一味模制，亦不可无病而呻。此创作与译著均须略加慎审之处也。"①李石岑显然对郭沫若的指责不能苟同。在他看来，新文学创作中是否有"新生命"是最关键的。即便如此，他们的合作依然在继续着，李石岑虽然在《民铎》第二卷第五号上发表了去年双十节之后即向郭沫若约稿的作品——《女神之再生》，但双方的裂痕已经很明显了。

郭沫若的"媒婆和处女"的观念只是双方矛盾一个方面的举例罢了，事实上郭沫若对李石岑应该还有别的不满。他在1921年6月14日写给郑振铎的信中就说："我那处女与媒婆的喻语本不限于文学立说，信中所有文学云云，只是举的一个例罢了。我国近年来新文化运动勃兴，……令人悲观的地方也很不少。谈社会主义的，今天一篇马克司，明天一篇河上肇，我恐怕连能如河上肇一样，取敬虔的态度，直接向《资本论》中去求马克司的精神者，国内怕莫有几个人。谈哲学的，今天一篇罗素，明天一篇柏格森，究竟能从数学或生理学与心理学上去研究他们的，也怕没有几个。……不从根本上用功，只是好高骛远，追影捕空，这么浮嚣的态度，西谛先生！可不令人悲观么？这种态度我国的'乔那里时谟'（指新闻纸、杂志，笔者注）实有些助长他的倾向，我可不用费力来向你说明了。"②郭沫若在这里提到谈哲学的研究者和所谓的"乔那里时谟"我想显然是有所指的，结合上下

---

① 李石岑：《介绍〈小说月报〉并批评（下）》，《学灯》，1921年2月1日。
② 郭沫若：《致郑振铎》，黄淳浩编《郭沫若书信集（上）》，北京：中国社会科学出版社，1992年12月第一版，第194、195页。

文,很难让人不联想到《学灯》主编李石岑身上去。

郭沫若"处女与媒婆"的言论出台后,郑振铎、沈雁冰等人都写文章先后进行了辩驳。甚至到了1924年,鲁迅在北京师范大学附属中学校友会演讲的时候还对郭沫若的言论耿耿于怀。鲁迅说:"……眼光囚在一国里,听谈彼得和约翰就生厌,定须张三李四才行,于是创作家出来了,从实说,好的也离不了刺取点外国作品的技术和神情,文笔或者漂亮,思想往往赶不上翻译品,甚者还要加上些传统思想,使他适合于中国人的老脾气,而读者却已为他所牢笼了,于是眼界便渐渐的狭小,几乎要缩进旧圈套里去。作者和读者互相为因果,排斥异流,抬上国粹,那里会有天才产生?即使产生了,也是活不下去的。这样的风气的民众是灰尘,不是泥土,在他这里长不出好花和乔木来!"①郭沫若后来在1946年9月14日作的《鲁迅与王国维》一文中,就说:"我却没有料到,这几句话(指他说的'处女和媒婆'之类,笔者注)反而惹起了鲁迅先生和其他朋友们的不愉快,屡次被引用来作为我乃至创造社同人们藐视翻译的罪状。"②从这里,我们不难想象郭沫若后来要更改他原先在《质文》杂志上发表的《我的作诗的经过》一文中部分内容的缘由和动机了。以前文章是为自己的创作被排在周作人后面表示不满,后来便改成是为鲁迅的文章被排在后面叫屈而"打抱不平"。不过在1936年9月发表《我的作诗的经过》时,郭沫若对鲁迅及文学研究会诸公的批评是不以为然的。他在该文中说:"拿着半句话便说我在反对翻译,或创造社的人反对翻译,这种婆婆妈妈的逻辑,怕是我们中国文人的特产。"③这句话,郭沫若在后来倒是一直保留着,留在那里似乎仍然是在暗暗地发泄着他的隐怒。

我认为,郭沫若在他1921年1月15日给李石岑所谓"处女与媒婆"的信中,提出了一个很好的概念,这就是他在文中所说的"一般新闻杂志底体裁亦默默地表示他差别的待遇",其中"差别的待遇"这个概念的提出,是很能概括说明新文化运动初期报刊传媒对待新文学各种体裁、文类的态度的。在报纸和杂志上,"差别的待遇"一方面体现在译文和创作的方面,另

---

① 鲁迅:《未有天才之前》,《京报副刊》,1924年12月27日。
② 郭沫若:《鲁迅与王国维》,《郭沫若全集·文学编(二十)》,北京:人民文学出版社,1992年3月第一版,第302页。
③ 郭沫若:《我的作诗的经过》,原载《质文》第二卷第二期,1936年11月10日,王训诏等编《郭沫若研究资料(上)》,1981年第一版,第284页。

第五章 李石岑主持下的《学灯》

一方面,在体裁上,也就是在小说、诗歌、戏剧、散文等文学体裁上,也可以明显看出报纸、杂志这种"差别的待遇",而这种"差别的待遇"的形成是与当时报纸、杂志主事人对文学的观念和理解息息相关的。《学灯》就是很明显的一个例证;相反,在《晨报副镌》和《民国日报·觉悟》上就不大看得出这样"差别的待遇"。这也是《学灯》在登载文学体裁上的一个突出的特色。

《学灯》上面发表的文艺作品,大多数都是译作,创作是比较少的。而且即便是在创作中,《学灯》是以新诗见长的,而决不是小说或者戏剧。对时事新报馆主事者来说,小说创作和戏剧是要发表在该报其他消遣性质的副刊中,比如《余载》和《青光》,而基本不是在《学灯》中,《学灯》即使刊发小说也大多是翻译小说,而不是创作小说。1920年4月4日,宗白华在其主编的《学灯》上发表了潘世纶翻译的奥罗加巴勒的作品《尼古拉第二的死》,但是他在通讯栏中在给学渭的信中说将其小说介绍给余载栏了,后来学渭的创作小说在《余载》栏刊出。宗白华这样的处理方式显然是与《时事新报》内各栏目的文化定位有关。因为在时事新报馆主事者看起来,小说是不应该出现在以青年人为主要读者群且以教育青年人为主要目标的《学灯》之上的,尤其是创作小说。张东荪对小说的偏见就很能说明问题。1921年6月6日《学灯》通讯栏,在回答读者张鉴秋的信中,张东荪就说:"(中等学校)……禁看杂志诚属不合理,但小说则当严禁。"在同年6月16日在回答读者追问时,张东荪又说:"我以为中学时代以不看任何小说为原则,而看无损之小说为例外。至于古事文学则不以小说论。盖人当青年期最富于幻想。看神秘派小说,助其幻想,无益有损。看写实派小说,使神经受刺激而不易洗退其痕迹。此犹言新的好小说也。至于旧的坏小说,大抵海淫海盗,读之危害实甚。坊间所出各种光怪陆离之小说为青年所酷嗜,此所以不佞有严禁之说也。"①总之一句话,无论好的坏的小说青年都不能读。这就是张东荪作为《时事新报》主事人对待小说的态度。李石岑作为张东荪手下的编辑,显然也要受到张东荪的影响与制约,在教育色彩浓厚且以学生为主要对象的《学灯》上自然就很少小说创作了。在文体方面所谓"差别的待遇"实际是由刊物的主事人的文艺观念和文学趣味决定的,也带有明显的时代局限性,毕竟从古至今,诗歌都向来被认为是正统的文学"通衢",而小说、戏剧等体裁都被认为是消闲性质的"小道"。在这里也可

---

① 张东荪:《答读者信》,《学灯》,1921年6月16日。

以看出张东荪等人文学品味的局限性。

张东荪对小说体现出的"差别的待遇"受到了沈泽民等人的严厉批评。沈泽民化名"则人"在1921年7月1日《民国日报·觉悟》栏内发表了《青年时期何以不当看小说——质问东荪君!》一文,对张东荪的话逐句进行批判。文中沈泽民说:"我先要问:文学是什么?小说是不是文学?东荪君说:'至于古事文学则不以小说论',明明不把小说算做文学了;东荪君根据什么理由,敢说小说不是文学?……东荪君不明白神秘派小说是什么东西,仅仅从'神秘'两个中国字上望文生义,想出'幻想'的解说,从而断定青年看了,必定要'助其幻想';这种论断实在不是学者的态度,实使识者齿冷!……请问有何理由可说写实小说加于读者的刺激是'恶'的?想来东荪君从来不曾看见过写实派小说吧,想来东荪君又误以'时事新报'上从前登过的'黑幕小说'当做写实派小说吧,否则,何以竟大胆敢说写实派小说加于读者的刺激是'恶'的呢?东荪君倘然不曾研究过文学,请不要来乱弹小说应该不应该看,请更不要提出神秘派,写实派的名字来假充'内行',更请不要以'指导者'自居,在'学灯'栏写信,误了那些无邪气的青年,其实,什么是神秘派,什么是写实派等等话头,只不过是常识罢了,东荪君既然连这一点文学常识都没有,还是藏拙为妙;倘然这封信被外国人见了,那真是丢中国人的脸呢!"①老实说,沈泽民的态度实在是严厉,且饱含嘲讽。但是他的意见无疑是正确的。张东荪也从来没有对沈泽民这封措辞严厉的信表示过反驳,毕竟《时事新报》曾经宣扬黑幕的老底被人拿出来笑话了,张东荪实在没有什么好说的。

由于受到了张东荪等人的影响,李石岑主持下的《学灯》延续了以往对创作小说的冷淡,但这种做法却无形中伤害了尚未结社的郭沫若、郁达夫等人。郭沫若在《我的作诗的经过》中曾说:"在这儿我顺便要插说两件事体,一件是我说'翻译是媒婆',一件是郁达夫最初为《创造季刊》登预告时在广告文中有一句牢骚话,说'有人垄断文坛'。这两件往事,都是因李石岑而发生的。"在说完"翻译是媒婆"的经过后,郭沫若又谈到了郁达夫说有人"垄断文坛"的来历:"达夫的'垄断文坛'那句话也被好些多心的人认为是在讥讽文学研究会,其实是另外一回事。在1920年前后,达夫在成为创

---

① 沈泽民:《青年时期何以不当看小说——质问东荪君!》,《民国日报·觉悟》,1921年7月1日。

第五章 李石岑主持下的《学灯》

造社同人之前,有一个时期是民铎社的社友。民铎社那时出着一种杂志就叫《民铎》,是李石岑在主编。李之于《民铎》颇有点独裁者的风度,因此他们社里人都对他啧有烦言。又加以李在编《学灯》,达夫在1921年初头做了那篇处女作(?)《银灰色的死》寄给石岑,要他在《学灯》发表。然而寄去三个月,作品不见发表,连回信也没有。鼎鼎大名的郁达夫先生在未出名时也受过这样的冷遇,这是富有教训意义的一段逸事。这事是那年的六月我们为创造社的组织聚首在东京时,他亲自向我提起的,并叫我回上海后从李处把那篇小说稿取回,然而在我六月尾回上海后,不久那篇小说却在《学灯》上和世人见面了。这些便是使达夫先生写出了'垄断文坛'那句话的动机。"①1921年7月30日,郁达夫在《〈沉沦〉自序》中也说过:"《银灰色的死》是我的试作,便是我的第一篇创作,是今年正月初二脱稿的,……寄稿的时候我是不写名字寄去的,《学灯》栏的主持者,好像把它当作了小孩儿的痴话看,竟把它丢弃了;后来不知什么缘故,过了半年,突然把它揭载了出来。我也很觉得奇怪,但是半年的中间,还不曾把那原稿销毁,却是他的盛意。"②

我们知道,文学研究会发起于1920年底,正式成立于1921年1月。《学灯》主编李石岑就是文学研究会会员,在《学灯》上面曾大力地推介过文学研究会以及革新后的《小说月报》。而他主编的《学灯》上面一方面由于本就不发表小说创作的所谓"差别的待遇",另一方面,郁达夫小说的自我抒写风格和阴郁格调也是作为文学研究会会员的李石岑所不能认同的。李石岑当然也就对郁达夫的小说比较冷淡了。事实上,郁达夫的《银灰色的死》最终能在《学灯》上刊出,还是郭沫若帮的忙。③ 可以说,李石岑还是很给郭沫若面子的。

---

① 郭沫若:《我的作诗的经过》,原载《质文》第二卷第二期,1936年11月10日,王训诏等编《郭沫若研究资料(上)》,1981年第一版,第285页。
② 郁达夫:《〈沉沦〉自序》,转引自陈福康《郑振铎自传》,第104页。陈福康认为郁达夫话锋所指是郑振铎,可是从郭沫若的回忆中看出,分明指的是李石岑。而且郁达夫稿件也并不是没有署名,署"T.D.Y."。
③ 在郭小川1958年11月20日日记中,记载了郭沫若的一次私人谈话。郭沫若说:"又(有)一次,郁达夫的文章迟迟不在'学灯'中刊出,郭知道了,告诉李石青(岑),登了,郁因登得太迟,怀恨在心,骂'有人把持文坛',鲁迅看了,也以为是攻击他的,也给以回骂。"见《郭小川全集(九)》,第399页。后来郁达夫的小说《银灰色的死》连续刊登在1921年7月7、8、11、13日的《学灯》上。

李石岑作为《学灯》的编辑，毕竟是和文学研究会以及后来的创造社各位中坚分子都有较深渊源的人。所以在文学研究会结社期间，郑振铎等人原本希望通过李石岑这条线来打通与郭沫若等人的关系。我们知道，文研会成立前后，郑振铎、沈雁冰多次直接邀约郭沫若等人加入，均被郭沫若婉言拒绝，因为几乎就在文学研究会成立的同时，郭沫若、成仿吾、田汉等人也正在日本筹划创刊杂志、组织文学社团等事项，更何况，郭沫若本身就是个领袖欲极强的人。① 由于直接邀请遭到拒绝，郑振铎又托李石岑来劝说郭沫若。要说李石岑办事也真的是有点独裁的作风，郭沫若回忆道："(1921年7月中旬)李石岑写了一封信给我，传叙振铎他们的意思，要我加入文学研究会，并限我一天之内答复(有人说过就像是哀的美敦书)。石岑那时已经进入了商务编译所，《学灯》是让振铎在编辑的，他不消说也是加入了研究会。但他的提议，我却以同样的理由拒绝了。"②此事发生在李石岑看郭沫若面子发表郁达夫的《银灰色的死》之前，可能这篇小说之所以能发表也是即将离职《学灯》的李石岑和即将入主《学灯》的郑振铎等人拉拢郭沫若、郁达夫的一种表示吧。不过，1921年6月初，创造社已经在日本正式成立了。

1921年7月15日，这个被郭沫若称为"颇有独裁者风度"的《学灯》主编李石岑，终于离开了时事新报馆，转投商务印书馆编译所。在当天的《学灯》中有一则"李石岑启事"："我因为事情太忙，精神不能兼顾，特辞去学灯编辑一职。由西谛先生继续我的职务。外间如投寄各种文稿信件，请直寄西谛先生。以后我如有暇，还极愿意为学灯尽力，谨此告辞于读者诸君。"③事实上，郑振铎进入时事新报馆应该是在1921年4月，但《学灯》主编一直是李石岑，郑也只是起协助作用。不难想见，此后郭沫若等创造社同人对文学研究会郑振铎"把持"下的《学灯》持何种态度了。

也就是在这个终将被载入史册的七月，陈独秀委派的陈公博等人正在浙江嘉兴的游船上召开中国共产党第一次全国代表大会；而胡适，此时则正应张元济、高梦旦之邀在上海为商务印书馆的发展出谋划策；而其他的北大新青年一派旧日同人，则风云流散，沉寂黯淡了，"只有鲁迅，周作人还

---

① 参见陶晶孙《创造三年》，《牛骨集》，太平书局，1944年第一版，第176页。
② 郭沫若：《创造十年》，《郭沫若全集·文学编(十二)》，北京：人民文学出版社，1992年3月第一版，第122页。
③ 李石岑：《李石岑启事》，《学灯》，1921年7月15日。

第五章　李石岑主持下的《学灯》

是不断的努力着,成为新文坛的双柱"①。而对周氏兄弟来说,落得了一个"作家"的头衔,依旧在"沙漠中走来走去",问题是,"新的战友在哪里呢?"②

中国现代知识分子的不同路向,慢慢地各自展开着。

---

① 郑振铎:《中国新文学大系·文学论争集导言》,上海:良友图书印刷公司,1935年10月版,第8页。后来,这句话中剔除了"周作人",变成了"只有鲁迅,还是不断的努力着,成为新文坛的主柱"。见张静庐辑注《中国现代出版史料(甲编)》,第144页。从"双柱"到"主柱"的变化,颇可玩味。

② 参见《〈自选集〉自序》,《鲁迅全集》第四卷,第456页。

第六章 时代的夹缝中

　　五四新文化运动一个显著的特点就是文化运动夹杂在政治运动、社会运动之中同时展开,尤其是在五四运动前后这个现象非常突出。在《新青年》上,无论是胡适的《文学改良刍议》还是陈独秀的《文学革命论》,包括后来胡适的《建设的文学革命论》,都是着眼于同中国传统封建守旧势力及盘踞国人精神界的封建文化观念的斗争而发的,也就是说,是着重于对以林纾等人为代表的封建文化骸骨迷恋狂的攻击一方面的。我们从当时的历史文献中不难看出,此时文化运动确实是有很强的政治意识形态指向性的,这也是新文学运动在第一个发展阶段必然的历程。而随着时代的发展,1920年1月,北洋政府教育部规定白话为国语,通令全国中小学采用白话课本,这标志着白话文被纳入官方教育体制之中。白话文运动在社会上取得了决定性胜利的时候,新文学建设的问题就摆在了所有的新文化运动的参与者面前,这也是新文学运动进入第二个发展阶段后对知识界提出的必然要求,也就是说,"新文学运动在这个时候方才和一般的革新运动分离了开来,而自有其更精深的进展与活跃"①。而这种"进展与活跃"表现在把前一个阶段没有能够完成的历史任务承担起来并推进建设,"……由于当时胡适所标榜的'文学革命',只成为一种白话文运动,只做到了以白话代文言,还没有做到以新文学代旧文学,所以文学研究会的成立,就是想在这方面更推进一步,成为名副其实的新文学运动"②。

　　也就是在这个阶段,随着北大新青年一派的解体以及《新青年》杂志的转向,在文坛上最为活跃的主角变成了文学研究会和创造社,而《学灯》则

---

① 郑振铎:《新文学大系论争集·导言》,赵家璧主编,上海良友图书印刷公司,1935年10月第一版,第8页。
② 郭绍虞:《"文学研究会"成立时的点滴回忆——悼念振铎先生》,上海鲁迅纪念馆编《郑振铎纪念集》,2008年9月,第84页。

第六章 时代的夹缝中

在时代新文学大潮中与这两个文学社团发生了千丝万缕的联系,尤其是与文学研究会。

我们知道,文学研究会是在1920年年底由郑振铎等人倡议,于1921年1月4日在北京中央公园来今雨轩召开的成立大会,当时的12名发起人包括朱希祖、蒋百里、周作人、许地山、郭绍虞、叶圣陶、孙伏园、王统照、沈雁冰、郑振铎、耿济之和瞿世英等人。在周作人起草的《文学研究会宣言》中声称,"将文艺当作高兴时的游戏或失意时的消遣的时候,现在已经过去了","我们相信文学是一种工作,而且又是于人生很切要的一种工作",直接打出了"为人生而艺术"的旗号。事实上,这也是承继了《新青年》一贯的文学思想和艺术观念的。文学研究会成立之后,发展很快,从郑振铎写给周作人的信中可以看出,在1921年3月3日以前,就已经发展了48名会员,此时距文学研究会成立只有两个月的时间,毫不夸张地说,在知识文化界、传媒出版界中,文学研究会越来越变成了一股不容小视的"文化势力",《小说月报》之类机关刊物自然不消说了,即使在报纸副刊界,也是居于要津。作为文学研究会发起人之一的孙伏园此时在主持《晨报》第七版(即《晨报副镌》的前身,笔者注),而1921年4月进入时事新报馆先协助李石岑①编《学灯》、后任主编的郑振铎以及后来依次主编《学灯》的柯一岑、徐六几和郭梦良都是文学研究会早期会员。从文学研究会入会号数来看,郑振铎是第10号,柯一岑是第30号,徐六几是第43号,郭梦良是第18号。我们只看这四个人就可以看出文学研究会本身的复杂性。其中,郑振铎与徐六几和郭梦良都是福建老乡,在北京上学期间恰逢五四运动,曾一起组织福建同乡会,发起《闽潮》杂志,交往非常密切。② 而在同乡会解体后,"其中有几个人,是声气相通的,于是分出来,另外又组织了一个秘密团体,叫做社会改良派,英文叫作Social Reform,简称SR,一共有十五个人,每星期聚会一次,而地点都很秘密"③。而在这其中,就有郑振铎、郭梦良和徐六几。从他们相识一直到1925年徐六几、郭梦良相继去世,他们一直

---

① 李石岑也是文学研究会会员,入会号数是54号,可知其入会时间应该是在1921年3月3日至1921年7月之间。

② 郑振铎、郭梦良都是《闽潮》的编辑成员,也包括庐隐,这个刊物据程俊英称就是庐隐和郭梦良两人"悲欢离合的红娘"。参见林伟民选编《海滨故人庐隐》,第23页。

③ 庐隐:《庐隐自传》,林伟民选编《海滨故人庐隐》,北京:人民文学出版社,2001年1月第一版,第201页。

保持着良好的友谊关系；但在政治倾向上，郭梦良与徐六几信奉基尔特社会主义，与《时事新报》主笔张东荪共同组织了基尔特社会主义团体"今人会"，而郑振铎则呈现出更多的复杂性。以往对于文学研究会的研究从来没有关注过郭梦良和徐六几这两位英年早逝的人物，但是不关注他们就不能很好地认识文学研究会的知识分子共同体的构建问题，也难以历史地客观地看待文学研究会的内在的复杂与外在的多面；而且更为重要的是，他们都是先后主持过《学灯》的人，对《学灯》在同一个文学流派但政治倾向不同的成员的主持下所放射出来的缤纷各异的光芒之考察，对深刻认识《学灯》作为一个有生命的历史文化主体的发展轨迹和心路历程也是至关重要的。下面，我们就来具体地研究这几位文学研究会会员主持《学灯》期间的表现及其文化倾向、思想特点。

第一节　郑振铎、柯一岑与《学灯》

郑振铎(1898—1958)，祖籍福建长乐，幼年时在浙江温州度过，1913年入浙江第十中学读书，1918年考取北京铁路管理学校，为高等科乙班(英文班)学生，1918年因在北京基督教青年会图书馆读书而结识时为俄文专修馆学生瞿秋白、耿济之等人①，五四运动中共同从事爱国救亡运动，1919年7月，组织并参加了"永嘉新学会"，1919年11月1日，又与瞿秋白、耿济之、瞿世英等人创办北京社会实进会《新社会》旬刊②，共出19期后在1920年5月被查封，后又创办《人道》月刊③，仅出一期后又被查封。后来，郑振铎与北大学生罗敦伟、徐六几、周长宪等人组织了"批评社"，筹备创刊《批评》半月刊，附在《民国日报》发行，该刊第一期于1920年10月20日发行。也就是在这个时候，郑振铎通过蒋百里介绍而与商务印书馆上层建立了关系，表示希望创办文学杂志，由于商务只答应改革《小说月

---

① 陈福康编著：《郑振铎年谱》，北京：书目文献出版社，1988年3月第一版，第18页。
② 1920年2月1日，郭梦良和徐六几加入《新社会》编辑集体，当时他们两人也是《奋斗》周刊社成员。参见《郑振铎年谱》，第28页。
③ 《人道》月刊在1920年6月在政府立案，经理人和发行人为萧元恩，编辑人为郑振铎，印刷人为石庆和，发行所设在青年会服务社，印刷所为和济印刷局。参见中国第二历史档案馆编《中华民国史档案资料汇编》第三辑文化卷，南京：江苏古籍出版社，1991年6月初版，第344页。

报》而不愿意创办新刊物,郑振铎等人才决定先筹备文学会,这也就是文学研究会成立之由来。① 1921年初当沈雁冰在上海彻底革新《小说月报》之时,郑振铎则负责为《小说月报》在北京组稿、审稿等事宜。郑振铎1921年年初从北京铁路管理学校毕业后,同年3月底到了上海。

郑振铎到上海后在上海西站做见习,先是被张东荪拉入了时事新报馆主编《学灯》②,后又经沈雁冰引介进入了商务印书馆编译所③。我想这与郑振铎的经历和性格有关。从郑振铎到上海之前的经历看,他曾编辑过多个产生了一定影响的刊物,比如《闽潮》《批评》《新社会》等,而他在筹备文学研究会与协助沈雁冰编辑《小说月报》期间所表现出来的能力,决不是他在文研会担任"书记干事"一职所能涵盖的。尤其重要的是,在处理这些事务的同时,他早已与文化界人士建立了联系,形成了自己广泛的人脉关系网络。郑振铎与《学灯》是从1919年就开始结缘的,在1919年8月《学灯》上就刊登了"永嘉新学会"的宣言;1919年10月29日,《学灯》上刊登了"《新社会》出版宣言",其中说道:"……我们社会实进会创刊这个小小的旬刊,《新社会》的意思,就是想以言论的力量,于社会改造的事业上,尽些心力。……我们的改造目的和手段,就是:考察旧社会的坏处,以和平的,实践的方法,从事于改造的事业,以求德莫克拉西的新社会之实现。"④从他

---

① 之所以会选择商务印书馆作为合作对象,经济方面的考虑应该是主要的,当然也包括发行发面的因素。郭绍虞在《关于文学研究会的成立》一文中谈到文研会的成立时说:"……大家都是穷学生,于是首先感到困难的,就是怎样筹措一笔经费,能使刊物获得比较永久的生命。振铎、秋白、剑三就曾办过一些刊物,因经济困难而失败的。"该文见郭绍虞《照隅室杂著》,上海:上海古籍出版社,2009年7月版。商务印书馆之所以沿用《小说月报》的老牌子而不愿意另起炉灶,据郭绍虞看这是商务印书馆为了向社会表示自己是适应新潮流,并且不断改进自身的做法。

② 茅盾在《我走过的道路(上)》中说:"一九二一年春,郑振铎毕业于交通部铁路管理专科学校,分发到上海西站当见习。不久,郑振铎担任了《时事新报》《学灯》的编辑,从此他和铁路断了关系。同年五月十一日,郑振铎进了商务印书馆编译所,仍兼《学灯》编辑。他进商务译所是为筹办《儿童世界》周刊。"参见该书,第181页。茅盾的说法与陈福康在《郑振铎传》中说郑振铎是先入商务再入时事新报馆的说法正好相反,鉴于茅盾是郑振铎进入商务的推荐人且其对郑振铎进入商务日期都记得那么清楚,本文采用了茅盾的说法。

③ 高君箴在《郑振铎与〈小说月报〉的变迁》中回忆道:"(1921年春)振铎那时还在上海火车站当练习生,由于商务印书馆出版的《文学研究会丛书》,需要聘请一位文学研究会成员来负责编辑,于是雁冰便推荐了振铎。梦旦先生与振铎曾有过一面之交,十分赏识这个年轻人的才华,……从此振铎就当了商务印书馆编译所的编辑。"见上海鲁迅纪念馆编《郑振铎纪念集》,2008年9月,第180页。

④ "《新社会》出版宣言",《学灯》,1919年10月29日。

们的宣言来看，他们与张东荪等人的倾向是比较接近的。此后，郑振铎多次在《学灯》上介绍《新社会》旬刊。1920年4月22日，郑振铎甚至向张东荪要求《新社会》旬刊与《时事新报》交换广告。他自己也知道这对《时事新报》有点不公平，毕竟一个是日报，一个是旬刊。虽然后来张东荪没有答应，但是郑振铎能提出这样的要求，可见张东荪在他心目中的确是倾心于新文化运动并扶持新文化弱小势力的。在1920年5月25日，郑振铎在《学灯》上发表致张东荪的信函，表示《新社会》被北京政府查封了："新社会旬刊已被封禁了！近来他们这班人，专与言论界作对，专与新文化的书报作对！……他们压制言论的手段用的一天一天的高妙了！在邮局里把你扣留着。你们的《解放与改造》第八期至今未到，《星期评论》自四十二号后，更一期也没有看见。我想我们对于这些强迫的或卑劣的言论自由的阻碍者应该有一种方法对付他们才好。"①从郑振铎在信中"我们"与"他们"之类的表述中，显然是将自己与张东荪划归于攻击旧堡垒的新文化阵营之中。不仅是在思想观念上，甚至在具体事务上，郑振铎也与张东荪建立了联系。1921年1月初，郑振铎、张东荪、沈雁冰、柯一岑、郭虞裳、耿济之、俞颂华等人发起了"书报协社招股"活动，"书报协社招股启事"也从1921年1月3日起多日在《时事新报》上刊登；而且在张东荪、郭梦良、徐六几等人策划翻译"基尔特丛书"的计划中，郑振铎也有分定的翻译任务，他要与瞿世英一起去翻译Penty(即A.J.Penty，现译为彭迪，基尔特主义代表人物，笔者注)的基尔特主义论著。可以说，无论是在思想观念上，还是在具体的文化事务上，郑振铎都与张东荪等人打成了一片。而张东荪拉郑振铎加入时事新报馆还有一个原因也很重要，就是郑振铎个性外露，喜欢结交朋友，做事有热情。郭绍虞称郑振铎是个"爱友若命"的人②，巴金也说："他关心朋友，也能毫无顾忌地批评朋友，而且更喜欢毫无保留地帮助朋友。他为人正直，热情，喜欢帮助年轻人，鼓励人走新的前进的道路。三十几年来有不少的人得过他的帮助，受过他的鼓舞，我也是其中之一。"③老舍曾回忆说："他的一个特点是爱朋友，他不因为意见不同而不爱朋友。

---

① 郑振铎：《致张东荪》，《学灯》，1920年5月20日。
② 参见郭绍虞《照隅室杂著》中的《"文学研究会"成立时的点滴回忆——悼念振铎先生》一文，参见《照隅室杂著》，上海：上海古籍出版社，2009年7月初版，第165页。
③ 巴金：《悼振铎》，转引自陈福康著《郑振铎传》，上海：上海外语教育出版社，2009年7月初版，第103页。

他有热情,见你有一技之长便帮助你。他不给你浇冷水,不管你写的好坏。……他介绍我认识了很多好朋友。"①可见,对投稿者"不浇冷水"对刊物编辑来说是多么重要的一件事,别忘了,郭沫若就是对李石岑的"冷"耿耿于怀几十年。至于说到郑振铎办事有热情,与他同事过的人都有深刻印象。叶圣陶就说:"他(指郑振铎,笔者注)始终充满着激情,充满着活力,给人一种不可抗拒的感染。文学研究会的成立,可以说主要是振铎兄的功绩。我参加文学研究会,为发起人之一,完全是受他的鼓动;好几位其他成员也跟我相同。有时候我甚至这样想,如果没有振铎兄这样一位核心人物,这一批只会动笔而不善于处事的青年中年人未必能结合成这个文学团体。正在这个时候,雁冰兄担任《小说月报》的主编,决意全面革新,而竭尽全力支持雁冰兄的是振铎兄,他为《小说月报》革新号组织了大半稿件。"②

可见,没有什么理由让张东荪不去选择郑振铎这样一个有热情、有能力、有才华且志同道合的青年人入主《学灯》,即便是郑振铎因为商务印书馆工作繁忙不能加入时事新报馆,张东荪也希望他能每天晚上编辑《学灯》。郑振铎答应了,但是他也不是没有条件的,他希望在《时事新报》上创办文学研究会的机关刊物,即《文学旬刊》,毕竟《小说月报》由于是商务印书馆的刊物受限制较多。能与文学研究会这样的强势文学社团建立联系,张东荪又怎么会不答应呢。对郑振铎以及文学研究会来说,借助《时事新报》《学灯》在新文化运动中取得的名声、影响及其遍布全国的发行网络来刊发《文学旬刊》,对一份刚面世的文学刊物来说,是多么的重要。茅盾在回忆中也特意强调了这一点,他在说起文学研究会暴得大名时说:"我们'名气'扩大的另一个原因是得力于商务印书馆和《时事新报》遍及全国的发行网,老板要赚钱,也就连带替我们扩大了影响。"③可以说,郑振铎、文研会与时事新报馆的合作绝对是双赢之举。

---

① 老舍:《在郑振铎逝世周年纪念会上的发言》,上海鲁迅纪念馆编《郑振铎纪念集》,2008年9月,第97页。

② 叶圣陶:《〈郑振铎文集〉序》,上海鲁迅纪念馆编《郑振铎纪念集》,2008年9月,第344页。叶圣陶、沈雁冰等人都是由郭绍虞介绍给郑振铎认识的,郭绍虞也认为郑振铎是"最有生气最有魄力的人",是文学研究会的"核心人物之一"。"正因如此,所以后来振铎到上海,文学研究会也就跟着移到上海来了,也正因为如此,所以文学研究会的组成,是建立在这种友谊上的。"另可参见郭绍虞《照隅室杂著》中的《"文学研究会"成立时的点滴回忆——悼念振铎先生》一文。

③ 茅盾:《我所走过的道路(上)》,北京:人民文学出版社,1981年10月第一版,第203页。

研究系与《时事新报·学灯》

1921年7月14日,就在李石岑宣布他要离开时事新报馆前一天,接手《学灯》主编一职的郑振铎在《学灯》上发表了《生命之火燃了!》一诗,强烈地表达了一种革新、行动的愿望。在诗中,郑振铎呐喊道:

> 让我们做点事罢!
> 生命之火燃了!
> 死的静默,
> 不动的沉闷,
> 微弱的呼声。
> "再也忍不住了!"
> 让铁锤与犁把静默冲破吧!
> 让枪声与硝烟把沉闷的空气轰动了吧!
> 只要高唱革命之歌呀!
> 只要把呐喊代替了呻吟呀!
> 生命之火燃了!
> 熊熊地燃了!
> 让我们做点事吧,
> 我们也应该做点事了!

在该诗下面的附注中,郑振铎表示:"在现在的沉寂的空气中间,革命的呼声也许是大家共同的要发的呼声啊!"这首诗大气磅礴、气势逼人,直率地抒发了郑振铎一种"动"的渴望与革命的激情,虽然此时他对革命的具体含义的理解充满了暧昧与含混,并不是那么清楚,但是我们却能感受到一种喷薄而出的革命冲动和革新的热望。这首诗也是郑振铎接手《学灯》时心境和情绪的一种如实写照。

对郑振铎来说,这也确实是一个"让我们做点事"的时期。从郑振铎当时所担负的工作来看,一方面他要在商务印书馆主持编辑文学研究会丛书以及后来的《儿童世界》周刊,同时他又要主持编辑《学灯》和《文学旬刊》,可谓编务缠身,当然这也是他艺高人胆大的体现。

郑振铎到上海后,在时事新报馆一方面,在他主编《学灯》之前,不但在《学灯》上发文章,而且经常在《时事新报》正张上发表社论,这在《学灯》之前的几任主编中是很突出的,而且郑振铎在这类政治色彩鲜明的文章中表现出的倾向和色彩与张东荪及《时事新报》社论向来的立场差别很大。在1921年4月30日,郑振铎在《时事新报》评论栏内发表《潜伏欤消沉欤》一文,指明了青年人在五四高潮之后的消沉与迟暮的种种表现,最后作者高呼:"俄国于虚无主义时代,亦曾经历此境,其后卒一变而为剧烈之革命运动,我愿中国亦如此也。生命即工作,惟工作可以重燃生命之火而使之光明,使之绚烂,使之丰富而美丽。我愿以此言进于现在之青年。"①我们知道郑振铎一直关注俄国社会及俄国文学的发展,所以他在文中也呼吁中国青年在革命的道路上行动起来,而从他"重燃生命之火"之类的言辞中,不难看出他后来所作的《生命之火燃了!》的思想来源和现实指向性。同年5月1日,郑振铎又发表《我等将何为乎》,对中国处在国际帝国主义武力和国内军阀武力双重压迫之下的惨状表示不满和愤慨;5月3日,发表《交通大学》,对交通系政治势力压迫北京铁路学校一事表示抗议。郑振铎言论的激烈让张东荪都看不下去了。他在5月5日《时事新报》发表社论《青年之悲观》,对郑振铎激烈的言辞提出了委婉的纠正。他说:"吾友铎君在京目睹许多青年沦于悲观厌世之中。……乃郑重为余言,以谋挽救之法。……有一部分人专为不负责任之激烈言论,不曰脱离家庭,即曰推翻学校,不曰社会革命,即曰打破现状,究其实,家庭不能脱离,学校不能改造,社会无法革命,现状无法推翻。……特告之者当言环境虽宜改造,而非急切所能为。……不当专以激烈感情之言论以激之。"②这是郑振铎在《时事新报》正张上发言被张东荪第一次"纠偏",但这只是第一次而已。郑振铎在同年5月28日,又在《时事新报》社论栏发表了《由感情到理性》一文,他指出连续的引起感情的冲动是从事各种运动的重要因素,以理性相号召是不能得到胜利的,文中似乎暗讽张东荪多研究学理的社会主义理性说,挑明了要在行动上下功夫。他说:"……鼓吹革命的文章,总是带极浓厚的刺激性的。现在我们的革命热潮退了!讲社会主义的,不讲打倒资本主义的方法,而只埋头研究马克思了。可怜呀!三大本的资本论,不知要熄灭了几多堆的革命的火星呀!要把中国的革命潮打退了几多尺的时间的距离呀!"③可想而知,这种鼓吹革命实践的文章是强调学理研究的张东荪所

---

① 郑振铎:《潜伏欤消沉欤》,《时事新报》,1921年4月30日。
② 张东荪:《青年之悲观》,《时事新报》,1921年5月5日。
③ 郑振铎:《由感情到理性》,《时事新报》,1921年5月28日。

决不能赞同的。果然,5月29日,张东荪就发表了《创造群众》一文,针锋相对,他认为中国改革的热潮之所以不兴不在于感情的落潮而在于感情兴奋性的无力。要把个人的感情变成群众的心理是很关键的,重要的是要创造群众,鼓动个人的感情非但不起作用,反而使得青年过激。张东荪说:"昨天学灯上西谛君由感情到理性一篇,说得固然有些道理,但可商量的地方却也很多。……若指目前的中国而言,则和我所见正处于相反的地位。我以为今天的中国状态果真是由感情而渐移于理性,那就真是如天之福了。……鼓动个人感情不但不济事,且往往使青年激愤太过。……我不赞成西谛君的议论。"①郑振铎的介入,险些将《时事新报》正张一贯以来强调学术研究的思想倾向一体性攻破,而这,是张东荪不能不维护的。

几次被张东荪"纠偏"之后,郑振铎就很少在《时事新报》正张上露面了②,而把全部精力用到编辑《学灯》和《文学旬刊》上。

郑振铎主编《学灯》后,最大的特色就是注重新文学建设,这也难怪,他有文学研究会那么一大帮的知识阶层作为后援团,编辑日报文艺副刊从文学生产的角度看,不是一个难题。我们先来看几则《学灯》启事,就可以略微看出在郑振铎主持下《学灯》从事新文学建设的路向。

1. 1921年7月24日,《学灯》启事:

  我们自本日起,增设"儿童文学"一门。关于这一类的投稿,无论是译是著,都极欢迎。

2. 1921年7月26日,《学灯》征稿启事:

  我们极欢迎下面四类的稿件:
  (一)民间文学 中国的歌谣是很丰富的;民间传说之流传于各地的,也是很多。我们极愿意读者能各就本地,搜集这种材料,寄给我们登载。但记载者须注意,保存本色,不可以任意增删或润饰。(二)读

---

① 张东荪:《创造群众》,《时事新报》,1921年5月29日。
② 郑振铎另一个活动在《时事新报》正张评论栏的时期,是1922年初他即将离开《学灯》主编一职前一段时期。

书录现在除了放言高论,闭着眼睛骂人的人以外,大家都知道学问的重要了。我们愿意读者能就所读的书作为读书录见寄,惟此种读书录以有关于社会主义,文学,教育及社会问题的为限。(三)杂感。(四)国内及国外的学术界消息。

3. 1921 年 7 月 29 日,《学灯》"我们的启事(一)":

我们近来所接到的投稿,关于科学方面的实在太少了。有许多读者写信来要求多登载些这类稿子。我们很愿意学科学的人能够分些工夫来帮我们的忙,把关于科学界消息,科学研究,科学常识这类的稿子,多寄些给我们。

4. 1921 年 8 月 1 日,"今后的学灯":

我们今后的最大的注意点就在——
(一)研究到自由之路的方法。与——
(二)介绍关于哲学、文学、社会科学、自然科学各方面的知识。

报告现代世界与中国的学术界的消息,与介绍最新出版的书籍的内容,也是我们所要注意的。我们住在中国这个地方的人,与住在地球上别的地方的人也隔离得太远了。世界学术界里所有的消息,在我们未知道以前,已都变成很陈旧的了。国内的消息更是不相闻问。这是非常可怜的现象。我们今后愿意尽力的做一个学术界消息的流通机关。还希望国内外同志能够帮助我们进行。

....

以上只是郑振铎主编《学灯》期间编发的部分征求稿件内容方面的启事。但是我们也可以从中看出他的编辑倾向:一方面,《学灯》既保留了以往注重哲学、文学、科学以及注重译介国外知识界进展的倾向,同时又增加了对儿童文学以及民间文学、歌谣的关注。

对儿童文学的关注的提议,在《学灯》上是起始于钱穆。1921 年 3 月 23 日李石岑在给钱穆的回信中曾说:"足下谓本栏宜辟儿童文学一门,甚洽鄙意。惟此种资料尚缺,足下能供给少许乎。此复,石岑。"①可见,之前钱穆就曾提议在《学灯》上增加儿童文学的内容,而李石岑对此也是赞赏的。而在李石岑主编的《民铎》第二卷第四号中,郭沫若也有《儿童文学之管见》一文发表。可见,李石岑当时确实是重视这个提议的。而在同年6月27日,文学研究会会员严既澄在《学灯》上发表了《儿童文学泛论》,文中说:"中国的儿童,向来很可怜的。他们的正当生活,不但没有人来帮助他们发挥他,培养他,并且事事有人来禁止他们,不许他们自己发达他们的生活。……对于儿童的精神,也必要拿兴趣来扩展他。教儿童去读书,本来是想发展他们的精神生活的;然而拿那些不能唤起他们的兴趣的书来勉勉强强的监督他们读,使他们如吞生铁一般,见了就怕,这岂不是欲发展而反戕害之了么?中国向来视一切小说一类书为厉禁,不许儿童涉目,一定要弄到他们木木强强的,只知道读圣人的书。……我们所说的儿童文学,就是一种'顾全儿童现在而不破坏他们的将来'的发展儿童精神生活的药剂。这种文学的目的,是循着儿童的兴趣来扩展他们的精神生活;他所采取的途径,投儿童之所好而做成一种儿童爱读,儿童能读,而又带有文学色彩和性质的书;他的功效必须要能够引起儿童读书的兴趣,而把一切儿童的感情和想象,从一个很狭小的范围内,发展到很广大的范围去。"针对有人认为儿童文学中出现的神话可能会传播封建迷信思想、出现的国王之类的描写会传递给儿童封建统治观念,严既澄也说:"其实这是完全无碍的。为什么呢?因为儿童的脑筋,本来是时时迁变,不期然而自然逐日流转,与时俱进的。我们在他爱听神话故事的时候,和他讲神话故事,等到他年纪长了,觉得几年来或十几年来所听说的神仙,到底未曾实现过,那他就自然会自己觉察幼年时的信念,是不真确的了。"②可见,在郑振铎主编《学灯》之前,就已经有人在《学灯》上进行了有关儿童文学观念的介绍和辨析。郑振铎对儿童文学的强调也是在一幅已经有了背景的图画上作画罢了。当然,首次在报纸副刊上开辟出儿童文学专栏以及儿童文学研究栏的就是郑振铎,这是他作为《学灯》主编的功劳,这是毫无疑问的。而郑振铎在《学灯》上提倡儿童文学的实践,也为他日后主编商务印书馆的《儿童世界》周刊打下了坚实的基础。在写于1921年9月22日、发表于12月27日《学灯》上的

---

① 李石岑:《致钱穆》,《学灯》,1921年3月23日。
② 严既澄:《儿童文学泛论》,《学灯》,1921年6月27日。

"儿童世界宣言"中,他说:"以前的儿童教育是注入式教育;只要把种种的死知识,死教训装入他头脑里就以为满足了。现在我们虽知道以前的不对,虽也想尽力去启发儿童的兴趣,然而小学校里的教育仍旧不能十分吸引儿童的兴趣;而且这种教育仍旧是被动的,不是自动的;板刻庄严的教科书,即是儿童的惟一的读物。教师教一课,他们就读一课。儿童自动的读物,实在极少。我们出版这个儿童世界,宗旨就在于弥补这个缺憾。"①他将即将创刊的《儿童世界》周刊内容分为动植物插画、歌谱、歌谣童谣、故事、童话、戏剧、寓言、小说、格言和滑稽画等十类。郑振铎将自身对民间文学和儿童文学的提倡用自己掌控的杂志、副刊推介开来。

  1921年年底,商务印书馆和中华书局都开始大力推广各自的"儿童文学丛书"。在1921年12月26日,《时事新报》刊登了商务"儿童文学丛书"的广告,其中说道:"我们编这一套'儿童文学丛书'的宗旨是:(一)满足儿童精神生命的要求;(二)帮助儿童的精神生命的发展;(三)使儿童和书本相熟悉,引起他读书的兴趣。我们所选用的材料,都经过严密的考虑,和审慎的选择;对于文字和句韵,也力求合于'儿童的'这个标准,至于图画之安插,色彩之调剂,以及封面画之精美,尤能引起儿童的兴味。"而12月30日,中华书局的"儿童文学丛书"广告也出现在《时事新报》,其中说道:"我国儿童浏览之书,向来极少,敝局特编儿童文学丛书,一方养成儿童看书的能力;一方培植儿童文学的兴味。现在先出故事三册,用有趣的事实,简明的白话文,美丽的插图,彩印的封面,实在是儿童心爱的书!兄父师长应该提倡儿童阅览,用作奖品尤其适宜。"不难看出,文化商人对文化潮流的判断与把握往往是很准的,对文学潮流的形成也往往可以起到推波助澜的作用,这是我们在上海这个商业社会中考察文学生产时必须考虑的一方面。但更重要的,我想,与郑振铎这样的可以引领时代文学发展路向的弄潮儿的出现,关系更大。与此同时,郑振铎呵护下的文艺阵地也培养了中国现代第一批的儿童文学作家。郑振铎之子郑尔康在《〈儿童世界〉和郑振铎》一文中就说:"作为主编,'拉稿'也是父亲的'专长',朋友们都佩服他,许多人本来是从不搞儿童文学的,经他一'拉',便都'下了水'。如王统照、赵景深、谢六逸、周建人等先生,就因为经不住他的'拉'而纷纷'落水',给《儿童世界》写了不少东西,有的人从此便也写起童话来,叶圣陶先生就曾经说

---

① 郑振铎:《儿童世界宣言》,《学灯》,1921年12月27日。

过:'我就是因为振铎拉我为《儿童世界》写稿,才开始写起童话来'。"①

在重视儿童文学的同时,郑振铎对民间文学,比如歌谣和传说的重视,也非常鲜明地体现在他所主编的《学灯》上。我们知道,胡适等人对民间文学极其重视,胡适把民间文学称为新文学建设的三大借鉴来源之一。② 对民间文学关注最早的是北京大学新青年派。1918年2月1日,《北京大学日刊》就发表了"北京大学征集歌谣简章",宣布由刘半农、沈尹默和周作人负责编辑,钱玄同和沈兼士负责考订方言。这也是我们现在能看到的最早的关于征集歌谣的启事。对新文化运动关注的《时事新报》当时对此也有记载。在1918年4月2日,《时事新报》也刊登了"北京大学征集歌谣"的启事,启事中说:

一,本大学拟于相当期限内刊印左列二书:(一)中国今世歌谣汇编,(二)中国近世歌谣选粹。

二,其材料之征集用左列二法:(一)本校教职员学生各就闻见所及自行搜集,(二)嘱托各省官厅转嘱各县学校或教育团体代为搜集。

三,规定时期自宋以及于当代。

四,入选之歌谣当具左列各项资格之一:(一)有关一地方一社会或一时代之人情风俗政教沿革者,(二)寓意深远有类格言者,(三)征夫野老游女怨妇之辞,不涉淫亵,而自然成趣者,(四)童谣谚语似解非解,而有天然之神韵者。

五,歌谣之长短无定限。

六,歌谣之来历如左所限:(一)不知作者姓名而自然通行于一社会或一时代中者,(二)虽为个人著述,然确已通行于一社会或一时代中者(以下两条略)。

七,定民国八年六月三十一日为征集截止期,九年十二月三十一日为编辑告竣期,十年本校二十五周纪念日为(汇编)(选粹)两书出版期。

简章发表后两个月内,收到歌谣1100多则,后来也曾在《北京大学日

---

① 郑尔康:《〈儿童世界〉与郑振铎》,《中华读书报》,1997年7月16日。
② 其余两个是西方文学和中国古代文学。

刊》上发表了一部分。1919年底,刘半农赴法留学前,曾将征集来的稿件转交给了周作人。1920年底,也就在文学研究会酝酿期间,在常惠提议下,周作人和沈兼士、钱玄同等人又发起"歌谣研究会",登载在《北京大学日刊》第767号中的启事这样说:"(我们)决定发起一个歌谣研究会,请同学中有研究歌谣的兴味者自由加入,共谋进行。校外有热心的人,也可以由会员介绍入会。"①歌谣研究会是在1920年12月18日在北京大学成立的,周作人和沈兼士共任主任。之后由于周作人患肋膜炎,于是该研究会的会务停顿下来了。直到1922年1月北京大学研究所国学门成立时将歌谣研究会并入国学门,会务才发展开来。

如果我们在这个大的背景上看郑振铎此时在《学灯》上对民间文学尤其是歌谣和传说的提倡,我们就会发现时事新报馆对北大新青年一派的学术活动一直是极力支持的。在1920年底,北大发起歌谣研究会的时候,《时事新报》就在《学灯》之外的另一个副刊《余载》(当时的编辑是柯一岑,笔者注)上,创设了歌谣栏。在1920年11月1日新开设的"歌谣栏"前有一段"编者注":"我们认歌谣在文艺上,思想上,都有很大的关系;所以本栏从今日起特辟'歌谣'一门,想把各地的村歌俗谣多多搜集。各地人士肯惠寄者,极为欢迎。再者,今日所登歌谣,系顾君颉刚所辑。顾君所辑歌谣甚多,以后可在本报陆续发表,故特为读者郑重介绍。"②在1921年1月3日《余载》上,编辑柯一岑发表"本栏启事"声明对包括各地歌谣在内的文艺作品都极为欢迎。所以,《余载》本来一直是《时事新报》副刊群中被分派登载歌谣作品的栏目,因为《余载》一般都是定位在登载一些戏剧谈、短篇小说之类的通俗作品,在时事新报馆主事人看来它的内容一般都是学理性较差、文艺性较强的。而在郑振铎一接手《学灯》就把歌谣栏移植过来,一方面固然与时事新报馆对《余载》栏的压缩有关③,另一方面也与郑振铎对民间文学在建设新文学过程中的价值体认有关。

我想一定程度上郑振铎是受同为文学研究会会员的周作人等北大学人的影响。事实上,歌谣研究成了中国现代学术起步时期非常重要的一个

---

① 周作人、钱玄同、沈兼士等:《发起歌谣研究会/征求会员启事》,《北京大学日刊》第767号,1920年12月14日。

② 柯一岑:《歌谣栏·编者识》,《余载》,1920年11月1日。

③ 《余载》于1921年8月13日被裁撤,据称主要原因是广告太多,以至新闻无处可登,所以不得不裁撤《余载》来扩充新闻版面。

组成部分,而历史的发展也不断证明了这一点。1922年秋北大校方停办了综合性的《北京大学月刊》,改为四种季刊:《国学》《自然科学》《社会科学》《文艺》。后来北大国学门又办了《国学门周刊》以及由它改刊而来的《国学门月刊》,并根据研究对象的不同而成立了五个学会,即歌谣征集研究学会、明清内阁档案整理学会、考古学会、风俗调查学会和方言调查学会。1923年初胡适在北京大学《国学季刊》第一卷第一期的《发刊宣言》中提出:"学问的进步有两个重要方面:一是材料的集聚与解剖;一是材料的组织与贯通。……我们不研究古学则已,如要提倡古学的研究,应该注意这几点:(1)扩大研究的范围。(2)注意系统的整理。(3)博采参考比较的资料。"在"怎样扩大研究的范围呢"一栏中说:"庙堂的文学故可以研究,但草野的文学也应该研究。在历史的眼光里,今日民间小儿女唱的歌谣,和《诗三百篇》有同等的位置;民间流传的小说,和高文典册有同等的位置。"在"注意系统的整理"的栏目下则提出:"历史不是一件人人能做的事;历史家需要由两种必不可少的能力:一是精密的功力,一是高远的想象。没有精密的功力,不能做搜求和评判史料的功夫;没有高远的想象力,不能构造历史的系统。"而在"怎样博采参考比较的资料"栏目下讲求与西方学术研究相互参考比较,在文学方面提出:"小说戏曲近年忽然受学者的看重,民间俗歌近年渐渐引起学者的注意,都是和西洋文学接触比较的功效更不消说了。此外,如宗教的研究,民俗的研究,美术的研究,也都是不能不利用参考比较的材料的。"最后,《发刊宣言》这样总结道:"我们提出这三个方向来做我们一班同志相互督责勉励的条件:第一,用历史的眼光来扩大国学研究的范围。第二,用系统的整理来部勒国学研究的材料。第三,用比较的研究来帮助国学的材料的整理与解释。"[1]从胡适的说法中,我们不难想见郑振铎、柯一岑在1920年北大歌谣研究会建立之后与1923年北大研究所国学门建立之前,这一个特殊的历史阶段内在《学灯》上从事歌谣的搜集和宣传的历史作用、价值及其意义了。

除了对儿童文学和歌谣的重视之外,郑振铎在《学灯》上还做了一件特立独行的事:他从根本上打破了一直以来存在于《学灯》上针对小说创作的所谓"有差别的待遇"。在郑振铎接手《学灯》之前,《学灯》上历年发表的创作小说相对于浩如烟海的《学灯》文本总体而言简直可以忽略不计,篇目辑

---

[1] 胡适:《发刊宣言》,《国学季刊》,第一卷第一号。

录如下：

发表日期	小说篇名	作者
1919年4月3日	《逃兵》	涵庐
1919年4月11日、12日	《名节》	程生
1919年4月17日	《兵劫》	一岑
1919年4月25日	《小学生》	君豪
1919年9月1日	《李昇与他的弟弟——小李》	黄仲苏
1919年9月22日	《墙角里的人》	沈泽民
1919年11月23日	《守节》	痴笑生
1919年11月27日	《上海的教育家——》	铭深
1919年12月10日—15日	《离婚》	人元
1920年1月1日	《世界上有的是快乐……光明》	冰心
1920年1月20日	《原来是他！》	予
1920年1月24日	《他》	郭沫若
1920年1月26日	《鼠灾》	郭沫若
1920年2月2日	《他病了！》	苏
1920年2月3日	《一个礼拜日》	玄
1920年8月23日	《"晨间的呼声"》	忍杰
1920年10月10日（双十节特刊）	《头发的故事》	鲁迅
1921年1月9日、10日	《无聊的人》	忍杰
1921年1月20日、21日	《艺术之友》	吴江冷
1921年2月1日	《杜兰之怪眼》	品今
1921年4月6日	《两个孤儿》	悔也
1921年7月7日—9日、11日—13日	《银灰色的死》	郁达夫

从1918年3月《学灯》创刊到郑振铎1921年7月入主《学灯》，将近四年的时间，学灯上发表的创作小说就只有这22篇！相比《学灯》在新诗上的努力，"有差别的待遇"真是显而易见！（在上一章我们分析了原因，此处就不赘言。）但是郑振铎的到来，彻底扭转了创作小说在《学灯》上的弱势地

位。我们不妨来看看郑振铎到来后,直到 1922 年 1 月底他离开《学灯》主编期间《学灯》刊载创作小说的状况:

发表日期	小说篇名	作者
1921 年 7 月 18 日	《风雨》	沈松泉
1921 年 7 月 21 日	《月光》	悔也
1921 年 7 月 23 日	《蛙声》	沈松泉
1921 年 7 月 25 日	《人间苦痛》	邵签云
1921 年 7 月 28 日	《人间苦痛》	冰渔
1921 年 8 月 1 日、2 日	《先驱者》	叶绍钧
1921 年 8 月 14 日	《脆弱的心》	叶绍钧
1921 年 9 月 4 日—6 日	《王阿大的死》	庐隐
1921 年 9 月 8 日	《市声》	许绍烈
1921 年 9 月 15 日	《汽笛声》	沈松泉
1921 年 9 月 17 日—19 日	《恋爱的神》	薛誓清
1921 年 9 月 29 日	《犯贱的农夫》	劳泽人
1921 年 10 月 4 日—7 日	《好先生》	翟楚
1921 年 10 月 9 日—12 日	《雷峰塔下》	王平陵①
1921 年 10 月 29 日	《老王》	易家钺
1921 年 11 月 3 日	《殉文凭》	史郁成
1921 年 11 月 4 日、5 日	《教育家的梦》	燕生
1921 年 11 月 12 日	《往事》	张友仁
1921 年 11 月 14 日	《十年之后》	如愚
1921 年 11 月 19 日	《十个铜子的赠品》	劳雷
1921 年 11 月 23 日	《牺牲》	劳泽人
1921 年 11 月 24 日	《一张五元钱的钞票》	哨月
1921 年 11 月 27 日	《可爱的小孩》	未艾

---

① 王平陵(1898—1964),原名仰嵩,江苏溧阳人,毕业于浙江一师,据说曾编辑过《时事新报·学灯》。

续 表

发表日期	小说篇名	作者
1921年12月9日	《不能向下写的小说》	徐玉诺
1921年12月14日	《鱼》	适存
1921年12月15日—17日	《夜声》	詹善良
1922年1月13日	《十龄孩的病》	未艾
1922年1月19日—23日	《诱惑》	李祖荫

不难看出,郑振铎在他主编《学灯》半年里经手发表的创作小说要比之前四年所有主编过《学灯》的人发表的小说之和还要多！我们也不要认为因为郑振铎是文学研究会会员所以会注重创作小说,因为接任郑振铎的柯一岑在其任内就并没有发表多少创作小说,之后同为文学研究会会员的徐六几和郭梦良在他们的任内也都没有发表多少创作小说。从这一点上说,郑振铎无愧于《学灯》编辑群内特立独行的一位,也就是在他任期内,《学灯》的新文化、新文学气息在1920年初宗白华大量刊发郭沫若新诗之后再一次达到了顶点！除此之外,郑振铎还利用自己与周氏兄弟的关系,拉他们来为《学灯》投稿,尤其是翻译小说,鲁迅就先后发表了翻译芬兰亚勒吉阿的《父亲在亚美利加》(1921年7月22日)、俄国爱罗先珂的《狭的笼》(1921年11月29、30日,12月2日—4日),周作人也发表了翻译古希腊郎戈斯的小说《苦甜》(1921年12月18日)。不仅如此,郑振铎慧眼识珠,大量地刊发了冰心、徐玉诺、叶圣陶等文学研究会会员的诗歌和小说,对这些新人在文坛上获得声名、在艺术上走向成熟起到了重要的作用。

郑振铎在《学灯》上进行的新文学建设是极其重要的,这也是《学灯》在其生命历程上最辉煌和最成熟的时期。

1922年1月23日,本是《时事新报》旧历新年前最后一天出报,之后就要因春节放假而停刊七天。也就是在当天的《学灯》上,郑振铎登出"西谛启事",表示自己要离开《学灯》,由柯一岑继任。在该启事中郑振铎说:"顷因事务过忙,学灯编辑职务,不能兼顾,自二月一号起由柯一岑君继续编辑。至关我个人的通信,则请寄:'上海宝山路商务印书馆编译所',如有暇,我还极愿意为学灯尽力。"①在两天之前,在回答河南读者"造我"来信

---

① 郑振铎:《西谛启事》,《学灯》,1922年1月23日。

要求他指出光明的道路时,郑振铎表示:"谁能把光明给人呢?除了工作,还有什么药可以救我们的忧闷呢?我们生命之火燃了,我们就应当工作去,做破坏的工作去。先生也应该努力!西谛。"①高呼着"生命之火燃了"来到《学灯》的郑振铎,走的时候却表示:"只有悲观者是我们的同志,我现在是更确信这句话了。"②也正因为如此,在绝望中看见希望,这就更需要去工作、去行动了。

《学灯》就如同一朵鲜花,在最妖艳的时候也是它走向衰退的时候,盛极而衰是免不了的。1928年张静庐在《中国的新闻记者和新闻纸》一书中也谈到了《学灯》的没落。他说:"《学灯》自宗白华郭虞裳以至郑振铎的编辑,仍还能够保留其独立发展的精神,郑去,后继无人,归并报尾,以至今日,已没有人再提起这一张曾经脍炙人口的《学灯》了。"③张静庐又说:"惟现在'觉悟'与'学灯'二栏虽犹存在,已无生气,迥非往日之有左右学术界的势力了。"④当然,张静庐这里的说法显然是不准确的,郑振铎在1922年1月底声明离开了《学灯》主编一职,但仍保留《文学旬刊》主编一职,继任《学灯》的主编是柯一岑,当然不是什么"郑去,后继无人",但显然柯一岑的作为是比不上之前的几任《学灯》主编的,才会给历史观察者张静庐留下那样一种印象。为什么时事新报馆不花大价钱延请著名的学人或名编辑来主持《学灯》呢?事实上,就如同1921年12月4日梁启超在为《时事新报》发行五千号而作的《本报五千号纪念辞》中说的那样,《时事新报》在它的生命历程中一直处于经济困难之中,而这种困难到了1921、1922年达到了顶点。早在1920年10月15日研究系同人傅治在给张东荪的信中就说:"报馆一窘至此,绝非办法,衡以欧西报纸,竟是笑话,须集大款(至少三十万)求大发展,或改股份公司性质,开放于一部资本家,或借社会后援,公诸一部社会同志,另组董事部,为报馆最高管理机关,……改组新局,务为中国惟一大报,此事祈与溯初先生等平情细想,或能设法开一新路,君劢以为如果有意,极易办到也。"⑤张君劢以为容易办到的事情事实上却没有办到,

---

① 《通信》,《学灯》,1921年1月21日。
② 《通信》,《学灯》,1921年1月21日。
③ 张静庐:《中国的新闻记者和新闻纸》,现代书局,1932年第三版,第33页。
④ 张静庐:《中国的新闻记者和新闻纸》,现代书局,1932年第三版,第63页。
⑤ 丁文江、赵丰田主编:《梁启超年谱长编》,上海:上海人民出版社,1983年8月第一版,第922页。

要想成为中国"惟一大报"的志向如果没有强大而稳定的经济后盾显然只能是一句空话。由于经济困难,郑振铎在1921年12月31日不得不在《学灯》上登出启事,声明以后《学灯》稿件除了特约及特别说明者外一律取消稿费。时事新报馆经济形势越来越严峻,1922年6月30日张东荪写给梁启超的信中谈到的时事新报馆的经济问题更是让人触目惊心。他说:"报馆经费已得亮侪(即籍忠寅,研究系内部掌管财务的重要人物,笔者注)报告,仅有三月余粮,唯此时即闭门亦万无此办法。日前与溯初、云雷、放园会商,先行节流,已大裁员,即荪亦捐所入之一部分,于是每月共省去五百元光景,尚不足两千,或可支持至年底亦未可知。"①甚至到了1923年3月梁启超、张东荪等人因为经济问题一度有出售并改组《时事新报》的商议。② 情况之严重,可见一斑。《学灯》在选帅上的尴尬境地让我们体会到了文化事业如果没有强大的经济支持,是难以持续辉煌的。③

柯一岑(1895—1977),原名郭一岑,江西万年人。1916年毕业于清华学校。④ 与以往的《学灯》主编都不同,柯一岑可以说是《时事新报》自身培养出来的"本土"编辑。早在1919年4月,那时他还只是一名《时事新报》《泼克》的投稿者,从他早期发表的《兵劫》《多妻问题》《一个爱国的小学生》等作品以及他积极提倡并参与工读互助活动看,他的思想倾向是积极、进步的。柯一岑通过投稿逐渐让当时的时事新报馆张东荪、郭虞裳等人认识了他。1919年9月初和1919年12月初,郭虞裳两次在《学灯》上发表致柯一岑的信,让柯一岑去时事新报馆找他。因为1919年底,正是《时事新报》大扩充的时候,急需招兵买马。1919年11月18日,《时事新报》登出"本报大改良"启事:"本报决定将原有星期泼克废除。每日学灯栏后添设'余载'一门。专载小说脚本并插图画。至下星期实行。关于小说戏曲欢迎投稿。润笔从丰。此启"。(而事实上,《余载》一栏直到1920年1月1日才正式亮相)而到了1919年12月12日,《时事新报》再次刊出"本报大扩充广

---

① 丁文江、赵丰田主编:《梁启超年谱长编》,上海:上海人民出版社,1983年8月第一版,第960页。
② 丁文江、赵丰田主编:《梁启超年谱长编》,上海:上海人民出版社,1983年8月第一版,第990页。
③ 《民国日报·觉悟》也面临着同样的经济问题,据曹聚仁回忆,邵力子等人经常是通过典当衣物来为报馆筹集资金。
④ 一说为毕业于私立北京文汇大学。

告",其中提到为了提倡实业要开设"工商之友"一栏,"用极显的文字,介绍极切要的企业金融贸易制造的智识,启发店员职工等对于宇宙人生国家社会的观念"。我们不难联想到郭虞裳两次让柯一岑去见他与1919年底《时事新报》的扩充计划有关。果然,1920年元旦面世的《工商之友》和《余载》上都出现了柯一岑的文章,事实上,柯一岑也就是这两个副刊的主编。《余载》一直出版到1921年8月13日,因《时事新报》篇幅拥挤而被裁撤;而《工商之友》则是在1921年4月,与《时事新报》的《经济界》《商情》两栏合并而成一大张,定名为《工商界》。时事新报馆显然对《工商界》是比较重视的,在1921年12月2日,《时事新报》登出启事声明《工商界》要扩充为三大版,从中可见一斑。

柯一岑编辑的《余载》,前身即为礼拜六派马二先生主编的《泼克》,在1920年元旦刊登的《余载》体例说明中,柯一岑将《余载》分为小说、戏曲、游记、笔记、小时事等五项。而为了避免最容易沾染黑幕色彩的小时事栏目走入歧途,柯一岑在1920年2月底特意在《余载》登出小时事栏征稿要求:(1)有趣味的新闻;(2)有悖科学精神的不登;(3)狎邪的不登;(4)抄袭的不登。从中可见柯一岑对自己主编的刊物的自觉进步要求。而在1921年1月3日《余载》"本栏启事"中声明体例要稍稍变更,包括小说、剧本("以上两种均须短篇而确有文艺价值者")、小说评、剧评、画评、雕刻谈、卫生谈、风俗谈、诗话、歌谣等栏,均欢迎投稿,尤其是欢迎小说评,来稿报酬是书券和现金。《余载》也在柯一岑的主持下大量刊登了初出茅庐的新文学作家的作品,尤其是小说作品、新剧谈之类,比如冰心在余载中发表了《一篇小说的结局》《还乡》《一个兵丁》《一个军官的笔记》《鱼儿》等作品,叶圣陶也发表了《你的见解错了》《伊和他》《一课》《隔膜》等小说,郭梦良发表了《一对官办的夫妻》,徐玉诺发表了《良心》,李富春发表了处女作《一个法国兵的忏悔》,施蛰存发表了《一个劳动妇女的痛苦》,陈大悲发表了剧本《良心》和剧谈《我们底剧场在哪里》,郑振铎发表了剧谈《评燕大女校的新剧青鸟》等作品。毫不夸张地说,在文研会成立之后而《文学旬刊》没有刊发之前,柯一岑编辑下的《余载》是新文学作品发表的一个重要舞台。

而随着《余载》《工商之友》在1921年间相继停刊,柯一岑又在1921年12月4日接任了由于庆祝"时事新报发行五千号"而创设的《青光》一栏主编。《青光》其实就是《泼克》《余载》的继承者,在第一期《青光》的开场白栏有《青光》一文,由于当天是《时事新报》五千号的纪念日,也谈到了《时事新报》副刊栏目大家族的历史。作者首先说明了《学灯》在《时事新报》发展历史中的定位和角色："他(指《时事新报》,笔者注)产生过好几个儿子,其中虽是贤愚不等,但是自从那位'学灯'公子出世以后,就把从前的'黑幕'哥哥驱逐出族,家庭里面顿换了一番新气象。'学灯'的所以能峥露头角,而克称为'时'家的宁馨儿者,全持他的头脑新鲜,能灌输一切新知识给社会。因为他对于学术界贡献极大,所以学界中人特别欢迎他。"接下来,作者又点明了《青光》的含义和其在《时事新报》中与《学灯》配搭的价值和意义:"'青光'就是慰藉人生之光。又俗语'青天白日'的青色,含有洁白无私的意义,'青光'也就是纯洁之光,……平民之光。学灯老哥有学者的态度,用庄严的面目来对社会说话,他能说是社会的严师。青光小弟弟的性质是普遍的,说话不必陈义过高,但求一般社会易于了解。他要教阅者能在嬉笑怒骂中得着益处,所以他竟是社会的良友了。……但愿他与哥哥'学灯'携着手同向光明的路上走去,那他的前途正未可限量呢。谨祝他们哥儿俩万岁万万岁!"①从中可见,《学灯》在时事新报馆主事人的栏目构建中是定位在"学者态度的庄严"一面的,而《青光》则是被定位于"嬉笑怒骂的普遍"一面的。我们如果从《学灯》面世之后时事新报馆给其在《时事新报》内部搭配的"同伴"副刊的变迁也可以看出,时事新报馆主事人一直希望存在"庄严"与"普遍"混搭的这种媒介组合,来针对不同的读者发言,在影响更广大社会阶层的同时扩大自己的影响力,从一开始的《报馀丛载》到后来的《泼克》,再到《余载》,最后是《青光》,都可以鲜明地看出这个特色来。当然,我们也可以很明显地看出来,时事新报馆对《学灯》匹配的这个配角的文化倾向和社会观感也是十分在意的,所以他才会在《学灯》创刊不久就裁撤了黑幕层张的《报馀丛载》而代之以《泼克》之类。也就是说,在柯一岑接手《学灯》之前,他已经在时事新报馆内担任过多个副刊的主编职务了。而且,还有一个有趣的现象,柯一岑在做《学灯》主编之前,一直是《学灯》的候补主编,也就是说只要主编生病或者外出,他就临时替代主编一职。在李石岑1920年10月底要陪同罗素去湖南演讲的时候,他就在《学灯》刊登声明,说明在他外出时期由柯一岑代理主编。这次代理一直做到1920年12月初。而从1921年10月初到11月初,这一个多月的时间内,由于当时《学灯》主编郑振铎要回福建葬祖,所以这个时期也是由柯一岑代理《学灯》主

---

① 明:《青光》,《时事新报·青光》,1921年12月4日。

编一职的。① 我们不难看出,无论从历史渊源上,还是从编辑业务的熟练程度上,在郑振铎走后,柯一岑都是一个不错的人选。但是我们还是不能不指出,作为文研会"小兄弟"的柯一岑无论在思想境界、审美趣味、眼光格局、人际网络等各个方面,都与宗白华、李石岑、郑振铎等人有不小的差距,对他主持下的《学灯》最恰当的评价就是"中规中矩",而"中庸"也可能是柯一岑的一种刻意要求,但也可能正是"中庸"让他在那个矛盾日益尖锐的时代左右都难讨好,尤其当他作为一名文学研究会会员时。在柯一岑刚接手《学灯》之时,也正是东南大学《学衡》初创的时候。沈雁冰对《学灯》的保守、中庸的态度就很不满。他在1922年2月9日写给周作人的信中就说:"……如今《学衡》初出,若不乘此稍稍辩论,又恐'扶得东来西又倒'的青年先入了这些话;所以赶紧订正他们,又很重要。《学灯》本可多主张些,但如今主其事者极怕得罪人,没法。"②对柯一岑怯于斗争的中庸态度之不满可见一斑。

柯一岑主持《学灯》期间,得到了以前诸位《学灯》主编的大力支持,比如郑振铎、李石岑、宗白华等人。他们虽然已经离开了主编的职位,但是依然通过各种各样的方式关心着《学灯》的发展。比如说在1922年2月9日(此时郑振铎已经离开了《学灯》,笔者注),郑振铎在给周作人的信中就提到:"先生署名式芬的一篇《杂感》(指《〈评尝试集〉匡谬》,笔者注),极有力量,我想叫《学灯》转载,《小说月报》通信上也想转抄一下。"③

柯一岑主持《学灯》期间,与前几任主编不同的编辑风格是经常更换《学灯》的刊头画和报纸版式,一会儿横排,过几个月又变成竖排,之后又是横排。可以说,在形式方面,《学灯》的几任编辑中,他是最有创造力的。版式方面,柯一岑没有接手《学灯》时,《学灯》采用的是郑振铎制定的跟《文学旬刊》一样的版式(即采用横排五大行,这个版式也相较其他旧版式适合阅读)。而到了1922年7月,柯一岑就将《学灯》版式更改为竖排三大行;在1923年1月,再次更改回横排五大行,与此同时,首页增加该期目录,一开始在页面左下角,后来移至刊头画下;到了1923年4月,《学灯》版面再次

---

① 在这个阶段,由于柯一岑生病,沈雁冰曾一度主持《学灯》,有些"朋友帮忙"的意味。
② 沈雁冰:《致周作人》,孙郁、黄乔生主编《致周作人》,开封:河南大学出版社,2004年4月第一版,第160页。
③ 郑振铎:《致周作人》,转引自张菊香、张铁荣编著《周作人年谱》,天津:天津人民出版社,2000年4月第一版,第195页。

更改为版面横排的三大横行。而在刊头画方面,自从柯一岑就任《学灯》编辑以来,几乎每个月都要更换《学灯》的刊头画,有的刊头画艺术水准很高。林语堂在第三期的《论语》中发表的《〈申报〉、〈新闻报〉之老大》一文就指出了《时事新报》与《申报》《新闻报》这些老牌报纸的不同之处。他说:"……凡物至老大程度,必具有独特气概,巍然独存天地间,不求好于俗。中国大报也是如此。有人不懂此理,说《申报》、《新闻报》之不同,在于《申报》编的太坏,《新闻报》不编。实则大报何以为大?销路大也。销路何以大?受读者欢迎也。若果如某君所言,或编坏,或不编,而销路仍然好,岂不是尤足证明其伟大,而不编者比编坏者为尤大?西施无所用乎粉黛,而照镜生辉,就是此理。……若《时事新报》,资格未老,则不免忸怩态,先后安排,以顾到读者的便利了。"①林语堂这话虽然是在 30 年代早期说的,但是作为一名《时事新报》《学灯》的历史同行者,他的观察和叙述应该是基于对其历史的认知而发的,是有一定道理的。

  《学灯》从 1923 年 4 月 1 日起,发生了一次重大的转向,也就是在《学灯》版面横排三大行的同时,在内容方面发生了翻天覆地的变化,可以称作《学灯》的"教育转向"。从该月开始,《学灯》明显地增加了学校、教育方面的内容,增加了占《学灯》篇幅比例最大的"学生论坛"一栏并大幅度地提升了"教育"栏所占篇幅。我们不妨以 1923 年 3 月与 4 月做个对比,3 月并没有"学生论坛"一栏,而在 4 月"学生论坛"一跃成为《学灯》中所占比重最大一栏,一共刊发 40 篇文章!而 3 月份的"教育"栏也只刊发了 7 篇文章,到了 4 月份,则激增到 26 篇之多!从当时《学灯》唯一刊出的征文启事也可以看出这种"教育转向"。1923 年 4 月 18 日,在"编辑室"栏中发布了"本栏特别征文":"现在学制改变了,教科书都要重新编订了。旧教科书中何部分很好,应当保留。旧教科书中何部分不好,应得删改,我们很希望有教育经验的先生们本其素日经验上的教训写出来告诉我们,以便为新编教科书的人们的参考,所以我们这个特别征文就是对于旧制中小教科书的批评,并且希望批评者写明在何学校。"②

  以前《学灯》首页大多是思想、文化、学术性内容,现在竟然有时候,头版头条竟然是有关教育的"法令"栏和"纪事"栏!比如在 1923 年 4 月 2 日

---

① 林语堂:《〈申报〉、〈新闻报〉之老大》,《论语》第 3 期,1932 年 10 月 16 日。
② "本栏特别征文",《学灯》,1923 年 4 月 18 日。

《学灯》，头版头条就是"法令"栏，其中包括三条法令：维持各县教育费之省令、核准添设农村小学和苏省施行新学制之厅令。紧接着为"纪事"栏，又包括：各学校纷纷旅行、各校之卫生运动、同文书院校长辞职、圣玛利亚女校同盟会开会、暨南学校增建新校舍（以上为该日《学灯》第一版）、中华教育改进社本年会消息、南大设立商店、昨日各学校之演讲会、追悼热心教育家、尚公学校讨论课程、晓星编译社行将成立、江苏省施行新学制标准和第六届远东运动会消息（以上为该日《学灯》第二版）。改变之大、转向之彻底，让人印象深刻。

之所以会发生如此激烈的转向，一方面与1923年初北洋政府教育部主导的学制改革有关，另一方面则与研究系在巨大的经济压力下希图改组《时事新报》有关。1923年3月18日，梁启超在写给张东荪等人的信中说："……周刊之改组（即将《时事新报》改组成周刊，笔者注）此时便当预备。鄙意须由东荪负全部编辑之责，……每周出三张，第一张谈及中外政治之纪载（经济状况及其他杂件），由东荪、君劢主任。第二张即学灯变相（学行及教育事项），由我主任。第三张文艺，请志摩主任。若能鼓起兴致办去，必有异彩。……务赶至十三年一月出第一号（能提早更佳，早一月则报馆基金多留得一月）。"①虽然这样的筹划最终并未付诸实施，但在梁启超此时给《学灯》的未来定位上就是"学行及教育事项"。我们就不难理解1923年4月《学灯》的"教育转向"了。

柯一岑是在1923年8月底赴法留学的②，他走之后一直到1924年5月徐六几主编《学灯》之前，才真是像张静庐讲的那样，"后继无人"了。

第二节　文学研究会与创造社论战中的《学灯》

历史说到底只是一种叙事。隔着几十年的风烟尘土，我们也只能通过泛黄的旧刊物来试图还原当时的历史场景，而由于立场、位置的差异，不同当事人的叙说之间的差异有时是很大的。

---

① 丁文江、赵丰田主编：《梁启超年谱长编》，上海：上海人民出版社，1983年8月第一版，第990页。

② 据第86期《文学旬刊》中《文学研究会会员消息》一文记载："柯一岑君于八月三十一日乘Paucal邮船赴法国留学，通讯处未定。"该消息也在1923年9月3日《时事新报》上登载。

第六章 时代的夹缝中

郑振铎在1935年良友版的《中国新文学大系·文学论争集》导言中一起首就大谈《新青年》在新文化运动早期的巨大的历史功绩,指出五四运动"说是政治运动,爱国运动,其实也便是文化运动",并且把文学研究会说成是北大新青年派文化观点和思想基因的继承者。而他在论述关于1920年代早期文坛生态时曾将文学研究会与创造社划归到一类中,将创造社的文艺创作实践都划归到文研会的艺术主张之中,并且指明了当时文学研究会"反抗无病呻吟的旧文学;反抗以文学为游戏的鸳鸯蝴蝶牌的'海派'文人们。他们是比新青年派更进一步地揭起了写实主义的文学革命的旗帜的。他们不仅推翻传统的恶习,也力拯青年们于流俗的陷溺与沉迷之中,而使之走上纯正的文学大道"。有趣的是,郑振铎在这里并没有提他们和创造社之间的种种论争,相反,他虽然承认创造社在文学观念上树立的是浪漫主义的反功利旗帜,在批评上是以唯美派的见解为立脚点,"但浪漫主义者究竟热情的,他们也往往便是旧社会的反抗者"。郑振铎进一步引用了成仿吾在1924年写的《艺术之社会的意义》一文中的观点来表示"他们的主张和文学研究会的主张已是没有什么实质上的不同了",同时,郑振铎在文章中强调了文学研究会对"复古派和鸳鸯蝴蝶派攻击的最厉害",也就是说他们斗争的主要对象是以"鸳鸯蝴蝶派"为代表的上海海派文人和后来出现的以东南大学的胡先骕、梅光迪为代表的"复古派"。① 郑振铎认为他们与创造社诸人的矛盾只是"趋向稍差耳"。② 而茅盾在《我走过的道路》中则直接挑明道:"一九二二年,我和其他文学研究会在上海的成员(其中主要是郑振铎),不得不同时应付三方面的论战。此所谓三方面:一是鸳鸯蝴蝶派,这原是意料中的事;二是创造社,这却十二分的意外,是我以及当时在上海的文学研究会同人所极不愿意,是被迫而应战的;三是南京的学衡派,这也是意外,但我以及文学研究会在上海的同人都认为对这些留学欧美回来的东南大学的教授们向新文学的进攻,必须予以坚决的回击。"③茅盾的说法与郑振铎遮遮掩掩的含混说法明显不同,他使用了"论战"这个字

---

① 曾与郑振铎一起筹备策划成立文学研究会的郭绍虞后来曾指出:"……我们当时的斗争目标也只仅仅是礼拜六派的文学而已。至于反对学衡派的提倡复古倾向的旧文学,那是后来的事。"见郭绍虞《照隅室杂著》中的《"文学研究会"成立时的点滴回忆——悼念振铎先生》一文。
② 参见郑振铎1921年11月3日致周作人信,贾植芳等编著:《文学研究会资料(中)》,第682页。
③ 茅盾:《我走过的道路(上)》,北京:人民文学出版社,1981年10月第一版,第180页。

眼来描述文研会与创造社之间的斗争,是符合史实的说法。

与文研会头面人物回顾历史侧重在文艺观念方面不同,1930年4月已经完成无产阶级转向的郭沫若在《文艺讲座》第一册中发表的《文学革命之回顾——一九一八——一九二八》一文却利用阶级分析的观点来看文艺分歧,文中郭沫若认为《新青年》所提倡的文学革命是"资产阶级革命的一种表征",而早期的新文化运动在他眼里"其实就是资本社会和封建社会的意识上的斗争","《新青年》所做的工作就是这一步——替资本社会建设上层建筑的这一步。这一点并不是有意要替它夸张,也不是有意要把它倒折,他不折不扣的就走到这一步。《新青年》中所有的一个局部战线:文学革命,不折不扣也就是这一步的革命。"①而谈到文学研究会与北大新青年派的关系时,郭沫若说:"中国的所谓文学革命——资产阶级革命的一个表征——其急先锋陈独秀,一开始就转换到无产者的阵营不计外;前卫者的一群如周作人、刘半农、钱玄同等,却胶固在他们的小资产阶级的趣味里,退回封建的贵族的堡垒;以文学革命的正统自任的胡适之,和拥戴他或者接近他的文学团体,在前的文学研究会,新出的新月书店的公子派,以及现代评论社中一部分的文学的好事家,他们倒真确的在资本主义的大旗之下或有意识地或无意识地在那儿挣扎,然而文学革命宣告成功以来已经十余年,你看他们到底产生了一些什么划时代的作品?"郭沫若对北大新青年派显然是不满的:"创造社这个团体,一般是称为异军特起的。因为这个团体的初期的主要分子如郭、郁、成、张对于《新青年》时代的文学革命运动都不曾直接参加,和那时代的一批启蒙家如陈、胡、刘、钱、周都没有师生或朋友关系。……他们对于本阵营的清算的态度。已经攻倒了的旧文学无须乎他们再来抨击,他们所攻击的对象,却是所谓新的阵营内的投机分子和投机的粗制滥造、投机的粗翻滥译。这在新文学的建设上,新文学的价值的确立上,新文学地位的提高上是必经的过程。一般投机的文学家或者操觚家正在旁若无人兴高采烈的时候,突然由本阵营内起了一支异军,要严正本阵营的部曲,于是群议哗然,而创造社的几位分子变成了异端。他们第一步和胡适之对立,和文学研究会对立,和周作人等语丝派对立,在旁系上

---

① 郭沫若:《文学革命之回顾》,引自张静庐辑注《中国现代出版史料(甲编)》,北京:中华书局,1954年12月第一版,第127页。

第六章 时代的夹缝中

复和梁任公、张东荪、章行严也发生纠葛,他们弄到在社会上成了一支孤军。"①

与文研会极力将创造社拉入同一个战壕不同,创造社虽然承认是同一个阵营却对本阵营持"清算的态度",而且他们的斗争方向与文研会的三个方面显然不同,文研会主要的斗争矛头是指向守旧派和投机派,而创造社从一开始就把矛头指向了在新文化运动第一个时期内的"新派"及其承继者——文学研究会,几乎是无所不对立。郭沫若说旧文学已经攻倒了所以无需他们再来抨击,如果我们考察同期文化场景,显然不是郭沫若说的那样轻巧的。

我们不得不来回顾下文学研究会与创造社矛盾的由来了。文学研究会在1920年底筹划的时候,郭沫若、成仿吾等人也在筹划创立文学社团并出版"纯文艺的杂志";1921年4月郭沫若和成仿吾从日本回国赴泰东图书局之邀,也就是在同期,郑振铎也从北京到了上海,直到郑振铎写信约郭沫若在上海南郊半淞园见面时,成仿吾才告诉郭沫若在文研会发起之初,文研会就有信寄给在东京的田汉,邀请田汉和郭沫若一起加入。田汉既没有回复,也没有把信转给郭沫若。面对郑振铎之邀,郭沫若还是赴约了,"在那儿遇着了振铎,沈雁冰,和编辑着《时事新报》的《青光》栏的柯一岑。②一岑和李石岑到马霍路来看过我,他是认得我的,我和振铎、雁冰算是初次见面。见了面彼此都很殷勤,特别是振铎,他和我谈话的机会最多。……那时候我觉得他很真率,当得德国人说的 unschuldig,日本人说的'无邪气'。雁冰所给我的第一印象却不很好,他穿的是青布白褂,竹布长衫,那时似乎在守制。他的身材矮小,面孔也纤细而苍白,戴一副很深的近视眼镜,背是微微弓着的,头是微微埋着的。和人谈话的时候,总爱把眼白泛起来,把视线越过眼镜框的上缘来看你。声音也带着些尖锐的调子,爱露出牙齿咬字。因此我总觉得他好像一只耗子"③。而在茅盾的回忆中,是这样描写初次见面的郭沫若的:"郭沫若穿了笔挺的西装,气宇不凡。"④也

---

① 郭沫若:《文学革命之回顾》,引自张静庐辑注《中国现代出版史料(甲编)》,北京:中华书局,1954年12月第一版,第133页。
② 郭沫若此处记错,柯一岑此时为《余载》主编,《青光》创刊于1921年12月4日。
③ 郭沫若:《创造十年》,《郭沫若全集·文学卷(十二)》,北京:人民文学出版社,1982年10月初版,第98页。
④ 茅盾:《我走过的道路(上)》,北京:人民文学出版社,1981年10月第一版,第202页。

就是在这次见面中，郭沫若婉言谢绝了加入文研会的邀请，也提到了田寿昌没有转信给他之事，表示不加入团体也可以合作。茅盾回忆说："我和郑振铎都认为郭沫若既如此表示，就不便再劝驾了。"对郑振铎来说，也确实不能强求，因为田汉收到的邀请信就是郑振铎发出的，而且前后共两封。关于第二封信，成仿吾在《创造社与文学研究会》一文中曾说："记得在东京时，有一天在田寿昌那里看见了文学研究会的一个人（郭绍虞君？① 叶绍钧君？沈泽民君？或别的什么人，我都记不清了）给寿昌的两封信。一封是求他转约沫若同入文学研究会的，一封是骂他为什么不回信的。骂他的那封信，厉害得很，寿昌为了那封信，好像很不好过。……因为这一点，就大骂特骂起来，也不是绅士应取的态度。……也可以知道文学研究会与创造社打架的原因，不在起初不大接近，而在起初他们来拉人时，有了这么一个不幸的 prologue（指序幕，笔者注），也可以知道因为有了这么一个不幸的 prologue，文学研究会对于我们才不惜他们种种无聊的军事行动。他们对于我们所怀着的敌忾心，完全是发源于这一点。这种经过，达夫恐怕还是一点都不知道，沫若也是去年我才告诉他，资平更是一点都不知道的了。"从成仿吾的描述中，似乎创造社从一开始就由于这个 prologue 被激发出了敌忾心。郭沫若在这次与文研会头面人物郑振铎、沈雁冰见面的时候，显然已经知道了有关第二封信的故事了，所以他只是笼统地提了下文研会给田汉的信。可能为了怕郑振铎难堪，他特意说："那信我并没有看见，寿昌没有把信给我看。"我想，作为第二封信作者的郑振铎应该已经知道是不能强求他们入会的了。

1921年6月7日，在重新回到日本的郭沫若的组织下，创造社在日本东京成立了，并决定发行《创造》季刊。在7月上旬，郭沫若一回到上海，就碰到《新晓》杂志中有人假冒他的名义批评《小说月报》之事。《新晓》原名为《新的小说》，是泰东图书局的刊物，当时主编者是王靖。王靖在郭沫若离沪期间，私自打开了郭沫若的抽屉，把他的两篇旧稿拿出来登入了《新晓》预告之中。郭沫若回忆说："回到上海之后很不愉快的是《新晓》的预告中登出了我的名字。"在1921年6月18日，《时事新报》就登载着这条让郭

---

① 郭绍虞在《照隅室杂著》中的《关于文学研究会的成立》一文中特意指出："创造社的杂志，好像说过我写信给田汉同志要他加入文学研究会，以田汉同志不同意，我再写了一封很不客气的信。这在我的记忆中，也是一无印象，但是我以前一直没有声明过，因为我一向不很注意这些小事，急于表白的。"

沫若很不高兴的预告:"《新晓》第二期有露丝的《小说月报短篇创作批评》一文,郭沫若译的《英国诗人葛雷的哀歌一首》,成仿吾创作的小说《一个流浪人的新年》一篇,郭沫若与成□两人合译的法国象征派诗人费尔冷的《秋之歌》与《月光》两诗,又王靖编的文艺界一栏,邓君尘译的法国弗劳伯著《波哇丽夫》长篇小说。都是极有精彩的文字,为研究文学者不可不读之杂志。"①在郭沫若看来,"主任先生不得到我的许可,便任意打开我的抽箧,攫取我的文字,把我来做他所编的《新晓》的幌子。这使我大不愉快"②。我想让郭沫若大不愉快的不只是王靖私自打开了他的抽屉,拿了他的稿子,更是因为在该期《新晓》上第一篇所谓露丝的《小说月报短篇创作批评》是假郭沫若的名义发表的。泰东老板赵南公在1921年7月19日的日记中就曾记载:"《新晓》二期,有批评《小说月报》之作,固属可嘉;乃出一假名,扬言为沫若手笔,嫁罪于人,卑劣至极。"③所以才会有郭沫若1921年7月3日在《学灯》上发表的"郭沫若启事":"沫若从事文学底述作两年于兹,所以一切稿件,均署本名,不曾另用别号。今后亦永远抱此宗旨不改。恐有疑似之处,特此先行申明,有昭己责。"④如果不是因为有人假冒郭沫若用化名去批评《小说月报》,我想这则"郭沫若启事"中的"不曾另用别号"就没有所指了。但是郭沫若在《创作十年》中竟然没有谈这点,确实令人不解。更令人奇怪的是,此时在《文学旬刊》中也有人冒充田汉批评《文学旬刊》的编辑。1921年6月10日,《文学旬刊》上有署名为"寿昌"的发自日本东京的读者来信,指出在《文学旬刊》第二号文学界消息栏内《文学旬刊》记者对罗迪先的批评不当,因为罗的文章完全是抄袭日本新文艺第一卷第三号舟桥雄的文章:"这种以译他人之作,占为己有的,日本语名叫'烧直',日本的批评界对于'烧直'看的非常注重,只要有'烧直',无不被人知道,知无不言,并不是故意挑剔啊! 他方面批评家也要博览才行,否则他们黑墨晶眼镜给我们戴上了。"⑤显然,该信作者"寿昌"言下之意即认为《文学旬刊》编辑视野太小、文化水准太低。在回信中,沈雁冰则说:"我很惭愧没有把

---

① 《新晓》第三卷二期预告,《时事新报》,1921年6月18日。
② 郭沫若:《创造十年》,《郭沫若全集·文学卷(十二)》,北京:人民文学出版社,1982年10月初版,第120页。
③ 《出版史料》,北京:开明出版社,1992年第二期,第41页。
④ 郭沫若:《郭沫若启事》,《学灯》,1921年7月3日。
⑤ "寿昌":《致玄珠》,《文学旬刊》,1921年6月10日。

日本出版的二十多种文艺杂志一一看过,承你指示,感激之至。我本不想做批评家,尤其不想做'校勘工夫'的批评家,'博览'二字,自然不配。"①可是后来,田汉从日本发信给沈雁冰,表示6月10日发表在《文学旬刊》上署名"寿昌"的信并不是自己所作。从创造社与文研会交往之初的这两次假冒事件可见,有人是希望挑拨两个文学团体的关系的。但进一步的内幕我们却不得而知了。

也就在这个时候,文学研究会又托李石岑来转述郑振铎等人的意见,希望郭沫若加入文学研究会,并且限他一日之内答复。郭沫若说这听起来有点像"哀的美敦书"。显然,文学研究会的耐心已经没有了,可能文研会已经知道了郭沫若一帮人也在组织文学团体、预备出版杂志的计划了,因为田汉在同年2月曾托时在中华书局的左舜生联系刊物印刷出版事宜,中华、亚东等都不肯印,我想此事不会传不到郑振铎等人耳朵里的。郭沫若自然又拒绝了,毕竟6月份创造社已经在日本东京成立了。

1921年9月,郁达夫起草的震惊文坛的《〈创造〉出版预告》在《时事新报》上刊登:"自文化运动发生后,我国新文艺为一二偶像所垄断,以致艺术之新兴气运,澌灭将尽。创造社同仁奋然兴起打破社会因袭,主张艺术独立,愿与天下之无名作家共兴起而造成中国未来之国民文学。创造社同人:田汉、成仿吾、郁达夫、郭沫若、张资平、郑伯奇、穆木天。(上名以笔画简繁为次。)"②启事刊发后,郭沫若也不免有些惴惴。他说:"……那'垄断文坛'的话,我也觉得打草惊蛇,而且不免有些夸张。因为那时候的中国那里有甚么'文坛'?更那里说得上甚么'垄断'?但把'垄断文坛'的字样一揭出来,于是文学研究会的朋友便居然'坛'起来,而且也'断'起来了。"③

于是,文研会和创造社结了仇怨,它们之间的论争一直持续到1925年。双方在文学倾向、创作评论、翻译问题之类的争论,说到底都是看起来热闹、实质上多少有点无聊的。郭沫若在后来也说:"文学研究会和创造社并没有什么根本的不同,所谓人生派与艺术派都只是斗争上使用的幌子。雁冰在当时虽有些比较进步的思想,他的思想便不见得与振铎相同。文学

---

① 茅盾:《致寿昌》,《文学旬刊》,1921年6月10日。
② 郁达夫:《创造出版预告》,《时事新报》,1921年9月29日。
③ 郭沫若:《创造十年》,《郭沫若全集·文学卷(十二)》,北京:人民文学出版社,1982年10月初版,第135页。

研究会的几位作家,如像鲁迅、冰心、落华生、叶圣陶、王统照,似乎也不见得是一个葫芦里面的药。雁冰在那时能够同振铎合作,倒是我们的一种惊异。所以在我们现在看来,那时候无聊的对立只是在封建社会中培养成的旧式的文人相轻,更具体地说,便是行帮意识的表现而已。"①论争中的另一方沈雁冰在当时写给周作人的信中也说:"对于《创造》及郭、郁二君,我本无敌意,唯其语言太逼人,一时不耐,故亦反骂。"②多年后,在回忆这场论争时他再次说:"那时我们都是二十来岁的青年,血气方刚,受不得委屈,也就站起来答辩,……论战却夹进了太多的意气和成见,以至成了一场护自己之短,揭他人之痂,讽刺、挖苦乃至骂人的混战,徒伤了感情。"③这样"一时不耐""意气和成见"之下的文字,不仅伤害了双方,同时也让当时的读者产生了不好的观感。1922年8月1日应修人在写给周作人的信中就说道:"给《小说月报》、《文学旬刊》乱闹血和泪的文学,闹得我胆子小了很多。沫若归国了,今天雁冰先生就给他引起一篇文章。说是诅咒,反抗,是感着切身的痛苦后的唯一手段,非然者就是猪样的人,我真为雁冰可惜,——可惜他学会了这样轻薄的口吻。"④

真正让我感到有兴趣的是《学灯》在这场论争中扮演的角色问题。郑振铎主编《学灯》后,显然《学灯》被认为是文学研究会的阵地了,可是《学灯》也并没有对创造社诸公大门紧闭,但是由于创造社同人都在忙着为即将诞生的《创造》季刊筹稿,所以可以想见投外稿的机会应该是减少的;而且双方矛盾已经逐渐升级了,彼此都心里有数。所以在郑振铎主编《学灯》期间,以郭沫若、郁达夫、郑伯奇为代表的创造社的文艺作品只刊发了以下几种:

---

① 郭沫若:《创造十年》,《郭沫若全集·文学卷(十二)》,北京:人民文学出版社,1982年10月初版,第140页。
② 沈雁冰:《致周作人》,孙郁、黄乔生主编《致周作人》,开封:河南大学出版社,2004年4月第一版,第160页。该信写于1922年9月20日,可见是应修人1922年8月1日的信件让周作人对沈雁冰有所警告。
③ 茅盾:《我走过的道路(上)》,北京:人民文学出版社,1981年10月第一版,第205—215页。
④ 应修人:《致周作人》,孙郁、黄乔生主编《致周作人》,开封:河南大学出版社,2004年4月第一版,第284、285页。

发表时间	篇名名称	作者
1921年8月26日	《〈女神〉序诗》	郭沫若
1921年8月28日	《孤寂的儿》	郭沫若
1921年8月、9月4、5日	《菩萨底画像》《黑谷文殊塔》《告祖国》《一个夏天的早晨》《下鸭神社所见》等	郑伯奇
1921年9月27日—29日	《最后的慰安也被夺去!》	郁达夫
1921年11月3日	《芜城日记》	郁达夫

而同期郑振铎主持《文学旬刊》只刊登了一篇郁达夫的文章,也就是1921年10月1日发表在《文学旬刊》第15号上的《茵梦湖的序引》。

而在1922年2月柯一岑主持后,《学灯》上发表了郭沫若、郁达夫、成仿吾的作品有:

发表时间	篇目名称	作者
1922年3月23日	《歌德对于自然科学之贡献》	郭沫若
1922年6月22日	《"茫茫夜"发表以后》	郁达夫
1922年7月27日	《论文学的研究与介绍》	郭沫若
1922年8月2日	《女神之生日》	郁达夫
1922年8月4日	《论国内的评坛及我对于创作上的态度》	郭沫若
1922年8月8日—13日	《血泪》	郁达夫
1922年8月18日	《月下底Sphinx》《苦味之杯》《静夜吟》《偶成》	郭沫若
1923年3月20日	《最后的批评——胡适之"骂人"的余波》	成仿吾
1923年6月9日、30日	《郭沫若致钱蔚华》《郭沫若致戈乐天》	郭沫若

而同期的《文学旬刊》内则没有任何创造社重要人物的文章发表!

从1921年7月郑振铎主编《学灯》到1923年8月底柯一岑离开《学灯》,两年多的时间内,可以说,从创造社这屈指可数的几篇创作说来,简直可以说创造社与《学灯》是绝缘了。在1922年8月郭沫若和郁达夫在《学

第六章 时代的夹缝中

灯》发了好几篇作品,看起来似乎双方关系好转了。其实,那也是在8月初被郭沫若称作"好事的"郁达夫为了缓和两派的矛盾而召开了"《女神》出版周年纪念会"之后郭沫若等人为敷衍双方短暂的和平交好而作的。平心而论,柯一岑任职《学灯》主编之后,他还是积极地向郭沫若及创造社诸君约稿的,例如郭沫若在《学灯》"歌德纪念号"上发表的《歌德对于自然科学之贡献》文末附白中就曾声称:"此稿之计划本甚冗长,一时终不能完成,歌德死后九十周年纪念日已迫在目前,一岑君又嘱余务于二十日以前交稿,余在此不能不暂作一收束,下文留在日后再与读者诸君相见。即此断残半落之拙稿,如能唤起读者诸君对于自然科学研究之精神时,余一人深心之快乐,自亦非言语所能磬盖。"①

留在创造社诸君印象中的并不是文研会会在《学灯》上发表他们作品这样的"大度",而是文研会把持《学灯》的"垄断"之举。最能反映创造社同人真实想法的是1923年2月成仿吾发表在《创造》季刊上的《创造社与文学研究会》一文。成仿吾在文中反驳了文学研究会会员汪馥泉在第55期《文学旬刊》上发表的《"中国文学史研究会"底提议》中对两派斗争缘起的解释,文中成仿吾用"黑旋风"似的犀利语言嘲讽文研会小团体山头意识、创作能力差和无翻译能力,并且用调侃的语气让文研会以后写文章发言时要用真姓名或固定的名号,嬉笑怒骂,凌厉飞扬。在该文的后面写有一段附记,成仿吾在文章中谈到了他写好这篇文章后投稿的一些遭遇,这是很关键的一段文字。成仿吾说:"这篇东西是我看了馥泉君的文章,马上写好,想在报纸上发表的,最初我把他送到了时事新报学灯栏的柯一岑君那里,不料过了将近十天,柯君忽把他退了回来,说是我的误会。我又把他送到别的一家报馆,这一家的主笔竟说是'恶声必反,恐又引起文坛长时间的笔战',也把他退回来了。这种经过,我在这里发表出来,我自己不仅不觉得有什么可耻,我还觉得不可不表示我的感激于这两位很亲切的主持笔政的先生。他们不仅只使用了他们自有的权利,他们还热心地把我所不曾知道的,社会的情形告诉我了。……这篇东西虽然现在才登了出来,然而送到了柯君那里之后不久,那位善于变化的沈雁冰君居然就指定了'玄珠'二字的雅号。"我想,成仿吾在这里说的除了《学灯》之外的"别一家报馆"应该

---

① 郭沫若:《歌德对于自然科学之贡献·文末附白》,《学灯——歌德纪念号》,1922年3月23日。

是《民国日报·觉悟》吧,因为当时上海刊发新文化作品最多、影响最大的就是这两大报纸,而《觉悟》当时在邵力子等人的主持下,跟沈雁冰等人的关系是非常好的,从某种意义上来说,文研会是把持了《学灯》和《觉悟》这两大副刊,从当时这两大副刊的编辑倾向、人员勾连中就可以看出这一点。可能是为了回应成仿吾的言论并为了给自己辩诬,1923年4月7日《学灯》"编辑室"登出了柯一岑的一则笼而统之的声明:"学术愈讨论愈进步,这是大家所公认的事。所以我们对于无论讨论什么问题的文章,只要言之成理,总尽量的发表。但是我们往往看见讨论的人们有趋向谩骂的态度,我们固极愿意鼓起讨论的勇气,但亦极愿扫除谩骂的恶习,所以为要养成一般人善良讨论态度起见,只好不客气的把一切谩骂的词句完全删掉。请诸君加以原谅。"显然在柯一岑看来,成仿吾反驳文研会的信是应该归于"删掉"的行列。

  尽管如此,成仿吾等创造社同人依然觉得文坛被文学研究会"垄断"了,而在这种"垄断"中,文学研究会的日报副刊明显偏袒文研会的做法扮演了重要的角色,直接让创造社在论争中处于下风。所以,后来即便有了《创造》季刊和《创造周报》,可是由于没有一份具有回应迅速、及时快捷的报纸日刊作为创造社之辅助(就如同文研会那样),创造社同人不免有点遗憾,所以不难想象,在1923年7月,当《中华新报》的主笔张季鸾想要创造社替该报编辑报纸副刊时,虽然郭沫若考虑到该报的政学系色彩,但在与文研会论争中由于没有日报副刊"助战"而吃过大亏的成仿吾与郁达夫都极力赞成。"他们以为文学研究会有《时事新报》上的《学灯》,在旁系上又有北京的《晨报副刊》,上海《民国日报》的《觉悟》,我们总得有一种日刊来对抗。其次是《季刊》和《周报》的标准太高,外来的投稿百分之九十九以上不能用,因而失掉了不少的读者,应该要有一种日报来做尾闾,以销纳外来的投稿。"①可见,在别人已经占据了垄断地位之后,创造社作为处于弱势群体的后起之辈,也是想扩大自身的影响力以与文研会相抗衡的。毕竟,"俗语'树大招风',此时的文学研究会表面看来,确是'大树'。它不但据有《小说月报》,还在《时事新报》附设《文学旬刊》。上海变成文学研究会的总部,北京、广州、宁波还有分会,这些分会的会员,成为当地有名报纸的副刊

---

① 郭沫若:《创造十年》,《郭沫若全集·文学卷(十二)》,北京:人民文学出版社,1982年10月初版,第174页。

编辑,或自办小型的周刊,或如《文学旬刊》那样在当地的报纸上附设旬刊或周刊。然而,这棵'大树'只是假象"①。

只是在郭沫若等创造社会员看起来,文研会的刊物媒介阵地绝对是"大树"而非假象。郭沫若在《文学革命之回顾》里面说:"创造社这个团体,一般是称为异军特起的。……和那时代的一批启蒙家如陈、胡、刘、钱、周都没有师生或朋友关系。"②从郭沫若的表述中不难看出,郭沫若对当时文研会的刊物《小说月报》《文学旬刊》《学灯》《觉悟》《晨报副镌》与北大新青年一派的亲密关系非常敏感。事实上,《新青年》分裂时提出了"增加文艺色彩"的要求,陈望道等人虽然也极力想去做到,但是毕竟《新青年》政治化的转向是大势所趋,《小说月报》的出现在某种程度上填补了包括陈独秀在内的新青年社旧人的文艺建设需要,作为文研会发起人之一的周作人与它的关系自然不用说了,胡适对《小说月报》最初的表现也应该是满意的,在他1921年3月5日写给钱玄同的信中给钱玄同的孩子开列的启蒙书目中就有《小说月说(报)》。而在胡适1921年7月上海商务印书馆一行中,他也对沈雁冰等人在《小说月报》上提倡"新浪漫主义"表示批评。他在7月22日日记中说:"我昨夜读《小说月报》第七期的论创作诸文,颇有点意见,故与振铎及雁冰谈此事。我劝他们要慎重,不可滥收。创作不是空泛的滥作,须有经验作底子。我又劝雁冰不可滥唱什么'新浪漫主义'。现代西洋的新浪漫主义所以能立脚,全靠经过一番写实主义的洗礼。有写实主义作手段,故不致堕落到空虚的坏处。如梅特林克,如辛兀(Meterlink, Synge),都是极能运用写实主义方法的人。不过他们的意境高,故能免去自然主义的病境。"③胡适对沈雁冰的规劝确实是很及时、很必要的。沈雁冰之所以以前推崇新浪漫主义,其实也是受进化论的影响。他在1921年2月第十二卷二号《小说月报》上就说:"翻开西洋的文学史来看,见他由古典——浪漫——写实——新浪漫……这样一连串的变迁,每进一步,便把文学的定义修改了一下,便把文学和人生的关系束紧了一些,并且把文学的使命也重新估定了一个价值。虽则其间有很多参差不齐的论调,——即

---

① 茅盾:《我走过的道路(上)》,北京:人民文学出版社,1981年10月第一版,第181、182页。
② 郭沫若:《文学革命之回顾》,引自张静庐辑注《中国现代出版史料(甲编)》,北京:中华书局,1954年12月第一版,第133页。
③ 引自季羡林主编《胡适全集·日记(二十九卷)》,合肥:安徽教育出版社,2003年9月第一版,第380、381页。

当现代也不能尽免——然而有一句总结是可以说的,就是这一步进一步的变化,无非欲使文学更能表现当代全体人类的苦痛与期望,更能代替全体人类向不可知的运命作奋抗与呼吁。"①沈雁冰的说法可以代表文研会以及《小说月报》在早期一个阶段的文艺倾向的,而胡适对他们的规劝显然是善意且及时的,文艺的发展阶段就如同社会发展阶段一样,是有自身的规律的,跳跃式的发展往往是拔苗助长般的虚妄。当然,沈雁冰和郑振铎等人显然是接受了胡适的建议的。1921年8月3日,在给周作人的信中谈到对当前创作幼稚病症纠偏时,沈雁冰就说:"……这些普遍的毛病惟有自然主义可以疗之,近来我觉得自然主义在中国应有一年以上的提倡和研究,庶几将来的创作不至于复回旧日'风花雪月'的老调里去。"②郑振铎1921年11月3日在写给周作人的信中也说:"郭沫若、田汉登的《创造》的广告,实未免太为可笑了。郭君人极诚实,究不知此广告为何人所做。……他们似乎太神秘了,我以为就是新浪漫派,也应以实写的精神作骨子。他们于写实的精神,太为缺乏,无怪其只倾倒Gothe,Schiller,Tennyson诸诗人也。"③不光是胡适关注《小说月报》,陈独秀也曾经给沈雁冰讲,希望《小说月报》要注意普及。沈雁冰也说:"前天见仲甫先生,他说可以放得普通(通俗)④一些。望道劝我仿《文章俱乐部》办法,多收创作而别以'读者文艺'一栏收容之。我觉得这两者都是应当的。"⑤鲁迅更是以自己的创作来从根本上支持《小说月报》,在1922年2月10日,《小说月报》第十三卷第二号中刊登的"本刊文稿担任者"的名单中,除了鲁迅外,其余十六人都是文学研究会会员⑥,鲁迅与文研会的密切程度可见一斑。

---

① 郎损:《新文学研究者的责任与努力》,贾植芳等编著《文学研究会资料(上)》,郑州:河南人民出版社,1985年10月第一版,第59页。
② 沈雁冰:《致周作人》,贾植芳等编著《文学研究会资料(中)》,郑州:河南人民出版社,1985年10月第一版,第672页。
③ 郑振铎:《致周作人》,贾植芳等编著《文学研究会资料(中)》,郑州:河南人民出版社,1985年10月第一版,第681页。
④ 1921年10月22日沈雁冰在写给周作人的信中,特意指明陈独秀所讲的普通一点,指的是"程度不妨放低之意,如论文,史传,创作登载标准,不妨用初步的浅显的,以期初学者可以入门。"参见孙郁、黄乔生主编《致周作人》,开封:河南大学出版社,2004年4月第一版,第158页。
⑤ 沈雁冰:《致周作人》,贾植芳等编著《文学研究会资料(中)》,郑州:河南人民出版社,1985年10月第一版,第676页。
⑥ 其余十六人为冰心、庐隐、王统照、许地山、周作人、耿济之、叶圣陶、蒋百里、郭绍虞、瞿世英、郑振铎、晓风(陈望道)、孙伏园、朱自清、谢六逸和沈雁冰。

第六章 时代的夹缝中

从同期大量的沈雁冰、郑振铎给周氏兄弟的催稿信中可以看出,文学研究会刊物是多么需要周氏兄弟这样有盛名、有风格、有思想的作家来捧场。沈雁冰说:"《说报》每月收到外间的投稿(大抵不相识者)总在五十份以上,长篇短制都有。但好的竟很难得。"①说实话,沈雁冰等人此时邀请周氏兄弟来写一些文学论文给《小说月报》,心情也是矛盾的。一方面,沈雁冰自己也说,"《小说月报》读者一千人中至少有九百人不欲看论文"②,但同时,他又希望周氏兄弟的文艺论文可以给新生的《小说月报》各种文艺建设增添光彩,他在回忆中曾说到他主编第十二卷第一期《小说月报》时对周作人稿件的真实想法:"……郑(振铎)寄来的还有周作人的《圣书与中国文学》,耿济之等人的翻译。……只看第一期,便知道这是'百家争鸣'的局面,周作人的论文提出的意见,只代表一个人;我与大多数文学研究会同人并不赞成,不过他是'名教授',所以把此文排在前面,表示'尊重'而已。"③可见,对投稿者名气大小的考虑对沈雁冰、郑振铎等人来说是第一位的。与此同时,沈雁冰在给周作人的催稿信中,多次让周作人转达《小说月报》同人对鲁迅或译或作的小说的渴望:"鲁迅先生如有创作,极盼其赐下。《月报》中最缺创作,他人最不满意于《月报》之处亦在不多登创作,其实我们不是不愿意多登,只是少好的,没有法子。所以务请鲁迅先生能替《月报》做一篇。"④可见,沈雁冰等人更是欢迎优秀的文学创作来扩充刊物影响的。

而在周氏兄弟一方面,同时要面对《新青年》、文研会几个刊物的催稿,他们又是怎么处理这个问题的呢?我想这个问题与鲁迅等人投稿时对期刊与报纸副刊在登载作品方面的不同媒介品格的认知有关,这也与当时整个社会文化界对报纸副刊的认识有关。报纸副刊一直被认为是"报屁股",虽然经过五四新文化运动洗礼,但是由于报纸副刊的媒体特性,知识界也是不可能把它当作严肃的思想文化杂志、文学艺术杂志,如《新青年》《小说

---

① 沈雁冰:《致周作人》,贾植芳等编著《文学研究会资料(中)》,郑州:河南人民出版社,1985年10月第一版,第672页。
② 沈雁冰:《致周作人》,贾植芳等编著《文学研究会资料(中)》,郑州:河南人民出版社,1985年10月第一版,第674页。
③ 茅盾:《我走过的道路(上)》,北京:人民文学出版社,1981年10月第一版,第163页。
④ 沈雁冰:《致周作人》,贾植芳等编著《文学研究会资料(中)》,郑州:河南人民出版社,1985年10月第一版,第677页。

月报》一类同等看待的,这也是很自然的事情。鲁迅1921年8月26日在给宫竹心的信中说:"小说已经拜读了,恕我直说,这只是一种 sketch(速写,笔者注),还未达到结构较大的小说。但登在日报上的资格,是十足可以有的;而且立意与表现法也并不坏,做下去一定还可以发展。……我也极愿意介绍到《小说月报》去,如只是简短的短篇,便绍介到日报上去。……上海或北京的收稿,不甚讲内容,他们没有批评眼,只讲名声。"①稿件的长短、结构等形式因素只是考虑投稿去向的一个方面,在内容、价值上,对于质量好的稿子,鲁迅更愿意将其登在《小说月报》而不是报纸副刊上的。在1921年8月17日,鲁迅在写给周作人的信中也说:"……收到信并《在希腊岛》,我想这登《晨报》,固然可惜(着重号为作者所加,笔者注),但《东方》也头里忒萝卜(越谚,指"勿得知",笔者注),不如仍以《小说月报》的被压民族号为宜,因其中有新希腊小说也。"②面对后学寄来请求修改的稿件,如果质量不太好,鲁迅一般修改后也是寄给报纸副刊的。1921年7月31日,在写给周作人的信中鲁迅就说:"潘公的《风雨之下》实在不好,而尤在阿塞之开通,已为改去不少,俟孙公(指《晨报副镌》主编孙伏园,笔者注)来京后交与,请以'情面'登之。"③某种程度上说,周氏兄弟已经变成了投稿者和报纸、杂志之间的"中介"角色了。1922年4月17日汪静之在写给周作人的信中说:"今寄上我们三人的诗数首,请删改;如认为可以发表,就代转交《晨报副刊》罢。又寄上我友潘训的小说一篇,亦请转寄《小说月报》或《晨报》,倘若能够发表。"④

当然,鲁迅是很注重新文学阵营的团结的,这也是他投稿的一个原则。他在1921年8月17日给周作人的信中说:"……(《新青年》)有云:本社社员某人因患肋膜炎不能执笔我们很希望他早日痊愈本志次期就能登出他

---

① 鲁迅:《致宫竹心》,《鲁迅全集(十一)》,北京:人民文学出版社,2005年11月版,第411页。

② 鲁迅:《致周作人》,《鲁迅全集(十一)》,北京:人民文学出版社,2005年11月版,第407页。

③ 鲁迅:《致周作人》,孙郁、黄乔生主编《致周作人》,开封:河南大学出版社,2004年4月第一版,第8页。

④ 汪静之:《致周作人》,孙郁、黄乔生主编《致周作人》,开封:河南大学出版社2004年4月第一版,第273页。不仅是要求周氏兄弟给他们修改文章、推荐发表,汪静之还要求周作人代他们接洽《湖畔》一书在《晨报附刊》上的广告。见1922年5月9日汪静之《致周作人》,参见孙郁、黄乔生主编《致周作人》,第274页。

的著作。我想:你也不能不给他作或译了,否则《说报》之类中的太多,而于此没有,也不甚好。"①鲁迅这里所说的《新青年》启事是登在1921年5月1日《新青年》第九卷第一号上的,在该期《新青年》的"编辑室杂记"栏内,第二条是"本社社员周作人先生近患肋膜炎,不能执笔,我们很希望他早日痊愈,本志次期就能登出他底著作"②。显然陈望道等人接编《新青年》以来一直对周氏兄弟的拉稿也起了作用。在1921年8月25日,鲁迅在给周作人的信中就谈到了面对这么多刊物邀稿自己投稿的安排,从这封信可以看出鲁迅对此后一段时间内的自己稿件去向的规划。他说:"我们此后译作,每月似只能《新(青年)》、《小(说月报)》、《晨(报副镌)》各一篇,以免果有不均之诮。"③这其实也是鲁迅的无奈之举,鲁迅的眼光其实很高的,他在当日写给周作人的信中说九卷二号的《新青年》也"无甚可观,惟独秀随感究竟爽快耳";在稍早前,1921年7月31日在给周作人的信中谈起《小说月报》也是说"无甚好东西",但由于是同路人的刊物,所以也不得不竭力相助罢了。

而鲁迅对《时事新报》就没有这样的宽容了,他甚至根本没有把《时事新报》或《学灯》列入他投稿的计划之内。当然一方面可能与该报的研究系背景、首创黑幕等不良历史记录有关,另一方面,他对《时事新报》及《学灯》的学术水准、批评作风印象不好。1921年7月13日他在写给周作人的信中说:"《时事新报》有某君(忘其名)一文④,大骂自然主义而欣幸中国已有象征主义作品之发生。然而他之所谓象征作品者,曰冰心女士的《超人》、《月光》,叶圣陶的《低能儿》,许地山的《命命鸟》之类,这真叫人不知所云,痛杀我辈者也。我本想抗议,既而思之则'何必',所以大约作罢耳。"⑤鲁迅显然认为那都是水平线下的东西了。从鲁迅"本想抗议",继而"思之何必"的心路转换中,不难看出鲁迅对《时事新报》的认知及其态度了。而在1921年9月4日,鲁迅在写给周作人的信中就很明白地表示了自己对《时

---

① 鲁迅:《致周作人》,《鲁迅全集(十一)》,北京:人民文学出版社,2005年11月版,第408页。
② 《编辑室杂记》,《新青年》第九卷第一号,1921年5月1日。
③ 鲁迅:《致周作人》,《鲁迅全集(十一)》,北京:人民文学出版社,2005年11月版,第409页。
④ 指洪瑞钊刊登在《学灯》上的作品《中国新兴的象征主义文学》,1921年7月9日。
⑤ 鲁迅:《致周作人》,《鲁迅全集(十一)》,北京:人民文学出版社,2005年11月版,第391页。

事新报》的态度,他说:"《时事新报》乞文,我以为可以不应酬也。"①我想《时事新报》这时向鲁迅求稿,很有可能就是为了当年双十节发特刊而用的。一年前,鲁迅就是在9月29日写作了《头发的故事》一文给了《时事新报》登在双十节特刊上,并引起了郭沫若等人"媒婆和处女"的冷言。这次鲁迅索性就不给《时事新报》投稿了。这也可以说是新文学建设阵营中另一种"差别的待遇"了吧。

我们再来看被认为是一棵"大树"的文研会媒介阵营内部的分工和矛盾。《小说月报》是文研会用来进行新文学建设的,毕竟它有商务印书馆的背景,不方便用来攻击鸳鸯蝴蝶派之类。茅盾说:"《小说月报》是商务印书馆出版的刊物,而商务的老板们最怕得罪人,我们对有些文艺上的问题,就不便在《小说月报》上畅所欲言。《文学旬刊》创刊时曾公开说是文学研究会的会刊,我们在它上面发表文章就不必存什么顾忌了。"②而郑振铎在写给周作人的信中也说:"《文学旬刊》不得不尽力从攻击方面做去,《小说月报》出版太迟缓,不便多发表攻击的文章,而现在迷惑的人太多,又急需这种激烈的药品,所以我们想都把《旬刊》如此的做去。"③而《学灯》《觉悟》《晨报副镌》之类的报纸副刊,都是文研会的外围阵地,一方面,它可以扩大文学研究会的社会影响,另一方面,这也是自己社团进行新文化建设、配合机关刊物及时、迅疾地发布或回应社会文化界动态的有机组成部分。

但看似"大树"的文研会媒体阵地却也并不是铁板一块,《民国日报·觉悟》就对《时事新报·学灯》的研究系背景非常厌恶,郑振铎一当上《学灯》的主编就尝到了《觉悟》的苦头。在郑振铎还没有进时事新报馆之前,《觉悟》作为支持新文化运动的进步刊物,经常转载他的文章,甚至郑振铎与北大学生罗敦伟、徐六几、周长宪等人组织了"批评社"并筹备创刊《批评》半月刊时,就得到了邵力子等人的大力支持。他们的《批评》半月刊就是附在《民国日报》发行,该刊第一期于1920年10月20日发行。可是当郑振铎当上了《学灯》主编之后没几天,《觉悟》上发表了批判郑振铎7月16日刊发在《学灯》上的作品《性的问题》的文章。这篇署名为"G.D"的《什么

---

① 鲁迅:《致周作人》,《鲁迅全集(十一)》,北京:人民文学出版社,2005年11月版,第417页。
② 茅盾:《我走过的道路(上)》,北京:人民文学出版社,1981年10月第一版,第181页。
③ 郑振铎:《致周作人》,贾植芳等编著《文学研究会资料(中)》,郑州:河南人民出版社,1985年10月第一版,第679页。

是两性问题?——质问《〈时事新报〉西谛君!》针对郑振铎《性的问题》中所主张的"青年人不应该沉迷于两性关系的个人小天地中,而是应该以国家社会的改造事业为己任"而大放厥词。汉胄(刘大白)也在《觉悟》上发表了《对于西谛先生〈性的问题〉的疑问》《性的问题真小吗?》来质疑郑振铎。在郑振铎给刘大白写信作出解释后,刘大白仍然继续在《觉悟》上作文对郑振铎批驳,文中也不无嘲弄和谩骂,后来郑振铎也在《学灯》上相继发表了《我想谁也是不配骂人的罢!》。由于考虑到"G.D"可能是戴季陶的化名,所以他又在《学灯》上发表了《变节》,揭露戴季陶投奔资本主义信托公司而为董事的恶劣行径。后来在当年7月底、8月初,邵力子和刘大白等人与郑振铎在各自的副刊上你来我往,展开了一次小小的论战。论争其实根本没有什么学理性可言,郑振铎自己也在1921年8月4日给周作人的信中说:"《学灯》我把它答应下来编辑,实是大大的失计,许多有党见的人都尽力的来攻击,这种举动,真使我吃惊而且悲哀。我是刚入世做事的,对于他们这种行为真有些不解。人类到现在还是没有觉悟,国界种界的界限已经把人类隔离到如此,还要再用党界来隔离自己,真是可以痛苦不已!我因此痛苦了好几天,打算把它辞掉不干,后来想想还是干下去,我只尽我的能力,本我的良心做去,别人的能够了解不能了解,可以不用管他,我也不愿意同他们作无谓的辩论,无论他们是如何的人,趋向总是相同的。我们要全力来对付近来的反动,——《礼拜六》一流人的反动——呢,自己打架,不惟给他们笑,而且也减少效力不少。"①可见,虽然郑振铎对《觉悟》一派囿于党见而对他以及《学灯》进攻的做法非常反感,但还是顾全大局的,毕竟"趋向是相同的",郑振铎是顾全本阵线内部的统一的,是坚决反对"自己人打架"的。而在同年9月3日在给周作人的信中,郑振铎再次谈到处理同一个阵线内部矛盾问题的方针。他说:"在现在黑雾弥漫的时候,走一条路的人自然应当结合坚固,共同奋斗,察现在的形势,却谈不到此,简直没有法子去联合他们,真是极可痛心。我想,对于走一条路的人,如果意见稍有不同,只应讨论,而不应谩骂。"②可见,自始至终,他都认为《觉悟》一派是跟自己"走一条路的人"。但是在《民国日报·觉悟》一派人看来就不是这么回事

---

① 郑振铎:《致周作人》,贾植芳等编著《文学研究会资料(中)》,郑州:河南人民出版社,1985年10月第一版,第678页。

② 郑振铎:《致周作人》,贾植芳等编著《文学研究会资料(中)》,郑州:河南人民出版社,1985年10月第一版,第680页。

了,曹聚仁就曾经说:"上海《民国日报》,从国民党立场积极支持我们学生运动,一直对我们印象很深。……当时,积极支持学生运动的,还有张东荪先生主持的《时事新报》。那是研究系的宣传机构,副刊《学灯》也和《觉悟》并驾齐驱,称为东南新文化运动的两大柱石。可是,研究系和国民党一直是政治上的冤家,……《民国日报》和《时事新报》也就针锋相对,你枪我刀,互相攻击。《觉悟》和《学灯》的文化方向相同,却也时时辩驳不已。……有的朋友,为了生活,替《学灯》写点稿子,拿点稿费,就会受到小组的严厉谴责与检讨。"①从中可以看出有严密组织和党派观念的国民党和组织松散的研究系两者从事新文化运动的一些不同之处了。

而沈雁冰基于一些人事因素、政治因素,与《民国日报·觉悟》的关系就好的多。1922年2月9日,沈雁冰在给周作人的信中提到了对东南大学学衡派的斗争时指出了《学灯》主事人怕得罪人而不愿意参加"围剿"。他说:"《学灯》本可多主张些,但如今主其事者极怕得罪人,没法;单靠在《觉悟》发表,有些人对于《觉悟》有偏见(不知何故,或许因为是国民党机关报的缘故),加上上海方面作文的人亦少。《晨报附刊》连日几篇非常的好,我想法把来请《觉悟》转载一下。"②

从《民国日报·觉悟》与新文学阵营内的头面人物郑振铎、沈雁冰的不同关系中,我们也可以看出新文化运动内部的复杂性,这或许也是另一种"有差别的待遇"了。

第三节　从"我们"和"他们"到"我们"和"你们"

一

1922年三四月间,在陈独秀等人的引领下,北京文化教育界开展了轰轰烈烈的以收回教育权为主要目标的"反基督教大同盟"运动。这与二十世纪二十年代早期民族主义思潮兴起、反对帝国主义利用宗教教育灌输奴

---

① 曹聚仁:《文坛三忆》,北京:三联书店,1999年11月第一版,第168页。
② 沈雁冰:《致周作人》,孙郁、黄乔生主编《致周作人》,开封:河南大学出版社,2004年4月第一版,第160页。

役思想的文化侵略政策息息相关。

五四新文化运动中,爱国反帝的思想情绪在中国这片沉睡的大地上迅速蔓延,尤其是中国共产党成立之后,更是旗帜鲜明地表示反对任何形式的帝国主义侵略行径。成立于1895年的世界基督教学生同盟是由穆德博士在美国创立的,它的目的就在于联合全世界的学生运动,以各国在校基督教大学生为主要对象,收集世界各国关于学生宗教情况的各种信息,让学生尊奉耶稣基督为唯一救主并成为耶稣信徒,发展基督教学生会员在全世界推广天国的工作。在某种程度上可以说,预定在北京清华学校召开的第十一届世界基督教学生同盟大会就是一场帝国主义宗教势力在欧战结束、信仰真空的新形势下在中国展开的一场旨在争夺中国青年人思想领导权的宗教集会。

国人一开始并没有意识到欧战后第一次召开的世界基督教学生同盟大会就选定中国的真正目的。在1921年12月27日,《时事新报》上就有《世界基督教学生同盟大会消息》,副标题是"明年四月在北京举行清华学校允假为会场",新闻中谈到了在1922年4月要在北京举行世界基督教学生同盟大会,具体的地点是在清华大学,本次大会经济预算是三万五千元银圆,世界基督教学生同盟会会长穆德博士捐赠了七千美金。"……列邦代表远来中国集会、系应中国之请、中国自当于经济问题负其全责、完成其东道主人之地位……交通部路政司、已允承大会代表、得享半价购票之优待、俾距京较远之学校、不致于川资一层有所困难、此外已有多处、极愿为各代表襄助一切、黎前总统将在天津阅会欢迎国外代表云。"①而在1922年1月1日的新闻中,则有基督教学生顾子仁所作的《世界学生同盟之前途》一文,从标题上看也似乎是刻意隐藏了"基督教"几个刺眼的字眼。文章中的野心是很明显的:"……溯吾中华民国肇始以来、新思想、新活动、新精神、已遍漫吾国学生界中、而社会情形、则依然如故、若长此以往、甚非吾人之所愿、今具体之改革方针、已在着手进行、吾人深感将无上助力给予吾学生界中、实为吾人最要之责任。"文章的重心是在后面,也就是对我国学生的期望,其中说:"吾国学生、既已自睡梦沉沉之中一跃而起、国家思想、乃如怒潮、一发而不可收拾、于是结成团体、极端爱国热烈之忱、一以拯救同胞为念、非不美也、然吾人对之、则以此种举动、乃为更加雄丽之生命作

---

① 《世界基督教学生同盟大会消息》,《时事新报》,1921年11月27日。

其先驱耳、如果吾国学生能自自私之国家观、进入大公无我之世界观、视世界各国、如家庭中之骨肉、不存互相攘夺之见、而能互为扶助、则吾人自不仅对于吾国当尽其服务之责、而于普世界、亦当致其同工矣。"①顾子仁这里的说法显然是有宗教欺骗性的，在帝国主义压迫日益严酷的局势下，用"更加雄丽之生命"强调"互为扶助"，如果不是主观上给帝国主义侵略张目，在客观上那也真是痴人说梦。

不管怎么说，从当时新闻中看，国内舆论对待这次大会起初是支持的，但是以陈独秀为代表的中国共产党人随后却发出了反对的声音。尤其是在1922年1月12日爆发了由中共直接领导的香港海员大罢工，帝国主义和中华民族的矛盾陡然尖锐起来。由于中国共产党当时处于地下活动状态，主要的政策都是通过半公开的中国社会主义青年团执行的。1922年2月26日在上海由党组织授意，青年学生组织了"非基督教学生同盟"，在3月9日发表宣言指出："世界基督教学生同盟，为现代基督教及基督教会的产物。他们预备于本年4月4日，集合全世界基督教徒，在北京清华学校开会。所讨论者，无非是些怎样维持世界资本主义及怎样在中国发展资本主义的把戏。我们认彼为侮辱我国青年、欺骗我国人民、掠夺我们经济的强盗会议，故愤然组织这个同盟，决然与彼宣战。"②

与上海的非基督教运动相呼应，1922年3月15日，陈独秀在《先驱》第四号上发表了《基督教与基督教会》一文，这也是陈独秀第一次就此问题表态。他认为："基督教教会自古至今所作的罪恶，真是堆积如山，说起来令人不得不悲愤而且战栗。""实在没有什么庄严神圣之可言"，"我们终不能相信全善而又全能的上帝无端造出这样万恶的世界来"。③ 陈独秀是非常注重教育的社会作用的，他一直认为教育是"改造社会的重要工具之一"④，所以向来注重"平民教育"的他对一直以来盘踞在我国教育界并深具野心的基督教学校很警惕。在1922年3月《生命月刊》上，陈独秀发表《基督教与中国人》一文，指出："中国底基督教状况怎么样？恐怕还是吃教

---

① 顾子仁：《世界学生同盟之前途》，《时事新报》，1922年1月1日。
② 转引自杰西·格·卢茨著《中国教会大学史》，曾钜生译，杭州：浙江教育出版社，1987年6月第一版。
③ 王光远编：《陈独秀年谱》，重庆：重庆出版社，1987年10月第一版，第117页。
④ 王光远编：《陈独秀年谱》，重庆：重庆出版社，1987年10月第一版，第117页。

的人占多数。""最可怕的,政客先生现在又来利用基督教。"①当然,陈独秀历来就是反对宗教禁锢的,早在1917年1月1日,他在二卷五号《新青年》上的《再论孔教问题》一文中就说:"人类将来真实之信解行证,必以科学为正规,一切宗教,皆在废弃之列。"就连《基督教与中国人》一文也是早在1920年2月1日就发表于《新青年》第七卷第三号上的,可见其思想的连贯性。②

为了呼应上海的非基督教运动,在李大钊、刘仁静、何孟雄等人的直接领导和参与下,1922年3月20日,北京也成立了"非宗教大同盟",蔡元培、陈独秀、李大钊、汪精卫等人被选举为干事。就在成立当日,《晨报》上刊登了"非宗教大同盟"的通告,也就是这份以"北京各校非宗教同人"名义发布的通告——"非宗教大同盟公电及宣言",让陈独秀与旧日的北大《新青年》同人裂痕越来越大。该通告从1922年3月20日开始,连续三天在《晨报》才登完。其中说:"教毒日炽,真理易泯。邪说横行,人道弗张。我国本为无教之国,乃近代受害,日趋日深。近闻世界耶教学生第十一次开会。今年四月,又欲举行于我北京首都之地。亦将于我中国,宣传迷信,继长增高。同人等特发起组织非宗教大同盟,依良心之直觉,扫人群之障雾,本科学之精神,吐进化之光华。本同盟宗旨,仅非宗教。既无种族国家男女老幼之别,尤与一切党派作用无关。同志加入,一体欢迎。分途组织,亦为会友。惟信教非教,中无两可之地。爱人救人,必有一致之心。凡我同志,尚希明决,急起直追,幸勿犹豫。"③一天后,他们在《晨报》上发布"非宗教大同盟宣言",表示:"我们自誓要为人类社会扫除宗教的毒害,我们深恶痛绝宗教之流毒于人类社会十百千倍于洪水猛兽。有宗教,可无人类;有人类,应无宗教;宗教与人类,不能两立。"在这份宣言中,五四新文化运动所宣扬的科学与民主的精神贯穿其中:"人类本是进化的,宗教偏说人与万物,天造地设;人类本是自由平等的,宗教偏要束缚思想,摧残个性,崇拜偶像,主乎一尊。……总而言之,上帝本身,既不由理化物力所构成,到底是甚么东西,教主生活,更不是吾人意识所能想像,究竟是甚么现象,既有造物主,何不将电灯飞机,早日造出,既有赏罚权,何不使世间人,尽成善士,好笑的宗

---

① 陈独秀:《基督教与中国人》,《生命月刊》第二卷第七期,1922年3月。
② 当然,后来陈独秀也曾一度承认宗教与新文化运动的紧密联系。
③ 《非宗教大同盟公电及宣言》,《晨报》,1922年3月20日。

教,与科学真理既不相容,可恶的宗教,与人道主义,完全违背。"①一天后,续登的宣言再次表示坚决反对基督教学生同盟在北京开会,对中国基督教青年会更是批判的坚决:"他们最可痛恨的毒计,就是倾全力煽惑青年学生。青年学生原是很纯洁的,不易煽惑,他们便使用他们不知怎样得来的金钱,建筑高大华丽的房屋,叫做什么基督教青年会。他们始而对青年学生说入会的不必信教,其实既入彀中,一步一步的引人入胜,卒至基督教青年会就是基督教预备学校,就是基督教徒养成所。弹子房呀,体育会呀,电影呀,名人演讲呀,茶会呀,……就是他们施毒的麻药,催眠术。伤心呀!可怜的无限青年,真是上当不小!可恶的基督教徒,将置我们青年学生的人格于何地!宗教的罪恶,千言万语,那能说尽,平日大多数人,或未注意,或不觉其害至如此之甚。过细一想,能不伤心,凡有血气者能不急起直追,维护真理。我们组织非宗教大同盟,实属忍无可忍。同盟宗旨,仅非宗教,不牵涉一切党派,亦丝毫无他作用,尤无种族国家男女老幼之别。信教与非教,中无两可之地,凡不迷信宗教或欲扫除宗教之害者,即为非宗教大同盟之同志,特此宣言,普告天下。"②值得注意的是,在第一天和第三天的宣言里,有一句话被重复,即"信教与非教,中无两可之地",这其实也就是要剥夺每一个人"不发言"的所谓"消极自由",这是强迫每个人都要表态、站队的逼迫性言论。

这份通告在《晨报》刚刚连载完,1922年3月24日钱玄同就忍不住给周作人写信。信中钱玄同说:"近来有什么'非基督教大同盟',其内容虽不可知,但观其通电(今日《晨报》),未免令人不寒而栗,我要联想及一千九百年的故事了。中间措辞,大有'灭此朝食''食肉寝皮''罄南山之竹……决东海之波……''歼彼小丑,巩我皇图'之气概。你看了作何感想?我昨日(廿三)应刘廷芳之要求,在《生命周刊》上发表《我对于耶教之意见》,我很主陈独秀和你(宗教与文学之关系)之说,恐怕彼等要将我归入'汉奸'之列了。但我宁可蒙'卫耶道'之名,却不愿蒙'改良拳匪'之名。(老实说,凶恶凉薄□□狡猾阴险残忍的中国人,不但不配骂耶稣,也何尝就配骂耶稣教

---

① 《非宗教大同盟公电及宣言(续)》,《晨报》,1922年3月21日。
② 《非宗教大同盟公电及宣言(续)》,《晨报》,1922年3月22日。

徒呢?)你以为然否。"①显然,钱玄同是根本不赞成"非基督教大同盟"的声明的。周作人此时正忙于答复赵景深有关童话的讨论、跟俞平伯讨论文学的感化力与道德之间的关系以及接待专程来看望爱罗先珂的日本大学生福田诚一,所以没有马上回复。但是在3月29日,他就在《晨报副镌》上发表了措辞严厉的《报应》一文,其中就说道:"我所害怕的,——虽然我不是基督教徒,一是声讨的口气的太旧——太威严了,我平常怕见诏檄露布等的口气。因为感到一种迫压与恐怖,虽然我并不被骂在里面。"②在3月30日,周作人去北京大学,赴蔡元培之邀商讨编印文艺季刊事宜,与会的还有胡适、顾孟余、宋春舫、徐旭生、叶浩吾、陈师曾、马叔平、肖友梅、沈兼士等人。可以想象,他私下里同与会的沈兼士等人一定讨论过有关应对"非基督教大同盟"之事。果然,会议后第二天,也就是3月31日,周作人与钱玄同、沈兼士、沈士远、马裕藻等五人联名在《晨报》上发表《主张信教自由者宣言》,全文如下:"我们不是任何宗教的信徒,我们不拥护任何宗教,也不赞成挑战的反对任何宗教。我们认为人们的信仰,应当有绝对的自由,不受任何人的干涉,除去法律制裁的以外。信教自由,载在约法,知识阶级的人,应当首先遵守,至少亦不应首先破坏。我们因此对于现在非基督教、非宗教同盟的运动,表示反对。特此宣言。"③周作人显然认为基督教思想不仅在文学上有它恒久的价值,更重要的是在当时的中国,基督教对疗治笼罩中国人思想上的昏乱和麻木有莫大的作用。"我觉得要一新中国的人心,基督教实在是很适宜的。……我想最好便以能容受科学的一神教把中国现在的野蛮残忍的多神——尤其是拜物教——打倒,民智的发达才有点希望。"④周作人等人反对的言论在那些"非基督教大同盟"的支持者看来是多么的不合时宜。作为新青年社的老朋友,陈独秀在4月2日就来信质问周作人等五人,口气颇为激烈。他说:"无论何种主义学说皆应许人有赞成反对之自由;公等宣言颇尊重信教自由,但对于反对宗教者自由何以不

---

① 钱玄同:《致周作人》,孙郁、黄乔生主编《致周作人》,开封:河南大学出版社,2004年4月第一版,第68页。
② 周作人:《报应》,《晨报副镌》,1922年3月29日。
③ 《主张信教自由者的宣言》,《晨报》,1922年3月31日。参见《周作人年谱》,第200、201页。
④ 周作人:《我对于基督教的感想》,《生命》周刊第二卷第七期,参见《周作人年谱》,第201页。

加以容许？宗教果神圣不可侵犯么？青年人发的狂思想狂议论，似乎算不得什么；像这种指斥宗教的举动，在欧洲是常见的，在中国还在萌芽，或者是青年界去迷信而趋理性的好现象，似乎不劳公等作反对运动。……此间非基督教学生开会已被禁止，我们的言论集会的自由在哪里？基督教有许多强有力的后盾，又何劳公等为之要求自由？公等真尊重自由么？请尊重弱者的自由，勿拿自由、人道主义许多礼物向强者献媚！"①不但是陈独秀的批评，北京"非宗教同盟"也撰文批驳周作人。4月1日，周作人在回应"非宗教同盟"的质疑的文章《拥护宗教的嫌疑》一文中说："我们既不拥护任何宗教，那么反对非基督教非宗教同盟的运动，到底为什么呢，冠冕的说，是为维持约法上的信教自由的宣言书。……倘若不欲干涉人家的自由，尽可说不赞成罢了，又何必表示反对呢。"②总而言之，周作人就是高扬一个观念：个人的信仰，要有绝对的自由，不受任何人或势力的干涉。

虽然受到了强烈的抵制，世界基督教学生同盟大会还是如期在4月4日到4月9日在北京召开了。社会舆论在"非基督教大同盟"各种宣传的激荡下急遽地激烈起来。比如有读者就在《学灯》上发表《质问非基督教同盟运动者》，文中措辞激烈："非宗教同盟的目的，我以为就是：要使得全世界上，看不见一座庙寺或礼拜堂，看不见一个宗教师或教徒。所以我的观念：以为非宗教同盟，一定要建筑在很坚固的基础上；而且对于敌手，一定要一步紧一步的进攻。通电，宣言，这都是第一步的；接着第二第三……步，都要连续地进行才对。万无能抛弃了目标，望着敌人放几声空炮就完事了。"③类似的偏颇言论在当时比比皆是。这个我们且不多论，我们来看看发生在周作人和陈独秀之间的这场争论随后的走向。

4月6日，周作人为了回应4月2日陈独秀的质问函而给他写信。这封信在中国现代思想史上是非常重要的一则史料，可谓字字千钧，即使在今天读来也很有启发。周作人并不像陈独秀那样认为非基督教运动"似乎算不得什么"，相反，他指出，就"非基督教大同盟"发表反对意见的动因是在"宗教问题之外"："……我们承认这回对宗教的声讨，即为日后取缔信仰以外的思想的第一步，所以要反对。这个似乎杞忧的恐慌，不幸因了近日

---

① 陈独秀：《致周作人等》，《民国日报·觉悟》，1922年4月7日，参见《周作人年谱》，第202页。
② 周作人：《拥护宗教的嫌疑》，《晨报》，1922年4月5日。
③ 《质问非基督教同盟运动者》，《学灯》，1922年8月28日。

第六章　时代的夹缝中

攻击我们的文章以及先生来书而证实了：先生对于我们正当的私人言论反对,不特不蒙加以容许,反以恶声见报……这不能不说是对于个人思想自由的压迫的起头了,……思想自由的压迫不必一定要用政府的力,人民用了多数的力来干涉少数的异己者也是压迫,……先生的请尊重弱者的自由这一句话,倒还应该是我们对先生及其他谩骂我们的诸位说的。"①后来在1925年6月15日第31期《语丝》上周作人发表了《黑背心》一文,周作人在文章中再次提到了宽容的重要性以及对"群众压制"的警惕。他说:"我觉得中国现在最切要的是宽容思想之养成。此刻决不是文明世界,实在还是两百年前黑暗时代。所不同者以前说不得甲而现今则说不得乙,以前是皇帝而现今则群众为主,其武断专制却无所异。我相信西洋近代文明之精神只是宽容,我们想脱离野蛮也非从这里着力不可。"②周作人这时的思想与他在1922年因为主张宗教自由而给陈独秀的信中所表露的思想何其相像。也就是说以周作人为代表的中国现代自由主义知识分子在当时社会遭受的双重威胁,一个是来自专制政府对自由言论的钳制,一个是来自不觉悟民众的"愚民的专制",即用多数的力量来限制少数个体的思想自由,而在周作人看来保护少数人思想自由的权利是极其重要的,而他的角色也是极其尴尬的,毕竟他是处于"横站"的姿态。周作人其实也很无奈,潘漠华在同年4月13日写给周作人的信中就提到:"你说为了反对非宗教同盟的事情,消耗去许多时光。"③当时的周作人正是处于论战的漩涡之中。

我们再来看陈独秀对周作人回信的反应,他并没有受到触动,在4月21日他再次回复周作人——《再致周作人先生信》,其中说道:"倘先生们主张一切思想皆有不许别人反对之自由,若反对他便是侵犯了他的自由,便是'日后取缔信仰以外的思想的第一步';那么先生们早已犯过这种毛病,因为好像先生们也曾经反对过旧思想、神鬼、礼教、军阀主义、复辟主义、古典主义及妇人守节等等,为什么现在我们反对基督教,先生们却翻转面孔来说,这是'日后取缔信仰以外的思想的第一步'呢?"④在文章末尾,

---

① 周作人:《致陈独秀》,《民国日报·觉悟》,1922年4月20日。参见《周作人年谱》,第202页。
② 周作人:《黑背心》,《语丝》,1925年6月15日。
③ 潘漠华:《致周作人》,孙郁、黄乔生主编《致周作人》,开封:河南大学出版社,2004年4月第一版,第276页。
④ 陈独秀:《再致周作人先生信》,《民国日报·觉悟》,1922年4月23日。

陈独秀大声疾呼:"快来帮助我们少数弱者,勿向他们多数强者献媚!"陈独秀这话显然是以惯常使用的启蒙暴力话语将周作人等置于道德的审判席上,而且,他还继续向周作人——这个北大《新青年》社的老朋友——寻求基于旧日友谊上的帮助,要知道,在陈独秀和胡适等北大《新青年》社旧人闹翻之后,唯一能在文字上继续支持《新青年》的就是周氏兄弟了。

如果只是从文字上看来,似乎陈独秀和周作人双方都很有理,事实上这个问题是非常复杂的,鲁迅就对这个问题没有发表任何意见,因为这个问题只有置于具体语境中才有评判的可能,如果只是纠缠于概念,只会陷入逻辑嵌套之中。比如,陈独秀在4月21日在《再致周作人先生信》中就说:"先生们反对我们非基督教的思想自由,算不算是'取缔信仰以外的思想的第一步'呢?算不算是'对于个人思想自由的压迫的开头'呢?"①这就是以其人之道还治其人之身了。钱玄同就看出这个问题的虚妄,他在4月8日写给周作人的信中就认为争论信件已经没有发表的必要,周作人也看出了在这个问题上他与陈独秀展开论争的出发点和着眼点是不一样的。于是,关于周、陈二人的论争也就不了了之,当然,他们之间基于《新青年》这个刊物平台上的合作也就此告终了。

我们不妨来看看胡适对"反基督教大同盟"的表态,在1922年3月第二卷第七期的《生命月刊》上,胡适发表了《基督教与中国》。作为一名自由主义斗士,他的意见明显与陈独秀的不一致。他认为:"中国知识阶级对于基督教我认为应该有两种态度。第一是容忍(Toleration);第二是了解(Understanding)。承认人人有信仰的自由,又承认基督徒在相当范围的有传教的自由:这是容忍。研究基督教的经典和历史,知道他在历史上造的福和作的孽,知道他的哪一部分是精彩,哪一部分是糟粕,这是了解。"②胡适认为应该一分为二地看待基督教,对待那些宗教教义中的迷信、神学的部分,是要抛弃,而对待宗教中的一部分道德教训则有保留的价值。总体上看,胡适对宗教持一种批判态度,但却支持它存在,抱持一种容忍的观念。也就是对待异己,胡适还是像他曾经在《寄陈独秀》中说的那样,"决不敢以吾辈所主张为必是而不容他人之匡正也"③,他的想法即是"同于我者

---

① 陈独秀:《再致周作人先生信》,《民国日报·觉悟》,1922年4月23日。
② 胡适:《基督教与中国》,《生命月刊》第二卷第七期,1922年3月。
③ 胡适:《寄陈独秀》,《新青年》第三卷第3号,1917年5月1日。

未必是,异于我者未必非"。从观念上来看,胡适和周作人的看法是一致的,都是自由主义最正统的观念。出于思想观念的不同,所以陈独秀和胡适——"我们"之间也必然要最终走向破裂,这只是早晚的事。

这场论争也标志着北大《新青年》社的进一步分裂。在这场围绕着"非基督教运动"而起的争论之前,钱玄同与周作人就对五四新文化运动早期《新青年》激进的启蒙"暴力"的极端发展有所反省和认识。

1920年9月25日,钱玄同致周作人:"……我对于做《随感录》,未免还有些迟疑;并非决不做,但不能不出之以审慎。因为我近来很觉得两年前在《Sin cin nieno》(即《新青年》,笔者注)杂志上做的那些文章,太没有意思。并且此等直观的感情的论调,于青年非徒无益,反足以养成《Sinjeno》和《Sindi sjausuo》(原文如此,笔者注)之恶习。仔细想来,我们实在中孔老爹'学术思想专制'之毒太深,所以对于主张不同的论调,往往有孔老爹骂宰我,孟二哥骂杨、墨,骂盆成括之风。其实我们对于主张不同之论调,如其对方面所主张,也是二十世纪所可有,我们总该平心静气和他辩论。我近来很觉得要是拿骂王敬轩的态度来骂人,纵使所主张新到极点,终之不脱'圣人之徒'的恶习,所以颇惮于下笔撰文。"①钱玄同在这里就强调了以前《新青年》的做法是用"孔老爹骂宰我"的做法去骂孔老爹,其实这就是自身中了孔老爹思想专制的遗毒的体现。这样的反省,应该说是非常有价值的,是在思想层面进步和成熟的体现。而周作人后来在《谈虎集》中的《非宗教运动》一文中也得出了类似的结论,即"中国的非宗教运动即为孔教复兴之前兆"。

在1926年4月8日钱玄同致周作人的信中,他更是指出在思想层面上与"中国列宁"(暗指陈独秀,笔者注)的巨大分歧,而这种分歧标志着在思想方法和观念上已经超越五四阶段的钱玄同与仍然停留在五四阶段的陈独秀之间的巨大鸿沟。钱玄同说:"我近来觉得改变中国人的思想真是唯一要义。中国人'专制''一尊'的思想,用来讲孔教,讲皇帝,讲伦常,……固然是要不得;但用它来讲德默克拉西,讲布尔什维克,讲马克思主义,讲安那其主义,讲赛因斯(以上五个名词原文都是注音字母,笔者注)……还是一样的要不得。反之,用科学的精神(分析条理的精神),容纳的态度来讲

---

① 钱玄同:《致周作人》,孙郁、黄乔生主编《致周作人》,开封:河南大学出版社,2004年4月第一版,第59页。

东西,讲德先生和塞先生等固佳,即讲孔教,讲伦常,只是说明它们的真相,也岂不甚好。我们从前常说:'在四只眼睛的仓神菩萨面前刚刚爬起,又向柴先师的脚下跪倒',这实在是很危险的事。我在近一年来时怀杞忧,看看'中国列宁'的言论,真觉害怕,因为这不是布尔什维克(原文为注音字母,笔者注),真是过激派;这条'小河',一旦'洪水横流,泛滥于两岸',则我等'栗树''小草'们实在不免胆战心惊,而且这河恐非贾让所能治,非请教神禹不可的了。……我们以后,不要再用那'必以吾辈所主张者为绝对之是而不容他人之匡正'的态度来作'诡诡'之相了。前几年那种排斥孔教,排斥旧文学的态度狠应改变。若有人肯研究孔教与旧文学,鳃理而整治之,这是求之不可得的事。即使那整理的人,佩服孔教与旧文学,只是所佩服的确是它们的精髓的一部分,也是狠正当,狠应该的。但即使盲目的崇拜孔教与旧文学,只要是他一人的信仰,不波及社会——波及社会,亦当以有害于社会为界——也应该听其自由。此意你以为然否?"①钱玄同在这里强调了宽容的重要性,对以前陈独秀在《文学革命论》中提出的"必以吾辈所主张者为绝对之是而不容他人之匡正"的强势启蒙高调有所反省,应该说钱玄同的思想是有一定进步的,但是他对中国革命以及布尔什维克主义的看法则是保守的,这也难怪,自由主义知识分子在政治上大多是保守主义者。而且,钱玄同等人在当时都把布尔什维克与宗教当成了批判对象,因为在他看来它们都是用多数的力量来压制少数异己。1921年6月12日,钱玄同在致周作人的信中说:"我近来觉得布尔什维克(原文为拼音字母,笔者注)颇不适用于中国。何也?因为社会压迫个人太甚之故。中国人无论贤不肖,以众暴寡的思想,是很发达的。易卜生国民之敌中之老医生,放在中国,即贤者亦必杀之矣。"②所以从某种意义上说,当时社会上反对布尔什维克主义与反对"反宗教"事实上是有着某种精神上的深刻关联的。文史学家周策纵曾说:"有意思的是,罗素在攻击宗教时,把马克思主义也作为基督教、佛教、伊斯兰教以外的一种宗教。甚至李大钊1918年10

---

① 钱玄同:《致周作人》,孙郁、黄乔生主编《致周作人》,开封:河南大学出版社,2004年4月初版,第87页。
② 钱玄同:《致周作人》,孙郁、黄乔生主编《致周作人》,开封:河南大学出版社,2004年4月初版,第67页。

月时也同意,布尔什维克主义是一种类似宗教的群众运动。"①

胡适曾将五四新文化运动以 1923 年为界分为两个时期,之前是个人主义盛行的时期,而之后则是社会运动压倒了个人主义的时期。而费正清等人则认为在 1921 年后,在中国社会上民族主义思潮压倒了自由主义,"试图动员和控制个人及其文化活动的政治运动不久便再度兴起"②。显然费正清等人更看重的是中国共产党的建立、国共两党酝酿合作给中国社会带来的转折性压力及中国共产党领导下的工人运动对社会思潮的冲击。周策纵的解释是:"由于中国的经济和政治形势以及它从十九世纪西方自由资本主义所得到的经验,五四运动后的中国知识分子强烈地要求中国成为一个经济独立和个人经济平等的国家。正由于此,民族主义对他们具有很大的吸引力,且导致不久以后发生的社会主义和自由主义的冲突。"③同时他又指出:"'五四'时期对于个人和独立判断的价值确实比以往任何时候都重视,但同时也强调了个人对社会和国家的责任。……因此,中国所提倡的个人从传统特别是从大家族制度下解放出来的要求,很快就被一个有良好组织的社会和国家、有一个强大的政府的要求所平衡。此外,这个时期各种有不同思想意识倾向的派系还宣扬一种广义的自由主义。……这些派系的差异以及它们对国家最首要问题强调方面的差异,促使了五四事件后民族主义和社会主义势力的兴起,这两种势力压倒了个人主义的潮流。"④

而发生在 1922 年的围绕"反基督教大同盟"的论争,实际上就是以《新青年》同人内以周作人为代表的自由主义派和以陈独秀为代表的激进主义派的分裂而作为五四运动方向转换的重要标志。而后来的形势的发展也就是个人主义被民族主义和社会主义势力压服的表现了。

---

① [美]周策纵:《五四运动:现代中国的思想革命》,周子平等译,南京:江苏人民出版社,1999 年 6 月第一版,第 327 页。陈独秀在 1921 年 7 月 1 日就中国改造问题的信而给张申府中说:"吴稚晖先生也说过,罗素谓此时俄人列宁等行事有些宗教性,此话诚然不差;但无论什么事若不带点宗教性,恐怕都不能成功。"见《陈独秀著作选编(二)》,第 391 页。

② [美]费正清、赖肖尔:《中国:传统与变革》,南京:江苏人民出版社,1995 年 3 月版,第 458 页。

③ [美]周策纵:《五四运动:现代中国的思想革命》,周子平等译,南京:江苏人民出版社,1999 年 6 月第一版,第 343 页。

④ [美]周策纵:《五四运动:现代中国的思想革命》,周子平等译,南京:江苏人民出版社,1999 年 6 月第一版,第 363 页。

二

1923年在中国思想文化界引起轩然大波的是"科玄论战"。周策纵在《五四运动:现代中国的思想革命》一书中是这样评价这场论争的:"这场论争没有得出什么结果,但它对后来中国的思想产生了很大的影响。争论的双方在许多方面看来是很肤浅和混乱的,它们更像大众的辩论而不是学术的探讨。这场争论看来既表现出了哲学和科学的贫困,同时也显示了那个时期中国所出现的对这两个学科重新燃起的热情,然而这场争论的意义并不因此而降低。相反,由于在争论过程中产生了大量通信和有趣的文献材料,极大地激发了公众对于新思想、哲学及科学的兴趣。对于人生和宇宙的自然主义和怀疑论观点的论述比与之对立观点的论述得到更广泛的传播,部分的原因在于这种观点提倡者的清晰、辛辣和幽默的风格,以及他们丰富的著述。"[①]周策纵的评论可谓公允之言。

我们不妨简要地来回顾下科玄论战的历程。1923年2月14日,张君劢应邀在清华学校讲演,他的题目是《人生观》。[②] 在讲演中张君劢认为无论科学发达到何种程度,都不能完全解决人生观问题,他认为要想解决人生观问题,"惟赖诸人类之自身而已"。在演讲中张君劢提出了以下四个问题让大家思考:(1) 物质文明与精神文明何去何从? (2) 男女自由恋爱,社交公开是否有益无害? (3) 个人与社会孰轻孰重? (4) 国家主义与大同主义孰是孰非? 他认为人生观具有五个特点,即主观的、直觉的、综合的、自由意志的和个性的;与此相对应,科学是客观的、逻辑的、分析的、定命论的和统一的,这是两者最大的不同之处,也是科学所以不能支配人生观的原因。张君劢在文章中对在欧洲已经受到普遍质疑、但在国内仍然压服传统文化、以科学为代表的西方文明所表现出来的强势表示不满。作为他的研究系同人,地质学家丁文江对张君劢的这个观点持激烈批判态度。在1923年4月15日第48期《努力周报》上丁文江发表了《玄学与科学》一文,文中他用尖刻的话语反驳了张君劢对西方文化的污蔑。他认为"玄学鬼"在西方已经没有市场了:"玄学真是个无赖鬼——在欧洲鬼混了两千多年,

---

① [美]周策纵:《五四运动:现代中国的思想革命》,周子平等译,南京:江苏人民出版社,1999年6月第一版,第340页。

② 1923年2月23日该文被《学灯》全文转载。

到近来渐渐没有地方混饭吃,忽然装起假幌子,挂起新招牌,大摇大摆跑到中国来招摇撞骗。你要不相信,请你看看张君劢的'人生观'。"①自此开始,许多人参加了这场旷日持久的论争。有意思的是张君劢谈科玄论战的缘起,他说:"着重于道德价值和自由意志的人生观论战,是胡适、丁文江和我本人参加的。当我在清华大学的《人生观》讲辞发表时,我坚决维护哲学和形上学。胡适认为我的主张对科学是一种威胁,于是开始了争论。"②明明是丁文江挑起的论战,张君劢却把源头指引到了胡适的头上。当然了,张君劢说的也不错,郭湛波在《近五十年中国思想史》中谈到科玄论战时就挑明道:"实则这次战争梁、胡是主角,丁、张不过打先锋罢了。"③丁文江其实跟张君劢一样,两人是梁启超的老朋友,在政治上都属于研究系一派。1923年5月29日梁启超在《人生观与科学——对于张、丁论战的批评》一文中说:"张君劢在清华学校演说一篇《人生观》,惹起丁在君做了一篇《玄学与科学》和他宣战。我们最亲爱的两位老友,忽然在学界上变成对垒的两造。"④可以说,这场论战的起源在梁启超等人看来似乎是研究系知识分子有点内讧的意思。当然,受过英国文化系统教育的丁文江跟留美出身的胡适等人私人关系也是非常好。从这点上也可以看出研究系知识分子内部的复杂性和五四新文化运动中基于私人关系、学源出身的异同而产生的知识分子交际网络的复杂性。与北大新青年派比较,研究系知识分子在政治上是高度一致的,而在文化上,他们的面相多变,甚至也不强求一致,充分体现了政治与文化上"和而不同"的特色。而北大新青年一派则是在文化上高度一致(尤其是在对待传统文化的坚决的批判态度方面),但在政治上则逐渐地产生了分歧,直接导致了最后的分裂,可以说是体现了文化与政治上"同而不和"的特点。这是我们考察两派知识分子聚合、分裂现象的重要角度。

胡适对丁文江攻击"玄学鬼"的文章给予了高度评价,他说:"自从四十八期(四月十五日)丁文江先生发表'玄学与科学'的文章以后,不但《努力》走上了一个新方向,国内的思想界也从沉闷里振作起精神来,大家加入这

---

① 丁文江:《玄学与科学》,《努力周报》第48期,参见《科学与人生观》,亚东图书馆,1923年版,第2、3页。
② 张君劢:《新儒家思想史》,《中国现代学术经典·张君劢卷》,第579页。
③ 郭湛波:《近五十年中国思想史》,上海:上海古籍出版社,2005年版,第232页。
④ 梁启超:《人生观与科学——对于张、丁论战的批评》,陈书良编《梁启超文集》,北京:北京燕山出版社,1997年2月第一版,第456页。

个'科学与人生'的讨论。这一场大战的战线的延长,参战武士人数之多,战争的旷日持久,可算是中国和西方文化接触以后三十年中的第一场大战。"①确实就像胡适说的那样,论战的一方是以丁文江、胡适、吴稚晖为代表的科学派,他们以《努力周报》《太平洋》为阵地,另一方是以张君劢、梁启超、张东荪为一派,以《学灯》《晨报副刊》等研究系控制的报纸副刊媒介为阵地展开对峙。

就张东荪控制下的《学灯》而言,在科玄论战中完全站在张君劢一边参与了论争的全过程。张东荪对待"科玄论战"的态度很有趣,当论战刚开始的时候,张东荪就想有所表示,但是"懒于动笔",因为他认为这样的论战"狠少有结果",直到孙伏园要求双方各自明确对于"玄学"与"科学"的定义的文章在5月30日的《学灯》刊登之后,张东荪才表示这个建议"独具慧眼"。在孙伏园文章后的附言中,张东荪指出了论争各方的缺陷,他认为张君劢人生观的原文论列太过于随便,而丁文江的辩难文章则牵涉过广,而胡适挑剔"矛盾律"的论述"也是枝叶"。"因为双方都是我的敬爱的朋友,我不妨因伏园先生的唆示,而对于两位提出一个劝告:就是奉劝两位把这次笔战认为等于运动会的预赛,而不算为正赛。这种预赛即此而止,不再进行。于是重整旗鼓,开始正赛。否则照这样下来,实在不能不为二位惜了。"②此时张东荪是以"中立者"的面目出现来规劝论争的两边。但随着丁文江、胡适的思想拥趸们对张君劢的"群起而攻之",张东荪很快就放弃了这样的"中立"立场,在1923年6月9日的《"劳而无功"》一文中,他明确表示自己支持张君劢。毕竟除了他之外,只有少数几个人支持张君劢了。

在论争最为炙热的1923年5、6、7三个月中,《学灯》上刊发的参与论战的重要文章几乎都带有支持张君劢的色彩,主要包括以下:

发表时间	文章标题	作者
1923年5月1日、9日、10日、19日	《再论人生观与科学并答丁在君》	张君劢
1923年5月13日	《关于玄学科学论战之"战时国际公法"》	梁启超

① 胡适:《一年半的回顾》,《努力周报》第75期,1923年10月21日。
② 张东荪:《附言》,《学灯》,1923年5月30日。

续 表

发表时间	文章标题	作者
1923年5月30日	《玄学科学论战杂话》	孙伏园
1923年6月3日	《人生观与科学》	梁启超
1923年6月5日、7日	《读丁在君先生的"玄学与科学"》	林宰平
1923年6月9日	《"劳而无功"》	张东荪
1923年7月17日	《玄学上之问题》	颂皋
1923年7月19日、20日	《科哲之战的尾声》	王平陵

这些文章的作者大都是研究系知识分子,或者是对研究系抱持的文化保守主义持拥护态度的文化同路者,因此,他们的文章在《学灯》上集中出现,就显得《学灯》在"袒护"张君劢的玄学一派。以至于张东荪后来也不得不出面来辩解:"科玄之战,可算是现在论坛上一件最热闹的事情,我们的学灯本是绝对公开,不过篇幅却实在有限,若是加入战团的逐渐多了,而竟广为搜罗,一一转载,实在没有办法,所以我们自始决定只登直接寄来的稿件,不剪取他种刊物。(不过中间却转载了伏园先生一篇,我们认为这一篇是代表第三者提醒作战人物的,有转录的必要。)但是我们决定不转录后,以致所登的文章好像侧于一方面(即好像专登张君劢先生的文章而不登丁文江先生的文章),因此好像我们拥护玄学而排斥科学。此实绝对不然,我们所抱歉的只是不能把丁先生的文章转录罢了。"①文章的最后,张东荪强调"学灯仍是始终公开的超然的"。

除此之外,《学灯》还开放通信栏来讨论"科玄之争"。除了从正面来支持玄学派,《学灯》上还刊发了大量从侧面来参与论战的文章,比如在5月底,也就是论争最高潮,梁启超发表了《国学入门书要目及其读法》,同期还有大量的文章在谈所谓国学,1923年10月16日《学灯》刊登了范源濂的《西方人之科学生活》,11月又刊载了何道生翻译的泰戈尔的《东方与西方》一文(1日)、梁漱溟的《答胡评东西文化及其哲学》(13、14日)等为玄学造势的文章。后来在1924年初甚至在《学灯》上出现了有关"中国文化问题"的专题讨论。可以说,这都是"科玄论战"的余波。

我们不妨来追溯下科玄论战背后的历史逻辑演进。某种程度上说,科

---

① 张东荪:《编辑室》,《学灯》,1923年6月10日。

玄论战是以陈独秀、胡适为代表的北大新青年派实施的跟当年一同参与新文化运动建设的以梁启超为代表的研究系之间进行"切割"的论战,也就是说,胡适等人在此时为了保卫五四新文化运动的历史成果,将与自己文化理念越来越背离的研究系诸人从新文化阵营中"剥离"出去。

我们知道,民主和科学是五四新文化运动的两面最重要的旗帜。在梁启超欧游之中,他就通过"欧游通讯"(即《欧游心影录》未结集的前身,笔者注)的形式不断在《时事新报》等研究系报纸上发表文章,严厉地批判了西方现代文明。比如梁启超在《时事新报》上发表的《科学万能之梦的破灭》中就提出"道德能否存在的问题",并认为现代思想界最大的危机,就在这一点。同时,他又说:"……讴歌科学万能的人,满望着科学成功,黄金世界便指日出现。如今功总算成了,一百年物质的进步,比从前三千年所得还加几倍;我们人类不惟没有得着幸福,倒反带来许多灾难。好像沙漠中失路的旅人,远远望见个大黑影,拼命往前赶,以为可以靠他向导,那知赶上几程,影子却不见了,因此无限凄惶失望。影子是谁? 就是那位'科学先生'。欧洲人做了一场科学万能的大梦,到如今却叫起科学破产来。这便是最近思潮变迁一个大关键了。"在文章末尾,梁启超也怕引起误会,"自注"道:"读者切勿误会,因此菲薄科学,我绝不承认科学破产,不过也不承认科学万能罢了。"① 梁启超大力批判欧洲所谓"物质文明"并宣扬"科学破产"的思想,在胡适看来是妄图否定北大新青年派开创的新文化运动的宝贵遗产。1920年3月梁启超回国之后依然四处宣扬科学破产、鼓吹东方文明对西方世界的所谓"救拔"作用。对此,陈独秀立刻予以反击。1920年4月1日,陈独秀在《新青年》第七卷第五号上就发表《新文化运动是什么?》一文,文中他指出了梁启超言论的潜在危害。他说:"'科学无用了'、'西洋人倾向东方文化了',这两个妄想倘然合在一处,是新文化运动一个很大的危机。"②

借着这次科玄论战的机会,胡适也来算旧账了。他在《〈科学与人生观〉序》中就说:"这三十年来,有一个名词在国内几乎做到了无上尊严的地位;无论懂与不懂的人,无论守旧和维新的人,都不敢公然对他表示轻视或

---

① 梁启超:《科学万能之梦的破灭》,马勇编《梁启超语萃》,北京:华夏出版社,1993年9月第一版,第21页。

② 陈独秀:《新文化运动是什么?》,《新青年》第七卷第五号,1920年4月1日。

戏侮的态度。那名词就是'科学'。……自从中国讲变法维新以来,没有一个自命为新人物的人敢公然毁谤'科学'的。直到民国八九年间梁任公先生发表他的《欧游心影录》,'科学'方才在中国文字里正式受了'破产'的宣告。……自从《欧游心影录》发表之后,科学在中国的尊严就远不如前了。一般不曾出国门的老先生很高兴地喊着,'欧洲科学破产了!梁任公这样说的。'……我们不能不说梁先生的话在国内确曾替反科学的势力助长了不少的威风。……何况国中还有张君劢先生一流人,打着柏格森、倭铿、欧力克……的旗号,继续起来替梁先生推波助澜呢?"①胡适在这里不但指出了张君劢后面的支持者是梁启超,而且也讽刺了研究系讲学社近年来邀请外国学者来华讲学动机不纯。紧接着,胡适就指出了梁启超照搬外国问题,进行"问题殖民"的语境不对接问题。他说:"中国此时还不曾享着科学的赐福,更谈不到科学带来的'灾难'。我们试睁开眼看看:这遍地的乩坛道院,这遍地的仙方鬼照相,这样不发达的交通,这样不发达的实业,——我们那里配排斥科学?……我们正当这个时候,正苦科学的提倡不够,正苦科学的教育不发达,正苦科学的势力还不能扫除那弥漫全国的乌烟瘴气,——不料学者出来高唱'欧洲科学破产'的喊声,出来把欧洲文化破产的罪名归到科学身上,出来菲薄科学,历数科学家的人生观的罪状,不要科学在人生观上发生影响!信仰科学的人看了这种现状,能不发愁吗?能不大声疾呼出来替科学辩护吗?这便是这一次'科学与人生观'的大论战所以发生的动机。"②

　　胡适在这里谈到的动机也只是一方面,或许更为重要的一面则是,随着1921年梁漱溟的《东西文化及其哲学》在中国知识界的传播,其中所宣扬的"向东方看齐"的思想被认为是"自新知识分子发起挑战以来,第一次对儒家学说和东方文明的系统的和强有力的捍卫"。③ 而且,梁漱溟与以梁启超为代表的文化保守主义在思想上有很大的相合之处,可以说,已经在国内形成了呼应之势。蒋百里看了《东西文化及其哲学》之后,在给梁启

---

　　① 胡适:《〈科学与人生观〉序》,季羡林主编《胡适全集(二)》,合肥:安徽教育出版社,2003年9月第一版,第196—199页。
　　② 胡适:《〈科学与人生观〉序》,季羡林主编《胡适全集(二)》,合肥:安徽教育出版社,2003年9月第一版,第200页。
　　③ [美]周策纵:《五四运动:现代中国的思想革命》,周子平等译,南京:江苏人民出版社,1999年6月第一版,第332页。

超的信中就说:"顷见梁漱溟《东西文化》一书,此亦迩来震古烁今之著作,渠结末之告白,大与吾辈自由讲座之宗旨相合,先生于近日内,何妨与南开确定一办法,将先生之历史讲义亦归为讲座之一,而再邀漱溟也担任一座,震与君劢、东荪每各担一座。"① 可见,梁漱溟在思想上和组织上都有和梁启超一派结合的可能。在胡适等人眼中,那更是无疑了。总而言之,陈独秀、胡适等人面临着真正来自学理层面要向新知识分子自五四新文化运动以来确定的权威地位发起的挑战。而丁文江、胡适等人之所以抓住梁启超"论科学"下手,很显然是因为在这个问题上,梁启超处于明显的不利地位。从胡适给《科学与人生观》一书所写的几近夸张的序言中就可以略见一斑。

科玄论战的具体内容过于芜杂,我们这里就不详细展开了。我们这里想来谈谈从这场论战的表象之下所显露出来的复杂的人事关系以及媒介生态。将科玄论战置于一个怎样的问题框架和思想结构中,将直接对我们的认知产生重大的影响。

我们知道,《新青年》自从被陈独秀带到上海之后,几经风波,是否谈政治导致的刊物编辑权之争已经让北大新青年一派彻底决裂。1922年7月1日,《新青年》杂志在广州出版了最后一期,即第九卷第六号。② 一直到1923年6月15日,中国共产党才在广州创办了《新青年》季刊,当然,此《新青年》完全成了中国共产党的机关刊物,已经与以前的刊物性质完全不同了。也就是说,在这个阶段,国内最有影响的老牌新文化运动刊物消失了。与此同时,1922年5月7日,胡适、丁文江、高一涵等人在北京创办《努力周报》,胡适一改以前不谈政治的初衷,亮出了"好政府主义"的政纲。这样,以前因为"谈不谈政治"而闹崩的陈独秀和胡适这下都来谈政治了,区别只有政见的不同而已。陈独秀就撰文《中国共产党对于时局的主张》,对"好政府诸君"进行批评。对胡适而言,他对谈政治的《努力》并不是完全满意的,因为在他原来的打算中,尤其是在《新青年》刚刚南下上海的时候,他原本是希望再办一个专谈文艺、哲学的刊物的。在1921年5月23日写给丁

---

① 丁文江、赵丰田主编:《梁启超年谱长编》,上海:上海人民出版社,1983年8月第一版,第941页。
② 《新青年》此时已经完全不能按期出版,第九卷第五号是1921年9月1日,其中还有周作人的诗歌《病中的诗》、《山居杂诗》和翻译小说《颠狗病》(西班牙伊巴涅枝作)。此时周作人和陈独秀还没有因为非基督教同盟的事情闹翻。

文江的信中，胡适就颇为隐晦地说："那个东西的名字，我想用'努力'，如何？"①在1922年的胡适看来，眼前的这个《努力》也显然跟1921年的办刊初衷有很大的不同。在胡适心目中最理想的刊物，无疑就是五四运动之前专门从事思想文化建设的《新青年》。他在1923年10月21日第75期《努力周报》中就透露了自己的野心。他说："二十五年来，只有三个杂志可代表三个时代，可以说是创造了三个新时代。一是《时务报》，一是《新民丛报》，一是《新青年》。而《民报》与《甲寅》还算不上。《新青年》的使命在于文学革命与思想革命，这个使命不幸中断了，直到今日。倘使《新青年》继续至今，六年不断的作文学思想革命的事业，影响定然不小了。我想，我们今后的事业，在于扩充《努力》使他直接《新青年》三年前未竟的使命，再下二十年不绝的努力，在思想文艺上给中国政治建筑一个可靠的基础。"②在同期的另一篇总结《努力》历史的《一年半的回顾》一文中，他又提出《努力》承继《新青年》的话题。他说："其实我们的《努力》里最有价值的文章恐怕不是我们的政论，而是我们批评梁漱溟张君劢一班先生的文章和《读书杂志》里讨论古史的文章。而这些文章的登载几乎全在我'称病搁笔'之后！如果《新青年》能靠文学革命运动而不朽，那么，《努力》将来在中国的思想史上占的地位应该靠这两组关于思想革命的文章，而不靠那些政治批评，——这是我敢深信的。"③可见，即使是到了要谈政治的时代，胡适仍然不能忘情于思想文艺建设，他依然想延续《新青年》由于政治阻断而未竟的思想文化建设事业。

因此，我们有理由说，《努力》以积极的姿态参与到科玄论战中来，是"见猎心喜"的举动，也是为自己捞取文化资本和声名以替代《新青年》的做法。而从另一个角度看，从北大新青年一派分裂出来的共产主义分子和自由主义分子面对文化保守主义者日益紧逼的文化反攻时，他们也携起手来，置具体的政见于不顾，以对待中西文化的态度、倾向为标准，分清敌我，组织阵线。1923年7月1日陈独秀在第一期《前锋》上提出了"思想革命上的联合战线"问题，他高度评价了胡适在"科玄论战"中对文化保守主义的批判。他说："号称新派的学者如蔡元培、梁启超、张君劢、章秋桐、梁漱溟

---

① 胡适：《致丁文江》，《胡适全集（二十三）》，第318页。
② 胡适：《胡适之的来信》，《努力周报》第75期，1923年10月21日。
③ 胡适：《一年半的回顾》，《努力周报》第75期，1923年10月21日。

等,固然不像王敬轩、朱宗熹、辜鸿铭、林琴南等那样糊涂,然仍然一只脚站在封建宗法的思想上面,一只脚或半只脚踏在近代思想上面,真正了解近代资产阶级思想文化的人,只有胡适之。张君劢和梁漱溟的混乱思想被适之教训的开口不得,实在是中国思想界一线曙光。"紧接着,他话题一转,就说:"适之所信的实验主义和我们所信的唯物史观,自然大有不同之点,而在扫荡封建宗法思想的革命战线上,实有联合之必要。"①也就是说信奉"唯物史观"的陈独秀和信奉"实验主义"的胡适,他们这两位在五四新文化运动中负主要责任②的领导者有必要在文化保守主义者疯狂反扑的同时也携起手来,抛开成见,一致对外。想要早日缔结思想革命统一战线的陈独秀无疑是急迫的,在4天之后,也就是1923年7月5日,他就给胡适写信,希望胡适可以批评刚刚诞生的《前锋》月刊,其中说道:"我们发行《前锋》(月刊)由弟编辑,三四日内即出版,收到时求吾兄细看一下,并求切实指教。此报为我们最近思想变化之表现,视前几年确有进步,尚望吾兄不客气地指示其缺点。"③陈独秀的信十分有意思,一方面他请求胡适要"细看",同时又指出了这是他"最近思想变化的表现",并且"视前几年确有进步",陈独秀说的显然是他发表在其中的《思想革命上的联合战线》一文,毕竟双方前几年因为《新青年》谈不谈政治闹的很不愉快,现在大敌当前他又想在文化战线上发起战斗,自然从"只谈政治"转到文化批判,在陈独秀看来,胡适一定认为这是有进步的表现。陈独秀想与胡适结成战线是如此强烈,甚至于他在信写完之后又附上一段话:"久不见吾兄来信,至为想你,务求拨冗示我一函,以当面晤。"

而在科玄论战中具体的表现似乎也说明了陈独秀和胡适的联合战线是组成了的,他们分别为亚东图书馆的科玄论战文集《科学与人生观》作序,该书被认为是科学派的版本(虽然他们自己也在论战中分为了唯物派和实验派,也"打起仗来了")。④

对研究系为代表的文化保守主义不满的情绪在胡适一方面是由来已久了。就如同胡适在1921年2月6日给陈独秀那封非常著名的信中说的

---

① 陈独秀:《思想革命上的联合战线》,《前锋》第一期,1923年7月1日。
② 另一位是蔡元培。
③ 陈独秀:《致胡适信》,任建树主编《陈独秀著作选编(三)》,上海:上海人民出版社,2009年版,第110页。
④ 另一派则结集为泰东图书局《人生观之论战》,该书张君劢作序。

那样。胡适在这封信中说明了自己和陈独秀是"我们",而研究系梁启超一派则是"他们"。胡适在信中说:"你难道不知我们在北京也时时刻刻在敌人的包围之中?你难道不知他们办共学社是在《世界丛书》之后,他们改造《改造》是有意的?他们拉出他们的领袖来'讲学'——讲中国哲学史——是专对我们的?……你难道不知他们现在已收回从前主张白话诗文的主张?(任公有一篇大驳白话诗的文章,尚未发表,曾把稿子寄给我看,我逐条驳了,送还他,告诉他,'这些问题我们这三年中都讨论过了,我很不愿他来'旧事重提',势必又引起我们许多无谓的笔墨官司!'他才不发表了。)你难道不知延聘罗素、倭铿等人的历史?(我曾宣言,若倭铿来,他每有一次演说,我们当有一次驳论。)但我究竟不深怪你,因为你是一个心直口快的好朋友。"①

也就是说从文化层面来说,无论是思想上、情绪上,"我们"早就对"他们"研究系有防范和抵触;而在政治方面,"我们"虽然政见不同,但是在防范"他们"研究系方面,也是由来已久。1921年9月胡适拒绝了研究系蓝公武等人提出要其加入"联省自治"运动的请求。1922年4月胡适在蔡元培等人的授意下拒绝了研究系林长民等人要求其联名发起"一种研究政治社会状况的团体"的邀请。随即在同年5月蔡元培、胡适等人在《努力》第二号上发表《我们的主张》,鼓吹好政府主义。这也激起了研究系梁启超、林长民等人的强烈不满。因为在胡适看来,"研究系近年作的事,着着失败,故要拉我们加入。结果有两种可能:或是我们被拖下水而无济于事,或是我们能使国事起一个变化。若做到第二条,非我们用全副精力去干不可。宗孟终日除了写对联条屏之外,别无一事;而我们已忙的连剪发洗浴都没有工夫;在此情形之中,谁占上风,已不言而喻了"②。

因此我们不妨直言,科玄论战究其实质就是本来与研究系关系暧昧的胡适等人在政治上与研究系"切割"之后(从《努力》的创刊以及"好政府主义"的提出看的很清楚),在文化、思想上与研究系再次"切割"的集中体现,以此来捍卫五四新文化精神成果的一场论战。

就像上文所说,1923年陈独秀认为在扫荡封建宗法思想的革命战线

---

① 胡适:《致陈独秀》,季羡林主编:《胡适全集》第23卷,合肥:安徽教育出版社,2003年9月第一版,第287、288页。

② 《胡适的日记(下)》,北京:中华书局,1985年1月第一版,第338页。

上,相信"唯物史观"和相信"实验主义"的"实有联合之必要",应结成"思想革命上的联合战线"。陈独秀的阵线组合与划分是从哲学观念、文化立场着眼的。邓中夏也认为"新兴反动派"可以分为三派,即梁启超、张君劢、张东荪等研究系人为一派,梁漱溟为一派,章士钊为一派;而跟这一派宣战的则是科学方法派和唯物史观派。①

在陈独秀、邓中夏等共产党人提出"思想革命上的联合战线"之前,共产党人先是提出了政治上的"联合战线",在1922年5月23日发表于《广东群报》上的《共产党在目前劳动运动中应取的态度》一文中,陈独秀就提出:"……共产党、无政府党、国民党及其他党派在劳动运动的工作上,应该互相提携,结成一个联合战线(United Front),才免的互相冲突,才能够指导劳动界作有力的战斗。"②而1923年毛泽东从社会政治势力的构成方面分析道:"把国内各派势力分析起来,不外三派:革命的民主派,非革命的民主派,反动派。革命的民主派主体当然是国民党,新兴的共产党是和国民党合作的。非革命的民主派,以前是进步党,进步党散了,目前的嫡派只有研究派——胡适、黄炎培等新兴的知识阶级派和聂云台、穆藕初等新兴的商人派也属于这派(目前奉、皖虽和国民党合作,但这是不能久的,他们终究是最反动的一方)。三派之中,前二派在稍后的一个期内是会要合作的,因为反动派势力来得太大了,研究系、知识派和商人派都会暂放弃他们非革命的主张去和革命的国民党合作,如同共产党暂放弃他们最急进的主张,和较急进的国民党人合作。所以,以后中国政治的形势将成为下式:一方最急进的共产党和缓进的研究系、知识派、商人派都为了推倒共同敌人和国民党人合作,成功一个大的民主派;一方就是反动的军阀派。"③可见,毛泽东当时主要也是从所谓政治上的"联合战线"而非"思想革命上的联合战线"的角度来给研究系予以定位的。这也显示出了中国共产党早年在复杂的国内情势下从事政治斗争和思想文化斗争的政策灵活性和阶段侧重性。

我们知道,1921年12月23日,共产国际派马林为代表前往广西会见孙中山,而在1922年7月,中国共产党在杭州召开了第二次全国代表大

---

① 邓中夏:《中国现在的思想界》,《中国青年》第六期,1923年11月24日。
② 陈独秀:《共产党在目前劳动运动中应取的态度》,《广东群报》,1922年5月23日。
③ 毛泽东:《外力、军阀与革命》,《新时代》第一卷第一号(特载),人民出版社,1980年影印本。

会,决定与国民党合作,同年8月,李大钊在上海会见孙中山时,表示愿意以中国共产党人身份加入国民党,9月,国民党同意让共产党员加入该党,在11月5日至12月5日召开的共产国际第四届世界大会(陈独秀参加了该会),也号召国共合作。1923年1月26日孙中山和越飞在上海发表联合宣言,国共合作就此拉开大幕。如果我们以此来作为背景显然就会发现科玄论战恰恰发生在国共合作之后没多久。我想,此时研究系在政治上无疑是孤独的,一方面他们反对北洋政府,另一方面,无论国民党,还是共产党,在研究系看来都是他们不共戴天的仇人,他们宁肯跟孙传芳合作(比如丁文江、蒋百里等人),也不会跟国共合作的。1923年之后,研究系反对国共两党的意向和做法越来越强烈、鲜明了,对来自外界的批判之声也很敏感。

同时,属于知识派的胡适在1922年也对陈炯明在广东推翻孙中山的势力表示赞赏,他认为类似联邦制的"联省自治"更加适合中国社会。胡适的看法遭到了国民党人的强烈反对,包括上海《民国日报》和《觉悟》。针对陈独秀提出的革命两大途径,即"民主主义的革命"和"反抗国际帝国主义的侵略"①,胡适也只认同第一个。他说:"我们很恳挚的奉劝我们的朋友们努力向民主主义的一个简单目标上做去,不必在这个时候牵涉到什么国际帝国主义的问题。"②"我们的朋友们"当然指的是陈独秀等中国共产党人。可见,在政治上,胡适在科玄论战之前无论与国民党人还是陈独秀等共产党人的观念都是很不一致的。

政见虽然不同,但是从文化倾向、态度来说,胡适和陈独秀还是有接近的可能的,尤其是在对待传统文化的态度上,"我们"是接近的。"中国现代思想史上最有势力的两个流派——自由主义和社会主义——大体上都会对传统持否定态度。"③面对直接威胁到五四新文化运动旗帜的"他们"——文化保守主义思潮的泛滥,作为五四精神守护者的"我们"——胡适和陈独秀又怎能无动于衷。这也是在思想文化观念上双方得以在北大

---

① 陈独秀:《对于现在中国政治问题的我见》,《东方杂志》第十九卷第十五号,1922年8月10日,又见《努力周报》1922年9月3日。
② 转引自朱洪《陈独秀与胡适》,武汉:湖北人民出版社,2006年1月第一版,第170页。
③ 余英时:《中国近代思想史上的激进与保守》,《钱穆与中国文化》,上海:上海远东出版社,1994年第一版,第222页。

《新青年》社破裂之后仍然可以相互支援、达成阵线的深层次原因。①

虽然在科玄论战中陈独秀和胡适可以被认为是在大敌当前下的一次携手,但并没有持续多久。因为两人在这场论战的"胜利果实"——1923年底出版的作为科学派视角的《科学与人生观》一书——中各自写作的"序言"最终凸显的是二人思想上的分歧而不是共同点。陈独秀在序言中认为只有"唯物的历史观"才能解释历史,解释人生观。这也是"唯物史派"第一次在"科玄论战"中登场,它同时向科学派和玄学派发起挑战。而胡适则认为唯物史观只承认"客观的物质原因",是一种"秃头的历史观",他认为唯物史观是重要的史学工具,承认它的解释历史作用的同时,也不能不承认思想、知识等作为"客观的原因"的作用。"如果独秀真信仰他们的宣传事业可以打倒军阀,可以造成平民革命,可以打破国际资本主义,那么,他究竟还是丁在君和胡适之的同志,——他究竟还信仰思想知识言论教育等事也可以变动社会,也可以解释历史,也可以支配人生观!"②而在1923年12月9日陈独秀致胡适的回信中,陈独秀表示:"我老实告诉适之,如果我们妄想我们的宣传他本身的力量可以打倒军阀,可以造成平民革命,可以打破国际资本主义,我们还配谈什么唯物史观!"随后,陈独秀又站在"科学"的基础上对胡适提出坚决的批判:"适之赞成所谓秃头的历史观,除经济组织外,'似乎应该包括一切"心的"原因',——即是知识、思想、言论、教育等事'。'心的'原因,这句话如何在适之口中说出来!离开了物质一元论,科学便濒于破产,适之颇尊崇科学,如何对心与物平等看待!!"陈独秀显然认为,物质一元论就是科学的基础,也是唯物史观的思想基础,在他看来,在经济基础之外去强调思想文化对历史的影响是颠倒了因果,这无疑是十分危险、糊涂的。"适之果坚持物的原因外,尚有心的原因,——即知识、思想、言论、教育,也可以变动社会,也可以解释历史,也可以支配人生观,——像这样明白主张心物二元论,张君劢必然大摇大摆的来向适之拱手道谢!!!"③从中可见陈独秀和胡适在最基本的哲学观念上的严重分歧,这也是陈独秀与仍然坚持五四新文化运动启蒙立场、注重思想文化建设的

---

① 复旦大学历史系章清教授在《1920年代:思想界的分裂与中国社会的重组》一文中对此现象也有精彩论述,见中国社会科学院近代史研究所民国史研究室编《一九二〇年代的中国》一书,第383页。

② 参见《科学与人生观》,北京:中国致公出版社,2009年6月初版,第17页。

③ 陈独秀:《答适之》,《科学与人生观》,北京:中国致公出版社,2009年6月初版,第22页。

第六章 时代的夹缝中

胡适之间无法弥合的鸿沟。

除此之外，胡适作为一名自由主义者，他对思想自由、信仰自由的绝对维护，跟陈独秀是完全不一样的。

之前在分析1922年"反基督教大同盟"运动时，我们已经指出陈独秀和自由主义知识分子周作人、钱玄同因为言论、信仰自由问题已经闹僵，也指出了胡适对基督教问题的表态其实也是支持周作人等人，反对陈独秀的。而在1923年"科玄论战"中陈独秀已经明确表示自己只相信"客观的物质原因"可以改变历史而非思想、文化事业，即便如此，"他究竟还是丁在君和胡适之的同志"，胡适并没有因此就真正与他闹崩。真正让胡适和陈独秀彻底分裂的原因就在于两人对言论自由、信仰自由认识的分歧。而这最主要地体现在两件历史文化事件中，即1924年的泰戈尔访华事件和1925年晨报馆被焚事件。

1924年4月，泰戈尔应研究系讲学社之邀来华访问。访华期间，泰戈尔宣称此行的目的就是为了传达爱的思想，同时他在讲演中也大力抨击西方科学、物质文明，要求维护东方固有之文化。无疑，这样的论调得到了研究系梁启超等人的热烈欢迎和响应。当时，就有舆论指出研究系之所以请泰戈尔来华就是想为去年"科玄论战"报仇。陈独秀毫无疑问就有这样的想法，他在1924年4月9日（此时泰戈尔尚未来华，笔者注）的时候致信胡适："《中国青年》将出特号反对太戈尔，他们很想烦吾兄为《中国青年》此特号做一篇短文，特托我转达于你。我以为此段事颇与青年思想有关，吾兄有暇，最好能做一文寄弟处。兄倘能做文，望于本月十五左右发出，二十日以前寄到上海。"①然而，胡适并没有写这篇文章，虽然他一开始也反对泰戈尔访华。虽然胡适没有写文章，但是在共产党人的部署之下，为了狠狠打击东方文化派，陈独秀、瞿秋白、沈雁冰、沈泽民等人一方面在《向导》《中国青年》上发表抨击泰戈尔的文章，另一方面，陈独秀等人又组织了进步青年的飞行集会去到泰戈尔讲演的场所散发反对传单。

真正把胡适逼到泰戈尔一面的正是陈独秀等共产党人对泰戈尔"所谓"言论自由和群众信仰自由的"箝制"做法。1924年5月9日，泰戈尔在

---

① 《陈独秀致胡适》，《胡适来往书信选（上）》，第242页。

真光影戏院第一次向北京青年做正式的公开讲演。① 就在讲演之前,有人在会场散发题为"我们为什么反对泰戈尔""送泰戈尔"的传单。5月10日,泰戈尔在真光影戏院第二次向北京青年讲演,主持人胡适在泰戈尔演讲之前对那些反对泰戈尔的青年有所警告,他表示对于泰戈尔的思想无论是赞成或是反对,都不成问题,但首要是先去了解泰戈尔思想的真义才行,不能盲目地去反对泰戈尔,他说自己当初也是反对泰戈尔访华之人,但在泰戈尔真正来了之后却欢迎他。5月12日,在真光剧场泰戈尔举行了第三次也是最后一次讲演会,到会者两千余人。胡适在随后的发言中,表示他在前天的演讲会会场中发现了"送泰戈尔"的传单,他看了之后"很感觉不快"。针对传单中说泰戈尔之所以访华是因为研究系在去年科玄论战中战败后想请这位"老祖宗"来替他们争气的说法,胡适明白表示:"这话是没有事实的根据的。""我也是去年参加玄学科学论战的一个人,我可以说,泰戈尔来华的决心定于这个论战未发生之前;他的代表来接洽,也在这个论战刚开始的时候,我以参战人的资格,不能不替我的玄学朋友说一句公道话。"②对于传单中扬言要"激颜厉色要送他走"的说法,让胡适尤其生气:"这种不容忍的态度是野蛮的国家对待言论思想的态度。我们一面要争自由,一面却不许别人有言论的自由,这是什么道理?假使我因为不赞成你的主张,也就'激颜厉色要送你走',你是不是要说我野蛮?主张尽管不同,辩论尽管激烈,但若因为主张不同就生出不容忍的态度或竟取不容忍的手段,那就是自己打自己的嘴巴,自己取消鼓吹自由的资格。自由的真基础是对于对方的主张的容忍与敬意。"③直到这时,胡适才阐明了文化观点上的差异事小,言论自由、信仰自由才是真正应该要维护的,否则生活在这种环境中的每一个人都会受到压迫和剥夺,就如同泰戈尔一样。

1924年9月9日,针对陈独秀一改往日基于启蒙立场对义和团的大力批判,转而褒扬起义和团所谓的爱国、反抗精神,胡适在写给《晨报副刊》记

---

① 泰戈尔访华期间,虽然讲演多次,但据徐志摩回忆,只有在真光剧场的三次讲演是正式的,其他都是临时的、应景的。参见《清华讲演》,徐志摩翻译,《小说月报》第十五卷第十号,1924年10月。
② 《泰戈尔在京最后之讲演》,《晨报》,1924年5月13日。
③ 陈衡哲在5月28日写给胡适的信中对胡适表示支持,她说:"你为了太戈尔所说的话,我们都十分赞成,我尤赞成你所说的'自己打自己的嘴巴'的意思。我每次看了《晨报副刊》之后总有这一个感觉,所以甚喜你有这一番言论。"见《胡适来往书信选(上)》,第253页。

第六章 时代的夹缝中

者的信中直言不讳地谈到了与陈独秀在思想上的分歧:"今日政治方面需要一个独立正直的舆论机关,那是不消说的。即从思想方面看来,一边是复古的混沌思想,一边是颂扬拳匪的混沌思想,都有澈底批判的必要。今日拳匪的鬼运大亨通,六年前作《克林德碑》那篇痛骂拳匪的大文(《独秀文存》卷一)的作者①,现在也大力颂扬拳匪了!(《政治生活》十五)这种现象使我感觉《努力》真有急急出版的必要。"胡适表示如果不是因为自己生病,那么,"政治和思想界的混沌早已把《努力》又榨出来了"。对陈独秀的行为,胡适无疑是失望的,他也毫不留情:"今日那班处处畏资本家的阴谋的人,同时又往往为拳匪曲说巧辩:——这真是'翻手为云覆手为雨',我们只好叫他做'讼棍的行为'。"②措辞之严厉,可谓是北大新青年一派分裂以来胡适对陈独秀用语最重的一次。

第二次则是在1925年11月"首都革命"风潮中,国民党人朱家骅带领部分激进青年烧毁了研究系背景的晨报馆。陈独秀对此持支持态度,这终于触碰到了胡适维护思想自由、信仰自由的底线,让胡适终于从"我们"之中分出了"你们"。

1925年12月,在胡适写给陈独秀的这封著名的信中,胡适针对陈独秀之前信中所说的"你以为《晨报》不该烧吗"一句话感慨万千,他不由得回溯了他们之间交往的历史,他说:"我们做了十年的朋友,同做过不少的事,而见解主张上常有不同的地方。但最大的不同莫过于这一点。"胡适所说的"这一点"就是指对待异己缺少宽容。胡适甚至在信中不愿意用"我们"来指代自己和陈独秀,他说:"你我不是曾同发表一个'争自由'的宣言吗?那天北京的群众不是宣言'人民有集会结社言论出版的自由'吗?《晨报》近年的主张,无论在你我眼睛里为是为非,绝没有'该'被自命争自由的民众烧毁的罪状;……争自由的唯一理由,换句话说,就是期望大家能容忍异己的意见与信仰。"胡适在信中一律都用"你我"来指代原本的"我们",意味深长。紧接着,胡适就说出了真正表示分裂的一句,他说:"我也知道你们(本段着重号为笔者所加,笔者注)主张一阶级专制的人已不信仰自由这个字了。我也知道我今天向你讨论自由,也许为你所笑。但我要你知道,这一点在我要算一个根本的信仰。我们两个老朋友,政治主张上尽管不同,

---

① 这就是胡适"不点名的点名"批判陈独秀,凸显了情感与理智的两难。
② 胡适:《致晨报副刊记者的信》,《晨报副镌》,1924年9月12日。

事业上尽管不同,所以仍不失其为老朋友者,正因为你我脑子背后多少总还同有一点容忍异己的态度。至少我可以说,我的根本信仰是承认别人有尝试的自由。如果连这一点最低限度的相同点都扫除了,我们不但不能做朋友,简直要做仇敌了。"在这段话里,胡适已经明明白白地将"我们"分成了"你"、"我"再到"你们";而且,第一个"我们"是和"老朋友"联系在一起,而最后一个"我们"却和"仇敌"联系在了一起。

胡适在信件的最后也没有忘记二人曾经共同的敌人——"他们",他说:"不容忍的空气充满国中,并不是旧势力的不容忍,他们早已没有摧残异己的能力了。最不容忍的乃是一班自命为最新人物的人。"在胡适看来,在当下社会中,"他们"的力量已经式微了,那种对自由的压迫却来自原先"我们"的力量之中。在文章的最末,胡适说:"我怕的是这种不容忍的风气造成之后,这个社会要变成一个更残忍更惨酷的社会,我们爱自由争自由的人怕没有立足容身之地了。"① 这句话中的"我们"显然已经不是一开始的跟陈独秀结成统一战线时期的"我们"了,在这个"我们"主语下加了一个后置说明——"爱自由争自由的人",不言而喻,这里的"我们"已经革除了陈独秀一帮人了。整体上说来,北大新青年派分裂之后,陈独秀和胡适两位旗手之间一直到这时,才算彻彻底底地"裂"开来了,从"我们"曾经与"他们"的对峙,到后来一针见血地挑明"我们"和"你们"的区别,这个变化的过程让人深思。

在此之后,北大《新青年》同人信奉自由主义一派对待陈独秀的态度在钱玄同致周作人的一封信中说的颇为直白。钱玄同在写于1926年4月8日的信中说:"陈仲子(即陈独秀,笔者注)的信已看过,……我们最初宣言,本不过自己表明态度,本不是和他们去斗嘴;……如其以后他们来攻的话,总是以前的几套,我们便尽可从此不再开口。若遇必要时尚须申说一次,则最好是——无论哪人,一人或数人均可——把我们的态度再详细披露一次而末复声明之曰:——我们这种说法,只是声明我们自己的态度,不是和别人辩论。现在态度完全说明了,知我罪我,一切不管,此后无论再有何等论调来攻击,我们概不答复。……至于仲甫方面,他既以私人信札来,则亦但以私人复信答他足矣。他如再来信时,看其态度如何,或答或否,但即使

---

① 胡适:《致陈独秀(稿)》,耿云志等编《胡适书信集》,北京:北京大学出版社,1996年9月第一版,第366、367页。

答,也只以一次为度。(此意亦于复信中声明)以后也不再多谈了。如此'停止',似尚'适当',你以为然否?"①在钱玄同信中,也是直接将"我们"和"他们"对立了起来,这里的"他们"似乎比胡适嘴中的"你们"褒贬色彩还要浓一些,钱玄同的意思是,道不同不相为谋,"以后不再多谈了",如此"适当"的"停止"也意味着双方从《新青年》诞生以来的友谊也彻底地"停止"了。

以胡适、周作人为代表的自由主义知识分子,以陈独秀、李大钊为代表的激进共产党人,以梁启超为代表的文化保守主义者,在五四风云变幻的时代大潮中从合作到后来逐渐一层层地剥离开来了。与此同时,知识分子的重组也在发生着,其中有思想观念的差异、人事的纠结、党派的参与、学问的辩难等等,复杂而多变、暧昧且多面。

---

① 钱玄同:《致周作人》,孙郁、黄乔生主编《致周作人》,开封:河南大学出版社,2004年4月第一版,第86页。

第七章　研究系及其文化事业的末路

随着1924年国共合作的逐步深入,研究系面临的政治、文化局面越来越严峻。1925年11月首都革命中,研究系的重要喉舌——北京晨报馆——被国民党势力焚毁。对研究系来说,这无疑是一个重大打击。而这个事件,也预示着研究系势力的全面没落。而1926年北伐开始后,研究系只能无奈地看着自己曾经的政治对手不断取得胜利,而自己的文化事业在政治高压下也逐渐没落了。

第一节　《学灯》的没落

一

据1923年9月3日第86期《文学旬刊》中《文学研究会会员消息》一文记载,"柯一岑君于八月三十一日乘 Paucal 邮船赴法国留学,通讯处未定"①。柯一岑1923年8月底离开之后,一直到1924年5月中旬徐六几主编《学灯》之前,《学灯》主编一职一直是处于"后继无人"的状态。我想在这个阶段,从副刊显露出的编辑的思想观念和读者来信看②,张东荪作为《时事新报》的主笔应该是一度编辑过《学灯》,鉴于没有明确的主编,为了指称方便我们不妨称之为"无名氏"编辑时期。

在该阶段,有两个倾向值得我们注意,第一是《学灯》扭转了从1923年

---

① 该消息在1923年9月3日《时事新报》中登载。
② 比如编辑仍然不主张谈论关于青年人的婚姻恋爱问题之类,在该阶段张东荪也曾明确地站出来就该问题发过言,思想一如其旧。

4月开始的"教育转向",恢复到之前的注重科学、哲学、思想建设的轨道上来,与此同时,版式上也恢复了之前的横排五栏的正常版式。从1923年9月开始,虽然《学灯》当月依然有"学生论坛"和"教育"栏,但是篇幅已经大幅缩水,比如1923年8月的"学生论坛"栏中有26篇文章,而到了同年9月,却锐减到了10篇,而到了10月之后,则彻底取消了"学生论坛"栏!所以,"无名氏"主编《学灯》期间,"教育转向"的趋势被终结了。

但是《学灯》也没有回到之前注重文学艺术(尤其是新诗)的道路上来,这是该阶段值得我们重视的第二个倾向,我们不妨称之为"灭绝新诗"的倾向。我们知道,《学灯》在五四新文学运动中最大的贡献就是在新诗建设方面,这是它历史上的辉煌和功绩,无论是宗白华、李石岑,还是后来的郑振铎、柯一岑,他们都对新诗的发生、发展起到了催生、扶助、支持的作用。可是到了"无名氏"主编《学灯》阶段,却对新诗采取了一种"剿灭"的态度。

1923年9月2日,"无名氏"上台伊始,就在《学灯》"编辑室"栏内发表了一则声明,其中说道:"我们自声明短篇小说稿件恕不退还以来,稿件的堆积竟出于我们预想以外。即最近一二年论,新诗居然有两大包,可分装为六个抽屉。现在我们想把积稿清理一下,择优发表。偏对于新诗,实无鉴别的能力,这纯是编者自己学识浅薄,而不关于新旧之争。不过编者也有一种偏见:以为现在的新诗往往有人一天能做百首;且有人于一礼拜内成一部诗集;因此我们阅稿时看到新诗,不能不望而生畏了。所以今天特向爱学灯的诸君前说一句开罪的话:就是以后凡是新诗,除自信确是在文坛上能生异彩的以外,和特约诗作,还请不必见赐。"①在同年9月11日他们在"编辑室"中又提到,"我们曾向爱读学灯的诸公前声明新诗的投稿是我们所不欢迎的"。可见,在读者观感上《学灯》主持人几乎断绝了对新诗的关注。

《学灯》的做法无疑受到了巨大的舆论压力,很多读者给《学灯》写信质问《学灯》为什么如此压制新诗。1923年10月18日,《学灯》上就登出了读者唐翼举致编辑的信,其中说,"我在厦门听见徐玉诺先生说:'贵刊现在对于新体诗是完全不披露的。'又说:'贵刊把了许许多多人们所投来的新诗

---

① "编辑室",《学灯》,1923年9月2日。在这个声明里所说的"短篇小说稿件恕不退还"的声明指的是1923年1月23日《学灯》的声明,该日的声明中指出4000字以下的短篇稿件都不退还。

稿子,都毫不过目,尽数的收集起来,打成了两大包……'真的吗?记者先生!我听了他所说的话,你想我有多么的诧怪?新体诗现在真成了烂货了吗?或者在文学史上面,将来要记起'打成两大包'的新诗的趣话吗?又或是你们对于新诗是不看的,不管成熟和不成熟,都要一概抹杀的吗?"①这封信无疑是有代表性的,尤其是它还引用了徐玉诺这样在《学灯》出身并崭露头角的新诗作家的话,更增加了对《学灯》的压力。在随后的答复信中,《学灯》记者解释说:"徐先生的话恐怕是有些误会罢,我们并非绝对不登新诗,我们只是声明两件事:第一,以往的积存新诗有两大包,编辑者实在没有功夫清理,这个声明乃是向投稿者道歉的意思;第二,我们希望自信未成熟的新诗稿件少些见赐,以免再堆积起来。至于现代作家的近作,或自信能在诗坛上站得住的投稿,已经寄到,断无不看过后登出,并不是一概抹煞,徐先生的话未免太'全称肯定'了。"②

那么,《学灯》的编辑为什么不收新诗作品了呢?除了认为积稿太多或有些稿件未成熟之外还有原因么?在1923年10月26日,《学灯》刊出了记者致王以仁的信,其中记者言明要发起一场关于新诗的"甄别运动",他认为新诗"太滥了",不妨用吴稚晖先生发明的"白话打油诗"一词来"代表目下对于文学毫无学养而开口胡诌的新诗罢"。记者在信中说之所以拿新诗来"严格"对待,就是因为新诗作为艺术,必须要有两个条件,第一是"必与天才有关系",第二则"非经过训练学养不可",所以诗人"不是人人都能做的"。"至于无名的新出作家要成立他的作品至少要对于此道先下研究然后始有自信心,断不是随便做几句打油腔而即敢自信能站得住于诗坛上的,所以断不会埋没无名的新出作家。"尤其值得我们注意的是,在该信之后就是"编辑室"一栏,该栏内的语言颇有深意,其中说:"大凡一个人作文章,总是从心坎上自然而然发生了一个意思,同时感着一种非吐不可的难受。于是便尽情一吐,大有一泻千里之势。不仅文学的作品如此,一切关于其他学科的著述也都是如此。最可怕的是有些人把投稿认为职业。每天要搜索枯肠从无生有做出几百个字来。我们自信眼光尚敏,对于此类的稿件一看便知。所以我们的学灯专是供有意见的人们来发泄的;既不仰求名人勉强撰稿,也不供职业的投稿者利用。因为名人的稿件虽可费了重价

---

① 唐翼举:《致记者》,《学灯》,1923年10月18日。
② 《通信栏》,《学灯》,1923年10月18日。

第七章 研究系及其文化事业的末路

买来,然而依然勉强做成的,不全是从心坎中自然流出的;职业的投稿者为区区稿费,其动机更卑劣了,那里会有好文章呢?"①《学灯》记者敏感地认识到当时的文坛上有人利用新诗来作射利求名的工具,才会对读者说出"自信眼光尚敏""一看便知"之类的话的。如果说记者致王以仁的信还有些客气的话,那么这则声明就明明白白地指出,别想打着新诗的旗号利用《学灯》来骗钱。

《学灯》编辑的话当然也有道理,可是我们毕竟要看到,在新文化运动之初,新诗作品的幼稚是难免的,更何况任何时候都有浑水摸鱼的"建设者",为了除草连苗也不要的极端做法是不可取的。尤其从更长远的范围来看,《学灯》"甄别"新诗的做法,对新诗的健康发展非常不利,本质上来说是对新诗的一次"剿灭"。事实上,"无名氏"也是这样做的,不光是新诗,甚至他把文学创作都列入了黑名单,从1923年9月到1924年5月期间,将近十个月的时间内,包括新诗在内只发表了少得可怜的文学作品:

发表日期	篇目名称	作者
1923年9月4日	《地中海梦埃及魂入梦》	徐志摩
1923年9月6日	《赛因河边之冬夜》	王独清
1923年9月9日	《过茨死处》	王独清
1923年11月1日—1924年1月31日	《阁楼中的哲学家日记》	法国E.Souvestre著,何道生译
1924年2月15日—31日	《磨坊之战》	法国佐拉著,W.W.译

可见,《学灯》在这个阶段基本上遗弃了文学创作!在文学上,《学灯》的生命力和创造力濒于枯竭。

二

1924年5月15日,《学灯》"编辑室"用黑体字大声宣告"徐六几先生来编学灯了",其中说:"学灯自柯一岑先生赴德后,我们深恐没有起色,所以现在可巧遇着徐六几先生来沪养疴。我们便请他以养疴的余暇,看看稿子,我们虽不敢要求他以全力来整顿学灯,但我们相信以后总可比现在更加好些。这便是我们可以告慰爱读学灯的诸位先生们的了。"此后,一直到

---

① "编辑室",《学灯》,1923年10月26日。

1925年9月，《学灯》的主持人就是徐六几和郭梦良两人，对时事新报馆来说，他们二人都是老朋友了。

徐六几(字其湘)与郭梦良，两人都是福建人，是1917级北大的同班同学，在1918年4月出版的由徐宝璜主编，朱一鹗、陈钟凡等人搜集资料编成的《国立北京大学廿周年纪念册》中，在"在校同学录"下的"法预科同学录"中可以找到两人所在一班的名录。关于两人的基本状况是这样记载的：

徐其湘，别号：酊乡。年纪：二十。籍贯：福建连江。经过学校：(福建)省立第一中学毕业。所学门类：英文班。年级：一年级。通信处：连江丹阳街瑞利号转。

郭弼藩，别号：梦良。年纪：十九。籍贯：福建闽侯。经过学校：(福建)省立第一中学毕业。所学门类：英文班。年级：一年级。通信处：南台上靛街乾成号。

在他们同为法科预科同学中，还包括朱谦之、周长宪、胡若愚等人。而在当时的法科教师中则包括了张君劢、张慰慈、徐新六、罗文干、马寅初、陈启修、陶履恭、刘半农、朱蓬仙、王宠惠、张耀曾等人，其中不少人都是研究系知识分子，可想而知其对学生的影响。

徐六几和郭梦良两人从中学一直到最后去世，无论在思想上、事业上还是生活上，基本上都是形影不离的。两人在1917年入北大后经过三年预科学习，也就是在1920年入北大法科学习，先后在1921年加入文学研究会，一直到1924年毕业于北大，后均到上海，徐六几进时事新报馆主编《学灯》，而郭梦良则入张君劢执掌的国立自治学院做总务长。两人均在1925年去世。这就是他们短短一生的基本轮廓。我们不妨将此二人放在一起论述。

如果从政治思想观念来说，他们都是中国最早的一批基尔特社会主义的信仰者和宣传者，也就是说，他们是中国共产党从成立之初就碰到的一批从理论上来攻击马克思主义、苏联政府的人。他们与时事新报馆以及《学灯》的结缘由来已久。他们在北大学习时，研究系张君劢、徐新六等人就是他们的老师，他们也积极投身于当时五花八门的社会主义思潮的研究中来，他们在当时组织了社会主义研究会，参与了当时的社会主义论战。

第七章 研究系及其文化事业的末路

在1920年12月17日,号称"杂志界破天荒之大批评"的《评论之评论》①出版了。它是由北京大学"评论之评论"社编辑的。这本身就是一个以抵制马克思主义在中国传播为目的的杂志,登载了诸如费觉天的《驳马克斯唯物史观》之类的文章,在该期杂志上就有郭梦良所作的《新村批评》和徐六几所作的《晚近妇女新倾向》等文章。而在1921年3月21日,《学灯》上刊登了徐六几和郭梦良联合致张东荪的一封信,其中他们二人表达了要与张东荪携手介绍基尔特社会主义到中国来的愿望,并做了翻译基尔特丛书的安排,信中说道,"东荪先生:七日之会,蒙赐同人以许多教诲,我们谨代表社会主义研究会向先生道谢!介绍某种学说到中国来,是研究某种学说的人应负的责任。我们既对于基尔特社会主义有些微的研究,那末,在今日赤贫的中国学术界中,此种责任似不得不冒昧出来担当,故对于先生翻译基尔特社会主义丛书的提议,极表赞同"。随后两人将介绍基尔特社会主义丛书按照内容分为三个阶段,希望由浅入深来输入学理。在1921年3月29日,两人再次给张东荪写信,表示对于基尔特丛书的翻译,已经分定了人选,翻译人选包括:刘永潜、陈建民、易家钺、胡善恒、瞿世英、郑振铎、徐六几、郭梦良。也就是在该信中,徐、郭两人提到了要在《学灯》上陆续发表宣传基尔特主义的文章,其中说道:"昨复石岑先生(当时为《学灯》主编,笔者注)信,提及陆续发表基尔特社会主义论文之计划,一方面固为学灯充篇幅,一方面则为基尔特丛书之引子,未识先生对此计划有何意见?"但张东荪对这个意见似乎比较谨慎,在回信中只是说"其余的话改日再说"。

在1921年9月,也就是徐六几的好友郑振铎入主《学灯》之后,徐六几经常在"评论"栏发言,在9月初,他连续发表了《代表者何?》(3日)、《"好政府主义"批评》(5日)、《评山川均"从科学的社会主义到行动的社会主义"》(7日)等文章;同时,《学灯》也开辟了"社会主义研究"专栏,发表基尔特主义宣传文章。最重要的是在1921年9月12日,《时事新报》刊登出了《社会主义研究》旬刊预告:"本报既附刊《文学旬刊》极蒙社会欢迎,现决定仿文学旬刊体例,发刊社会主义研究,定本月十六日出第一期,兹将已预备之各稿先揭其目录如下。"由于之前的准备充分,在该日的出刊预告中一气

---

① 五四时期由北京大学法科学生主办的杂志,共出4册,1921年12月15日终刊。主持人为费觉天。由上海泰东图书局承印。

刊登了前十期的目录预告。

我们知道,《文学旬刊》是郑振铎等人主办的文学性刊物,受到极大的欢迎;而《社会主义研究》则是郑振铎的好友徐六几、郭梦良举办的,时事新报馆也十分盼望它能发展起来。而对郑振铎、徐六几、郭梦良来说,1921年下半年他们全面入主时事新报馆的副刊,郑振铎在主编《学灯》之余还在掌握着声名日隆的《文学旬刊》,而随着徐六几等人入主《社会主义研究》,真可谓一班朋友各得其所,同学少年都不贱。虽然《社会主义研究》出版时并没有声明谁是主编,但在1921年10月16日,《社会主义研究》第四期登出"本刊启事":"本刊编辑人徐六几君已回到北京,来稿及一切编辑上事件乞直接通函北京大学徐六几君,免致延误。"可见,此时徐六几是事实上的《社会主义研究》的负责人,而且他此时也正在北京大学上学。徐六几主持下的《社会主义研究》不光重视主义的研究与宣传,而且注重对于政治性学会——今人会——的组织工作。

1921年11月7日,第六号的《社会主义研究》正式登出了"今人会(Newman Society)规约":

一,同人认基尔特社会主义原理于改造中国社会最为适宜,即以研究并传播基尔特社会主义为职志;

二,同人以主义为结合,凡对于基尔特社会主义有深切的信仰自愿加入者经全体同志认可即得入会;

三,同人为实行研究并传播基尔特社会主义起见发行(a)今人会丛书(由商务印书馆出版)(b)今人会小册子(c)社会主义研究(由上海时事新报附刊)(d)今人会月刊(待办);

四,本会依基尔特社会主义的"职能原理"不设任何固定职员,只于特定事由特定时间内委托某同志办理之;

五,同志中有因(a)自愿(b)信仰改变(c)全体同志认为应请其出会者即行宣告出会;

六,本会无固定会费的规定,遇需用款项时由同志认集之。

胡善恒　徐六几　郭梦良　张东荪　陈与漪　约(以姓氏笔画繁简为序)

可见从这时期开始,徐六几等人就与张东荪在思想上紧密地合作在一起,他们宣传基尔特社会主义的阵地就在《社会主义研究》上。事实上,基

第七章 研究系及其文化事业的末路

尔特社会主义的宣传一开始就受到了陈独秀等人的严正批判,再加上基尔特社会主义本身理论体系与中国语境难以结合,它的生命力也并不长久,在1922年6月后就偃旗息鼓了。

在《五四时期期刊介绍》中,关于《时事新报》副刊《社会主义研究》是这样说的:"至于'社会主义研究'所宣传的完全是基尔特社会主义,更是彻头彻尾反动的东西。……由'学灯'分出去的'社会主义研究',是一个极端反动的刊物。……就理论上说,他们完全是抄袭和翻译英国基尔特社会主义者柯尔和潘梯的学说,毫无新东西,经过'新青年'、'先驱'等的驳斥后,早已站不住脚了。"在该书中,编者似乎也注意到了徐六几、郭梦良等人入主《学灯》与他们之前编辑《社会主义研究》的关系:"我们已见的'社会主义研究'的最后一期,是1922年6月出版的第25号。此后,徐六几和郭梦良先后参加了'学灯'的编辑工作,'学灯'上也发表了不少反对苏俄和中国共产党的文章,其中最恶毒的就是有些自称为到过苏俄的人的文章。1922年5月13日发表唐道海的'五四后的青年之冒险思想',以过来人身份劝告青年们一不要去苏联留学,二不要去当兵。他说:'我现在很简单的敢大胆说:到俄国求学的青年是走错了路,因为中国不单是不一定要行共产主义,而且俄国现在也不是真正的共产的国家了。'1924年1,2月,发表了也是自称到过苏联的抱朴的'俄国革命之失败'和'批评中国出版的关于俄国革命的书籍'。抱朴攻击了无产阶级专政,歪曲了新经济政策的本质,得出结论说:'俄国革命给世界革命的影响,是消极的,就是指示全世界的工人,勿再走上错误的道路。'……这些文章充分暴露了'学灯'编辑部的反动面目,也说明,在'学灯'上,脱离政治的学术研究如何与露骨反动的政论相结合,共同起了阻挠革命运动和革命思想发展的作用。"[①]

就这段评价,我们且不说其中的政治话语的表述色彩浓郁,单就史实的运用上就有几处错误。徐六几是1924年5月中旬才到时事新报馆主编《学灯》的,怎么能为1922年5月13日(柯一岑主编时期)和1924年1、2月("无名氏"主编时期)的反苏言论负责呢?当然,徐六几历来就是反苏的,在1922年1月16日出版的《社会主义研究》中徐六几就发表了《布尔什维克失败之真因》一文。文章一开头,徐六几就说:"布尔什维克主义自

[①] 中共中央马克思、恩格斯、列宁、斯大林著作编译局研究室编著:《五四时期期刊介绍》第三集,北京:人民出版社,1959年第一版,第287页。

发生一直到现在,无日不在失败的漩涡中呻吟着。"他认为布尔什维克主义的失败,第一是对于利用俄国人破坏的心理的失败,第二是对于利用俄国"彩票的心理"的破坏。①徐六几认为苏维埃俄国的成功并不是俄国人的成功,被压迫的人依然没有逃离被压迫地位,"只是列宁托洛斯基的成功罢了","布尔什维克主义的成功!成功在哪里?"②应该说,基尔特社会主义者都是抓住了苏联在早期发展过程中所犯的一些错误来攻击苏联和马克思主义的。作为研究系控制下的报纸,时事新报馆又作为新文化运动中的右翼,在国共合作、工农运动的革命星火逐渐燎原之时,也意识到了马克思主义在中国传播所带来的影响。可以说,从"无名氏"开始,《学灯》上基本是一片"反共"的声音。

1924年张东荪作为《时事新报》主笔因为党派色彩太过明显受到时事新报馆总经理黄溯初等人的排挤而离开了时事新报馆,但是,研究系对时事新报馆的控制并没有减弱。在1924年4月3日,张东荪在给梁启超的信中就说:"……此后吾辈生死存亡关键,即在能否充分吸收新人物与开发事业。荪意,上海方面有自治学院、中国公学与《时事新报》,三者皆能充分发展,则吾辈在南中社会上之根基已不为小。"③可以说,《时事新报》是研究系文化格局中一个重要的角色。徐六几人主《学灯》,其实也就是"吸收新人物与开发事业"的体现之一。

时事新报馆为什么会选择徐六几呢?我想除了在历史交际的因缘、思想上的投契之外,还与双方在政治上结盟有关。在《张君劢传记资料(七)》中的《君劢先生之言行——王世瑛先生遗稿》一文中,在1923年下记有:"九月十五日,与知友胡善恒徐六几郭梦良瞿世英四先生同情于唯心史观,因而结为团体。标四点盟约于北京西山灵光寺,自谓得一新生命,负新责任。"④与此同时,张君劢在日记中又记载:"与东荪筑山霆锐振铎等十余人,商量办一理想杂志,以唯心史观为中心概念,待各方响应者多,再提起

---

① 徐六几认为:"俄国人对于旧政府的怨恨最根本的是权力支配的不均。布尔什维克主义者对于此点竟看错了,竟不加以丝毫改正,所实现的政府仍是压迫的,掠夺的,仍是少数人的共产党人支配其他各分子。俄国人所买的彩票竟失败了。"
② 徐六几:《布尔什维克失败之真因》,《社会主义研究》,1922年1月16日。
③ 丁文江、赵丰田主编:《梁启超年谱长编》,上海:上海人民出版社,1983年8月第一版,第1012页。
④ 王世瑛遗稿:《君劢先生之言行(一)》,见朱传誉主编《张君劢传记资料(七)》,台北:天一出版社,1979年版,第28页。

组党问题。以东荪为主干,六几为编辑。欲为吾国思想界,成一种新分野。"①经过"科玄论战"被陈独秀用唯物史观批驳之后处于下风的张君劢与在《社会主义研究》上被陈独秀"击溃"的徐六几、郭梦良等人对唯物史观是深恶痛绝的,他们也想更紧密地团结起来"组党"与陈独秀等人战斗。而张君劢日记里的所谓"理想杂志"也始终没有出现,徐六几的编辑反而是做到《学灯》上来了。

从1924年5月16日主持《学灯》后,徐六几即在《今后的学灯》一文中发布了自己的办刊思想:"在这样黑暗的国度里,仅仅只有我们这个微弱的灯光引着前进,似乎太暗淡了罢!但我们并不灰心。学灯自开办一直到现在都能在学术思想上尽力,虽不曾喊着要给人以面包,以机关枪,以革命论,却可信他的贡献都在这些东西之上。因为他已由黑暗中照澈中国的乱源,并已由世界的历史上找出进化的线索——这就是人类内心的努力和创造,也就是思想。……我们中国的社会,就因为没有一种可靠的社会思想做他的指南针,所以全国全社会的人才都迷了途径。"一开始,徐六几就强调"可靠的社会思想来做中国社会指南针"的重要性,也表示对《学灯》的前途并不灰心!接下来,他又解释了什么是"可靠的思想",他说:"所谓可靠的社会思想,自其一面言,必为反抗现实主义和无治主义的道德革命;自他方面言,则又必以互助、热诚、同胞之谊、共同生活等为其基础。社会越其纷乱,此种学说便越其重要,越其成真。世界没有运动则已,如其有之,不管是政治运动也好,经济运动也好,总须和这个立于人性永久需要的基础上的学说打成一片,才会成功,是可以断言的。"事实上,徐六几还是没有说出具体的可靠的思想到底是指什么。因为到了20年代中期,基尔特社会主义的影响已经大不如前了,徐六几自己也是在困惑之中罢了。但有一点是肯定的,那就是他依然反对马克思主义以及唯物史观。

在主编任上,徐六几做了一些对《学灯》的发展非常有益的事。最显著的就是把被"无名氏"剿灭了的文艺园地重新浇灌了起来。在徐六几主持的当天,也就是1924年5月16日,他就发表了华林的三首诗歌,并在17日开设"童话"一栏;在接下来的6月,他在文艺栏发表了24篇文艺作品。总之,一度濒临死境的《学灯》文艺栏又焕发了生机。这是徐六几任内在新

---

① 王世瑛遗稿:《君劢先生之言行(一)》,见朱传誉主编《张君劢传记资料(七)》,台北:天一出版社,1979年版,第28、29页。

文艺建设上最大的贡献!

就如同声明徐六几要来编《学灯》的那则启事上说的那样,虽然此时徐六几还是一名在养疴的病人,但是他已经感受到上海这个商业社会带给他的种种压力。就如同当时徐六几的北大同学彭基相在《北京与上海》一文中说的那样:"昨天晚上会到北大同学徐六几先生谈到北京和上海的比较,他的意思似乎也以为北京比较上海为好。"而之所以上海比北京不好就是因为在上海的经济压力比北京大。"徐六几先生昨天晚上和我说:'我从前在北京腰里三个月无钱,而我的生活还是平安地过去了;在上海要一天无钱,一天的生活就不能过去。'他又说:'在北京我们走在街上身子都是安稳的,在上海我们就是住在屋子里,身子都是摇动的。'他这些话真是形容的好极了。"①任何一个看过徐讦《北大区里的小饭铺》②的人一定都会对当年人情味十足的北大学生生活感到印象深刻。我想,徐六几会有这样的感慨也是很自然的。

徐六几病势严重时,正在国立自治学院担任总务长的郭梦良坚持自己来代替徐六几编辑《学灯》,而让徐六几去杭州西湖疗养。天不假年,徐六几在1925年5月左右去世,而郭梦良接替了《学灯》主编一职,但在同年11月22日,郭梦良也病重不治,撒手人寰。研究系文化建设事业遭受重大打击。

在1925年11月26日《学灯》上《悼郭梦良》一文中,讲述了郭梦良与徐六几感情之深:"梦良曾编辑学灯几个月,实为其至友徐君六几代劳,梦良六几皆闽人,同学于北大,又同为基尔特社会主义之信徒,国人之闻此主义,二君首先介绍之,六几主任本报编辑之日,梦良佐张君君劢于国立自治学院,及六几肺病渐深,养疴西湖,梦良乃兼为本报学灯编辑,即以所得,助六几医药之资,六几卒不治,梦良方为整理著作,不谓未及半载,梦良之著作亦即有待他人为之整理耶!"③在郑振铎的《哭梦良》一文中也谈到了徐、郭两人关系之真挚:"记得那一次最后同游时,你对我说,你已搜集六几遗作为一集,将谋付印。不料六几的遗作未印,而你也成为古人了!"④

郭梦良与《学灯》同人的感情很深,在《悼郭梦良》中也提到:"郭梦良君

---

① 彭基相:《北京与上海》,《学灯》,1924年8月5日。
② 参见陈平原、夏晓红编《北大旧事》,第556页。
③ 学灯同人:《悼郭梦良》,《学灯》,1925年11月26日。
④ 郑振铎:《哭梦良》,《学灯》,1925年12月7日。

第七章　研究系及其文化事业的末路

曾代编学灯数月,即其不在馆时,亦与同人数数往还,几于每周必聚。"同人们对郭梦良评价很高:"梦良今死矣,知梦良者若不知其短促之生命中,实有极长之时期为社会而努力,以其丰富之学养,以其饱满之精神,以其性格与志趣,为之友者,殆莫不于其前途抱莫大期望,乃天不假年,遽以病殁,是可悲也!"郑振铎也在回忆郭梦良的文章《哭梦良》中说:"五年前,梦良与六几,菊农,济之及我数人,几于每日必见,至少亦一周数见,见则必笑谑杂作,无所不言,言则必直揭胸臆,所见合则欢呼称快,不合则至于拍案叱骂,而梦良于我们中最称多智计,独未尝出一恶声,且常以其□的识见,为我们解纠纷。"①可见,郑振铎与他们交往之深,情意之浓。

在徐六几和郭梦良相继去世之后,《学灯》有一段时间应该是由钱沧波来编辑的。在1925年9月1日,"今后之学灯"说明了此时《学灯》对未来的设想和规划:"大凡一个刊物往往原来的目的在彼,而后来的变迁却在此,学灯因后来寄稿者多是青年学子,已经变为青年之喉舌了,把学灯纯留为讨论学术之用,本来也是太狭了,所以青年学子借学灯的篇幅以发泄其感想,原是我们所欢迎的,但我们总觉得若一个刊物若不能对于社会有所指导,其内容恐怕必要弄得飘忽无定,不是偏于枯燥,就是陷于浮嚣。近来学生且无暇做学问上的文字,所以我们想稍稍改变方向,希望学灯从此以后变为能动的,老实说,近来的青年实在应有人提醒他们一下,他们把自己的思想自由甘心抹杀了,专跟着几个Catchword(口号,笔者注)乱闯,他们把自己的反复思考能力甘心抛弃了,专随宣传者乱撞,他们把自己的人格统一甘心失掉了,专依指挥者操纵,所以依现在的情形,这些青年学子实在可悯,应得唤起其思想自由,使他们自己昂首天外,凡事都能重新估正价值,不为几个标语所压服,应得恢复他们的人格自主能力,不致蒙了眼睛跟着人家乱走。总之,学灯今后的使命是打破现在青年的被催眠状态,恢复他们的固有的人格自由,但是我们的能力很小,希望表同情于我们的来合作。"②在这则宣言里,可以看出,钱沧波一帮人在革命风潮日益激荡的新形势下,已经不想谈什么学术了,既而想要"对社会有所指导",想要"改变方向"做"能动的"奋斗,想要唤起青年学子的所谓"思想自由"和"人格自

---

① 郑振铎:《哭梦良》,《学灯》,1925年12月7日。在程俊英的《回忆郑公二三事》一文中也对郑振铎与郭梦良两人的亲密关系有过记载。
② 《今后之学灯》,《学灯》,1925年9月1日。

由"。其实本质上一句话,想要让更多的青年人反对马克思主义在中国的传播。"最后愿再总结一句话如下,就是我们不赞成取缔式压制人们的思想,更不赞成宣传式催眠人家的思想,我们要为自由而战,以求恢复反复思考而保全批判精神。"①可以说,正是在反共的思想前提下,研究系主导的《学灯》在呼吁着所谓的"思想自由"。

也只有到了这个时候,才真正印证了《五四时期期刊介绍》中的评价,即"脱离政治的学术研究与露骨反动的政论相结合"了。这份从张东荪、匡僧、俞颂华、郭虞裳、宗白华、李石岑、郑振铎、柯一岑、徐六几、郭梦良手中一代代薪火相传的刊物,终于黯淡了它的光芒,烟一般地泯灭在大时代的革命洪流中了。但《学灯》的招牌依旧还是挂在那里,到了1928年3月31日,《时事新报》发表一则"学灯启事":"本报自创设《学灯》专刊以来,已有年所,历由李石岑、张东荪、俞颂华、郭虞裳、朱隐青、潘光旦诸君子主持,久为读者所称许。现自本日起,拟更扩充教育界消息于研究学术之中。为增益新闻之计,由程晓湘君继续主持;所有《市政》《新医与社会》《书报春秋》等副刊一仍其旧。前兹投稿诸君,仍分头特约,务期积极发展,以副读者之雅意。"在当年4月4日,《学灯》即改为《学灯教育界消息》。不过,此《学灯》已非彼《学灯》也!就如同张静庐在1927年指出的那样:"惟现在'觉悟'与'学灯'二栏虽犹存在,已无生气,迥非往日之有左右学术界的势力了。"②

《学灯》死矣!

第二节 研究系及其报馆的末路

随着研究系议宪立宪、政党政治的梦想在20世纪20年代初破灭,研究系作为活跃在民初重要的一支政治力量、文化力量的党团在组织层面也逐渐涣散,政党中坚人物于此时也心灰意冷、纷纷离散,再加上研究系新生代力量幼稚单薄,没有形成核心力量且内部矛盾重重,在新的时代条件下也难以提出有价值的、有吸引力的新的口号,树立新的旗帜以资号召,因

---

① 《今后之学灯》,《学灯》,1925年9月1日。
② 张静庐:《中国的新闻记者和新闻纸》,现代书局,1932年第三版,第63页。

第七章 研究系及其文化事业的末路

此,在国会乱象频生、信用扫地的政治漩涡中,研究系在理念上、组织上、人事上基本处于涣散瘫痪的状态。而作为仅存的研究系机关报的《时事新报》和《晨报》,在巨大的经济压力和国共合作的政治压力之下,也逐步与母体脱离了关系。沪上的《时事新报》在梁启超的几经筹划之下,仍然难以摆脱经济上的困境,穷则思变,在总经理黄溯初的带领之下,不但在政治上与日暮西山的研究系切割,而且通过改革,在报纸的营业上获得成功。但是在国共合作的历史洪流中,研究系报馆的色彩让它进退失据,在商业考量和政治坚守中选择了前者,以自我了断政治生命的方式结束了其可悲的历史命运。

说起研究系的没落,首先是在政治理想和指导思想上与中国现实社会状况出现了严重冲突,研究系想要延续进步党在所谓的革命暴烈分子和北洋实力派之间通过议会政治、政党政治的方式走出"第三条道路",而作为中国现代资产阶级势力的代表,他们自身缺乏实力注定了先天的软弱性,同时又缺乏社会基础和民众支持,因此不得不走上了与北洋实力派合作以对抗国民党议会势力的政治路径,希冀可以引导政治入于正轨。但是对于北洋军阀,无论是皖系段祺瑞或是直系曹锟等人来说,国会只是自己实现独裁统治、武力统一、政治操弄的"民意"遮羞布。正如皖系徐树铮在1917年研究系三总长入阁前所说的那样:"但问其所主持究竟能否与我北洋军派呼吸一气,此不得不考之于先也。党会之才,备我赞佐,可也,将举我而听诸党会之操纵,不可也。用一人而方面吏相庆,虽党会怨言,可也;用一人而相庆者在党会,而方面吏或容有所议、或姑置不言,皆不可也。"①因此,想要在对抗国民党的同时将这样的北洋实力派引入政党政治的正轨无疑是与虎谋皮,是注定要失败的。

中国现代议会政治的道路命运多舛,从 1912 年 1 月南京临时参议院开始到北京临时参议院,1913 年开始的第一届民国国会就于 1914 和 1917 年两次被当时的总统袁世凯和黎元洪分别非法解散,1918 年在段祺瑞、徐树铮授意下成立的安福国会则完全是皖系政治斗争的御用工具,国民普遍已经认识到了中国议会政治的真相,因此在 1920 年直皖战争之后总统徐

---

① 参见《徐树铮陈述组阁选人以能否加固北洋军派为标准致冯国璋密电》,中国第二历史档案馆编《中华民国史档案资料汇编》第三辑政治卷(一),南京:江苏古籍出版社,1991 年 6 月初版,第 166 页。

世昌在10月底发布国会选举命令时,举国响应者寥寥无几。1923年直系曹锟又闹出了贿选丑剧,猪仔国会和猪仔议员们的丑态让中国议会政治的形象一落千丈。1924年冯玉祥北京政变后第一届国会停会。1925年4月段祺瑞下令取消民国法统后,中国现代议会政治、政党政治的实验戛然而止。纵观中国现代议会政治的发展全程,不难看出议会政治虽然也取得了一定的成绩,但是最终的结局却是民主崩溃的同时北洋实力派交替上位的威权统治。因此,议会政治、政党政治作为当初聚合研究系分子的政治理想在严酷的社会现实和政治局面下已经越来越失去了当初的凝聚力和号召力,这也直接导致了研究系在思想上、组织上的溃散。正如刘以芬所谈的那样:"自袁世凯废弃约法,继之以段祺瑞以新法改选国会,一时法统问题,嚣然国中。然历经一次护法战争,而法统意义辄随之蜕变,至民国八九年间,所谓法统者,已不复为人所重视,于是联省自治运动遂代之以兴。"①也正是在这样的时代大背景下,1920年12月6日研究系在《晨报》上刊登声明宣告解散:"自时局俶扰,政团星散,宪法研究会久已名存实亡。年来同人等以友谊关系时复相互周旋,然决无团体之活动。兹特正式声明研究会久已消灭,同人中所有行动均属个人关系,特此布闻。"②研究系名义上解散之后,政党对议会中党员的控制力更是日渐衰弱,但总的说来还是由于议会政治迷梦的破裂。刘以芬在分析曹锟贿选之所以能够得逞时说:"国会自民国六年解散,直至十一年始告恢复,其间经种种变迁,不但社会对之已不甚重视,即议员中亦有认为已失民意代表作用,决然引身而退者(如刘崇佑、陈筑山等)。从前各党议员阵线分明严整,此时则大都意兴阑珊,各自为谋,对党关系既渐趋淡漠,而党之控制亦无形松懈。八百议席支离涣散,顿失中心,无怪一经金钱诱惑,莫不靡然从风也。"③政治道德的败坏和政治操守的缺失就是从政治理想的溃灭开始的,当然,它反过来也进一步加剧了议会政治、政党政治在现代中国注定失败的历史进程。

---

① 刘以芬:《民国政史拾遗》,上海:上海书店出版社,1998年3月初版,第40页。
② 12月6日的声明同时附有51人名单:王家襄、梁善济、蒲殿俊、周大烈、籍忠寅、黄群、王敬芳、蓝公武、胡源汇、罗纶、刘道铿、李国珍、胡汝麟、刘鹏寿、胡正瑗、高登鲤、宋梓、常堉璋、宋育德、李兆年、陈士髦、凌文渊、邱珍、黄元操、葛庄、杜成镕、杜师业、张联魁、陈焕章、张烈、张泽川、周兆沅、毕维垣、林同、张金鉴、谢翊元、刘鸿庆、唐尔镛、傅ircledb说、邵长镕、李拔超、孟昭汉、陈化时、于元芳、郭回澜、王式、孙世杰、万钧、贾述尧、张杜兰、陈敬棠。12月7日,解散声明的名单扩大至55人,增加了高锡恩、李东莱、白常文、訾云岫等四人。
③ 刘以芬:《民国政史拾遗》,上海:上海书店出版社,1998年3月初版,第42页。

第七章 研究系及其文化事业的末路

其次,研究系中坚人物在1917年从政失败之后也星云四散,核心力量不复存在。"一九一七年十一月,研究系的阁员们退出段阁后,其重要分子经常到刘崇佑宅集合开会,梁启超偶然出席。在集会中,大家都感觉到北洋军阀封建顽固,不足与谋宪政;段祺瑞迷信武力统一,再难共事,从而深悔从前与国民党鹬蚌相持的错误。他们决定派汤化龙、林长民二人同赴日本考察,与日本在野名流犬养毅等取得联系;汤在日本考察后,再赴美国一行,以期与美国朝野有所沟通。"①可见研究系首脑此时也在反省自己既往政治路线的错误,韬光养晦、试图再起。但作为研究系精神旗帜的梁启超在1917年之后一再声明今后只从学术上努力,不再涉足政治。虽然他始终不能忘情于政治,也曾见猎心喜,但是欧游之后其坚定了中国传统文化在未来世界文化中地位和价值之信念,愈发在学术文化上努力,在严酷政治现实之下对已呈涣散之势的研究系不再过问。而汤化龙虽然已经反省了过往的政治路径,并在探索新路,可惜天不假年,1918年9月1日在加拿大维多利亚市中华会馆被国民党人王昌刺杀,在党内热衷党务的汤化龙遇刺对研究系来说是一个沉重的打击。热衷政治的林长民在1923年曾担任北京政府宪法起草委员会委员,1925年11月24日与郭松龄联合反奉时兵败身亡。田骏丰在研究系留京要人送别汤化龙赴日的宴会上痛饮汾酒过量,醉死于沙发之上。梁伯强在1924年6月19日突然去世,梁启超表示"可痛","不意东苏坐中,乃最后一面,人生真是梦也"②。此外,汤化龙死后,蒲殿俊任《晨报》社长,后因业务管理不善,且跟研究系福建派发生矛盾,于1922年底将《晨报》交给留英回国的陈博生接办,自己创办了人艺戏剧专门学校和新明大剧院。后因学潮和失火,两项事业均以失败而终。刘崇佑则在汤化龙死后专心从事律师行业,号称不再涉足政治。籍忠寅等人对政治也意兴阑珊,晚年以诗文自娱。正如刘以芬感叹的那样:"十余年来,所谓进步党中坚分子零落殆尽,而此一政治团体,终不能不随政局剧变而澌灭无形。追怀往事,横睇近局,真不禁感慨系之!"③

除此之外,研究系其余分子则由于缺少号召力和个人魅力无法接替梁启超、汤化龙等人留下的巨大空白,再加上研究系内部派别之争导致的矛

---

① 刘以芬:《民国政史拾遗》,上海:上海书店出版社,1998年3月初版,第91、92页。
② 丁文江、赵丰田编:《梁任公先生年谱长编》,北京:中华书局,2010年4月初版,第541页。
③ 刘以芬:《民国政史拾遗》,上海:上海书店出版社,1998年3月初版,第25页。

盾以及用人方面出现的失误,研究系组织受到了极大破坏。1922年6月黎元洪复任大总统后宣言继续民国六年国会第二期常会。据华觉明回忆,"众议院副议长陈国祥(研究系)病故,故选张伯烈为副议长。参议院议长仍为王家襄,他的资望既浅,领导力量亦不够,又用陈定远为参议院秘书长,为之联系一切,更完全不能胜任。研究系的福建派陈博生等对陈定远甚轻视。陈定远系神州通讯社社长,《晨报》上如用神州通讯社稿,稿上有'陈定远'三字必被勾去。陈定远与曹锟佞臣李彦青往来甚密,对曹锟贿选很卖力气,凡与他相识的研究系的国会议员,多被拉去,拿到贿款五千元。王家襄与研究系的福建派既不能切实合作,自更谈不到恢复研究系的旧观了。……至一九二四年秋,国会重遭解散,研究系即随之消灭了"①。

我们知道在汤化龙集团内部也是派系林立,如果按照年龄可以分为元老派和青年派。陈定远和陈博生都是在1913年左右被汤化龙送到日本留学的,都是所谓汤化龙集团的青年派。汤化龙集团内部如果以地域来划分,则可以分为以刘崇佑为首的福建派、以孙洪伊为首的直隶派和以汤化龙为首的湖北派。福建派包括林长民、刘崇杰(刘崇佑之弟)、王允恭、刘道铿、陈博生等人;直隶派包括王乃昌、彭介石、谢远涵、李仲公、张润之、李凝修、白坚武等人;而湖北派则包括王家襄、丁世峄、蒲殿俊、罗纶、萧湘、方继川、张澜、胡瑞霖、南庶熙、霍例白、陈定远等人。"汤(化龙)领导湖北派运用于福建、直隶两派之间,乃居于整个集团的领袖地位。"汤化龙在世时,一直将这三派压服于自己权力之下,整个汤化龙集团一直以刘崇佑为军师。"以刘崇佑为首的福建派,人数虽少,在集团内部却有很大的发言权。关于集团的全部计划和汤的行动,从来几乎决定于刘。因刘清高自许,虑事周密,素得汤的敬重。"②因此在汤化龙死后,他的整个集团可谓群龙无首,作为军师的刘崇佑投身律师业务,出于个人原因对外不谈政治,整个集团无人可以像汤化龙那样来压服派系、造成均势以控制局面。因此,地域派别

---

① 刘以芬:《民国政史拾遗》,上海:上海书店出版社,1998年3月初版,第93页。刘以芬在这里记述有误,当旧国会在北京复会的第一天,参议院议长王家襄选择的秘书长是沈钧儒,而非陈定远。参见《旧国会移京开会第一天》,《晨报》,1922年6月13日。1916年8月议会重开后,陈定远在宪法会议文牍科担任众议院三等秘书,是文书科科员的职务;而李仲公、张润之、霍例白和陈博生都担任了众议院一等秘书,作为会场出席秘书。1922年8月议会重开后,陈定远担任宪法会议议事科秘书兼会场出席秘书,后来陈定远担任过参议院公报科科长等职务。

② 参见李仲公《护国之役时的汤化龙及其集团》,《湖北文史资料》第八辑,1984年4月,第107页。

第七章 研究系及其文化事业的末路

矛盾再次出现,而且又夹杂着汤化龙集团少壮派内诸如陈定远和陈博生之间的种种矛盾,可谓元老派星散,少壮派纷乱,研究系焉能不亡!

可以说,此时研究系的事业只剩下京沪两地的报馆!

我们知道,在研究系构筑的文化版图中,北京的晨报馆和上海的时事新报馆是两个历时最悠久、鼓吹最得力、人才最集中的宣传机构,它们也一直受到研究系这个母体对它们的支持和援助,被认为是研究系在京沪两地的机关报。随着研究系同人思想上分崩离析,一旦在经济上"输血"难以为继,这些报馆在时代大潮的冲击下就不可避免地面临思想、组织上的分裂,逐步开始了各自独具特色又暗含共性的"离心运动"。1922年研究系导中国政治于宪政轨道的梦想彻底破灭。在经济压力下研究系内部统掌财政大权的籍忠寅在给党魁梁启超的信中曾说:"旧同人之分裂势所难免,报馆生活亦须各自为谋。"①从此时起,研究系的母体就无奈地停止了对京沪两地报馆的经济资助,而这两个报馆也就此在思想倾向、经营方式等方面走上了不同的道路。而在1924年国共合作、1926年北伐战争开始后,面临着时代革命大潮的冲刷,研究系仅存的两个最后有影响力的文化据点——上海的时事新报馆和北京的晨报馆——也各自以不同的方式结束了自己与研究系之间暧昧关联的历史命运。

我们先来看最先与研究系脱离关系的《时事新报》。作为与中国资产阶级右翼党团关系密切的报馆,时事新报馆历史上与研究系关系极深。在清末时,它就是资产阶级立宪政团预备立宪公会宣传君主立宪思想的舆论阵地,辛亥革命后更是与进步党和研究系关系极为紧密。从1914年起,研究系重要人物黄溯初、张君劢、张东荪等人先后主持笔政。在护国运动期间,更是被梁启超赞誉为"唯一之言论机关"。而在新文化运动中,时事新报馆在研究系张东荪等人的带领下,积极介入北大新青年一派主导的文化革命运动。1918年3月问世的学术性副刊《学灯》更是被后人称为五四时期"四大副刊"之一。可以说,在政治上、思想上、文化上,作为机关报它都是研究系在上海最忠实的喉舌和代言人。

虽然有历史上的辉煌,但在1922年后时事新报馆面临着极大的经济困难。1922年6月30日,张东荪致信梁启超谈到了时事新报馆的经费问题:"报馆经费已得亮侪报告,仅有三月之粮,唯此时即闭门亦万无此方法。

---

① 丁文江、赵丰田编:《梁任公先生年谱长编》,北京:中华书局,2010年4月初版,第506页。

日前与溯初、云雷、放园会商，先行节流，已大裁员，即苏亦捐所入一部分，于是每月共省去伍佰元光景，尚不足两千，或可支持至年底亦未可知。"①可见在这个时候，时事新报馆的经费还是由研究系统一支持的，但是情况极为悲观。研究系的大佬们为了解救自己在沪的言论机关，也想了不少的办法。1923年3月18日，梁启超给陈叔通、黄溯初、张东荪等人写信谈到了出售并改组《时事新报》事："现在情形除此亦别无办法，想诸公皆所赞同也。售主正着手交涉，有无效果殊不敢知。惟不管能售与否，周刊之改组此时便当预备。"梁启超指明需由张东荪担负全部编辑之责，每周出三张，第一张谈政治、经济等，由张东荪、张君劢负责；第二张谈学术和教育，即是《学灯》的变相，由梁启超自己负责；第三张谈文艺，由徐志摩负责。梁启超对此很有信心："若能鼓起兴致办去，必有异彩。"梁启超要求赶在1924年1月前刊出第一号："有万余金之基金办一周刊，想必能支也。"②但他显然是太过乐观了，筹划中的周刊并没有问世，而且出售事宜也搁浅了，没有下文，想必是碰到了极为严峻的经济问题。也就是从这个时期开始，时事新报馆开始了"去研究系"色彩的改革。

首先，在政治上逐渐褪去研究系的底色和影响，为此不惜移去报馆中最有党派色彩的标志性人物。由于历史上研究系历来和国民党处于敌对状态，《时事新报》也一贯反对革命派、国民党，双方积怨已久，再加上时事新报馆与国民党在上海的喉舌《民国日报》在望平街比邻而居，两报经常针锋相对，互相仇视。1924年国共合作后，时事新报馆上层就对此两大政治对手的合作前景感到极度不安，研究系骨干、时事新报馆总经理黄溯初，担心新政权建立后会对研究系的产业采取严峻手段予以没收，尤其担心《时事新报》研究系的政治背景会累及他所主持的、业务蒸蒸日上的通易信托公司。为了抹去报馆的研究系色彩，黄溯初在人事上采取了一系列动作。何思诚说："（时事新报馆）迭经内部商讨，对张东荪的言论失策啧有烦言；张乃悻然引退，拒不到馆。"③此后，潘公弼以代理总经理的名义统领全局工作。在潘公弼的主持下，时事新报馆不设专职主笔，改为多人轮流分写

---

① 丁文江、赵丰田主编：《梁启超年谱长编》，北京：中华书局，2010年4月初版，第507页。
② 丁文江、赵丰田主编：《梁启超年谱长编》，北京：中华书局，2010年4月初版，第525页。
③ 何思诚：《上海〈时事新报〉从研究系落入国民党手中的演变概要》，参见中国人民政治协商会议全国委员会文史资料委员会编《文史资料选辑（136）》，北京：中国文史出版社，1999年6月初版，第146页。

第七章 研究系及其文化事业的末路

制,在社论方面也尤其注重收敛党派色彩:"……约定收敛锋芒,凡涉及国内时局重大问题,尤当持审慎态度。……后来,国内问题索性回避,而国际问题的比重相对增加,这多出之于张君劢之手,但不署名罢了。"①

其次,为了摆脱长久以来在经济上对研究系的依赖,从1924年开始,在研究系骨干、总经理黄溯初的督促下,潘公弼开始了一系列的改革,想通过营业化的道路达到自给,改变对党派的经济附属关系。"潘(公弼)遂经常对各主管人员分别谈话,宣扬营业本位办报主张,不靠政党津贴,力谋自给有余,并要职工把报纸看作是自己的终身事业,说这是'任公先生'(指梁启超)历来所倡导的。"②除了以梁启超的名义来号召员工之外,为了争夺《申报》和《新闻报》之后的第三把交椅,潘公弼大胆地进行了多项改革,比如重新进行报纸版面编排、春节假期期间《时事新报》也不休刊以独占销路、发行战时专号等,都取得了良好的市场效果。时事新报馆的改革得益于潘公弼丰富的新闻业工作经验。曾与潘公弼同事过的邹韬奋回忆道:"他对于新闻业的种种方面都很熟悉,因为他都经历过的。他在编辑方面,由校对到总编辑和总主笔,都干过;在营业方面,他也干过这种种职务。因为他对于各部分的工作内容都有透彻的了解,所以他解决各部分问题的时候都有独到的见解。"③不用说,随着时事新报馆在营业上的自给自足,他们已经摆脱了在经济上对研究系母体的依赖。

虽然时事新报馆竭力去除研究系色彩,但是,每当政治发生极大转变时,它还是会露出研究系的底色来。1925年3月12日上午9时30分孙中山在北京铁狮子胡同行辕逝世后,举国哀悼,北京市民下半旗、学校停课半日以示哀悼,善后会议也因此停开,政府决定为孙中山举行国葬并命令各行政机关下半旗三日。噩耗传沪之后,张静江、叶楚伧、邵力子等人在当日下午2时在张静江宅召开紧急会议,议决13日在莫利爱路29号孙宅设立灵位,供各界凭吊。为表哀悼,上海总商会通告商户下半旗。12日下午6

---

① 何思诚:《上海〈时事新报〉从研究系落入国民党手中的演变概要》,参见中国人民政治协商会议全国委员会文史资料委员会编《文史资料选辑(136)》,北京:中国文史出版社,1999年6月初版,第146页。

② 何思诚:《上海〈时事新报〉从研究系落入国民党手中的演变概要》,参见中国人民政治协商会议全国委员会文史资料委员会编《文史资料选辑(136)》,北京:中国文史出版社,1999年6月初版,第140页。

③ 参见韬奋基金会、上海韬奋纪念馆编《韬奋全集(增补本)》(第七卷),上海:上海人民出版社,2015年9月初版,第195页。

387

时,国民党上海本部由叶楚伧、邵力子、恽代英等召集会议,讨论哀悼办法,决议通告各党员一律臂扎黑纱以示哀悼。沪上的中华民国各团体召开联合会议,一致表示哀悼,并推举出代表前往孙宅祭奠,同时召开追悼大会。

就是在这样的举国同悲、悼念伟人的时刻,沪上也有不和谐的声音出现。3月14日《申报》刊登12日巴黎电:"各晚报载孙中山之噩耗,均称美孙之爱国,惟惜其晚年倾向布尔希维克主义,时报谓孙氏思想远大,惜以昧于稳固政策之状况及常作空论,致损其令誉云。"①但是真正激起沪上人民气愤的是《时事新报》对孙中山逝世表现出的无礼和嘲弄。13日时事新报馆不顾全国进步民众的哀悼之情在《时事新报》发表了名为《孙文真死矣》(圣心作②)的社论(即便是同为研究系背景的《晨报》同一天发表的社论也是《悼孙文氏》,新闻中也对孙中山加上"革命先觉者"的称号,可见两报研究系色彩之深浅)。这篇社论对逝者极尽攻击之能事,抨击孙中山的精神在他和陈炯明关系破裂之日就死去了,如今死去的只是他的躯体而已。《时事新报》的做法在当时显得格外引人注目,"中西各报,除字林时事新报外,对中山噩耗,一致哀悼"③。时任《时事新报》编辑的何思诚就回忆道:"报纸一出,顿即激起了各界人士和民众的愤慨,不但严词诘责的电话纷至沓来(包括要以激烈手段对付的警告电话),而且当天下午就吃到了一枚炸弹。炸弹是小型的,从沿街大门口掷入,轰然一声,硝烟起处,弹片四飞,整幢三层楼房屋为之剧烈震动;除营业部柜台内办公桌椅和器皿颇有损失外,人员和机器幸未波及。事出之后,当向租界捕房申请派警守护多天,社评也敛迹了些,一场轩然大波才于半惊恐中挨了过去。但这一来,营业是受到一定挫折的,所以内部对执笔者也有反感。"④时事新报馆的态度也引起了诸多批判。谢行晖就说,看了《时事新报》的社评后,"只感到于字里行间寄其幸灾乐祸的、毒刻的微旨"⑤。志新在《南洋周刊》也以《时事新报记者》为题,批判它的态度:"《时事新报》所载孙中山病状,总比他报为重。该

---

① 《孙中山逝世后哀音》,《申报》第五版,1925年3月14日。
② 傅益光在《我所知道的张君劢》中表示:"圣心"必定是张君劢、张东荪二者中的一位。
③ "专电",《益世报》,1925年3月14日。
④ 何思诚:《上海〈时事新报〉从研究系落入国民党手中的演变概要》,参见中国人民政治协商会议全国委员会文史资料委员会编《文史资料选辑(136)》,北京:中国文史出版社,1999年6月初版,第144页。
⑤ 《时事新报也配谈 Fair Play 吗?》,《现代评论》,1925年第一卷第18期。

报尚以中山先生速死为快者。诅咒至今,目的达矣。乃复为文以讽刺之!唉,这种丧心狂病的人,做泄气向下之谈,只好送他到疯人院去!有何置辩之价值!"①可以说,社会各界对时事新报馆幸灾乐祸的态度都极为愤慨。像这样由报馆编辑挑衅引起、暴露报馆研究系基因的"轨外之举"一定会让力导时事新报馆走上营业化道路、逐渐抹去党派色彩的主事者黄溯初感到惶恐不已。

北伐开始之后,时事新报馆似乎预感到末日来临,疯狂地诋毁国共合作以及党军北伐。因为《时事新报》的倒行逆施,该报在汉口被国民党北伐军政治部禁售。"党军总部政治部,认上海新申报及时事新报舆论荒谬,迹近挑拨,经检查新闻委员会委员查日昨饬令警厅严禁该两报在汉口发行,并咨邮务管理局查照办理,凡关于该两报,一律不准邮递云。"②随着北伐军节节胜利、日趋北上,黄溯初等人更加忧虑和不安。1927年3月,北伐军在工人三次武装起义后占领上海,黄溯初的担心果然应验了,有两件事击中了黄溯初的软肋。其一,白崇禧的东路军前敌总指挥部进入上海后,其政治部在大东酒楼招待新闻界,包括《时事新报》在内的多家报馆记者都出席了招待会,在席上《申报》记者汪英宾、康通一、赵叔雍等多人有预谋地在发言时同时指责《时事新报》是研究系的报纸,要求追查历史反动言论的责任,并停止给予该报记者出入证。此事后来被黄溯初知悉,触到了其痛处。其二,何思诚在国民党首领张静江从广东到上海后以时事新报馆记者的名义前去采访,"哪知张一见之下,就厉声斥责道:'《时事新报》为什么一再讥讽我们?不止一次地拿"跷脚主席"当话柄来挖苦我③,研究系真不是好东西!……告诉你们,不要以为躲在租界里就惊动你们不得,我还是可以封你们的门的,试试看!"④讽刺张静江的是当时在时事新报馆主编副刊《青光》的梁实秋,作为对梁实秋的惩罚,黄溯初要求梁不得在《青光》上独树一帜,还决定社评也不一定天天要有,以免惹是生非。

---

① 《时事新报记者》,《南洋周刊》,1925年第六卷第2期。
② 《汉口禁售沪上两报》,《晨报》,1926年9月27日。
③ 1926年5月张静江代理国民党中央执行委员会常务委员会主席,据传其年少时有一次在救火中不慎从屋顶跌落,因此成了跛足,又由于其排行老二,故乡人称其"跷脚二先生"。
④ 何思诚:《上海〈时事新报〉从研究系落入国民党手中的演变概要》,参见中国人民政治协商会议全国委员会文史资料委员会编《文史资料选辑(136)》,北京:中国文史出版社,1999年6月初版,第147页。

其实,除此之外,让黄溯初忧虑的事情还有很多,比如研究系在上海的两个教育中心——中国公学和吴淞国立政治大学在1927年3月底就被国民党上海市党部接收了。"中国国民党上海特别市党部,委任陈望道、刘大白两君为接收国立政治大学委员,于本月二十五日前往吴淞接收,因该校负责人员均不在校,改定二十七日正式接收一节,业志前报,兹悉陈刘两委员于二十七日上午驱车前往,而是日适遇租界断绝交通,致该校负责人员,仍未能到校交代。遂又定于昨日(三十日)上午十时,在法租界孙中山先生葬事筹备处接收一切。"①4月23日,上海教育委员会第一次会议通过决议,决定政治大学暂行停办。自此,研究系在上海的教育事业彻底毁于一旦,张君劢"自是深居简出,致力于读作"。1927年五六月间,在国民党上海特别市党部临时执行委员会的授意下,各团体在"纪念五四"的名义下通过了提请国民政府通缉学阀的决议,并由上海特别市党部临时执行委员会呈报中央:"……近来该学阀等不仅不知敛迹,且活动甚力,显系意图乘机反动,殊属藐视法纪,理合备文呈请钧会,迅予实行通缉,俾儆反动而申党纪,实为党便。"②在学阀的名单中,除了章炳麟、袁希涛、黄炎培、沈恩孚之外,研究系的干将张君劢和张东荪都赫然在列。

看到同人的文化事业在国民党的报复下化为灰烬,甚至人身安全也岌岌可危,黄溯初已成惊弓之鸟。黄溯初的担心不是没有道理的,在国民党军进沪之际,"蒋介石对上海报纸,非常注重,特命殷汝耕来沪,组织总司令部留申办事处,专命其管理沪地各报之有无反革命及妨碍党军军事政治等事"③。国民党占领上海后也加强了对上海新闻界的控制,从1927年6月起设置了"中国国民党中央执行委员会宣传部上海办事处"专门管理新闻宣传工作,主任陈群,副主任潘宜之、刘震,成员包括陈德征、潘公展、余日章等人。在他们的努力下,"自三月二十二日以后,沪地各报言论,向来各具性质者,至今则已统一,纯粹化作党报"④。在这种情况下,为了摆脱惹是生非的《时事新报》、守住通易信托公司,黄溯初找到了张君劢的弟弟、中国银行高官张嘉璈。张嘉璈与黄溯初本从进步党时期就是老朋友,由于张嘉璈麾下的中国银行华南分支行与国民党政权已经有了事实上的交往,因

---

① 《市党部昨日接受政治大学》,《申报》,1927年3月31日。
② 《市党部呈请通缉学阀》,《申报》,1927年6月17日。
③ 《党军之宣传政策与报纸》,《晨报》,1927年6月18日。
④ 《沪报纯党化》,《晨报》,1927年8月1日。

第七章 研究系及其文化事业的末路

此,黄溯初希望以张嘉璈为中介,将时事新报馆过渡转让出去。在1927年五六月间,经过张嘉璈从中斡旋,《时事新报》的产权只以七万元的低价转让给了《申报》老板史量才、张竹平等人,推受盘的证明律师是陆鼎揆,并且新公司聘请其为法律顾问。也就是经过这一番变更,长期以来号称研究系机关刊物的《时事新报》从此易手他人,本来就已名存实亡的"研究系"由于失去了《时事新报》,几乎要被当作一个历史名词看待了。

根据记载,易主之后的《时事新报》光彩越发夺目:"时事新报在党军到沪之时,适为该报易主改组之际,初请陈畏垒(即陈布雷,笔者注)主笔,未及即辞,仍以潘公弼接任。面目一换,与民国日报之主张格式,几大同小异矣。惟在新闻编制上,勾要提立,颇能醒人耳目,在今日实在上海各报之上。今该报之体裁,沪人目之曰党化,而销路每天已超过四万,即广告亦比较的为多矣。"①此后,申报馆来接收《时事新报》的张竹平等人又和国民党拉上关系,收受了蒋介石巨额的宣传费用,陈布雷一度担任该报主笔,张竹平后来又将包括《时事新报》在内的"四社"一并出售给财阀孔祥熙②,成为孔家执掌的新闻托拉斯的一部分。当然这些都是后话,这里就不提了。

相比较黄溯初主持下的《时事新报》主动向新生的国民党政权靠拢的求生策略,陈博生主持下的《晨报》则顽固地抗争到国民革命军占领北京的前夜。究其原因,一方面,这与京沪两地不同的政治氛围给两个报馆带来的压力差异有关。上海作为中国现代经济中心,政治氛围及其压力相对较弱,即便是政治观念针锋相对的对手,一般也都遵循自由竞争、言论自由的原则,在实际上并没你死我活、势不两立的矛盾冲突,《时事新报》最终愿意主动投诚一部分原因就在于此;而北京作为中国现代政治中心,政治氛围之浓烈、斗争的尖锐性明显超过上海,晨报馆作为研究系在北京的机关报身处政治漩涡中,虽然它从1923年1月就宣布与任何党派脱离关系了,此后又为了避嫌而宣称该报经费全由营业收入维持,不过人们普遍认为它还是研究系的最后一个据点,它同国民党、共产党的斗争呈现出你死我活、白刃化的倾向。

首先,晨报馆在与国民党等政治对手日趋激烈的斗争中曾遭到对方毁

---

① 《党军之宣传政策与报纸》,《晨报》,1927年6月18日。但也有报道表示易主后《时事新报》每月尚亏一千七八百元,见《沪界界一年来变迁》,《晨报》,1928年2月22日。

② 即大晚报、大陆报、时事新报和申时电讯社四家。

灭性的打击,这是晨报馆主事者永远无法释怀的痛。

1925年11月29日下午五时许,在北京"首都革命"的乱潮中,北京大学教授、国民党特别市党部成员朱家骅率领四五十进步青年群众捣毁了晨报馆,继而纵火烧毁晨报馆。事后统计,仅房屋纸张的损失就达到三万余元,"而营业之损失,社员之被难,尚不计焉"。面对报馆被焚,陈博生对此极为痛心:"吾侪十数书生抱残守缺,处恶政府之下,为真理,为正义,为民众而奋斗者,十载于兹,强权嫉视,日伺吾傍,横逆之来,知难幸免。然今摧残吾报者,既非军阀,又非官僚,而适为一群自称之民众,捣毁不足,继以纵火,一若吾报与民众势不两立,必置诸死地而后快者,呜呼天下事抑何其难知耶!"针对有人认为晨报馆被捣毁就是因为它是研究系机关报,陈博生辩解说:"研究系是否存在,该系政见如何及该系报纸何以不应有言论自由之权,故置勿论,吾晨报之创办人中,诚有曾隶研究系者,然此属个人行为,与党无干。况自五六年以来吾报力求贯澈社会的报纸之目的,严禁社员加入任何党派,故与既成政党不生关系,观吾人之言论,即可证明。吾晨报巍然独立于天地之间,十数书生苦心奋斗,凡所主张,悉本良心,既不阿附军阀,亦不追随党系,盖吾人所欲自效于社会者在此,而社会所以期待吾人者亦在此。若认晨报为一党一系之机关,是非故意抹杀事实,便为有心侮辱吾人矣。"陈博生多次强调晨报馆中人为"十数书生"就是想证明自身清白的同时与研究系"划清界限"。在陈博生看来,群众运动本身就难以用理性来规范,而政治对手就恰恰是利用了群众运动的弱点来达到不可告人的目的,以所谓的多数来压迫少数人的自由。"当日之国民大会非以国民革命号于世耶,而所谓国民革命者又非以争言论集会出版之自由为旗帜耶?夫自由者一定之限界,非我要如何便如何,他人有稍拂我意者,即以武力对待。"陈博生认为国民党人这样的做法实质上就是帝国主义压制民主与自由的老把戏。

有鉴于此,陈博生认定思想革命就是浴火重生的晨报馆同人下一个阶段的"根本要图",他代表晨报馆同人发誓:"强权不足以箝吾人之口,暴力不足以夺吾人之志。社会果以吾人尚有存在之价值,则吾人自当与强权暴力奋斗到底,此身健在,此志不渝。苟社会尚不容吾人有此区区言论之自由,则吾人唯有殉正义自由以俱亡而已。"[①]

---

① 渊泉:《旧战迹与新战线》,《晨报》,1925年12月7日。

第七章　研究系及其文化事业的末路

其次,正是从1925年底晨报馆被焚事件开始,晨报馆就彻底倒向了北洋政府的怀抱,在言论宣传上与政府统一口径,积极反共反苏,疯狂攻击国共合作和北伐战争。可以说,在浩浩荡荡的历史潮流面前,晨报馆在陈博生等人的带领下,又走上了研究系结托北洋实权派以抗衡政治敌手的老路,而这也注定了它最后悲剧般的结局。

1926年"三一八"惨案发生后,陈博生在《晨报》上先后发表了《空前之惨事》《通缉令决定之经过》《政府之责任》《群众领袖安在?》等文章,在批评政府处置失当的同时,将斗争矛头对准了所谓群众运动的幕后推手。"近来群众运动显有极少数不良分子,暗中利用,以达其或种之目的,实为不可掩之事实。今后欲求真正群众运动之成功,必须群众自身预防此种分子之掺入。有一部分人日惟以破坏为目标,遇有群众运动,若辈必乘机阴谋,驱人供其牺牲。"①显然,要理解陈博生此时的言论就必须要结合晨报馆被焚事件的大背景去理解。与此同时,我们必须看到,陈博生诋毁学生、维护政府的言论与陈源在《现代评论》上的"闲话"等一道撕裂了五四后形成的知识分子共同体,遭到了鲁迅等进步知识分子的坚决批判,鲁迅在感叹"流言家竟至如此之下劣"的同时,一针见血地指出:"这不是一件事的结束,是一件事的开头。"

1926年7月,广东国民政府发布《北伐宣言》,在国共合作的历史潮流的推动下,革命形势一日千里。为了应对日益高涨的革命态势,作为北洋政府的"诤友",晨报馆一方面积极献计献策,希望政府当局可以改善统治手段、救济社会贫困来挽回民心,另一方面就在北伐军不断胜利的同时,被绑上了北洋政府战车上的晨报馆却处心积虑地接连报道所谓"党军"失败的消息,试图混淆视线,稳定局面,同时在宣传上批判党军一党独裁根本上与现代潮流、民主政治相抵触,并再一次祭出了政党政治、代议制度的老法宝。"然吾人相信,欲达民治之精神,代议制度、政党政治为必要之手段,在现时人智范围内,实无较此更为完备者,故依吾人观察,俄意现状,不过为一时之变象,于最近未来,非复归于代议制度不可。一采代议制度,便不能不尊重政党政治。此党军今日所极力模仿之制度,所以为吾人所不能不反对也。"②可以说,晨报馆陈博生等人此时也真正是走投无路,黔驴技穷了,

---

① 渊泉:《空前之惨事》,《晨报》,1926年3月19日。
② 渊泉:《迎接新春》,《晨报》,1927年1月1日。

他何尝不知道研究系搞政党政治、代议制度的历史和结果,只是最终他也只能殉于研究系的"理想"了。

历史潮流浩浩荡荡,顺之者昌逆之则亡。1928年6月初,在北伐军的强大攻势面前,奉系军阀张作霖退出北京,南京政府任命阎锡山为京津卫戍总司令并负责接受北京事务。局势的迅猛发展,显然出乎晨报馆诸人的预料。1928年6月4日,《晨报》第二版头条还在发布"招聘顺直各县访员"的告示,6月5日,《晨报》即宣告休刊:"本报创刊倏届十稔,日处不满意环境之中,委曲求全。冀有所自献于社会,聊尽匹夫有责之义。乃为事实所限,所欲言者,既未及什一,而所言者,又未为各方所了解,徒求苟存,毫无意义。用是决自本日起停刊,与吾爱护本报之读者告别!"同时刊发的还有"本社会计部启事"①、"本社发行部启事"②、"本社出版部启事"③和"本社沪案募款团结束启事",对与晨报馆有关的一切经济上善后工作进行了扫尾处理。

1928年6月8日,国民革命军进占北京。对研究系来说,旧时代在阵痛中彻底结束了,由于在京沪两地相继失去了时事新报馆和晨报馆,它彻底地沦为游魂野鬼。

对比研究系在京沪两地的机关报《晨报》《时事新报》在历史大潮流中的最后结局及其过程,我们会发觉研究系及其报馆作为国民党与共产党的政治对手,作为两者眼中的"二重反革命",它关于政党政治、代议政治的政治主张和依附北洋实力派的政治路线在国共合作的强力冲击下无法逃避彻底失败的政治命运,作为北洋军阀和国民党、共产党之外的第四种势力,它对自由、民主的追求不容于北洋一派,它追求渐进改良反对革命、依附北洋军阀的路径选择也不容于国共两党,因此,它的政治结局必定是悲剧性的,但是,研究系主持下的《晨报副刊》和《学灯》在五四新文化运动深入开展过程中所做出的贡献,是不能抹杀也无法抹杀的。

---

① "本报现已停刊,内部正在清理,手续繁重,须宽时日,所有投稿者及往来各商号,务请于本月七八两日亲自持展来社结算可也。如在期前惠临,恕不接待,谨此奉告,尚乞谅察。"

② "本报既已停刊,各事均在清理,所有预收京内外各报费,概以本报出版各书折价抵偿,刻已着手发寄矣。谨此奉闻。"

③ "寄售书籍者鉴:本报停刊业已着手清理,望于本月七八两日持证来社结账,如过期不来清算者,本社当将余货并账款一并捐助慈善机关,乞勿延误为幸。其在外埠者,概照原住址寄还,谨此奉闻。"

结　语

　　研究系作为一支活跃在20世纪初的重要的政治力量，随着他们在政治上的失意和挫败，在日益高涨的新文化运动的影响下，参与到了新文化运动的建设中来。作为以往思想史、文学史、副刊史上被忽视的"新文化运动同路人"，在早期研究系张东荪一派以《时事新报》及其副刊为阵地，与胡适、钱玄同、陈独秀等北大新青年一派围绕着诸如新旧文化调和问题、建设和破坏的关系问题积极展开论争，展示了他们在新形势下良好的知识应对能力和话题接续能力。此后，在五四运动前，在传统文化守旧势力的疯狂反扑的压力下，研究系一方面以在中国现代首创学术性副刊——《学灯》——为标志彻底结束了此前由他们开创的黑幕文化；另一方面，在张东荪、俞颂华、郭虞裳积极引导下，《学灯》与北大新青年一派在五四运动中结下了战斗的友谊，而在文化上，他们则以北大一派"诤友"自居。在五四新文学运动向纵深开展的过程中，《学灯》积极投身其中，发挥了重大的历史作用。比如在宗白华主持《学灯》期间，他引入了少年中国学会的文化势力介入《学灯》的新文学建设工作，在激发郭沫若的诗情、升华其诗歌创作思想境界的同时，还通过手中的副刊促生了五四新文化运动在向纵深发展时所开拓出的"丛书时代"。而在李石岑主持《学灯》期间，他在大力改革副刊栏目形式的同时，积极创造话题性热点，比如针对胡适《尝试集》所展开的争论，在郑振铎主持下对儿童文学和民间歌谣的重视等等。同时，本研究也详细论述了作为一个频繁更换主编的刊物，《学灯》在新文学建设上具有不确定性，比如哲学家李石岑在宗白华手中接编《学灯》后对新诗"冷淡"的态度对郭沫若诗歌创作的巨大影响，张东荪对于小说文体出于偏见以至于在《学灯》文学体裁上呈现出的所谓"差别的待遇"等。

　　1920年3月研究系魁首梁启超欧游回国。他在欧游过程中目睹的一战后欧洲的惨象以及欧洲思想界对东方文化的渴慕之情，激起了梁启超基于学养结构、知识情感基础上的民族文化自信心。他一反五四新文化运动历来反传统的主张,转而在世界文化的高度上鼓吹中国传统文化的价值和意义,因此研究系文化事业指导思想发生了巨大的转变,而这也不可避免地同以胡适、陈独秀为代表的坚决要求反传统、向西方学习、维护五四新文化运动思想遗产的北大新青年一派产生了分歧。这也为以后双方的冲突埋下了伏笔。

我们知道,北大新青年一派的分裂是中国现代思想史、文化史上的一件大事,而这个过程由于有了研究系知识分子的参与就显得更加复杂、暧昧。在五四运动后,北大新青年派在李大钊与胡适等人之间已经开始了"主义与问题"之争。此后随着陈独秀在1920年初到上海后思想急遽政党化,胡适与陈独秀之间围绕着要不要"谈政治"产生的裂痕再一次让《新青年》杂志面临彻底分裂的局面。1922年在反基督教大同盟事件中,作为自由主义知识分子的周作人、钱玄同等人又围绕着思想自由、言论自由与站在政党立场上反对基督教的陈独秀产生了严重分歧。1923年在科玄论战中,研究系知识分子丁文江与张君劢首先"内讧",丁文江与胡适、陈独秀等人一起批判玄学鬼。在胡适、陈独秀等人看来,梁启超回国后对传统文化的褒扬无疑是开历史倒车,是想要颠覆五四新文化运动思想遗产,是想要争夺五四新文化运动的文化领导权,因此,陈独秀和胡适联手起来反对东方文化派的倒行逆施。但是这场争论在批倒了玄学鬼的同时更凸显了他们二人思想上的差异性。1924年在泰戈尔访华事件中,作为被研究系邀请来华、被视为替研究系在科玄论战中落败而报仇的泰戈尔受到了当时共产党人和左翼青年的强烈批判,但是出于对言论自由、思想自由的关注,胡适此时反而站到了研究系一边,不但支持泰戈尔发表观点,而且对左翼反对派表示抗议。这一事件进一步凸显了胡适和陈独秀二人之间的思想裂痕,也进一步撕裂了中国知识界。1925年,在首都革命中,研究系晨报馆被焚毁,陈独秀对此持支持态度,这也触动了胡适维护思想自由、言论自由的底线,二人关系最终决裂。总体而言,作为自由主义者的胡适在文化观点相异的研究系党魁梁启超和党化色彩日益鲜明的陈独秀之间,最终还是认定具体文化观点分歧并不可怕,可怕的是对思想自由、言论自由的压制。而钱玄同等人此时也开始反省五四新文化运动初期对待异己思想"必不容他人之匡正"的强势启蒙态度,他认为这其实也是中了思想专制之毒的体现。胡适此后更是用了毕生的精力呼吁"容忍比自由更重要"。

结　语

　　而在《学灯》，一方面，由于它的主事者始终不能忘情于政治（张东荪尤其明显），再加上研究系、今人会的后起之秀（比如徐六几、郭梦良等人）英年早逝，张君劢等人组党的计划搁浅，尤其是1924年国共合作后革命形势一日千里的发展态势对研究系分子造成了沉重打击，所以他们从事新文化运动建设的决心和精力受到了主客观因素很大的牵制和影响。这也是《学灯》乃至研究系文化事业最终走向没落的重要原因。

　　总的来说，研究系在政治上想以"改良者"的身份在所谓的革命暴烈分子和腐朽但握有实权的官僚派之间进行调和、斡旋，通过议会政治的方式与实力派合作希冀导引其进入政治正轨，这样的身份定位在他们从政失败后也如同基因般地渗透到他们的文化角色定位中来，他们在新兴的、掌握主流话语权利的北大新青年一派和没落的传统文化保守势力之间，选择了以"诤友"的身份协助"实力派"——北大新青年一派进行新文化运动建设。在这个过程中，研究系主持下的报馆——在京的国民公报社、晨报社和在沪的时事新报社——发挥了重要的作用，报纸副刊就是他们协助北大一派参与新文化运动建设的重要文化"拼图"。《学灯》在研究系分子张东荪、匡僧等人的主持下，以"诤友"的身份批评北大新青年一派的文化破坏事业，号召以建设的心态从事文化改良事业。在展开论战的同时，由于腐朽封建势力的反扑以及五四运动的刺激，双方迅速地弥合了分歧并展开了卓有成效的合作。而梁启超回国之后的文化保守主义倾向以及"东方文化派"思潮的出现则显示出了研究系思想本身的复杂性和社会文化思潮全球范围内流通的现代主义倾向。要知道，梁启超在1920年代所主张的文化保守主义再也不是传统意义上的"中学为体、西学为用"了。一战结束后随着俄国革命的爆发，欧洲本土思想界开始反思、批判资本主义文明及其历程，从杜亚泉到梁启超再到梁漱溟（尤其是前两位），他们的思想已经彻底地丢开了"体用之辩"的传统格局，而是要求以西方文化为参照，在正视中国传统文化价值的基础上，重铸"未来的新文化"（杜亚泉语），其实也就是梁启超所说的"世界文化"。他们在充分反思欧洲以科学技术为主导的原生型现代化忽视人类心性伦理所导致恶果的基础上，不但要求外在世界的现代化，而且首先要求从人的内在思想着手现代化的建设，以期规避心性人伦和科学技术现代化之间的矛盾冲突。毫无疑问，以梁启超为代表的文化保守主义思潮是有其正面意义的，它不但对五四新文化运动初期彻底否定传统文化的不良倾向进行纠偏，而且强调了中国传统文化对于构筑全球"现代化意识"的重要性,这显然具有划时代的意义。

文化上的保守主义者从政治上看大都是改良主义者,比如梁启超和梁漱溟等人,首先他们坚决反对暴力革命,其次他们反对阶级斗争。在1920年代初期,他们既不满意北洋军阀的统治,也不赞同共产党人提出的革命道路,他们都是想走所谓的"第三条道路",但在当时的中国社会现实中,"第三条道路"显然是没有前途的。1938年1月毛泽东在会见来延安访问的梁漱溟时曾对他直言,改良主义解决不了中国的问题,中国社会需要彻底的革命。在一个革命的时代谈改良,显得非常不合时宜,也显示出了中国文化保守主义者"迂"的本性。即便如此,我们也不能因为他们政治上的失败而否定他们在文化思想上的光芒。

在中国现代史上,文化保守主义思潮与自由主义思潮、马克思主义思潮呈三足鼎立之势。在对待西方文化的态度上,中国的文化保守主义者如研究系的梁启超、张君劢、张东荪等人热衷于柏格森等人倡导的生命哲学。生命哲学是对现代科学主义文化思潮的反拨。而以胡适为代表的中国自由主义知识分子则热衷于杜威等人的实验主义。实验主义本身就是科学的产物,不仅是思想观点,而且是思想方法。而以陈独秀为代表的马克思主义者则只认同唯物史观。唯物史观认为除此之外,都是属于唯心主义的范畴,都是应该批判的。而在对待传统文化的态度上,1920年代的中国的文化保守主义者如梁启超等人则充分予以肯定。他们要求以西方文化为镜鉴,在充分研究西方文化的基础上,理性地探讨和引申中国传统文化的当代意义。他们要求明确中国传统文化主体身份意识去积极参与"世界文化"的重建工作,而不是把老祖宗的东西都丢入茅厕中。而以胡适为代表的中国自由主义知识分子虽然也在做着整理国故的工作,但他们对中国传统文化持决绝的否定态度,一方面固然有实验主义思想导引下"重新估定一切价值"的影响,另一方面则与他们注目于反封建思想斗争的现实需要密切相关。而以陈独秀为代表的马克思主义者也是对传统文化持彻底否定态度,一方面这是陈独秀作为五四新文化运动旗手的最重要的思想文化遗产,同时,这又是《共产党宣言》中"两个彻底决裂"①思想的政治体现。

---

① 马克思、恩格斯在总结共产主义对资产阶级私有制和传统观念的态度时提出:共产主义革命是同传统的所有制关系实行最彻底的决裂,它在自己的发展进程中要同传统的观念实行最彻底的决裂。

结　语

　　我们必须指出，无论是对待西方文化态度的分歧问题或是对待中国传统文化态度的异同问题，说到底，就是中国"现代"思想在世界思潮的交互、碰撞、影响之下当以什么内容、什么思想、什么精神、什么规则、什么格局去填充、构筑的问题。正是对这个问题的不同回答，构成了五四新文化运动思想内涵的复杂性和多面性。

　　我们必须注意到对文艺副刊的研究，尤其是对像《时事新报·学灯》这样综合性副刊的研究本身是一项充满了复杂性且难度很高的研究工作。它不仅仅需要对副刊所生长的历史语境和文化现场有深刻的认识和全面的了解，而且在面对浩如烟海的文本时要保持充分的清醒，要有清晰的方位感和全局意识，不能被淹没在杂乱无章的资料中。同时，在对材料进行分析梳理时，要有相当的理论概括和阐释能力，要在知识格局和思想框架的建构中做到史料与理论的有机结合，否则不是流于对历史资料和表象的浮泛叙述，就是造成资料和理论的严重脱节。由于本研究涉及中国现代思想史、现代文学史和现代报刊出版史等较多研究领域，跨度广，囊括的人物和历史事件非常丰富，缺点和错误在所难免，期待专家、学者的进一步批评和指导。

参考文献

一、资料类

1.《时事新报》与《学灯》。
2.《晨报》、《晨钟报》与《晨报副刊》(1921年10月—1928年6月),人民出版社1981年影印本。
3.《京报》与《京报副刊》。
4.《民国日报》与《觉悟》。
5.《国民公报》。
6.《益世报》。
7.《申报》。
8.《大公报》。
9.《新青年》。
10.《新潮》。
11.《莽原》。
12.《猛进》。
13.《语丝》。
14.《国学季刊》。
15.《北京大学日刊》与《北京大学月刊》。
16.《华国月刊》。
17.《北京大学研究所国学门周刊》。
18.《新月》。
19.《少年中国》。

20.《解放与改造》、《改造》。
21.《现代评论》。
22.《小说月报》。
23.《创造季刊》、《创造周报》与《创造日》等。

二、著作类(部分)

A

1.［英］安东尼·吉登斯:《现代性与自我认同》,赵旭东等译,三联书店1998年版。
2.［意］安东尼奥·葛兰西:《狱中札记》,曹雷雨等译,中国社会科学出版社2000年版。

B

1.［法］布迪厄、［美］华康德:《实践与反思:反思社会学导引》,李猛等译,中央编译出版社1998年版。
2.［法］布迪厄:《艺术的法则:文学场的生成和结构》,刘晖译,中央编译出版社2001年版。
3.［法］布迪厄:《文化资本与社会炼金术》,包亚明译,上海人民出版社1997年版。

C

1.陈万雄:《五四新文化的源流》,三联书店1997年版。
2.陈平原:《文学的周边》,新世界出版社2004年版。
3.陈平原:《小说史:理论与实践》,北京大学出版社1993年版。
4.陈平原、［日］山口守编:《大众传媒与现代文学》,新世界出版社2003年版。
5.陈以爱:《中国现代学术研究机构的兴起——以北大研究所国学门为中心的探讨》,江西教育出版社2002年版。
6.曹聚仁:《文坛五十年》,东方文化出版中心1998年版。

7. 曹聚仁:《鲁迅评传》,东方出版中心1999年版。

8. 陈旭麓:《近代中国社会的新陈代谢》,上海人民出版社1992年版。

9. 陈子展:《中国近代文学之变迁·最近三十年中国文学史》,上海古籍出版社2000年版。

10. 程光炜主编:《文人集团与中国现当代文学》,人民文学出版社2005年版。

11. 程光炜主编:《大众媒介与中国现当代文学》,人民文学出版社2005年版。

D

1. 丁帆:《重回"五四"起跑线》,人民文学出版社2004年版。

2. 丁帆等:《中国大陆与台湾乡土小说比较史论》,南京大学出版社2001年版。

3. 丁文江、赵丰田编:《梁启超年谱长编》,上海人民出版社1983年版。

F

1. [美]费正清、赖肖尔:《中国:传统与变革》,陈仲丹译,江苏人民出版社1995年版。

2. 方汉齐:《报史与报人》,新华出版社1991年版。

3. 方锡德:《中国现代小说与文学传统》,北京大学出版社1992年版。

G

1. 葛兆光:《思想史研究课堂讲录》,三联书店2005年版。

2. 顾肃:《自由主义的基本理念》,中央编译出版社2003年版。

3. 戈公振:《中国报学史》,上海古籍出版社2003年版。

4. 高平叔编著:《蔡元培年谱》,中华书局1980年版。

5. 郭廷以、沈云龙编:《钟伯毅先生访问纪录》,《"中央研究院"近代史研究所口述历史丛书(35)》,"中央研究院"近代史研究所1992年版。

H

1. [德]哈贝马斯:《公共领域的结构转型》,曹卫东等译,学林出版社1999年版。

2. 胡传胜:《自由的幻像——伯林思想研究》,南京大学出版社 2001 年版。

3. 韩石山:《徐志摩传》,北京十月文艺出版社 2001 年版。

J

1. 贾植芳主编:《中国现代文学社团流派》,江苏教育出版社 1989 年版。

2. 金耀基:《从传统到现代》,中国人民大学出版社 1999 年版。

3. 姜义华:《理性缺位的启蒙》,上海三联书店 2000 年版。

4. 姜义华主编:《胡适学术文集·新文学运动》,中华书局 1998 年版。

5. 籍忠寅:《困斋诗集》、《困斋文集》,籍氏家刻本,1932 年。

6. 陶菊隐:《北洋军阀统治时期史话》,三联书店 1983 年版。

K

1. [德]卡尔·曼海姆:《卡尔·曼海姆精粹》,徐彬译,南京大学出版社 2002 年版。

L

1. 鲁迅博物馆、鲁迅研究室编:《鲁迅年谱》,人民文学出版社 2000 年版。

2. 鲁迅:《鲁迅全集》,人民文学出版社 1981 年版。

3. 鲁迅博物馆、鲁迅研究室、《鲁迅研究月刊》编:《鲁迅回忆录》,北京出版社 1999 年版。

4. 李泽厚:《中国思想史论》,安徽文艺出版社 1999 年版。

5. 李欧梵:《现代性的追求》,三联书店 2000 年版。

6. 李欧梵:《李欧梵自选集》,上海教育出版社 2002 年版。

7. 李欧梵:《上海摩登——一种新都市文化在中国 1930－1945》,毛尖译,北京大学出版社 2001 年版。

8. 林毓生:《中国传统的创造性转化》,三联书店 1996 年版。

9. 林贤治:《鲁迅的最后十年》,中国社会科学出版社 2003 年版。

10. 李新、李宗一主编:《中华民国史》,中华书局 1987 年版。

11. 刘增杰、赵福生、杜运通:《中国现代文学思潮研究》,河南大学出版社1996年版。

12. 李霁野:《李霁野文集》,百花文艺出版社2004年版。
13.《梁启超全集》,北京出版社1999年版。
14.《鲁迅景宋通信集》,湖南人民出版社1984年版。
15. 刘以芬:《民国政史拾遗》,上海书店出版社1998年版。

P

1. 彭鹏:《研究系与五四时期新文化运动——以1920年前后为中心》,中山大学出版社2003年版。

Q

1. [英]齐格蒙特·鲍曼:《流动的现代性》,欧阳景根译,上海三联书店2002年版。
2. 钱理群:《周作人传》,北京十月文艺出版社2005年版。
3. 钱理群:《心灵的探寻》,北京大学出版社1999年版。
4. 钱理群:《精神的炼狱——中国现代文学从"五四"到抗战的历程》,广西教育出版社1996年版。

S

1. [美]史华慈:《古代中国的思想世界》,程钢译,江苏人民出版社2004年版。
2. 沈卫威:《无地自由——胡适传》,上海文艺出版社1994年版。
3. 沈卫威:《胡适周围》,中国工人出版社2003年版。
4. 沈卫威:《自由守望——胡适派文人引论》,上海文艺出版社1997年版。
5. 孙郁:《鲁迅与周作人》,河北人民出版社1997年版。
6. 孙伏园等:《鲁迅先生二三事——前期弟子忆鲁迅》,河北教育出版社2001年版。
7. 商金林编:《孙伏园散文选集》,百花文艺出版社1991年版。
8. 绍兴县政协文史资料工作委员会、绍兴鲁迅纪念馆编:《孙伏园怀思录》,浙江省新闻出版局,1994年。

T

1. 唐宝林、林茂生：《陈独秀年谱》，上海人民出版社1988年版。
2. 汤化龙：《蕲水汤先生遗念录》，台北成文出版社1969年版。
3. 台湾"国史馆"中国民国史事纪要组编：《中华民国史事纪要》，台湾中华民国史料研究中心，1973年。

W

1. 王德威：《想像中国的方法》，三联书店1998年版。
2. 汪晖、陈燕谷主编：《文化与公共性》，三联书店1998年版。
3. 王彬彬：《风高放火与振翅洒水》，人民文学出版社2004年版。
4. 王彬彬：《城墙下的夜游者》，福建人民出版社2001年版。
5. 吴海勇：《时为公务员的鲁迅》，广西师范大学出版社2005年版。
6. 吴中杰：《中国现代文艺思潮史》，复旦大学出版社1996年版。
7. 王晓明主编：《批评空间的开创》，东方出版中心1998年版。
8. 汪晖：《无地彷徨》，浙江文艺出版社1994年版。
9. 王富仁：《王富仁自选集》，广西师范大学出版社1999年版。
10. 王凡西：《双山回忆录》，香港周记行出版，1977年12月初版。
11. 汪崇屏：《汪崇屏先生口述历史》，九州出版社2012年版。
12. 王云五等编：《张君劢先生七十寿庆纪念论文集》，台北文海出版社，1956年版。
13. 吴天任编：《民国梁任公先生启超年谱》，台北商务印书馆，1977年版。

X

1. 许纪霖：《许纪霖自选集》，广西师范大学出版社1999年版。
2. 徐德明：《中国现代小说雅俗流变与整合》，社会科学文献出版社2000年版。

Y

1. ［英］约翰·B.汤普森：《意识形态与现代文化》，高铦等译，译林出版社2005年版。

2. 余英时:《中国思想传统的现代诠释》,江苏人民出版社2003年版。
3. 余英时:《士与中国文化》,上海人民出版社1987年版。
4. 严家炎编:《二十世纪中国小说理论资料》第二卷,北京大学出版社1997年版。
5. 杨义:《杨义文存》,人民出版社1998年版。
6. 袁景华:《章士钊先生年谱》,吉林人民出版社2001年版。
7. 杨天石主编:《钱玄同日记》(整理本),北京大学出版社2014年版。
8. 姚松龄编:《张公权先生年谱初稿》,台北传记文学出版社1982年版。

Z

1. [美]周策纵:《五四运动史》,陈永明等译,岳麓书社1999年版。
2. [美]周明之:《胡适与中国现代知识分子的选择》,雷颐译,广西师范大学出版社2005年版。
3. 张静庐:《中国现代出版史料》,中华书局1955年版。
4. 张菊香、张铁荣编:《周作人年谱》,天津人民出版社2000年版。
5. 张光芒:《启蒙论》,上海三联书店2002年版。
6. 张品兴编:《梁启超全集》,北京出版社1999年版。
7. 朱正:《周氏三兄弟的三种价值取向》,东方出版社2003年版。
8. 朱国华:《权力的文化逻辑》,上海三联书店2004年版。
9. 朱成甲:《李大钊早期思想与近代中国》,人民出版社1999年版。
10. 赵家璧等:《编辑生涯忆鲁迅》,河北教育出版社2001年版。
11. 曾华鹏:《现代作家作品论集》,江苏文艺出版社2004年版。
12. 张允侯、殷叙彝、洪清祥、王云开著:《五四时期的社团》,三联书店1979年版。
13. 张元济:《张元济全集》,商务印书馆2008年版。
14. 张朋园:《梁启超与民国政治》,吉林出版集团有限公司2007年版。
15. 张朋园:《中国民主政治的困境:1909—1949》,台北联经出版事业股份有限公司2007年版。
16. 张玉法:《民国初年的政党》,岳麓书社2004年版。
17. 朱传誉主编:《张君劢传记资料》,台北天一出版社1979年版。
18. 中共中央马克思、恩格斯、列宁、斯大林著作编译局研究室编:《五四时期期刊介绍》,三联书店1959年版。

附录　各主编主持下《学灯》启事汇总

一、张东荪、匡僧主持下《学灯》之启事

1. 1918年3月4日，《学灯宣言》：

予尝于无聊时，与三五友人，纵论当代人物，评骘高下。甲与乙，其行事相同，而甲优于乙，丙与丁，其性格相似，而丙优于丁，绎有数事为一例，即以读书之无有与多寡为衡耳。始信学之为力大矣。方今社会为嫖赌之风所掩，政治为私欲之毒所中，吾侪几无一席之地可以容身。与其与人角逐，毋宁自辟天地，此学灯一栏之由立也。其旨有三，一曰借以促进教育，灌输文化；二曰屏门户之见，广商榷之资；三曰非为本报同人撰论之用，乃为社会学子立说之地。发端之始，用志一言。

2. 1918年3月5日起陆陆续续一直到月底，"本报学灯栏六大征求"：

一，征求学艺上之意见　二，征求教育上之意见　三，征求对于近来出版物之意见　四，征求对于全国各学校之意见　五，征求教育上之讽刺画　六，征求学生关于修养之实验　以上征求。不拘长短。一经登出。当有薄酬。以资纪念。酬例如下。甲等每篇酬现金五元至十元。乙等二元至四元。丙等二角至一元。

3. 1918年3月18日，学灯栏最后附有"本栏特别启事"：

投稿诸君鉴。敝报自添设学灯一栏（每逢星期一刊行）以来。承远近学校诸君纷纷惠稿。无任欢迎。惟本栏篇幅有限。不能尽量同时刊登。至为歉仄。所有大著。自当陆续披露。藉副雅意。

4. 1918年3月25日，《学灯》栏最后刊登启事：

▲本栏特别启事一　本馆承各学校校长寄下摄影络绎不绝现拟分省

揭载一俟齐集即行登出先此通告

▲本栏特别启事二　本栏征求下列各稿一征求学艺上之意见二征求教育上之意见三征求对于近来出版物之批评四征求对于全国各学校之批评五征求教育上之讽刺画六征求学生关于修养之实验以上征求不拘长短一经登出当有薄酬以资纪念酬例如下甲等每篇酬现金五元至十元乙等二元至四元丙等二角至一元如蒙惠稿乞书明通信地址

▲本栏特别启事三　投稿诸君鉴敝报自添设学灯一栏（每逢星期一刊行）以来承远近学校诸君纷纷惠稿无任欢迎惟本栏篇幅有限不能尽量同时刊登至为歉仄所有大著自当陆续披露藉副雅意

5. 1918年4月1日，《学灯》刊登启事：

本栏特别启事一　启者本报自新辟学灯一栏以来。颇蒙社会欢迎。学界纷纷投稿。每星期揭橥一次。恐未足餍读者之望。爰定五月起。每星期刊行二次特此预告。

本栏特别启事二　近来吾国教育弊端百出。如学制之荒谬。教员之堕落。学风之卑下。此外邪说披猖。道德陵夷。尤为伤心之象。苟有人焉以铸鼎燃犀之笔。为之一一揭发。与纰缪之主义激战。以其文字投诸本报。当敬为披露。并愿以优厚之酬资。为定交之纪念。此启。

本栏特别启事三　投稿诸君鉴敝报自添设学灯一栏（每逢星期一刊行）以来承远近学校诸君纷纷惠稿无任欢迎惟本栏篇幅有限不能尽量同时刊登至为歉仄所有大著自当陆续披露藉副雅意

6. 1918年4月29日，《学灯》刊登启事：

▲本栏特别启事一　本栏征求下列各稿一征求学艺上之意见二征求教育上之意见三征求对于近来出版物之批评四征求对于全国各学校之批评五征求教育上之讽刺画六征求学生关于修养之实验以上征求不拘长短（短篇尤所欢迎）一经登出当有薄酬以资纪念酬例如下甲等每篇酬现金五元至十元乙等二元至四元丙等二角至一元

▲本栏特别启事二　本栏征求全国中等以上学校调查报告（详述历史沿革及现在状况如能将校长照片及校舍摄影附寄尤所欢迎诸君如以平日参观所得赐告敝报者无任欢迎酬例同上

▲本栏特别启事三　投稿诸君鉴敝报自添设学灯一栏（每逢星期一刊行）以来承远近学校诸君纷纷惠稿无任欢迎惟本栏篇幅有限不能尽量同时刊登至为歉仄所有大著自当陆续披露藉副雅意

7. 1918年9月30日,《学灯》在"教育小言"一栏中刊登"本栏之提倡":

本报自辟学灯一栏以来。投稿者络绎不绝。大都各抒所见。以贡献于社会。惟本报犹愿于各主张之中特标其注重之所在。以为读者醒目。而投稿诸公或亦有所选择也。

一,于教育主义 提倡道德感化之人格主义。以为职业教育之实用主义之辅助。

二,于教育制度 反对抄袭的制度与反对固执不化的制度。

三,于教育事情 揭穿各种教育流弊。

四,于教师 主张改造以身作则之良教师。反对现在与恶社会同流合污之教师。

五,于学风 主张改造活泼朴实之学风。反对现在萎靡不振之学风。

六、于原有文化 主张尊重而以科学解剖之。

七、于西方文化 主张以科学与哲学调和而一并输入。排斥现在流行之浅薄科学论。

8. 1918年10月26日,《时事新报》第一张第2版中,头条是"本报特别启事":

启者本报承梁任公先生每来复撰寄修养谭及思潮评论。因于学灯栏中。另立一门。用以发表。兹特预告。读者幸注意焉。

9. 1918年11月12日,《时事新报》第1张第2版刊登"本报特别启事":

启者本报学灯栏原定每星期一与每星期四发刊。兹改为星期二与星期六读者幸注意焉。再本日为星期二。学灯栏内揭有梁任公先生之文章。亦并乞注意。

10. 1918年11月24日,《时事新报》第1张第2版刊登"本报特别启事":

启者本报学灯栏因投稿日多。原定每星期发刊二次。兹改为三次。每星期一三五刊布。读者幸注意焉。

11. 1918年12月4日,"本报特别启事":

本栏星期一(即12月2日,笔者注)所登科学丛谈系朱君玄同编辑与北京大学教习钱君玄同本为二人特此声明

12. 1918年12月8日,《时事新报》第1张第2版刊登"本报特别

启事":

本报学灯栏自改为每星期三次发刊以后。大受学界欢迎。现因专聘名人担任编辑。以致材料更为加多。兹改为除礼拜日外。每日刊行。爱读本报学灯栏诸君幸乞注意。

13. 1918年12月15日,《时事新报》第一张第2版刊登"本报特别通告":

本报自逐日增刊学灯一栏。每逢星期例停一日。前曾登报通告。兹拟自下星期为始。每值星期。搜集各种图画。以补为缺。定名曰泼克。即英语PUOK此言滑稽画也。各国报纸大都载有泼克画。以其具有直觉的感刺。足以兴动阅者。大凡读沉闷之言论后。必一阅此。借舒胸臆。本报因择每星期日发刊。以代学灯。正师此意耳。幸各注意。特此预告。

14. 1918年12月16日,《学灯》栏发布"本栏特别征文":

本栏征求下列各稿(一)学校消息凡本埠中等以上学校之设备及改革学生在学校中所组织各团体之消息(如雄辩会球会运动会学生自治会等)均所欢迎(二)科学丛谈以通俗而有趣味者为限(关于新发明之稿件尤为欢迎)(三)西国掌故如名人轶事朝野风俗之类(四)欧战丛谈以关于此次大战之各种轶事琐闻为限来稿自一二百字起至千字为度酬例如下甲等每稿酬现金四角至六角乙等一角至三角

15. 1919年2月4日,《时事新报》头版头条黑体刊登"本报学灯栏大扩充有宣言见后幅"广告。《时事新报》第3张第3版《学灯》"宣言"栏刊登"本栏之大扩充":

兹将本栏扩充为两页。其理由有二。一曰小说琐闻。其目的在有趣。孰意每日阅之。其趣因熟见而不鲜矣。不如不常见之为愈也。故决定移置每星期日之泼克增刊中。二曰教育新闻。向在要闻栏揭载。非特有时被挤。而且地位有限。不能详尽。不如移置于学灯。可以自由披露。以此二理由。则学灯不能不扩充也。

本栏既扩充矣。关于体裁与主义。请再一申明之。

兹定体裁为下列各种。

(一)小言述记者之感想

(二)讲坛载名人之著述

(三)学校指南详各校之内容

(四)青年俱乐部登各界之投稿

(五)科学丛谈揭科学之常识

(六)译述载移译之名著

(七)佛门丛载搜佛教之遗著

(八)学校消息记各校之近事

(九)新文艺载新体之诗文

其有不能归类者。另立一门焉。至于主义。则早有宣言。

一.对于教育主义提倡人格主义。不以为职业教育之实用主义为满足。

二.对于教育制度反对抄袭的制度。与反对固执不化的制度。

三.对于教育事情揭穿各种教育上之流弊。

四.对于学风主张改造活泼朴实之学风。反对现在萎靡不振之学风。

五.对于原有文化主张以科学解剖之。不以谩骂为了卸（5日改为"了却"，笔者注）能事。

六.对于西方文化主张以科学与哲学调和。而一并输入之。排斥现在之皮相论。

区区之义，幸读者鉴焉。

16. 1919年2月11日，《学灯》在《时事新报》头版头条广告上"本栏之大扩充"中说：

本报学灯栏扩充为两页。其理由有二。一曰小说琐闻。其目的在有趣。孰意每日阅之。其趣因熟见而不鲜矣。不如不常见之为愈也。故决定移置每星期日之泼克增刊中。二曰教育新闻。向在要闻栏揭载。非特有时被挤。而且地位有限。不能详尽。不如移置于学灯。可以自由披露。以此二理由。则学灯不能不扩充也。查本报自上年特设学灯一栏以来。极为学界所欢迎。现特请专家主任此栏。扩充为两页。分门如下。（一）小言述记者之感想（二）讲坛载名人之著述（三）学校指南详各校之内容（四）青年俱乐部登各界之投稿（五）科学丛谈揭科学之常识（六）译述载移译之名著（七）佛门丛载搜佛教之遗著（八）学校消息记各校之近事（九）新文艺载新体之诗文等门。再本报向例优待学校。直接邮寄上海望平街本馆定报者均以七折计算。但须有学校图章为证。此白。

17. 1919年2月28日，《学灯》"本栏特别启事一"是让作者到账房取酬的启事，其他启事是：

▲本栏特别启事二 投稿诸君鉴迩来承学界诸君惠稿甚多惟本栏篇

幅有限不能同时刊登无任歉仄所有大著自当陆续披露还乞原谅

▲ 本栏特别征文本栏征求下列各稿（一）思潮（关于学术社会革新之意见）（二）教育研究（关于教授训练诸问题之商榷）（三）科学丛谈（关于科学常识及新发明之事迹）（四）译述（关于名著之移译）（五）青年俱乐部（关于各界之杂著）（六）学校指南（述学校之内容）（七）学校消息（记各校之近事）（八）佛门丛载（关于佛教之遗著）（九）新文艺（东西之新体诗文）以上各项投稿除（六）（七）（八）三项外一经登出当酌量报酬以资纪念其不愿受酬者请自声明

18. 1919 年 3 月 5 日,"本栏特别启事"：

投稿诸君鉴本栏篇幅有限惠稿务求芟削泛论简选要言否则当斟酌节录尚希原宥

19. 1919 年 3 月 13 日,《学灯》"本栏特别征文题"：

（一）学者每日之理想的生活（制时刻课程表）

（二）理想的书斋（室内室外之装饰及人物）

（三）理想的家庭（包括家属设备事情等项）

右三题全作或任作一二题均可文须简述其办法与组织切勿加入议论待投稿汇集后当选优披露

20. 1919 年 3 月 14 日,《学灯》"本栏特别征文题"：

（四）理想的农村

（五）理想的都市

所谓理想者必有胜于现代所有之状态文尚简要勿涉泛论待投稿汇集当选优披露

21. 1919 年 3 月 13 日,《学灯》"本栏启事"：

李厚祺君鉴惠书并大著目录敬悉本栏关于此项科学专书未便刊登蒙赐以他作（短篇）无任欢迎

22. 1919 年 3 月 15 日,《学灯》"本栏特别征文题"：

（六）理想的国

（七）理想的世界

理想是由于不满足现代所有之状态而发诸君投稿务求有胜于现代所有状态之心得文尚简要勿涉泛论俟投稿汇集再选优披露

23. 1919 年 3 月 20 日,《学灯》征稿启事：

本栏征求（思潮）（译述）（科学丛谈）（青年俱乐部）四项之稿。

24.1919年3月24日,《学灯》刊登"本栏启事":

投稿诸君鉴迩来关于教育研究之投稿甚多因本栏篇幅有限实有美不胜收之叹容陆续择尤(优)刊登其不刊登者照例不奉还尊稿(但有邮票附下声明不登寄还者不在此例)并恕不一一答复

25.1919年3月25日"本栏启示":

……本栏投稿应受报酬者照例于每月抄在本栏内发表届时请注意……

26.1919年3月26日,"本栏特别征文题",其中提到:

(一)学者之理想的生活　(二)理想的人格　(三)理想的书斋(四)理想的家庭　(五)理想的农村　(六)理想的都市　(七)理想的国(八)理想的世界

(笔者注:应读者的要求,多增加了"理想的人格"一项)

27.1926年3月27日,"本栏特别征文题":

……(内容同26条)上列诸题承各界投稿已不少俟来月再陆续披露征文并无期限随时皆可投稿不胜欢迎之至

28.1919年4月22日,《时事新报》封面头版头条广告"本报特别改良启事":

径启者敝报迩来关于编辑内容力求改良自二十一日起添购新式轮转机及其他各种印刷器具全报面目焕然一新谨胪述敝报之特色如下(一)改用轮转机及美国纸　(二)常载有梁任公张君劢蒋百里诸先生之欧游通信(三)虽有一贯主张而无党派色彩　(四)学灯栏之扩充(另详告白)(五)星期日特刊滑稽画及各种饶有趣味之小说且为优待各学校及各教育机关起见照码七折并附赠梁任公先生新著讲坛及上海黑幕此启

29.1919年4月23日,《学灯》发表"本栏启事":

本栏创自民国七年三月四日。始则每星期一刊。总(继)而再刊。又继而三刊。后复增为每日刊。至本年二月四日。又自一版扩充而为两版。星期日则特刊泼克及各种饶有趣味之小说。本栏之所以渐次扩充而得有如是之发达者。蒙各界惠稿之多及期望之殷有以致之也。兹值本报改用新式轮转机。及革新一切印刷及编辑事宜之始。爰再将本栏之体裁与主义胪述如左。

▲本栏之体裁

(一)小言述记者之感相(想)

（二）讲坛载名人之著述

（三）思潮披露学术社会革新之意见

（四）教育研究对于制度主义及教授训练诸问题之商榷

（五）科学丛谈揭科学常识及新发明之事迹

（六）译述载移译之名著

（七）青年之俱乐部登各界之杂著之投稿

（八）学校指南详述各校之内容

（九）教育界及各学校之消息记教育界及各校之近事

（十）新文艺载新体之诗文

（十一）佛门丛载搜佛教之遗著

▲ 本栏之主义

本栏发刊之始。曾宣言三大旨。一曰。借以促进教育。灌输文化。二曰。屏门户之见。广商榷之资。三曰。非为本报同人撰论之用。乃为社会学子立说之地。

兹再条举大纲如左。

一.对于原有文化主张以科学解剖之。不以谩骂为能事。

二.对于西方文化主张以哲学与科学调和而一并输入之。排斥抄袭盲从之说及皮相之论。

三.对于新旧学派之态度不妄助新派攻击旧派。而对于新派所持之主义加工研究。然亦不作无价值之调和论。

四.对于教育主义顺应世界潮流。主张德莫克拉西之教育。以发展人格为主旨。不以职业教育之实用主义为满足。然亦不赞成过于高远之新主义。

五.对于教育制度反对抄袭的制度与反对固执不化的制度。

六.对于教育事情揭穿各种教育上之流弊。

七.对于学风主张改造活泼朴实之学风。排除现在萎靡不振之积习。

30. 1919年4月25日,《学灯》刊登"匡僧启事":

鄙人因患脑病自今日始暂时离馆此后所有本栏编辑事宜由澹庐君担任特此布闻

二、俞颂华主持下《学灯》之启事

1. 1919年4月29日,本栏征文:(题)社会主义

（一）赞成说。（二）反对说。（三）译述。总以朴实说理为限。但本报认为有碍治安者不予揭载。

2. 1919年5月9日,《学灯》三个启事:

本栏启事一本栏之主义曾宣言三大旨一曰借以促进教育灌输文化二曰屏门户之见广商榷之资三曰非为本报同人撰论之用乃为社会学子立说之地故本栏之主张专在小言中发表思潮一栏取投稿中之与本栏主张较近者发表之其他各门纯为社会学子自由立说之地无论正反议论凡稍有理由者本报不持成见一律刊载深恐阅者或有误会特再声明

本栏启事二本栏缓日拟试用最简单之新式圈点用三种符号即(，。?)此后投稿诸君之稿件亦望用此三种符号圈点后惠寄本栏

本栏启事三对于教育界消息学校消息学校指南演说录来件之各项投稿本栏向不奉酬又关于其他各项之投稿如系印刷品亦不奉酬合并声明

3. 1919年5月16日,《学灯》"本栏特别启事":

启者本栏向有"佛门丛载"一门。兹因他稿太多。从今日起。暂时停止。关于此门望勿再投稿。

4. 1919年5月17日,《学灯》"投稿诸君鉴":

远承惠稿。无任感佩。自当陆续发表。惟是篇幅有限。日来稿件较多。不得不稍稽时日。尚希鉴谅。来书质问。未及一一奉覆。亦祈见原为祷。

5. 1919年5月23日,《学灯》"本栏特别启事":

自本日起本栏特辟"提倡"与"评论"两项凡有一切主张均归提倡一栏发表一切杂评均归入评论项内原有"小言"因即取消此启

6. 1919年5月27日,《学灯》"本栏征文":

(说明)自北京学界罢课以来。天津学界继之。上海学生联合会亦已议决实行罢课。并通电全国。请取一致行动。响应之速。捷于桴鼓。足征青年爱国精神之深厚。他处学界。或亦未必绝无表示。然全体罢课。究于社会国家。俱有莫大之牺牲。必期博得相当之效果。方不致得不偿

失。故下列诸问。在今日甚有研究之价值。(一)在罢课期内学生之进行方法宜若何?(二)各校教职员应取之态度如何?(三)各界对于罢课问题应取之态度若何?(四)宜若何可满足学生之要求使罢课问题得涣然以释?各界对此。如有赐教。当即发表。以供吾学界之参考。又对于此次青年爱国举动之学理见解。亦所欢迎。惟来稿中如有所见偏颇与事实欠贴切者。以限于篇幅恕不刊载。

7. 1919年5月29日,《学灯》"本栏启事":

自今日起记事部文字如学界学校消息来件等仿新闻栏办法一律不加圈点此启

8. 1919年6月2日,《学灯》"本栏启事二":(启事一是让上月作者领取稿费的通知)

关于解决罢课问题之方法承各界热心投稿至为感幸惟以篇幅有限其中有全篇大意与已经发表诸作雷同以及过于激烈者只得概从割爱尚希投稿诸君原谅在罢课期间内罢课问题解决之方法殊有讨论之必要如有以新颖之见赐教本栏绝不靳于发表

9. 1919年6月17日,《学灯》"本栏启事":

本栏特别欢迎关于(一)社会问题(二)劳动问题(三)产业组合(四)妇女问题以及关于其他社会改良诸问题之著作与译稿倘蒙见投凡本报认为可登者当尽先披露

10. 1919年6月29日,《学灯》"本栏启事":

投稿诸君鉴所铸简单新式圈点之符号已将告竣此后来稿务祈悉加新式圈点为祷

11. 1919年6月30日,《学灯》"本栏启事":

投稿诸君鉴所铸简单新式圈点之符号。已将告竣。此后来稿。务祈悉加新式圈点(。,?)为祷。

12. 1919年7月2日,《学灯》"本栏启事":

兹本栏试用最简单之新式圈点符号此后来稿务乞悉加此项符号为要

13. 1919年7月3日,《学灯》启事:

本栏所登杜威博士在京之演说录均系转录北京每周评论

14. 1919年7月11日,《学灯》"本馆启事":

凡转录本报学灯栏文字者除与本报有特约者外务请注明转录本报学灯栏字样为要

15. 1919年7月16日,《学灯》"本栏启事":
若愚舜生二君鉴过沪时请来馆一谭（谈）为盼澹庐虞同启
16. 1919年7月26日,《学灯》头条"澹庐启事":
鄙人因神经衰弱是以自今日始离馆休息此后本栏编辑事宜概由虞君担任谨启

三、郭虞裳、宗白华编辑时之启事

1. 1919年8月7日,"本栏启事":
青年俱乐部内因为狠有佳什,所以改为"论坛",使他醒目些。原有青年俱乐部专载短篇的通讯。还有"小组织""新村"等问题本报认为非常重要,因此另辟一门,名为"新生活商榷"。以后照此分列。读者注意！
2. 1919年8月15日,"本栏启事":
本栏自今日起另辟新文艺一门倘蒙读者投稿无任欢迎此启
（此则启事为宗白华所作,笔者注）
3. 1919年8月25日,"本栏启事":
沈雁冰君鉴得暇时请于旁（傍？）晚来馆一谭为感此启虞
4. 1919年11月10日,"本栏启事":
本栏之青年俱乐部及新文艺二门本收读者书感抒情之作本报向照著述稿例薄赠现金殊有未妥拟自本月起对于以上二门投稿酌量情形改赠本报惟新文艺门长篇译作仍照著述稿例奉酬以昭公允此布即请投稿诸君公鉴学灯编辑部启

以下为宗白华独立主持《学灯》后所发的启事：
5. 1919年12月13日,"本栏启事":
本栏定于明岁元旦增刊。敬希读者诸君惠颁文字。若蒙赐稿。请于本月二十二日以前寄下为祷。
6. 1920年1月1日,"学灯栏宣言":
本栏自刊行以来。极承社会上学者和青年的同情。又蒙读者诸君常常投稿。为本栏生色。同人等深致谢意。但世界的实际是不断的创化。本栏虽小。也当力求进步。现在再将本栏的主义和体裁申说一遍。愿求诸君精神上的集合与积极的帮助。

（甲）本栏的主义　本栏今后的主义和理想。简括言之。就是。从学术的根本研究。建中国的未来文化。

我们为什么要建造中国的新文化呢。这事已可不必多解说。我们从文化的意义上已知道文化就是人类精神思想继续不断的工作。以谋人类精神生活和物质生活双方的进化与发展。文化的实际是活动的潮流。不是静止的典型。是创造的工作。不是因袭的模仿。新文化的创造是我们应有的责任。是我们可能的事业。中国文化的进化。停顿已久。我们中国的民族。人人都有创造中国新文化的责任。

我们为什么要做学术的根本研究呢。有两重理由。

（一）新文化的运动。本有学术。艺术。道德。伦理的各方面。但本栏是学术界的出版品。本栏的能力。只能从学术上研究各种艺术。道德。伦理。学术的价值和内容。发挥而介绍之。不能直接的去做艺术或道德的运动。所以本栏的主义和责任。是学术的根本研究。

（二）本栏以为文化的起源和建设。本是由于人类的经验与思想。而我们有统系有条理有组织的经验思想。正是我们的学术。所以本栏承认学术是新文化运动的一个重要基础。学术的根本研究是我们创造新文化的重要手续。

所以本栏的定义。简括言之。就是奉学术作本栏新文化运动的指导明灯。借着这学术的灯。做我们积极的。基础的。稳固的。建设的新文化运动。这正是本栏取名学灯的本意。

但本栏对于学术又取的什么态度呢。本栏以为学术的实际是经验与思想并重。没有思想的经验是盲目的经验。离开经验的思想是无效果的空想。所以本栏主义是尊重有思想组织的经验学术和不背实际的哲学理论。本栏所推崇的学术方法是实验的。归纳的。科学方法。

以上是本栏主要的意见。也就是本栏以后进行的标准。现在再把本栏文字编辑的体裁。叙述于后。

（乙）本栏的体裁　本栏的门类本不能有绝对的固定。须跟着学术的新思潮和社会的新问题随时移动。但有以下的数门。可以得常常的披露。

（一）评论　发表记者或读者对于各种社会问题或学理问题的意见。

（二）讲坛　登录名家的讲演。或当代学者的言论。

（三）研究　登载各种学术或社会问题的精密的研究。

（四）译述　登载欧美名著的翻译或叙述。

（五）学术丛谈介绍科学哲学文学与社会学术的新思想。

（六）文艺披露文学的著作。新体诗文和剧本。

（七）社会问题登载各种社会问题。如教育问题。妇女问题。新生活问题等的讨论。

（八）读者问答发表读者关于学术上或社会上各种问题的问答。

（九）青年俱乐部发表各界投稿的文字。

（十）通讯登载读者。或记者往来的通讯。

此外还有学术界消息艺术界消息笔记来件介绍新刊等类。都系临时发表。不拘时日。

7. 1920年1月14日,"本栏启事"：

从今天起。以后本栏所有"介绍新刊"一门。所介绍的出版物都是我们认为可以看得的。就是我们看过一番。知道他的内容尚好。方才保荐给读者诸公。那未经我们看过的新出的出版物便列在"志谢"门内。表明他们赠给我们一种出版物。我们在此应得谢谢他们。但是他们出版物的内容如何。我们不敢胡乱介绍。这是所以把"介绍新刊"一门分作两门的缘故。

8. 1920年4月3日,"本栏特别征文"：

五月一号为劳动运动的纪念日。请读者诸公预备关于此项之文字。以便于该日刊布。此启。

9. 1920年4月30日,"宗白华启事"：

我因为个人有特别事务,不能继续编辑学灯。以后学灯事务由李石岑先生主任。

四、李石岑主持阶段《学灯》启事

1. 1920年6月19日,"本栏特别征文启事"：

暑假快到了,我们决不要把暑假看做一个歇憩的日子。我们的生活,是动的,是时时创造的,是刻刻进化的。不管他是暑天还是寒天,我们一面要适应外界,一面还要征服外界。要是这样想,我们的生活,才得丰富。我们活在世上,才有价值。于今要向大家征集过暑假的方法,且把要问的列在下面：

（一）近来有倡"暑假废止论"的,有倡"暑假利用论"的,究竟那样的理论,根据最强?

（二）现在那些大哲学家大文学家等等,他们暑间的生活是怎样?

（三）东西洋避暑地是些甚么地方? 那些地方有甚么好处?

（四）用怎样的方法,利用暑假的时候,提倡修学旅行,或远地视察旅行?

（五）许多人说过:暑天最好是游泳,我国甚么地方好做游泳场?

（六）水上运动的方法是怎样怎样? 提倡水上运动?

（七）我国的文化运动,用怎样具体的方法,才好利用暑假的时候,传播到乡间去?

（八）开导乡间一般农民的知识,最好是行通俗教育。我国各地通俗教育的实际状况是怎样? 没有的怎样去提倡? 有的怎样去改良?

（九）欧美日本通俗教育的实际状况是怎样?

（十）我国的农村教育,是很幼稚的。关于土地种类(如林地,山岳及原野,牧场,农耕地等)农作物(如谷类,家畜饲料,亚麻,果树,苜蓿及枯草等)农业知识(如肥料,种子,灌溉法等)及小农保护副业奖励等,应该给些知识把农民,就我国现在农村教育幼稚的时候而论,那样的知识是很要紧的?

2. 1920年10月20日,《学灯》"李石岑启事":

不佞现因偕罗素赴湘讲演。所有本栏编辑事务。暂请一岑先生代理。以后外间函件。请照原寄交本馆为祷。

3. 1920年12月2日,《学灯》"一岑启事":

前因石岑先生偕罗素先生赴湘讲演。本栏编辑职务。暂由鄙人代理。刻石岑先生已由湘回沪。自今日起。本栏编辑事务。仍归石岑先生担任。此启。

4. 1921年1月1日,"学灯栏启事":

本栏主义与体裁,已于去岁元旦本栏宣言中布告。默察一年来之成绩,虽于国语问题、家庭问题、乡村教育问题,以及一切关于哲学文学科学之撰述与译述,不无涓滴之贡献,然尚多缺漏不备之处。同人等力求精进,除原定主义"为学术的根本研究"不易外,拟将原定体裁略为变更。今逐条叙述并说明如下。

（一）评坛此类文字,不求长冗,如有精彩,少至数十字亦佳。无论记者或读者对于各种社会问题或学理问题之意见。与对于新出各种杂志或丛书之批评,均可随时发表。

(二)讲坛登录当代名人讲演,为系统的记载,以便读者剪存。如讲演太泛或记录太拙者,恕不揭载。

(三)研究登载各种关于学术或社会问题之精密研究。

(四)讨论登载关于各种学术或社会问题如教育问题、妇女问题、新生活问题等之讨论。

(五)译述无论小说名剧或其他散著,皆所欢迎。但篇幅过长者不录。至多以三万字为限。投稿者须原文并寄。

(六)科学丛谈登录科学上最新颖之学说与实验谈。如投寄关于普通常识或抄集各科学教本之作,恕不揭载。

(七)文艺新体诗歌暨其他艺术上之创作,均极欢迎,不限文言口语,一律揭载。但词气过鄙或太无意义者不录。又篇幅太长者不录。

(八)教育状况本门最欢迎关于欧美最近教育状况之投稿。至关于国内者,则尤欢迎投寄边省之教育状况,又叙述状况时,宜注重该地之特殊情形。如抄集各校章或教育条例充数,或意存标榜者,恕不揭载。

(九)随笔登录有关学术或修养之日记及随感录等。以篇幅短而富于警策语者为最佳。

(十)青年俱乐部揭载青年自出心裁之文字。本栏接受外间投寄各稿,以此门为最多,中虽不乏杰制,然抄袭长文,或撷拾他人一字一句,演为长篇者,亦复不少,此后此类著作不录。

此外通讯来件等均可随时发表。但以有关学术或社会重要问题者为限。通讯中认为颇有价值但无须刊登者,或专函答复,或为投者转递。

5. 1921年3月29日,《学灯》"本栏征文启事":

本栏自四月一日起,确定篇幅,以后外间惠寄各稿,当可尽量登载,兹将此次征求之门类列下:

(一)评坛无论何项文字皆可,须有精彩,无取冗长。

(二)浪漫谈体例可分条记述,意思尚新颖,文字贵活泼。

(三)读书录开卷之余,摘记其心得或叙述其感怀者均佳。

(四)青年俱乐部关于社会种种问题有所陈说者,皆可尽速揭登。

(五)新著介绍介绍东西洋及本国各种新著。

(六)杂载记载其他活泼有趣之短文,但以有学理者为最佳。

6. 1921年5月10日,《时事新报》"本报特别启事":

本日本报附刊文学旬刊。原有学灯暂停一天,以后皆仿此。

7. 1921年7月11日,《学灯》"特别征文启事":

现在上海美术学校开十周纪念绘画展览会了,每日去参观的人可也不少,这算是提倡美术的一个事实了。我们天天知道提倡美术,是一件顶紧要的事,却只一些空谈提倡空谈,有几个真正着眼于事实的提倡呢?闻说往美术学校参观的人,多半记有评语,我们现在很想择选那些有价值的评语,披露披露。

8. 1921年7月15日,《学灯》"李石岑启事":

我因为事情太忙,精神不能兼顾,特辞去学灯编辑一职。由西谛先生继续我的职务。外间如投寄各种文稿信件,请直寄西谛先生。以后我如有暇,还极愿意为学灯尽力,谨此告辞于读者诸君。

五、郑振铎主持《学灯》期间启事

1. 1921年7月17日,《学灯》西谛(郑振铎)致读者信:

读者诸君:学灯拟于八月一日起,把体例大概的变更一下。大家对于这种变更有什么意见,我们是极热忱的欢迎的。西谛

2. 1921年7月23日,《学灯》"李石岑启事":

诸位朋友给我的信,请直接寄至上海宝山路商务印书馆编译所,以便转递的不便。

3. 1921年7月24日,《学灯》启事:

我们自本日起,增设"儿童文学"一门。关于这一类的投稿,无论是译是著,都极欢迎。

4. 1921年7月25日,《学灯》启事:

《伦理与唯物史观》一书是考次基的很好的著作,篇幅很长。本报曾把给他连续的登了好几章。现拟自明日起停登。因一则此书译文间有不大明了的地方,很有些人写信来指责。二则此书前已有人译登北京《京报》。且闻已有人要出单行本。为节省本报的篇幅起见,也不得不把他停留。这是要向读者道歉,并且请求原谅的。

5. 1921年7月26日,《学灯》征稿启事:

我们极欢迎下面四类的稿件：

（一）民间文学　中国的歌谣是很丰富的；民间传说之流传于各地的，也是很多。我们极愿意读者能各就本地，搜集这种材料，寄给我们登载。但记载者须注意，保存本色，不可以任意增删或润饰。

（二）读书录　现在除了放言高论，闭着眼睛骂人的人以外，大家都知道学问的重要了。我们愿意读者能就所读的书作为读书录见寄，惟此种读书录以有关于社会主义，文学，教育及社会问题的为限。

（三）杂感

（四）国内及国外的学术界消息

6. 1921年7月29日，《学灯》"我们的启事（一）"：

我们近来所接到的投稿，关于科学方面的实在太少了。有许多读者写信来要求多登载些这类稿子。我们很愿意学科学的人能够分些工夫来帮我们的忙，把关于科学界消息，科学研究，科学常识这类的稿子，多寄些给我们。

自我们登出变更体例的预告后，连日接到许多封读者的来信；供给了不少的可以给我们参考的材料。对于投函诸君，我们是极为感谢的。惟因篇幅关系，不能将这一类的信公布。这是我们应该向读者及投函者抱歉的。

"我们的启事（二）"即7月26日的征稿启事。

7. 1921年8月1日，"今后的学灯"：

学灯与读者诸君相见，已有四年多了。在此四年中，虽然是天天祈求进步，并且也曾时时的变更体例，以求完备丰富。然而覆看一下，我们自己总觉得非常不满意。自今日起，我们又把旧有的体例，略为变改一下。

旧有的门类仍然存在的，有评论，讲演，青年俱乐部，杂感，民间文学各栏。于旧有门类以外新加入的有现代学术界，俄国研究，社会主义研究，社会运动家，读书录，书报介绍，国内学术界消息各栏。

我们今后的最大的注意点就在——

（一）研究到自由之路的方法。与——

（二）介绍关于哲学、文学、社会科学、自然科学各方面的知识。

报告现代世界与中国的学术界的消息，与介绍最新出版的书籍的内容，也是我们所要注意的。我们住在中国这个地方的人，与住在地球上别的地方的人也隔离得太远了。世界学术界里所有的消息，在我们未知道以前,已都变成很陈旧的了。国内的消息更是不相问闻。这是非常可怜的现象。我们今后愿意尽力的做一个学术界消息的流通机关。还希望国内外同志能够帮助我们进行。

在同一的报纸上,发表在一条直线上的两个不同的主张是常有的事。因为"讨论"是使求"真理"的最好的方法。无论如何,在"讨论"中,两方面总可以得了不少的益处。所以我们是很愿意容纳讨论的文章的。不过现在的人,很多还够不上"讨论"的程度。往往在正当的讨论以外,加上了许多关于个人的感情的谩骂的话。这是非常坏的习气。以后如有这种投稿,我们是要不客气的删节或竟而不登的。

遇到有必须特别讨论的问题,或必须特别研究的学说,或必须特别介绍的知识,我们就要随时出一种特刊,把他系统的讨论(或介绍,研究)一下。文学家,社会运动家及科学家的传记,我们也想时时的登载。有机会的时候,最著名的美术作品,如今天所登的柏怨司的"饥"等,也想常拿来印在报中,使向未与世界的美术界接触的人可以大概的得有一点知识。

这种的变更,我们决不能自谓满足,亦不过本着向来的祈求进步的心,姑尽其力以冀与读者以更多的贡献而已。

此外,还要几件事,我们也要附带声明:

以前曾有许多读者写信来问我们许多问题,如研究某种学问要读什么书,什么书什么地方有卖之类。我们为酬答问者的诚意起见,往往竭知者以相告。现在觉得这个办法十分不妥当。人非万能,怎么能知道一切事情呢?况且自己还没有研究好,更不敢妄为他人指迷津。自今以后,所有这种信,我们想一概不答复。这是要求读者与我们以十分的原谅的。

投稿者往往于隔了许多时候以后,写信来要回原稿的。我们检查起来,至少要费二三十分钟的工夫,实是非常不方便的事。以后希望投稿诸君能留一份底子在家里,省得写信来要,大家都觉得麻烦。自今日后,如非特别长篇(一万字左右)的稿子,一概恕不寄还。

译稿不附原文,我们是不能决定登不登的。因为在译文中,也许中文很流利,而与原文有很多不对的地方的。我们为慎重起见,自然不能不如此要求。希望投稿者注意一下。

投稿本来是不一定为金钱的;友谊的帮助的文章比为金钱而做的文章一定好得多。以后除了长篇的著作以外,所有不满二千字的稿子,拟都不给酬。想诸位可尊敬的帮助者必不是为金钱而始来投稿学灯的罢!

从前也有很多人写信给我们说：某书已经某人着手翻译，或已译完，请转告大家，不要再译。我们很怀疑：一本书是不是不能有二本以上的译本？所谓已着手译的人，果能把他译完吗？译完后果已有确切的出版的地方吗？为恐阻止要译书的人的志愿起见，对于这一类的声明，我们恕不再代登。译者等已定有出版的地方后，再登报声明此书已译出，想也不为晚的。

8. 1921年9月1日，"本栏特别启事一"：

我们承诸位先生不弃，常常以稿件见寄；这是我们非常感谢的。

以后我们还愿意努力，使本馆成为大家发表意见的机关。

为便于投稿诸君起见，现在再将投稿章程订正一下。

（一）一切投稿都欢迎，尤以关于学术界的新消息，社会主义及社会问题的新译著，关于哲学，文学，及社会科学的读书录为最。

（二）译件最好能将原文一并寄下；如实在有不便处，则请将原著者姓名，原书名，及出版年月等项详细告知。

（三）字句及语气上的最少限度的删改，我们愿意投稿者能给我们。如不欲我们删改的，请预先声明。

（四）稿件的物质上报酬，是现在的不得已的办法。我们很想尽力多报酬些。单为经济力所限，只好暂时规定如下：

（1）三千字以上的稿件用现金报酬；最高额的报酬额为每千字两元；普通的大概是每千字一元上下。

（2）三千字以下的稿件，用书券酬报。

（3）青年俱乐部，讨论，及杂感等栏用书券酬报。

（五）投稿在一万字以上的，如须寄还，请预先声明，并附相当的邮票。短的稿件，如必须寄还，我们也可以照办。惟诗歌童谣，概不寄还。

（六）稿件有一时不能登出的（至多期间为一个月），我们当妥为收藏。如欲立刻寄还，也可照办。

"本栏特别启事二："

近来屡接投稿诸君的投函，有许多责难的话；虽有些是过分的责骂。但我们总是自愧；很愿意极力改正以前的疏忽和不周到的地方。但同时也要请投稿诸君原谅我们；我们人数既少，时间又有限；对于诸君的信件除极紧要的外，恕未能一一奉复。又因学灯篇幅有限之故，来稿是不能完全登载的。要求宣布不登载的原因，我们实是不能办到。

也有许多人，质问我们登载他们的稿件，为何常常间断。这个原因，一半是因为排字人疏忽,一般是因为稿件拥挤。以后也想极力把这个疏忽改正;并想使未完之稿减至最少限度。有一天登完的可能的稿件,必于一天登完。

9. 1921年12月4日(当日为《时事新报》五千号纪念),《学灯》"敬告诸同业":近来看见北京广州及其他地方的报纸转载本报学灯上的文章甚多。本来做文章的著者与刊行的编辑者都是出于创造的冲动。决不想把他占有而据以专利。不过诸同业既转录下来而不加以声明。似乎自己在道德方面不甚好。所以我们为同业自己完成其道德计希望凡转录本报学灯上文章的加以声明。此启。

同日又有"编者启事":

近来写信来要还稿子的极多,甚且有以谩骂出之者,我们对此,不得不特别声明一下:

稿件的退还,本没有必然的义务。本来我们也想每篇稿件都寄还,但在实际上却决办不到,每天我们所收到的稿件,总有二十多封以上,如果都要寄还,非至于把编辑时间的全部来应付在收发稿件上不止,所以只好择长篇的退还。

以后我们对于(一)诗及短篇小说和评论概不寄还。(二)一万字上下的长稿,如附有邮票,当即寄还,如未附邮票,当代为保存,以待索还,这种不得已的办法,乞大家能加以原谅。

10. 1921年12月31日,《学灯》"本栏启事":

一,自明年正月起。学灯上的稿件。除有特约及特别说明者外。其余概无稿费。因一则结算过于麻烦。二则为经济力所限。乞投稿者原谅!二,我们为时间与能力所制限。对于投稿。除特别声明并附有邮票者外。其余概不退还。

11. 1922年1月23日,《学灯》"西谛启事":

顷因事务过忙,学灯编辑职务,不能兼顾,自二月一号起由柯一岑君继续编辑,至关我个人的通信,则请寄:"上海宝山路商务印书馆编译所",如有暇,我还极愿意为学灯尽力。

六、柯一岑主持《学灯》期间启事

1.1922年2月2日,《学灯》(中缝刊出)"柯一岑启事":

我仅担任学灯事务。文学旬刊仍由郑西谛君编辑。所有以后关于文学旬刊函件。仍请径寄郑君。以免转交手续。

同时,刊登"本刊启事一":

本刊从二月起。每月分装成册。每册售小洋三角。

"本刊启事二":

本刊极愿与海内出版界交换。如有以贵刊见寄者。本刊亦以钉册之本奉寄。

"本刊启事三":

本刊照常欢迎短篇译述(至长一万五千字)投稿。但请译者对于"信"、"达"两字特别注意。并于投寄时须附以原文。

"本刊启事四":

近来接各处投稿多未加圈点。或仍用旧式圈点。殊于本刊编例不合。请以后投稿诸君一律加用新式圈点。以符定例。

1922年2月7日,增加"本刊启事五":

本刊通讯一门。向例仅登载编辑者与外界往来函件。现在我们觉得这种办法范围太狭。所以决定以后将这门公开。凡有关于讨论学术或问题的函件。我们都极愿代为发表。

2.1922年3月7日,《学灯》中缝刊出"本刊特别启事":

本刊二月份酬资已经结算。请直接向本馆会计处领取为盼。又正月份酬资因经手之西谛先生已赴京。俟其回后。当可结出。

3.1922年3月22日,《学灯》"特别启事":

圣诗德人歌德是在九十年前的今天死的。我们打算将今天的本刊出一个纪念他的专号。不幸所约的文章都到昨日才寄到。而本刊的排印向例须早一日发稿。故此时间上已经赶不及。所以只得推迟一天于明天发刊罢。

4.1922年5月3日,《学灯》"编辑室":

一,本社现须收回三四月学灯汇订册若干份,有割爱者,当以价值二倍之书籍奉酬。

二,诸君:近常接有补寄学灯及购买之函,以后诸君如有关于此类事情,即请直接与本馆营业部接洽。学灯社

5. 1922年7月22日,《学灯》"本刊特别启事":

今天的"曼德尔百周纪念号"本预备出两张;因天气太热,排字人排印不及,所以分为两天出版,故明天仍为"曼德尔百周纪念号"。

6. 1922年8月8日,《学灯》"本刊特别启事":

赫克尔在生物学的贡献,这是大家都知道的。明天是他死去的三周期。我们对于这位在科学上有特别贡献的人的死,觉得有纪念的必要。因此,我们打备于明后两天专为他出两个纪念号。再,这两天的文章,完全是胡嘉先生一人所作,胡先生于赫克尔学说素有研究;他肯于这样溽暑的天气为我们做这许多文字,这是我们应该致谢的。

7. 1922年8月25日,"编辑室":

这次日本青年会请佐藤,片上,福田三学者来沪讲演。他们三人都是日本有名的学者;所以他们的言论都很有足供我们研究的价值。本社现在商请江鍊百郁达夫谢六逸三先生亲去笔记,将来他们的讲演文,都可在本刊陆续发表。

8. 1923年1月23日,"编辑室":

兹本刊因省却麻烦起见,有声明者二事:

(一)投稿诸君以后寄稿请勿附邮费,因为短篇,概不寄还,长篇如在四千字以上,如预先声明者,虽不附邮票,亦可寄还。

(二)投稿者务请于稿后注明通信地址。

9. 1923年4月1日,"编辑室":

关于学生论坛的投稿,有两件要声明:

(一)请著明投稿者所就学之学校。

(二)每篇最长勿过一千五百字。

10. 1923年4月7日,"编辑室":

学术愈讨论愈进步,这是大家所公认的事。所以我们对于无论讨论什么问题的文章,只要言之成理,总尽量地发表。但是我们往往看见讨论的人们有趋向谩骂的态度,我们固极愿意鼓起讨论的勇气,但亦极愿扫除谩骂的恶习,所以为要养成一般人善良讨论态度起见,只好不客气的把一切谩骂的词句完全删掉。请诸君加以原谅。

11. 1923年4月10日,"编辑室":

本刊因篇幅有限,凡各地投稿均不能即期尽量发表,这是对于投稿诸君很抱歉的一件事。但往往因此便生出编辑上的困难:就是我们已发排的文稿,而别报即于是日登出,于是为免重复起见,又不得不急急抽去,以致排字的工友们又要白费工夫。所以我们今天要郑重向投稿诸君声明:就是以后诸君既惠稿于本刊,则请同时勿寄于他报。这是多方便利的事,想诸君所能谅的。

12. 1923年4月16日,"编辑室":

艺术课程问题的讨论,现在总算很热闹了,这也是教育界人们极肯用心研究,不愿盲从的表示;实在是可喜的现象,不过我们现在觉得讨论的人们渐有不对着正题而放野箭之趋势,因此我们不得不以我们所见到的来警告当局诸君,吴研因说的好:"凡是辩论,最好看对方人所说的理由,不要单看语气,语气是随揣度者自己想象而得的,也许对方人毫无存心,如果把语气当辩论的资料,将来要愈辩愈枝节,愈辩愈没有是非。"我们希望讨论诸君都守着这几句话的态度。

13. 1923年4月18日,"编辑室":

本栏特别征文:现在学制改变了,教科书都要重新编订了。旧教科书中何部分很好,应当保留。旧教科书中何部分不好,应得删改,我们很希望有教育经验的先生们本其素日经验上的教训写出来告诉我们,以便为新编教科书的人们的参考,所以我们这个特别征文就是对于旧制中小教科书的批评,并且希望批评者写明在何学校。

14. 1923年6月10日,"编辑室":

科玄之战,可算现在论坛上一件最闹热的事情,我们的学灯本是绝对公开,不过篇幅却实在有限,若是加入战团的渐渐多了,而竟广为搜罗,一一转载,实在没有办法,所以我们自始即决定只登直接寄来的稿件,不剪取他种刊物(不过中间却转载了伏园先生一篇,我们认为这一篇是代表第三者提醒做战人的,有转录的必要),但是我们决定不转录后,以致所登的文章好像侧于一方面(即好像专登张君劢先生的文章而不登丁文江先生的文章),因此好像我们拥护玄学而排斥科学,此实绝对不然,我们所抱歉的只是不能把丁先生的文章转录罢了,学灯仍是始终公开的超然的。

15. 1923年8月的"本刊征文简章":

一,本刊以公开态度讨论学术,故一切投稿都极欢迎。

二，投寄之稿都要缮写清楚，并要加用新式圈点。

三，投寄译稿，须附以原文；如万一有不便，亦请将原文题目，原著者姓名，出版日期，及地点详细注明。

四，投寄著作稿请勿过长，译稿亦以二万字为限，过长不收。

五，稿后请注明姓，名，住址，以便通信；并请将投稿字数注明。

六，投稿是否揭载，不先预覆；原稿也概不检还，但长篇在四千字以上的，如预先声明了，可以寄还。

七，本刊编辑对于投稿得酌量增，删，修改；如投稿人不愿修改，请预先声明。

八，投稿经发表后，其著作权即归本刊所有；但有特别声明者，不在此例。

九，投稿发表后，酌送薄酬如下：（一）著作每千字一元至二元；（二）译述每千字一元至一元半；（三）学生论坛，新诗及杂件，酌送时事新报，或商务中华书券。以上报酬，都于每月底结算，请投稿者直接向时事新报会计处领取。

七、无名氏主持《学灯》期间"编辑室"（节选）

1. 1923年9月2日，"编辑室"：

我们自声明短篇小说稿件恕不退还以来，稿件的堆积竟出于我们预想以外。即最近一二年论，新诗居然有两大包，可分装为六个抽屉。现在我们想把积稿清除一下，择优发表。偏对于新诗，实无鉴别的能力，这纯是编者自己学识浅薄，而不关于新旧之争。不过编者也有一种偏见：以为现在的新诗往往有人一天能做百首；且有人于一礼拜内成一部诗集；因此我们阅稿时看到新诗，不能不望而生畏了。所以今天特向爱学灯的诸君前说一句开罪的话：就是以后凡是新诗，除自信确是在文坛上能生异彩的以外，和特约诗作，还请不必见赐。

2. 1923年9月11日，"编辑室"：

日前我们曾向爱读学灯的诸公前声明新诗的投稿是我们所不欢迎的，于是有人便诘问我们究竟欢迎那一类的稿件呢，我想这倒是一个很好的机会：借此把我们所欢迎的是甚么也和大家说一说。

第一,我们最欢迎的是五千字以内的短文,至于题目,一概不拘,以前的学灯似乎有侧重哲学文学教育的倾向,现在我们想放大范围,关于科学,固然尤其欢迎,即是法律经济等也一律欢迎。

第二,我们不甚欢迎直译的东西。无论长短,但直译总不免有些费解,不是一看就能懂的,须知往往看日报的人没有多大工夫来细细咀嚼文句,所以日报上的文章以显明晓畅为主。但我们也不因为反对直译而不登译件,我们希望寄稿者能仿日本人的"解说"体,把原文的大意写出来,并且依我们的主张,这个解说体大可提倡,学灯不妨就首先发起。

第三,长篇而分段的稿件我们还是欢迎的,不过每天不能多登罢了,此外,文言与白话,也听撰者自便。因为我们素来不拿白话当一种宗教,以为有一个"白话教"。这是学灯本来的态度,现在只是顺带声明一句。

3. 1923 年 9 月 15 日,"编辑室":

(转录西白君问罪编辑为何把他的新诗作品转交给《青光》发表的信之后)

我们对于西白君真对不住,因为学灯既声明除特约外不甚欢迎新诗以来,仍有新诗投来。我们觉得寄还太麻烦,而弃置又不忍,于是就搁在编辑桌上。不料编辑青光的同时也共此桌办事。他便取去用了。至于西白君的盛气凌人,我们也不必谨璧,好在他自己会知道的。

4. 1923 年 9 月 18 日,"编辑室":

今天我们新开"辩论"一门。因为我们以己度人,觉得辩难的文章是人人欢喜读的。但是我们又以己度人,觉得人人虽喜看驳论的文章,却对于刺刺不休的辩难,生厌恶的感情,因此,本栏虽欢迎辩驳的文章,然辩驳次数一多,立即使人生厌,所以编辑者不能不保留有随时停止辩驳的全权。这件事是为一班读者的起见。至于辩论的两造,或不甚便利。然而预苟先把此层道理说明,我想他们没有不原谅,并他们辩论起来自己先可有制限,不必等到编辑者使用这个职权。

以上是声明我们的用意。至于本日所登的绮中君一文,却很希望并谦君出来答辩一下。因为据第三者的我们来看,绮中君所言也有许多可疑的地方。

5. 1923 年 10 月 26 日,"编辑室":

大凡一个人作文章,总是从心坎上自然而然发生了一个意思,同时感着一种非吐不可的难受。于是便尽情一吐,大有一泻千里之势。不仅文学的作品如此,一切关于其他学科的著述也都是如此。最可怕的是有些人把投稿认为职业。每天要搜索枯肠从无生有做出几百个字来。我们自信眼光尚敏,对于此类的稿件一看便知。所以我们的学灯专是供有意见的人们来发泄的;既不仰求名人勉强撰稿,也不供职业的投稿者利用。因为名人的稿件虽可费了重价买来,然而依然勉强做成的,不全是从心坎中自然流出的;职业的投稿者为区区稿费,其动机更卑劣了,那里会有好文章呢?所以我们今天慎重向爱本报的诸君声明此义如上。

6. 1923年11月18日,"编辑室":

今天登载的第一篇是上商务印书馆对于各批评者的答复。我们对于商务印书馆这种态度,却十分佩服。为什么呢?因为教科书是社会的公物,不仅是一个商店的出货。所以拿一班商品来看教科书是有些不相合的。曾记得范静生先生对人说,有一天他看见康南海;南海就对他说,以前全国儿童都读孔圣人的书,现在全国儿童都改读你们编的教科书了,你们岂不即代替了孔子,你们的教科书岂不即代替了四书五经,则你们的责任岂不是重到极点了么?南海这番话固然太旧了,然教科书的重要也可略见一斑。这次商务印书馆对于龕赭两山一条,已早改正,足见所见相同,且从善如流。再如其提出教科书(注意:此非随便的儿童读物)中是否应把含有迷信要素的神话完全摈斥,这个问题虽教育界尚在研究,然学灯却很希望大家都来讨论一下。我们要告诉各位的就是:讨论不厌求详,诸公如对于这个答复尚有意见,我们是非常欢迎的。

此外还有一件事是不能不请求大家注意的:就是"无论何书不能没有错",这句话我们以为非常得对,所以商务印书馆以外的书坊(如中华书局等)所出的教科书必一定也有可以批评的地方。我们很希望大家用以一番心,细细地去检查一下,则可以使其他书坊也和商务印书馆一样,于再版时得加修正。这便是功德无量了。

"特别启事":

今日本为艺术周刊,因为艺术学会送稿遗失,容当补登。

7. 1923年12月11日,"编辑室":

我们接到爱读本栏的人们的来信,说本栏关于教育的论著未免太多,其实我们未得这些信件以前也早觉得有太侧重教育的样子,很想设法矫正一下。须知学灯由两个本位,必须同时顾到的:即一个是读者,一个是寄稿者。对于读者要增进他们的学殖,提高他们的思想;但对于寄稿者也必于相当范围内使其得发挥意见。学灯多载教育文字,其原因纯在寄稿者多以论教育的文章见寄。我们不能完全不登,现在既有人提出这个意见。所以我们敢请大家于论教育的文章以外多寄给一些论其他学术及问题的文章。我们最欢迎的是甚么,现在开列如下:

一. 医学学理的浅说;

二. 科学新发明史的浅说;

三. 中国历史事件的短篇考证;

四. 中外文学的批评;

五. 天文学地质学上有趣味的现象的浅说;

六. 民法刑法上特别问题的浅说;

七. 经济史(非经济学史)上事件的考证。

8. 1924年3月26日,"编辑室":

"一个很好的消息":我们接得读者的许多信要求学灯,每天皆有,不要间断。我们一方面感谢读者的盛情,他方面亦感着确有这个必要。恰好,商学已商妥改排在工商界下每星期一次,于是我们决定把"文学"与"艺术"在星期日同一天出刊。则除了星期日外便天天都有学灯了。经下星期即开始实行。所以很愿意先把这个消息报告大家。想爱读学灯的诸位听见了必定高兴罢。

9. 1924年4月5日,"编辑室":

"试验后的'不得已'":我们把艺术与文学在星期日同时副刊出来,已经一度试验。孰料试验的结果却告诉我们暂时尚不能如愿以偿,其原因是:因为本报自增加"上海"副刊以来,纸张既已加多,而销路又意外的飞涨,以致原有的机器几乎赶不及印刷了。若艺术与文学同日出,势必更发生困难。所以现在只有添置机器的一法。但在新机未添置以前,艺术与文学不能不暂恢复原状。这虽是试验给我们的教训,但对于读者仍是十分抱歉的。

10. 1924年5月15日,"编辑室":

"徐六几先生来编学灯了":学灯自柯一岑先生赴德后,我们深恐没有起色,所以现在可巧遇着徐六几先生来沪养疴。我们便请他以养疴的余暇,看看稿子,我们虽不敢要求他以全力来整顿学灯,但我们相信以后总可比现在更加好些。这便是我们可以告慰爱读学灯的诸位先生们的了。

八、徐六几（郭梦良）主持学灯期间

1. 1924年5月16日，《今后的学灯》：

在这样黑暗的国度里，仅仅只有我们这个微弱的灯光引着前进，似乎太暗淡了罢！但我们并不灰心。学灯自开办一直到现在都能在学术思想上尽力，虽不曾喊着要给人以面包，以机关枪，以革命论，却可信他的贡献都在这些东西之上。因为他已由黑暗中照澈中国的乱源，并已由世界的历史上找出进化的线索——这就是人类内心的努力和创造，也就是思想。思想是个怪物。任你如何的压制摧残，他纵使悠游自乐，逍遥自赏。有时还引吭高歌："破坏者吧，我们建设；建设者吧，我们破坏！"谁都奈何他不得。所以国家一治一乱，政治的一起一落，文化的一盛一衰，以及思想自身的发生消灭，自其近者浅者而言，固然可以找出许多物质的因素。可惜这些都不是祖家。试问物质界当中那一件会比思想玩皮，会比思想有力？斗不过他，自然要受他的支配了。实际，我们中国的社会，就因为没有一种可靠的社会思想做他的指南针，所以全国全社会的人总都迷了途径。

……所谓可靠的社会思想，自其一面言，必为反抗现实主义和无治主义的道德革命；自他方面言，则又必以互助、热诚、同胞之谊、共同生活等为其基础。社会越其纷乱，此种学说便越其重要，越其成真。世界没有运动则已，如其有之，不管是政治运动也好，经济运动也好，总须和这个立于人性永久需要的基础上的学说打成一片，才会成功，是可以断言的。

……学灯既愿以区区的坚信，定努力的方向；尤愿读者诸君亦本一己的诚心，互为集合的努力，扩大此坚信，光明在望，愿与诸君共奔赴之！

2. 1924年7月3日，"编辑室"：

本刊拟由本卷一号起，大小五号字同时并用。大概篇幅较长之作，须于一二日之内登完者仍用小五号字排印。其短篇论说则改用大五号字。现在虽然还说不到全复旧观，如爱护目力的读者所希望，但总可以减少一点看时的疲劳吧。将来如能全部改用大五号字，自然更好，我们现正努力着呢！

九、钱沧波主持《学灯》期间启事

1. 1925年9月1日,"今后之学灯":

我们的学灯恐怕是在全国报纸的副刊中最早的了,报纸之有副刊原以消遣为目的。所以副刊都是小品文字,什么风花雪月,什么嬉笑怒骂,都是所谓瞎说乱道,但求快意,而不负何等责任的,这类的消闲小品附在报末,时人起了一个怪名字,曰报屁股,其由来自然甚久,我们安敢说学灯是最早呢。

然而以本来载小品文字的副刊改为讨论学术的副刊恐怕是以学灯为首倡罢。自学灯问世以后,各报群起和之,但是也有是杂乱无章的,也有是别有怀抱的,所以学灯的使命初不因普遍而反减轻。

学灯的成立原抱有两种使命,一种是彻底介绍西方文化,所谓彻底介绍不仅是介绍西方学术的现状,乃是介绍西方人治学的精神与方法,一种是养成国人好学深思的心,希望读报诸君每日都能与谈论学术的文字见面,而不幸因种种关系虽迄今将近十年,而尚未完全能担负这个使命,这是我们最惭愧的了。

大凡一个刊物往往原来的目的在彼,而后来的变迁却在此,学灯因后来寄稿者多是青年学子,已经变为青年之喉舌了,把学灯纯留为讨论学术之用,本来也是太狭了,所以青年学子借学灯的篇幅以发泄其感想,原是我们所欢迎的,但我们总觉得若一个刊物若不能对于社会有所指导,其内容恐怕必要弄得飘忽无定,不是偏于枯燥,就是陷于浮嚣,近来学生且无暇做学问上的文字,所以我们想稍稍改变方向,希望学灯从此以后变为能动的,老实说,近来的青年实在应有人提醒他们一下,他们把自己的思想自由甘心抹杀了,专跟着几个 Catchword 乱闯,他们把自己的反复思考能力甘心抛弃了,专随宣传者乱撞。他们把自己的人格统一甘心失掉了,专依指挥者操纵,所以依现在的情形,这些青年学子实在可悯,应得唤起其思想自由,使他们自己昂首天外,凡事都能重新估正价值,不为几个标语所压服,应得恢复他们的人格自主能力,不致蒙了眼睛跟着人家乱走。总之,学灯今后的使命是打破现在青年的被催眠状态,恢复他们的固有的人格自由,但是我们的能力很小,希望表同情于我们的来合作。

根据上述的意思,不能不把学灯的题材稍稍变更,于原有介绍思想以外,拟增加评论与纪事,评论是就具体的事件而下批评与泛论思潮有别,纪事则以教育界为限,其他大致与旧日相仿,最后愿再总结一句话如下,就是我们不赞成取缔式压制人们的思想,更不赞成宣传式催眠人家的思想,我们要为自由而战,以求恢复反复思考而保全批判精神。

2. 1925年9月5日,"学灯所欢迎之稿件":

▲学灯近来受到好稿子不少,自当陆续发表,惟学灯还有进一步的希望,言之如下:

▲近来学生运动似乎有许多地方可批评,但是却未见有人作文来评判他。或者是慑于群众之威,而不敢逆鳞;或者是为标语所压倒,而不敢自展其理性。但我们这个区区小刊物却只知是非,不知其他。如有人凭自己的天良,本评判的精神,以理想来评论现在的学生运动,撰为文字,赠寄本刊,我们是一百二十分欢迎的。

▲上海一个地方的大学中学,据有人调查,比得过全国还要多,呵呵!这岂非一个大怪事么?有人说以前的上海闹得是"交易所潮",现在的上海闹得是"大学潮",我们以为对于这样奇怪的现象若不有人出来评论,未免太表示社会的盲目与知识阶级的堕落了。所以若有人肯把他们的罪恶揭穿,迎头痛击,撰写寄到本刊发表,真是我们所特别欢迎的了。

▲北京在那里整顿学风,各地也多有学潮,近来报纸上只见学校风潮的纪事,从不见有人评论,老实说,双方的宣言都是愈加之罪何患无辞。所以公平主张必见于第三者。虽学潮只是一端,然与社会上是非不无极大的关系,欲明人心未死,正义犹存,无论任何事件都可见之,若因其小而忽之,必致是非不明,而社会陷于麻木。所以我们也颇欢迎批评学潮的文字。

▲总之,我们绝对不开倒车,但也绝对不蒙了眼睛跟着人家去推车碰壁。所以凡具批评精神的文章一律欢迎。

3. 1925年11月11日,"敬告读者":

自本日起,本报为尽量容纳教育新闻起见,将原有之《学灯》与《教育界》合并编辑,拓展篇幅,合为四版。敬希读者注意。《教育界》虽并入《学灯》,而同时增加二者之总量。故各种文字绝不视原有者为缩减,关于教育上之评论,研究等文字,亦当随时刊载,仍盼读者予以合作。多多惠稿。

4. 1925年12月7日,"追悼郭君梦良专号"告白:

郭君梦良逝世同人弥深哀悼,爱假学灯刊行专号,郭君学行皆有可传,不仅志哀巳也。今日应刊《鉴赏》移于明日。

5. 1926年1月4日,"本刊征求短文":

本刊已于元旦宣言。今后当多载短文。读者诸君如有以三千字以内之文字见惠者。勿论讨论何种学术。均所欢迎。长篇著译。概请勿寄。

6. 1926年2月2日,《学灯》"启事":

启事一,学灯编印时间较早,此后凡晨间所得关于教育之电讯、不及编载者、概刊入第一张今晨消息栏、请敬读者诸君注意。

启事二,投稿诸君请于寄稿时,附一印鉴式、或签字式、以便取酬时核对否则作不愿受酬论。

7. 1926年8月1日,《学灯》"今晨消息空白栏启事":

本报兹以销数激增、不得不提早编印时间、以至每晨两时以后所得消息、皆不及刊登、兹特援西报之 Stop Press 例、留此地位、以便二时后所接报告、随时嵌入、专留空白。

8. 1926年2月12日,《学灯》头版"通告":

本刊添请南京访员:本刊现拟添请南京访员一位、如有熟悉教育界学术界及教育行政各方面情形愿担任通信者请先试稿二次(书明应征访员),合则再行函订、不合恕不作复、稿寄本报学灯部收。

后　记

这本书是以我2010年复旦大学中文系博士后出站报告为基础而成的。十二年过去了，原文抄录当时写的后记如下，以为一段岁月的纪念。

要离开复旦了，心中多了一分的不舍。这里几乎成了我的母校了，在七月满蕴着离别忧伤的校园里，莫名的有种伤感。

这篇论文的写作真的让我体会到了什么才叫"学术训练"，日子无疑是充实的，虽然疲惫，我却很兴奋，可能真正进入了写论文模式就是这样的吧。这篇论文的写作事实上经历了两个阶段，第一个阶段是从2008年夏天就开始的资料搜集与整理，由于第一个学期还在学校兼着课，所以只能是上完了课就坐车到上海来，只要在上海就天天去上海图书馆一楼的资料室看胶片机，由于看胶片机的人很多而胶片机的数量有限，必须每天坐最早的班车去枫林，每天早上8点半上图开门的时候，一大群人就往台阶上猛冲，像百米赛跑一样，颇为壮观，要知道，跑的慢了就没有位置了，在那个阶段这常常造成我的困扰。（有个来自福建的女生多次跑在我前头，令人汗颜）在胶片机前一坐就是一天，在冬天的时候，在枫林回到本部的校车上，经常发现背后都是湿的。当然也不是没有快乐，高安路上的萝卜丝饼让从枫林去上图的路上多了很多的乐趣和期待。第二个阶段是在论文写作过程中，我基本上每天都去复旦图书馆四楼的教师研究生阅览室，早上八点到晚上六点是铁打不动的写作时间，中午也是两根玉米就打发了。而在论文的写作中复旦图书馆真的提供了很大的便利，这是让我印象深刻的。在这个阶段，脑力劳动似乎有向体力劳动转变的趋势，一天下来，除了脖子酸外我只是感叹自己身体实在是好，当然国年路上的小吃才是一天中最大的犒劳。

当我最初向陈老师提出这篇论文的写作构想时，陈老师就非常赞同。在论文写作过程中，陈老师虽然很忙，但他经常抽出时间来指导我，他的睿智和博学,让我在谈话中收获良多;由于我的妻子刚刚怀孕,陈老师经常提醒我要多回去照顾照顾她,这份关心和暖意也是我能写好这篇论文的动力。谢谢陈老师!

谢谢南京大学我的博士导师沈卫威、丁帆、王彬彬诸位老师,谢谢扬州大学我的硕士导师曾华鹏、徐德明、吴周文诸位老师,谢谢师姐李静女士和师兄张业松老师,感谢你们对我的悉心教育和帮助,让我在做学问、为人处世方面都打下了较好的基础。

感谢我的家人们,你们的关爱一直是我前进的动力!这本论文我拿它来献给你们和没有出生的小宝贝。从明天起关心粮食和蔬菜,以后的早饭就都由我来做吧。

陈思和老师说,一个有理想的人才是一个有魅力的人,一个人最幸福的就是能做到生命的开花,就是要拿自己的善良和积极、进取、向上的精神去影响别人、照亮别人。对此,我铭记在心。因为,我就是一个被这样的光亮照耀着的人。

……

看着之前的文字,感触万千。十二年间,有的老师已经永远离开了我们,有的老师开始了人生新的阶段,有的老师还在学术道路上精进不已。我在十二年间也是变化不小,身边添了一双儿女,当年没有出生的小宝贝现在已经12岁了,很可爱也很烦。至于当年承诺的早饭,是一直都做的。

这本书能出版,要感谢南京大学出版社王其平编辑耐心、负责的工作态度和专业精神,也要感谢沈卫威老师的督促和指导。我的成长离不开师友的帮助和关心,当然还有自己的坚持。这十多年,我也一直没有停下来,如果这些文字有一点点价值,那我就很高兴了,其中的错误之处,希望读者可以指出以便我修改。

记得2010年这本书刚写完的时候跟陈思和老师聊天,我说感觉这两年写论文把自己写老了,陈老师笑着说,你不写也是要变老的。

所以,还是写吧。与在人生、学术道路上奋进的师友们共勉!